Charles Anthon

Xenophon's Memorabilia of Socrates

With English notes, critical and explanatory, the Prolegomena of Kühner, Wiggers'

Life of Socrates

Charles Anthon

Xenophon's Memorabilia of Socrates
With English notes, critical and explanatory, the Prolegomena of Kühner, Wiggers' Life of Socrates

ISBN/EAN: 9783337095307

Printed in Europe, USA, Canada, Australia, Japan

Cover: Foto ©ninafisch / pixelio.de

More available books at **www.hansebooks.com**

XENOPHON'S

MEMORABILIA OF SOCRATES

WITH

ENGLISH NOTES, CRITICAL AND EXPLANATORY, THE PROLEGOMENA
OF KUHNER, WIGGERS' LIFE OF SOCRATES, ETC.

BY CHARLES ANTHON, LL.D.

PROFESSOR OF THE GREEK AND LATIN LANGUAGES IN COLUMBIA COLLEGE,
NEW YORK, AND RECTOR OF THE GRAMMAR SCHOOL.

NEW YORK:
HARPER & BROTHERS, PUBLISHERS
329 & 331 PEARL STREET,
FRANKLIN SQUARE

1870.

Entered, according to Act of Congress, in the year one thousand eight hundred and forty-eight, by

HARPER & BROTHERS,

in the Clerk's Office of the District Court of the Southern District of New York.

TO THE

REV. GEORGE W. BETHUNE, D.D.,

THE ABLE THEOLOGIAN, THE ELOQUENT DIVINE, AND THE
GRACEFUL AND ACCOMPLISHED SCHOLAR,

THIS WORK

Is Respectfully Inscribed,

BY ONE WHO TAKES PRIDE IN CLAIMING HIM AS AN EARLY
PUPIL, AND A STEADFAST FRIEND.

PREFACE.

XENOPHON'S MEMORABILIA OF SOCRATES affords so excellent a course of reading for the younger students in our colleges, that its absence hitherto from the list of text-books is much to be regretted. The editor hopes that the labor which he has here bestowed upon the work may succeed in bringing it more into favor with both instructors and pupils, and in opening up to them a more familiar acquaintance with one of the most beautiful treatises of antiquity.

The text is substantially Kühner's, with such alterations, however, as appeared to the editor to be required by the interests of those for whose benefit the present work is intended. Thus, for instance, the punctuation has been entirely remodelled, and a change has been made from the German and more involved mode of pointing to one more closely analogous to our own. The decided advantage resulting from such an arrangement an experienced instructor will at once appreciate. Another deviation from Kühner consists in restoring to the text the Attic termination of the second person in $\epsilon\iota$, which rests on too sure grounds to be lightly rejected, even in prose New readings have also been introduced wherever they seemed to bring out the meaning of the author more clearly, or to do away with some awkward and evidently erroneous construction. The great merit of the present text, however, consists in its being an *expurgated* one. Every passage has either been rejected or essentially modified that in any way conflicted with our better and purer ideas of propriety and decorum, for even in the ethical treatises of the Greeks expressions and allusions will sometimes occur which it is our happier privilege to have been taught unsparingly to condemn. It is believed that the present is the only edition in which this most salutary rule has been followed, a circumstance which will not fail to recommend it to the notice of those instructors of youth who adhere strictly in this respect to the wise precept of the Roman satirist.

The notes appended to the present work contain the whole body of Kühner's valuable commentary, with such additions as the editor was enabled to make, both from numerous other commentators, and also from his own resources. In clothing Kühner's commentary in an English garb, the editor has been very materially aided by the excellent edition of the Memorabilia recently published by Dr. Hickie, and he begs leave here to return his acknowledgments for the valuable materials with which that work has supplied him. In order, however, to render the present edition still more complete than any of its predecessors, some important subsidiary matter has been appended to the volume, which will put the student into possession of the whole ground relative to the Life and Character of Socrates, and will enable him to form an unbiassed opinion for himself. These addenda are as follows:
1. The *Prolegomena of Kühner*, as far as translated by Wheeler, of Trinity College, Dublin, and which have never before appeared in this country in an English dress. 2. The *Life of Socrates, by Dr. Wiggers*, translated from the German, and which appeared from the

London press in 1840. 3. *Schleiermacher on the Worth of Socrates as a Philosopher*, translated from the German by the present Bishop of St. David's, and originally published in the *Philological Museum*. As the opinions of Wiggers on the character and nature of the philosophy of Socrates differ materially from those of Schleiermacher, Brandis, and Ritter, it was thought advisable by the English translator of the Life of Socrates to append this essay of Schleiermacher's to his work, and we have allowed the arrangement to remain undisturbed. To the Prolegomena of Kühner the editor has appended a note on the subject of the so-called demon of Socrates, in which the opinion of *Lelut* on this much-disputed point is referred to an opinion which, in all likelihood, contains the most rational view of the case.

The editor will now mention the principal works to which he is indebted for valuable aid in preparing the notes appended to the present volume.

1. *Xenophontis de Socrate Commentarii. Recognovit et explanavit Raphael Kühner, &c.; Gothæ*, 1841, 8vo.
2. *Xenophontis Memorabilia Socratis, ed. Schneider; Oxon.*, 1813. 8vo.
3. *Xenophontis Memorabilia, ed. Weiske; Lips.*, 1802, 8vo.
4. *Xenophontis Commentarii, &c., ed. Bornemann; Lips.*, 1829, 8vo.
5. *Xenophontis Memorabilia, ed. Lange; Hal. Sax.*, 1806, 12mo.
6. *Xenophontis Memorabilia, ed. Seyffert; Brandenb.*, 1844, 12mo.
7. *Xenophontis Memorabilia recognovit et illustravit G. A. Herbst. Hal. Sax.*, 1827, 12mo.
8. *Sokrates, von Fr. Jacobs*, 4te Ausgabe, *Jena*, 1828.
9. *Xenophontis Opera, ed. Dübner; Paris*, 1838, 8vo.
10. *Xenophontis Memorabilia, &c., ed. Hickie; Lond.*, 1847, 12mo.
11. *Ruhnkenii Dictata in Memorabilia Xenophontis, MS. copy;* 1756.
12. *Xenophon's Vier Bücher Sokratischer Denkwürdigkeiten, von Johann Michael Heinze; Weimar*, 1818, 12mo.

13. *Xenophon's Denkwürdigkeiten des Sokrates, von Meyer: Prenzlau*, 1831, 12mo.
14. *Moralistes Anciens, par Aimé-Martin;* Paris, 1840, 8vo.
15 *Du Démon de Socrate, par F. Lelut;* Paris, 1836.
16. *Xenophon's Memorabilia of Socrates, by George B. Wheeler. A.B.;* Lond., 1847.

It remains but to add that, in preparing this volume for the press, the editor has been enabled, as on previous occasions, to secure the assistance and co-operation of his learned and very accurate friend, Professor Drisler, whose services in the cause of classical learning are known to and appreciated by all.

Columbia College, August 30th, 1848.

PROLEGOMENA.

PROLEGOMENA.

I. CONCERNING THE DESIGN AND PLAN OF THE FOLLOWING BOOKS.

The design of Xenophon in these books is to defend Socrates, his beloved instructor, from the accusations of his prosecutors, and to prove that he had been a citizen most useful to individuals and to the state. That this defence might have the greater weight, he is not contented merely to review and refute the charges laid against Socrates, but, devoting merely the first two chapters of the first book to this part of his subject, he then introduces Socrates, and represents him disputing with his pupils, friends, and even sophists, upon the most important topics of morality, and that part of philosophy which treats of the reformation of human conduct.

If we except the commencement of the first book (chap. i., § 1 and 2), Xenophon rarely addresses his readers in his own person, and then only premises a few words to the discourses of Socrates, to inform us whence the discussion arose, and to render it more intelligible; or, at the close of a disputation, he briefly draws an inference with reference to the teaching or mode of life of Socrates. Hence, while we read these books, a living representation of the philosopher arises before us; for these discourses embrace a great variety of subjects, and are addressed to men of every class and station, and so graphically exhibit Socrates in the act of addressing individuals, as to show how aptly he suited and modelled his language to the condition or disposition of each. And hence we may clearly perceive the manifold powers of Socrates in discussion, his skill in addressing men of every class, his noble natural endowments, his life and character.

Xenophon does not profess to have taken down at the moment, and bequeathed to us, the very words of Socrates. If, however, we consider the diversified style of argument in these discussions on various subjects, we can hardly entertain a doubt that Xenophon has modelled his style and diction to the closest resemblance with the style and diction of his master. We may the more readily believe the language to be closely assimilated, if we consider how easily, from long intimacy and familiarity, Xenophon could invest his language with a true Socratic coloring. Hence the mild and gentle tenor which pervades all the writings of Xenophon,[1] that native and ingrained simplicity, redolent with all the graces and beauties of Atticism, while it entices the reader by its simple elegance, appears admirably adapted to depict the amiable character of Socrates, his candor, his insinuating affability in his conversation with his fellow-men. To omit other points, one example will prove how admirably Xenophon has adumbrated the peculiar character of his master. It is well known that by the Greeks of old Socrates was called ὁ εἴρων, from that irony or dissimulation by which he appeared to grant all they claimed to frivolous pretenders to philosophy, while he himself assumed the disguise of ignorance on all subjects; and this artifice he used most skillfully for the express purpose of confounding them at the close, and convincing them of their ignorance and folly.[2] In many passages, so elegantly and naively has Xenophon represented this irony, that we can not entertain a doubt that it is drawn from living nature.[3] The extraordinary affection and sincere love toward his master, manifested in these books, give them a most pleasing and grateful charm.

II. ON THE ARRANGEMENT OF THE SUBJECTS IN THE FOLLOWING BOOKS.

Although Socrates spent the entire period of his life in the study of wisdom, and was the first to construct philosophy on firm and solid foundations, yet he never studied to reduce his discoveries to any art or system; but just as an occasion presented itself, he discoursed on whatever tended to a proper course of life, to reform character, and conduct to happiness; as, *e. g.*, on piety, beauty, justice, temperance, fortitude, the body politic, the duties of a state minister, the government of men, and, in fine, on all topics the knowledge of which would render men honorable and excellent, while ignorance of them would degrade men to a servile condition.[4] Hence, in the full glare of active life, and in the throng of men, he was ever found scattering his words to persons of every condition, illumining their minds with the light of his instruction, and guiding them on the path which led to happiness; and so, we must not think it strange that Xenophon did not arrange these discourses of Socrates according to any similarity of argument or subject, or did not form a scientific system from them. Those who have expect-

---

1. Compare *Cic., de Orat.*, ii, 14, 58; *Brut.*, xxxv., 132.
2. Compare *Cic., Brut.*, lxxxv., 292.
3. Compare i., 2, 34, *seqq.*; iii., 6, 2, *seqq.*; iv., 2.
4. Compare i., 1, 16.

ed to find such an arrangement or system in these books, were utterly ignorant of the method of teaching pursued by Socrates, and of the object of these books; for if Xenophon had systematized, according to the rigid rules of art, the precepts of Socrates, he would not only have deviated from the method cf his master, but have left us only a meagre and imperfect picture of his mind, and broken down the whole vigor and power of his defence. Hence with entire freedom he has narrated the discussions of Socrates, and appears rather to have followed the chronological order of their delivery than the arrangement or connection of their subject matter; yet in the larger portion of the work it is not difficult to trace some slight attempt at regular arrangement; for the first two chapters of the first book are employed in a general defence of Socrates against the charges of his accusers; and then, in the following portion, the general defence is proven by particular instances. This chiefly consists of viva voce discussions between Socrates and his friends. The third chapter of the first book is closely connected with the preceding portion: it recalls the points asserted before, but in such a way as that when previously it was generally stated that Socrates worshipped the gods and was eager in the pursuit of virtue, now he explains the *method* in which he worshipped the gods; and his temperate mode of life, and freedom from passion are more fully shown. The fourth chapter, also, is not unaptly added, for therein he demonstrates the falsehood of the assertion of many, that Socrates indeed exhorted men to the pursuit of virtue, but did not guide them up to its consummation.

The subjects contained from chap. v., Book I., down to chap. ii., Book II., follow each other without any attempt at arrangement. But from chap. ii., Book II., to chap. vii., Book III., it is clear that the discourses are linked together by a similarity of subject and thought.

For in (ii., 2) he treats of filial piety, in (3) of fraternal affection, then (4–10) on friendship, next (iii., 1–4) of the duties of a commander, next (5) how the Athenians might recover their former glory and prosperity, and finally (6–7) he treats of the right method to administer the state. The remaining portion of the third book has no connecting order.

In the fourth book, all from the first chapter to its close is most closely united and connected together. The design of all the discourses therein contained is plainly to show the extraordinary talent possessed by Socrates in judging of and managing the dispositions of the young, and to describe his plan cf training them in self-knowl edge, piety toward God, justice, temperance, and other virtues pertaining to happiness of life.

The closing chapter of the fourth book is added as an epilogue, and proves that the death of Socrates was most glorious, most happy, and most dear in the sight of heaven. The whole concludes with a brief summary of the subjects treated of in the work.

III. The Precepts of Socrates reduced to a System.

That the whole doctrine of Socrates may be placed in a clearer light, we must collect into one body the limbs, as it were, scattered throughout the book, and reduce all to some sort of system.

It is well known that the Moral Philosophy of the ancients was usually divided into three great heads.

I. Of the good, and highest good = *de bonis, et de summo bono*.
II. Of virtue = *de virtutibus*.
III. Of duties = *de officiis*.

The good (*bonum*) is defined to be "that which is produced by the efficacy of virtue," and the highest good (*summum bonum*) is "the union of all goods which spring from virtue."

Virtue (*virtus*) is a constant and perpetual power of the mind, by which power good (*bonum*) is produced.

Duty (*officium*), finally, is the rule and standard to which, in the conduct of life, virtue should conform herself.[1]

A. And now we must first consider what is the nature of that which Socrates, as set forth by Xenophon, defines to be good (*bonum*).

The Good, which should be the object of man's pursuit, is *the useful* (ὠφέλιμον, χρήσιμον, λυσιτελές, *utile*). The useful is defined to be the "end of action," or the result which we expect by action. Every thought and act of man should be *useful, i. e.*, should have reference to some special end. Independently, then, and in itself, nothing is good, but only becomes such by special reference to its object. The same statement is made regarding the BEAUTIFUL (*pulchrum*), iii., 8, 3, 6, 7, 10 ; iv., 6, 9. The highest end, for which man should strain his utmost, is HAPPINESS. The good, therefore, is that which is useful to aid us in obtaining that highest end, happiness of life. The good and the beautiful, therefore, differ not from the useful. Independently and of itself, nothing is useful, nothing is good, nothing is beautiful, but only becomes so by special reference to its end severally (iii., 8, 3, 6, 7, 10 ; iv., 6, 9). Whence

---

1. Compare *Kühner, De Cic. in philosophiam meritis,* ≥ 225.

t follows that what is useful to some may be prejudicia. to others iv., 6, 8). The highest good (*summum bonum*) is happiness of life εὐδαιμονία), but this happiness is not perceived by reason of external goods, or those presented by chance, but only by those goods which man has acquired for himself by toil, industry, exertion, and exercise of his natural powers, that is, by good and virtuous qualities. Happiness of life, therefore, and the exercise of virtuous qualities, are the same. The less one is dependent upon external things, the closer is his resemblance to the Deity (i., 10, 6). But, seeing that things which have relation to our happiness are not of themselves good, but, if availed of in an improper manner or at an improper time, may prove evils to us, we must take especial care lest we rashly confide in them, and must use the utmost anxiety, circumspection, prudence, and perseverance that we may use those things only so far as they may tend to increase, not to impede our happiness (iv., 2, 34). To obtain virtue, there is need for the exertion of all our powers; without toil we can not reach to her (i., 2, 57; iii., 9, 14). For happiness is not good luck (εὐτυχία), but good action (εὐπραξία, *actio bona*). If one, though making no search, casually lights upon what he requires (τὰ δέοντα), that is good fortune (εὐτυχία); but if any one by diligent study and zealous care conducts affairs with good success, that is good action (εὐπραξία) Those men are the best and most acceptable to Heaven who right ly perform their duty with success, whether it be as agriculturists, as physicians, or in state employments. They who perform nothing rightly are good for nothing, and rejected by the gods (iii., 9, 14, 15).

THE GOODS BY WHOSE UNION THE HIGHEST GOOD (SUMMUM BONUM), *i. e.*, HAPPINESS, IS OBTAINED, ARE THESE:

1. GOOD HEALTH AND 'BODILY STRENGTH; for these contribute much to render our life praiseworthy, honorable, and useful to our country and its citizens. For health of frame is useful not only for all things which are performed by the body, but also for the right execution of all that is performed by the mind and intellect. We should, therefore, cultivate gymnastic exercises, as by these not only the body, but the mind itself is strengthened (iii., 12).

2. SANITY OF MIND, THE POWER OF THOUGHT AND MENTAL FACULTIES (iii., 12, 6); but sanity of mind very much depends on sanity of body, wherefore, as we have seen above, care must be taken to insure good bodily health.

3. ARTS AND SCIENCES, which are most useful for living well and happily. But we must confine the extent of our studies to them

to that which will be practically useful in life. Speculations which spring beyond the sphere of daily life, on things mysterious and concealed from the eyes of men, are useless, and withdraw us from pursuits of other things which may be practically useful (iv., 7). Under this head is mentioned the science of DIALECTICS, or the art of examining concerning the good, useful, and beautiful, and other points tending to happiness of life, in such a way as to find out the essential properties of things, and then define and lucidly explain them (iv., 6). Whosoever has acquired clear notions of things, no matter in what sphere of life he may be placed, will always select the best course, and, consequently, will be the more fitted to transact affairs (iv., 5, 12). ARITHMETIC (so far as accounts, &c.), GEOMETRY, and ASTRONOMY are enumerated and limited (iv., 7). All arts, in fine, which have reference to the uses of life, are clearly to be referred to the head of goods. Those arts, indeed, peculiar to handicrafts (βαναυσικαί), are, according to the idea of the ancients, to be excluded from among goods, since they are practiced by those who are ignorant of the good, the beautiful, or the just (iv., 2, 22), and enfeeble both body and mind (Œcon., iv., 2, seq.). Socrates appears to have classed among the goods the more refined arts, as PAINTING and STATUARY (iii., 10), but has not expressly informed us of their relation to his test, utility. Yet, since he has maintained that nothing is beautiful but what is useful, we may infer that these arts also he encouraged from an idea of their utility.

4. FRIENDSHIP is a good of the highest value. No good is more precious, lasting, or useful than a sincere friend. He regards the interests of his friend as if they were his own; he participates with him in prosperity or adversity, and provides for his safety and property as much as for his own, nay, even to a greater degree (ii., 4). The value of a friend should be estimated from the love and tender affection with which he clings to his fellow-friend, from his zeal, benevolence, and duty in deserving well of him. That friendship may be more lasting, we should endeavor to be esteemed of the highest value by our fellow-friend. Friends should be temperate, for men given to gluttony, wantonness, sleep, inactivity, luxury, or avarice, can be of no utility to us, nay, often prove a detriment. They should be faithful and ready to perform services, and push the interests of their friend (ii., 6, 1–5). Friendship can not exist, unless between the good and honorable; for they who are useless can never gain the useful as their friends (ii., 6, 14-16). And though, since good men often desire the same goods, and hence contention may arise among them, yet their innate virtue will ap

pease and calm, beneath the influence of reason, those desires which have caused dissension (ii., 6, 19-28). Friendship arises from an admiration of virtue. This admiration inspires good will, and urges us to bind our friend closely to us by every kind of attention. Truth is the foundation of friendship, and hence the shortest, surest, and most honorable way to gain friendship is to endeavor really to be the character you would wish your friend to think you (ii., 6, 33–39).

5. CONCORD BETWEEN PARENTS, CHILDREN, AND BROTHERS, for these have been created by God, in order that they may give mutual aid (ii., 2, 3).

6. CIVIL SOCIETY, or THE REPUBLIC, which, if well constituted, affords the greatest benefits to its citizens (iii., 7, 9). Accordingly, if any one be naturally endowed with talents fitted to govern and administer a state, it is his duty to apply his whole powers to the administration and amplification of his country (iii., 7).

B. Now follows his doctrine concerning VIRTUE. In order to gain those goods in which happiness consists, we must furnish our minds with virtue, *i. e.*, with a constant and unceasing power of intellect, by which we obtain for ourselves all those goods on which happiness of life depends. In order that a more accurate idea of virtue might be presented to us, the ancient philosophers laid down certain primary parts of virtue, and these primary parts they called the "CARDINAL VIRTUES." In general, FOUR cardinal virtues are enumerated: PRUDENCE ($\phi\rho\acute{o}\nu\eta\sigma\iota\varsigma$, *Prudentia*); FORTITUDE ($\dot{\alpha}\nu\delta\rho\acute{\iota}\alpha$, *Fortitudo*); JUSTICE ($\delta\iota\kappa\alpha\iota\sigma\sigma\acute{\nu}\nu\eta$, *Justitia*); and TEMPERANCE ($\sigma\omega\phi\rho\sigma\sigma\acute{\nu}\nu\eta$, *Temperantia*).[1] In these books, however, and also in the writings of Plato, Socrates fixes only THREE cardinal virtues; *e. g.*, Temperance, Fortitude, and Justice. *Prudence* ($\phi\rho\acute{o}\nu\eta\sigma\iota\varsigma$ or $\sigma\sigma\phi\acute{\iota}\alpha$) he denied to be a peculiar virtue. If four virtues be enumerated, then the term virtue has a twofold application, seeing that Prudence is perceived by *mental science*, the others *by action*. Now the faculty of judging concerning the good and honorable (*i. e.*, useful, according to his meaning), and of the evil and depraved (*i. e.*, prejudicial), and of adopting the former and avoiding the latter, Socrates would not allow to be separated from *action*, but laid down that Prudence ($\sigma\sigma\phi\acute{\iota}\alpha\nu$) was identical with virtue in its widest sense. Accordingly, Prudence is not a singular species of virtue, but embraces all virtue (iii., 9, 4, 5), so that Fortitude, Justice, and Temperance are parts of it. The wise man ($\sigma\sigma\phi\acute{o}\varsigma$, *sapiens*) is he who thoroughly knows what is good and excellent (*i. e.*, useful), and moulds his life

---

1. Compare Kühner, *De Cic. in philosophiam meritis*, p. 229, *seqq.*

in strict accordance with this principle of good and excellent which is comprehended and grounded in his mind; for he who is wise *i. e.*, who knows what is good and excellent, will always *do* what harmonizes with that good; for all things which are done virtuously, *i. e.*, temperately, justly, and bravely, are excellent and good. On the other hand, all that is done in opposition to virtue is evil and disastrous. Since the wise man knows this, not only by his mental assent will he prefer what is good and excellent to what is evil and prejudicial, but also effect the former in action. On the contrary, the unwise, seeing that they know not what may be good, not only mentally prefer the evil and prejudicial to the excellent and useful, but even effect them in action; and even when they endeavor to prefer good to evil, they will err (*i. e.*, easily they will fall into a wrong judgment in the distinction of good and evil) through ignorance. Therefore, he who knows the virtues will also practice them, but whosoever knows them not will not be able to practice them, even should he wish to do so. Since, therefore, all that is excellent is effected by virtue, it is clear that virtue is wisdom (iii., 9, 5). Theory and practice, accordingly, can not be severed. The conviction of the excellent influences us to suit our actions to it, and he who is devoid of this conviction is the fool (i., 1, 16; ii, 19; iv., 6, 10, *seq*.).

And now for the several parts of the division of Virtue.

a. TEMPERANCE (ἐγκράτεια, *Temperantia*) is called by Socrates "the foundation of virtue (ἀρετῆς κρηπίς)." This virtue is perceived in the calming and curbing the appetites and desires, so that they be obedient to right reason, and not violate the settled convictions of the intellect (i., 5; ii., 1-7, *and esp.* iv., 5). Without it we can do nothing vigorously or strenuously (i., 6, 5); we can neither benefit ourselves or others, or be welcome in the society of our friends (i., 5, 1-3). If we be ensnared by the allurements of pleasure, or overcome by weariness of toil or difficulty, we will surely fail in our duty (ii., 1, 1-7). Temperance causes us to undertake all labors with a cheerful spirit, because we follow good and useful counsel, and expect that the most ample fruits will redound to us from these toils (ii., 1, 17-19). Effeminacy and pleasure oppose the health of the body, and prevent us from providing our minds with laudable knowledge. Zeal and energy carry us through to excellent and good results. Without labor and toil, nothing noble is granted to us by the gods. In short, we can not reach true happiness unless we be temperate (ii., 1, 19, *seq*.). Temperance should be, as it were the foundation of every action we undertake. He who renders himself subservient to pleasure, makes himself subject to the heaviest slavery (iv., 5, 3-5). Intemperance, by depriving us of wisdom, and confounding the notions of good and evil, forces us to elect the evil instead of the good, and plunges us in every species of depravity (iv., 5, 6-7). Temperance, on the other hand, by placing our desires beneath the regulation of reason, and preserving sanity of mind, urges us, in every circumstance and phase of life, evei to elect the good, and therefore renders us fit for the transaction of important affairs (iv., 5, 7-12).

β. FORTITUDE (ἀνδρία, *Fortitudo*) is the science by which we conduct ourselves with prudence and energy in alarming or dangerous affairs. They are not to be reckoned as brave who do not fear dangers from ignorance of them; for so, many insane and cowardly persons would be brave. Nor can they be considered brave who are cautious regarding things not to be feared. Those only are brave who know the nature of the danger, and in it act with constancy and energy (iv., 6, 10, 11).

γ. JUSTICE (δικαιοσύνη, *Justitia*) is the knowledge of the laws in force among men, and which must be obeyed. But there are two species of laws, either the written or unwritten. Written laws are those which the body politic unanimously adopt for their common safety, concerning what men should do or avoid doing. From strict observance of these laws, many other important advantages are obtained by men, but what is more than all, Concord, the strongest bulwark and foundation of happiness, and the highest good not only to individual members of a state, but to the whole community. That state whose citizens render the greatest obedience to the law, is not only best constituted in peace, but is unconquerable in war (iv., 4, 10-18). But, seeing that these laws should provide for the safety of the state and its citizens, observance of them is not independently and of itself just, but only so when that safety is the object of obedience. Hence it happens that the same action, under different circumstances, or regarding different men, either by whom or against whom it may be done, can be both just or unjust (iv., 2, 13-19).

UNWRITTEN LAWS (ἤθη) are those given to man by the deities themselves, and which, in the same manner, are observed throughout the universe; for instance, to cherish parents, not to form marriages between the parent and child, to feel gratitude toward our benefactor, &c. That these laws are of divire origin is proved from this fact, that immediate and unavoidab'e punishment visits those who violate them (iv., 4, 19-24).

C. The Third Part of Moral Philosophy is concerning duty (*officium*). Duty is a law which must be followed by us in life's conduct; and this law should harmonize with the doctrine of the highest good. Since, then, in the doctrine of Socrates, the good is the same as the useful, it follows, that the law of duty should urge us in every proceeding to follow that line of conduct which may appear to be most useful. But since it often happens that, owing to the various nature of occasions, situations, or circumstances, the same thing may be in one case beneficial, in another prejudicial, we must use anxious care and circumspection as to what we should follow and what avoid. Thus, for instance, to speak falsehood, to deceive, to pilfer, to plunder, are forbidden by justice, yet often in war these are just, *i. e.*, useful (iv., 2, 11–17). The chief heads of duty are thus briefly enumerated in ii., 1, 23: If you desire that the gods should be propitious to you, you must worship these gods; if to be loved by friends, these friends must be benefited; to be honored by your state, you must materially serve that state. If you desire the earth to yield an abundant produce, you must cultivate the earth; to be enriched by the produce of your herds, you must take diligent care of them; if you are anxious to increase your means by war, and to become able to liberate your friends and master your enemies, not only should you learn the arts of war, but also, by constant practice, learn how to use them. Finally, if you desire to be robust in body, your body must be under the direction of your intellect, and trained to endurance of toil and labor. In proportion as the goods of human life are fleeting and transitory (iv., 2, 34), so much the more should we endeavor to require as few auxiliaries as possible to life (i., 6, 10). But, since nothing is good independently and of itself, but all things uncertain and doubtful, very frequently the intellect of man does not clearly see what line of conduct alone it should pursue. But for this our feebleness and imbecility, a most sure and unerring aid is found in Divination. The beautiful order of the universe, the whole construction of the human frame, the noble and erect stature of man, the powers of his intellect, &c., all prove that the gods exist, that they keep together by their power the extended universe, and provide for the wants and requirements of mortals. With piety and purity, therefore, should the gods be worshipped; and if we faithfully do this, we may surely be persuaded that in mysterious or doubtful matters the gods will readily enlighten man (i., 4; iv, 3).

IV. WHETHER THE GENUINE DOCTRINES OF SOCRATES HAVE BEEN
HANDED DOWN TO US BY XENOPHON.

Having given a sketch of the whole moral doctrines of Socrates
as represented by Xenophon, we now arrive at a question difficult
of satisfactory elucidation, namely, whether this be really the genuine doctrine of Socrates, or be that of Xenophon himself attributed
to his master. This question has been agitated and discussed by
many critics of former times, and in our own age has been treated
of with great talent and learning by Louis Dissen,[1] Fr. Schleiermacher,[2] Ch. A. Brandis,[3] H. Th. Rœtscher,[4] and lately by Carl
Rossel.[5] These writers have pursued severally a different line of
criticism, yet all excepting Rœtscher are unanimous in deciding
that the genuine doctrines of Socrates have NOT been handed down
to us in the writings of Xenophon.

Dissen, having proved that the whole doctrine of Socrates, as
given by Xenophon, rests upon the sole basis of UTILITY, hesitates
not to assert that, so far from being the whole system of Socrates,
it does not even pertain to it in any way, and should be judged altogether unworthy of that Socrates to whom Plato would have ascribed all his doctrines. He grants, indeed, that Socrates would
not have disputed with such subtlety on Moral Philosophy as has
been done by Plato; yet it can hardly be questioned that Socrates
would have thought that HONOR (*honestum*) should be eagerly sought
for and embraced, as the sole source whence salvation could
be found for the human race. How, then, does it happen that Xenophon has described the doctrine of his master thus, in this commentary? This question he thus answers: "Socrates was in the
constant habit of holding discussions with men of every grade, and
exciting them to fortitude, justice, and temperance. For this latter
purpose he could propose no better inducement than by setting before them the emoluments to be thence derived. • When Xenophon,
whose talent lay not in investigating the more subtle questions of
philosophy, heard these discourses, he described Socrates as to one
part only of his teaching, that, namely, which at first view was pre-

---

1. *Commentatio de Philosophia Morali in Xenophontis de Socrate Commentariis tradita.* Götting., 1812.
2. *Abhandl. d. Königl. Preuss. Akad. d. Wiss.*, Berlin, 1814-15, p. 50, *seqq*. A translation of this piece, by Bishop Thirlwall, will be found at the end of the present volume.
3. *Rhein. Mus.*, 1827, L, 2, p. 118-150; 1828, ii., 1, p. 85-112.
4. *Aristophanes und sein Zeitalter. Eine philologisch-philosophische Abhandlung zur Alterthumsforschung.* Berlin, 1827.
5. *Dissertatio de Philosophia Socratis.* Götting., 1837.

sented to those whom nature formed for active business in life, not for calm speculation. He therefore has drawn a picture of a philosophy which measures all things by the standard of utility, seeing that he desired to represent Socrates as wholly averse to subtle and refined speculations, while his aim was to exhort all to a proper regulation of active life: a philosophy, however, whose system he did not clearly understand himself."

Schleiermacher also thinks that the true and correct view of the Socratic Philosophy is to be derived from the writings of Plato, not from those of Xenophon.

But since it is clearer than light that all the dogmas laid down in the dialogues of Plato have not proceeded from Socrates, BRANDIS adopts the authority of Aristotle as a text and standard by which to distinguish the doctrines of Socrates from those of Plato. Xenophon he considers not to have had capacity fitted to comprehend thoroughly the system of his master, and he utterly rejects his statement and authority.

ROSSEL examined anew the various tracts upon this subject, and arrived at the conclusion that not only should all which is stated by Aristotle, as the doctrines of Socrates, be considered as his, but also thinks that a much wider extent of subjects could be found in those passages where Plato endeavors to connect his close-drawn conclusions with the notions of his master. He judges of Xenophon even more harshly than Dissen.

RŒTSCHER, finally, endeavors to vindicate the faithfulness and authority of Xenophon in his statements regarding the doctrine of Socrates, and thinks that his commentaries form the purest and clearest source whence the genuine doctrine of Socrates can be drawn.

It is time, however, clearly to state what may be my own opinion regarding this subject. I acknowledge that at an earlier period of my life I was strongly in favor of that opinion regarding Xenophon's authority held by my preceptor Dissen, worthy as he was of my unceasing affection; but, the more frequent and careful has been my perusal of the Socratic books of Xenophon, the more I began to doubt the truth of the conclusions of Dissen and the others above stated; and at last was I convinced that they should be wholly rejected, and that the true and genuine doctrines of Socrates have been handed down to us by Xenophon alone. The writers above enumerated appear to me to have chiefly erred, because they did not examine the doctrine of Socrates as described by Xenophon, by itself and independently, but have compared it with the doctrines attributed to Socrates by Plato, and endeavored to reduce it to conformity with them. The necessary result was, that the unadorned and inartificial simplicity of Socrates as described by Xenophon was at once overwhelmed by the richness and splendor of the philosopher described by Plato. As the former called down Philosophy from heaven to earth, and adapted her to the necessities and plans of every-day life, so the latter raised her from earth to heaven, and formed her by the divine images of all that is honorable, beautiful, or just.

And assuredly, if we should follow no other authority regarding Socrates save that of Xenophon, yet, if we weigh the matter with diligence, and unbiased by a preconceived opinion, we must needs confess that the deserts of Socrates as a philosopher are illustrious and immortal; for he first scrutinized the secret corners of the human heart, and keenly examined the nature of the mind, laid open the source of thought, and so reared the fabric of Philosophy upon a firmer and surer foundation.[1] All the philosophers who taught before him were engaged upon the discovery of mysterious things, or matters wrapped in secresy by Nature herself. From these physical investigations, which conduce in no respect to a happy life. Socrates led Philosophy to the examination of the soul of man and his life, and thus became the first teacher of all moral doctrine. Although the brilliancy of such a philosophy is eclipsed by the burning light of Plato's splendor, yet if we consider that it was the elder it is most worthy of our admiration; add, too, that by discovering the fount of human thought, Socrates scattered the frivolity and vanity, and broke down the authority of the Sophists, who placed the science of all things, not in thought or intellect, but fondly persuaded themselves that it existed in the senses, and endeavored to unsettle the minds of their fellow-citizens by an unmeaning jargon of empty words, and a wild confusion of ideas; add, too, that by the integrity of his life and the purity of his character, Socrates led the way for his countrymen on the path of righteous life, and by his most glorious death established the sincerity of his doctrine: if we embrace all this in thought, we will cease to wonder how that Socrates, such as he is described by Xenophon, could have obtained from all men such celebrity and fame; and even in the divine genius of Plato could excite such admiration, that he attributed all his discoveries to his glorious master, from whose lips he had caught the first principles of all true investigation.

---

1. Compare *Cic., Academ.*, l. 4, 15 *Tusc.*, v., 4, 10.

But to proceed to our immediate subject. The moral doctrine of the Xenophontean Socrates seeks in every action what may be its especial good. The moral doctrine of the Platonic Socrates, on the other hand, sets forward the highest good in the abstract τὸ ἀγαθόν. i. e., the Deity. All that the human mind can reach which is good or beautiful, that, he asserts, is the most perfect exemplar of all virtue, which we should look to and follow all our life through. Who will assert that this doctrine is not most exalted and divine? but that it is Socratic I vehemently deny. Can any art or science be found which, at its very origin, sprung forth finished and perfect in all its parts? Nay, it is natural to the matter itself, that he by whom the first foundation of Moral Philosophy was laid, should refer all science and all virtue to the standard of utility, i. e., to the test regarding the end of action; and should in every action seek what might be its particular good, i. e., what each thing may contribute to the obtaining of happiness of life, which happiness is life's highest end. Dissen, and the followers of his opinion regarding the Xenophontean Socrates, interpret that utility which Socrates shows should be followed in every action, as if it were perceived alone by certain advantages external to the action itself; but in this opinion they are wholly deceived; nay, that utility must be nothing else than the express end of action, or that which each looks to in action. Hence Socrates laid down that nothing can be good unless it be useful (ὠφέλιμον), i. e., unless it be that which has a close connection with happiness of life, while this happiness is not placed in pleasure, but in virtues.[1] And, accordingly, Socrates is said to have usually execrated those who first in thought severed the virtuous from the useful, united and coherent as these are by nature.[2]

Besides what we have above stated as to the nature of the Moral Philosophy of Socrates, many other considerations exist against our calling in question the genuineness of the doctrine laid down by Xenophon.

And, first, Xenophon was a most attentive auditor of Socrates, and although less adapted by natural endowments for the more recondite disquisitions of philosophy, yet he excelled in so many brilliant characteristics of mind and talent, that among all the friends and companions of Socrates, none was more fitted rightly to catch the true spirit of his master's teaching and faithfully hand it down to us. We do not insist upon his candor, purity of character, sterling judgment, his acquirements in literature, the gracefulness and

---

1. *Plato, Alcib.*, I., p. 116, C.   2. *Cic., Off.*, III., 3, 11.

elegance of his genius, his love of truth, and his whole life passed amid the bustling throng of men. Yet all these points wonderfully coincide with the disposition, character, and life of Socrates. If any other, Xenophon peculiarly should be called Socratic; for he had imbibed in his heart the whole principles of his master, so that not only do all his writings breathe the same Socratic spirit which we see stamped upon these commentaries, but his whole life is modelled and directed upon the principles of his precepts. Finally, from the very fact that Xenophon's natural talent was not such as to influence him to amplify his master's doctrine and enrich it with new discoveries, the strongest argument for his authenticity is derived. The fact is far otherwise in the case of Plato. The latter yielded not to Xenophon in love or admiration for his master, but from a certain divine exuberance of genius, an incredible acuteness of mind, an admirable faculty for conceiving imagery, born and formed, as it were, for the pursuit of the most recondite philosophy, he could not rest within the limits of his master's teaching, or remain satisfied with his discoveries; but the first principles of philosophy received from him he amplified by the celestial magnificence of his mind, and elevated from the humility of actual life to his divine ideality. Neither the acuteness nor subtlety of the Platonic philosophy, nor the sublimity and majesty of his style, harmonize with the genius of Socrates, who daily conversed in the workshops and public streets, on virtue and vice, on good and evil.[1] Of the whole system of Socrates (excepting a few of his axioms, such as that all virtue consists in knowledge), Plato appears to have adopted nothing else but his new and admirable mode of argument, by which he first acutely examined the principles of the human mind, and laid a secure foundation for thought. Nor are there any traces found in Plato from which we can certainly conclude that the true and genuine doctrine of Socrates is contained in his Dialogues. Nay, if with diligent study we read his Dialogues, we clearly see many doctrines in the progress of time to be gradually improved and at length perfected by Plato; and hence it is evident that Plato did not hand down a philosophy already completed and imparted to him by another, but wrote a system of philosophy wholly and peculiarly his own, proceeding in improvement as his age increased. A difficult and dangerous line of argument they appear to me to have adopted, who conclude, from the doctrine of a pupil, what the doctrine of the instructor should be, or be not, especially if the disposition, life,

---

1. Compare *Diog. Laert., Vit. Plat.*, xxiv., 35.

and design of both were most different. On the other hand, Xenophon, in his Commentaries, desired not to act the part of a philosopher, but to support the character of a simple narrator, and in describing the life and teaching of his master, to defend him against the accusations of his enemies. He must, accordingly, have made it his highest care religiously to preserve historical accuracy in all his statements. If we will cast an imputation of doubt upon Xenophon, we must confess that all the sources of ancient writers are impure, and the whole truth of antiquity is slippery ground.

It can not, indeed, be asserted that Xenopnon has given the dialogues of Socrates in his express words unaltered, since that does not appear to have been his own intention, and in many places he states his desire to mention " what he had treasured up in memory," while he often relates discussions related to him by ear and eye witnesses. But it can not be questioned that Xenophon, enjoying the closest intimacy with his master, most diligently observed his whole life, and made himself fully acquainted with his mode of disputation, constantly reviving by memory and meditation his sentiments and arguments; nor is it at all unlikely that he set down briefly the heads of the discussions he heard from Socrates.

The very form and style of the Socratic sentiments in Xenophon are every where so moulded, that every portion presents the appearance of truth, and seems to be drawn from actual life. Moreover the same argument is frequently handled in different and separate discourses; and if these were united together, the subject would be completed with much more clearness and accuracy. Hence we may fairly conclude that Xenophon did not unite or compound his master's discussions at his own fancy, but wrote them down as he had heard them delivered, if not in the precise words, at least preserving the sentiments and arguments.

Finally, it is no slight proof of Xenophon's authenticity that he composed this commentary to defend the life and doctrine of his preceptor against the accusations of his adversaries. To this design, what could be more abhorrent than to draw up a set of discourses from mere fiction, language which Socrates had never uttered, and to publish facts and sentiments at variance with his philosophy, known, as it was, to so many persons? Xenophon himself, too, in express terms, tells us that he relates either what he heard with his own ears, or from the lips of others.

Unless we are inclined to believe that Xenophon was so poorly endowed by nature as to be unable to comprehend a philosophy not speculative and remote from daily life, but a popular system formed and improved amid the throng of men; or so lost in reason as, by the corruption and alteration of his master's doctrine, not to see that he would enfeeble the whole power and force of his defence; or so guilty as not to blush to recommend falsehood for truth, and thus overturn all faith and accuracy of statement; or, finally, of so weak a mind as to prefer the petty reputation arising from a display of his own talent to the glorious fame of a faithful and veracious writer—unless we are inclined to lay down this, we must acknowledge that Xenophon has handed down the true and genuine doctrine of Socrates.

And yet so far am I from supposing that the entire and complete Philosophy of Socrates is contained in the writings of Xenophon, that I certainly believe much to have been delivered by Socrates to his pupils and followers which was unknown to Xenophon, or unconnected with the especial object of this book. Many subjects, also, which are here cursorily and briefly touched upon by Socrates, I believe to have been treated of more fully and accurately in other discourses. Yet I also believe, that, whatever may have been the nature of those discussions which are not contained in this commentary, they all closely harmonized with the doctrine of Socrates as it has been here set forth by Xenophon.

V. On the Dæmon of Socrates.

In all ancient writings concerning Socrates, mention is constantly made of a dæmon (δαιμόνιον), which was, as it were, his constant companion through life. Since not only in ancient times, but even in our own day,[1] numerous and varied opinions, often farfetched and portentous, have been propounded, we are called upon to declare what conclusion we have come to regarding it, from a diligent comparison of all those passages in Plato and Xenophon in which mention is made of the dæmon, and also of a book specially written upon the subject by Plutarch.

And, first, we must remark, that the word δαιμόνιον, in general, signifies the same as θεῖον, i. e., "divine," whatsoever proceeds from the gods. Thus, in *Mem.*, i., 1, 9: "τοὺς δὲ μηδὲν τῶν τοιούτων οἰομένους εἶναι δαιμόνιον, ἀλλὰ πάντα τῆς ἀνθρωπίνης γνώμης," the word δαιμόν.ον is opposed to all that springs from the operation

---

1. Among modern writers on this subject, we may name Tennemann, in his *Gesch. d. Philos.*, vol. ii., p. 31, seqq.; Schleiermacher, in his *Translation of Plato*, pt. i., vol. ii., p. 415; Ast, *Platon's Leben und Schriften*, p. 483, seqq.; Thiersch, *Wiener Jahrb.*, pt. iii. (1818), p. 84, seqq.; Rötscher, *Aristophanes und sein Zeitalter*, p. 255, seqq.

of the human intellect Hence τὸ δαιμόνιον (with the article[1] has the same meaning as τὸ θεῖον, "the deity," "the divinity," as in *Mem.*, i., 4, 2 : λέξω ..., ἅ ποτε αὐτοῦ ἤκουσα περὶ τοῦ δαιμονίου διαλεγόμενον. -10 : οὗτοι .... ὑπερορῶ τὸ δαιμόνιον: and iv., 3, 14 : ἀλλὰ μὴν καὶ ἀνθρώπου γε ψυχή, ἥ, εἴπερ τι καὶ ἄλλο τῶν ἀνθρωπίνων, τοῦ θείου μετέχει, ὅτι μὲν βασιλεύει ἐν ἡμῖν, φανερόν, ὁρᾶται δὲ οὐδ' αὐτή. ῍Α χρὴ κατανοοῦντα μὴ καταφρονεῖν τῶν ἀοράτων, ἀλλ' ἐκ τῶν γιγνομένων τὴν δύναμιν αὐτῶν καταμανθάνοντα τιμᾶν τὸ δαιμόνιον (where it has evidently the same meaning as τοῦ θείου above).[1] Hence, also, the plural form τὰ δαιμόνια has usually the same meaning as οἱ θεοί, as among the Germans, *die Gottheiten* for *Götter* · thus, in *Mem.*, i., 1, 1 : οὓς μὲν ἡ πόλις νομίζει θεοὺς οὐ νομίζων, ἕτερα δὲ καινὰ δαιμόνια εἰσφέρων: and similarly in numerous passages.

And, first, let us consider the passages in Xenophon relating to this subject. See *Mem.*, i., 1, 2–5.

From that passage it clearly appears that the dæmon (τὸ δαιμόνιον) was a certain divine voice or intimation which Socrates mentally felt, and which either discouraged him from the performance of any act, or encouraged him in the performance of it. That this voice was divine, Socrates concluded, because it never deceived him, but always proved to be true. This certain truth regarding future things could proceed from nothing except a deity. Nor was the perception of this voice limited only to his own immediate concerns, but aided him in assisting others by his counsel. In fine, what auguries, oracles, and other external signs of the divine will were to the rest of men, his dæmon was to Socrates. Nor is there a less important passage in *Mem.*, iv., 3, 12, 13, where, by many arguments, having proved that the gods take diligent concern for the human race, he gives, as the last proof of divine providence, the fact that the gods have granted divination to man, by which future events are discovered. To this Euthydemus replies, "To you, Socrates, the gods seem to be more benign than to other mortals, since, even though not interrogated by you, they signify beforehand what it is right you should do, and what not" (in which words Euthydemus alludes to the δαιμόνιον of Socrates). To this Socrates replies : ὅτι δέ γε ἀληθῆ λέγω, καὶ σὺ γνώσει, ἂν μὴ ἀναμένῃς, ἕως ἂν τὰς μορφὰς τῶν θεῶν ἴδῃς, ἀλλ' ἐξαρκῇ σοι τὰ ἔργα αὐτῶν ὁρῶντι σέβεσθαι καὶ τιμᾶν τοὺς θεούς. Ἐννόει δέ, ὅτι καὶ αὐτοὶ οἱ θεοὶ οὕτως ὑποδεικνύουσιν, &c. From this passage, it is clear that Socrates

---

1. Compare *Aristot., Rhet.*, ii., 23, 8.

did not consider that the δαιμόνιον was given specially to himself alone, as a peculiar gift, by the Deity, but was common to him with other men.[1] Other men, indeed, did not acknowledge this δαιμόνιον, simply because they had not faith in it, so as to be satisfied with perceiving its effects by their understanding, but wished to behold it bodily with their eyes. But, in order that this divine voice may be heard by us, we worship the gods with piety and sanctity. Akin to these passages are *Mem.*, iv., 8, 1 : Εἰ δέ τις, ὅτι φάσκοντος αὐτοῦ (τοῦ Σωκράτους) τὸ δαιμόνιον ἑαυτῷ προσημαίνειν ἅ τε δέοι καὶ ἃ μὴ δέοι πράττειν, ὑπὸ τῶν δικαστῶν κατεγνώσθη θάνατος, οἴεται αὐτὸν ἐλέγχεσθαι περὶ τοῦ δαιμονίου ψευδόμενον, ἐννοησάτω πρῶτον μὲν ὅτι, &c. ; where Xenophon endeavors to prove that they were deceived who thought, because Socrates was condemned to death and could not escape capital sentence, that therefore he had spoken falsely as regarded his δαιμόνιον, seeing that he asserted it to signify beforehand to him what he should do and what he should not And Xenophon proves so by this argument, that the δαιμόνιον was right in allowing Socrates to be put to death, since by death, no evil, but, on the contrary, the highest good, was provided for him. Comp. § 5 and 6 : Ἀλλὰ νὴ τὸν Δία, φάναι αὐτόν (sc. Σωκράτην), ὦ Ἑρμόγενες, ἤδη μου ἐπιχειροῦντος φροντίσαι τῆς πρὸς τοὺς δικαστὰς ἀπολογίας ἠναντιώθη τὸ δαιμόνιον. Καὶ αὐτὸς (Ἑρμογένης ἔφη) εἰπεῖν· θαυμαστὰ λέγεις· τὸν δὲ Σωκράτην, Θαυμάζεις, φάναι, εἰ τῷ θεῷ δοκεῖ βέλτιον εἶναι ἐμὲ τελευτᾶν τὸν βίον ἤδη, where Socrates expressly says that the advice of the dæmon was that which was pleasing to the divinity. Sentences to the same purport are found *Apol.*, 4, 5, 12, 13, where Socrates calls his dæmon " the voice of God," θεοῦ φωνήν.

The passages from Plato are as follows, *Apol.*, p. 31, C. D.: ὑμεῖς ἐμοῦ πολλάκις ἀκηκόατε πολλαχοῦ λέγοντος, ὅτι μοι θεῖόν τι καὶ δαιμόνιον γίνεται ...... ἐμοὶ δὲ τοῦτ' ἔστιν ἐκ παιδὸς ἀρξάμενον, φωνή τις γιγνομένη, ἥ, ὅταν γένηται, ἀεὶ ἀποτρέπει με τούτου, ὃ ἂν μέλλω πράττειν, προτρέπει δὲ οὔποτε. Here we see that Plato agrees with Xenophon in explaining the power and meaning of this dæmon, but disagrees in this, that while Xenophon, in many passages, asserts that Socrates was not only prevented by the dæmon from undertaking any act, but also was urged to undertake others, Plato expressly declares that the dæmon had only a dissuasive power, never a persuasive. Nor less clearly is the latter's opinion stated in many places, *e. g.*, *Theag.*, p. 128, D.: ἔστι γάρ τι θείᾳ μοίρᾳ παρεπόμενον

---

[1] Compare l., 1, 19 : Σωκράτης δὲ πάντα μὲν ἡγεῖτο, κ. τ. λ.

ἐμοὶ ἐκ παιδὸς ἀρξάμενον δαιμόνιον· ἔστι δὲ τοῦτο φωνή, ἥ, ὅταν γένηται, ἀεί μοι σημαίνει, ἃ ἂν μέλλω πράττειν, τούτου ἀποτροπήν, προτρέπει δὲ οὐδέποτε· καὶ ἄ.ν τίς μοι τῶν φίλων ἀνακοινῶται καὶ γένηται ἡ φωνή, ταὐτὸν τοῦτο ἀποτρέπει, καὶ οὐκ ἐᾷ πράττειν· καὶ τούτων ὑμῖν μάρτυρας παρέξομαι. This extraordinary discrepancy may be removed, if with Tennemann[1] we suppose that Xenophon did not accurately distinguish between the results to which the divine voice referred, and those which Socrates himself inferred from its silence. If this voice, whenever it was heard by Socrates, was a sign of discouragement, it follows, of necessity, that as often as the voice was silent, its silence was a sign of encouragement and exhortation. In the *Apology*, also, p. 40, A., B., C., it is clear that Socrates took the silence of the dæmon as a sign of assent. And in *Phædr.*, 242, B., C.: ἡνίκ' ἔμελλον ..... τὸν ποταμὸν διαβαίνειν, τὸ δαιμόνιόν τε καὶ τὸ εἰωθὸς σημεῖόν μοι γίγνεσθαι ἐγένετο· ἀεὶ δέ με ἐπίσχει ὃ ἂν μέλλω πράττειν, where the words καὶ τὸ εἰωθὸς σημεῖον are added as explanatory, "The Dæmon," i. e., that well-known sign. Besides the above passages, we may also compare *Euthyphr.*, p. 3, B.; *Theatet.*, p. 151, A.; *Polit.*, vi., p. 496, C.; *Alcib.*, i., p. 103, A., B., p. 124, C. Those passages in the Theages, a dialogue unjustly attributed to Plato, differ from those in Xenophon and Plato, because in them such power and efficacy is attributed to the Socratic dæmon as that they who experienced the intimacy of Socrates, although they had embraced none of his doctrine, by his mere presence and propinquity advanced in virtue; yet not all, but only those whom the Deity willed should (ἐὰν τῷ θεῷ φίλον ᾖ). This idea of the Socratic dæmon approaches nearest to that invented at a later period, and which attributed to Socrates a sort of tutelary spirit or genius

In Plutarch (*de Socratis Genio*) many statements are made, partly strange, partly ridiculous, but yet some sentiments here and there interspersed are admirable. In chap. x., Theocritus says, "that the dæmon was given by God to Socrates as his guide in life, to afford him light on obscure points, and knowledge in things not comprehended by human intellect, and to inspire his counsels by a certain divine spirit (ἐπιθειάζον ταῖς αὑτοῦ προαιρέσεσι)." But what is afterward related of the power of this dæmon is ridiculous; e. g., "Socrates wished once, with some of his friends, to enter the house of Andocides, but suddenly stopped in his way, being warned by his dæmon. Having meditated in silence for a time, he then proceeded to his destination, not by the straight course, but by another

---

[1] *Gesch. der Phil.*, pt. ii., p. 32.

route. Many of his friends follow him, but some, desirous of proving the dæmon of Socrates to be false, go by the straight course; as these latter proceeded, a herd of swine, covered with filth, meets them; and, since they had no way to avoid their path, the swine overthrow some, and cover others with filth." Although this is a ridiculous and jocular anecdote, and the matter, if true, is rather to be attributed to chance than to the effect of the dæmon, it is intended to prove that the dæmon warned Socrates not only in matters of great, but even in those of little importance; which Plato also asserts in the passage cited above, *Apol.*, p. 40, chap. xi. Plutarch agrees with Xenophon in attributing to the dæmon both a persuasive and dissuasive force (δαιμόνιον εἶναι τὸ κωλῦον ἢ κελεῦον). And then, having opposed the opinion of a certain Megarean, who thought the dæmon of Socrates to be "a sneeze," he thus proceeds: Αἱ δὲ Σωκράτους αὖ ὁρμαὶ τὸ βέβαιον ἔχουσαι καὶ σφοδρότητα φαίνονται πρὸς ἅπαν, ὡς ἂν ἐξ ὀρθῆς καὶ ἰσχυρᾶς ἀφειμέναι κρίσεως καὶ ἀρχῆς, the whole life of Socrates and his death is not that ἀνδρὸς ἐκ κληδόνων ἢ πταρμῶν μεταβαλλομένην, ὅτε τύχοι, γνώμην ἔχοντος, ἀλλ' ὑπὸ μείζονος ἐπιστασίας καὶ ἀρχῆς ἀγομένου πρὸς τὸ καλόν. But, omiting other passages which do not tend to explain the matter, we proceed to one of considerable importance (chap. xx.):

(Σιμμίας) Σωκράτην μὲν ἔφη περὶ τούτων ἐρόμενός ποτε μὴ τυχεῖν ἀποκρίσεως, διὸ μηδ' αὖθις ἐρέσθαι· πολλάκις δ' αὐτῷ παραγενέσθαι τοὺς μὲν δι' ὄψεως ἐντυχεῖν θείῳ τινὶ λέγοντας ἀλαζόνας ἡγουμένῳ, τοῖς δ' ἀκοῦσαί τινος φωνῆς φάσκουσι προσέχοντι τὸν νοῦν καὶ διαπυνθανομένῳ μετὰ σπουδῆς· ὅθεν ἡμῖν παρίστατο, σκοπουμένοις ἰδίᾳ πρὸς ἀλλήλους, ὑπονοεῖν, μή ποτε τὸ Σωκράτους δαιμόνιον οὐκ ὄψις, ἀλλὰ φωνῆς τινος αἴσθησις, ἢ λόγου νόησις εἴη, συνάπτοντος ἀτόπῳ τινὶ τρόπῳ πρὸς αὐτὸν ὥσπερ καὶ καθ' ὕπνον οὐκ ἔστι φωνή, λόγων δέ τινων δόξας καὶ νοήσεις λαμβάνοντες, οἴονται φθεγγομένων ἀκούειν· ἀλλὰ τοῖς μὲν ὡς ἀληθῶς ὄναρ ἡ τοιαύτη σύνεσις γίνεται, δι' ἡσυχίαν καὶ γαλήνην τοῦ σώματος, ὅταν καθεύδωσι· μόλις ἐπήκοον ἔχουσι τὴν ψυχὴν τῶν κρειττόνων· καὶ πεπνιγμένοι γε θορύβῳ τῶν παθῶν καὶ περιαγωγῇ τῶν χρειῶν εἰσακοῦσαι καὶ παρασχεῖν τὴν διάνοιαν οὐ δύνανται τοῖς δηλουμένοις. Σωκράτει δὲ ὁ νοῦς καθαρὸς ὢν καὶ ἀπαθὴς τῷ σώματι μικρὰ τῶν ἀναγκαίων χάριν καταμιγνὺς αὐτόν, εὐαφὴς ἦν καὶ ληπτὸς ὑπὸ τοῦ προσπεσόντος ὀξέως μεταβαλεῖν· τὸ δὲ προσπῖπτον οὐ φθόγγον, ἀλλὰ λόγον ἄν τις εἰκάσειε δαίμονος, ἄνευ φωνῆς ἐφαπτόμενον αὐτῷ τῷ δηλουμένῳ τοῦ νοοῦντος.

Nor must we pass over in silence Cicero's opinion regarding the same dæmon: "Ut igitur," he proceeds, "qui se tradet ita quieti, præparato animo quum bonis cogitationibus, tum rebus ad tranquil litatem accommodatis, certa et vera cernit in somnis: sic castus sensus purusque vigilantis et ad astrorum et ad avium reliquorumque signorum et ad extorum veritatem est paratior. Hoc nimirum est illud, quod de Socrate sæpe dicitur, esse divinum quiddam, quod δαιμόνιον appellat, cui semper ipse paruerit, nunquam impellenti, sæpe revocanti."

It remains now, from a comparison of these passages, briefly to state our own opinion regarding this point.

From all that has been cited above, it appears most clearly that the dæmon was not considered to have any external form or appearance, nor to have been any thing externally perceptible by the senses, but to have been a more intense emotion of the mind, which Socrates called δαιμόνιον, from a persuasion that that emotion arose within him from the Deity. It is called, indeed, a divine voice, but we must understand by this a voice not heard by the bodily ears, but mentally perceived. This divine voice, which from his boyhood, as Plato states, was the lot of Socrates, and never left him during his whole life, was always heard by him as often as he was about to do any thing neither rightly nor honorably: its silence he considered to be a sign of approbation; and so this dæmon is thought by Xenophon to have had both a persuasive and dissuasive power. Not only in matters pertaining to Socrates alone, but also in those of others, in subjects of great or little importance, this voice was heard in warning; it never deceived, but always spoke the truth; and hence Socrates was convinced of its divinity. Nor did Socrates consider that divine voice to be any peculiar benefit given by God to himself alone, but to be shared also with other men: that its power could be mentally perceived by all men who worship the gods with piety and truth, and are pure and chaste. Hence it is clear that this dæmon was naught else than an emotion of the mind, by which Socrates was dissuaded from his design of performing any thing; an emotion common, indeed, to all other men, but not having the same efficacy in all, but in proportion to the purity and integrity of each, in proportion to his acuteness and vigor of intellect, to his upright thoughts and chastity of character, so the more vivid and efficacious. It should not be wondered at that this emotion of an interior power in the majority of men should be so trifling and powerless as not to be perceived at all, while in Socrates it was most vigorous and impulsive; for Socrates was imbued with the most delicate sense of honor, rare purity of character, heartfelt piety toward God, and a firm persuasion of his providential care. Endowed, moreover, with a wonderful acuteness of intellect, vigor

of mind, and clearness of judgment, he investigated the whole na
ture of the human mind, and paid the closest attention to its emo-
tions. But this δαιμόνιον did not shed its light alike on all subjects
but only on those which could not be embraced within the scope of
human thought; for, since reason was given by God to the human
race, Socrates considered it impious to strive after divine forewarn
ings in all things which man could discover by the exertion of tha
intellect alone.

NOTE BY THE AMERICAN EDITOR.

A NEW theory was started in 1836 by a French physician, Lelut
in relation to the dæmon of Socrates, which is not noticed by Küh
ner, but would seem, nevertheless, to contain the only rational ex-
position of this much-contested question. Lelut ranks the belief
which Socrates entertained respecting a divine and secret monitor
under the head of *mental hallucination*, and maintains that the phi
losopher, under the influence of an active mental organization and
ardent imaginative powers, gradually worked himself into this be
lief of an internal monitor, although perfectly sound in mind on ev
ery other point. In other words, it was simply and plainly *mono-
mania*. Lelut's official experience in the treatment of cases involv
ing a greater or less degree of mental aberration, renders his re-
marks on this head peculiarly valuable. To a German scholar,
wrapped in the transcendental speculations of his country's philos-
ophy, and seeking and finding the mysterious every where, the the-
ory of Lelut has little, if any thing, to recommend it; but to one
accustomed to come into daily contact with his fellow-men, and
observe the various eccentricities and weaknesses in which even
the strongest minds are prone to indulge (and ofttimes, the stronger
the intellect, the more startling the hallucination), the view of the
French physician will appear an extremely plausible one. The
title of his work is as follows: "*Du Démon de Socrate, Specimen
d'une application de la Science Psychologique a celle de l'histoire. Par
F. Lelut, Médecin surveillant de la Division des Aliénés de l'Hospice de
Bicêtre, et Médecin adjoint de la Prison.*" Paris, 1836.

XENOPHONTIS

MEMORABILIA

SOCRATIS.

XENOPHON'S MEMORABILIA

OF

SOCRATES.

BOOK I.

CHAPTER I.
SUMMARY.

THE two charges brought against Socrates by his accusers, and for which he suffered death, are first stated. These were, 1. *His not regarding, as such, the gods recognized by the state, but introducing* ἕτερα καινὰ δαιμόνια, and, 2. *His corrupting of the young.* (§ 1.)

Xenophon proceeds to defend his master's memory against these charges, as follows:

1. Socrates did not slight the gods of his country, but often sacrificed to them, both at home and on the public altars. (§ 2.)
2. Neither did he make any secret of his use of divination. (§ 2.)
3. As to his saying, indeed, that he was accustomed to receive certain intimations from an internal something, which he called τὸ δαιμόνιον, he did not, even as regarded this, differ essentially from the rest of his countrymen, for they themselves, when making use of auguries, and omens, and other things of this kind, did not suppose that these things knew what was good for them, but that the gods by their means gave intimations of the future. (§ 3.)
4. In one respect however, he certainly did differ from the great body of his countrymen· for whereas the greater part of those who practice divination say that they are influenced in their actions by the flight of birds, or some other accidental occurrence, Socrates, on the contrary, said, openly and without reserve, that he received his intimations, not externally, from birds and other objects, but internally, from what he called τὸ δαιμόνιον; and he gave advice, also, to many of his friends and followers in accordance with the suggestions of this same δαιμόνιον. (§ 4.) Now he would never, surely, have done this in the case of his friends and followers, had he not been sincere in his convictions with regard to these internal suggestions; and if sincere respecting these, how could he disbelieve the existence of gods? (§ 5.)
5. Again, as regarded the necessary affairs of life, Socrates always advised his friends to perform these in the best manner they were able

A

with respect, however, to those matters the event whereof was doubtful, he always sent them to consult the gods whether these ought to be undertaken or not; whereas he thought it a kind of impiety to endeavor to ascertain from the gods what can be satisfactorily mastered by the powers of the human intellect. (§ 6–9.)

6. Still farther, though Socrates was always in public, and more or less amid crowds of men, yet no one ever saw him doing, or heard him saying, any thing impious or profane. Neither did he occupy himself, like others, with curious but unprofitable researches into the operations of nature; on the contrary, he thought that the things relating to man formed man's proper study, and that those inquiries alone deserved to be pursued by us, the results of which would tend directly to make us virtuous, and, consequently, happy. (§ 10–17.)

7. He did not, however, merely teach the lessons of morality and virtue, but exemplified them, also, in his own life and conduct; and a remarkable instance of his unbending integrity, and his regard for the sacred character of an oath, was given in the case of Thrasyllus and Erasinides, together with their colleagues, when the people wished to condemn them contrary to the laws. And his reverence for an oath arose from a deepseated conviction that every word, every action, nay, even our most secret thoughts, lie open to the view of Deity. How, then, could the Athenians ever suffer themselves to be persuaded that such a man entertained sentiments injurious to the gods? (§ 18–20.)

1. ΠΟΛΛΆΚΙΣ ἐθαύμασα, τίσι ποτὲ λόγοις 'Αθηναίους ἔπεισαν οἱ γραψάμενοι Σωκράτην, ὡς ἄξιος εἴη θανάτου τῇ πόλει. Ἡ μὲν γὰρ γραφὴ κατ' αὐτοῦ τοιάδε τις ἦν· ἀδικεῖ Σωκράτης οὓς μὲν ἡ πόλις νομίζει θεοὺς οὐ νομίζων, ἕτερα δὲ καινὰ δαιμόνια εἰςφέρων· ἀδικεῖ δὲ καὶ τοὺς νέους διαφθείρων.

2. Πρῶτον μὲν οὖν, ὡς οὐκ ἐνόμιζεν οὓς ἡ πόλις νομίζει θεούς, ποίῳ ποτ' ἐχρήσαντο τεκμηρίῳ; θύων τε γὰρ φανερὸς ἦν πολλάκις μὲν οἴκοι, πολλάκις δὲ ἐπὶ τῶν κοινῶν τῆς πόλεως βωμῶν, καὶ μαντικῇ χρώμενος οὐκ ἀφανὴς ἦν· διετεθρύλητο γάρ, ὡς φαίη Σωκράτης τὸ δαιμόνιον ἑαυτῷ σημαίνειν· ὅθεν δὴ καὶ μάλιστά μοι δοκοῦσιν αὐτὸν αἰτιάσασθαι καινὰ δαιμόνια εἰσφέρειν. 3. Ὁ δὲ οὐδὲν καινότερον εἰσέφερε τῶν ἄλλων, ὅσοι μαντικὴν νομίζοντες οἰωνοῖς τε χρῶνται καὶ φήμαις καὶ συμβόλοις καὶ θυσίαις· οὗτοί τε γὰρ ὑπολαμβάνουσιν οὐ τοὺς ὄρνιθας οὐδὲ τοὺς ἀπαντῶντας εἰδέναι τὰ συμφέροντα τοῖς μαν-ευομένοις, ἀλλὰ

τοὺς θεοὺς διὰ τούτων αὐτὰ σημαίνειν, κἀκεῖνος δὲ οὕτως ἐνόμιζεν. 4. Ἀλλ' οἱ μὲν πλεῖστοί φασιν ὑπό τε τῶν ὀρνίθων καὶ τῶν ἀπαντώντων ἀποτρέπεσθαι τε καὶ προτρέπεσθαι· Σωκράτης δέ, ὥσπερ ἐγίγνωσκεν, οὕτως ἔλεγε· τὸ δαιμόνιον γὰρ ἔφη σημαίνειν. Καὶ πολλοῖς τῶν ξυνόντων προηγόρευε τὰ μὲν ποιεῖν, τὰ δὲ μὴ ποιεῖν, ὡς τοῦ δαιμονίου προσημαίνοντος· καὶ τοῖς μὲν πειθομένοις αὐτῷ συνέφερε, τοῖς δὲ μὴ πειθομένοις μετέμελε. 5. Καίτοι τίς οὐκ ἂν ὁμολογήσειεν αὐτὸν βούλεσθαι μήτ' ἠλίθιον μήτ' ἀλαζόνα φαίνεσθαι τοῖς συνοῦσιν; Ἐδόκει δ' ἂν ἀμφότερα ταῦτα, εἰ προαγορεύων ὡς ὑπὸ θεοῦ φαινόμενα κἆτα ψευδόμενος ἐφαίνετο. Δῆλον οὖν, ὅτι οὐκ ἂν προέλεγεν, εἰ μὴ ἐπίστευεν ἀληθεύσειν. Ταῦτα δὲ τίς ἂν ἄλλῳ πιστεύσειεν ἢ θεῷ; Πιστεύων δὲ θεοῖς πῶς οὐκ εἶναι θεοὺς ἐνόμιζεν; 3. Ἀλλὰ μὴν ἐποίει καὶ τάδε πρὸς τοὺς ἐπιτηδείους· τὰ μὲν γὰρ ἀναγκαῖα συνεβούλευε καὶ πράττειν, ὡς ἐνόμιζεν ἄριστ' ἂν πραχθῆναι· περὶ δὲ τῶν ἀδήλων, ὅπως ἂν ἀποβήσοιτο, μαντευσομένους ἔπεμπεν, εἰ ποιητέα· 7. Καὶ τοὺς μέλλοντας οἴκους τε καὶ πόλεις καλῶς οἰκήσειν μαντικῆς ἔφη προσδεῖσθαι· τεκτονικὸν μὲν γάρ, ἢ χαλκευτικόν, ἢ γεωργικόν, ἢ ἀνθρώπων ἀρχικόν, ἢ τῶν τοιούτων ἔργων ἐξεταστικόν, ἢ λογιστικόν, ἢ οἰκονομικόν, ἢ στρατηγικὸν γενέσθαι, πάντα τὰ τοιαῦτα μαθήματα, καὶ ἀνθρώπου γνώμῃ αἱρετέα ἐνόμιζεν εἶναι· 8. Τὰ δὲ μέγιστα τῶν ἐν τούτοις ἔφη τοὺς θεοὺς ἑαυτοῖς καταλείπεσθαι, ὧν οὐδὲν δῆλον εἶναι τοῖς ἀνθρώποις. Οὔτε γάρ τοι τῷ καλῶς ἀγρὸν φυτευσαμένῳ δῆλον, ὅστις καρπώσεται· οὔτε τῷ καλῶς οἰκίαν οἰκοδομησαμένῳ δῆλον, ὅστις οἰκήσει· οὔτε τῷ στρατηγικῷ δῆλον, εἰ συμφέρει στρατηγεῖν· οὔτε τῷ πολιτικῷ δῆλον, εἰ συμφέρει τῆς πόλεως προστατεῖν· οὔτε τῷ καλὴν γήμαντι, ἵν' εὐφραίνηται, δῆλον, εἰ διὰ ταύτην ἀνιάσεται· οὔτε τῷ δυνατοὺς ἐν τῇ πόλει κηδεστὰς λαβόντι δῆλον, εἰ διὰ τούτους στερήσεται τῆς πόλεως. 9. Τοὺς δὲ μηδὲν τῶν τοιούτων οἰομένους εἶναι δαιμόνιον, ἀλλὰ πάντα τῆς ἀνθρωπίνης γνώμης, δαιμονᾶν ἔφη· δαιμονᾶν δὲ καὶ τοὺς μαντευομένους, ἃ τοῖς ἀνθρώποις ἔδωκαν οἱ θεοὶ μαθοῦσι διακρίνειν· οἷον εἴ τις ἐπερωτῴη, πότερον ἐπιστάμενον ἡνιοχεῖν ἐπὶ ζεῦγος λαβεῖν κρεῖττον, ἢ μὴ ἐπιστάμενον· ἢ πότερον ἐπιστάμενον κυβερνᾶν ἐπὶ τὴν ναῦν κρεῖττον λαβεῖν, ἢ μὴ ἐπιστάμενον· ἢ ἃ ἔξεστιν ἀριθμήσαντας, ἢ μετρήσαντας, ἢ στήσαντας εἰδέναι· τοὺς τὰ τοιαῦτα παρὰ τῶν θεῶν πυνθανομένους ἀθέμιστα ποιεῖν ἡγεῖτο ἔφη δὲ δεῖν ἃ μὲν μαθόντας ποιεῖν ἔδωκαν οἱ θεοὶ μανθάνειν· ἃ δὲ μὴ δῆλα τοῖς ἀνθρώποις ἐστὶ πειρᾶσθαι διὰ μαντικῆς παρὰ τῶν θεῶν πυνθάνεσθαι· τοὺς θεοὺς γὰρ οἷς ἂν ὦσιν ἵλεῳ σημαίνειν.

10. Ἀλλὰ μὴν ἐκεῖνός γε ἀεὶ μὲν ἦν ἐν τῷ φανερῷ· πρωΐ τε γὰρ εἰς τοὺς περιπάτους καὶ τὰ γυμνάσια ᾔει, καὶ πληθούσης ἀγορᾶς ἐκεῖ φανερὸς ἦν, καὶ τὸ λοιπὸν ἀεὶ τῆς ἡμέρας ἦν ὅπου πλείστοις μέλλοι συνέσεσθαι· καὶ ἔλεγε μὲν ὡς τὸ πολύ, τοῖς δὲ βουλομένοις ἐξῆν ἀκούειν. 11. Οὐδεὶς δὲ πώποτε Σωκράτους οὐδὲν ἀσεβές, οὐδὲ ἀνόσιον, οὔτε πράττοντος εἶδεν, οὔτε λέγοντος ἤκουσεν. Οὐδὲ γὰρ περὶ τῆς τῶν πάντων φύσεως ᾗπερ τῶν ἄλλων οἱ πλεῖστοι διελέγετο, σκοπῶν, ὅπως ὁ καλούμενος ὑπὸ τῶν σοφιστῶν κόσμος ἔφυ, καὶ τίσιν ἀνάγκαις ἕκαστα γίγνεται τῶν οὐρανίων, ἀλλὰ καὶ τοὺς φροντίζοντας τὰ τοιαῦτα μωραίνοντας ἀπεδείκνυεν. 12. Καὶ πρῶτον μὲν αὐτῶν ἐσκόπει, πότερά ποτε νομίσαντες ἱκανῶς ἤδη τἀνθρώπινα εἰδέναι, ἔρχονται ἐπὶ τὸ περὶ τῶν τοιούτων φροντίζειν, ἢ τὰ μὲν ἀνθρώπεια παρέντες, τὰ δαιμόνια δὲ σκοποῦντες, ἡγοῦνται τὰ προσήκοντα πράττειν. 13. Ἐθαύμαζε δ', εἰ μὴ φανερὸν αὐτοῖς ἐστιν, ὅτι ταῦτα οὐ δυνατόν ἐστιν ἀνθρώποις εὑρεῖν· ἐπεὶ καὶ τοὺς μέγιστον φρονοῦντας ἐπὶ τῷ περὶ τούτων λέγειν, οὐ ταὐτὰ δοξάζειν ἀλλήλοις, ἀλλὰ τοῖς μαινομένοις ὁμοίως διακεῖσθαι πρὸς ἀλλήλους. 14. Τῶν τε γὰρ μαινομένων τοὺς μὲν οὐδὲ τὰ δεινὰ δεδιέναι, τοὺς δὲ καὶ τὰ μὴ φοβερὰ φοβεῖσθαι· καὶ τοῖς μὲν οὐδ' ἐν ὄχλῳ δοκεῖν αἰσχρὸν εἶναι λέγειν ἢ ποιεῖν ὁτιοῦν, τοῖς δὲ οὐδ' ἐξιτη-έον εἰς ἀνθρώπους εἶναι δοκεῖν· καὶ τοὺς μὲν οὔθ' ἱερόν, οὔτε

βωμόν, οὔτ' ἄλλο τῶν θείων οὐδὲν τιμᾶν, τοὺς δὲ καὶ λίθους καὶ ξύλα τὰ τυχόντα καὶ θηρία σέβεσθαι· τῶν τε περὶ τῆς τῶν πάντων φύσεως μεριμνώντων τοῖς μὲν δοκεῖν ἓν μόνον τὸ ὂν εἶναι, τοῖς δ' ἄπειρα τὸ πλῆθος· καὶ τοῖς μὲν ἀεὶ κινεῖσθαι πάντα, τοῖς δ' οὐδὲν ἄν ποτε κινηθῆναι· καὶ τοῖς μὲν πάντα γίγνεσθαί τε καὶ ἀπόλλυσθαι, τοῖς δὲ οὔτ' ἂν γενέσθαι ποτὲ οὐδὲν οὔτ' ἀπολεῖσθαι. 15. Ἐσκόπει δὲ περὶ αὐτῶν καὶ τάδε· ἆρ' ὥσπερ οἱ τἀνθρώπεια μανθάνοντες ἡγοῦνται τοῦθ', ὅ τι ἂν μάθωσιν, ἑαυτοῖς τε καὶ τῶν ἄλλων ὅτῳ ἂν βούλωνται ποιήσειν, οὕτω καὶ οἱ τὰ θεῖα ζητοῦντες νομίζουσιν, ἐπειδὰν γνῶσιν, αἷς ἀνάγκαις ἕκαστα γίγνεται, ποιήσειν, ὅταν βούλωνται, καὶ ἀνέμους, καὶ ὕδατα, καὶ ὥρας, καὶ ὅτου δ' ἂν ἄλλου δέωνται τῶν τοιούτων, ἢ τοιοῦτο μὲν οὐδὲν οὐδ' ἐλπίζουσιν, ἀρκεῖ δ' αὐτοῖς γνῶναι μόνον, ᾗ τῶν τοιούτων ἕκαστα γίγνεται. 16. Περὶ μὲν οὖν τῶν ταῦτα πραγματευομένων τοιαῦτα ἔλεγεν· αὐτὸς δὲ περὶ τῶν ἀνθρωπείων ἂν ἀεὶ διελέγετο, σκοπῶν, τί εὐσεβές, τί ἀσεβές· τί καλόν, τί αἰσχρόν· τί δίκαιον, τί ἄδικον· τί σωφροσύνη, τί μανία· τί ἀνδρεία, τί δειλία· τί πόλις, τί πολιτικός· τί ἀρχὴ ἀνθρώπων, τί ἀρχικὸς ἀνθρώπων, καὶ περὶ τῶν ἄλλων, ἃ τοὺς μὲν εἰδότας ἡγεῖτο καλοὺς κἀγαθοὺς εἶναι, τοὺς δ' ἀγνοοῦντας ἀνδραποδώδεις ἂν δικαίως κεκλῆσθαι.

17. Ὅσα μὲν οὖν μὴ φανερὸς ἦν ὅπως ἐγίγνωσκεν, οὐδὲν θαυμαστὸν ὑπὲρ τούτων περὶ αὐτοῦ παραγνῶναι τοὺς δικαστάς· ὅσα δὲ πάντες ᾔδεσαν, οὐ θαυμαστόν, εἰ μὴ τούτων ἐνεθυμήθησαν; 18. Βουλεύσας γάρ ποτε, καὶ τὸν βουλευτικὸν ὅρκον ὀμόσας, ἐν ᾧ ἦν κατὰ τοὺς νόμους βουλεύσειν, ἐπιστάτης ἐν τῷ δήμῳ γενόμενος, ἐπιθυμήσαντος τοῦ δήμου παρὰ τοὺς νόμους ἐννέα στρατηγοὺς μιᾷ ψήφῳ, τοὺς ἀμφὶ Θράσυλλον καὶ Ἐρασινίδην, ἀποκτεῖναι πάντας, οὐκ ἠθέλησεν ἐπιψηφίσαι, ὀργιζομένου μὲν αὐτῷ τοῦ δήμου, πολλῶν δὲ καὶ δυνατῶν ἀπειλούντων· ἀλλὰ περὶ πλείονος ἐποιήσατο εὐορκεῖν, ἢ χαρίσασθαι τῷ δήμῳ παρὰ τὸ δίκαιον, καὶ φυλάξασθαι τοὺς ἀπειλοῦντας. 19. Καὶ γὰρ ἐπιμε-

λεῖσθαι θεοὺς ἐνόμιζεν ἀνθρώπων, οὐχ ὃν τρόπον οἱ πολλοὶ νομίζουσιν· οὗτοι μὲν γὰρ οἴονται τοὺς θεοὺς τὰ μὲν εἰδέναι, τὰ δ' οὐκ εἰδέναι· Σωκράτης δὲ πάντα μὲν ἡγεῖτο θεοὺς εἰδέναι, τά τε λεγόμενα καὶ πραττόμενα, καὶ τὰ σιγῇ βουλευόμενα, πανταχοῦ δὲ παρεῖναι, καὶ σημαίνειν τοῖς ἀνθρώποις περὶ τῶν ἀνθρωπείων πάντων.

20. Θαυμάζω οὖν, ὅπως ποτὲ ἐπείσθησαν Ἀθηναῖοι Σωκράτην περὶ τοὺς θεοὺς μὴ σωφρονεῖν, τὸν ἀσεβὲς μὲν οὐδέν ποτε περὶ τοὺς θεούς, οὔτ' εἰπόντα, οὔτε πράξαντα, τοιαῦτα δὲ καὶ λέγοντα καὶ πράττοντα περὶ θεῶν, οἷά τις ἂν καὶ λέγων καὶ πράττων εἴη τε καὶ νομίζοιτο εὐσεβέστατος.

CHAPTER II.

SUMMARY.

XENOPHON comes now to the second charge brought against Socrates by his accusers, namely, his corrupting of the young, and he disposes of it as follows:

1. Socrates, instead of being a corrupter of the young, recalled many of them from habits of impiety and wrong-doing, and from intemperate and dissolute courses of life, by inspiring them with the love of virtue, and by encouraging them to entertain the hope that by a steadfast perseverance they might make themselves virtuous and esteemed. And what he thus taught produced a much stronger impression on the minds of the young, because he himself was the purest specimen of the very virtues which he wished them to cultivate and exercise. (§ 1–8.)

2. Neither did he, as his accusers also alleged, make those who associated with him contemners of the laws, and violent and audacious in their deportment. On the contrary, the lessons of prudence and of wisdom which he continually imparted, impressed them with the conviction that, in operating on the minds of their fellow-men, advice, not violence, and persuasion, not force, were to be employed. (§ 9–11.)

3. Nor could the conduct of Alcibiades and Critias, and the harm which they both did unto the state, be regarded as the results of the teaching of Socrates; for these two did not seek his converse with the view of modeling their own lives after his, but merely in order that, by listening to his discourses, they might attain to greater ability in the art of public speaking, and greater skill in the management of public affairs. And what is more, during all the period of their intercourse with Socrates they kept down their evil and vicious propensities, and only gave these full scope after they had left the discipline of their master. (§ 12–18.) For

virtue, unless made the subject of constant exercise, is at first enfeebled and then eventually destroyed. (§ 19-23.) Now Alcibiades and Critias were corrupted by their intercourse with other men (§ 24-28) rather than by that with Socrates, who exerted every means in his power to recall them from the influence of evil propensities; whereas those young men who associated with Socrates, not with any ambitious views of future distinction in the state, but in order to lead purer and better lives, fully accomplished that object, and never incurred even the suspicion of wrongdoing or of crime. (§ 28-48.)

4. As to what his accusers still farther alleged, that Socrates taught his followers to contemn parents, and kindred, and friends, all this rests on arguments equally false and absurd. (§ 49-55.)

5. Of the same false and absurd character, moreover, is the other charge brought forward against him, that he used to quote passages from the ancient poets, and, by a perversion of their meaning, make them a ground for inculcating sentiments hostile to freedom (§ 56-60); whereas, in truth, Socrates not only loved his own countrymen, but even extended his kindly feelings unto all mankind, so that his chief aim seems to have been to promote, as far as lay in his power, the common welfare of his fellowmen. (§ 61.)

6. Such being the state of the case, Socrates undoubtedly ought rather to have received the highest honors at the hands of his countrymen, than to have been deemed worthy by them of the punishment of death (§ 62-64.)

1. Θαυμαστὸν δὲ φαίνεταί μοι καὶ τὸ πεισθῆναί τινας, ὡς Σωκράτης τοὺς νέους διέφθειρεν, ὅς, πρὸς τοῖς εἰρημένοις, πρῶτον μὲν ἀφροδισίων, καὶ γαστρός, πάντων ἀνθρώπων ἐγκρατέστατος ἦν· εἶτα πρὸς χειμῶνα καὶ θέρος, καὶ πάντας πόνους καρτερικώτατος, ἔτι δὲ πρὸς τὸ μετρίων δεῖσθαι πεπαιδευμένος οὕτως, ὥςτε,πάνυ μικρὰ κεκτημένος, πάνυ ῥᾳδίως ἔχειν ἀρκοῦντα.) 2. Πῶς οὖν, αὐτὸς ὢν τοιοῦτος, ἄλλους ἂν ἢ ἀσεβεῖς, ἢ παρανόμους, ἢ λίχνους, ἢ ἀφροδισίων ἀκρατεῖς,ἢ πρὸς τὸ πονεῖν μαλακοὺς ἐποίησεν; Ἀλλ' ἔπαυσε μὲν τούτων πολλούς, ἀρετῆς ποιήσας ἐπιθυμεῖν, καὶ ἐλπίδας παρασχών, ἂν ἑαυτῶν ἐπιμελῶνται, καλοὺς καὶ ἀγαθοὺς ἔσεσθαι. 3. Καίτοι γε οὐδεπώποτε ὑπέσχετο διδάσκαλος εἶναι τούτου· ἀλλὰ τῷ φανερὸς εἶναι τοιοῦτος ὤν, ἐλπίζειν ἐποίει τοὺς συνδιατρίβοντας ἑαυτῷ, μιμουμένους ἐκεῖνον τοιούςδε γενήσεσθαι. 4. Ἀλλὰ μὴν καὶ τοῦ σώματος αὐτός τε οὐκ ἠμέλει,τούς τ' ἀμελοῦντας

οὐκ ἐπῄνει. Τὸ μὲν οὖν ὑπερεσθίοντα ὑπερπονεῖν ἀπεδοκίμαζε, τὸ δέ, ὅσα γ' ἡδέως ἡ ψυχὴ δέχεται, ταῦτα ἱκανῶς ἐκπονεῖν ἐδοκίμαζε· ταύτην γὰρ τὴν ἕξιν ὑγιεινήν τε ἱκανῶς εἶναι καὶ τὴν τῆς ψυχῆς ἐπιμέλειαν οὐκ ἐμποδίζειν ἔφη. 5. Ἀλλ' οὐ μὴν θρυπτικός γε, οὐδὲ ἀλαζονικὸς ἦν, οὔτ' ἀμπεχόνῃ, οὔθ' ὑποδέσει, οὔτε τῇ ἄλλῃ διαίτῃ· οὐ μὴν οὐδ' ἐρασιχρημάτους γε τοὺς συνόντας ἐποίει· τῶν μὲν γὰρ ἄλλων ἐπιθυμιῶν ἔπαυε, τοὺς δὲ ἑαυτοῦ ἐπιθυμοῦντας οὐκ ἐπράττετο χρήματα. 6. Τούτου δ' ἀπεχόμενος ἐνόμιζεν ἐλευθερίας ἐπιμελεῖσθαι· τοὺς δὲ λαμβάνοντας τῆς ὁμιλίας μισθὸν ἀνδραποδιστὰς ἑαυτῶν ἀπεκάλει, διὰ τὸ ἀναγκαῖον αὐτοῖς εἶναι διαλέγεσθαι, παρ' ὧν ἂν λάβοιεν τὸν μισθόν. 7. Ἐθαύμαζε δ', εἴ τις ἀρετὴν ἐπαγγελλόμενος ἀργύριον πράττοιτο, καὶ μὴ νομίζοι τὸ μέγιστον κέρδος ἕξειν, φίλον ἀγαθὸν κτησάμενος, ἀλλὰ φοβοῖτο, μὴ ὁ γενόμενος καλὸς κἀγαθός, τῷ τὰ μέγιστα εὐεργετήσαντι μὴ τὴν μεγίστην χάριν ἔξοι. 8. Σωκράτης δὲ ἐπηγγείλατο μὲν οὐδενὶ πώποτε τοιοῦτον οὐδέν· ἐπίστευε δὲ τῶν ξυνόντων ἑαυτῷ τοὺς ἀποδεξαμένους, ἅπερ αὐτὸς ἐδοκίμαζεν, εἰς τὸν πάντα βίον ἑαυτῷ τε καὶ ἀλλήλοις φίλους ἀγαθοὺς ἔσεσθαι. Πῶς ἂν οὖν ὁ τοιοῦτος ἀνὴρ διαφθείροι τοὺς νέους; εἰ μὴ ἄρα ἡ τῆς ἀρετῆς ἐπιμέλεια διαφθορά ἐστιν.

9. Ἀλλά, νὴ Δία, ὁ κατήγορος ἔφη, ὑπερορᾶν ἐποίει τῶν καθεστώτων νόμων τοὺς συνόντας, λέγων, ὡς μωρὸν εἴη, τοὺς μὲν τῆς πόλεως ἄρχοντας ἀπὸ κυάμου καθίστασθαι, κυβερνήτῃ δὲ μηδένα θέλειν κεχρῆσθαι κυαμευτῷ, μηδὲ τέκτονι, μηδ' αὐλητῇ, μηδ' ἐπ' ἄλλα τοιαῦτα, ἃ πολλῷ ἐλάττονας βλάβας ἁμαρτανόμενα ποιεῖ τῶν περὶ τὴν πόλιν ἁμαρτανομένων· τοὺς δὲ τοιούτους λόγους ἐπαίρειν ἔφη τοὺς νέους καταφρονεῖν τῆς καθεστώσης πολιτείας, καὶ ποιεῖν βιαίους. 10. Ἐγὼ δ' οἶμαι τοὺς φρόνησιν ἀσκοῦντας, καὶ νομίζοντας ἱκανοὺς ἔσεσθαι τὰ συμφέροντα διδάσκειν τοὺς πολίτας, ἥκιστα γίγνεσθαι βιαίους, εἰδότας ὅτι τῇ μὲν βίᾳ πρόσεισιν ἔχθραι καὶ κίνδυνοι, διὰ δὲ τοῦ πείθειν ἀκινδύνως τε καὶ μετὰ φιλίας ταὐτὰ γίγνεται. οἱ μὲν γὰρ

βιασθέντες, ὡς ἀφαιρεθέντες, μισοῦσιν, οἱ δὲ πεισθέντες, ὡς κεχαρισμένοι, φιλοῦσιν. Οὔκουν τῶν φρόνησιν ἀσκούντων τὸ βιάζεσθαι, ἀλλὰ τῶν ἰσχὺν ἄνευ γνώμης ἐχόντων τὰ τοιαῦτα πράττειν ἐστίν. 11. Ἀλλὰ μὴν καὶ συμμάχων ὁ μὲν βιάζεσθαι τολμῶν δέοιτ' ἂν οὐκ ὀλίγων, ὁ δὲ πείθειν δυνάμενος οὐδενός· καὶ γὰρ μόνος ἡγοῖτ' ἂν δύνασθαι πείθειν. Καὶ φονεύειν δὲ τοῖς τοιούτοις ἥκιστα συμβαίνει· τίς γὰρ ἀποκτεῖναί τινα βούλοιτ' ἂν μᾶλλον, ἢ ζῶντι πειθομένῳ χρῆσθαι;

12. Ἀλλ' ἔφη γε ὁ κατήγορος, Σωκράτει ὁμιλητὰ γενομένω Κριτίας τε καὶ Ἀλκιβιάδης πλεῖστα κακὰ τὴν πόλιν ἐποιησάτην. Κριτίας μὲν γὰρ τῶν ἐν τῇ ὀλιγαρχίᾳ πάντων πλεονεκτίστατός τε καὶ βιαιότατος ἐγένετο, Ἀλκιβιάδης δὲ αὖ τῶν ἐν τῇ δημοκρατίᾳ πάντων ἀκρατέστατος, καὶ ὑβριστότατος, καὶ βιαιότατος. 13. Ἐγὼ δ', εἰ μέν τι κακὸν ἐκείνω τὴν πόλιν ἐποιησάτην, οὐκ ἀπολογήσομαι τὴν δὲ πρὸς Σωκράτην συνουσίαν αὐτοῖν, ὡς ἐγένετο, διηγήσομαι. 14. Ἐγενέσθην μὲν γὰρ δὴ τὼ ἄνδρε τούτω φύσει φιλοτιμοτάτω πάντων Ἀθηναίων, βουλομένω τε πάντα δι' ἑαυτῶν πράττεσθαι, καὶ πάντων ὀνομαστοτάτω γενέσθαι. Ἤιδεσαν δὲ Σωκράτην ἀπ' ἐλαχίστων μὲν χρημάτων αὐταρκέστατα ζῶντα, τῶν ἡδονῶν δὲ πασῶν ἐγκρατέστατον ὄντα, τοῖς δὲ διαλεγομένοις αὐτῷ πᾶσι χρώμενον ἐν τοῖς λόγοις, ὅπως βούλοιτο. 15. Ταῦτα δὲ ὁρῶντε, καὶ ὄντε οἵω προείρησθον, πότερόν τις αὐτὼ φῇ τοῦ βίου τοῦ Σωκράτους ἐπιθυμήσαντε καὶ τῆς σωφροσύνης, ἣν ἐκεῖνος εἶχεν, ὀρέξασθαι τῆς ὁμιλίας αὐτοῦ, ἢ νομίσαντε, εἰ ὁμιλησαίτην ἐκείνῳ, γενέσθαι ἂν ἱκανωτάτω λέγειν τε καὶ πράττειν;

16. Ἐγὼ μὲν γὰρ ἡγοῦμαι, θεοῦ διδόντος αὐτοῖν ἢ ζῆν ὅλον τὸν βίον, ὥσπερ ζῶντα Σωκράτην ἑώρων, ἢ τεθνάναι, ἑλέσθαι ἂν αὐτὼ μᾶλλον τεθνάναι. Δῆλω δ' ἐγενέσθην ἐξ ὧν ἐπραξάτην· ὡς γὰρ τάχιστα κρείττονε τῶν συγγιγνομένων ἡγησάσθην εἶναι, εὐθὺς ἀποπηδήσαντε Σωκράτους, ἐπραττέτην τὰ πολιτικά, ὧνπερ ἕνεκα Σωκράτους ὠρεχθήτην.

17. Ἴσως οὖν εἴποι τις ἂν πρὸς ταῦτα, ὅτι χρῆν τὸν Σωκράτην μὴ πρότερον τὰ πολιτικὰ διδάσκειν τοὺς ξυνόντας, ἢ σωφρονεῖν. Ἐγὼ δὲ πρὸς τοῦτο μὲν οὐκ ἀντιλέγω· πάντας δὲ τοὺς διδάσκοντας ὁρῶ αὐτοὺς δεικνύντας τε τοῖς μανθάνουσιν, ᾗπερ αὐτοὶ ποιοῦσιν, ἃ διδάσκουσι, καὶ τῷ λόγῳ προςβιβάζοντας. 18. Οἶδα δὲ καὶ Σωκράτην δεικνύντα τοῖς ξυνοῦσιν ἑαυτὸν καλὸν κἀγαθὸν ὄντα, καὶ διαλεγόμενον κάλλιστα περὶ ἀρετῆς, καὶ τῶν ἄλλων ἀνθρωπίνων. Οἶδα δὲ κἀκείνω σωφρονοῦντε, ἔστε Σωκράτει συνήστην, οὐ φοβουμένω μὴ ζημιοῖντο ἢ παίοιντο ὑπὸ Σωκράτους, ἀλλ' οἰομένω τότε κράτιστον εἶναι τοῦτο πράττειν.

19. Ἴσως οὖν εἴποιεν ἂν πολλοὶ τῶν φασκόντων φιλοσοφεῖν, ὅτι οὐκ ἄν ποτε ὁ δίκαιος ἄδικος γένοιτο, οὐδὲ ὁ σώφρων ὑβριστής, οὐδὲ ἄλλο οὐδέν, ὧν μάθησίς ἐστιν, ὁ μαθὼν ἀνεπιστήμων ἄν ποτε γένοιτο. Ἐγὼ δὲ περὶ τούτων οὐχ οὕτω γιγνώσκω· ὁρῶ γάρ, ὥσπερ τὰ τοῦ σώματος ἔργα τοὺς μὴ τὰ σώματα ἀσκοῦντας οὐ δυναμένους ποιεῖν, οὕτω καὶ τὰ τῆς ψυχῆς ἔργα τοὺς μὴ τὴν ψυχὴν ἀσκοῦντας οὐ δυναμένους· οὔτε γὰρ, ἃ δεῖ, πράττειν, οὔτε, ὧν δεῖ, ἀπέχεσθαι δύνανται. 20. Διὸ καὶ τοὺς υἱεῖς οἱ πατέρες, κἂν ὦσι σώφρονες, ὅμως ἀπὸ τῶν πονηρῶν ἀνθρώπων εἴργουσιν, ὡς τὴν μὲν τῶν χρηστῶν ὁμιλίαν ἄσκησιν οὖσαν τῆς ἀρετῆς, τὴν δὲ τῶν πονηρῶν κατάλυσιν. Μαρτυρεῖ δὲ καὶ τῶν ποιητῶν ὅ τε λέγων,

Ἐσθλῶν μὲν γὰρ ἀπ' ἐσθλὰ διδάξεαι· ἢν δὲ κακοῖσι
Συμμίσγῃς, ἀπολεῖς καὶ τὸν ἐόντα νόον.

Καὶ ὁ λέγων,

Αὐτὰρ ἀνὴρ ἀγαθὸς τοτὲ μὲν κακός, ἄλλοτε δ' ἐσθλός.

21. Κἀγὼ δὲ μαρτυρῶ τούτοις· ὁρῶ γάρ, ὥσπερ τῶν ἐν μέτρῳ πεποιημένων ἐπῶν τοὺς μὴ μελετῶντας ἐπιλανθανομένους, οὕτω καὶ τῶν διδασκαλικῶν λόγων τοῖς ἀμελοῦσι λήθην ἐγγιγνομένην. Ὅταν δὲ τῶν νουθετικῶν λόγων ἐπιλάθηταί τις, ἐπιλέλησται καὶ ὧν ἡ ψυχὴ πάσχουσα τῆς σωφροσύνης ἐπεθύμει· τούτων δ' ἐπιλαθόμενον οὐδὲν θαυμαστὸν καὶ τῆς σωφροσύνης ἐπιλαθέσθαι. 22. Ὁρῶ δὲ καὶ

τοὺς εἰς φιλοποσίαν προαχθέντας καὶ τοὺς εἰς ἔρωτας ἐγκυλισθέντας ἧττον δυναμένους τῶν τε δεόντων ἐπιμελεῖσθαι, καὶ τῶν μὴ δεόντων ἀπέχεσθαι· πολλοὶ γὰρ καὶ χρημάτων δυνάμενοι φείδεσθαι, πρὶν ἐρᾶν, ἐρασθέντες οὐκέτι δύνανται· καὶ τὰ χρήματα καταναλώσαντες, ὧν πρόσθεν ἀπείχοντο κερδῶν, αἰσχρὰ νομίζοντες εἶναι, τούτων οὐκ ἀπέχονται. 23. Πῶς οὖν οὐκ ἐνδέχεται σωφρονήσαντα πρόσθεν, αὖθις μὴ σωφρονεῖν, καὶ δίκαια δυνηθέντα πράττειν αὖθις ἀδυνατεῖν; Πάντα μὲν οὖν ἔμοιγε δοκεῖ τὰ καλὰ καὶ τὰ ἀγαθὰ ἀσκητὰ εἶναι, οὐχ ἥκιστα δὲ σωφροσύνη· ἐν τῷ γὰρ αὐτῷ σώματι συμπεφυτευμέναι τῇ ψυχῇ αἱ ἡδοναὶ πείθουσιν αὐτὴν μὴ σωφρονεῖν, ἀλλὰ τὴν ταχίστην ἑαυταῖς τε καὶ τῷ σώματι χαρίζεσθαι.

24. Καὶ Κριτίας δὴ καὶ Ἀλκιβιάδης, ἕως μὲν Σωκράτει συνήστην, ἐδυνάσθην ἐκείνῳ χρωμένῳ συμμάχῳ τῶν μὴ καλῶν ἐπιθυμιῶν κρατεῖν· ἐκείνου δ' ἀπαλλαγέντε, Κριτίας μὲν φυγὼν εἰς Θετταλίαν, ἐκεῖ συνῆν ἀνθρώποις ἀνομίᾳ μᾶλλον ἢ δικαιοσύνῃ χρωμένοις· Ἀλκιβιάδης δ' αὖ διὰ μὲν κάλλος ὑπὸ πολλῶν καὶ σεμνῶν γυναικῶν θηρώμενος, διὰ δύναμιν δὲ τὴν ἐν τῇ πόλει καὶ τοῖς συμμάχοις ὑπὸ πολλῶν καὶ δυνατῶν κολακεύειν ἀνθρώπων διαθρυπτόμενος, ὑπὸ δὲ τοῦ δήμου τιμώμενος, καὶ ῥᾳδίως πρωτεύων, ὥσπερ οἱ τῶν γυμνικῶν ἀγώνων ἀθληταὶ ῥᾳδίως πρωτεύοντες ἀμελοῦσι τῆς ἀσκήσεως, οὕτω κἀκεῖνος ἠμέλησεν αὑτοῦ. 25. Τοιούτων δὲ συμβάντων αὐτοῖν, καὶ ὠγκωμένω μὲν ἐπὶ γένει, ἐπηρμένω δ' ἐπὶ πλούτῳ, πεφυσημένω δ' ἐπὶ δυνάμει, διατεθρυμμένω δὲ ὑπὸ πολλῶν ἀνθρώπων, ἐπὶ δὲ πᾶσι τούτοις διεφθαρμένω, καὶ πολὺν χρόνον ἀπὸ Σωκράτους γεγονότε, τί θαυμαστόν, εἰ ὑπερηφάνω ἐγενέσθην; 26. Εἶτα, εἰ μέν τι ἐπλημμελησάτην, τούτου Σωκράτην ὁ κατήγορος αἰτιᾶται; ὅτι δὲ νέω ὄντε αὐτώ, ἡνίκα καὶ ἀγνωμονεστάτω καὶ ἀκρατεστάτω εἰκὸς εἶναι, Σωκράτης παρέσχε σώφρονε, οὐδενὸς ἐπαίνου δοκεῖ τῷ κατηγόρῳ ἄξιος εἶναι; 27. Οὐ μὴν τά γε ἄλλα οὕτω κρίνεται· τίς μὲν γὰρ αὐλητής, τίς δὲ κιθαριστής, τίς δὲ ἄλλος διδάσκα-

λος ἱκανοὺς ποιήσας τοὺς μαθητάς, ἐὰν πρὸς ἄλλους ἐλθόντες χείρους φανῶσιν, αἰτίαν ἔχει -ούτου; τίς δὲ πατήρ, ἐὰν ὁ παῖς αὐτοῦ συνδιατρίβων τῳ, σώφρων ᾖ, ὕστερον δὲ ἄλλῳ τῳ συγγενόμενος, πονηρὸς γένηται, τὸν πρόσθεν αἰτιᾶται; ἀλλ' οὐχ ὅσῳ ἂν παρὰ τῷ ὑστέρῳ χείρων φαίνηται, τοσούτῳ μᾶλλον ἐπαινεῖ τὸν πρότερον; ἀλλ' οἵ γε πατέρες αὐτοὶ συνόντες τοῖς υἱέσι, τῶν παίδων πλημμελούντων, οὐκ αἰτίαν ἔχουσιν, ἐὰν αὐτοὶ σωφρονῶσιν. 28 Οὕτω δὲ καὶ Σωκράτην δίκαιον ἦν κρίνειν· εἰ μὲν αὐτὸς ἐποίει τι φαῦλον, εἰκότως ἂν ἐδόκει πονηρὸς εἶναι· εἰ δ' αὐτὸς σωφρονῶν διετέλει, πῶς ἂν δικαίως τῆς οὐκ ἐνούσης αὐτῷ κακίας αἰτίαν ἔχοι;

29. Ἀλλ' εἰ καὶ μηδὲν αὐτὸς πονηρὸν ποιῶν ἐκείνους φαῦλα πράττοντας ὁρῶν ἐπῄνει, δικαίως ἂν ἐπετιμᾶτο. Κριτίαν μὲν τοίνυν αἰσθανόμενος ἐρῶντα Εὐθυδήμου, ἀπέτρεπε, φάσκων ἀνελεύθερόν τε εἶναι καὶ οὐ πρέπον ἀνδρὶ καλῷ κἀγαθῷ. 30. Τοῦ δὲ Κριτίου τοῖς τοιούτοις οὐχ ὑπακούοντος, οὐδὲ ἀποτρεπομένου, λέγεται τὸν Σωκράτην, ἄλλων τε πολλῶν παρόντων καὶ τοῦ Εὐθυδήμου, εἰπεῖν, ὅτι ὑϊκὸν αὐτῷ δοκοίη πάσχειν ὁ Κριτίας. 31. Ἐξ ὧν δὴ καὶ ἐμίσει τὸν Σωκράτην ὁ Κριτίας, ὥστε καί, ὅτε τῶν τριάκοντα ὢν νομοθέτης μετὰ Χαρικλέους ἐγένετο, ἀπεμνημόνευσεν αὐτῷ, καὶ ἐν τοῖς νόμοις ἔγραψε, λόγων τέχνην μὴ διδάσκειν, ἐπηρεάζων ἐκείνῳ, καὶ οὐκ ἔχων ὅπη ἐπιλάβοιτο, ἀλλὰ τὸ κοινῇ τοῖς φιλοσόφοις ὑπὸ τῶν πολλῶν ἐπιτιμώμενον ἐπιφέρων αὐτῷ, καὶ διαβάλλων πρὸς τοὺς πολλούς· οὐδὲ γὰρ ἔγωγε, οὔτε αὐτὸς τοῦτο πώποτε Σωκράτους ἤκουσα, οὔτ' ἄλλου φάσκοντος ἀκηκοέναι ᾐσθόμην. 32. Ἐδήλωσε δέ· ἐπεὶ γὰρ οἱ τριάκοντα πολλοὺς μὲν τῶν πολιτῶν καὶ οὐ τοὺς χειρίστους ἀπέκτεινον, πολλοὺς δὲ προετρέποντο ἀδικεῖν, εἶπέ που ὁ Σωκράτης, ὅτι θαυμαστόν οἱ δοκοίη εἶναι, εἴ τις γενόμενος βοῶν ἀγέλης νομεύς, καὶ τὰς βοῦς ἐλάττους τε καὶ χείρους ποιῶν, μὴ ὁμολογοίη κακὸς βουκόλος εἶναι· ἔτι δὲ θαυμαστότερον, εἴ τις προστάτης γενόμενος πόλεως, καὶ ποιῶν -οὺς πολίτας ἐλάττους

καὶ χείρους, μὴ αἰσχύνεται, μηδ' οἴεται κακὸς εἶναι προστάτης τῆς πόλεως. 33. Ἀπαγγελθέντος δὲ αὐτοῖς τούτου καλέσαντες ὅ τε Κριτίας καὶ ὁ Χαρικλῆς τὸν Σωκράτην τόν τε νόμον ἐδεικνύτην αὐτῷ, καὶ τοῖς νέοις ἀπειπέτην μὴ διαλέγεσθαι. Ὁ δὲ Σωκράτης ἐπήρετο αὐτώ, εἰ ἐξείη πυνθάνεσθαι, εἴ τι ἀγνοοῖτο τῶν προαγορευομένων. Τὼ δ' ἐφάτην. 34. Ἐγὼ τοίνυν, ἔφη, παρεσκεύασμαι μὲν πείθεσθαι τοῖς νόμοις· ὅπως δὲ μὴ δι' ἄγνοιαν λάθω τι παρανομήσας, τοῦτο βούλομαι σαφῶς μαθεῖν παρ' ὑμῶν· Πότερον τὴν τῶν λόγων τέχνην σὺν τοῖς ὀρθῶς λεγομένοις εἶναι νομίζοντες, ἢ σὺν τοῖς μὴ ὀρθῶς, ἀπέχεσθαι κελεύετε αὐτῆς; Εἰ μὲν γὰρ σὺν τοῖς ὀρθῶς, δῆλον ὅτι ἀφεκτέον εἴη τοῦ ὀρθῶς λέγειν· εἰ δὲ σὺν τοῖς μὴ ὀρθῶς, δῆλον ὅτι πειρατέον ὀρθῶς λέγειν. 35. Καὶ ὁ Χαρικλῆς ὀργισθεὶς αὐτῷ, Ἐπειδή, ἔφη, ὦ Σώκρατες, ἀγνοεῖς, τάδε σοι εὐμαθέστερα ὄντα προαγορεύομεν, τοῖς νέοις ὅλως μὴ διαλέγεσθαι. Καὶ ὁ Σωκράτης, Ἵνα τοίνυν, ἔφη, μὴ ἀμφίβολον ᾖ, ὡς ἄλλο τι ποιῶ ἢ τὰ προηγορευμένα, ὁρίσατέ μοι, μέχρ. πόσων ἐτῶν δεῖ νομίζειν νέους εἶναι τοὺς ἀνθρώπους. Καὶ ὁ Χαρικλῆς, Ὅσου περ, εἶπε, χρόνου βουλεύειν οὐκ ἔξεστιν, ὡς οὔπω φρονίμοις οὖσι· μηδὲ σὺ διαλέγου νεωτέροις τριάκοντα ἐτῶν. 36. Μηδέ, ἂν τι ὠνῶμαι, ἔφη, ἢν πωλῇ νεώτερος τριάκοντα ἐτῶν, ἔρωμαι ὁπόσου πωλεῖ; Ναὶ τά γε τοιαῦτα, ἔφη ὁ Χαρικλῆς· ἀλλά τοι σύ γε, ὦ Σώκρατες, εἴωθας, εἰδὼς πῶς ἔχει, τὰ πλεῖστα ἐρωτᾶν· ταῦτα οὖν μὴ ἐρώτα. Μηδ' ἀποκρίνωμαι οὖν, ἔφη, ἄν τίς με ἐρωτᾷ νέος, ἐὰν εἰδῶ, οἷον, ποῦ οἰκεῖ Χαρικλῆς; ἢ ποῦ ἐστι Κριτίας; Ναὶ τά γε τοιαῦτα, ἔφη ὁ Χαρικλῆς. 37. Ὁ δὲ Κριτίας· Ἀλλὰ τῶνδέ τοί σε ἀπέχεσθαι, ἔφη, δεήσει, ὦ Σώκρατες, τῶν σκυτέων, καὶ τῶν τεκτόνων, καὶ τῶν χαλκέων· καὶ γὰρ οἶμαι αὐτοὺς ἤδη κατατετρῖφθαι διαθρυλουμένους ὑπὸ σοῦ. Οὐκοῦν, ἔφη ὁ Σωκράτης, καὶ τῶν ἑπομένων τούτοις, τοῦ τε δικαίου, καὶ τοῦ ὁσίου, καὶ τῶν ἄλλων τῶν τοιούτων; Ναὶ μὰ Δί', ἔφη ὁ Χαρικλῆς, καὶ τῶν βουκόλων γε· εἰ δὲ μή, φυλάττου, ὅπως μὴ καὶ σὺ ἐλάττους τὰς βοῦς ποιήσῃς. 38. Ἔνθα καὶ δῆλον ἐγένετο, ὅτι ἀπαγγελθέντος αὐτοῖς τοῦ περὶ τῶν βοῶν λόγου, ὠργίζοντο τῷ Σωκράτει. Οἷα μὲν οὖν ἡ συνουσία ἐγεγόνει Κριτίᾳ πρὸς Σωκράτην, καὶ ὡς εἶχον πρὸς ἀλλήλους, εἴρηται. 39. Φαίην δ' ἂν ἔγωγε μηδενὶ μηδεμίαν εἶναι παίδευσιν παρὰ τοῦ μὴ ἀρέσκοντος. Κριτίας δὲ καὶ Ἀλκιβιάδης οὐκ ἀρέσκοντος αὐτοῖς Σωκράτους ὡμιλησάτην, ὃν χρόνον ὡμιλείτην αὐτῷ ἀλλ' εὐθὺς ἐξ ἀρχῆς ὡρμηκάτε προεστάναι τῆς πόλεως· ἔτι γὰρ Σωκράτει συνόντες οὐκ ἄλλοις τισὶ μᾶλλον ἐπεχείρουν διαλέγεσθαι, ἢ τοῖς μάλιστα πράττουσι τὰ πολιτικά. 40. Λέγεται γὰρ Ἀλκιβιάδην, πρὶν εἴκοσιν ἐτῶν εἶναι, Περικλεῖ, ἐπιτρόπῳ μὲν ὄντι ἑαυτοῦ, προστάτῃ δὲ τῆς πόλεως, τοιάδε διαλεχθῆναι περὶ νόμων. 41. Εἰπέ μοι, φάναι, ὦ Περίκλεις, ἔχοις ἄν με διδάξαι, τί ἐστι νόμος; Πάντως δήπου, φάναι τὸν Περικλέα. Δίδαξον δὴ πρὸς τῶν θεῶν, φάναι τὸν Ἀλκιβιάδην· ὡς ἔγωγ' ἀκούων τινῶν ἐπαινουμένων, ὅτι νόμιμοι ἄνδρες εἰσίν, οἶμαι μὴ ἂν δικαίως τούτου τυχεῖν τοῦ ἐπαίνου τὸν μὴ εἰδότα, τί ἐστι νόμος. 42. Ἀλλ' οὐδέν τι χαλεποῦ πράγματος ἐπιθυμεῖς, ὦ Ἀλκιβιάδη, φάναι τὸν Περικλέα, βουλόμενος γνῶναι, τί ἐστι νόμος· πάντες γὰρ οὗτοι νόμοι εἰσίν, οὓς τὸ πλῆθος συνελθὸν καὶ δοκιμάσαν ἔγραψε, φράζον, ἅ τε δεῖ ποιεῖν, καὶ ἃ μή. Πότερον δὲ τἀγαθὰ νομίσαν δεῖν ποιεῖν, ἢ τὰ κακά; Τἀγαθά, νὴ Δία, φάναι, ὦ μειράκιον, τὰ δὲ κακὰ οὔ. 43. Ἐὰν δὲ μὴ τὸ πλῆθος, ἀλλ', ὥσπερ ὅπου ὀλιγαρχία ἐστίν, ὀλίγοι συνελθόντες γράψωσιν, ὅ τι χρὴ ποιεῖν, ταῦτα τί ἐστι; Πάντα, φάναι, ὅσα ἂν τὸ κρατοῦν τῆς πόλεως βουλευσάμενον, ἃ χρὴ ποιεῖν, γράψῃ, νόμος καλεῖται. Καὶ ἂν τύραννος οὖν κρατῶν τῆς πόλεως γράψῃ τοῖς πολίταις, ἃ χρὴ ποιεῖν, καὶ ταῦτα νόμος ἐστί; Καὶ ὅσα τύραννος ἄρχων, φάναι, γράφει, καὶ ταῦτα νόμος καλεῖται. 44. Βία δέ, φάναι, καὶ ἀνομία τί ἐστιν, ὦ Περίκλεις; Ἆρ' οὐχ ὅταν ὁ κρείττων τὸν ἥττω μὴ πείσας, ἀλλὰ βιασάμενος, ἀναγκάσῃ ποιεῖν, ὅ τι ἂν αὐτῷ δοκῇ; Ἔμοιγε δοκεῖ, φάναι τὸν Περικλέα. Καὶ ὅσα ἄρα τύραννος μὴ πείσας τοὺς πολίτας ἀναγκάζει ποιεῖν γράφων, ἀνομία ἐστί; Δοκεῖ μοι, φάναι τὸν Περικλέα· ἀνατίθεμαι γὰρ τό, ὅσα τίραννος μὴ πείσας γράφει, νόμον εἶναι. 45. Ὅσα δὲ οἱ ὀλίγοι τοὺς πολλοὺς μὴ πείσαντες, ἀλλὰ κρατοῦντες γράφουσι, πότερον βίαν φῶμεν, ἢ μὴ φῶμεν εἶναι; Πάντα μοι δοκεῖ, φάναι τὸν Περικλέα, ὅσα τις μὴ πείσας ἀναγκάζει τινὰ ποιεῖν, εἴτε γράφων, εἴτε μή, βία μᾶλλον ἢ νόμος εἶναι. Καὶ ὅσα ἄρα τὸ πᾶν πλῆθος κρατοῦν τῶν τὰ χρήματα ἐχόντων γράφει μὴ πεῖσαν, βία μᾶλλον ἢ νόμος ἂν εἴη; 46. Μάλα τοι, φάναι τὸν Περικλέα, ὦ Ἀλκιβιάδη· καὶ ἡμεῖς, τηλικοῦτοι ὄντες, δεινοὶ τὰ τοιαῦτα ἦμεν· τοιαῦτα γὰρ καὶ ἐμελετῶμεν καὶ ἐσοφιζόμεθα, οἷά περ καὶ σὺ νῦν ἐμοὶ δοκεῖς μελετᾶν. Τὸν δὲ Ἀλκιβιάδην φάναι· Εἴθε σοι, ὦ Περίκλεις, τότε συνεγενόμην, ὅτε δεινότατος σαυτοῦ ταῦτα ἦσθα. 47. Ἐπεὶ τοίνυν τάχιστα τῶν πολιτευομένων ὑπέλαβον κρείττονες εἶναι, Σωκράτει μὲν οὐκέτι προσῄεσαν· οὔτε γὰρ αὐτοῖς ἄλλως ἤρεσκεν, εἴ τε προσέλθοιεν, ὑπὲρ ὧν ἡμάρτανον ἐλεγχόμενοι ἤχθοντο· τὰ δὲ τῆς πόλεως ἔπραττον, ὧνπερ ἕνεκεν καὶ Σωκράτει προσῆλθον. 48. Ἀλλὰ Κρίτων τε Σωκράτους ἦν ὁμιλητής, καὶ Χαιρεφῶν, καὶ Χαιρεκράτης, καὶ Ἑρμοκράτης, καὶ Σιμμίας, καὶ Κέβης, καὶ Φαιδώνδης, καὶ ἄλλοι, οἳ ἐκείνῳ συνῆσαν, οὐχ ἵνα δημηγορικοὶ ἢ δικανικοὶ γένοιντο, ἀλλ' ἵνα, καλοί τε κἀγαθοὶ γενόμενοι, καὶ οἴκῳ καὶ οἰκέταις, καὶ οἰκείοις καὶ φίλοις, καὶ πόλει καὶ πολίταις δύναιντο καλῶς χρῆσθαι· καὶ τούτων οὐδείς, οὔτε νεώτερος οὔτε πρεσβύτερος ὤν, οὔτ' ἐποίησε κακὸν οὐδέν, οὔτ' αἰτίαν ἔσχεν.

49. Ἀλλὰ Σωκράτης γ', ἔφη ὁ κατήγορος, τοὺς πατέρας προπηλακίζειν ἐδίδασκε, πείθων μὲν τοὺς συνόντας αὐτῷ σοφωτέρους ποιεῖν τῶν πατέρων, φάσκων δὲ κατὰ νόμον ἐξεῖναι παρανοίας ἑλόντι καὶ τὸν πατέρα δῆσαι, τεκμηρίῳ τούτῳ χρώμενος, ὡς τὸν ἀμαθέστερον ὑπὸ τοῦ σοφωτέρου νόμιμον εἴη δεδέσθαι. 50. Σωκράτης δὲ τὸν μὲν ἀμαθίας ἕνεκα δεσμεύοντα δικαίως ἂν καὶ αὐτὸν ᾤετο δεδέσθαι ὑπὸ τῶν ἐπισταμένων, ἃ μὴ αὐτὸς ἐπίσταται· καὶ τῶν τοιούτων

ἕνεκα πολλάκις ἐσκόπει, τί διαφέρει μανίας ἀμαθία· καὶ τοὺς μὲν μαινομένους ᾤετο συμφερόντως ἂν δεδέσθαι καὶ αὑτοῖς καὶ τοῖς φίλοις, τοὺς δὲ μὴ ἐπισταμένους τὰ δέοντα, δικαίως ἂν μανθάνειν παρὰ τῶν ἐπισταμένων. 51. Ἀλλὰ Σωκράτης γε, ἔφη ὁ κατήγορος, οὐ μόνον τοὺς πατέρας, ἀλλὰ καὶ τοὺς ἄλλους συγγενεῖς ἐποίει ἐν ἀτιμίᾳ εἶναι παρὰ τοῖς ἑαυτῷ συνοῦσι, λέγων, ὡς οὔτε τοὺς κάμνοντας, οὔτε τοὺς δικαζομένους οἱ συγγενεῖς ὠφελοῦσιν, ἀλλὰ τοὺς μὲν οἱ ἰατροί, τοὺς δὲ οἱ συνδικεῖν ἐπιστάμενοι. 52. Ἔφη δὲ καὶ περὶ τῶν φίλων αὐτὸν λέγειν, ὡς οὐδὲν ὄφελος εὔνους εἶναι, εἰ μὴ καὶ ὠφελεῖν δυνήσονται· μόνους δὲ φάσκειν αὐτὸν ἀξίους εἶναι τιμῆς τοὺς εἰδότας τὰ δέοντα, καὶ ἑρμηνεῦσαι δυναμένους· ἀναπείθοντα οὖν τοὺς νέους αὐτόν, ὡς αὐτὸς εἴη σοφώτατός τε, καὶ ἄλλους ἱκανώτατος ποιῆσαι σοφούς, οὕτω διατιθέναι τοὺς ἑαυτῷ συνόντας, ὥστε μηδαμοῦ παρ' αὐτοῖς τοὺς ἄλλους εἶναι πρὸς ἑαυτόν. 53. Ἐγὼ δ' αὐτὸν οἶδα μὲν καὶ περὶ πατέρων τε καὶ τῶν ἄλλων συγγενῶν, καὶ περὶ φίλων ταῦτα λέγοντα· καὶ πρὸς τούτοις γε δή, ὅτι, τῆς ψυχῆς ἐξελθούσης, ἐν ᾗ μόνῃ γίγνεται φρόνησις, τὸ σῶμα τοῦ οἰκειοτάτου ἀνθρώπου τὴν ταχίστην ἐξενέγκαντες ἀφανίζουσιν. 54. Ἔλεγε δέ, ὅτι καὶ ζῶν ἕκαστος ἑαυτοῦ, ὃ πάντων μάλιστα φιλεῖ, τοῦ σώματος ὅ τι ἂν ἀχρεῖον ᾖ καὶ ἀνωφελές, αὐτός τε ἀφαιρεῖ, καὶ ἄλλῳ παρέχει· αὐτοί τε γὰρ αὑτῶν ὄνυχάς τε, καὶ τρίχας, καὶ τύλους ἀφαιροῦσι, καὶ τοῖς ἰατροῖς παρέχουσι μετὰ πόνων τε καὶ ἀλγηδόνων καὶ ἀποτέμνειν καὶ ἀποκάειν, καὶ τούτου χάριν οἴονται δεῖν αὐτοῖς καὶ μισθὸν τίνειν· καὶ τὸ σίαλον ἐκ τοῦ στόματος ἀποπτύουσιν, ὡς δύνανται πορρωτάτω, διότι ὠφελεῖ μὲν οὐδέν αὐτοὺς ἐνόν, βλάπτει δὲ πολὺ μᾶλλον. 55. Ταῦτ' οὖν ἔλεγεν, οὐ τὸν μὲν πατέρα ζῶντα κατορύττειν διδάσκων, ἑαυτὸν δὲ κατατέμνειν, ἀλλ' ἐπιδεικνύων, ὅτι τὸ ἄφρον ἄτιμόν ἐστι, παρεκάλει ἐπιμελεῖσθαι τοῦ ὡς φρονιμώτατον εἶναι καὶ ὠφελιμώτατον, ὅπως, ἐάν τε ὑπὸ πατρός, ἐάν τε ὑπὸ ἀδελφοῦ, ἐάν τε ὑπ' ἄλλου τινὸς βούληται τιμᾶσθαι, μή, τῷ οἰκεῖος εἶναι πιστεύων, ἀμελῇ, ἀλλὰ πειρᾶται, ὑφ' ὧν ἂν βούληται τιμᾶσθαι, τούτοις ὠφέλιμος εἶναι.

56. Ἔφη δ' αὐτὸν ὁ κατήγορος καὶ τῶν ἐνδοξοτάτων ποιητῶν ἐκλεγόμενον τὰ πονηρότατα, καὶ τούτοις μαρτυρίοις χρώμενον, διδάσκειν τοὺς συνόντας κακούργους τε εἶναι, καὶ τυραννικούς· Ἡσιόδου μὲν τό,

Ἔργον δ' οὐδὲν ὄνειδος, ἀεργίη δέ τ' ὄνειδος,

τοῦτο δὴ λέγειν αὐτόν, ὡς ὁ ποιητὴς κελεύει μηδενὸς ἔργου, μήτε ἀδίκου μήτε αἰσχροῦ, ἀπέχεσθαι, ἀλλὰ καὶ ταῦτα ποιεῖν ἐπὶ τῷ κέρδει. 57. Σωκράτης δ' ἐπειδὴ ὁμολογήσαιτο, τὸ μὲν ἐργάτην εἶναι ὠφέλιμόν τε ἀνθρώπῳ καὶ ἀγαθὸν εἶναι, τὸ δὲ ἀργὸν βλαβερόν τε καὶ κακόν, καὶ τὸ μὲν ἐργάζεσθαι ἀγαθόν, τὸ δὲ ἀργεῖν κακόν, (τοὺς μὲν ἀγαθόν τι ποιοῦντας ἐργάζεσθαί τε, ἔφη, καὶ ἐργάτας ἀγαθοὺς εἶναι· τοὺς δὲ κυβεύοντας, ἤ τι ἄλλο πονηρὸν καὶ ἐπιζήμιον ποιοῦντας, ἀργοὺς ἀπεκάλει. Ἐκ δὲ τούτων ὀρθῶς ἂν ἔχοι τό,

Ἔργον δ' οὐδὲν ὄνειδος, ἀεργίη δέ τ' ὄνειδος.

58. Τὸ δὲ Ὁμήρου ἔφη ὁ κατήγορος πολλάκις αὐτὸν λέγειν ὅτι Ὀδυσσεύς,

Ὅντινα μὲν βασιλῆα καὶ ἔξοχον ἄνδρα κιχείη,
Τὸν δ' ἀγανοῖς ἐπέεσσιν ἐρητύσασκε παραστάς·
Δαιμόνι', οὔ σε ἔοικε κακὸν ὣς δειδίσσεσθαι,
Ἀλλ' αὐτός τε κάθησο, καὶ ἄλλους ἴδρυε λαούς.
Ὃν δ' αὖ δήμου τ' ἄνδρα ἴδοι, βοόωντά τ' ἐφεύροι,
Τὸν σκήπτρῳ ἐλάσασκεν ὁμοκλήσασκέ τε μύθῳ·
Δαιμόνι', ἀτρέμας ἧσο, καὶ ἄλλων μῦθον ἄκουε,
Οἳ σέο φέρτεροί εἰσι· σὺ δ' ἀπτόλεμος καὶ ἄναλκις,
Οὔτε ποτ' ἐν πολέμῳ ἐναρίθμιος, οὔτ' ἐνὶ βουλῇ.

ταῦτα δὴ αὐτὸν ἐξηγεῖσθαι ὡς ὁ ποιητὴς ἐπαινοίη παίεσθαι τοὺς δημότας καὶ πένητας. 59. Σωκράτης δ' οὐ ταῦτ' ἔλεγε· καὶ γὰρ ἑαυτὸν οὕτω γ' ἂν ᾤετο δεῖν παίεσθαι· ἀλλ' ἔφη, δεῖν τοὺς μήτε λόγῳ μήτ' ἔργῳ ὠφελίμους ὄντας, μήτε στρατεύματι, μήτε πόλει, μήτε αὐτῷ τῷ δήμῳ, εἴ τι δέοι βοηθεῖν ἱκανοὺς, ἄλλως τ' ἐὰν πρὸς τούτῳ καὶ θρασεῖς ὦσι, πάντα τρόπον κωλύεσθαι, κἂν πάνυ πλούσιοι τυγχάνωσιν ὄντες. 60. Ἀλλὰ Σωκράτης γε, τἀναντία τούτων, φανερὸς ἦν καὶ δημοτικὸς καὶ φιλάνθρωπος ὤν· ἐκεῖνο γὰρ, πολλοὺς ἐπιθυμητὰς καὶ ἀστοὺς καὶ ξένους λαβών, οὐδένα πώποτε μισθὸν τῆς συνουσίας ἐπράξατο, ἀλλὰ πᾶσιν ἀφθόνως ἐπήρκει τῶν ἑαυτοῦ· ὧν τινες μικρὰ μέρη, παρ' ἐκείνου προῖκα λαβόντες, πολλοῦ τοῖς ἄλλοις ἐπώλουν, καὶ οὐκ ἦσαν, ὥσπερ ἐκεῖνος, δημοτικοί· τοῖς γὰρ μὴ ἔχουσι χρήματα διδόναι οὐκ ἤθελον διαλέγεσθαι. § 61. Ἀλλὰ Σωκράτης γε καὶ πρὸς τοὺς ἄλλους ἀνθρώπους κόσμον τῇ πόλει παρεῖχε πολλῷ μᾶλλον, ἢ Λίχας τῇ Λακεδαιμονίων, ὃς ὀνομαστὸς ἐπὶ τούτῳ γέγονε. Λίχας μὲν γὰρ ταῖς γυμνοπαιδίαις τοὺς ἐπιδημοῦντας ἐν Λακεδαίμονι ξένους ἐδείπνιζε· Σωκράτης δὲ διὰ παντὸς τοῦ βίου τὰ ἑαυτοῦ δαπανῶν τὰ μέγιστα πάντας τοὺς βουλομένους ὠφέλει· βελτίους γὰρ ποιῶν τοὺς συγγιγνομένους ἀπέπεμπεν.

62. Ἐμοὶ μὲν δὴ Σωκράτης, τοιοῦτος ὤν, ἐδόκει τιμῆς ἄξιος εἶναι τῇ πόλει μᾶλλον ἢ θανάτου. Καὶ κατὰ τοὺς νόμους δὲ σκοπῶν ἄν τις τοῦθ' εὕροι. Κατὰ γὰρ τοὺς νόμους, ἐάν τις φανερὸς γένηται κλέπτων, ἢ λωποδυτῶν, ἢ βαλαντιοτομῶν, ἢ τοιχωρυχῶν, ἢ ἀνδραποδιζόμενος, ἢ ἱεροσυλῶν, τούτοις θάνατός ἐστιν ἡ ζημία· ὧν ἐκεῖνος πάντων ἀνθρώπων πλεῖστον ἀπεῖχεν. 63. Ἀλλὰ μὴν τῇ πόλει γε οὔτε πολέμου κακῶς συμβάντος, οὔτε στάσεως, οὔτε προδοσίας, οὔτε ἄλλου κακοῦ οὐδενὸς πώποτε αἴτιος ἐγένετο. Οὐδὲ μὴν ἰδίᾳ γε οὐδένα πώποτε ἀνθρώπων οὔτε ἀγαθῶν ἀπεστέρησεν, οὔτε κακοῖς περιέβαλεν· ἀλλ' οὐδ' αἰτίαν τῶν εἰρημένων οὐδενὸς πώποτ' ἔσχε. 64. Πῶς οὖν ἔνοχος ἂν εἴη τῇ γραφῇ; ὃς ἀντὶ μὲν τοῦ μὴ νομίζειν θεούς, ὡς ἐν τῇ γραφῇ γέγραπτο, φανερὸς ἦν θεραπεύων τοὺς θεοὺς μάλιστα τῶν ἄλλων ἀνθρώπων· ἀντὶ δὲ τοῦ διαφθείρειν τοὺς νέους, ὃ δὴ ὁ γραψάμενος αὐτὸν ᾐτιᾶτο, φανερὸς ἦν τῶν συνόντων τοὺς πονηρὰς ἐπιθυμίας ἔχοντας τούτων μὲν παύων, τῆς δὲ καλλίστης καὶ μεγαλοπρεπεστάτης ἀπε-

γῆς, ᾗ πόλεις τε καὶ οἴκους εὖ οἰκοῦσι, προτρέπων ἐπιθυμεῖν· ταῦτα δὲ πράττων, πῶς οὐ μεγάλης ἄξιος ἦν τιμῆς τῇ πόλει.

CHAPTER III.

SUMMARY.

In the two previous chapters a general answer has been given to the charges preferred against Socrates. The remainder of the work has now the following objects in view: 1. That the general defence, thus far made out, may be strengthened by particular details, and in this way the malignity of the accusers be placed in a stronger light; and. 2. That the whole life of Socrates may be set forth as a pattern of every virtue.

In this third chapter, therefore, it is shown, in a more special manner, how both he himself worshiped the gods, and how he recommended others to worship them (§ 1–4); and how he himself practised self-control, and advised others to act in similar cases. (§ 5–7.)

1. Ὡς δὲ δὴ καὶ ὠφελεῖν ἐδόκει μοι τοὺς ξυνόντας τὰ μὲν ἔργῳ δεικνύων ἑαυτὸν οἷος ἦν, τὰ δὲ καὶ διαλεγόμενος, τούτων δὴ γράψω, ὁπόσα ἂν διαμνημονεύσω. Τὰ μὲν τοίνυν πρὸς τοὺς θεοὺς φανερὸς ἦν καὶ ποιῶν καὶ λέγων, ᾗπερ ἡ Πυθία ὑποκρίνεται τοῖς ἐρωτῶσι, πῶς δεῖ ποιεῖν ἢ περὶ θυσίας, ἢ περὶ προγόνων θεραπείας, ἢ περὶ ἄλλου τινὸς τῶν τοιούτων· ἥ τε γὰρ Πυθία νόμῳ πόλεως ἀναιρεῖ ποιοῦντας εὐσεβῶς ἂν ποιεῖν, Σωκράτης τε οὕτως καὶ αὐτὸς ἐποίει, καὶ τοῖς ἄλλοις παρῄνει, τοὺς δὲ ἄλλως πως ποιοῦντας περιέργους καὶ ματαίους ἐνόμιζεν εἶναι. 2. Καὶ εὔχετο δὲ πρὸς τοὺς θεοὺς ἁπλῶς τἀγαθὰ διδόναι, ὡς τοὺς θεοὺς κάλλιστα εἰδότας, ὁποῖα ἀγαθά ἐστι· τοὺς δ' εὐχομένους χρυσίον, ἢ ἀργύριον, ἢ τυραννίδα, ἢ ἄλλο τι τῶν τοιούτων, οὐδὲν διάφορον ἐνόμιζεν εὔχεσθαι, ἢ εἰ κυβείαν, ἢ μάχην, ἢ ἄλλο τι εὔχοιντο τῶν φανερῶς ἀδήλων ὅπως ἀποβήσοιτο. 3. Θυσίας δὲ θύων μικρὰς ἀπὸ μικρῶν, οὐδὲν ἡγεῖτο μειοῦσθαι τῶν ἀπὸ πολλῶν καὶ μεγάλων πολλὰ καὶ μεγάλα θυόντων. Οὔτε γὰρ τοῖς θεοῖς ἔφη καλῶς ἔχειν, εἰ ταῖς μεγάλαις θυσίαις μᾶλλον, ἢ ταῖς μικραῖς ἔχαιρον

πολλάκις γὰρ ἐν αὐτοῖς τὰ παρὰ τῶν πονηρῶν μᾶλλον ἢ τὰ παρὰ τῶν χρηστῶν εἶναι κεχαρισμένα· οὔτ' ἂν τοῖς ἀνθρώποις ἄξιον εἶναι ζῆν, εἰ τὰ παρὰ τῶν πονηρῶν μᾶλλον ἦν κεχαρισμένα τοῖς θεοῖς, ἢ τὰ παρὰ τῶν χρηστῶν· ἀλλ ἐνόμιζε τοὺς θεοὺς ταῖς παρὰ τῶν εὐσεβεστάτων τιμαῖς μάλιστα χαίρειν. Ἐπαινέτης δ' ἦν καὶ τοῦ ἔπους τούτου,

Κὰδ δύναμιν δ' ἔρδειν ἱέρ' ἀθανάτοισι θεοῖσι·

καὶ πρὸς φίλους δέ, καὶ ξένους, καὶ πρὸς τὴν ἄλλην δίαιταν καλὴν ἔφη παραίνεσιν εἶναι τὴν Κὰδ δύναμιν ἔρδειν. 4. Εἰ δέ τι δόξειεν αὐτῷ σημαίνεσθαι παρὰ τῶν θεῶν, ἧττον ἂν ἐπείσθη παρὰ τὰ σημαινόμενα ποιῆσαι, ἢ εἴ τις αὐτὸν ἔπειθεν, ὁδοῦ λαβεῖν ἡγεμόνα τυφλόν, καὶ μὴ εἰδότα τὴν ὁδόν, ἀντὶ βλέποντος καὶ εἰδότος· καὶ τῶν ἄλλων δὲ μωρίαν κατηγόρει, οἵτινες παρὰ τὰ παρὰ τῶν θεῶν σημαινόμενα ποιοῦσί τι, φυλαττόμενοι τὴν παρὰ τοῖς ἀνθρώποις ἀδοξίαν. Αὐτὸς δὲ πάντα τἀνθρώπινα ὑπερεώρα πρὸς τὴν παρὰ τῶν θεῶν ξυμβουλίαν.

5. Διαίτῃ δὲ τήν τε ψυχὴν ἐπαίδευσε καὶ τὸ σῶμα, ᾗ χρώμενός ἄν τις, εἰ μή τι δαιμόνιον εἴη, θαρραλέως καὶ ἀσφαλῶς διάγοι, καὶ οὐκ ἂν ἀπορήσειε τοσαύτης δαπάνης Οὕτω γὰρ εὐτελὴς ἦν, ὥστ' οὐκ οἶδ', εἴ τις οὕτως ἂν ὀλίγα ἐργάζοιτο, ὥστε μὴ λαμβάνειν τὰ Σωκράτει ἀρκοῦντα· σίτῳ μὲν γὰρ τοσούτῳ ἐχρῆτο, ὅσον ἡδέως ἤσθιε· καὶ ἐπὶ τούτῳ οὕτω παρεσκευασμένος ᾔει, ὥστε τὴν ἐπιθυμίαν τοῦ σίτου ὄψον αὐτῷ εἶναι· ποτὸν δὲ πᾶν ἡδὺ ἦν αὐτῷ, διὰ τὸ μὴ πίνειν, εἰ μὴ διψῴη. 6. Εἰ δέ ποτε κληθεὶς ἐθελήσειεν ἐπὶ δεῖπνον ἐλθεῖν, ὃ τοῖς πλείστοις ἐργωδέστατόν ἐστιν, ὥστε φυλάξασθαι τὸ ὑπὲρ τὸν καιρὸν ἐμπίπλασθαι, τοῦτο ῥᾳδίως πάνυ ἐφυλάττετο· τοῖς δὲ μὴ δυναμένοις τοῦτο ποιεῖν συνεβούλευε φυλάττεσθαι τὰ πείθοντα μὴ πεινῶντας ἐσθίειν, μηδὲ διψῶντας πίνειν· καὶ γὰρ τὰ λυμαινόμενα γαστέρας, καὶ κεφαλάς, καὶ ψυχάς, ταῦτ' ἔφη εἶναι. 7. Οἴεσθαι δ' ἔφη ἐπισκώπτων καὶ τὴν Κίρκην ὗς ποιεῖν, τοιούτοις πολλοῖς δειπνίζουσαν· τὸν δὲ Ὀδυσσέα Ἑρμοῦ τε

ὑποθημοσύνῃ, καὶ αὐτὸν ἐγκρατῆ ὄντα, καὶ ἀποσχόμενον τὸ ὑπὲρ τὸν καιρὸν τῶν τοιούτων ἅπτεσθαι, διὰ ταῦτα οὐδὲ γενέσθαι ὕν.

CHAPTER IV.

SUMMARY.

THE belief entertained by some that Socrates could indeed inflame his hearers with the love of virtue, but could never influence them so far as to induce them to make any great proficiency therein, is disproved both by other things, and especially by the conversation which he once had with Aristodemus, a contemner of the gods, on the subject of Deity; from which conversation it appears most clearly what lofty conceptions Socrates entertained respecting the Divine nature. (§ 1, 2.)

The conversation alluded to may be arranged under the following heads:

1. Works intended for certain useful purposes must be acknowledged by us to have originated not from mere chance, but from reason and design. (§ 3, 4.) Now the whole frame and constitution of man indicate most clearly an arrangement intended for purposes of utility. It must be confessed, therefore, that man is the work of some great artificer, who was prompted to that work by a love for man. (§ 5–7.) Nor is the kindness of the gods shown only in the frame of man and the constitution of his nature; the order and arrangement of the universe also give the plainest indications of divine wisdom and providence, although the forms themselves of the gods are concealed from mortal view. (§ 8, 9.)

2. Even from those very attributes of body and of mind by which men surpass other animals, as, for example, erectness of stature, the possession and employment of hands, as well as other peculiarities, but most of all from the excellence of his intellectual nature, is it manifest that the gods extend a guardian care toward man. (§ 10–14.) To this is added, that the gods indicate unto men, both by oracles and other means, what things ought to be done by them, and what not. (§ 15.)

3. That the gods, moreover, do not neglect any single individual, but exercise a care over persons as well as communities, appears from the following considerations: first, because they presignify the future to all men alike; and next, because they have wrought into the mind of man a persuasion of their being able to make him happy or miserable; and finally, because the states and nations most renowned as well for their wisdom as their antiquity, are those whose piety has been the most observable; and even man himself is never so well disposed to serve the Deity, as in that part of life when reason bears the greatest sway. (§ 16.) Even as the mind, therefore, rules the body, so the providence of the gods rules

the universe, and takes all things contained therein under its care. (§ 17.) If men, therefore, will but worship the gods in a pure and holy spirit, they will attain to a full conviction of their wisdom, their power, and their love toward the beings whom they have made. (§ 18, 19.)

1. Εἰ δέ τινες Σωκράτην νομίζουσιν, (ὡς ἔνιοι γράφουσί τε καὶ λέγουσι περὶ αὐτοῦ τεκμαιρόμενοι,) προτρέψασθαι μὲν ἀνθρώπους ἐπ' ἀρετὴν κράτιστον γεγονέναι, προαγαγεῖν δ' ἐπ' αὐτὴν οὐχ ἱκανόν· σκεψάμενοι, μὴ μόνον ἃ ἐκεῖνος κολαστηρίου ἕνεκα τοὺς πάντ' οἰομένους εἰδέναι ἐρωτῶν ἤλεγχεν, ἀλλὰ καὶ ἃ λέγων συνημέρευε τοῖς συνδιατρίβουσι, δοκιμαζόντων, εἰ ἱκανὸς ἦν βελτίους ποιεῖν τοὺς συνόντας. 2. Λέξω δὲ πρῶτον, ἅ ποτε αὐτοῦ ἤκουσα περὶ τοῦ δαιμονίου διαλεγομένου πρὸς Ἀριστόδημον τὸν Μικρὸν ἐπικαλούμενον. Καταμαθὼν γὰρ αὐτὸν οὔτε θύοντα τοῖς θεοῖς, οὔτ' εὐχόμενον, οὔτε μαντικῇ χρώμενον, ἀλλὰ καὶ τῶν ποιούντων ταῦτα καταγελῶντα, Εἰπέ μοι, ἔφη, ὦ Ἀριστόδημε, ἔστιν οὕςτινας ἀνθρώπους τεθαύμακας ἐπὶ σοφίᾳ; Ἔγωγε, ἔφη. 3. Καὶ ὅς, Λέξον ἡμῖν, ἔφη, τὰ ὀνόματα αὐτῶν. Ἐπὶ μὲν τοίνυν ἐπῶν ποιήσει Ὅμηρον ἔγωγε μάλιστα τεθαύμακα, ἐπὶ δὲ διθυράμβῳ Μελανιππίδην, ἐπὶ δὲ τραγῳδίᾳ Σοφοκλέα, ἐπὶ δὲ ἀνδριαντοποιίᾳ Πολύκλειτον, ἐπὶ δὲ ζωγραφίᾳ Ζεῦξιν. 4. Πότερά σοι δοκοῦσιν οἱ ἀπεργαζόμενοι εἴδωλα ἄφρονά τε καὶ ἀκίνητα, ἀξιοθαυμαστότεροι εἶναι, ἢ οἱ ζῷα ἔμφρονά τε καὶ ἐνεργά; Πολύ, νὴ Δία, οἱ ζῷα, εἴπερ γε μὴ τύχῃ τινί, ἀλλὰ ὑπὸ γνώμης ταῦτα γίγνεται. Τῶν δὲ ἀτεκμάρτως ἐχόντων, ὅτου ἕνεκά ἐστι, καὶ τῶν φανερῶς ἐπ' ὠφελείᾳ ὄντων, πότερα τύχης καὶ πότερα γνώμης ἔργα κρίνεις; Πρέπει μὲν τὰ ἐπ' ὠφελείᾳ γιγνόμενα γνώμης ἔργα εἶναι. 5. Οὔκουν δοκεῖ σοι ὁ ἐξ ἀρχῆς ποιῶν ἀνθρώπους, ἐπ' ὠφελείᾳ προςθεῖναι αὐτοῖς δι' ὧν αἰσθάνονται ἕκαστα, ὀφθαλμοὺς μέν, ὥςθ' ὁρᾶν τὰ ὁρατά, ὦτα δέ, ὥςτ' ἀκούειν τὰ ἀκουστά ὀσμῶν γε μήν, εἰ μὴ ῥῖνες προςετέθησαν, τί ἂν ἡμῖν ὄφελος ἦν; τίς δ' ἂν αἴσθησις ἦν γλυκέων, καὶ δριμέων, καὶ πάντων τῶν διὰ στόματος ἡδέων, εἰ μὴ γλῶττα τούτων γνώμων ἐνειργάσθη; 6. Πρὸς δὲ τούτοις, οὐ δοκεῖ σοι καὶ τόδε

προνοίας ἔργῳ ἐοικέναι, τό, ἐπεὶ ἀσθενὴς μέν ἐστιν ἡ ὄψις, βλεφάροις αὐτὴν θυρῶσαι, ἅ, ὅταν μὲν αὐτῇ χρῆσθαί τι δέῃ, ἀναπετάννυται, ἐν δὲ τῷ ὕπνῳ συγκλείεται; ὡς δ' ἂν μηδὲ ἄνεμοι βλάπτωσιν, ἠθμὸν βλεφαρίδας ἐμφῦσαι· ὀφρύσι τε ἀπογεισῶσαι τὰ ὑπὲρ τῶν ὀμμάτων, ὡς μηδ' ὁ ἐκ τῆς κεφαλῆς ἱδρὼς κακουργῇ· τὸ δέ, τὴν ἀκοὴν δέχεσθαι μὲν πάσας φωνάς, ἐμπίπλασθαι δὲ μήποτε· καὶ τοὺς μὲν πρόσθεν ὀδόντας πᾶσι ζώοις οἵους τέμνειν εἶναι, τοὺς δὲ γομφίους οἵους παρὰ τούτων δεξαμένους λεαίνειν· καὶ στόμα μέν, δι' οὗ, ὧν ἐπιθυμεῖ τὰ ζῷα, εἰςπέμπεται, πλησίον ὀφθαλμῶν καὶ ῥινῶν καταθεῖναι· ἐπεὶ δὲ τὰ ἀποχωροῦντα δυςχερῆ, ἀποστρέψαι τοὺς τούτων ὀχετοὺς καὶ ἀπενεγκεῖν, ᾗ δυνατὸν προσωτάτω, ἀπὸ τῶν αἰσθήσεων· ταῦτα οὕτω προνοητικῶς πεπραγμένα, ἀπορεῖς, πότερα τύχης ἢ γνώμης ἔργα ἐστίν; 7. Οὐ μὰ τὸν Δί', ἔφη, ἀλλ' οὕτω γε σκοπουμένῳ πάνυ ἔοικε ταῦτα σοφοῦ τινος δημιουργοῦ καὶ φιλοζώου τεχνήματι. Τὸ δέ, ἐμφῦσαι μὲν ἔρωτα τῆς τεκνοποιίας, ἐμφῦσαι δὲ ταῖς γειναμέναις ἔρωτα τοῦ ἐκτρέφειν τοῖς δὲ τραφεῖσι μέγιστον μὲν πόθον τοῦ ζῆν, μέγιστον δὲ φόβον τοῦ θανάτου; Ἀμέλει καὶ ταῦτα ἔοικε μηχανήμασί τινος ζῷα εἶναι βουλευσαμένου. 8. Σὺ δὲ σαυτὸν δοκεῖς τι φρόνιμον ἔχειν; Ἐρώτα γοῦν καὶ ἀποκρινοῦμαι. Ἀλλοθι δὲ οὐδαμοῦ οὐδὲν οἴει φρόνιμον εἶναι; καὶ ταῦτα εἰδώς, ὅτι γῆς τε μικρὸν μέρος ἐν τῷ σώματι, πολλῆς οὔσης, ἔχεις, καὶ ὑγροῦ βραχύ, πολλοῦ ὄντος, καὶ τῶν ἄλλων δήπου μεγάλων ὄντων ἑκάστου μικρὸν μέρος λαβόντι τὸ σῶμα συνήρμοσταί σοι· νοῦν δὲ μόνον ἄρα οὐδαμοῦ ὄντα σε εὐτυχῶς πως δοκεῖς συναρπάσαι, καὶ τάδε τὰ ὑπερμεγέθη καὶ πλῆθος ἄπειρα, δι' ἀφροσύνην τινά, ὡς οἴει, εὐτάκτως ἔχειν; 9. Μὰ Δί'· οὐ γὰρ ὁρῶ τοὺς κυρίους, ὥσπερ τῶν ἐνθάδε γιγνομένων τοὺς δημιουργούς. Οὐδὲ γὰρ τὴν ἑαυτοῦ σύ γε ψυχὴν ὁρᾷς, ἣ τοῦ σώματος κυρία ἐστίν· ὥστε κατά γε τοῦτο ἔξεστί σοι λέγειν, ὅτι οὐδὲν γνώμῃ, ἀλλὰ τύχῃ πάντα πράττεις. 10. Καὶ ὁ Ἀριστόδημος, Οὔτοι, ἔφη, ἐγώ, ὦ Σώκρατες, ὑπερορῶ τὸ δαιμόνιον, ἀλλ' ἐκεῖνο μεγαλοπρεπέστερον ἡγοῦμαι, ἢ ὡς τῆς ἐμῆς θεραπείας προςδεῖσθαι. Οὔκουν, ἔφη, ὅσῳ μεγαλοπρεπέστερον ἀξιοῖ σε θεραπεύειν, τοσούτῳ μᾶλλον καὶ τιμητέον αὐτό; 11. Εὖ ἴσθι, ἔφη, ὅτι, εἰ νομίζοιμι θεοὺς ἀνθρώπων τι φροντίζειν, οὐκ ἂν ἀμελοίην αὐτῶν. Ἔπειτ' οὐκ οἴει φροντίζειν; οἳ πρῶτον μὲν μόνον τῶν ζώων ἄνθρωπον ὀρθὸν ἀνέστησαν· ἡ δὲ ὀρθότης καὶ προορᾶν πλέον ποιεῖ δύνασθαι, καὶ τὰ ὕπερθεν μᾶλλον θεᾶσθαι, καὶ ἧττον κακοπαθεῖν, οἷς καὶ ὄψιν, καὶ ἀκοήν, καὶ στόμα ἐνεποίησαν· ἔπειτα τοῖς μὲν ἄλλοις ἑρπετοῖς πόδας ἔδωκαν, οἳ τὸ πορεύεσθαι μόνον παρέχουσιν· ἀνθρώπῳ δὲ καὶ χεῖρας προςέθεσαν, αἳ τὰ πλεῖστα, οἷς εὐδαιμονέστεροι ἐκείνων ἐσμέν, ἐξεργάζονται. 12. Καὶ μὴν γλῶττάν γε πάντων τῶν ζώων ἐχόντων, μόνην τὴν τῶν ἀνθρώπων ἐποίησαν οἵαν, ἄλλοτε ἀλλαχῇ ψαύουσαν τοῦ στόματος, ἀρθροῦν τε τὴν φωνήν, καὶ σημαίνειν πάντα ἀλλήλοις, ἃ βουλόμεθα; 13. Οὐ τοίνυν μόνον ἤρκεσε τῷ θεῷ τοῦ σώματος ἐπιμεληθῆναι, ἀλλ', ὅπερ μέγιστόν ἐστι, καὶ τὴν ψυχὴν κρατίστην τῷ ἀνθρώπῳ ἐνέφυσε· τίνος γὰρ ἄλλου ζῴου ψυχὴ πρῶτα μὲν θεῶν, τῶν τὰ μέγιστα καὶ κάλλιστα συνταξάντων, ᾔσθηται ὅτι εἰσί; τί δὲ φῦλον ἄλλο, ἢ ἄνθρωποι, θεοὺς θεραπεύουσι; ποία δὲ ψυχὴ τῆς ἀνθρωπίνης ἱκανωτέρα προφυλάττεσθαι ἢ λιμόν, ἢ δίψος, ἢ ψύχη, ἢ θάλπη, ἢ νόσοις ἐπικουρῆσαι, ἢ ῥώμην ἀσκῆσαι, ἢ πρὸς μάθησιν ἐκπονῆσαι, ἢ, ὅσα ἂν ἀκούσῃ ἢ ἴδῃ ἢ μάθῃ, ἱκανωτέρα ἐστὶ διαμεμνῆσθαι; 14. Οὐ γὰρ πάνυ σοι κατάδηλον, ὅτι παρὰ τὰ ἄλλα ζῶα ὥσπερ θεοὶ ἄνθρωποι βιοτεύουσι, φύσει καὶ τῷ σώματι καὶ τῇ ψυχῇ κρατιστεύοντες; Οὔτε γὰρ βοὸς ἂν ἔχων σῶμα, ἀνθρώπου δὲ γνώμην, ἐδύνατ' ἂν πράττειν, ἃ ἐβούλετο, οὔθ' ὅσα χεῖρας ἔχει, ἄφρονα δ' ἐστί, πλέον οὐδὲν ἔχει· σὺ δέ, ἀμφοτέρων τῶν πλείστου ἀξίων τετυχηκώς, οὐκ οἴει σοῦ θεοὺς ἐπιμελεῖσθαι; ἀλλ', ὅταν τι ποιήσωσι, νομιεῖς αὐτοὺς σοῦ φροντίζειν; 15. Ὅταν πέμπωσιν, ὥσπερ σὺ σοὶ φῂς πέμπειν αὐτούς, συμβούλους ὅ τι χρὴ ποιεῖν καὶ μὴ ποιεῖν. Ὅταν δὲ Ἀθηναίοις, ἔφη, πυνθανομένοις τι διὰ μαντικῆς φράζωσιν, οὐ καὶ σοὶ δοκεῖς φραζειν αὐτούς, οὐδ' ὅταν τοῖς Ἕλλησι τέρατα πέμποντες προσημαίνωσιν, οὐδ' ὅταν πᾶσιν ἀνθρώποις; ἀλλὰ μόνον σὲ ἐξαιροῦντες ἐν ἀμελείᾳ κατατίθενται; 16. Οἴει δ' ἂν τοὺς θεοὺς τοῖς ἀνθρώποις δόξαν ἐμφῦσαι, ὡς ἱκανοί εἰσιν εὖ καὶ κακῶς ποιεῖν, εἰ μὴ δυνατοὶ ἦσαν, καὶ τοὺς ἀνθρώπους ἐξαπατωμένους τὸν πάντα χρόνον οὐδέποτ' ἂν αἰσθέσθαι; Οὐχ ὁρᾷς, ὅτι τὰ πολιχρονιώτατα καὶ σοφώτατα τῶν ἀνθρωπίνων, πόλεις καὶ ἔθνη, θεοσεβέστατά ἐστι, καὶ αἱ φρονιμώταται ἡλικίαι θεῶν ἐπιμελέστεραι; 17. Ὠγαθέ, ἔφη, κατάμαθε, ὅτι καὶ ὁ σὸς νοῦς ἐνὼν τὸ σὸν σῶμα, ὅπως βούλεται, μεταχειρίζεται. Οἴεσθαι οὖν χρὴ καὶ τὴν ἐν παντὶ φρόνησιν τὰ πάντα, ὅπως ἂν αὐτῇ ἡδὺ ᾖ, οὕτω τίθεσθαι, καὶ μὴ τὸ σὸν μὲν ὄμμα δύνασθαι ἐπὶ πολλὰ στάδια ἐξικνεῖσθαι, τὸν δὲ τοῦ θεοῦ ὀφθαλμὸν ἀδύνατον εἶναι ἅμα πάντα ὁρᾶν, μηδὲ τὴν σὴν μὲν ψυχὴν καὶ περὶ τῶν ἐνθάδε καὶ περὶ τῶν ἐν Αἰγύπτῳ καὶ ἐν Σικελίᾳ δύνασθαι φροντίζειν, τὴν δὲ τοῦ θεοῦ φρόνησιν μὴ ἱκανὴν εἶναι ἅμα πάντων ἐπιμελεῖσθαι. 18. Ἢν μέντοι, ὥσπερ ἀνθρώπους θεραπεύων γιγνώσκεις τοὺς ἀντιθεραπεύειν ἐθέλοντας, καὶ χαριζόμενος τοὺς ἀντιχαριζομένους, καὶ συμβουλευόμενος καταμανθάνεις τοὺς φρονίμους, οὕτω καὶ τῶν θεῶν πεῖραν λαμβάνῃς θεραπεύων, εἴ τι σοι θελήσουσι περὶ τῶν ἀδήλων ἀνθρώποις συμβουλεύειν, γνώσει τὸ θεῖον, ὅτι τοσοῦτον καὶ τοιοῦτόν ἐστιν, ὥσθ' ἅμα πάντα ὁρᾶν, καὶ πάντα ἀκούειν, καὶ πανταχοῦ παρεῖναι, καὶ ἅμα πάντων ἐπιμελεῖσθαι αὐτούς. 19. Ἐμοὶ μὲν ταῦτα λέγων οὐ μόνον τοὺς συνόντας ἐδόκει ποιεῖν, ὁπότε ὑπὸ τῶν ἀνθρώπων ὁρῷντο, ἀπέχεσθαι τῶν ἀνοσίων τε καὶ ἀδίκων καὶ αἰσχρῶν, ἀλλὰ καὶ ὁπότε ἐν ἐρημίᾳ εἶεν, ἐπείπερ ἡγήσαιντο μηδὲν ἄν ποτε ὧν πράττοιεν, θεοὺς διαλαθεῖν.

CHAPTER V.

SUMMARY.

THE virtue of self-control is commended on the following grounds: The man who is destitute of self-control can be of no use either to himself or to others (§ 1-3); neither can such a one be at all pleasing or acceptable in the intercourse of society. (§ 4.) Self-control, in fact, forms the basis of all the other virtues, and ought, therefore, to be our chief study (ib.), since without it we can neither attain to nor practise any thing praiseworthy. (§ 5.) Socrates not only commended this virtue in his discourses, but exemplified it most strikingly in all his words and actions. (§ 6.)

1. Εἰ δὲ δὴ καὶ ἐγκράτεια καλόν τε κἀγαθὸν ἀνδρὶ κτῆμά ἐστιν, ἐπισκεψώμεθα, εἴ τι προυβίβαζε λέγων εἰς αὐτὴν τοιάδε. Ὦ ἄνδρες, εἰ, πολέμου ἡμῖν γενομένου, βουλοίμεθα ἑλέσθαι ἄνδρα, ὑφ' οὗ μάλιστ' ἂν αὐτοὶ μὲν σωζοίμεθα, τοὺς δὲ πολεμίους χειροίμεθα, ἆρ' ὅντιν' ἂν αἰσθανοίμεθα ἥττω γαστρός, ἢ οἴνου, ἢ πόνου, ἢ ὕπνου, τοῦτον ἂν αἱροίμεθα; καὶ πῶς ἂν οἰηθείημεν τὸν τοιοῦτον ἢ ἡμᾶς σῶσαι, ἢ τοὺς πολεμίους κρατῆσαι; 2. Εἰ δ' ἐπὶ τελευτῇ τοῦ βίου γενόμενοι βουλοίμεθά τῳ ἐπιτρέψαι ἢ παῖδας ἄρρενας παιδεῦσαι, ἢ θυγατέρας παρθένους διαφυλάξαι, ἢ χρήματα διασῶσαι, ἆρ' ἀξιόπιστον εἰς ταῦτα ἡγησόμεθα τὸν ἀκρατῆ; δούλῳ δ' ἀκρατεῖ ἐπιτρέψαιμεν ἂν ἢ βοσκήματα, ἢ ταμιεῖα, ἢ ἔργων ἐπίστασιν; διάκονον δὲ καὶ ἀγοραστὴν τοιοῦτον ἐθελήσαιμεν ἂν προῖκα λαβεῖν; 3. Ἀλλὰ μὴν εἴ γε μηδὲ δοῦλον ἀκρατῆ δεξαίμεθ' ἄν, πῶς οὐκ ἄξιον αὐτόν γε φυλάξασθαι τοιοῦτον γενέσθαι; Καὶ γὰρ οὐχ, ὥσπερ οἱ πλεονέκται τῶν ἄλλων ἀφαιρούμενοι χρήματα ἑαυτοὺς δοκοῦσι πλουτίζειν, οὕτως ὁ ἀκρατὴς τοῖς μὲν ἄλλοις βλαβερός, ἑαυτῷ δ' ὠφέλιμος, ἀλλὰ κακοῦργος μὲν τῶν ἄλλων, ἑαυτοῦ δὲ πολὺ κακουργότερος, εἴ γε κακουργότατόν ἐστι μὴ μόνον τὸν οἶκον τὸν ἑαυτοῦ φθείρειν, ἀλλὰ καὶ τὸ σῶμα καὶ τὴν ψυχήν. 4. Ἐν συνουσίᾳ δὲ τίς ἂν ἡσθείη τῷ τοιούτῳ, ὃν εἰδείη τῷ ὄψῳ τε καὶ τῷ οἴνῳ χαίροντα μᾶλλον ἢ τοῖς φίλοις; ἆρά γε οὐ χρὴ πάντα ἂν

ὅρα, ἡγησάμενον τὴν ἐγκράτειαν ἀρετῆς εἶναι κρηπῖδα, ταύτην πρῶτον ἐν τῇ ψυχῇ κατασκευάσασθαι. 5. Τίς γὰρ ἄνευ ταύτης ἢ μάθοι τι ἂν ἀγαθόν, ἢ μελετήσειεν ἀξιολόγως; ἢ τίς οὐκ ἄν, ταῖς ἡδοναῖς δουλεύων, αἰσχρῶς διατεθείη καὶ τὸ σῶμα καὶ τὴν ψυχήν; ἐμοὶ μὲν δοκεῖ, νὴ τὴν Ἥραν, ἐλευθέρῳ μὲν ἀνδρὶ εὐκτὸν εἶναι, μὴ τυχεῖν δούλου τοιούτου, δουλεύοντα δὲ ταῖς τοιαύταις ἡδοναῖς ἱκετεύειν τοὺς θεούς, δεσποτῶν ἀγαθῶν τυχεῖν· οὕτως γὰρ ἂν μόνως ὁ τοιοῦτος σωθείη. 6. Τοιαῦτα δὲ λέγων, ἔτι ἐγκρατέστερον τοῖς ἔργοις ἢ τοῖς λόγοις ἑαυτὸν ἐπεδείκνυεν· οὐ γὰρ μόνον τῶν διὰ τοῦ σώματος ἡδονῶν ἐκράτει, ἀλλὰ καὶ τῆς διὰ τῶν χρημάτων, νομίζων τὸν παρὰ τοῦ τυχόντος χρήματα λαμβάνοντα δεσπότην ἑαυτοῦ καθιστάναι καὶ δουλεύειν δουλείαν οὐδεμιᾶς ἧττον αἰσχράν.

CHAPTER VI.

SUMMARY.

THIS chapter contains the substance of three conversations between Socrates and Antiphon the sophist:

CONVERSATION FIRST. Antiphon, intending to cast ridicule on the philosophy of Socrates, and thereby draw over his followers unto himself, reproaches him with the meanness and discomfort of his mode of life, and his taking no fee for his instructions, and remarks, that the only possible result of his labors must be to teach men how to be miserable. (§ 1–3.)

Socrates replies to this as follows:

1. He who imparts gratuitous instruction is master of his own time, and talks when and with whom he pleases. (§ 4, 5.)

2. A plain and simple diet is not only more conducive to health, and more easily procured, but is also more palatable to the wise man than all the costly dishes of the rich. (§ 5.) So, too, the only true object of attire is to counteract the effects of cold and heat, and for this purpose the simpler it is the better. (§ 6, 7.)

3. That man will never give himself up to the pleasures of the table, or to sloth, or libidinous indulgences, whose bosom is familiar with things which not only delight him while he makes use of them, but which also afford the pleasing hope of lasting utility. For if men rejoice when they see their affairs going on well, how much greater delight ought he to feel who is both conscious to himself of improving in the paths of virtue, and

perceives that he is making those better with whom he associates. (§ 8, 9.)

4. That man, moreover, will be far better able to discharge the duties which he owes to his friends and his country, who is content with little, than he who can not live except in the midst of costly profusion. '(§ 9.)

5. Happiness does not consist in luxury and magnificence; on the contrary, he who stands in need of the fewest things comes nearest to the divine nature. (§ 10.)

CONVERSATION SECOND. On another occasion, Antiphon having remarked that he thought Socrates a just man, indeed, but by no means a wise one in not receiving compensation for his instructions; and that by this very conduct, moreover, he himself virtually declared that what he imparted was not worth purchasing (§ 11, 12), Socrates replied as follows: He who sells his wisdom for a stipulated price, sullies and degrades wisdom; whereas he who, on seeing any one possessed of good abilities and good native principles, imbues him with the lessons of his own wisdom and makes him his friend, discharges the duty of a good citizen (§ 13); and such a one derives more true pleasure from the intercourse of good friends, and from the progress which they make under his guidance in the paths of virtue, than he could possibly receive from any pecuniary recompense. (§ 14.)

CONVERSATION THIRD. At another time, on being asked by the same person how it happened that he professed to make others able to take part in public affairs, but took no part in them himself, Socrates replied, that he who made it his study to qualify as many as possible to engage in the management of the state, proved of more real service to the state than if he merely turned his own attention to public affairs. (§ 15.)

1. Ἄξιον δ' αὐτοῦ, καὶ ἃ πρὸς Ἀντιφῶντα τὸν σοφιστὴν διελέχθη, μὴ παραλιπεῖν. Ὁ γὰρ Ἀντιφῶν ποτε βουλόμενος τοὺς συνουσιαστὰς ῥύτοῦ παρελέσθαι, προςελθὼν τῷ Σωκράτει, παρόντων αὐτῶν, ἔλεξε τάδε· 2. Ὦ Σώκρατες, ἐγὼ μὲν ᾤμην τοὺς φιλοσοφοῦντας εὐδαιμονεστέρους χρῆναι γίγνεσθαι, σὺ δέ μοι δοκεῖς τἀναντία τῆς φιλοσοφίας ἀπολελαυκέναι· ζῇς γοῦν οὕτως, ὡς οὐδ' ἂν εἷς δοῦλος ὑπὸ δεσπότῃ διαιτώμενος μείνειε, σιτία τε σιτῇ καὶ ποτὰ πίνεις τὰ φαυλότατα, καὶ ἱμάτιον ἠμφίεσαι οὐ μόνον φαῦλον, ἀλλὰ τὸ αὐτὸ θέρους τε καὶ χειμῶνος, ἀνυπόδητός τε καὶ ἀχίτων διατελεῖς. 3. Καὶ μὴν χρήματά γε οὐ λαμβάνεις, ἃ καὶ κτωμένους εὐφραίνει, καὶ κεκτημένους ἐλευθεριώτερόν τε καὶ ἥδιον ποιεῖ ζῆν. Εἰ οὖν, ὥςπερ καὶ τῶν ἄλλων ἔργων οἱ διδάσκαλοι τοὺς μαθητὰς μιμητὰς ἑαυτῶν

ἀποδεικνύουσιν, οὕτω καὶ σὺ τοὺς συνόντας διαθήσεις, νόμιζε κακοδαιμονίας διδάσκαλος εἶναι. 4. Καὶ ὁ Σωκράτης πρὸς ταῦτα εἶπε· Δοκεῖς μοι, ἔφη, ὦ Ἀντιφῶν, ὑπειληφέναι με οὕτως ἀνιαρῶς ζῆν, ὥςτε πέπεισμαι, σὲ μᾶλλον ἀποθανεῖν ἂν ἑλέσθαι, ἢ ζῆν ὥςπερ ἐγώ. Ἴθι οὖν, ἐπισκεψώμεθα, τί χαλεπὸν ᾔσθησαι τοὐμοῦ βίου. 5. Πότερον, ὅτι τοῖς μὲν λαμβάνουσιν ἀργύριον ἀναγκαῖόν ἐστιν ἀπεργάζεσθαι τοῦτο, ἐφ' ᾧ ἂν μισθὸν λαμβάνωσιν, ἐμοὶ δὲ μὴ λαμβάνοντι οὐκ ἀνάγκη διαλέγεσθαι, ᾧ ἂν μὴ βούλωμαι; ἢ τὴν δίαιτάν μου φαυλίζεις, ὡς ἧττον μὲν ὑγιεινὰ ἐσθίοντος ἐμοῦ ἢ σοῦ, ἧττον δὲ ἰσχὺν παρέχοντα; ἢ ὡς χαλεπώτερα πορίσασθαι τὰ ἐμὰ διαιτήματα τῶν σῶν, διὰ τὸ σπανιώτερά τε καὶ πολυτελέστερα εἶναι; ἢ ὡς ἡδίω σοί, ἃ σὺ παρασκευάζει, ὄντα, ἢ ἐμοὶ ἃ ἐγώ; Οὐκ οἶσθ' ὅτι ὁ μὲν ἥδιστα ἐσθίων ἥκιστα ὄψου δεῖται, ὁ δὲ ἥδιστα πίνων ἥκιστα τοῦ μὴ παρόντος ἐπιθυμεῖ ποτοῦ; 6. Τά γε μὴν ἱμάτια οἶσθ' ὅτι οἱ μεταβαλλόμενοι ψύχους καὶ θάλπους ἕνεκα μεταβάλλονται, καὶ ὑποδήματα ὑποδοῦνται, ὅπως μὴ διὰ τὰ λυποῦντα τοὺς πόδας κωλύωνται πορεύεσθαι· ἤδη οὖν ποτε ᾔσθου ἐμὲ ἢ διὰ ψῦχος μᾶλλόν του ἔνδον μένοντα, ἢ διὰ θάλπος μαχόμενόν τῳ περὶ σκιᾶς, ἢ διὰ τὸ ἀλγεῖν τοὺς πόδας οὐ βαδίζοντα, ὅπου ἂν βούλωμαι; 7. Οὐκ οἶσθ' ὅτι οἱ φύσει ἀσθενέστατοι τῷ σώματι, μελετήσαντες, τῶν ἰσχυροτάτων ἀμελησάντων κρείττους τε γίγνονται πρὸς ἂν μελετῶσι, καὶ ῥᾷον αὐτὰ φέρουσιν; ἐμὲ δὲ ἄρα οὐκ οἴει τῷ σώματι ἀεὶ τὰ συντυγχάνοντα μελετῶντα καρτερεῖν πάντα ῥᾷον φέρειν σοῦ μὴ μελετῶντος; 8. Τοῦ δὲ μὴ δουλεύειν γαστρί, μηδὲ ὕπνῳ, καὶ λαγνείᾳ, οἴει τι ἄλλο αἰτιώτερον εἶναι, ἢ τὸ ἕτερα ἔχειν τούτων ἡδίω, ἃ οὐ μόνον ἐν χρείᾳ ὄντα εὐφραίνει, ἀλλὰ καὶ ἐλπίδας παρέχοντα ὠφελήσειν ἀεί; Καὶ μὴν τοῦτό γε οἶσθα, ὅτι οἱ μὲν οἰόμενοι μηδὲν εὖ πράττειν οὐκ εὐφραίνονται, οἱ δὲ ἡγούμενοι καλῶς προχωρεῖν ἑαυτοῖς ἢ γεωργίαν, ἢ ναυκληρίαν, ἢ ἄλλ' ὅ τι ἂν τυγχάνωσιν ἐργαζόμενοι, ὡς εὖ πράττοντες εὐφραίνονται. 9. Οἴει οὖν ἀπὸ πάντων τούτων τοσαύτην ἡδονὴν εἶναι, ὅσην ἀπὸ τοῦ ἑαυτόν τε ἡγεῖσθαι βελτίω γίγνεσθαι, καὶ φίλους ἀμείνους κτᾶσθαι; Ἐγὼ τοίνυν διατελῶ ταῦτα νομίζων. Ἐὰν δὲ δὴ φίλους ἢ πόλιν ὠφελεῖν δέῃ, ποτέρῳ ἡ πλείων σχολὴ τούτων ἐπιμελεῖσθαι, τῷ, ὡς ἐγὼ νῦν, ἢ τῷ, ὡς σὺ μακαρίζεις, διαιτωμένῳ; στρατεύοιτο δὲ πότερος ἂν ῥᾷον, ὁ μὴ δυνάμενος ἄνευ πολυτελοῦς διαίτης ζῆν, ἢ ᾧ τὸ παρὸν ἀρκοίη; ἐκπολιορκηθείη δὲ πότερος ἂν θᾶττον, ὁ τῶν χαλεπωτάτων εὑρεῖν δεόμενος, ἢ ὁ τοῖς ῥᾴστοις ἐντυγχάνειν ἀρκούντως χρώμενος; 10. Ἔοικας, ὦ Ἀντιφῶν, τὴν εὐδαιμονίαν οἰομένῳ τρυφὴν καὶ πολυτέλειαν εἶναι· ἐγὼ δὲ νομίζω τὸ μὲν μηδενὸς δέεσθαι, θεῖον εἶναι, τὸ δ' ὡς ἐλαχίστων ἐγγυτάτω τοῦ θείου, καὶ τὸ μὲν θεῖον, κράτιστον, τὸ δὲ ἐγγυτάτω τοῦ θείου, ἐγγυτάτω τοῦ κρατίστου.

11. Πάλιν δέ ποτε ὁ Ἀντιφῶν διαλεγόμενος τῷ Σωκράτει εἶπεν· Ὦ Σώκρατες, ἐγώ τοι σὲ μὲν δίκαιον νομίζω, σοφὸν δὲ οὐδ' ὁπωστιοῦν. Δοκεῖς δέ μοι καὶ αὐτὸς τοῦτο γιγνώσκειν· οὐδένα γοῦν τῆς συνουσίας ἀργύριον πράττει· καίτοι τό γε ἱμάτιον, ἢ τὴν οἰκίαν, ἢ ἄλλο τι, ὧν κέκτησαι, νομίζων ἀργυρίου ἄξιον εἶναι, οὐδενὶ ἂν μὴ ὅτι προῖκα δοίης, ἀλλ' οὐδ' ἔλαττον τῆς ἀξίας λαβών. 12. Δῆλον δή, ὅτι, εἰ καὶ τὴν συνουσίαν ᾤου τινὸς ἀξίαν εἶναι, καὶ ταύτης ἂν οὐκ ἔλαττον τῆς ἀξίας ἀργύριον ἐπράττου. Δίκαιος μὲν οὖν ἂν εἴης, ὅτι οὐκ ἐξαπατᾷς ἐπὶ πλεονεξίᾳ, σοφὸς δὲ οὐκ ἄν, μηδενός γε ἄξια ἐπιστάμενος. 13. Ὁ δὲ Σωκράτης πρὸς ταῦτα εἶπεν· Ὦ Ἀντιφῶν, παρ' ἡμῖν νομίζεται, τὴν ὥραν καὶ τὴν σοφίαν, ὁμοίως μὲν καλόν, ὁμοίως δὲ αἰσχρόν, διατίθεσθαι εἶναι· ἐάν τις, ὃν ἂν γνῷ καλόν τε κἀγαθὸν ἐραστὴν ὄντα, τοῦτον φίλον ἑαυτῷ ποιῆται, σώφρονα νομίζομεν· καὶ τὴν σοφίαν τοὺς μὲν ἀργυρίου τῷ βουλομένῳ πωλοῦντας, σοφιστὰς ἀποκαλοῦσιν, ὅστις δέ, ὃν ἂν γνῷ εὐφυᾶ ὄντα, διδάσκων ὅ τι ἂν ἔχῃ ἀγαθόν, φίλον ποιεῖται, τοῦτον νομίζομεν, ἃ τῷ καλῷ κἀγαθῷ πολίτῃ προσήκει, ταῦτα ποιεῖν. 14. Ἐγὼ δ' οὖν καὶ αὐτός, ὦ Ἀντιφῶν, ὥσπερ ἄλλος τις, ἢ ἵππῳ ἀγαθῷ, ἢ κυνί, ἢ ὄρνιθι ἥδεται,

οὕτω καὶ ἔτι μᾶλλον ἥδομαι φίλοις ἀγαθοῖς· καί, ἐάν τι σχῶ ἀγαθόν, διδάσκω, καὶ ἄλλοις συνίστημι, παρ' ὧν ἂν ἡγῶμαι ὠφελήσεσθαί τι αὐτοὺς εἰς ἀρετήν. Καὶ τοὺς θησαυροὺς τῶν πάλαι σοφῶν ἀνδρῶν, οὓς ἐκεῖνοι κατέλιπον ἐν βιβλίοις γράψαντες, ἀνελίττων, κοινῇ σὺν τοῖς φίλοις διέρχομαι, καί, ἄν τι ὁρῶμεν ἀγαθόν, ἐκλεγόμεθα, καὶ μέγα νομίζομεν κέρδος, ἐὰν ἀλλήλοις φίλοι γιγνώμεθα. Ἐμοὶ μὲν δὴ ταῦτα ἀκούοντι ἐδόκει αὐτός τε μακάριος εἶναι, καὶ τοὺς ἀκούοντας ἐπὶ καλοκἀγαθίαν ἄγειν.

15. Καὶ πάλιν ποτὲ τοῦ Ἀντιφῶντος ἐρομένου αὐτόν, πῶς ἄλλους μὲν ἡγεῖται πολιτικοὺς ποιεῖν, αὐτὸς δὲ οὐ πράττει τὰ πολιτικά, εἴπερ ἐπίσταται; Ποτέρως δ' ἄν, ἔφη, ὦ Ἀντιφῶν, μᾶλλον τὰ πολιτικὰ πράττοιμι, εἰ μόνος αὐτὰ πράττοιμι, ἢ εἰ ἐπιμελοίμην τοῦ ὡς πλείστους ἱκανοὺς εἶναι πράττειν αὐτά;

CHAPTER VII.

SUMMARY.

In this chapter we are informed in what way Socrates incited his friends to lay aside all habits of arrogance and vanity, and attend solely to the practice of virtue. The arguments employed by him with this view may be summed up as follows:

The best way of becoming eminent is, in whatever vocation one may wish to appear superior, to be in that actually superior. For, if a person be not intimately acquainted with a particular art, but possess only a superficial acquaintance with the same, that individual, when a trial is actually made of his ability, will not only incur the disgrace of being an empty pretender, but will have proved a source of injury to those who nave suffered themselves to be deceived and imposed upon by him.

1. Ἐπισκεψώμεθα δέ, εἰ καὶ ἀλαζονείας ἀποτρέπων τοὺς συνόντας, ἀρετῆς ἐπιμελεῖσθαι προέτρεπεν· ἀεὶ γὰρ ἔλεγεν, ὡς οὐκ εἴη καλλίων ὁδὸς ἐπ' εὐδοξίᾳ, ἢ δι' ἧς ἄν τις ἀγαθὸς τοῦτο γένοιτο, ὃ καὶ δοκεῖν βούλοιτο. Ὅτι δ' ἀληθῆ ἔλεγεν, ὧδε ἐδίδασκεν. 2. Ἐνθυμώμεθα γάρ, ἔφη, εἰ -ις, μὴ ὢν ἀγαθὸς αὐλητής, δοκεῖν βούλοιτο, τί ἂν αὐτῷ ποιητέον εἴη; ἆρ' οὐ τὰ ἔξω τῆς τέχνης μιμητέον τοὺς

ἀγαθοὺς αὐλητάς; Καὶ πρῶτον μέν, ὅτι ἐκεῖνοι σκεύη τε καλὰ κέκτηνται, καὶ ἀκολούθους πολλοὺς περιάγονται, καὶ τούτῳ ταῦτα ποιητέον· ἔπειτα, ὅτι ἐκείνους πολλοὶ ἐπαινοῦσι, καὶ τούτῳ πολλοὺς ἐπαινέτας παρασκευαστέον. Ἀλλὰ μὴν ἔργον γε οὐδαμοῦ ληπτέον, ἢ εὐθὺς ἐλεγχθήσεται γελοῖος ὤν, καὶ οὐ μόνον αὐλητὴς κακός, ἀλλὰ καὶ ἄνθρωπος ἀλαζών. Καίτοι πολλὰ μὲν δαπανῶν, μηδὲν δὲ ὠφελούμενος, πρὸς δὲ τούτοις κακοδοξῶν, πῶς οὐκ ἐπιπόνως τε, καὶ ἀλυσιτελῶς, καὶ καταγελάστως βιώσεται; 3. Ὡς δ' αὕτως, εἴ τις βούλοιτο στρατηγὸς ἀγαθός, μὴ ὤν, φαίνεσθαι, ἢ κυβερνήτης, ἐννοῶμεν, τί ἂν αὐτῷ συμβαίνοι. Ἆρ' οὐκ ἄν, εἰ μέν, ἐπιθυμῶν τοῦ δοκεῖν ἱκανὸς εἶναι ταῦτα πράττειν, μὴ δύναιτο πείθειν, ταύτῃ λυπηρόν; εἰ δὲ πείσειεν, ἔτι ἀθλιώτερον; Δῆλον γάρ, ὅτι κυβερνᾶν τε κατασταθεὶς ὁ μὴ ἐπιστάμενος, ἢ στρατηγεῖν, ἀπολέσειεν ἂν οὓς ἥκιστα βούλοιτο, καὶ αὐτὸς αἰσχρῶς τε καὶ κακῶς ἀπαλλάξειεν. 4. Ὡσαύτως δὲ καὶ τὸ πλούσιον, καὶ τὸ ἀνδρεῖον, καὶ τὸ ἰσχυρόν, μὴ ὄντα, δοκεῖν ἀλυσιτελὲς ἀπέφαινε· προστάττεσθαι γὰρ αὐτοῖς ἔφη μείζω, ἢ κατὰ δύναμιν, καὶ μὴ δυναμένους ταῦτα ποιεῖν, δοκοῦντας ἱκανοὺς εἶναι, συγγνώμης οὐκ ἂν τυγχάνειν. 5. Ἀπατεῶνα δ' ἐκάλει οὐ μικρὸν μέν, εἴ τις ἀργύριον, ἢ σκεῦος παρά του πειθοῖ λαβὼν ἀποστεροίη, πολὺ δὲ μέγιστον, ὅστις μηδενὸς ἄξιος ὢν ἐξηπατήκει, πείθων, ὡς ἱκανὸς εἴη τῆς πόλεως ἡγεῖσθαι. Ἐμοὶ μὲν οὖν ἐδόκει καὶ τοῦ ἀλαζονεύεσθαι ἀποτρέπειν τοὺς συνόντας τοιάδε διαλεγόμενος.

XENOPHON'S MEMORABILIA

OF

SOCRATES.

BOOK II.

CHAPTER I.

SUMMARY.

SOCRATES having suspected that a certain voluptuary, named Aristippus, was desirous of engaging in the management of public affairs, proves to him that one who cultivates such an intention ought first of all to be under strict self-control, lest, allured by the charms of pleasure, and disgusted at the same time by the toil and fatigue of public affairs, he may prove recreant to his duty. (§ 1–7.)

On Aristippus' having confessed, however, that his inclinations did not lead him to public affairs but to an inactive and pleasurable existence (§ 8, 9), Socrates starts a new inquiry, namely, which of the two lead happier lives, they who command, or they who are subjected to the command of others; in other words, masters or slaves. (§ 10.) Aristippus, however, declares that he himself wishes neither to command as a master nor to serve as a slave, but to be free, since freedom is the path that most of all leads to a happy existence. (§ 11.) Socrates thereupon proceeds to show that freedom, in the sense in which Aristippus understands the term, is at war with the first principles of human society, in which state the condition of either governing or being governed is a necessary one; and that he who is unwilling to submit to this condition either in public or private life, is eventually compelled by the more powerful to flee, as it were, to slavery for refuge. (§ 12, 13.)

When Aristippus, upon this, being still unwilling to yield the point declared that he confined himself to no one commonwealth, but moved about as a citizen of the world, Socrates proceeds to show both the other dangers that threaten him who keeps roaming from land to land, and especially the risk which he runs of falling into slavery; in which state as Socrates explains to him, a person like Aristippus, who wishes to do nothing, and yet expects to do well, is dealt with after a very summary fashion. (14–16.)

At length, driven to extremity, Aristippus charges those who engage public affairs with folly, in voluntarily taking upon themselves a laborious and annoying task (§ 17); whereupon Socrates proceeds to show him that there is a wide difference between those who labor voluntarily, and those who labor because compelled so to do: that the former may desist whenever they please, but the latter not: and that the former, moreover, undergo all labors cheerfully, both from the consciousness of doing what is right and good in itself, and from the prospect of eventually receiving a rich recompense from others. (§ 17–19). And, besides, a life of indolent enjoyment is conducive to health neither of body nor of mind, whereas active exertion, whether corporeal or intellectual, always leads to the happiest results; it being a well-established rule that the gods give nothing good unto mortals without labor and care. Socrates then shows, both by the testimony of poets (§ 20), and that of Prodicus, also, in his beautiful apologue respecting the "Choice of Hercules," that true happiness can only be obtained by a temperate and virtuous career. (§ 21–34.)

1. ΈΔΟΚΕΙ δέ μοι καὶ τοιαῦτα λέγων προτρέπειν τοὺς συνόντας ἀσκεῖν ἐγκράτειαν πρὸς ἐπιθυμίαν βρωτοῦ, καὶ ποτοῦ, καὶ ὕπνου, καὶ ῥίγους, καὶ θάλπους, καὶ πόνου Γνοὺς δέ τινα τῶν συνόντων ἀκολαστοτέρως ἔχοντα πρὸς τὰ τοιαῦτα, Εἰπέ μοι, ἔφη, ὦ Ἀρίστιππε, εἰ δέοι σε παιδεύειν παραλαβόντα δύο τῶν νέων, τὸν μέν, ὅπως ἱκανὸς ἔσται ἄρχειν, τὸν δέ, ὅπως μηδ' ἀντιποιήσεται ἀρχῆς, πῶς ἂν ἑκάτερον παιδεύοις; Βούλει σκοπῶμεν ἀρξάμενοι ἀπὸ τῆς τροφῆς, ὥςπερ ἀπὸ τῶν στοιχείων; Καὶ ὁ Ἀρίστιππος ἔφη· Δοκεῖ γοῦν μοι ἡ τροφὴ ἀρχὴ εἶναι· οὐδὲ γὰρ ζώη γ' ἄν τις, εἰ μὴ τρέφοιτο. 2. Οὐκοῦν τὸ μὲν βούλεσθαι σίτου ἅπτεσθαι, ὅταν ὥρα ἥκῃ, ἀμφοτέροις εἰκὸς παραγίγνεσθαι; Εἰκὸς γάρ, ἔφη. Τὸ οὖν προαιρεῖσθαι τὸ κατεπεῖγον μᾶλλον πράιτειν, ἢ τῇ γαστρὶ χαρίζεσθαι, πότερον ἂν αὐτῶν ἐθίζοιμεν; Τὸν εἰς τὸ ἄρχειν, ἔφη, νὴ Δία, παιδευόμενον, ὅπως μὴ τὰ τῆς πόλεως ἄπρακτα γίγνηται παρὰ τὴν ἐκείνου ἀρχήν. Οὐκοῦν, ἔφη, καὶ ὅταν πιεῖν βούλωνται, τὸ δύνασθαι διψῶντα ἀνέχεσθαι τῷ αὐτῷ προςθετέον; Πάνυ μὲν οὖν, ἔφη. 3. Τὸ δὲ ὕπνου ἐγκρατῆ εἶναι, ὥςτε δύνασθαι καὶ ὀψὲ κοιμηθῆναι καὶ πρωῒ ἀναστῆναι, καὶ ἀγρυπνῆσαι, εἴ τι δέοι, ποτέρῳ ἂν προςθείημεν; Καὶ τοῦτο, ἔφη, τῷ αὐτῷ. Τί δέ; ἔφη, τὸ ἀφροδισίων ἐγκρατῆ εἶναι, ὥςτε μὴ διὰ ταῦτα κωλύεσθαι πράττειν, εἴ τι δέοι; Καὶ τοῦτο

ἔφη, τῷ αὐτῷ. Τί δέ; τὸ μὴ φεύγειν τοὺς πόνους, ἀλλ' ἐθελοντὴν ὑπομένειν, ποτέρῳ ἂν προςθείημεν; Καὶ τοῦτο, ἔφη, τῷ ἄρχειν παιδευομένῳ. Τί δέ; τὸ μαθεῖν, εἴ τι ἐπιτήδειόν ἐστι μάθημα πρὸς τὸ κρατεῖν τῶν ἀντιπάλων, ποτέρῳ ἂν προςεῖναι μᾶλλον πρέποι; Πολύ, νὴ Δί', ἔφη, τῷ ἄρχειν παιδευομένῳ· καὶ γὰρ τῶν ἄλλων οὐδὲν ὄφελος ἄνευ τῶν τοιούτων μαθημάτων. 4. Οὔκουν ὁ οὕτω πεπαιδευμένος ἧττον ἂν δοκεῖ σοι ὑπὸ τῶν ἀντιπάλων, ἢ τὰ λοιπὰ ζῶα, ἁλίσκεσθαι; τούτων γὰρ δήπου τὰ μὲν γαστρὶ δελεαζόμενα, καὶ μάλα ἔνια δυςωπούμενα, ὅμως τῇ ἐπιθυμίᾳ τοῦ φαγεῖν ἀγόμενα πρὸς τὸ δέλεαρ, ἁλίσκεται, τὰ δὲ ποτῷ ἐνεδρεύεται. Πάνυ μὲν οὖν, ἔφη. Οὔκουν καὶ ἄλλα ὑπὸ λαγνείας, οἷον οἵ τε ὄρτυγες καὶ οἱ πέρδικες, τοῖς θηράτροις ἐμπίπτουσι; Συνέφη καὶ ταῦτα. 5. Οὔκουν δοκεῖ σοι αἰσχρὸν εἶναι ἀνθρώπῳ, ταὐτὰ πάσχειν τοῖς ἀφρονεστάτοις τῶν θηρίων; ὥςπερ οἱ μοιχοὶ εἰςέρχονται εἰς τὰς εἱρκτάς, εἰδότες ὅτι κίνδυνος τῷ μοιχεύοντι, ἅ τε ὁ νόμος ἀπειλεῖ, παθεῖν, καὶ ἐνεδρευθῆναι, καὶ ληφθέντα ὑβριοθῆναι· καὶ τηλικούτων μὲν ἐπικειμένων τῷ μοιχεύοντι κακῶν τε καὶ αἰσχρῶν, ὅμως εἰς τὰ ἐπικίνδυνα φέρεσθαι, ἆρ' οὐκ ἤδη τοῦτο παντάπασι κακοδαιμονῶντός ἐστιν; Ἔμοιγε δοκεῖ, ἔφη. 6. Τὸ δὲ εἶναι μὲν τὰς ἀναγκαιοτάτας πλείστας πράξεις τοῖς ἀνθρώποις ἐν ὑπαίθρῳ, οἷον τάς τε πολεμικάς, καὶ τὰς γεωργικάς, καὶ τῶν ἄλλων οὐ τὰς ἐλαχίστας, τοὺς δὲ πολλοὺς ἀγυμνάστως ἔχειν πρός τε ψύχη καὶ θάλπη, οὐ δοκεῖ σοι πολλὴ ἀμέλεια εἶναι; Συνέφη καὶ τοῦτο. Οὔκουν δοκεῖ σοι τὸν μέλλοντα ἄρχειν ἀσκεῖν δεῖν καὶ ταῦτα εὐπετῶς φέρειν; Πάνυ μὲν οὖν, ἔφη. 7. Οὔκουν, εἰ τοὺς ἐγκρατεῖς τούτων ἁπάντων εἰς τοὺς ἀρχικοὺς τάττομεν, τοὺς ἀδυνάτους ταῦτα ποιεῖν εἰς τοὺς μηδ' ἀντιποιησομένους τοῦ ἄρχειν τάξομεν; Συνέφη καὶ τοῦτο. Τί οὖν; ἐπειδὴ καὶ τούτων ἑκατέρου τοῦ φύλου τὴν τάξιν οἶσθα, ἤδη ποτ' ἐπεσκέψω, εἰς ποτέραν τῶν τάξεων τούτων σαυτὸν δικαίως ἂν τάττοις; 8. Ἔγωγ', ἔφη ὁ Ἀρίστιππος· καὶ οὐδαμῶς γε τάττω ἐμαυτὸν εἰς τὴν τῶν ἄρχειν βουλομένων ταξιν. Καὶ γὰρ πάνυ μοι δοκεῖ ἄφρονος ἀνθρώπου εἶναι τό, μεγάλου ἔργου ὄντος τοῦ ἑαυτῷ τὰ δέοντα παρασκευάζειν, μὴ ἀρκεῖν τοῦτο, ἀλλὰ προςαναθέσθαι τὸ καὶ τοῖς ἄλλοις πολίταις, ὧν δέονται, πορίζειν· καὶ ἑαυτῷ μὲν πολλά, ὧν βούλεται, ἐλλείπειν, τῆς δὲ πόλεως προεστῶτα, ἐὰν μὴ πάντα, ὅσα ἡ πόλις βούλεται, καταπράττῃ, τούτου δίκην ὑπέχειν, τοῦτο πῶς οὐ πολλὴ ἀφροσύνη ἐστί; 9. Καὶ γὰρ ἀξιοῦσιν αἱ πόλεις τοῖς ἄρχουσιν, ὥςπερ ἐγὼ τοῖς οἰκέταις, χρῆσθαι. Ἐγώ τε γὰρ ἀξιῶ τοὺς θεράποντας ἐμοὶ μὲν ἄφθονα τὰ ἐπιτήδεια παρασκευάζειν, αὐτοὺς δὲ μηδενὸς τούτων ἅπτεσθαι· αἵ τε πόλεις οἴονται χρῆναι τοὺς ἄρχοντας ἑαυταῖς μὲν ὡς πλεῖστα ἀγαθὰ πορίζειν, αὐτοὺς δὲ πάντων τούτων ἀπέχεσθαι. Ἐγὼ οὖν τοὺς μὲν βουλομένους πολλὰ πράγματα ἔχειν αὐτοῖς τε καὶ ἄλλοις παρέχειν, οὕτως ἂν παιδεύσας εἰς τοὺς ἀρχικοὺς καταστήσαιμι· ἐμαυτὸν τοίνυν τάττω εἰς τοὺς βουλομένους ᾗ ῥᾷστά τε καὶ ἥδιστα βιοτεύειν. 10. Καὶ ὁ Σωκράτης ἔφη Βούλει οὖν καὶ τοῦτο σκεψώμεθα, πότεροι ἥδιον ζῶσιν, οἱ ἄρχοντες, ἢ οἱ ἀρχόμενοι; Πάνυ μὲν οὖν, ἔφη. Πρῶτον μὲν τοίνυν τῶν ἐθνῶν, ὧν ἡμεῖς ἴσμεν, ἐν μὲν τῇ Ἀσίᾳ Πέρσαι μὲν ἄρχουσιν, ἄρχονται δὲ Σύροι, καὶ Φρύγες, καὶ Λυδοί· ἐν δὲ τῇ Εὐρώπῃ, Σκύθαι μὲν ἄρχουσι, Μαιῶται δὲ ἄρχονται· ἐν δὲ τῇ Λιβύῃ, Καρχηδόνιοι μὲν ἄρχουσι, Λίβυες δὲ ἄρχονται. Τούτων οὖν ποτέρους ἥδιον οἴει ζῆν; ἢ τῶν Ἑλλήνων, ἐν οἷς καὶ αὐτὸς εἶ, πότεροί σοι δοκοῦσιν ἥδιον, οἱ κρατοῦντες, ἢ οἱ κρατούμενοι, ζῆν; 11. Ἀλλ' ἐγώ τοι, ἔφη ὁ Ἀρίστιππος, οὐδὲ εἰς τὴν δουλείαν αὖ ἐμαυτὸν τάττω· ἀλλ' εἶναι τίς μοι δοκεῖ μέση τούτων ὁδός, ἣν πειρῶμαι βαδίζειν, οὔτε δι' ἀρχῆς, οὔτε διὰ δουλείας, ἀλλὰ δι' ἐλευθερίας, ᾗπερ μάλιστα πρὸς εὐδαιμονίαν ἄγει. 12. Ἀλλ' εἰ μέντοι, ἔφη ὁ Σωκράτης, ὥςπερ οὔτε δι' ἀρχῆς, οὔτε διὰ δουλείας ἡ ὁδὸς αὕτη φέρει, οὕτως μηδὲ δι' ἀνθρώπων ἴσως ἄν τι λέγοις· εἰ μέντοι ἐν ἀνθρώποις ὤν, μήτε ἄρχειν ἀξιώσεις, μήτε ἄρχεσθαι, μήτε τοὺς ἄρχοντας ἑκὼν θεραπεύσεις, οἶμαί σε ὁρᾶν, ὡς ἐπίστανται οἱ κρείττονες τοὺς ἥττονας καὶ κοινῇ καὶ ἰδίᾳ κλαίοντας καθίσαντες δούλοις χρῆσθαι." 13. Ἡ λανθάνουσί σε οἱ, ἄλλων σπειοάντων καὶ φυτευσάντων, τόν τε σῖτον τέμνοντες καὶ δενδροκοποῦντες, καὶ πάντα τρόπον πολιορκοῦντες τοὺς ἥττονας καὶ μὴ θέλοντας θεραπεύειν, ἕως ἂν πείσωσιν ἑλέσθαι δουλεύειν ἀντὶ τοῦ πολεμεῖν τοῖς κρείττοσι; καὶ ἰδίᾳ αὖ οἱ ἀνδρεῖοι καὶ δυνατοὶ τοὺς ἀνάνδρους καὶ ἀδυνάτους οὐκ οἶσθα ὅτι καταδουλωσάμενοι καρποῦνται; Ἀλλ' ἐγώ τοι, ἔφη, ἵνα μὴ πάσχω ταῦτα, οὐδ' εἰς πολιτείαν ἐμαυτὸν κατακλείω, ἀλλὰ ξένος πανταχοῦ εἰμι. 14. Καὶ ὁ Σωκράτης ἔφη· Τοῦτο μέντοι ἤδη λέγεις δεινὸν πάλαισμα· τοὺς γὰρ ξένους, ἐξ οὗ ὅ τε Σίννις, καὶ ὁ Σκείρων, καὶ ὁ Προκρούστης ἀπέθανον, οὐδεὶς ἔτι ἀδικεῖ· ἀλλὰ νῦν οἱ μὲν πολιτευόμενοι ἐν ταῖς πατρίσι, καὶ νόμους τίθενται, ἵνα μὴ ἀδικῶνται, καὶ φίλους πρὸς τοῖς ἀναγκαίοις καλουμένοις ἄλλους κτῶνται βοηθούς, καὶ ταῖς πόλεσιν ἐρύματα περιβάλλονται, καὶ ὅπλα κτῶνται, οἷς ἀμύνονται τοὺς ἀδικοῦντας, καὶ πρὸς τούτοις ἄλλους ἔξωθεν συμμάχους κατασκευάζονται· καὶ οἱ μὲν πάντα ταῦτα κεκτημένοι ὅμως ἀδικοῦνται· 15. Σὺ δὲ οὐδὲν μὲν τούτων ἔχων, ἐν δὲ ταῖς ὁδοῖς, ἔνθα πλεῖστοι ἀδικοῦνται, πολὺν χρόνον διατρίβων, εἰς ὁποίαν δ' ἂν πόλιν ἀφίκῃ, τῶν πολιτῶν πάντων ἥττων ὤν, καὶ τοιοῦτος, οἵοις μάλιστα ἐπιτίθενται οἱ βουλόμενοι ἀδικεῖν, ὅμως, διὰ τὸ ξένος εἶναι, οὐκ ἂν οἴει ἀδικηθῆναι; ἢ, διότι αἱ πόλεις σοι κηρύττουσιν ἀσφάλειαν καὶ προςιόντι καὶ ἀπιόντι, θαρρεῖς; ἢ διότι καὶ δοῦλος ἂν οἴει τοιοῦτος εἶναι, οἷος μηδενὶ δεσπότῃ λυσιτελεῖν; τίς γὰρ ἂν ἐθέλοι ἄνθρωπον ἐν οἰκίᾳ ἔχειν, πονεῖν μὲν μηδὲν ἐθέλοντα, τῇ δὲ πολυτελεστάτῃ διαίτῃ χαίροντα; 16. Σκεψώμεθα δὲ καὶ τοῦτο, πῶς οἱ δεσπόται τοῖς τοιούτοις οἰκέταις χρῶνται· ἆρα οὐ τὴν μὲν λαγνείαν αὐτῶν τῷ λιμῷ σωφρονίζουσι; κλέπτειν δὲ κωλύουσιν, ἀποκλείοντες ὅθεν ἄν τι λαβεῖν ᾖ; τοῦ δὲ δραπετεύειν δεσμοῖς ἀπείργουσι; τὴν ἀργίαν δὲ πληγαῖς ἐξαναγκάζουσιν; ἢ σὺ πῶς ποιεῖς, ὅταν τῶν οἰκετῶν τινα τοιοῦτον ὄντα καταμανθάνῃς, 17. Κολάζω, ἔφη, πάλι κακοῖς, ἕως ἂν δουλεύειν ἀναγκάσω Ἀλλὰ γάρ, ὦ Σώκρατες, οἱ εἰς τὴν βασιλικὴν τέχνην παιδευόμενοι, ἣν δοκεῖς μοι σὺ νομίζειν εὐδαιμονίαν εἶναι, τί διαφέρουσι τῶν ἐξ ἀνάγκης κακοπαθούντων, εἴ γε πεινήσουσι, καὶ διψήσουσι, καὶ ῥιγώσουσι, καὶ ἀγρυπνήσουσι, καὶ τἆλλα πάντα μοχθήσουσιν ἑκόντες; ἐγὼ μὲν γὰρ οὐκ οἶδ', ὅ τι διαφέρει, τὸ αὐτὸ δέρμα ἑκόντα ἢ ἄκοντα μαστιγοῦσθαι, ἢ ὅλως τὸ αὐτὸ σῶμα πᾶσι τοῖς τοιούτοις ἑκόντα ἢ ἄκοντα πολιορκεῖσθαι, ἄλλο γε ἢ ἀφροσύνη πρόςεστι τῷ θέλοντι τὰ λυπηρὰ ὑπομένειν. 18. Τί δέ; ὦ Ἀρίστιππε, ὁ Σωκράτης ἔφη, οὐ δοκεῖ σοι τῶν τοιούτων διαφέρειν τὰ ἑκούσια τῶν ἀκουσίων, ᾗ ὁ μὲν ἑκὼν πεινῶν φάγοι ἄν, ὁπότε βούλοιτο; καὶ ὁ ἑκὼν διψῶν πίοι, καὶ τἆλλα ὡσαύτως· τῷ δ' ἐξ ἀνάγκης ταῦτα πάσχοντι οὐκ ἔξεστιν, ὁπόταν βούληται, παύεσθαι; ἔπειτα ὁ μὲν ἑκουσίως ταλαιπωρῶν ἐπ' ἀγαθῇ ἐλπίδι πονῶν εὐφραίνεται, οἷον οἱ τὰ θηρία θηρῶντες ἐλπίδι τοῦ λήψεσθαι ἡδέως μοχθοῦσι. 19. Καὶ τὰ μὲν τοιαῦτα ἆθλα τῶν πόνων μικροῦ τινος ἄξιά ἐστι· τοὺς δὲ πονοῦντας, ἵνα φίλους ἀγαθοὺς κτήσωνται, ἢ ὅπως ἐχθροὺς χειρώσωνται, ἢ ἵνα δυνατοὶ γενόμενοι καὶ τοῖς σώμασι καὶ ταῖς ψυχαῖς, καὶ τὸν ἑαυτῶν οἶκον καλῶς οἰκῶσι, καὶ τοὺς φίλους εὖ ποιῶσι, καὶ τὴν πατρίδα εὐεργετῶσι, πῶς οὐκ οἴεσθαι χρὴ τούτους καὶ πονεῖν ἡδέως εἰς τὰ τοιαῦτα, καὶ ζῆν εὐφραινομένους, ἀγαμένους μὲν ἑαυτούς, ἐπαινουμένους δὲ καὶ ζηλουμένους ὑπὸ τῶν ἄλλων; 20. Ἔτι δὲ αἱ μὲν ῥᾳδιουργίαι, καὶ ἐκ τοῦ παραχρῆμα ἡδοναί, οὔτε σώματι εὐεξίαν ἱκαναί εἰσιν ἐνεργάζεσθαι, ὥς φασιν οἱ γυμνασταί, οὔτε ψυχῇ ἐπιστήμην ἀξιόλογον οὐδεμίαν ἐμποιοῦσιν· αἱ δὲ διὰ καρτερίας ἐπιμέλειαι τῶν καλῶν τε κἀγαθῶν ἔργων ἐξικνεῖσθαι ποιοῦσιν, ὥς φασιν οἱ ἀγαθοὶ ἄνδρες· λέγει δέ που καὶ Ἡσίοδος

Τὴν μὲν γὰρ κακότητα καὶ ἰλαδὸν ἔστιν ἑλέσθαι
Ῥηϊδίως· λείη μὲν ὁδός, μάλα δ' ἐγγύθι ναίει.
Τῆς δ' ἀρετῆς ἱδρῶτα θεοὶ προπάροιθεν ἔθηκαν
Ἀθάνατοι· μακρὸς δὲ καὶ ὄρθιος οἶμος ἐπ' αὐτήν,

Καὶ τρηχὺς τὸ πρῶτον· ἐπὴν δ' εἰς ἄκρον ἵκηται,
Ῥηιδίη δὴ ἔπειτα πέλει, χαλεπή περ ἐοῦσα.

Μαρτυρεῖ δὲ καί Ἐπίχαρμος ἐν τῷδε·

Τῶν πόνων πωλοῦσιν ἡμῖν πάντα τἀγάθ' οἱ θεοί.

Καὶ ἐν ἄλλῳ δὲ τόπῳ φησίν,

Ὦ πονηρέ, μὴ τὰ μαλακὰ μώεο, μὴ τὰ σκλήρ' ἔχῃς.

21. Καὶ Πρόδικος δὲ ὁ σοφὸς ἐν τῷ συγγράμματι τῷ περὶ τοῦ Ἡρακλέους, ὅπερ δὴ καὶ πλείστοις ἐπιδείκνυται, ὡσαύτως περὶ τῆς ἀρετῆς ἀποφαίνεται, ὡδέ πως λέγων, ὅσα ἐγὼ μέμνημαι· φησὶ γὰρ Ἡρακλέα, ἐπεὶ ἐκ παίδων εἰς ἥβην ὡρμᾶτο, ἐν ᾗ οἱ νέοι ἤδη αὐτοκράτορες γιγνόμενοι δηλοῦσιν, εἴτε τὴν δι' ἀρετῆς ὁδὸν τρέψονται ἐπὶ τὸν βίον, εἴτε τὴν διὰ κακίας, ἐξελθόντα εἰς ἡσυχίαν καθῆσθαι, ἀποροῦντα, ὁποτέραν τῶν ὁδῶν τράπηται. 22. Καὶ φανῆναι αὐτῷ δύο γυναῖκας προϊέναι μεγάλας, τὴν μὲν ἑτέραν εὐπρεπῆ τε ἰδεῖν καὶ ἐλευθέριον, φύσει κεκοσμημένην τὸ μὲν σῶμα καθαρότητι, τὰ δὲ ὄμματα αἰδοῖ, τὸ δὲ σχῆμα σωφροσύνῃ, ἐσθῆτι δὲ λευκῇ· τὴν δὲ ἑτέραν τεθραμμένην μὲν εἰς πολυσαρκίαν τε καὶ ἁπαλότητα, κεκαλλωπισμένην δὲ τὸ μὲν χρῶμα, ὥστε λευκοτέραν τε καὶ ἐρυθροτέραν τοῦ ὄντος δοκεῖν φαίνεσθαι, τὸ δὲ σχῆμα, ὥστε δοκεῖν ὀρθοτέραν τῆς φύσεως εἶναι, τὰ δὲ ὄμματα ἔχειν ἀναπεπταμένα, ἐσθῆτα δέ, ἐξ ἧς ἂν μάλιστα ὥρα διαλάμποι, κατασκοπεῖσθαι δὲ θαμὰ ἑαυτήν, ἐπισκοπεῖν δὲ καί, εἴ τις ἄλλος αὐτὴν θεᾶται, πολλάκις δὲ καὶ εἰς τὴν ἑαυτῆς σκιὰν ἀποβλέπειν. 23. Ὡς δ' ἐγένοντο πλησιαίτερον τοῦ Ἡρακλέους, τὴν μὲν πρόσθεν ῥηθεῖσαν ἰέναι τὸν αὐτὸν τρόπον, τὴν δ' ἑτέραν, φθάσαι βουλομένην, προςδραμεῖν τῷ Ἡρακλεῖ, καὶ εἰπεῖν·

Ὁρῶ σε, ὦ Ἡράκλεις, ἀποροῦντα, ποίαν ὁδὸν ἐπὶ τὸν βίον τράπῃ· ἐὰν οὖν ἐμὲ φίλην ποιησάμενος, ἐπὶ τὴν ἡδίστην τε καὶ ῥᾴστην ὁδὸν ἄξω σε, καὶ τῶν μὲν τερπνῶν οὐδενὸς ἄγευστος ἔσει, τῶν δὲ χαλεπῶν ἄπειρος διαβιώσει. 24. Πρῶτον μὲν γὰρ οὐ πολέμων, οὐδὲ πραγμάτων φροντιεῖς, ἀλλὰ σκοπούμενος διέσει, τί ἂν κεχαρισμένον ἢ σιτίον ἢ

ποτὸν εὕροις, ἢ τί ἂν ἰδών, ἢ τί ἀκούσας, τερφθείης, ἢ τί-
νων ὀσφραινόμενος, ἢ ἁπτόμενος ἡσθείης, καὶ πῶς ἂν μαλα-
κώτατα καθεύδοις, καὶ πῶς ἂν ἀπονώτατα τούτων πάντων
τυγχάνοις. 25. Ἐὰν δέ ποτε γένηταί τις ὑποψία σπά-
νεως, ἀφ' ὧν ἔσται ταῦτα, οὐ φόβος, μή σε ἀγάγω ἐπὶ τό,
πονοῦντα καὶ ταλαιπωροῦντα τῷ σώματι καὶ τῇ ψυχῇ,
ταῦτα πορίζεσθαι· ἀλλ' οἷς ἂν οἱ ἄλλοι ἐργάζωνται, τού-
τοις σὺ χρήσει, οὐδενὸς ἀπεχόμενος, ὅθεν ἂν δυνατὸν ᾖ τι
κερδᾶναι· πανταχόθεν γὰρ ὠφελεῖσθαι τοῖς ἐμοὶ ξυνοῦσιν
ἐξουσίαν ἔγωγε παρέχω. 26. Καὶ ὁ Ἡρακλῆς, ἀκούσας
ταῦτα, Ὦ γύναι, ἔφη, ὄνομα δέ σοι τί ἐστιν; Ἡ δέ· Οἱ
μὲν ἐμοὶ φίλοι, ἔφη, καλοῦσί με Εὐδαιμονίαν, οἱ δὲ μισοῦν-
τές με ὑποκοριζόμενοι ὀνομάζουσί με Κακίαν. 27. Καὶ ἐν
τούτῳ, ἡ ἑτέρα γυνὴ προσελθοῦσα εἶπε· Καὶ ἐγὼ ἥκω πρὸς
σέ, ὦ Ἡράκλεις, εἰδυῖα τοὺς γεννήσαντάς σε, καὶ τὴν φύ
σιν τὴν σὴν ἐν τῇ παιδείᾳ καταμαθοῦσα· ἐξ ὧν ἐλπίζω, εἰ
τὴν πρὸς ἐμὲ ὁδὸν τράποιο, σφόδρ' ἄν σε τῶν καλῶν καὶ
σεμνῶν ἐργάτην ἀγαθὸν γενέσθαι, καὶ ἐμὲ ἔτι πολὺ ἐντι-
μοτέραν, καὶ ἐπ' ἀγαθοῖς διαπρεπεστέραν φανῆναι· οὐκ
ἐξαπατήσω δέ σε προοιμίοις ἡδονῆς, ἀλλ', ᾗπερ οἱ θεοὶ διέ-
θεσαν, τὰ ὄντα διηγήσομαι μετ' ἀληθείας. 28. Τῶν γὰρ
ὄντων ἀγαθῶν καὶ καλῶν οὐδὲν ἄνευ πόνου καὶ ἐπιμελείας
θεοὶ διδόασιν ἀνθρώποις· ἀλλ' εἴτε τοὺς θεοὺς ἵλεως εἶναί
σοι βούλει, θεραπευτέον τοὺς θεούς· εἴτε ὑπὸ φίλων ἐθέ-
λεις ἀγαπᾶσθαι, τοὺς φίλους εὐεργετητέον· εἴτε ὑπό τινος
πόλεως ἐπιθυμεῖς τιμᾶσθαι, τὴν πόλιν ὠφελητέον· εἴτε
ὑπὸ τῆς Ἑλλάδος πάσης ἀξιοῖς ἐπ' ἀρετῇ θαυμάζεσθαι, τὴν
Ἑλλάδα πειρατέον εὖ ποιεῖν· εἴτε γῆν βούλει σοι καρποὺς
ἀφθόνους φέρειν, τὴν γῆν θεραπευτέον· εἴτε ἀπὸ βοσκη-
μάτων οἴει δεῖν πλουτίζεσθαι, τῶν βοσκημάτων ἐπιμελη-
τέον· εἴτε διὰ πολέμου ὁρμᾷς αὔξεσθαι, καὶ βούλει δύνα-
σθαι τούς τε φίλους ἐλευθεροῦν, καὶ τοὺς ἐχθροὺς χειροῦ-
σθαι, τὰς πολεμικὰς τέχνας αὐτάς τε παρὰ τῶν ἐπισταμέ-
νων μαθητέον, καὶ ὅπως αὐταῖς δεῖ χρῆσθαι ἀσκητέον· εἰ
δὲ καὶ τῷ σώματι βούλει δυνατὸς εἶναι, τῇ γνώμῃ ὑπηρε-

τεῖν ἐθιστέον τὸ σῶμα, καὶ γυμναστέον σὺν πόνοις καὶ ἱδρῶτι. 29. Καὶ ἡ Κακία ὑπολαβοῦσα εἶπεν, ὥς φησι Πρόδικος· Ἐννοεῖς, ὦ Ἡράκλεις, ὡς χαλεπὴν καὶ μακρὰν ὁδὸν ἐπὶ τὰς εὐφροσύνας ἡ γυνή σοι αὕτη διηγεῖται; ἐγὼ δὲ ῥᾳδίαν καὶ βραχεῖαν ὁδὸν ἐπὶ τὴν εὐδαιμονίαν ἄξω σε. Καὶ ἡ Ἀρετὴ εἶπεν· 30. Ὦ τλῆμον, τί δὲ σὺ ἀγαθὸν ἔχεις; ἢ τί ἡδὺ οἶσθα, μηδὲν τούτων ἕνεκα πράττειν ἐθέλουσα; ἥτις οὐδὲ τὴν τῶν ἡδέων ἐπιθυμίαν ἀναμένεις, ἀλλά, πρὶν ἐπιθυμῆσαι, πάντων ἐμπίπλασαι, πρὶν μὲν πεινῆν ἐσθίουσα, πρὶν δὲ διψῆν πίνουσα, καὶ ἵνα μὲν ἡδέως φάγῃς, ὀψοποιοὺς μηχανωμένη, ἵνα δὲ ἡδέως πίνῃς, οἴνους τε πολυτελεῖς παρασκευάζει, καὶ τοῦ θέρους χιόνα περιθέουσα ζητεῖς· ἵνα δὲ καθυπνώσῃς ἡδέως, οὐ μόνον τὰς στρωμνὰς μαλακάς, ἀλλὰ καὶ τὰς κλίνας καὶ τὰ ὑπόβαθρα ταῖς κλίναις παρασκευάζει· οὐ γὰρ διὰ τὸ πονεῖν, ἀλλὰ διὰ τὸ μηδὲν ἔχειν, ὅ τι ποιῇς, ὕπνου ἐπιθυμεῖς. 31. Ἀθάνατος δὲ οὖσα, ἐκ θεῶν μὲν ἀπέρριψαι, ὑπὸ δὲ ἀνθρώπων ἀγαθῶν ἀτιμάζει· τοῦ δὲ πάντων ἡδίστου ἀκούσματος, ἐπαίνου ἑαυτῆς, ἀνήκοος εἶ, καὶ τοῦ πάντων ἡδίστου θεάματος ἀθέατος· οὐδὲν γὰρ πώποτε σεαυτῆς ἔργον καλὸν τεθέασαι. Τίς δ' ἄν σοι λεγούσῃ τι πιστεύσειε; τίς δ' ἂν δεομένῃ τινὸς ἐπαρκέσειεν; ἢ τίς ἂν εὖ φρονῶν τοῦ σοῦ θιάσου τολμήσειεν εἶναι; οἳ νέοι μὲν ὄντες τοῖς σώμασιν ἀδύνατοί εἰσι, πρεσβύτεροι δὲ γενόμενοι, ταῖς ψυχαῖς ἀνόητοι, ἀπόνως μὲν λιπαροὶ διὰ νεότητος τρεφόμενοι, ἐπιπόνως δὲ αὐχμηροὶ διὰ γήρως περῶντες, τοῖς μὲν πεπραγμένοις αἰσχυνόμενοι, τοῖς δὲ πραττομένοις βαρυνόμενοι, τὰ μὲν ἡδέα ἐν τῇ νεότητι διαδραμόντες, τὰ δὲ χαλεπὰ εἰς τὸ γῆρας ἀποθέμενοι. 32. Ἐγὼ δὲ σύνειμι μὲν θεοῖς, σύνειμι δὲ ἀνθρώποις τοῖς ἀγαθοῖς· ἔργον δὲ καλόν, οὔτε θεῖον οὔτε ἀνθρώπινον, χωρὶς ἐμοῦ γίγνεται· τιμῶμαι δὲ μάλιστα πάντων καὶ παρὰ θεοῖς καὶ παρὰ ἀνθρώποις οἷς προσήκει, ἀγαπητὴ μὲν συνεργὸς τεχνίταις, πιστὴ δὲ φύλαξ οἴκων δεσπόταις, εὐμενὴς δὲ παραστάτις οἰκέταις, ἀγαθὴ δὲ συλλήπτρια τῶν ἐν εἰρήνῃ πόνων, βεβαία δὲ τῶν ἐν πολέμῳ σύμμαχος ἔργων, ἀρίστη δὲ φιλίας κοινωνός. 33. Ἔστι δὲ τοῖς μὲν ἐμοῖς φίλοις ἡδεῖα μὲν καὶ ἀπράγμων σίτων καὶ ποτῶν ἀπόλαυσις ἀνέχονται γάρ, ἕως ἂν ἐπιθυμήσωσιν αὐτῶν. Ὕπνος δὲ αὐτοῖς πάρεστιν ἡδίων, ἢ τοῖς ἀμόχθοις, καὶ οὔτε ἀπολείποντες αὐτὸν ἄχθονται, οὔτε διὰ τοῦτον μεθιᾶσι τὰ δέοντα πράττειν. Καὶ οἱ μὲν νέοι τοῖς τῶν πρεσβυτέρων ἐπαίνοις χαίρουσιν, οἱ δὲ γεραίτεροι ταῖς τῶν νέων τιμαῖς ἀγάλλονται· καὶ ἡδέως μὲν τῶν παλαιῶν πράξεων μέμνηνται, εὖ δὲ τὰς παρούσας ἥδονται πράττοντες, δι' ἐμὲ φίλοι μὲν θεοῖς ὄντες, ἀγαπητοὶ δὲ φίλοις, τίμιοι δὲ πατρίσιν· ὅταν δ' ἔλθῃ τὸ πεπρωμένον τέλος, οὐ μετὰ λήθης ἄτιμοι κεῖνται, ἀλλὰ μετὰ μνήμης τὸν ἀεὶ χρόνον ὑμνούμενοι θάλλουσι. Τοιαῦτά σοι, ὦ παῖ τοκέων ἀγαθῶν Ἡράκλεις, ἔξεστι διαπονησαμένῳ τὴν μακαριστοτάτην εὐδαιμονίαν κεκτῆσθαι. 34. Οὕτω πως διώκει Πρόδικος τὴν ὑπ' Ἀρετῆς Ἡρακλέους παίδευσιν, ἐκόσμησε μέντοι τὰς γνώμας ἔτι μεγαλειοτέροις ῥήμασιν, ἢ ἐγὼ νῦν. Σοὶ δ' οὖν ἄξιον, ὦ Ἀρίστιππε, τούτων ἐνθυμουμένῳ πειρᾶσθαί τι καὶ τῶν εἰς τὸν μέλλοντα χρόνον τοῦ βίου φροντίζειν.

CHAPTER II.

SUMMARY.

THIS chapter, which contains a conversation between Socrates and his eldest son, Lamprocles, who was angry with his mother, treats of the duty of children toward their parents. The points developed in the course of it are as follows:

1. They are called ungrateful men who do not make any return for favors received when able so to do.

2. Ungrateful persons must be ranked among the unjust. (§ 1, 2.)

3. The greater the benefit received, the more unjust must he be regarded who does not make a return for it. Those benefits, however, are to be viewed as the greatest, which are bestowed upon children by their parents, and more particularly by their mothers. (§ 3–6.) Hence it clearly follows that, even though a mother be violent and harsh of temper, she ought still to be loved and reverenced by a son, since he knows that she does not act from any evil intent, but has all the while the sincerest

wishes for his welfare. (§ 7-12.) How great a crime, then, ingratitude to parents is, may be seen even from this, that they who are guilty of the same are both punished by the laws and held in contempt by men. (§ 13, 14.)

1. Αἰσθόμενος δέ ποτε Λαμπροκλέα, τὸν πρεσβύτατον υἱὸν ἑαυτοῦ, πρὸς τὴν μητέρα χαλεπαίνοντα, Εἰπέ μοι, ἔφη, ὦ παῖ, οἶσθά τινας ἀνθρώπους ἀχαρίστους καλουμένους; Καὶ μάλα, ἔφη ὁ νεανίσκος. Καταμεμάθηκας οὖν τοὺς τί ποιοῦντας τὸ ὄνομα τοῦτο ἀποκαλοῦσιν; Ἔγωγε, ἔφη· τοὺς γὰρ εὖ παθόντας, ὅταν, δυνάμενοι χάριν ἀποδοῦναι, μὴ ἀποδῶσιν, ἀχαρίστους καλοῦσιν. Οὐκοῦν δοκοῦσί σοι ἐν τοῖς ἀδίκοις καταλογίζεσθαι τοὺς ἀχαρίστους, Ἔμοιγε, ἔφη. 2. Ἤδη δέ ποτ' ἐσκέψω, εἰ ἄρα, ὥσπερ τὸ ἀνδραποδίζεσθαι τοὺς μὲν φίλους ἄδικον εἶναι δοκεῖ, τοὺς δὲ πολεμίους δίκαιον, καὶ τὸ ἀχαριστεῖν πρὸς μὲν τοὺς φίλους ἄδικόν ἐστι, πρὸς δὲ τοὺς πολεμίους δίκαιον; Καὶ μάλα, ἔφη· καὶ δοκεῖ μοι, ὑφ' οὗ ἄν τις εὖ παθών, εἴτε φίλου εἴτε πολεμίου, μὴ πειρᾶται χάριν ἀποδιδόναι, ἄδικος εἶναι. 3. Οὐκοῦν, εἴ γε οὕτως ἔχει τοῦτο, εἰλικρινής τις ἂν εἴη ἀδικία ἡ ἀχαριστία; Συνωμολόγει. Οὐκοῦν, ὅσῳ ἄν τις μείζω ἀγαθὰ παθών, μὴ ἀποδιδῷ χάριν, τοσούτῳ ἀδικώτερος ἂν εἴη; Συνέφη καὶ τοῦτο. Τίνας οὖν, ἔφη, ὑπὸ τίνων εὕροιμεν ἂν μείζονα εὐεργετημένους, ἢ παῖδας ὑπὸ γονέων; οὓς οἱ γονεῖς ἐκ μὲν οὐκ ὄντων ἐποίησαν εἶναι, τοσαῦτα δὲ καλὰ ἰδεῖν καὶ τοσούτων ἀγαθῶν μετασχεῖν, ὅσα οἱ θεοὶ παρέχουσι τοῖς ἀνθρώποις· ἃ δὴ καὶ οὕτως ἡμῖν δοκεῖ παντὸς ἄξια εἶναι, ὥστε πάντες τὸ καταλιπεῖν αὐτὰ πάντων μάλιστα φεύγομεν· καὶ αἱ πόλεις ἐπὶ τοῖς μεγίστοις ἀδικήμασι ζημίαν θάνατον πεποιήκασιν, ὡς οὐκ ἂν μείζονος κακοῦ φόβῳ τὴν ἀδικίαν παύσοντες. 4. Καὶ μὴν οὐ τῶν γε ἀφροδισίων ἕνεκα παιδοποιεῖσθαι τοὺς ἀνθρώπους ὑπολαμβάνεις· φανεροὶ δ' ἐσμὲν καὶ σκοπούμενοι, ἐξ ὁποίων ἂν γυναικῶν βέλτιστα ἡμῖν τέκνα γένοιτο. 5. Καὶ ὁ μέν γε ἀνὴρ τήν τε γυναῖκα τρέφει, καὶ τοῖς μέλλουσιν ἔσεσθαι παισὶ προπαρασκευάζει πάντα, ὅσα ἂν οἴηται συνοίσειν αὐτοῖς πρὸς τὸν βίον· καὶ ταῦτα ὡς ἂν

δύνηται πλεῖστα· ἡ δὲ γυνὴ ὑποδεξαμένη τε φέρει τὸ φορ
τίον τοῦτο, βαρυνομένη τε, καὶ κινδυνεύουσα περὶ τοῦ βίου,
καὶ μεταδιδοῦσα τῆς τροφῆς, ᾗ καὶ αὐτὴ τρέφεται, καὶ σὺν
πολλῷ πόνῳ διενέγκασα καὶ τεκοῦσα, τρέφει τε καὶ ἐπιμε-
λεῖται, οὔτε προπεπονθυῖα οὐδὲν ἀγαθόν, οὔτε γιγνῶσκον
τὸ βρέφος ὑφ' ὅτου εὖ πάσχει, οὐδὲ σημαίνειν δυνάμενον,
ὅτου δεῖται, ἀλλ' αὐτὴ στοχαζομένη τά τε συμφέροντα καὶ
τὰ κεχαρισμένα πειρᾶται ἐκπληροῦν, καὶ τρέφει πολὺν χρό-
νον, καὶ ἡμέρας καὶ νυκτὸς ὑπομένουσα πονεῖν, οὐκ εἰδυῖα,
τίνα τούτων χάριν ἀπολήψεται. 6. Καὶ οὐκ ἀρκεῖ θρέψαι
μόνον, ἀλλὰ καί, ἐπειδὰν δόξωσιν ἱκανοὶ εἶναι οἱ παῖδες
μανθάνειν τι, ἃ μὲν ἂν αὐτοὶ ἔχωσιν οἱ γονεῖς ἀγαθὰ πρὸς
τὸν βίον, διδάσκουσιν· ἃ δ' ἂν οἴωνται ἄλλον ἱκανώτερον
εἶναι διδάξαι, πέμπουσι πρὸς τοῦτον δαπανῶντες, καὶ ἐπι-
μελοῦνται, πάντα ποιοῦντες, ὅπως οἱ παῖδες αὐτοῖς γένων-
ται ὡς δυνατὸν βέλτιστοι. 7. Πρὸς ταῦτα ὁ νεανίσκος
ἔφη· Ἀλλά τοι, εἰ καὶ πάντα ταῦτα πεποίηκε καὶ ἄλλα
τούτων πολλαπλάσια, οὐδεὶς ἂν δύναιτο αὐτῆς ἀνασχέσθαι
τὴν χαλεπότητα. Καὶ ὁ Σωκράτης· Πότερα δὲ οἴει, ἔφη,
θηρίου ἀγριότητα δυσφορωτέραν εἶναι, ἢ μητρός; Ἐγὼ
μὲν οἶμαι, ἔφη, τῆς μητρός, τῆς γε τοιαύτης. Ἤδη πώποτε
οὖν ἢ δακοῦσα κακόν τί σοι ἔδωκεν, ἢ λακτίσασα, οἷα ὑπὸ
θηρίων ἤδη πολλοὶ ἔπαθον; 8. Ἀλλά, νὴ Δία, ἔφη, λέγει,
ἃ οὐκ ἄν τις ἐπὶ τῷ βίῳ παντὶ βούλοιτο ἀκοῦσαι. Σὺ δὲ
πόσα, ἔφη ὁ Σωκράτης, οἴει ταύτῃ δυσάνεκτα, καὶ τῇ φωνῇ
καὶ τοῖς ἔργοις, ἐκ παιδίου δυσκολαίνων, καὶ ἡμέρας καὶ
νυκτὸς πράγματα παρασχεῖν, πόσα δὲ λυπῆσαι κάμνων;
Ἀλλ' οὐδεπώποτε αὐτήν, ἔφη, οὔτ' εἶπα, οὔτ' ἐποίησα οὐ-
δέν, ἐφ' ᾧ ᾐσχύνθη. 9. Τί δέ; οἴει, ἔφη, χαλεπώτερον εἶ-
ναί σοι ἀκούειν, ὧν αὐτὴ λέγει, ἢ τοῖς ὑποκριταῖς, ὅταν ἐν
ταῖς τραγῳδίαις ἀλλήλους τὰ ἔσχατα λέγωσιν; Ἀλλ',
οἶμαι, ἐπειδὴ οὐκ οἴονται τῶν λεγόντων οὔτε τὸν ἐλέγ-
χοντα ἐλέγχειν, ἵνα ζημιώσῃ, οὔτε τὸν ἀπειλοῦντα ἀπει-
λεῖν, ἵνα κακόν τι ποιήσῃ, ῥᾳδίως φέρουσι. Σὺ δ' εἰ εἰδώς,
ὡς ὅ τι λέγει σοι ἡ μήτηρ, οὐ μόνον οὐδὲν κακὸν νοοῦσι

λέγει, ἀλλὰ καὶ βουλομένη σοι ἀγαθὰ εἶναι, ὅσα οὐδενὶ ἄλλῳ, χαλεπαίνεις; ἢ νομίζεις κακόνουν τὴν μητέρα σοι εἶναι; Οὐ δῆτα, ἔφη, τοῦτό γε οὐκ οἴομαι. 10. Καὶ ὁ Σωκράτης, Οὐκοῦν, ἔφη, σὺ ταύτην, εὔνουν τέ σοι οὖσαν, καὶ ἐπιμελομένην, ὡς μάλιστα δύναται, κάμνοντος, ὅπως ὑγιαίνῃς τε καὶ ὅπως τῶν ἐπιτηδείων μηδενὸς ἐνδεὴς ἔσει, καὶ πρὸς τούτοις, πολλὰ τοῖς θεοῖς εὐχομένην ἀγαθὰ ὑπὲρ σοῦ, καὶ εὐχὰς ἀποδιδοῦσαν, χαλεπὴν εἶναι φῄς; ἐγὼ μὲν ωἶμαι, εἰ τοιαύτην μὴ δύνασαι φέρειν μητέρα, τἀγαθά σε οὐ δύνασθαι φέρειν. 11. Εἰπὲ δέ μοι, ἔφη, πότερον ἄλλον τινὰ οἴει δεῖν θεραπεύειν, ἢ παρεσκεύασαι μηδενὶ ἀνθρώπων πειρᾶσθαι ἀρέσκειν, μηδ' ἕπεσθαι, μηδὲ πείθεσθαι μήτε στρατηγῷ, μήτε ἄλλῳ ἄρχοντι; Ναὶ μὰ Δί' ἔγωγε, ἔφη. 12. Οὔκουν, ἔφη ὁ Σωκράτης, καὶ τῷ γείτονι βούλει σὺ ἀρέσκειν, ἵνα σοι καὶ πῦρ ἐναύῃ, ὅταν τούτου δέῃ, καὶ ἀγαθοῦ τέ σοι γίγνηται συλλήπτωρ, καί, ἄν τι σφαλλόμενος τύχῃς, εὐνοϊκῶς ἐγγύθεν βοηθῇ σοι; Ἔγωγε, ἔφη. Τί δε; συνοδοιπόρον, ἢ σύμπλουν, ἢ εἴ τῳ ἄλλῳ ἐντυγχάνοις, οὐδὲν ἄν σοι διαφέροι φίλον ἢ ἐχθρὸν γενέσθαι, ἢ καὶ τῆς παρὰ τούτων εὐνοίας οἴει δεῖν ἐπιμελεῖσθαι; Ἔγωγε, ἔφη. 13. Εἶτα τούτων μὲν ἐπιμελεῖσθαι παρεσκεύασαι, τὴν δε μητέρα τὴν πάντων μάλιστά σε φιλοῦσαν οὐκ οἴει δεῖν θεραπεύειν; οὐκ οἶσθ' ὅτι καὶ ἡ πόλις ἄλλης μὲν ἀχαριστίας οὐδεμιᾶς ἐπιμελεῖται, οὐδὲ δικάζει, ἀλλὰ περιορᾷ τοὺς εὖ πεπονθότας χάριν οὐκ ἀποδιδόντας, ἐὰν δέ τις γονέας μὴ θεραπεύῃ, τούτῳ δίκην τε ἐπιτίθησι, καὶ ἀποδοκιμάζουσα οὐκ ἐᾷ ἄρχειν τοῦτον, ὡς οὔτε ἂν τὰ ἱερὰ εὐσεβῶς θυόμενα ὑπὲρ τῆς πόλεως, τούτου θύοντος, οὔτε ἄλλο καλῶς καὶ δικαίως οὐδὲν ἂν τούτου πράξαντος; Καὶ νὴ Δία ἐάν τις τῶν γονέων τελευτησάντων τοὺς τάφους μὴ κοσμῇ, καὶ τοῦτο ἐξετάζει ἡ πόλις ἐν ταῖς τῶν ἀρχόντων δοκιμασίαις. 14. Σὺ οὖν, ὦ παῖ, ἂν σωφρονῇς, τοὺς μὲν θεοὺς παραιτήσει συγγνώμονάς σοι εἶναι, εἴ τι παρημέληκας τῆς μητρός, μή σε καὶ οὗτοι νομίσαντες ἀχάριστον εἶναι, οὐκ ἐθέλωσιν εὖ ποιεῖν· τοὺς δὲ ἀνθρώπους αὖ φυλάξει, μή σε αἰσθόμενοι τῶν γονέων ἀμελοῦντα πάντες ἀτιμάσωσιν, κᾆτα ἐν ἐρημίᾳ φίλων ἀναφανῇς· εἰ γάρ σε ὑπολάβοιεν πρὸς τοὺς γονεῖς ἀχάριστον εἶναι, οὐδεὶς ἂν νομίσειεν εὖ σε ποιήσας χάριν ἀπολήψεσθαι.

CHAPTER III.

SUMMARY.

Socrates having observed that Chærephon and Chærecrates, two brothers, with whom he was acquainted, were at variance, wished very much to reconcile them to each other, and employed for this purpose the following arguments:

1. A brother ought to be dearer to one than riches (§ 1); for the possession of riches is doubtful and uncertain, unless you have friends and companions, through whose aid you may be enabled to retain and enjoy these. (§ 2, 3.) The truest friend, moreover, is undoubtedly that one who has been given to you by nature, namely, a brother. For, in the first place, the being born of the same parents, and the being brought up under the same roof, ought to prove a powerful bond of union; and, in the next place, he who has a brother is less exposed to attacks from others than he who has none. (§ 4.)

2. This being the case, duty requires of us that, even if a brother entertain angry and hostile feelings toward us, still we must not imitate him in this, but must strive to conciliate and appease him (§ 5–9); and the true mode of conciliating will be by endeavoring to work upon his feelings through the medium of kind words and actions (§ 10–14); which course it will be the more incumbent upon you to pursue if you are the younger brother, since it is every where an established rule that the younger show respect to the elder. (§ 15–17.)

3. Brothers ought not to be in opposition to one another, but ought to live together in perfect harmony. And as, in the case of the body, two pairs of limbs, &c., such as, for example, hands, legs, feet, lend mutual aid; so no situation ought to hinder brothers who live in amity from rendering one another the most essential service. (§ 18, 19.)

1. Χαιρεφῶντα δέ ποτε καὶ Χαιρεκράτην, ἀδελφὼ μὲν ὄντε ἀλλήλοιν, ἑαυτῷ δὲ γνωρίμω, αἰσθόμενος διαφερομένω, ἰδὼν τὸν Χαιρεκράτην, Εἰπέ μοι, ἔφη, ὦ Χαιρέκρατες, οὐ δήπου καὶ σὺ εἶ τῶν τοιούτων ἀνθρώπων, οἳ χρησιμώτερον νομίζουσι χρήματα ἢ ἀδελφούς; καὶ ταῦτα, τῶν μὲν ἀφρόνων ὄντων, τοῦ δὲ φρονίμου, καὶ τῶν μὲν βοηθείας δεομένων, τοῦ δὲ βοηθεῖν δυναμένου, καὶ πρὸς τούτοις ὧν

μὲν πλειόνων ὑπαρχόντων, τοῦ δὲ ἑνός. 2. Θαυμαστὸν δὲ καὶ τοῦτο, εἴ τις τοὺς μὲν ἀδελφοὺς ζημίαν ἡγεῖται, ὅτι οὐ καὶ τὰ τῶν ἀδελφῶν κέκτηται, τοὺς δὲ πολίτας οὐχ ἡγεῖται ζημίαν, ὅτι οὐ καὶ τὰ τῶν πολιτῶν ἔχει, ἀλλ' ἐνταῦθα μὲν δύναται λογίζεσθαι, ὅτι κρεῖττον σὺν πολλοῖς οἰκοῦντα ἀσφαλῶς ἀρκοῦντα ἔχειν, ἢ μόνον διαιτώμενον τὰ τῶν πολιτῶν ἐπικινδύνως πάντα κεκτῆσθαι, ἐπὶ δὲ τῶν ἀδελφῶν τὸ αὐτὸ τοῦτο ἀγνοοῦσι. 3. Καὶ οἰκέτας μὲν οἱ δυνάμενοι ὠνοῦνται, ἵνα συνεργοὺς ἔχωσι, καὶ φίλους κτῶνται, ὡς βοηθῶν δεόμενοι, τῶν δ' ἀδελφῶν ἀμελοῦσιν, ὥςπερ ἐκ πολιτῶν μὲν γιγνομένους φίλους, ἐξ ἀδελφῶν δὲ οὐ γιγνομένους. 4. Καὶ μὴν πρὸς φιλίαν μέγα μὲν ὑπάρχει τὸ ἐκ τῶν αὐτῶν φῦναι, μέγα δὲ τὸ ὁμοῦ τραφῆναι, ἐπεὶ καὶ τοῖς θηρίοις πόθος τις ἐγγίγνεται τῶν συντρόφων· πρὸς δὲ τούτοις, καὶ οἱ ἄλλοι ἄνθρωποι τιμῶσί τε μᾶλλον τοὺς συναδέλφους ὄντας τῶν ἀναδέλφων, καὶ ἧττον τούτοις ἐπιτίθενται. 5. Καὶ ὁ Χαιρεκράτης εἶπεν· Ἀλλ' εἰ μέν, ὦ Σώκρατες, μὴ μέγα εἴη τὸ διάφορον, ἴσως ἂν δέοι φέρειν τὸν ἀδελφόν, καὶ μὴ μικρῶν ἕνεκα φεύγειν· ἀγαθὸν γάρ, ὥςπερ καὶ σὺ λέγεις, ἀδελφός, ὢν οἷον δεῖ· ὁπότε μέντοι παντὸς ἐνδέοι, καὶ πᾶν τὸ ἐναντιώτατον εἴη, τί ἂν τις ἐπιχειροίη τοῖς ἀδυνάτοις; 6. Καὶ ὁ Σωκράτης ἔφη· Πότερα δέ, ὦ Χαιρέκρατες, οὐδενὶ ἀρέσαι δύναται Χαιρεφῶν, ὥςπερ οὐδὲ σοί, ἢ ἔστιν οἷς καὶ πάνυ ἀρέσκει; Διὰ τοῦτο γάρ τοι, ἔφη, ὦ Σώκρατες, ἄξιόν ἐστιν ἐμοὶ μισεῖν αὐτόν, ὅτι ἄλλοις μὲν ἀρέσκειν δύναται, ἐμοὶ δέ, ὅπου ἂν παρῇ, πανταχοῦ καὶ ἔργῳ καὶ λόγῳ ζημία μᾶλλον, ἢ ὠφέλειά ἐστιν. 7. Ἆρ' οὖν, ἔφη ὁ Σωκράτης, ὥςπερ ἵππος τῷ ἀνεπιστήμονι μέν, ἐγχειροῦντι δὲ χρῆσθαι, ζημία ἐστίν, οὕτω καὶ ἀδελφός, ὅταν τις αὐτῷ μὴ ἐπιστάμενος ἐγχειρῇ χρῆσθαι, ζημία ἐστίν; 8. Πῶς δ' ἂν ἐγώ, ἔφη ὁ Χαιρεκράτης, ἀνεπιστήμων εἴην ἀδελφῷ χρῆσθαι, ἐπιστάμενός γε καὶ εὖ λέγειν τὸν εὖ λέγοντα, καὶ εὖ ποιεῖν τὸν εὖ ποιοῦντα; τὸν μέντοι καὶ λόγῳ καὶ ἔργῳ πειρώμενον ἐμὲ ἀνιᾶν, οὐκ ἂν δυναίμην οὔτ' εὖ λέγειν, οὔτ' εὖ ποιεῖν, ἀλλ οὐδὲ πειράσομαι. ς Καὶ ὁ Σωκράτης ἔφη· Θαυμαστά γε λέγεις, ὦ Χαιρέκρατες, εἰ κύνα μέν, εἴ σοι ἦν ἐπὶ προβάτοις ἐπιτήδειος ὤν, καὶ τοὺς μὲν ποιμένας ἠσπάζετο, σοὶ δὲ προςιόντι ἐχαλέπαινεν, ἀμελήσας ἂν τοῦ ὀργίζεσθαι ἐπειρῶ εὖ ποιήσας πραΰνειν αὐτόν, τὸν δὲ ἀδελφὸν φῂς μὲν μέγα ἂν ἀγαθὸν εἶναι, ὄντα πρὸς σὲ οἷον δεῖ, ἐπίστασθαι δὲ ὁμολογῶν καὶ εὖ ποιεῖν καὶ εὖ λέγειν, οὐκ ἐπιχειρεῖς μηχανᾶσθαι, ὅπως σοι ὡς βέλτιστος ἔσται; 10. Καὶ ὁ Χαιρεκράτης, Δέδοικα, ἔφη, ὦ Σώκρατες, μὴ οὐκ ἔχω ἐγὼ τοσαύτην σοφίαν, ὥστε Χαιρεφῶντα ποιῆσαι πρὸς ἐμὲ οἷον δεῖ. Καὶ μὴν οὐδέν γε ποικίλον, ἔφη ὁ Σωκράτης, οὐδὲ καινὸν δεῖ ἐπ' αὐτόν, ὡς ἐμοὶ δοκεῖ, μηχανᾶσθαι, οἷς δὲ καὶ σὺ ἐπίστασαι αὐτός, οἶμαι ἂν αὐτὸν ἁλόντα περὶ πολλοῦ ποιεῖσθαί σε. 11. Οὐκ ἂν φθάνοις, ἔφη, λέγων, εἴ τι ᾐσθησαί με φίλτρον ἐπιστάμενον, ὃ ἐγὼ εἰδὼς λέληθα ἐμαυτόν. Λέγε δή μοι, ἔφη, εἴ τινα τῶν γνωρίμων βούλοιο κατεργάσασθαι, ὁπότε θύοι, καλεῖν σε ἐπὶ δεῖπνον, τί ἂν ποιοίης; Δῆλον, ὅτι κατάρχοιμι ἂν τοῦ αὐτός, ὅτε θύοιμι, καλεῖν ἐκεῖνον. 12. Εἰ δὲ βούλοιο τῶν φίλων τινὰ προτρέψασθαι, ὁπότε ἀποδημοίης, ἐπιμελεῖσθαι τῶν σῶν, τί ἂν ποιοίης; Δῆλον, ὅτι πρότερος ἂν ἐγχειροίην ἐπιμελεῖσθαι τῶν ἐκείνου, ὁπότε ἀποδημοίη. 13. Εἰ δὲ βούλοιο ξένον ποιῆσαι ὑποδέχεσθαι σεαυτόν, ὁπότε ἔλθοις εἰς τὴν ἐκείνου, τί ἂν ποιοίης; Δῆλον, ὅτι καὶ τοῦτον πρότερος ὑποδεχοίμην ἄν, ὁπότε ἔλθοι Ἀθήναζε· καὶ εἴ γε βουλοίμην αὐτὸν προθυμεῖσθαι διαπράττειν μοι ἐφ' ἃ ἥκοιμι, δῆλον, ὅτι καὶ τοῦτο δέοι ἂν πρότερον αὐτὸν ἐκείνῳ ποιεῖν. 14. Πάντ' ἄρα σύ γε τὰ ἐν ἀνθρώποις φίλτρα ἐπιστάμενος πάλαι ἀπεκρύπτου· ἢ ὀκνεῖς, ἔφη, ἄρξαι, μὴ αἰσχρὸς φανῇς, ἐὰν πρότερος τὸν ἀδελφὸν εὖ ποιῇς; καὶ μὴν πλείστου γε δοκεῖ ἀνὴρ ἐπαίνου ἄξιος εἶναι, ὃς ἂν φθάνῃ τοὺς μὲν πολεμίους κακῶς ποιῶν, τοὺς δὲ φίλους εὐεργετῶν· εἰ μὲν οὖν ἐδόκει μοι Χαιρεφῶν ἡγεμονικώτερος εἶναι σοῦ πρὸς τὴν φύσιν ταυτην, ἐκεῖνον ἂν ἐπειρώμην πείθειν πρότερον ἐγχειρεῖν τῷ σε φίλον ποιεῖσθαι· νῦν δέ μοι σὺ δοκεῖς ἡγούμενος μᾶλλον ἂν ἐξεργάζεσθαι τοῦτο. 15. Καὶ ὁ Χαιρεκράτης εἶπεν· Ἄτοπα λέγεις, ὦ Σώκρατες, καὶ οὐδαμῶς πρὸς σοῦ ὅς γε κελεύεις ἐμὲ νεώτερον ὄντα καθηγεῖσθαι· καίτοι τού του γε παρὰ πᾶσιν ἀνθρώποις τἀναντία νομίζεται, τὸν πρεσβύτερον ἡγεῖσθαι παντὸς καὶ ἔργου καὶ λόγου. 16. Πῶς; ἔφη ὁ Σωκράτης· οὐ γὰρ καὶ ὁδοῦ παραχωρῆσαι τὸν νεώτερον πρεσβυτέρῳ συντυγχάνοντι πανταχοῦ νομίζεται, καὶ καθήμενον ὑπαναστῆναι, καὶ κοίτῃ μαλακῇ τιμῆσαι, καὶ λόγων ὑπεῖξαι; ὠγαθέ, μὴ ὄκνει, ἔφη, ἀλλ' ἐγχείρει τὸν ἄνδρα καταπραΰνειν, καὶ πάνυ ταχύ σοι ὑπακούσεται· οὐχ ὁρᾷς, ὡς φιλότιμός ἐστι, καὶ ἐλευθέριος; τὰ μὲν γὰρ πονηρὰ ἀνθρώπια οὐκ ἂν ἄλλως μᾶλλον ἕλοις, ἢ εἰ διδοίης τι, τοὺς δὲ καλοὺς κἀγαθοὺς ἀνθρώπους προσφιλῶς χρώμενος μάλιστ' ἂν κατεργάσαιο. 17. Καὶ ὁ Χαιρεκράτης εἶπεν· Ἐὰν οὖν, ἐμοῦ ταῦτα ποιοῦντος, ἐκεῖνος μηδὲν βελτίων γίγνηται; Τί γὰρ ἄλλο, ἔφη ὁ Σωκράτης, ἢ κινδυνεύσεις ἐπιδεῖξαι, σὺ μὲν χρηστός τε καὶ φιλάδελφος εἶναι, ἐκεῖνος δὲ φαῦλός τε καὶ οὐκ ἄξιος εὐεργεσίας; ἀλλ' οὐδὲν οἶμαι τούτων ἔσεσθαι· νομίζω γὰρ αὐτόν, ἐπειδὰν αἰσθηταί σε προκαλούμενον ἑαυτὸν εἰς τὸν ἀγῶνα τοῦτον, πάνυ φιλονεικήσειν, ὅπως περιγένηταί σου καὶ λόγῳ καὶ ἔργῳ εὖ ποιῶν. 18. Νῦν μὲν γὰρ οὕτως, ἔφη, διάκεισθον, ὥσπερ εἰ τὼ χεῖρε, ἃς ὁ θεὸς ἐπὶ τὸ συλλαμβάνειν ἀλλήλαιν ἐποίησεν, ἀφεμένω τούτου τράποιντο πρὸς τὸ διακωλύειν ἀλλήλω, ἢ εἰ τὼ πόδε, θείᾳ μοίρᾳ πεποιημένω πρὸς τὸ συνεργεῖν ἀλλήλοιν, ἀμελήσαντε τούτου ἐμποδίζοιεν ἀλλήλω. 19. Οὐκ ἂν πολλὴ ἀμαθία εἴη καὶ κακοδαιμονία τοῖς ἐπ' ὠφελείᾳ πεποιημένοις ἐπὶ βλάβῃ χρῆσθαι; Καὶ μὴν ἀδελφώ γε, ὡς ἐμοὶ δοκεῖ, ὁ θεὸς ἐποίησεν ἐπὶ μείζονι ὠφελείᾳ ἀλλήλοιν, ἢ χεῖρέ τε, καὶ πόδε, καὶ ὀφθαλμώ, τἆλλά τε, ὅσα ἀδελφὰ ἔφυσεν ἀνθρώποις. Χεῖρες μὲν γάρ, εἰ δέοι αὐτὰς τὰ πλέον ὀργυιᾶς διέχοντα ἅμα ποιῆσαι, οὐκ ἂν δύναιντο, πόδες δὲ οὐδ' ἂν ἐπὶ τὰ ὀργυιὰν διέχοντα ἔλθοιεν ἅμα, ὀφθαλμοὶ δέ, οἱ καὶ δοκοῦντες ἐπὶ πλεῖστον ἐξικνεῖσθαι, οὐδ' ἂν τῶν ἔτι ἐγγυτέρω ὄντων τὰ ἔμπροσθεν ἅμα καὶ τὰ ὄπισθεν ἰδεῖν δύναιντο· ἀδελφὼ δέ, φίλω ὄντε, καὶ πολὺ διεστῶτε πράττετον ἅμα καὶ ἐπ' ὠφελείᾳ ἀλλήλοιν

CHAPTER IV.

SUMMARY.

In this chapter, as well as in many of those that follow, the theme is Friendship. In the present chapter the value of friendship is considered :
1. Many persons are more intent upon any thing else rather than upon the acquiring and preserving of friends. (§ 1–4.)
2. And yet there is no possession more valuable, or more stable, or more directly useful than a good friend. For he takes care of the affairs and interests of another as if they were his own; he shares with him not merely prosperous, but also adverse fortune; and he provides for the safety and prosperity of another as much as, and sometimes even more than, for his own. (§ 5–7.)

1. Ἤκουσα δέ ποτε αὐτοῦ καὶ περὶ φίλων διαλεγομένου, ἐξ ὧν ἔμοιγε ἐδόκει μάλιστ' ἄν τις ὠφελεῖσθαι πρὸς φίλων κτῆσίν τε καὶ χρείαν· τοῦτο μὲν γὰρ δὴ πολλῶν ἔφη ἀκούειν, ὡς πάντων κτημάτων κράτιστον ἂν εἴη φίλος σαφὴς καὶ ἀγαθός, ἐπιμελουμένους δὲ παντὸς μᾶλλον ὁρᾶν ἔφη τοὺς πολλοὺς ἢ φίλων κτήσεως. 2. Καὶ γὰρ οἰκίας, καὶ ἀγρούς, καὶ ἀνδράποδα, καὶ βοσκήματα, καὶ σκεύη κτωμένους τε ἐπιμελῶς ὁρᾶν ἔφη, καὶ τὰ ὄντα σώζειν πειρωμένους, φίλον δέ, ὃ μέγιστον ἀγαθὸν εἶναί φασιν, ὁρᾶν ἔφη τοὺς πολλούς, οὔτε ὅπως κτήσονται φροντίζοντας, οὔτε ὅπως οἱ ὄντες ἑαυτοῖς σώζωνται. 3. Ἀλλὰ καί, καμνόντων φίλων τε καὶ οἰκετῶν, ὁρᾶν τινας ἔφη τοῖς μὲν οἰκέταις καὶ ἰατροὺς εἰσάγοντας, καὶ τἆλλα πρὸς ὑγίειαν ἐπιμελῶς παρασκευάζοντας, τῶν δὲ φίλων ὀλιγωροῦντας· ἀποθανόντων τε ἀμφοτέρων, ἐπὶ μὲν τοῖς οἰκέταις ἀχθομένους καὶ ζημίαν ἡγουμένους, ἐπὶ δὲ τοῖς φίλοις οὐδὲν οἰομένους ἐλαττοῦσθαι, καὶ τῶν μὲν ἄλλων κτημάτων οὐδὲν ἐῶντας ἀθεράπευτον, οὐδ' ἀνεπίσκεπτον, τῶν δὲ φίλων ἐπιμελείας δεομένων ἀμελοῦντας. 4. Ἔτι δὲ πρὸς τούτοις ὁρᾶν ἔφη τοὺς πολλοὺς τῶν μὲν ἄλλων κτημάτων, καὶ πάνυ πολλῶν

αὐτοῖς ὄντων, τὸ πλῆθος εἰδότας, τῶν δὲ φίλων, ὀλίγων ὄντων, οὐ μόνον τὸ πλῆθος ἀγνοοῦντας, ἀλλὰ καὶ τοῖς πυνθανομένοις τοῦτο καταλέγειν ἐγχειρήσαντας, οὓς ἐν τοῖς φίλοις ἔθεσαν, πάλιν τούτους ἀνατίθεσθαι· τοσοῦτον αὐτοὺς τῶν φίλων φροντίζειν. 5. Καίτοι πρὸς ποῖον κτῆμα τῶν ἄλλων παραβαλλόμενος φίλος ἀγαθός οὐκ ἂν πολλῷ κρείττων φανείη; ποῖος γὰρ ἵππος, ἢ ποῖον ζεῦγος οὕτω χρήσιμον, ὥςπερ ὁ χρηστὸς φίλος, ποῖον δὲ ἀνδράποδον οὕτως εὔνουν καὶ παραμόνιμον, ἢ ποῖον ἄλλο κτῆμα οὕτω πάγχρηστον; 6. Ὁ γὰρ ἀγαθὸς φίλος ἑαυτὸν τάττει πρὸς πᾶν τὸ ἐλλεῖπον τῷ φίλῳ, καὶ τῆς τῶν ἰδίων κατασκευῆς, καὶ τῶν κοινῶν πράξεως, καί, ἄν τέ τινα εὖ ποιῆσαι δέῃ, συνεπισχύει, ἄν τέ τις φόβος ταράττῃ, συμβοηθεῖ, τὰ μὲν συναναλίσκων, τὰ δὲ συμπράττων, καὶ τὰ μὲν συμπείθων, τὰ δὲ βιαζόμενος, καὶ εὖ μὲν πράττοντας πλεῖστα εὐφραίνων, σφαλλομένους δὲ πλεῖστα ἐπανορθῶν. 7. Ἃ δὲ αἵ τε χεῖρες ἑκάστῳ ὑπηρετοῦσι, καὶ οἱ ὀφθαλμοὶ προορῶσι, καὶ τὰ ὦτα προακούουσι, καὶ οἱ πόδες διανύτουσι, τούτων φίλος εὐεργετῶν οὐδενὸς λείπεται· πολλάκις δέ, ἃ πρὸ αὐτοῦ τις οὐκ ἐξειργάσατο, ἢ οὐκ εἶδεν, ἢ οὐκ ἤκουσεν, ἢ οὐ διήνυσε, ταῦτα ὁ φίλος πρὸ τοῦ φίλου ἐξήρκεσεν. Ἀλλ' ὅμως ἔνιοι δένδρα μὲν πειρῶνται θεραπεύειν τοῦ καρποῦ ἕνεκεν, τοῦ δὲ παμφορωτάτου κτήματος, ὃ καλεῖται φίλος, ἀργῶς καὶ ἀνειμένως οἱ πλεῖστοι ἐπιμέλονται.

CHAPTER V.

SUMMARY.

The main point involved in the present chapter is, that we should look well into ourselves, and see in what estimation we may reasonably hope that our friends are holding us, and should also strive to be of as much use as possible to them.

On account of the brevity of the discussion, many things are left to be concluded by the reader, rather than expressly stated by Socrates. His object, however, is to reprove one of his followers for having deserted a friend who was oppressed with penury.

1. Ἤκουσα δέ ποτε καὶ ἄλλον αὐτοῦ λόγον, ὃς ἐδόκει μοι προτρέπειν τὸν ἀκούοντα ἐξετάζειν ἑαυτόν, ὁπόσου τοῖς φίλοις ἄξιος εἴη. Ἰδὼν γάρ τινα τῶν ξυνόντων ἀμελοῦντα φίλου πενίᾳ πιεζομένου, ἤρετο Ἀντισθένη ἐναντίον τοῦ ἀμελοῦντος αὐτοῦ, καὶ ἄλλων πολλῶν· 2. Ἆρ', ἔφη, ὦ Ἀντίσθενες, εἰσί τινες ἀξίαι φίλων, ὥσπερ οἰκετῶν; Τῶν γὰρ οἰκετῶν ὁ μέν που δύο μναῖν ἄξιός ἐστιν, ὁ δὲ οὐδ᾽ ἡμμναίου, ὁ δὲ πέντε μνῶν, ὁ δὲ καὶ δέκα· Νικίας δὲ ὁ Νικηράτου λέγεται ἐπιστάτην εἰς τἀργύρια πρίασθαι ταλάντου· σκοποῦμαι δὴ τοῦτο, ἔφη, εἰ ἄρα, ὥσπερ τῶν οἰκετῶν, οὕτω καὶ τῶν φίλων εἰσὶν ἀξίαι. 3. Ναὶ μὰ Δί', ἔφη ὁ Ἀντισθένης· ἐγὼ γοῦν βουλοίμην ἂν τὸν μέν τινα φίλον μοι εἶναι μᾶλλον, ἢ δύο μνᾶς, τὸν δ᾽ οὐδ᾽ ἂν ἡμιμναίου προτιμησαίμην, τὸν δὲ καὶ πρὸ δέκα μνῶν ἑλοίμην ἄν, τὸν δὲ πρὸ πάντων χρημάτων καὶ πόνων πριαίμην ἂν φίλον μοι εἶναι. 4. Οὐκοῦν, ἔφη ὁ Σωκράτης, εἴ γε ταῦτα τοιαῦτά ἐστι, καλῶς ἂν ἔχοι ἐξετάζειν τινὰ ἑαυτόν, πόσον ἄρα τυγχάνει τοῖς φίλοις ἄξιος ὤν, καὶ πειρᾶσθαι ὡς πλείστου ἄξιος εἶναι, ἵνα ἧττον αὐτὸν οἱ φίλοι προδιδῶσιν· ἐγὼ γάρ τοι, ἔφη, πολλάκις ἀκούω τοῦ μέν, ὅτι προὔδωκεν αὐτὸν φίλος ἀνήρ, τοῦ δέ, ὅτι μνᾶν ἀνθ᾽ ἑαυτοῦ μᾶλλον εἵλετο ἀνήρ, ὃν ᾤετο φίλον εἶναι. 5. Τὰ τοιαῦτα πάντα σκοπῶ, μή, ὥσπερ, ὅταν τις οἰκέτην πονηρὸν πωλῇ, καὶ ἀποδίδωται τοῦ εὑρόντος, οὕτω καὶ τὸν πονηρὸν φίλον, ὅταν ἐξῇ τὸ πλεῖον τῆς ἀξίας λαβεῖν, ἐπαγωγὸν ᾖ προδίδοσθαι· τοὺς δὲ χρηστοὺς οὔτε οἰκέτας πάνυ τι πωλουμένους ὁρῶ, οὔτε φίλους προδιδομένους.

CHAPTER VI.

SUMMARY.

THE subject of friendship is continued, and the following inquiries are instituted with regard to it:

1. What kind of persons are we to choose as friends? (§ 1–5.)
2. In what way before we make men our friends, ought we to put them

to the test, in order to ascertain whether they will make good friends or not? (§ 6, 7.)

3. In what way, after a person has been ascertained to be worthy of our friendship, are we to proceed to make him our friend? (§ 8–28.)

These questions having been answered, Socrates makes the following remarks in addition: 1. In choosing friends, we must be guided, not by mere fairness of exterior, but by internal excellence. (§ 29–32.) 2. Friendship must necessarily spring from an admiration of what is virtuous (§ 33.) 3. This admiration inspires a kindly feeling (§ 34), and this kindly feeling impels us to strive in every way to bind the individual unto us as a friend. (§ 35.) 4. Now the basis of real friendship is truth and candor (§ 36–38); and hence the shortest, and safest, and best road to friendship is this, to strive to be in reality such as you may wish your friends to consider you to be. (§ 39.)

1. Ἐδόκει δέ μοι καὶ εἰς τὸ δοκιμάζειν φίλους, ὁποίους ἄξιον κτᾶσθαι, φρενοῦν τοιάδε λέγων· Εἰπέ μοι, ἔφη, ὦ Κριτόβουλε, εἰ δεοίμεθα φίλου ἀγαθοῦ, πῶς ἂν ἐπιχειροίημεν σκοπεῖν; ἆρα πρῶτον μὲν ζητητέον, ὅστις ἄρχει γαστρός τε, καὶ φιλοποσίας, καὶ λαγνείας, καὶ ὕπνου, καὶ ἀργίας; ὁ γὰρ ὑπὸ τούτων κρατούμενος οὔτ' αὐτὸς ἑαυτῷ δύναιτ' ἂν οὔτε φίλῳ τὰ δέοντα πράττειν; Μὰ Δί', οὐ δῆτα, ἔφη. Οὔκουν τοῦ μὲν ὑπὸ τούτων ἀρχομένοι ἀφεκτέον δοκεῖ σοι εἶναι; Πάνυ μὲν οὖν, ἔφη. 2. Τί γάρ; ἔφη, ὅστις δαπανηρὸς ὢν μὴ αὐτάρκης ἐστίν, ἀλλ' ἀεὶ τῶν πλησίον δεῖται, καὶ λαμβάνων μέν, μὴ δύναται ἀποδιδόναι, μὴ λαμβάνων δέ, τὸν μὴ διδόντα μισεῖ, οὐ δοκεῖ σοι καὶ οὗτος χαλεπὸς φίλος εἶναι; Πάνυ, ἔφη. Οὔκουν ἀφεκτέον καὶ τούτου, Ἀφεκτέον μέντοι, ἔφη. 3. Τί γάρ; ὅστις χρηματίζεσθαι μὲν δύναται, πολλῶν δὲ χρημάτων ἐπιθυμεῖ, καὶ διὰ τοῦτο δυσξύμβολός ἐστι, καὶ λαμβάνων μὲν ἥδεται, ἀποδιδόναι δὲ οὐ βούλεται; Ἐμοὶ μὲν δοκεῖ, ἔφη, οὗτος ἔτι πονηρότερος ἐκείνου εἶναι. 4. Τί δέ; ὅστις διὰ τὸν ἔρωτα τοῦ χρηματίζεσθαι μηδὲ πρὸς ἓν ἄλλο σχολὴν ποιεῖται, ἢ ὁπόθεν αὐτὸς κερδανεῖ; Ἀφεκτέον καὶ τούτου, ὡς ἐμοὶ δοκεῖ· ἀνωφελὴς γὰρ ἂν εἴη τῷ χρωμένῳ. Τί δέ; ὅστις στασιώδης τέ ἐστι, καὶ θέλων πολλοὺς τοῖς φίλοις ἐχθροὺς παρέχειν; Φευκτέον, νὴ Δία, καὶ τοῦτον. Εἰ δέ τις τούτων μὲν τῶν κακῶν μηδὲν ἔχοι, εὖ δὲ πάσχων

ἀνέχεται, μηδὲν φροντίζων τοῦ ἀντευεργετεῖν; Ἀνωφελὴς ἂν εἴη καὶ οὗτος· ἀλλὰ ποῖον, ὦ Σώκρατες, ἐπιχειρήσομεν φίλον ποιεῖσθαι; 5. Οἶμαι μέν, ὃς τἀναντία τούτων ἐγκρατὴς μέν ἐστι τῶν διὰ τοῦ σώματος ἡδονῶν, εὔορκος δὲ καὶ εὐξύμβολος ὢν τυγχάνει, καὶ φιλόνεικος πρὸς τὸ μὴ ἐλλείπεσθαι εὖ ποιῶν τοὺς εὐεργετοῦντας αὑτόν, ὥςτε λυσιτελεῖν τοῖς χρωμένοις. 6. Πῶς οὖν ἂν ταῦτα δοκιμάσαιμεν, ὦ Σώκρατες, πρὸ τοῦ χρῆσθαι; Τοὺς μὲν ἀνδριαντοποιούς, ἔφη, δοκιμάζομεν, οὐ τοῖς λόγοις αὐτῶν τεκμαιρόμενοι, ἀλλ' ὃν ἂν ὁρῶμεν τοὺς πρόσθεν ἀνδριάντας καλῶς εἰργασμένον, τούτῳ πιστεύομεν καὶ τοὺς λοιποὺς εὖ ποιήσειν. 7. Καὶ ἄνδρα δὴ λέγεις, ἔφη, ὃς ἂν τοὺς φίλους τοὺς πρόσθεν εὖ ποιῶν φαίνηται, δῆλον εἶναι καὶ τοὺς ὑστέρους εὐεργετήσοντα; Καὶ γὰρ ἵπποις, ἔφη, ὃν ἂν τοῖς πρόσθεν ὁρῶ καλῶς χρώμενον, τοῦτον καὶ ἄλλοις οἶμαι καλῶς χρῆσθαι. 8. Εἶεν, ἔφη· ὃς δ' ἂν ἡμῖν ἄξιος φιλίας δοκῇ εἶναι, πῶς χρὴ φίλον τοῦτον ποιεῖσθαι; Πρῶτον μέν, ἔφη, τὰ παρὰ τῶν θεῶν ἐπισκεπτέον, εἰ συμβουλεύουσιν αὐτὸν φίλον ποιεῖσθαι. Τί οὖν; ἔφη, ὃν ἂν ἡμῖν τε δοκῇ καὶ οἱ θεοὶ μὴ ἐναντιῶνται, ἔχεις εἰπεῖν, ὅπως οὗτος θηρατέος; 9. Μὰ Δί', ἔφη, οὐ κατὰ πόδας, ὥσπερ ὁ λαγώς, οὐδ' ἀπάτῃ, ὥσπερ αἱ ὄρνιθες, οὐδὲ βίᾳ, ὥσπερ οἱ ἐχθροί· ἄκοντα γὰρ φίλον ἑλεῖν ἐργῶδες· χαλεπὸν δὲ καὶ δήσαντα κατέχειν, ὥσπερ δοῦλον· ἐχθροὶ γὰρ μᾶλλον ἢ φίλοι γίγνονται ταῦτα πάσχοντες. Φίλοι δὲ πῶς; ἔφη. 10. Εἶναι μέν τινάς φασιν ἐπῳδάς, ἃς οἱ ἐπιστάμενοι ἐπᾴδοντες οἷς ἂν βούλωνται φίλους ἑαυτοῖς ποιοῦνται· εἶναι δὲ καὶ φίλτρα, οἷς οἱ ἐπιστάμενοι πρὸς οὓς ἂν βούλωνται χρώμενοι φιλοῦνται ὑπ' αὐτῶν. 11. Πόθεν οὖν, ἔφη, ταῦτα μάθοιμεν ἄν; Ἃ μὲν αἱ Σειρῆνες ἐπῇδον τῷ Ὀδυσσεῖ, ἤκουσας Ὁμήρου, ὧν ἐστιν ἀρχὴ τοιάδε τις·

Δεῦρ' ἄγε δή, πολύαιν' Ὀδυσεῦ, μέγα κῦδος Ἀχαιῶν.

Ταύτην οὖν, ἔφη, τὴν ἐπῳδήν, ὦ Σώκρατες, καὶ τοῖς ἄλλοις ἀνθρώποις αἱ Σειρῆνες ἐπᾴδουσαι κατεῖχον, ὥστε μὴ ἀπιέναι ἀπ' αὐτῶν τοὺς ἐπᾳσθέντας; Οὔκ· ἀλλὰ τοῖς ἐπ ἀρετῇ φιλοτιμουμένοις οὕτως ἐπῇδον. 12. Σχεδόν τι λέγεις τοιαῦτα χρῆναι ἑκάστῳ ἐπᾴδειν, οἷα μὴ νομιεῖ ἀκούων τὸν ἐπαινοῦντα καταγελῶντα λέγειν· οὕτω μὲν γὰρ ἐχθίων τ' ἂν εἴη, καὶ ἀπελαύνοι τοὺς ἀνθρώπους ἀφ' ἑαυτοῦ, εἰ τὸν εἰδότα, ὅτι μικρός τε καὶ αἰσχρὸς καὶ ἀσθενής ἐστιν, ἐπαινοίη λέγων, ὅτι καλός τε καὶ μέγας καὶ ἰσχυρός ἐστιν. 13. Ἄλλας δέ τινας οἶσθα ἐπῳδάς; Οὔκ· ἀλλ' ἤκουσα μέν, ὅτι Περικλῆς πολλὰς ἐπίσταιτο, ἃς ἐπᾴδων τῇ πόλει ἐποίει αὐτὴν φιλεῖν αὐτόν. Θεμιστοκλῆς δὲ πῶς ἐποίησε τὴν πόλιν φιλεῖν αὐτόν; Μὰ Δί' οὐκ ἐπᾴδων, ἀλλὰ περιάψας τι ἀγαθὸν αὐτῇ. 14. Δοκεῖς μοι λέγειν, ὦ Σώκρατες, ὡς, εἰ μέλλοιμεν ἀγαθόν τινα κτήσασθαι φίλον, αὐτοὺς ἡμᾶς ἀγαθοὺς δεῖ γενέσθαι λέγειν τε καὶ πράττειν. Σὺ δ' ᾤου, ἔφη ὁ Σωκράτης, οἷόν τ' εἶναι πονηρὸν ὄντα χρηστοὺς φίλους κτήσασθαι; 15. Ἑώρων γάρ, ἔφη ὁ Κριτόβουλος, ῥήτορας τε φαύλους ἀγαθοῖς δημηγόροις φίλους ὄντας, καὶ στρατηγεῖν οὐχ ἱκανοὺς πάνυ στρατηγικοῖς ἀνδράσιν ἑταίρους. 16. Ἆρ' οὖν, ἔφη, καί, περὶ οὗ διαλεγόμεθα, οἶσθά τινας, οἳ ἀνωφελεῖς ὄντες ὠφελίμους δύνανται φίλους ποιεῖσθαι; Μὰ Δί' οὐ δῆτ', ἔφη· ἀλλ' εἰ ἀδύνατόν ἐστι, πονηρὸν ὄντα καλοὺς κἀγαθοὺς φίλους κτήσασθαι, ἐκεῖνο ἤδη μέλει μοι, εἰ ἔστιν, αὐτὸν καλὸν κἀγαθὸν γενόμενον, ἐξ ἑτοίμου τοῖς καλοῖς κἀγαθοῖς φίλον εἶναι. 17. Ὃ ταράττει σε, ὦ Κριτόβουλε, ὅτι πολλάκις ἄνδρας καὶ καλὰ πράττοντας, καὶ τῶν αἰσχρῶν ἀπεχομένους ὁρᾷς, ἀντὶ τοῦ φίλους εἶναι, στασιάζοντας ἀλλήλοις, καὶ χαλεπώτερον χρωμένους τῶν μηδενὸς ἀξίων ἀνθρώπων. 18. Καὶ οὐ μόνον γ', ἔφη ὁ Κριτόβουλος, οἱ ἰδιῶται τοῦτο ποιοῦσιν, ἀλλὰ καὶ πόλεις, αἵ, τῶν τε καλῶν μάλιστα ἐπιμελόμεναι, καὶ τὰ αἰσχρὰ ἥκιστα προσιέμεναι, πολλάκις πολεμικῶς ἔχουσι πρὸς ἀλλήλας. 19. Ἃ λογιζόμενος, πάνυ ἀθύμως ἔχω πρὸς τὴν τῶν φίλων κτῆσιν· οὔτε γὰρ τοὺς πονηροὺς ὁρῶ φίλους ἀλλήλοις δυναμένους εἶναι· πῶς γὰρ ἂν ἢ ἀχάριστοι, ἢ ἀμελεῖς, ἢ πλεονέκται, ἢ ἄπιστοι, ἢ ἀκρατεῖς ἄνθρωποι δύναιντο φίλοι γενέσθαι; Οἱ μὲν οὖν πονηροὶ πάντως ἔμοιγε δοκοῦσιν ἀλλήλοις ἐχθροὶ μᾶλλον ἢ φίλο πεφυκέναι. 20. Ἀλλὰ μήν, ὥσπερ σὺ λέγεις, οὐδ' ἂν τοῖς χρηστοῖς οἱ πονηροί ποτε συναρμόσειαν εἰς φιλίαν· πῶς γὰρ οἱ τὰ πονηρὰ ποιοῦντες τοῖς τὰ τοιαῦτα μισοῦσι φίλοι γένοιντ' ἄν; Εἰ δὲ δὴ καὶ οἱ ἀρετὴν ἀσκοῦντες στασιάζουσί τε περὶ τοῦ πρωτεύειν ἐν ταῖς πόλεσι, καὶ φθονοῦντες ἑαυτοῖς μισοῦσιν ἀλλήλους, τίνες ἔτι φίλοι ἔσονται, καὶ ἐν τίσιν ἀνθρώποις εὔνοια καὶ πίστις ἔσται; 21. Ἀλλ' ἔχει μέν, ἔφη ὁ Σωκράτης, ποικίλως πως ταῦτα, ὦ Κριτόβουλε· φύσει γὰρ ἔχουσιν οἱ ἄνθρωποι τὰ μὲν φιλικά· δέονται τε γὰρ ἀλλήλων, καὶ ἐλεοῦσι, καὶ συνεργοῦντες ὠφελοῦσι, καὶ τοῦτο συνιέντες χάριν ἔχουσιν ἀλλήλοις· τὰ δὲ πολεμικά· τά τε γὰρ αὐτὰ καλὰ καὶ ἡδέα νομίζοντες, ὑπὲρ τούτων μάχονται, καὶ διχογνωμονοῦντες ἐναντιοῦνται· πολεμικὸν δὲ καὶ ἔρις, καὶ ὀργή· καὶ δυσμενὴς μὲν ὁ τοῦ πλεονεκτεῖν ἔρως, μισητὸν δὲ ὁ φθόνος. 22. Ἀλλ' ὅμως διὰ τούτων πάντων ἡ φιλία διαδυομένη συνάπτει τοὺς καλούς τε κἀγαθούς· διὰ γὰρ τὴν ἀρετὴν αἱροῦνται μὲν ἄνευ πόνου τὰ μέτρια κεκτῆσθαι μᾶλλον, ἢ διὰ πολέμου πάντων κυριεύειν, καὶ δύνανται πεινῶντες καὶ διψῶντες ἀλύπως σίτου καὶ ποτοῦ κοινωνεῖν. 23. Δύνανται δὲ καὶ χρημάτων οὐ μόνον, τοῦ πλεονεκτεῖν ἀπεχόμενοι, νομίμως κοινωνεῖν, ἀλλὰ καὶ ἐπαρκεῖν ἀλλήλοις· δύνανται δὲ καὶ τὴν ἔριν οὐ μόνον ἀλύπως, ἀλλὰ καὶ συμφερόντως ἀλλήλοις διατίθεσθαι, καὶ τὴν ὀργὴν κωλύειν εἰς τὸ μεταμελησόμενον προϊέναι· τὸν δὲ φθόνον παντάπασιν ἀφαιροῦσι, τὰ μὲν ἑαυτῶν ἀγαθὰ τοῖς φίλοις οἰκεῖα παρέχοντες, τὰ δὲ τῶν φίλων, ἑαυτῶν νομίζοντες. 24. Πῶς οὖν οὐκ εἰκὸς τοὺς καλούς τε κἀγαθοὺς καὶ τῶν πολιτικῶν τιμῶν μὴ μόνον ἀβλαβεῖς, ἀλλὰ καὶ ὠφελίμους ἀλλήλοις κοινωνοὺς εἶναι; οἱ μὲν γὰρ ἐπιθυμοῦντες ἐν ταῖς πόλεσι τιμᾶσθαί τε καὶ ἄρχειν, ἵνα ἐξουσίαν ἔχωσι χρήματά τε κλέπτειν, καὶ ἀνθρώπους βιάζεσθαι, καὶ ἡδυπαθεῖν, ἄδικοί τε καὶ πονηροὶ ἂν εἶεν, καὶ ἀδύνατοι ἄλλῳ συναρμόσαι. 25. Εἰ δέ τις, ἐν πόλει τιμᾶσθαι βουλόμενος, ὅπως αὐτός τε μὴ ἀδικῆται, καὶ

[II. 6. § 23.] MEMORABILIA. 57

τοῖς φίλοις τὰ δίκαια βοηθεῖν δύνηται, καὶ ἄρξας ἀγαθόν τι ποιεῖν τὴν πατρίδα πειρᾶται, διὰ τί ὁ τοιοῦτος ἄλλῳ τοιούτῳ οὐκ ἂν δύναιτο συναρμόσαι; Πότερον τοὺς φίλους ὠφελεῖν μετὰ τῶν καλῶν κἀγαθῶν ἧττον δυνήσεται, ἢ τὴν πόλιν εὐεργετεῖν ἀδυνατώτερος ἔσται, καλούς τε κἀγαθοὺς ἔχων συνεργούς; 26. Ἀλλὰ καὶ ἐν τοῖς γυμνικοῖς ἀγῶσι δῆλόν ἐστιν, ὅτι, εἰ ἐξῆν τοῖς κρατίστοις συντιθεμένους ἐπὶ τοὺς χείρους ἰέναι, πάντας ἂν τοὺς ἀγῶνας οὗτοι ἐνίκων, καὶ πάντα τὰ ἆθλα οὗτοι ἐλάμβανον. Ἐπεὶ οὖν ἐκεῖ μὲν οὐκ ἐῶσι τοῦτο ποιεῖν, ἐν δὲ τοῖς πολιτικοῖς ἐν οἷς οἱ καλοὶ κἀγαθοὶ κρατιστεύουσιν, οὐδεὶς κωλύει, μεθ᾽ οὗ ἄν τις βούληται, τὴν πόλιν εὐεργετεῖν, πῶς οὖν οὐ λυσιτελεῖ τοὺς βελτίστους φίλους κτησάμενον πολιτεύεσθαι τούτοις κοινωνοῖς καὶ συνεργοῖς τῶν πράξεων μᾶλλον ἢ ἀνταγωνισταῖς χρώμενον; 27. Ἀλλὰ μὴν κἀκεῖνο δῆλον ὅτι, κἂν πολεμῇ τίς τινι, συμμάχων δεήσεται, καὶ τούτων πλειόνων, ἐὰν καλοῖς κἀγαθοῖς ἀντιτάττηται. Καὶ μὴν ὁ συμμαχεῖν ἐθέλοντες εὖ ποιητέοι, ἵνα θέλωσι προθυμεῖσθαι πολὺ δὲ κρεῖττον τοὺς βελτίστους ἐλάττονας εὖ ποιεῖν, ἢ τοὺς χείρονας πλείονας ὄντας· οἱ γὰρ πονηροὶ πολὺ πλειόνων εὐεργεσιῶν, ἢ οἱ χρηστοί, δέονται. 28. Ἀλλὰ θαῤῥῶν, ἔφη, ὦ Κριτόβουλε, πειρῶ ἀγαθὸς γίγνεσθαι, καὶ τοι οὗτος γιγνόμενος θηρᾶν ἐπιχείρει τοὺς καλούς τε κἀγαθούς. Ἴσως δ᾽ ἄν τί σοι κἀγὼ συλλαβεῖν εἰς τὴν τῶν καλῶν τε κἀγαθῶν θήραν ἔχοιμι, διὰ τὸ ἐρωτικὸς εἶναι· δεινῶς γάρ, ὧν ἂν ἐπιθυμήσω ἀνθρώπων, ὅλος ὥρμημαι ἐπὶ τὸ φιλῶν τε αὐτοὺς ἀντιφιλεῖσθαι ὑπ᾽ αὐτῶν, καὶ ποθῶν ἀντιποθεῖσθαι, καὶ ἐπιθυμῶν ξυνεῖναι καὶ ἀντεπιθυμεῖσθαι τῆς ξυνουσίας. 29. Ὁρῶ δὲ καὶ σοὶ τούτων δεῆσον, ὅταν ἐπιθυμήσῃς φιλίαν πρός τινας ποιεῖσθαι. Μὴ σὺ οὖν ἀποκρύπτου με, οἷς ἂν βούλοιο φίλος γενέσθαι· διὰ γὰρ τὸ ἐπιμελεῖσθαι τοῦ ἀρέσαι τῷ ἀρέσκοντί μοι, οὐκ ἀπείρως οἶμαι ἔχειν πρὸς θήραν ἀνθρώπων. 30. Καὶ ὁ Κριτόβουλος ἔφη· Καὶ μήν, ὦ Σώκρατες, τούτων ἐγὼ τῶν μαθημάτων πάλαι ἐπιθυμῶ. 33. Καὶ ὁ Σωκράτης ἔφη· Ὅταν οὖν, ὦ

Κριτόβουλε, φίλος τινὶ βούλῃ γενέσθαι, ἐάσεις με κατειπεῖν σου πρὸς αὐτόν, ὅτι ἄγασαί τε αὐτοῦ, καὶ ἐπιθυμεῖς φίλος αὐτοῦ εἶναι; Κατηγόρει, ἔφη ὁ Κριτόβουλος, οὐδένα γὰρ οἶδα μισοῦντα τοὺς ἐπαινοῦντας. 34. Ἐὰν δέ σου προςκατηγορήσω, ἔφη, ὅτι, διὰ τὸ ἄγασθαι αὐτοῦ, καὶ εὐνοϊκῶς ἔχεις πρὸς αὐτόν, ἆρα μὴ διαβάλλεσθαι δόξεις ὑπ' ἐμοῦ; Ἀλλὰ καὶ αὐτῷ μοι, ἔφη, ἐγγίγνεται εὔνοια, πρὸς οὓς ἂν ὑπολάβω εὐνοϊκῶς ἔχειν πρὸς ἐμέ. 35. Ταῦτα μὲν δή, ἔφη ὁ Σωκράτης, ἐξέσται μοι λέγειν περὶ σοῦ, πρὸς οὓς ἂν βούλῃ φίλους ποιήσασθαι· ἐὰν δέ μοι ἔτι ἐξουσίαν δῷς λέγειν περὶ σοῦ, ὅτι ἐπιμελής τε τῶν φίλων εἶ, καὶ οὐδενὶ οὕτω χαίρεις ὡς φίλοις ἀγαθοῖς, καὶ ἐπί τε τοῖς καλοῖς ἔργοις τῶν φίλων ἀγάλλει οὐχ ἧττον, ἢ ἐπὶ τοῖς ἑαυτοῦ, καὶ ἐπὶ τοῖς ἀγαθοῖς τῶν φίλων χαίρεις οὐδὲν ἧττον, ἢ ἐπὶ τοῖς ἑαυτοῦ, ὅπως τε ταῦτα γίγνηται τοῖς φίλοις, οὐκ ἀποκάμνεις μηχανώμενος, καὶ ὅτι ἔγνωκας ἀνδρὸς ἀρετὴν εἶναι, νικᾶν τοὺς μὲν φίλους εὖ ποιοῦντα, τοὺς δ' ἐχθροὺς κακῶς, πάνυ ἂν οἶμαί σοι ἐπιτήδειον εἶναί με σύνθηρον τῶν ἀγαθῶν φίλων. 36. Τί οὖν, ἔφη ὁ Κριτόβουλος, ἐμοὶ τοῦτο λέγεις, ὥσπερ οὐκ ἐπὶ σοὶ ὄν, ὅ τι ἂν βούλῃ, περὶ ἐμοῦ λέγειν; Μὰ Δί' οὐχ, ὥς ποτε ἐγὼ Ἀσπασίας ἤκουσα· ἔφη γὰρ τὰς ἀγαθὰς προμνηστρίδας, μετὰ μὲν ἀληθείας τἀγαθὰ διαγγελλούσας, δεινὰς εἶναι συνάγειν ἀνθρώπους εἰς κηδείαν, ψευδομένας δ' οὐκ ὠφελεῖν ἐπαινούσας· τοὺς γὰρ ἐξαπατηθέντας ἅμα μισεῖν ἀλλήλους τε καὶ τὴν προμνησαμένην· ἃ δὴ καὶ ἐγὼ πεισθεὶς ὀρθῶς ἔχειν ἡγοῦμαι οὐκ ἐξεῖναί μοι περὶ σοῦ λέγειν ἐπαινοῦντι οὐδέν, ὅ τι ἂν μὴ ἀληθεύω. 37. Σὺ μὲν ἄρα, ἔφη ὁ Κριτόβουλος, τοιοῦτός μοι φίλος εἶ, ὦ Σώκρατες, οἷος, ἂν μέν τι αὐτὸς ἔχω ἐπιτήδειον εἰς τὸ φίλους κτήσασθαι, συλλαμβάνειν μοι· εἰ δὲ μή, οὐκ ἂν ἐθέλοις πλάσας τι εἰπεῖν ἐπὶ τῇ ἐμῇ ὠφελείᾳ. Πότερα δ' ἄν, ἔφη ὁ Σωκράτης, ὦ Κριτόβουλε, δοκῶ σοι μᾶλλον ὠφελεῖν σε τὰ ψευδῆ ἐπαινῶν, ἢ πείθων πειρᾶσθαί σε ἀγαθὸν ἄνδρα γενέσθαι; 38. Εἰ δὲ μὴ φανερὸν οὕτω σοι, ἐκ τῶνδε σκέψαι· εἰ γάρ σε βουλόμενος φίλον ποιῆσαι ναυκλήρῳ, ψευδόμενος ἐπαινοίην, φάσκων ἀγαθὸν εἶναι κυβερνήτην, ὁ δέ μοι πεισθεὶς ἐπιτρέψειέ σοι τὴν ναῦν μὴ ἐπισταμένῳ κυβερνᾶν, ἔχεις τινὰ ἐλπίδα, μὴ ἂν σαυτόν τε καὶ τὴν ναῦν ἀπολέσαι; ἢ εἴ σοι πείσαιμι κοινῇ τὴν πόλιν, ψευδόμενος, ὡς ἂν στρατηγικῷ τε καὶ δικαστικῷ καὶ πολιτικῷ, ἑαυτὴν ἐπιτρέψαι, τί ἂν οἴει σεαυτὸν καὶ τὴν πόλιν ὑπὸ σοῦ παθεῖν; ἢ εἴ τινας ἰδίᾳ τῶν πολιτῶν πείσαιμι, ψευδόμενος, ὡς ὄντι οἰκονομικῷ τε καὶ ἐπιμελεῖ, τὰ ἑαυτῶν ἐπιτρέψαι, ἆρ' οὐκ ἂν πεῖραν διδοὺς ἅμα τε βλαβερὸς εἴης, καὶ καταγέλαστος φαίνοιο; 39. Ἀλλὰ συντομωτάτη τε, καὶ ἀσφαλεστάτη, καὶ καλλίστη ὁδός, ὦ Κριτόβουλε, ὅ τι ἂν βούλῃ δοκεῖν ἀγαθὸς εἶναι, τοῦτο καὶ γενέσθαι ἀγαθὸν πειρᾶσθαι. Ὅσαι δ' ἐν ἀνθρώποις ἀρεταὶ λέγονται, σκοπούμενος εὑρήσεις πάσας μαθήσει τε καὶ μελέτῃ αὐξανομένας. Ἐγὼ μὲν οὖν, ὦ Κριτόβουλε, οἶμαι δεῖν ἡμᾶς ταύτῃ θηρᾶσθαι· εἰ δὲ σύ πως ἄλλως γιγνώσκεις, δίδασκε. Καὶ ὁ Κριτόβουλος· Ἀλλ' αἰσχυνοίμην ἄν, ἔφη, ὦ Σώκρατες ἀντιλέγων τούτοις· οὔτε γὰρ καλὰ οὔτε ἀληθῆ λέγοιμ' ἄν.

CHAPTER VII.

SUMMARY.

XENOPHON, having in the previous chapters given the precepts of Socrates in relation to friendship, now proceeds to show in what way the latter strove to aid his friends, when they were in want or difficulty of any kind; namely, both by imparting useful instruction and advice (chapters vii.–ix.), and by exhorting them to lend aid to one another (chapter x.).

In the present chapter Socrates lays down the rule, that if a person, liberally brought up, be overtaken by want, it is not only not disreputable, but even honorable, in such a case, to practise those employments that may bo useful for the support of existence, even though these may not be what the world would call liberal, or would deem it worthy for a free man to pursue.

1. Καὶ μὴν τὰς ἀπορίας γε τῶν φίλων, τὰς μὲν δι' ἄγνοιαν, ἐπειρᾶτο γνώμῃ ἀκεῖσθαι, τὰς δὲ δι' ἔνδειαν, διδάσκων κατὰ δύναμιν ἀλλήλοις ἐπαρκεῖν. Ἐρῶ δὲ καὶ ἐν τούτοις, ἃ σύνοιδα αὐτῷ. Ἀρίσταρχον γάρ ποτε ὁρῶν σκυθρωπῶς

ἔχοντα,· Ἔοικα,, ἔφη, ὦ Ἀρίσταρχε, βαρέως φέρειν τι χρὴ δὲ τοῦ βάρους μεταδιδόναι τοῖς φίλο.ς· ἴσως γὰρ ἂν τί σε καὶ ἡμεῖς κουφίσαιμεν. 2. Καὶ ὁ Ἀρίσταρχος, Ἀλλὰ μήν, ἔφη, ὦ Σώκρατες, ἐν πολλῇ γέ εἰμι ἀπορίᾳ· ἐπεὶ γὰρ ἐστασίασεν ἡ πόλις, πολλῶν φυγόντων εἰς τὸν Πειρσιᾶ, συνεληλύθασιν ὡς ἐμὲ καταλελειμμέναι ἀδελφαί.τε, καὶ ἀδελφιδαῖ, καὶ ἀνεψιαὶ τοσαῦται, ὥστ' εἶναι ἐν τῇ οἰκίᾳ τεσσαρεςκαίδεκα τοὺς ἐλευθέρους· λαμβάνομεν δὲ οὔτε ἐκ τῆς γῆς οὐδέν· οἱ γὰρ ἐναντίοι κρατοῦσιν αὐτῆς· οὔτε ἀπὸ τῶν οἰκιῶν· ὀλιγανθρωπία γὰρ ἐν τῷ ἄστει γέγονε· τὰ ἔπιπλα δὲ οὐδεὶς ὠνεῖται οὐδὲ δανείσασθαι οὐδαμόθεν ἔστιν ἀργύριον, ἀλλὰ πρότερον ἄν τίς μοι δοκεῖ ἐν τῇ ὁδῷ ζητῶν εὑρεῖν, ἢ δανειζόμενος λαβεῖν. Χαλεπὸν μὲν οὖν ἐστιν, ὦ Σώκρατες, τοὺς οἰκείους περιορᾶν ἀπολλυμένους, ἀδύνατον δὲ τοσούτους τρέφειν ἐν τοιούτοις πράγμασιν. 3. Ἀκούσας οὖν ταῦτα ὁ Σωκράτης, Τί ποτέ ἐστιν, ἔφη, ὅτι ὁ Κεράμων μὲν πολλοὺς τρέφων, οὐ μόνον ἑαυτῷ τε καὶ τούτοις τὰ ἐπιτήδεια δύναται παρέχειν, ἀλλὰ καὶ περι ποιεῖται τοσαῦτα, ὥστε καὶ πλουτεῖν, σὺ δὲ πολλοὺς τρέφων δέδοικας, μὴ δι' ἔνδειαν τῶν ἐπιτηδείων ἅπαντες ἀπόληησθε; Ὅτι νὴ Δί', ἔφη, ὁ μὲν δούλους τρέφει, ἐγὼ δὲ ἐλευθέρους. 4. Καὶ πότερον, ἔφη, τοὺς παρὰ σοὶ ἐλευθέρους οἴει βελτίους εἶναι, ἢ τοὺς παρὰ Κεράμωνι δούλους; Ἐγὼ μὲν οἶμαι, ἔφη, τοὺς παρὰ ἐμοὶ ἐλευθέρους. Οὐκοῦν, ἔφη, αἰσχρὸν τὸν μὲν ἀπὸ τῶν πονηροτέρων εὐπορεῖν, σὲ δὲ πολλῷ βελτίους ἔχοντα ἐν ἀπορίαις εἶναι; Νὴ Δί', ἔφη, ὁ μὲν γὰρ τεχνίτας τρέφει, ἐγὼ δὲ ἐλευθερίως πεπαιδευμένους. 5. Ἆρ' οὖν, ἔφη, τεχνῖταί εἰσιν οἱ χρήσιμόν τι ποιεῖν ἐπιστάμενοι; Μάλιστά γ', ἔφη. Οὐκοῦν χρήσιμά γ' ἄλφιτα; Σφόδρα γε. Τί δ' ἄρτοι; Οὐδὲν ἧττον. Τί γάρ; ἔφη, ἱμάτιά τε ἀνδρεῖα καὶ γυναικεῖα, καὶ χιτωνίσκοι, καὶ χλαμύδες, καὶ ἐξωμίδες; Σφόδρα γε, ἔφη, καὶ πάντα ταῦτα χρήσιμα. Ἔπειτα, ἔφη, οἱ παρὰ σοὶ τούτων οὐδὲν ἐπίστανται ποιεῖν; Πάντα μὲν οὖν, ὡς ἐγᾦμαι. 6 Εἶτ' οὐκ οἶσθα, ὅτι ἀφ' ἑνὸς μὲν τούτων, ἀλφιτοποιίας

Ναυσικύδης οὐ μόνον ἑαυτόν τε καὶ τους οἰκέτας τρέφει, ἀλλὰ πρὸς τούτοις καὶ ὗς πολλὰς καὶ βοῦς, καὶ περιποιεῖται τοσαῦτα, ὥστε καὶ τῇ πόλει πολλάκις λειτουργεῖν, ἀπὸ δὲ ἀρτοποιίας Κύρηβος τήν τε οἰκίαν πᾶσαν διατρέφει, καὶ ζῇ δαψιλῶς, Δημέας δε ὁ Κολλυτεύς, ἀπὸ χλαμυδουργίας, Μένων δ', ἀπὸ χλανιδοποιίας, Μεγαρέων δὲ οἱ πλεῖστοι, ἔφη, ἀπὸ ἐξωμιδοποιίας διατρέφονται; Νὴ Δί', ἔφη, οὗτοι μὲν γὰρ ὠνούμενοι βαρβάρους ἀνθρώπους ἔχουσιν, ὥστ' ἀναγκάζειν ἐργάζεσθαι, ἃ καλῶς ἔχει, ἐγὼ δ' ἐλευθέρους τε καὶ συγγενεῖς. 7. Ἔπειτ', ἔφη, ὅτι ἐλεύθεροί τ' εἰσὶ καὶ συγγενεῖς σοι, οἴει χρῆναι μηδὲν αὐτοὺς ποιεῖν ἄλλο, ἢ ἐσθίειν καὶ καθεύδειν; Πότερον καὶ τῶν ἄλλων ἐλευθέρων τοὺς οὕτω ζῶντας ἄμεινον διάγοντας ὁρᾷς, καὶ μᾶλλον εὐδαιμονίζεις, ἢ τούς, ἃ ἐπίστανται χρήσιμα πρὸς τὸν βίον τούτων ἐπιμελομένους; Ἡ τὴν μὲν ἀργίαν καὶ τὴν ἀμέλειαν αἰσθάνει τοῖς ἀνθρώποις πρός τε τὸ μαθεῖν ἃ προςήκει ἐπίστασθαι, καὶ πρὸς τὸ μνημονεύειν ἃ ἂν μάθωσι, καὶ πρὸς τὸ ὑγιαίνειν τε καὶ ἰσχύειν τοῖς σώμασι, καὶ πρὸς τὸ ετήσασθαί τε καὶ σώζειν τὰ χρήσιμα πρὸς τὸν βίον, ὠφέλιμα ὄντα, τὴν δὲ ἐργασίαν καὶ τὴν ἐπιμέλειαν οὐδὲν χρήσιμα; 8. Ἔμαθον δέ, ἃ φῂς αὐτὰς ἐπίστασθαι, πότερον ὡς οὔτε χρήσιμα ὄντα πρὸς τὸν βίον, οὔτε ποιήσουσαι αὐτῶν οὐδέν, ἢ τοὐναντίον, ὡς καὶ ἐπιμεληθησόμεναι τούτων, καὶ ὠφεληθησόμεναι ἀπ' αὐτῶν; Ποτέρως γὰρ ἂν μᾶλλον ἄνθρωποι σωφρονοῖεν; ἀργοῦντες, ἢ τῶν χρησίμων ἐπιμελούμενοι; Ποτέρως δ' ἂν δικαιότεροι εἶεν; εἰ ἐργάζοιντο, ἢ εἰ ἀργοῦντες βουλεύοιντο περὶ τῶν ἐπιτηδείων; 9. Ἀλλὰ καὶ νῦν μέν, ὡς ἐγῷμαι, οὔτε σὺ ἐκείνας φιλεῖς, οὔτε ἐκεῖναι σέ· σὺ μὲν ἡγούμενος αὐτὰς ἐπιζημίους εἶναι σεαυτῷ, ἐκεῖναι δὲ σὲ ὁρῶσαι ἀχθόμενον ἐφ' ἑαυταῖς. Ἐκ δὲ τούτων κίνδυνος μείζω τε ἀπέχθειαν γίγνεσθαι, καὶ τὴν προγεγοννίαν χάριν μειοῦσθαι. Ἐὰν δὲ προστατήσῃς ὅπως ἐνεργοὶ ὦσι, σὺ μὲν ἐκείνας φιλήσεις, ὁρῶν ὠφελίμους σεαυτῷ οὔσας, ἐκεῖναι δὲ σὲ ἀγαπήσουσιν, αἰσθόμεναι χαίροντά σε αὐταῖς, τῶν δὲ προγεγοννιῶν εὐεργεσιῶν ἥδιον μεμνημένη την ἀπ' ἐκείνων χάριν αὐξήσετε, καὶ ἐκ τούτων φιλικώτερόν τε καὶ οἰκειότερον ἀλλήλοις ἕξετε. 10 Εἰ μὲν τοινυν αἰσχρόν τι ἔμελλον ἐργάσασθαι, θάνατον ἀντ' αὐτοῦ προαιρετέον ἦν· νῦν δέ, ἃ μὲν δοκεῖ κάλλιστα καὶ πρεπωδέστερα γυναικὶ εἶναι, ἐπίστανται, ὡς ἔοικε· πάντες δέ, ἃ ἐπίστανται, ῥᾷστά τε, καὶ τάχιστα, καὶ κάλλιστα, καὶ ἥδιστα ἐργάζονται. Μὴ οὖν ὄκνει, ἔφη, ταῦτα εἰςηγεῖσθαι αὐταῖς, ἃ σοί τε λυσιτελήσει κἀκείναις, καί, ὡς εἰκός, ἡδέως ὑπακούσονται. 11. Ἀλλά, νὴ τοὺς θεούς, ἔφη ὁ Ἀρίσταρχος, οὕτως μοι δοκεῖς καλῶς λέγειν, ὦ Σώκρατες, ὥςτε πρόσθεν μὲν οὐ προςιέμην δανείσασθαι, εἰδώς, ὅτι ἀναλώσας, ὅ τι ἂν λάβω, οὐχ ἕξω ἀποδοῦναι, νῦν δέ μοι δοκῶ εἰς ἔργων ἀφορμὴν ὑπομένειν αὐτὸ ποιῆσαι.

12. Ἐκ τούτων δὲ ἐπορίσθη μὲν ἀφορμή, ἐωνήθη δὲ ἔρια· καὶ ἐργαζόμεναι μὲν ἠρίστων, ἐργασάμεναι δὲ ἐδείπνουν, ἱλαραὶ δὲ ἀντὶ σκυθρωπῶν ἦσαν· καὶ ἀντὶ ὑφορωμένων ἑαυτάς, ἡδέως ἀλλήλας ἑώρων· καὶ αἱ μὲν ὡς κηδεμόνα ἐφίλουν, ὁ δὲ ὡς ὠφελίμους ἠγάπα. Τέλος δὲ ἐλθὼν πρὸς τὸν Σωκράτην, χαίρων διηγεῖτο ταῦτά τε, καὶ ὅτι αἰτιῶνται αὐτὸν μόνον τῶν ἐν τῇ οἰκίᾳ ἀργὸν ἐσθίειν. 13. Καὶ ὁ Σωκράτης ἔφη· Εἶτα οὐ λέγεις αὐταῖς τὸν τοῦ κυνὸς λόγον; φασὶ γάρ, ὅτε φωνήεντα ἦν τὰ ζῶα, τὴν ὄϊν πρὸς τὸν δεσπότην εἰπεῖν· Θαυμαστὸν ποιεῖς, ὃς ἡμῖν μὲν ταῖς καὶ ἐριά σοι, καὶ ἄρνας, καὶ τυρὸν παρεχούσαις οὐδὲν δίδως, ὅ τι ἂν μὴ ἐκ τῆς γῆς λάβωμεν· τῷ δὲ κυνί, ὃς οὐδὲν τοιοῦτόν σοι παρέχει, μεταδίδως οὗπερ αὐτὸς ἔχεις σίτου. 14. Τὸν κύνα οὖν ἀκούσαντα εἰπεῖν· Ναὶ μὰ Δία· ἐγὼ γάρ εἰμι ὁ καὶ ὑμᾶς αὐτὰς σώζων, ὥςτε μήτε ὑπ' ἀνθρώπων κλέπτεσθαι, μήτε ὑπὸ λύκων ἁρπάζεσθαι, ἐπεὶ ὑμεῖς γε, εἰ μὴ ἐγὼ προφυλάττοιμι ὑμᾶς, οὐδ' ἂν νέμεσθαι δύναισθε, φοβούμεναι μὴ ἀπόλησθε. Οὕτω δὴ λέγεται καὶ τὰ πρόβατα συγχωρῆσαι τὸν κύνα προτιμᾶσθαι. Καὶ σὺ οὖν ἐκείναις λέγε, ὅτι ἀντὶ κυνὸς εἶ φύλαξ καὶ ἐπιμελητής, καὶ διὰ σὲ οὐδ' ὑφ' ἑνὸς ἀδικούμεναι, ἀσφαλῶς τε καὶ ἡδέως ἐργαζόμεναι ζῶσιν.

CHAPTER VIII.

SUMMARY.

Socrates advises his friend Eutherus, who had been obliged, ir. consequence of the loss of his property by the war, to labor for his own support, to seek out some employment that might enable him to lay up a little for his old age. He recommends him, for instance, to endeavor to procure the situation of steward or superintendent to some wealthy individual; and, on the other's objecting to the servile nature of such an employment, he proceeds to point out to him that it is hard to find any situation in life where one is not in some degree amenable to or controlled by others. He shows him, therefore, that all which he has to do is to pursue whatever employment he may enter upon with steadiness and alacrity.

1. Ἄλλον δέ ποτε ἀρχαῖον ἑταῖρον διὰ χρόνου ἰδών, Πόθεν, ἔφη, Εὔθηρε, φαίνει; Ὑπὸ μὲν τὴν κατάλυσιν τοῦ πολέμου, ἔφη, ὦ Σώκρατες, ἐκ τῆς ἀποδημίας, νυνὶ μέντοι αὐτόθεν· ἐπειδὴ γὰρ ἀφῃρέθημεν τὰ ἐν τῇ ὑπερορίᾳ κτήματα, ἐν δὲ τῇ Ἀττικῇ ὁ πατήρ μοι οὐδὲν κατέλιπεν, ἀναγκάζομαι νῦν ἐπιδημήσας, τῷ σώματι ἐργαζόμενος τὰ ἐπιτήδεια πορίζεσθαι· δοκεῖ δέ μοι τοῦτο κρεῖττον εἶναι, ἢ δέεσθαί τινος ἀνθρώπων, ἄλλως τε καὶ μηδὲν ἔχοντα, ἐφ' ὅτῳ ἂν δανειζοίμην. 2. Καὶ πόσον χρόνον οἴει σοι, ἔφη, τὸ σῶμα ἱκανὸν εἶναι μισθοῦ τὰ ἐπιτήδεια ἐργάζεσθαι; Μὰ τὸν Δί', ἔφη, οὐ πολὺν χρόνον. Καὶ μήν, ἔφη, ὅταν γε πρεσβύτερος γένῃ, δῆλον, ὅτι δαπάνης μὲν δεήσει, μισθὸν δὲ οὐδείς σοι θελήσει τῶν τοῦ σώματος ἔργων διδόναι. Ἀληθῆ λέγεις, ἔφη. 3. Οὔκουν, ἔφη, κρεῖττόν ἐστιν αὐτόθεν τοῖς τοιούτοις τῶν ἔργων ἐπιτίθεσθαι, ἃ καὶ πρεσβυτέρῳ γενομένῳ ἐπαρκέσει, καὶ προσελθόντα τῳ τῶν πλείονα χρήματα κεκτημένων, τῷ δεομένῳ τοῦ συνεπιμελησομένου, ἔργων τε ἐπιστατοῦντα, καὶ συγκομίζοντα καρπούς, καὶ συμφυλάττοντα τὴν οὐσίαν, ὠφελοῦντα ἀντωφελεῖσθαι. 4. Χαλεπῶς ἄν, ἔφη, ἐγώ, ὦ Σώκρατες, δουλείαν ὑπομείναιμι. Καὶ μὴν οἵ γε ἐν ταῖς πόλεσι προστατεύοντες καὶ τῶν δημοσίων ἐπιμελόμενοι οὐ δουλοπρεπέστεροι ἕνεκα τούτου, ἀλλ' ἐλευθεριώτεροι νομίζονται. 5. Ὅλως μὴν

ἔφη, ὦ Σώκρατες, τὸ ὑπαίτιον εἶναί τινι οὐ πάνυ προςίεμαι. Καὶ μήν, ἔφη, Εὔθηρε, οὐ πάνυ γε ῥᾴδιόν ἐστιν εὑρεῖν ἔργον, ἐφ' ᾧ οὐκ ἄν τις αἰτίαν ἔχοι· χαλεπὸν γὰρ οὕτω τι ποιῆσαι, ὥςτε μηδὲν ἁμαρτεῖν, χαλεπὸν δὲ καὶ ἀναμαρτήτως τι ποιήσαντα μὴ ἀγνώμονι κριτῇ περιτυχεῖν, ἐπεὶ καὶ οἷς νῦν ἐργάζεσθαι φῄς, θαυμάζω εἰ ῥᾴδιόν ἐστιν ἀνέγκλητον διαγίγνεσθαι. 6. Χρὴ οὖν πειρᾶσθαι τούς τε φιλαιτίους φεύγειν, καὶ τοὺς εὐγνώμονας διώκειν. καὶ τῶν πραγμάτων, ὅσα μὲν δύνασαι ποιεῖν, ὑπομένειν, ὅσα δὲ μὴ δύνασαι, φυλάττεσθαι, ὅ τι δ' ἂν πράττῃς, τούτων ὡς κάλλιστα καὶ προθυμότατα ἐπιμελεῖσθαι· οὕτω γὰρ ἥκιστα μέν σε οἶμαι ἐν αἰτίᾳ εἶναι, μάλιστα δὲ τῇ ἀπορίᾳ βοήθειαν εὑρεῖν, ῥᾷστα δὲ καὶ ἀκινδυνότατα ζῆν, καὶ εἰς τὸ γῆρας διαρκέστατα.

CHAPTER IX.

SUMMARY.

CRITO, a wealthy individual, complains to Socrates of the difficulty of leading a quiet life at Athens, since he is constautly annoyed by lawsuits, brought, apparently, for no other purpose than to extort money from him. Socrates thereupon recommends him to employ the services of Archidemus, a poor man, but able and eloquent, who will protect him from informers and vexatious litigations of every kind. This advice is followed, and proves so eminently successful, that those friends of Crito, who were similarly situated with himself, requested as a favor that they also might avail themselves of the services of Archidemus.

1. Οἶδα δέ ποτε αὐτὸν καὶ Κρίτωνος ἀκούσαντα, ὡς χαλεπὸν ὁ βίος Ἀθήνησιν εἴη ἀνδρὶ βουλομένῳ τὰ ἑαυτοῦ πράττειν. Νῦν γάρ, ἔφη, ἐμέ τινες εἰς δίκας ἄγουσιν, οὐχ ὅτι ἀδικοῦνται ὑπ' ἐμοῦ, ἀλλ' ὅτι νομίζουσιν, ἥδιον ἄν με ἀργύριον τελέσαι, ἢ πράγματα ἔχειν. 2. Καὶ ὁ Σωκράτης, Εἰπέ μοι, ἔφη, ὦ Κρίτων, κύνας δὲ τρέφεις, ἵνα σοι τοὺς λύκους ἀπὸ τῶν προβάτων ἀπερύκωσι; Καὶ μάλα, ἔφη· μᾶλλον γάρ μοι λυσιτελεῖ τρέφειν, ἢ μή. Οὐκ ἂν οὖν θρέψαις καὶ ἄνδρα, ὅστις ἐθέλοι τε καὶ δύναιτο σοῦ

ἀπερύκειν τοὺς ἐπιχειροῦντας ἀδικεῖν σε; Ἡδέως γ' ἄν, ἔφη, εἰ μὴ φοβοίμην, ὅπως μὴ ἐπ' αὐτόν με τράποιτο. 3. Τί δ'; ἔφη, οὐχ ὁρᾷς, ὅτι πολλῷ ἥδιόν ἐστι, χαριζόμενον οἵῳ σοὶ ἀνδρί, ἢ ἀπεχθόμενον, ὠφελεῖσθαι; εὖ ἴσθι, ὅτι εἰσὶν ἐνθάδε τῶν τοιούτων ἀνδρῶν οἳ πάνυ ἂν φιλοτιμηθεῖεν φίλῳ σοι χρῆσθαι. 4. Καὶ ἐκ τούτων ἀνευρίσκουσιν Ἀρχέδημον, πάνυ μὲν ἱκανὸν εἰπεῖν τε καὶ πρᾶξαι, πένητα δέ· οὐ γὰρ ἦν οἷος ἀπὸ παντὸς κερδαίνειν, ἀλλά, φιλόχρηστός τε καὶ εὐφυέστερος ὤν, ἀπὸ τῶν συκοφαντῶν λαμβάνειν. Τούτῳ οὖν ὁ Κρίτων, ὁπότε συγκομίζοι ἢ σῖτον, ἢ ἔλαιον, ἢ οἶνον, ἢ ἔρια, ἢ ἄλλο τι τῶν ἐν ἀγρῷ γιγνομένων χρησίμων πρὸς τὸν βίον, ἀφελὼν ἔδωκε· καὶ ὁπότε θύοι, ἐκάλει, καὶ τὰ τοιαῦτα πάντα ἐπεμελεῖτο. 5. Νομίσας δὲ ὁ Ἀρχέδημος ἀποστροφήν οἱ τὸν Κρίτωνος οἶκον, μάλα περιεῖπεν αὐτόν· καὶ εὐθὺς τῶν συκοφαντούντων τὸν Κρίτωνα ἀνευρήκει πολλὰ μὲν ἀδικήματα, πολλοὺς δ' ἐχθρούς· καὶ αὐτῶν τινα προςεκαλέσατο εἰς δίκην δημοσίαν, ἐν ᾗ αὐτὸν ἔδει κριθῆναι, ὅ τι δεῖ παθεῖν ἢ ἀποτῖσαι. 6. Ὁ δέ, συνειδὼς αὑτῷ πολλὰ καὶ πονηρά, πάντ' ἐποίει, ὥστε ἀπαλλαγῆναι τοῦ Ἀρχεδήμου. Ὁ δὲ Ἀρχέδημος οὐκ ἀπηλλάττετο, ἕως τόν τε Κρίτωνα ἀφῆκε, καὶ αὐτῷ χρήματα ἔδωκεν. 7. Ἐπεὶ δὲ τοῦτό τε καὶ ἄλλα τοιαῦτα ὁ Ἀρχέδημος διεπράξατο, ἤδη τότε, ὥσπερ, ὅταν νομεὺς ἀγαθὸν κύνα ἔχῃ, καὶ οἱ ἄλλοι νομεῖς βούλονται πλησίον αὐτοῦ τὰς ἀγέλας ἱστάναι, ἵνα τοῦ κυνὸς ἀπολαύωσιν, οὕτω καὶ Κρίτωνος πολλοὶ τῶν φίλων ἐδέοντο καὶ σφίσι παρέχειν φύλακα τὸν Ἀρχέδημον. 8. Ὁ δὲ Ἀρχέδημος τῷ Κρίτωνι ἡδέως ἐχαρίζετο, καὶ οὐχ ὅτι μόνος ὁ Κρίτων ἐν ἡσυχίᾳ ἦν, ἀλλὰ καὶ οἱ φίλοι αὐτοῦ· εἰ δέ τις αὐτῷ τούτων, οἷς ἀπήχθετο, ὀνειδίζοι, ὡς ὑπὸ Κρίτωνος ὠφελούμενος κολακεύοι αὐτόν· Πότερον οὖν, ἔφη ὁ Ἀρχέδημος, αἰσχρόν ἐστιν εὐεργετούμενον ὑπὸ χρηστῶν ἀνθρώπων καὶ ἀντευεργετοῦντα, τοὺς μὲν τοιούτους φίλους ποιεῖσθαι, τοῖς δὲ πονηροῖς διαφέρεσθαι, ἢ τοὺς μὲν καλοὺς κἀγαθοὺς ἀδικεῖν πειρώμενον ἐχθροὺς ποιεῖσθαι τοῖς δὲ πονηροῖς συνεργοῦντα πειρᾶσθαι φίλους ποιεῖσθαι καὶ χρῆσθαι τούτοις ἀντ' ἐκείνων; Ἐκ δὲ τούτου εἰς τι τῶν Κρίτωνος φίλων Ἀρχέδημος ἦν, καὶ ὑπὸ τῶν ἄλλων Κρίτωνος φίλων ἐτιμᾶτο.

CHAPTER X.

SUMMARY.

SOCRATES exhorts Diodorus, a wealthy Athenian, to lend aid to Hermogenes, a friend of the latter, and an upright and honest man, but laboring under poverty; for he shows him that if, when a slave runs away, we exert ourselves to recover possession of him by the offer of rewards; and if, when a slave is sick, we call in a physician, and endeavor to save his life; how much more ought we to strive to recover a friend, and to rescue him from want, seeing that a good friend is superior in value to a thousand slaves.

1. Οἶδα δὲ καὶ Διοδώρῳ αὐτὸν ἑταίρῳ ὄντι τοιάδε διαλεχθέντα· Εἰπέ μοι, ἔφη, ὦ Διόδωρε, ἄν τίς σοι τῶν οἰκετῶν ἀποδρᾷ, ἐπιμελεῖ, ὅπως ἀνακομίσῃ; 2. Καὶ ἄλλους γε νὴ Δί', ἔφη, παρακαλῶ, σῶστρα τούτου ἀνακηρύσσων. Τί γάρ; ἔφη, ἐάν τίς σοι κάμνῃ τῶν οἰκετῶν, τούτου ἐπιμελεῖ, καὶ παρακαλεῖς ἰατρούς, ὅπως μὴ ἀποθάνῃ; Σφόδρα γ', ἔφη. Εἰ δέ τίς σοι τῶν γνωρίμων, ἔφη, πολὺ τῶν οἰκετῶν χρησιμώτερος ὤν, κινδυνεύει δι' ἔνδειαν ἀπολέσθαι, οὐκ οἴει σοι ἄξιον εἶναι ἐπιμεληθῆναι, ὅπως διασωθῇ; 3. Καὶ μὴν οἶσθά γε, ὅτι οὐκ ἀγνώμων ἐστίν Ἑρμογένης, αἰσχύνοιτο δ' ἄν, εἰ ὠφελούμενος ὑπὸ σοῦ, μὴ ἀντωφελοίη σε· καίτοι τὸ ὑπηρέτην ἑκόντα τε καὶ εὔνουν, καὶ παράμονον, καὶ τὸ κελευόμενον ἱκανὸν ποιεῖν, ἔχειν, καὶ μὴ μόνον τὸ κελευόμενον ἱκανὸν ὄντα ποιεῖν, ἀλλὰ δυνάμενον καὶ ἀφ' ἑαυτοῦ χρήσιμον εἶναι, καὶ προνοεῖν, καὶ προβουλεύεσθαι, πολλῶν οἰκετῶν οἶμαι ἀντάξιον εἶναι. 4. Οἱ μέντοι ἀγαθοὶ οἰκονόμοι, ὅταν τὸ πολλοῦ ἄξιον μικροῦ ἐξῇ πρίασθαι, τότε φασὶ δεῖν ὠνεῖσθαι· νῦν δὲ διὰ τὰ πράγματα εὐωνοτάτους ἐστι φίλους ἀγαθοὺς κτήσασθαι. 5. Καὶ ὁ Διόδωρος, Ἀλλὰ καλῶς γε, ἔφη, λέγεις, ὦ Σώκρατες, καὶ κέλευ

σον ἐλθεῖν ὡς ἐμὲ τὸν Ἑρμογένην. Μὰ Δἴ, ἔφη, οὐκ ἔγωγε· νομίζω γὰρ οὔτε σοὶ κάλλιον εἶναι τὸ καλέσαι ἐκεῖνον, τοῦ αὐτὸν ἐλθεῖν πρὸς ἐκεῖνον, οὔτε ἐκείνῳ μεῖζον ἀγαθὸν τὸ πραχθῆναι ταῦτα, ἢ σοί. 6. Οὕτω δὴ ὁ Διόδωρος ᾤχετο πρὸς τὸν Ἑρμογένην, καὶ οὐ πολὺ τελέσας ἐκτήσατο φίλον, ὃς ἔργον εἶχε σκοπεῖν, ὅ τι ἂν ἢ λέγων ἢ πράττων, ὠφελοίη τε καὶ εὐφραίνοι Διόδωρον.

XENOPHON'S MEMORABILIA

OF

SOCRATES.

BOOK III.

CHAPTER I.

SUMMARY.

XENOPHON now proceeds to relate in what way Socrates was useful to such of his friends as aimed at any public employment, by exciting them to the attainment of that knowledge which alone could qualify them to discharge its duties properly.

And, first, the discussion turns upon the duties of a commander.

He who wishes to fill the office of a commander, must make himself well acquainted with the military art, and this is the more necessary, because, since in time of war the safety of the whole community is intrusted to the commander, either good or evil must result to the state according as he discharges his duties with ability or with unskillfulness. (§ 1–5.)

The art of arranging and marshalling an army, though of great importance in itself, forms but a small part of what is required in a commander. On the contrary, he who wishes to fill such a station in a becoming manner must be possessed of many acquirements, and also of many endowments of intellect. (§ 6–11.)

1. Ὅτι δὲ τοὺς ὀρεγομένους τῶν καλῶν, ἐπιμελεῖς ὧν ὀρέγοιντο ποιῶν, ὠφέλει, νῦν τοῦτο διηγήσομαι· ἀκούσας γάρ ποτε Διονυσόδωρον εἰς τὴν πόλιν ἥκειν, ἐπαγγελλόμενον στρατηγεῖν διδάξειν, ἔλεξε πρός τινα τῶν ξυνόντων, ὃν ᾐσθάνετο βουλόμενον τῆς τιμῆς ταύτης ἐν τῇ πόλει τυγχάνειν· 2. Αἰσχρὸν μέντοι, ὦ νεανία, τὸν βουλόμενον ἐν τῇ πόλει στρατηγεῖν, ἐξὸν τοῦτο μαθεῖν, ἀμελῆσαι αὐτοῦ, καὶ δικαίως ἂν οὗτος ὑπὸ τῆς πόλεως ζημιοῖτο πολὺ μᾶλλον, ἢ εἴ τις ἀνδριάντας ἐργολαβοίη, μὴ μεμαθηκὼς ἀνδριαντοποιεῖν. 3. Ὅλης γὰρ τῆς πόλεως ἐν τοῖς πολεμι-

κοῖς κινδύνοις ἐπιτρεπομένης τῷ στρατηγῷ, μεγάλα τά τε ἀγαθά, κατορθοῦντος αὐτοῦ, καὶ τὰ κακά, διαμαρτάνοντος, εἰκὸς γίγνεοθαι· πῶς οὖν οὐκ ἂν δικαίως ὁ τοῦ μὲν μανθάνειν τοῦτο ἀμελῶν, τοῦ δὲ αἱρεθῆναι ἐπιμελόμενος, ζημιοῖτο; τοιαῦτα μὲν δὴ λέγων ἔπεισεν αὐτὸν ἐλθόντα μανθάνειν. 4. Ἐπεὶ δὲ μεμαθηκὼς ἦκε, προσέπαιζεν αὐτῷ, λέγων· Οὐ δοκεῖ ὑμῖν, ὦ ἄνδρες, ὥσπερ Ὅμηρος τὸν Ἀγαμέμνονα γεραρὸν ἔφη εἶναι, καὶ οὕτως ὅδε στρατηγεῖν μαθών, γεραρώτερος φαίνεσθαι; καὶ γὰρ ὥσπερ ὁ κιθαρίζειν μαθών, καὶ ἐὰν μὴ κιθαρίζῃ, κιθαριστής ἐστι, καὶ ὁ μαθὼν ἰᾶσθαι, κἂν μὴ ἰατρεύῃ, ὅμως ἰατρός ἐστιν, οὕτω καὶ ὅδε ἀπὸ τοῦδε τοῦ χρόνου διατελεῖ στρατηγὸς ὤν, κἂν μηδεὶς αὐτὸν ἕληται· ὁ δὲ μὴ ἐπιστάμενος, οὔτε στρατηγός, οὔτε ἰατρός ἐστιν, οὐδὲ ἐὰν ὑπὸ πάντων ἀνθρώπων αἱρεθῇ. 5. Ἀτάρ, ἔφη, ἵνα καί, ἐὰν ἡμῶν τις ταξιαρχῇ, ἢ λοχαγῇ σοι, ἐπιστημονέστεροι τῶν πολεμικῶν ὦμεν, λέξον ἡμῖν, πόθεν ἤρξατό σε διδάσκειν τὴν στρατηγίαν. Καὶ ὅς, Ἐκ τοῦ αὐτοῦ, ἔφη, εἰς ὅπερ καὶ ἐτελεύτα· τὰ γὰρ τακτικὰ ἐμέ γε, καὶ ἄλλο οὐδὲν ἐδίδαξεν. 6. Ἀλλὰ μήν, ἔφη ὁ Σωκράτης, τοῦτό γε πολλοστὸν μέρος ἐστὶ στρατηγίας· καὶ γὰρ παρασκευαστικὸν τῶν εἰς τὸν πόλεμον τὸν στρατηγὸν εἶναι χρή, καὶ ποριστικὸν τῶν ἐπιτηδείων τοῖς στρατιώταις, καὶ μηχανικόν, καὶ ἐργαστικόν, καὶ ἐπιμελῆ, καὶ καρτερικόν, καὶ ἀγχίνουν, καὶ φιλόφρονά τε καὶ ὠμόν, καὶ ἁπλοῦν τε καὶ ἐπίβουλον, καὶ φυλακτικόν τε καὶ κλέπτην, καὶ προετικόν καὶ ἅρπαγα, καὶ φιλόδωρον καὶ πλεονέκτην, καὶ ἀσφαλῆ καὶ ἐπιθετικόν, καὶ ἄλλα πολλὰ καὶ φύσει καὶ ἐπιστήμῃ δεῖ τὸν εὖ στρατηγήσοντα ἔχειν. 7. Καλὸν δὲ καὶ τὸ τακτικὸν εἶναι· πολὺ γὰρ διαφέρει στράτευμα τεταγμένον ἀτάκτου· ὥσπερ λίθοι τε, καὶ πλίνθοι, καὶ ξύλα, καὶ κέραμος, ἀτάκτως μὲν ἐρριμμένα, οὐδὲν χρήσιμά ἐστιν, ἐπειδὰν δὲ ταχθῇ κάτω μὲν καὶ ἐπιπολῆς τὰ μήτε σηπόμενα, μήτε τηκόμενα, οἵ τε λίθοι, καὶ ὁ κέραμος, ἐν μέσῳ δὲ αἵ τε πλίνθοι, καὶ τὰ ξύλα, ὥσπερ ἐν οἰκοδομίᾳ, συντίθεται, τότε γίγνεται πολλοῦ ἄξιον κτῆμα, οἰκία. 8. Ἀλλὰ πάνυ, ἔφη ὁ νεανίσκος, ὅμοιον, ὦ Σώκρατες, εἴρηκας· καὶ γὰρ ἐν τῷ πολέμῳ τούς τε πρώτους ἀρίστους δεῖ τάττειν καὶ τοὺς τελευταίους, ἐν δὲ μέσῳ τοὺς χειρίστους, ἵνα ὑπὸ μὲν τῶν ἄγωνται, ὑπὸ δὲ αὖ τῶν ὠθῶνται. 9. Εἰ μὲν τοίνυν, ἔφη, καὶ διαγιγνώσκειν σε τοὺς ἀγαθοὺς καὶ τοὺς κακοὺς ἐδίδαξεν· εἰ δὲ μή, τί σοι ὄφελος ὧν ἔμαθες; οὐδὲ γὰρ εἴ σε ἀργύριον ἐκέλευσε πρῶτον μὲν καὶ τελευταῖον τὸ κάλλιστον τάττειν, ἐν μέσῳ δὲ τὸ χείριστον, μὴ διδάξας διαγιγνώσκειν τό τε καλὸν καὶ τὸ κίβδηλον, οὐδὲν ἄν σοι ὄφελος ἦν. Ἀλλὰ μὰ Δί', ἔφη, οὐκ ἐδίδαξεν· ὥστε αὐτοὺς ἂν ἡμᾶς δέοι τούς τε ἀγαθοὺς καὶ τοὺς κακοὺς κρίνειν. 10. Τί οὖν οὐ σκοποῦμεν, ἔφη, πῶς ἂν αὐτῶν μὴ διαμαρτάνοιμεν; Βούλομαι, ἔφη ὁ νεανίσκος. Οὔκουν, ἔφη, εἰ μὲν ἀργύριον δέοι ἁρπάζειν, τοὺς φιλαργυρωτάτους πρώτους καθιστάντες, ὀρθῶς ἂν τάττοιμεν; Ἔμοιγε δοκεῖ. Τί δὲ τοὺς κινδυνεύειν μέλλοντας; ἆρα τοὺς φιλοτιμοτάτους προτακτέον; Οὗτοι γοῦν εἰσιν, ἔφη, οἱ ἕνεκα ἐπαίνου κινδυνεύειν ἐθέλοντες· οὐ τοίνυν οὗτοί γε ἄδηλοι, ἀλλ' ἐπιφανεῖς πανταχοῦ ὄντες, εὐαίρετοι ἂν εἶεν. 11. Ἀτάρ, ἔφη, πότερά σε τάττειν μόνον ἐδίδαξεν, ἢ καὶ ὅποι καὶ ὅπως χρηστέον ἑκάστῳ τῶν ταγμάτων; Οὐ πάνυ, ἔφη. Καὶ μὴν πολλά γ' ἐστί, πρὸς ἃ οὔτε τάττειν οὔτε ἄγειν ὡσαύτως προσήκει. Ἀλλὰ μὰ Δί', ἔφη, οὐ διεσαφήνιζε ταῦτα. Νὴ Δί', ἔφη, πάλιν τοίνυν ἐλθὼν ἐπανεοώτα· ἢν γὰρ ἐπίστηται, καὶ μὴ ἀναιδὴς ᾖ, αἰσχυνεῖται ἀργύριον εἰληφὼς ἐνδεᾶ σε ἀποπέμψασθαι.

CHAPTER II.

SUMMARY.

A GOOD commander should take care that his soldiers be in a healthful condition; that they be provided with all things necessary; and that their condition be bettered, in a greater or less degree, by victory over their foes. Nor does the duty of a good general consist merely in this, that he alone contend bravely against the foe, but in his leading also his whole army to victory, and in his striving in all things to procure advantages not for himself only, but for all those under his command

1. Ἐντυχὼν δέ ποτε στρατηγεῖν ᾑρημένῳ τῳ, Τοῦ ἕνεκεν, ἔφη, Ὅμηρον οἴει τὸν Ἀγαμέμνονα προςαγορεῦσαι ποιμένα λαῶν; ἀρά γε ὅτι, ὥςπερ τὸν ποιμένα ἐπιμελεῖσθαι δεῖ, ὅπως σῶαί τε ἔσονται αἱ ὄιες, καὶ τὰ ἐπιτήδεια ἕξουσιν, καὶ οὗ ἕνεκα τρέφονται, τοῦτο ἔσται, οὕτω καὶ τὸν στρατηγὸν ἐπιμελεῖσθαι δεῖ, ὅπως σῶοί τε οἱ στρατιῶται ἔσονται, καὶ τὰ ἐπιτήδεια ἕξουσι, καί, οὗ ἕνεκα στρατεύονται, τοῦτο ἔσται; στρατεύονται δέ, ἵνα κρατοῦντες τῶν πολεμίων εὐδαιμονέστεροι ὦσιν· 2. Ἢ τί δήποτε οὕτως ἐπῄνεσε τὸν Ἀγαμέμνονα, εἰπών,

Ἀμφότερον, βασιλεύς τ' ἀγαθός, κρατερός τ' αἰχμητής;

ἀρά γε ὅτι αἰχμητής τε κρατερὸς ἂν εἴη, οὐκ εἰ μόνος αὐτὸς εὖ ἀγωνίζοιτο πρὸς τοὺς πολεμίους, ἀλλ' εἰ καὶ παντὶ τῷ στρατοπέδῳ τούτου αἴτιος εἴη; καὶ βασιλεὺς ἀγαθός, οὐκ εἰ μόνον τοῦ ἑαυτοῦ βίου καλῶς προεστήκοι, ἀλλ' εἰ καί, ὧν βασιλεύοι, τούτοις εὐδαιμονίας αἴτιος εἴη; 3. Καὶ γὰρ βασιλεὺς αἱρεῖται, οὐχ ἵνα ἑαυτοῦ καλῶς ἐπιμελῆται, ἀλλ' ἵνα καὶ οἱ ἑλόμενοι δι' αὐτὸν εὖ πράττωσι· καὶ στρατεύονται δὲ πάντες, ἵνα ὁ βίος αὐτοῖς ὡς βέλτιστος ᾖ· καὶ στρατηγοὺς αἱροῦνται, τούτου ἕνεκα, ἵνα πρὸς τοῦτο αὐτοῖς ἡγεμόνες ὦσι. 4. Δεῖ οὖν τὸν στρατηγοῦντα τοῦτο παρασκευάζειν τοῖς ἑλομένοις αὐτὸν στρατηγόν· καὶ γὰρ οὔτε κάλλιον τούτου ἄλλο ῥᾴδιον εὑρεῖν, οὔτε αἴσχιον τοῦ ἐναντίου. Καὶ οὕτως ἐπισκοπῶν, τίς εἴη ἀγαθοῦ ἡγεμόνος ἀρετή, τὰ μὲν ἄλλα περιῄρει, κατέλειπε δὲ τὸ εὐδαίμονας ποιεῖν, ὧν ἂν ἡγῆται.

CHAPTER III.

SUMMARY.

The duty of a good commander of cavalry is twofold, namely, to make both horses and riders better. As regards the horses, he should not leave the care of them entirely to the individual horsemen, but should take an active part himself in the same. (§ 1-4.) And again, as regards the horsemen, he will best take care of these by making them mount their horses readily, and by exercising them in riding, not only over level, but also over rugged ground, and by instructing them in the art of throwing the javelin from on horseback. He will also animate their courage, and, above all, will render them obedient to his authority. (§ 5–8.)

For the attainment of these ends, it will be necessary, above all things, that he show himself skilful and able in the discharge of his own duties (§ 9), and convince them that both their glory and safety depend on their obedience to his commands. (§ 10.) It will be requisite, also, for him to add the art of speaking to his other acquirements, in order that he may both animate them with the love of glory, and urge them on to the performance of actions from which advantage may accrue to both himself and the state at large. (§ 11–15.)

1. Καὶ ἱππαρχεῖν δέ τινι ᾑρημένῳ οἶδά ποτε αὐτὸν τοιάδε διαλεχθέντα· Ἔχοις ἄν, ἔφη, ὦ νεανία, εἰπεῖν ἡμῖν, ὅτου ἕνεκα ἐπεθύμησας ἱππαρχεῖν; οὐ γὰρ δὴ τοῦ πρῶτος τῶν ἱππέων ἐλαύνειν· καὶ γὰρ οἱ ἱπποτοξόται τούτου γε ἀξιοῦνται, προελαύνουσι γοῦν καὶ τῶν ἱππάρχων. Ἀληθῆ λέγεις, ἔφη. Ἀλλὰ μὴν οὐδὲ τοῦ γνωσθῆναί γε, ἐπεὶ καὶ οἱ μαινόμενοί γε ὑπὸ πάντων γιγνώσκονται. Ἀληθές, ἔφη, καὶ τοῦτο λέγεις. 2. Ἀλλ' ἆρα ὅτι τὸ ἱππικὸν οἴει τῇ πόλει βέλτιον ἂν ποιήσας παραδοῦναι, καί, εἴ τις χρεία γίγνοιτο ἱππέων, τούτων, ἡγούμενος, ἀγαθοῦ τινος αἴτιος γενέσθαι τῇ πόλει; Καὶ μάλα, ἔφη. Καὶ ἔστι γε, νὴ Δί', ἔφη ὁ Σωκράτης, καλόν, ἐὰν δύνῃ ταῦτα ποιῆσαι. Ἡ δὲ ἀρχή που, ἐφ' ἧς ᾕρησαι, ἵππων τε καὶ ἀμβατῶν ἐστιν; Ἔστι γὰρ οὖν, ἔφη. 3. Ἴθι δὴ λέξον ἡμῖν πρῶτον τοῦτο, ὅπως διανοῇ τοὺς ἵππους βελτίους ποιῆσαι; Καὶ ὅς, Ἀλλὰ τοῦτο μέν, ἔφη, οὐκ ἐμὸν οἶμαι τὸ ἔργον εἶναι, ἀλλὰ ἰδίᾳ ἕκαστον δεῖν τοῦ ἑαυτοῦ ἵππου ἐπιμελεῖσθαι. 4. Ἐὰν οὖν, ἔφη ὁ Σωκράτης, παρέχωνταί σοι τοὺς ἵππους οἱ μὲν οὕτως κακόποδας, ἢ κακοσκελεῖς, ἢ ἀσθενεῖς, οἱ δὲ οὕτως ἀτρόφους, ὥστε μὴ δύνασθαι ἀκολουθεῖν, οἱ δὲ οὕτως ἀναγώγους, ὥστε μὴ μένειν, ὅπου ἂν σὺ τάξῃς, οἱ δὲ οὕτως λακτιστάς, ὥστε μηδὲ τάξαι δυνατὸν εἶναι, τί σοι τοῦ ἱππικοῦ ὄφελος ἔσται; ἢ πῶς δυνήσει τοιούτων ἡγούμενος ἀγαθόν τι ποιῆσαι τὴν πόλιν; Καὶ ὅς, Ἀλλὰ καλῶς τε λέγεις, ἔφη, καὶ πειράσομαι ὧν ἵππων εἰς τὸ δυνατὸν ἐπι-

μελεῖσθαι. 5. Τί δέ; τοὺς ἱππέας οὐκ ἐπιχειρήσεις, ἔφη, βελτίονας ποιῆσαι; Ἔγωγ', ἔφη. Οὔκουν πρῶτον μὲν ἀναβατικωτέρους ἐπὶ τοὺς ἵππους ποιήσεις αὐτούς; Δεῖ γοῦν, ἔφη· καὶ γάρ, εἴ τις αὐτῶν καταπέσοι, μᾶλλον ἂν οὕτω σώζοιτο. 6. Τί γάρ; ἐάν που κινδυνεύειν δέῃ, πότερον ἐπαγαγεῖν τοὺς πολεμίους ἐπὶ τὴν ἄμμον κελεύσεις, ἵνθαπερ εἰώθατε ἱππεύειν, ἢ πειράσει τὰς μελέτας ἐν τοιούτοις ποιεῖσθαι χωρίοις, ἐν οἷσπερ οἱ πολέμιοι γίγνονται; Βέλτιον γοῦν, ἔφη. 7. Τί γάρ; τοῦ βάλλειν ὡς πλείστους ἀπὸ τῶν ἵππων ἐπιμέλειάν τινα ποιήσει; Βέλτιον γοῦν, ἔφη, καὶ τοῦτο. Θήγειν δὲ τὰς ψυχὰς τῶν ἱππέων καὶ ἐξοργίζειν πρὸς τοὺς πολεμίους, εἴπερ ἀλκιμωτέρους ποιεῖν, διανενόησαι; Εἰ δὲ μή, ἀλλὰ νῦν γε πειράσομαι, ἔφη. 8. Ὅπως δέ σοι πείθωνται οἱ ἱππεῖς, πεφρόντικάς τι; ἄνευ γὰρ δὴ τούτου οὔτε ἵππων, οὔτε ἱππέων ἀγαθῶν καὶ ἀλκίμων οὐδὲν ὄφελος. Ἀληθῆ λέγεις, ἔφη· ἀλλὰ πῶς ἄν τις μάλιστα, ὦ Σώκρατες, ἐπὶ τοῦτο αὐτοὺς προτρέψαιτο; 9. Ἐκεῖνο μὲν δήπου οἶσθα, ὅτι ἐν παντὶ πράγματι οἱ ἄνθρωποι τούτοις μάλιστα ἐθέλουσι πείθεσθαι, οὓς ἂν ἡγῶνται βελτίστους εἶναι· καὶ γὰρ ἐν νόσῳ, ὃν ἂν ἡγῶνται ἰατρικώτατον εἶναι, τούτῳ μάλιστα πείθονται, καὶ ἐν πλοίῳ οἱ πλέοντες, ὃν ἂν κυβερνητικώτατον, καὶ ἐν γεωργίᾳ, ὃν ἂν γεωργικώτατον. Καὶ μάλα, ἔφη. Οὔκουν εἰκός, ἔφη, καὶ ἐν ἱππικῇ, ὃς ἂν μάλιστα εἰδὼς φαίνηται ἃ δεῖ ποιεῖν, τούτῳ μάλιστα ἐθέλειν τοὺς ἄλλους πείθεσθαι. 10. Ἐὰν οὖν, ἔφη, ἐγώ, ὦ Σώκρατες, βέλτιστος ὢν αὐτῶν δῆλος ὦ, ἀρκέσει μοι τοῦτο εἰς τὸ πείθεσθαι αὐτοὺς ἐμοί; Ἐάν γε πρὸς τούτῳ, ἔφη, διδάξῃς αὐτούς, ὡς τὸ πείθεσθαί σοι κάλλιόν τε καὶ σωτηριώτερον αὐτοῖς ἔσται. Πῶς οὖν, ἔφη, τοῦτο διδάξω; Πολὺ νὴ Δί', ἔφη, ῥᾷον, ἢ εἴ σοι δέοι διδάσκειν, ὡς τὰ κακὰ τῶν ἀγαθῶν ἀμείνω καὶ λυσιτελέστερά ἐστι. 11. Λέγεις, ἔφη, σὺ τὸν ἵππαρχον πρὸς τοῖς ἄλλοις ἐπιμελεῖσθαι δεῖν καὶ τοῦ λέγειν δύνασθαι; Σὺ δ' ᾤου, ἔφη, χρῆναι σιωπῇ ἱππαρχεῖν; ἢ οὐκ ἐντεθύμησαι, ὅτι, ὅσα τε νόμῳ μεμαθήκαμεν κάλλιστα ὄντα, δι' ὧν γε ζῆν ἐπιστάμεθα, ταῦτα πάντα διὰ λόγου ἐμάθομεν, καὶ εἴ τι ἄλλο καλὸν μανθάνει τις μάθημα, διὰ λόγου μανθάνει· καὶ οἱ ἄριστα διδάσκοντες, μάλιστα λόγῳ χρῶνται, καὶ οἱ τὰ σπουδαιότατα μάλιστα ἐπιστάμενοι, κάλλιστα διαλέγονται· 12. Ἡ τόδε οὐκ ἐντεθύμησαι, ὡς ὅταν γε χορὸς εἷς ἐκ τῆςδε τῆς πόλεως γίγνηται, ὥσπερ ὁ εἰς Δῆλον πεμπόμενος, οὐδεὶς ἄλλοθεν οὐδαμόθεν τούτῳ ἐφάμιλλος γίγνεται, οὐδὲ εὐανδρία ἐν ἄλλῃ πόλει ὁμοία τῇ ἐνθάδε συνάγεται· Ἀληθῆ λέγεις, ἔφη. 13. Ἀλλὰ μὴν οὔτε εὐφωνίᾳ τοσοῦτον διαφέρουσιν Ἀθηναῖοι τῶν ἄλλων, οὔτε σωμάτων μεγέθει καὶ ῥώμῃ, ὅσον φιλοτιμίᾳ, ἥπερ μάλιστα παροξύνει πρὸς τὰ καλὰ καὶ ἔντιμα. Ἀληθές, ἔφη, καὶ τοῦτο. 14. Οὔκουν οἴει, ἔφη, καὶ τοῦ ἱππικοῦ τοῦ ἐνθάδε εἴ τις ἐπιμεληθείη, ὡς πολὺ ἂν καὶ τούτῳ διενέγκοιεν τῶν ἄλλων, ὅπλων τε καὶ ἵππων παρασκευῇ, καὶ εὐταξίᾳ, καὶ τῷ ἑτοίμως κινδυνεύειν πρὸς τοὺς πολεμίους, εἰ νομίσειαν ταῦτα ποιοῦντες ἐπαίνου καὶ τιμῆς τεύξεσθαι; Εἰκός γε, ἔφη. 15. Μὴ τοίνυν ὄκνει, ἔφη, ἀλλὰ πειρῶ τοὺς ἄνδρας ἐπὶ ταῦτα προτρέπειν, ἀφ' ὧν αὐτός τε ὠφεληθήσει, καὶ οἱ ἄλλοι πολῖται διὰ σέ. Ἀλλὰ νὴ Δία πειράσομαι, ἔφη.

CHAPTER IV.
SUMMARY.

NICOMACHIDES, who was well skilled in the military art, having complained to Socrates that the Athenians had chosen, as one of their commanders, not himself, but Antisthenes, who had never distinguished himself in warfare, and who knew nothing else save how to get money, Socrates undertakes to show unto him, that, if a person, in whatever employment he may have taken upon himself, knows well what is required for executing that employment in a proper manner, this man will make a good leader, either of a chorus, a state, or an army.

Since, then, remarks Socrates, Antisthenes is skilled in the management of his private affairs, and is, at the same time, ambitious of praise, and since he has discharged successfully the duties of a choragus, there can be no doubt but that he, although unskilled in military affairs, will nevertheless make a good commander (§ 1–5); for a choragus, and he who is skilled in managing private affairs, have very many things in common with a commander. (§ 6–12.)

1. Ἰδὼν δέ ποτε Νικομαχίδην ἐξ ἀρχαιρεσιῶν ἀπιόντα, ἤρετο· Τίνες, ὦ Νικομαχίδη, στρατηγοὶ ᾕρηνται; Καὶ ὅς, Οὐ γάρ, ἔφη, ὦ Σώκρατες, τοιοῦτοί εἰσιν Ἀθηναῖοι, ὥςτε ἐμὲ μὲν οὐχ εἵλοντο, ὃς ἐκ καταλόγου στρατευόμενος κατατέτριμμαι, καὶ λοχαγῶν, καὶ ταξιαρχῶν, καὶ τραύματα ὑπὸ τῶν πολεμίων τοσαῦτα ἔχων· ἅμα δὲ τὰς οὐλὰς τῶν τραυμάτων ἀπογυμνούμενος ἐπεδείκνυεν· Ἀντισθένην δέ, ἔφη, εἵλοντο, τὸν οὔτε ὁπλίτην πώποτε στρατευσάμενον, ἔν τε τοῖς ἱππεῦσιν οὐδὲν περίβλεπτον ποιήσαντα, ἐπιστάμενόν τε ἄλλο οὐδὲν ἢ χρήματα συλλέγειν. 2. Οὔκουν, ἔφη ὁ Σωκράτης, τοῦτο μὲν ἀγαθόν, εἴ γε τοῖς στρατιώταις ἱκανὸς ἔσται τὰ ἐπιτήδεια πορίζειν; Καὶ γὰρ οἱ ἔμποροι, ἔφη ὁ Νικομαχίδης, χρήματα συλλέγειν ἱκανοί εἰσιν· ἀλλ᾽ οὐχ ἕνεκα τούτου καὶ στρατηγεῖν δύναιντ᾽ ἄν. 3. Καὶ ὁ Σωκράτης ἔφη· Ἀλλὰ καὶ φιλόνεικος Ἀντισθένης ἐστίν, ὃ στρατηγῷ προςεῖναι ἐπιτήδειόν ἐστιν· οὐχ ὁρᾷς, ὅτι καί, ὁσάκις κεχορήγηκε, πᾶσι τοῖς χοροῖς νενίκηκε; Μὰ Δί᾽, ἔφη ὁ Νικομαχίδης, ἀλλ᾽ οὐδὲν ὅμοιόν ἐστι χοροῦ τε καὶ στρατεύματος προεστάναι. 4. Καὶ μήν, ἔφη ὁ Σωκράτης, οὐδὲ ᾠδῆς γε ὁ Ἀντισθένης, οὐδὲ χορῶν διδασκαλίας ἔμπειρος ὤν, ὅμως ἐγένετο ἱκανὸς εὑρεῖν τοὺς κρατίστους ταῦτα. Καὶ ἐν τῇ στρατιᾷ οὖν, ἔφη ὁ Νικομαχίδης, ἄλλους μὲν εὑρήσει τοὺς τάξοντας ἀνθ᾽ ἑαυτοῦ, ἄλλους δε τοὺς μαχουμένους. 5. Οὐκοῦν, ἔφη ὁ Σωκράτης, ἐάν γε καὶ ἐν τοῖς πολεμικοῖς τοὺς κρατίστους, ὥσπερ ἐν τοῖς χορικοῖς, ἐξευρίσκῃ τε καὶ προαιρῆται, εἰκότως ἂν καὶ τούτου νικηφόρος εἴη· καὶ δαπανᾶν δ᾽ αὐτὸν εἰκὸς μᾶλλον ἂν ἐθέλειν εἰς τὴν ξὺν ὅλῃ τῇ πόλει τῶν πολεμικῶν νίκην, ἢ εἰς τὴν ξὺν τῇ φυλῇ τῶν χορικῶν. 6. Λέγεις σύ, ἔφη, ὦ Σώκρατες, ὡς τοῦ αὐτοῦ ἀνδρός ἐστι χορηγεῖν τε καλῶς καὶ στρατηγεῖν; Λέγω ἔγωγ᾽, ἔφη, ὡς, ὅτου ἄν τις προστατεύῃ, ἐὰν γιγνώσκῃ τε ὧν δεῖ, καὶ ταῦτα πορίζεσθαι δύνηται, ἀγαθὸς ἂν εἴη προστάτης, εἴτε χοροῦ, εἴτε οἴκου, εἴτε πόλεως, εἴτε στρατεύματος προστατεύοι. 7. Καὶ ὁ Νικομαχίδης, Μὰ Δί᾽, ἔφη, ὦ Σώκρατες, οὐκ ἄν ποτε ᾤμην ἐγὼ

σου ἀκοῦσαι, ὡς ἀγαθοὶ οἰκονόμοι ἀγαθοὶ στρατηγοὶ ἂν εἶεν. Ἴθι δή, ἔφη, ἐξετάσωμεν τὰ ἔργα ἑκατέρου αὐτῶν, ἵνα εἰδῶμεν, πότερον τὰ αὐτά ἐστιν, ἢ διαφέρει τι. Πάνυ γε, ἔφη. 8. Οὔκουν, ἔφη, τὸ μὲν τοὺς ἀρχομένους κατηκόους τε καὶ εὐπειθεῖς ἑαυτοῖς παρασκευάζειν ἀμφοτέρων ἐστὶν ἔργον; Καὶ μάλα, ἔφη. Τί δέ; τὸ προςτάττειν ἕκαστα τοῖς ἐπιτηδείοις πράττειν; Καὶ τοῦτ', ἔφη. Καὶ μὴν καὶ τὸ τοὺς κακοὺς κολάζειν, καὶ τοὺς ἀγαθοὺς τιμᾶν, ἀμφοτέροις οἶμαι προςήκειν. Πάνυ μὲν οὖν, ἔφη. 9. Τὸ δὲ τοὺς ὑπηκόους εὐμενεῖς ποιεῖσθαι, πῶς οὐ καλὸν ἀμφοτέροις; Καὶ τοῦτ', ἔφη. Συμμάχους δὲ καὶ βοηθοὺς προςάγεσθαι δοκεῖ σοι συμφέρειν ἀμφοτέροις, ἢ οὔ; Πάνυ μὲν οὖν, ἔφη. Ἀλλὰ φυλακτικοὺς τῶν ὄντων οὐκ ἀμφοτέρους εἶναι προςήκει; Σφόδρα γ', ἔφη. Οὐκοῦν καὶ ἐπιμελεῖς καὶ φιλοπόνους ἀμφοτέρους εἶναι προςήκει περὶ τὰ αὑτῶν ἔργα. 10. Ταῦτα μέν, ἔφη, πάντα ὁμοίως ἀμφοτέρων ἐστίν· ἀλλὰ τὸ μάχεσθαι οὐκέτι ἀμφοτέρων. Ἀλλ' ἐχθροὶ γέ τοι ἀμφοτέροις γίγνονται; Καὶ μάλα, ἔφη, τοῦτό γε. Οὔκουν τὸ περιγενέσθαι τούτων ἀμφοτέροις συμφέρει; Πάνυ γε, ἔφη. 11. Ἀλλ', ἐκεῖνο παριείς, ἂν δέῃ μάχεσθαι, τί ὠφελήσει ἡ οἰκονομική; Ἐνταῦθα δήπου καὶ πλεῖστον, ἔφη· ὁ γὰρ ἀγαθὸς οἰκονόμος, εἰδώς, ὅτι οὐδὲν οὕτω λυσιτελές τε καὶ κερδαλέον ἐστίν, ὡς τὸ μαχόμενον τοὺς πολεμίους νικᾶν, οὐδὲ οὕτως ἀλυσιτελές τε καὶ ζημιῶδες, ὡς τὸ ἡττᾶσθαι, προθύμως μὲν τὰ πρὸς τὸ νικᾶν συμφέροντα ζητήσει καὶ παρασκευάσεται, ἐπιμελῶς δὲ τὰ πρὸς τὸ ἡττᾶσθαι φέροντα σκέψεται καὶ φυλάξεται, ἐνεργῶς δ', ἂν τὴν παρασκευὴν ὁρᾷ νικητικὴν οὖσαν, μαχεῖται, οὐχ ἥκιστα δὲ τούτων, ἐὰν ἀπαράσκευος ᾖ, φυλάξεται συνάπτειν μάχην. 12. Μὴ καταφρόνει, ἔφη, ὦ Νικομαχίδη, τῶν οἰκονομικῶν ἀνδρῶν· ἡ γὰρ τῶν ἰδίων ἐπιμέλεια πλήθει μόνον διαφέρει τῆς τῶν κοινῶν, τὰ δὲ ἄλλα παραπλήσια ἔχει· τὸ δὲ μέγιστον, ὅτι οὔτε ἄνευ ἀνθρώπων οὐδετέρα γίγνεται. οὔτε δι' ἄλλων μὲν ἀνθρώπων τὰ ἴδια πράττεται, δι' ἄλλων δὲ τὰ κοινά· οὐ γὰρ ἄλλοις τισὶν ἀνθρώποις οἱ τῶν κοινῶν ἐπιμελόμενοι χρῶνται, ἢ οἷςπερ οἱ τὰ ἴδια οἰκονομοῦντες οἷς οἱ ἐπιστάμενοι χρῆσθαι καὶ τὰ ἴδια καὶ τὰ κοινὰ καλῶς πράττουσιν, οἱ δὲ μὴ ἐπιστάμενοι ἀμφοτέρωθι πλημμελοῦσιν.

CHAPTER V.

SUMMARY.

IN this chapter Socrates converses with Pericles the Younger (the son of the celebrated statesman of the same name) on the way by which the Athenians may be recalled to the glory and success of former days. He shows him, in the first place, that the Athenians ought to be reminded of the virtues and achievements of their forefathers. (§ 1–12.) In the next place he points out to him the causes of their present degeneracy. (§ 13.) He then shows that the virtues and discipline of their ancestors ought to be recalled by them, or, at least, the example of the Lacedæmonians ought to be imitated. (§ 14.) That their chief care, however, should be bestowed on military affairs, and, in particular, that competent commanders ought to be set over their forces, who may teach the soldiers strict discipline and obedience to command. (§ 15–25.) He explains to him, finally, how well adapted Attica is, from its situation, to resist the incursions of a foe. (§ 26–28.)

1. Περικλεῖ δέ ποτε, τῷ τοῦ πάνυ Περικλέους υἱῷ, διαλεγόμενος, Ἐγώ τοι, ἔφη, ὦ Περίκλεις, ἐλπίδα ἔχω, σοῦ στρατηγήσαντος ἀμείνω τε καὶ ἐνδοξοτέραν τὴν πόλιν εἰς τὰ πολεμικὰ ἔσεσθαι, καὶ τῶν πολεμίων κρατήσειν. Καὶ ὁ Περικλῆς, Βουλοίμην ἄν, ἔφη, ὦ Σώκρατες, ἃ λέγεις· ὅπως δὲ ταῦτα γένοιτ᾽ ἄν, οὐ δύναμαι γνῶναι. Βούλει οὖν, ἔφη ὁ Σωκράτης, διαλογιζόμενοι περὶ αὐτῶν ἐπισκοπῶμεν, ὅπου ἤδη τὸ δυνατόν ἐστιν; Βούλομαι, ἔφη. 2. Οὔκουν οἶσθα, ἔφη, ὅτι πλήθει μὲν οὐδὲν μείους εἰσὶν Ἀθηναῖοι Βοιωτῶν; Οἶδα γάρ, ἔφη. Σώματα δὲ ἀγαθὰ καὶ καλὰ πότερον ἐκ Βοιωτῶν οἴει πλείω ἂν ἐκλεχθῆναι, ἢ ἐξ Ἀθηνῶν; Οὐδὲ ταύτῃ μοι δοκοῦσι λείπεσθαι. Εὐμενεστέρους δὲ ποτέοους ἑαυτοῖς εἶναι νομίζεις; Ἀθηναίους ἔγωγε· Βοιωτῶν μὲν γὰρ πολλοί, πλεονεκτούμενοι ὑπὸ Θηβαίων, δυσμενῶς αὐτοῖς ἔχουσιν· Ἀθήνησι δὲ οὐδὲν ὁρῶ τοιοῦτον. 3. Ἀλλὰ μὴν φιλοτιμότατοί γε καὶ φιλοφρονέστατοι πάντων εἰσίν,

ἅπερ οὐχ ἥκιστα παροξύνει κινδυνεύειν ὑπὲρ εὐδοξίας τε καὶ πατρίδος. Οὐδὲ ἐν τούτοις Ἀθηναῖοι μεμπτοί. Καὶ μὴν προγόνων γε καλὰ ἔργα οὐκ ἔστιν οἷς μείζω καὶ πλείω ὑπάρχει, ἢ Ἀθηναίοις· ᾧ πολλοὶ ἐπαιρόμενοι προτρέπονταί τε ἀρετῆς ἐπιμελεῖσθαι, καὶ ἄλκιμοι γίγνεσθαι. 4 Ταῦτα μὲν ἀληθῆ λέγεις πάντα, ὦ. Σώκρατες· ἀλλ' ὁρᾷς, ὅτι, ἀφ' οὗ ἥ τε σὺν Τολμίδῃ τῶν χιλίων ἐν Λεβαδείᾳ συμφορὰ ἐγένετο, καὶ ἡ μεθ' Ἱπποκράτους ἐπὶ Δηλίῳ, ἐκ τούτων τεταπείνωται μὲν ἡ τῶν Ἀθηναίων δόξα πρὸς τοὺς Βοιωτούς, ἐπῆρται δὲ τὸ τῶν Θηβαίων φρόνημα πρὸς τοὺς Ἀθηναίους· ὥστε Βοιωτοὶ μέν, οἱ πρόσθεν οὐδ' ἐν τῇ ἑαυτῶν τολμῶντες Ἀθηναίοις ἄνευ Λακεδαιμονίων τε καὶ τῶν ἄλλων Πελοποννησίων ἀντιτάττεσθαι, νῦν ἀπειλοῦσιν αὐτοὶ καθ' ἑαυτοὺς ἐμβαλεῖν εἰς τὴν Ἀττικήν· Ἀθηναῖοι δέ, οἱ πρότερον, ὅτε Βοιωτοὶ μόνοι ἐγένοντο, πορθοῦντες τὴν Βοιωτίαν, φοβοῦνται, μὴ Βοιωτοὶ δῃώσωσι τὴν Ἀττικήν. 5. Καὶ ὁ Σωκράτης, Ἀλλ' αἰσθάνομαι μέν, ἔφη, ταῦτα οὕτως ἔχοντα· δοκεῖ δέ μοι ἀνδρὶ ἀγαθῷ ἄρχοντι νῦν εὐαρεστοτέρως διακεῖσθαι ἡ πόλις· τὸ μὲν γὰρ θάρσος ἀμέλειάν τε καὶ ῥᾳθυμίαν καὶ ἀπείθειαν ἐμβάλλει, ὁ δὲ φόβος προςεκτικωτέρους τε καὶ εὐπειθεστέρους, καὶ εὐτακτοτέρους ποιεῖ. 6. Τεκμήραιο δ' ἂν τοῦτο καὶ ἀπὸ τῶν ἐν ταῖς ναυσίν· ὅταν μὲν γὰρ δήπου μηδὲν φοβῶνται, μεστοί εἰσιν ἀταξίας, ἔστ' ἂν δὲ ἢ χειμῶνα ἢ πολεμίους δείσωσιν, οὐ μόνον τὰ κελευόμενα πάντα ποιοῦσιν, ἀλλὰ καὶ σιγῶσι καραδοκοῦντες τὰ·προσταχθησόμενα, ὥσπερ χορευταί. 7. Ἀλλὰ μήν, ἔφη ὁ Περικλῆς, εἴγε νῦν μάλιστα πείθοιντο, ὥρα ἂν εἴη λέγειν, πῶς ἂν αὐτοὺς προτρεψαίμεθα. πάλιν ἀνερεθισθῆναι τῆς ἀρχαίας ἀρετῆς τε καὶ εὐκλείας, καὶ εὐδαιμονίας. 8. Οὐκοῦν, ἔφη ὁ Σωκράτης, εἰ μὲν ἐβουλόμεθα χρημάτων αὐτούς, ὧν οἱ ἄλλοι εἶχον, ἀντιποιεῖσθαι, ἀποδεικνύντες αὐτοῖς ταῦτα πατρῷά τε ὄντα καὶ προςήκοντα, μάλιστ' ἂν οὕτως αὐτοὺς ἐξορμῷμεν ἀντέχεσθαι τούτων· ἐπεὶ δὲ τοῦ μετ' ἀρετῆς πρωτεύειν αὐτοὺς ἐπιμελεῖσθαι βουλόμεθα, τοῦτ' αὖ δεικτέον ἐκ παλαιοῦ μάλιστα προςῆκον αὐτοῖς, καὶ ὡς τούτου ἐπιμελούμενοι, πάντων ἂν εἶεν κράτιστοι. 9. Πῶς οὖν ἂν τοῦτο διδάσκοιμεν; Οἶμαι μέν, εἰ τούς γε παλαιοτάτους, ὧν ἀκούομεν, προγόνους αὐτῶν ἀναμιμνήσκοιμεν αὐτοὺς ἀκηκοότας ἀρίστους γεγονέναι. 10. Ἆρα λέγεις τὴν τῶν θεῶν κρίσιν, ἣν οἱ περὶ Κέκροπα δι' ἀρετὴν ἔκριναν; Λέγω γάρ, καὶ τὴν Ἐρεχθέως γε τροφὴν καὶ γένεσιν, καὶ τὸν πόλεμον τὸν ἐπ' ἐκείνου γενόμενον πρὸς τοὺς ἐκ τῆς ἐχομένης ἠπείρου πάσης, καὶ τὸν ἐφ' Ἡρακλειδῶν πρὸς τοὺς ἐν Πελοποννήσῳ, καὶ πάντας τοὺς ἐπὶ Θησέως πολεμηθέντας, ἐν οἷς πᾶσιν ἐκεῖνοι δῆλοι γεγόνασι τῶν καθ' ἑαυτοὺς ἀνθρώπων ἀριστεύσαντες. 11. Εἰ δὲ βούλει, ἃ ὕστερον οἱ ἐκείνων μὲν ἀπόγονοι, οὐ πολὺ δὲ πρὸ ἡμῶν γεγονότες, ἔπραξαν, τὰ μὲν αὐτοὶ καθ' ἑαυτοὺς ἀγωνιζόμενοι πρὸς τοὺς κυριεύοντας τῆς τε Ἀσίας πάσης καὶ τῆς Εὐρώπης μέχρι Μακεδονίας, καὶ πλείστην τῶν προγεγονότων δύναμιν καὶ ἀφορμὴν κεκτημένους, καὶ μέγιστα ἔργα κατειργασμένους, τὰ δὲ καὶ μετὰ Πελοποννησίων ἀριστεύοντες καὶ κατὰ γῆν καὶ κατὰ θάλατταν· οἳ δὴ καὶ λέγονται πολὺ διενεγκεῖν τῶν καθ' ἑαυτοὺς ἀνθρώπων. Λέγονται γάρ, ἔφη. 12. Τοιγαροῦν πολλῶν μὲν μεταναστάσεων ἐν τῇ Ἑλλάδι γεγοννιῶν, διέμειναν ἐν τῇ ἑαυτῶν, πολλοὶ δὲ ὑπὲρ δικαίων ἀντιλέγοντες ἐπέτρεπον ἐκείνοις, πολλοὶ δὲ ὑπὸ κρειττόνων ὑβριζόμενοι κατέφευγον πρὸς ἐκείνους. 13. Καὶ ὁ Περικλῆς, Καὶ θαυμάζω γε, ἔφη, ὦ Σώκρατες, ἡ πόλις ὅπως ποτ' ἐπὶ τὸ χεῖρον ἔκλινεν. Ἐγὼ μέν, ἔφη, οἶμαι, ὁ Σωκράτης, ὥσπερ καὶ ἀθληταί τινες, διὰ τὸ πολὺ ὑπερενεγκεῖν καὶ κρατιστεῦσαι, καταρδαθυμήσαντες ὑστερίζουσι τῶν ἀντιπάλων, οὕτω καὶ Ἀθηναίους πολὺ διενεγκόντας ἀμελῆσαι ἑαυτῶν, καὶ διὰ τοῦτο χείρους γεγονέναι. 14. Νῦν οὖν, ἔφη, τί ἂν ποιοῦντες ἀναλάβοιεν τὴν ἀρχαίαν ἀρετήν; Καὶ ὁ Σωκράτης· Οὐδὲν ἀπόκρυφον δοκεῖ μοι εἶναι, ἀλλ' εἰ μὲν ἐξευρόντες τὰ τῶν προγόνων ἐπιτηδεύματα, μηδὲν χεῖρον ἐκείνων ἐπιτηδεύοιεν, οὐδὲν ἂν χείρους ἐκείνων γενέσθαι· εἰ δὲ μή, τούς γε νῦν πρωτεύοντας μιμούμενοι, καὶ τούτοις τὰ αὐτὰ ἐπιτηδεύοντες, ὁμοίως μὲν τοῖς αὑτοῖς χρώμενοι, οὐδὲν ἂν χεί ρους ἐκείνων εἶεν· εἰ δ' ἐπιμελέστερον, καὶ βελτίους. 15 Λέγεις, ἔφη, πόρρω που εἶναι τῇ πόλει τὴν καλοκἀγαθίαν πότε γὰρ οὕτως Ἀθηναῖοι, ὥσπερ Λακεδαιμόνιοι, ἢ πρεσβυτέρους αἰδέσονται; οἳ ἀπὸ τῶν πατέρων ἄρχονται καταφρονεῖν τῶν γεραιτέρων· ἢ σωμασκήσουσιν οὕτως; οἳ οὐ μόνον αὐτοὶ εὐεξίας ἀμελοῦσιν, ἀλλὰ καὶ τῶν ἐπιμελουμένων καταγελῶσι. 16. Πότε δὲ οὕτω πείσονται τοῖς ἄρχουσιν; οἳ καὶ ἀγάλλονται ἐπὶ τῷ καταφρονεῖν τῶν ἀρχόντων· ἢ πότε οὕτως ὁμονοήσουσιν; οἵ γε, ἀντὶ μὲν τοῦ συνεργεῖν ἑαυτοῖς τὰ συμφέροντα, ἐπηρεάζουσιν ἀλλήλοις, καὶ φθονοῦσιν ἑαυτοῖς μᾶλλον, ἢ τοῖς ἄλλοις ἀνθρώποις· μάλιστα δὲ πάντων ἔν τε ταῖς ἰδίαις συνόδοις καὶ ταῖς κοιναῖς διαφέρονται, καὶ πλείστας δίκας ἀλλήλοις δικάζονται, καὶ προαιροῦνται μᾶλλον οὕτω κερδαίνειν ἀπ' ἀλλήλων, ἢ συνωφελοῦντες αὑτούς· τοῖς δὲ κοινοῖς ὥσπερ ἀλλοτρίοις χρώμενοι, περὶ τούτων αὖ μάχονται, καὶ ταῖς εἰς τὰ τοιαῦτα δυνάμεσι μάλιστα χαίρουσιν. 17. Ἐξ ὧν πολλὴ μὲν ἀπειρία καὶ κακία τῇ πόλει ἐμφύεται, πολλὴ δὲ ἔχθρα καὶ μῖσος ἀλλήλων τοῖς πολίταις ἐγγίγνεται, δι' ἃ ἔγωγε μάλα φοβοῦμαι ἀεί, μή τι μεῖζον, ἢ ὥστε φέρειν δύνασθαι, κακὸν τῇ πόλει συμβῇ. 18. Μηδαμῶς, ἔφη ὁ Σωκράτης, ὦ Περίκλεις, οὕτως ἡγοῦ ἀνηκέστῳ πονηρίᾳ νοσεῖν Ἀθηναίους· οὐχ ὁρᾷς, ὡς εὔτακτοι μέν εἰσιν ἐν τοῖς ναυτικοῖς, εὐτάκτως δ' ἐν τοῖς γυμνικοῖς ἀγῶσι πείθονται τοῖς ἐπιστάταις, οὐδένων δὲ καταδεέστερον ἐν τοῖς χοροῖς ὑπηρετοῦσι τοῖς διδασκάλοις; 19. Τοῦτο γάρ τοι, ἔφη, καὶ θαυμαστόν ἐστι, τὸ τοὺς μὲν τοιούτους πειθαρχεῖν τοῖς ἐφεστῶσι, τοὺς δὲ ὁπλίτας καὶ τοὺς ἱππεῖς, οἳ δοκοῦσι καλοκἀγαθίᾳ προκεκρίσθαι τῶν πολιτῶν, ἀπειθεστάτους εἶναι πάντων. 20. Καὶ ὁ Σωκράτης ἔφη· Ἡ δὲ ἐν Ἀρείῳ πάγῳ βουλή, ὦ Περίκλεις, οὐκ ἐκ τῶν δεδοκιμασμένων καθίσταται; Καὶ μάλα, ἔφη. Οἶσθα οὖν τινας, ἔφη, κάλλιον, ἢ νομιμώτερον, ἢ σεμνότερον, ἢ δικαιότερον τάς τε δίκας δικάζοντας, καὶ τἆλλα πάντα πράττοντας; Οὐ μέμφομαι ἔφη, τούτοις. Οὐ τοίνυν, ἔφη, δεῖ ἀθυμεῖν, ὡς οὐκ εὐτάκτων ὄντων Ἀθηναίων. 21. Καὶ μὴν ἔν γε τοῖς στρατιωτικοῖς, ἔφη, ἔνθα μάλιστα δεῖ σωφρονεῖν τε καὶ εὐτακτεῖν, καὶ πειθαρχεῖν, οὐδενὶ τούτων προςέχουσιν. Ἴσως γάρ, ἔφη ὁ Σωκράτης, ἐν τούτοις οἱ ἥκιστα ἐπιστάμενοι ἄρχουσιν αὐτῶν· οὐχ ὁρᾷς, ὅτι κιθαριστῶν μέν, καὶ χορευτῶν, καὶ ὀρχηστῶν οὐδὲ εἰς ἐπιχειρεῖ ἄρχειν μὴ ἐπιστάμενος, οὐδὲ παλαιστῶν, οὐδὲ παγκρατιαστῶν; ἀλλὰ πάντες, ὅσοι τούτων ἄρχουσιν, ἔχουσι δεῖξαι, ὁπόθεν ἔμαθον ταῦτα, ἐφ' οἷς ἐφεστᾶσι, τῶν δὲ στρατηγῶν οἱ πλεῖστοι αὐτοσχεδιάζουσιν. 22. Οὐ μέντοι σέ γε τοιοῦτον ἐγὼ νομίζω εἶναι, ἀλλ' οἶμαί σε οὐδὲν ἧττον ἔχειν εἰπεῖν, ὁπότε στρατηγεῖν, ἢ ὁπότε παλαίειν ἤρξω μανθάνειν· καὶ πολλὰ μὲν οἶμαί σε τῶν πατρῴων στρατηγημάτων παρειληφότα διασώζειν, πολλὰ δὲ πανταχόθεν συνενηνοχέναι, ὁπόθεν οἷόν τε ἦν μαθεῖν τι ὠφέλιμον εἰς στρατηγίαν. 23. Οἶμαι δέ σε πολλὰ μεριμνᾶν, ὅπως μὴ λάθῃς σεαυτὸν ἀγνοῶν τι τῶν εἰς στρατηγίαν ὠφελίμων· καὶ ἐάν τι τοιοῦτον αἴσθῃ σεαυτὸν μὴ εἰδότα, ζητεῖν τοὺς ἐπισταμένους ταῦτα, οὔτε δώρων οὔτε χαρίτων φειδόμενον, ὅπως μάθῃς παρ' αὐτῶν ἃ μὴ ἐπίστασαι, καὶ συνεργοὺς ἀγαθοὺς ἔχῃς. 24. Καὶ ὁ Περικλῆς, Οὐ λανθάνεις με, ὦ Σώκρατες, ἔφη, ὅτι οὐδ' οἰόμενός με τούτων ἐπιμελεῖσθαι ταῦτα λέγεις, ἀλλ' ἐγχειρῶν με διδάσκειν, ὅτι τὸν μέλλοντα στρατηγεῖν τούτων ἁπάντων ἐπιμελεῖσθαι δεῖ· ὁμολογῶ μέντοι κἀγώ σοι ταῦτα. 25 Τοῦτο δ', ἔφη, ὦ Περίκλεις, κατανενόηκας, ὅτι πρόκειται τῆς χώρας ἡμῶν ὄρη μεγάλα, καθήκοντα ἐπὶ τὴν Βοιωτίαν, δι' ὧν εἰς τὴν χώραν εἴσοδοι στεναί τε καὶ προσάντεις εἰσί, καὶ ὅτι μέση διέζωσται ὄρεσιν ἐρυμνοῖς; Καὶ μάλα, ἔφη. 26. Τί δέ; σὺ ἐκεῖνο ἀκήκοας, ὅτι Μυσοὶ καὶ Πισίδαι ἐν τῇ βασιλέως χώρᾳ κατέχοντες ἐρυμνὰ πάνυ χωρία, καὶ κούφως ὡπλισμένοι, δύνανται πολλὰ μὲν τὴν βασιλέως χώραν καταθέοντες κακοποιεῖν, αὐτοὶ δὲ ζῆν ἐλεύθεροι; Καὶ τοῦτό γ', ἔφη, ἀκούω. 27. Ἀθηναίους δ' οὐκ ἂν οἴει, ἔφη, μέχρι τῆς ἐλαφρᾶς ἡλικίας ὡπλισμένους κουφοτέροις ὅπλοις, καὶ τὰ προκείμενα τῆς χώρας ὄρη κατέχοντας, βλαβεροὺς μὲν τοῖς πολεμίοις εἶναι, μεγάλην δὲ προβολὴν τοῖς πολίταις τῆς χώρας κατεσκευάσθαι; Καὶ ὁ Περικλῆς, Πάντ' οἶμαι, ἔφη, ὦ Σώκρατες, καὶ ταῦτα χρήσιμα εἶναι. 28. Εἰ τοίνυν, ἔφη ὁ Σωκράτης, ἀρέσκει σοι ταῦτα, ἐπιχείρει αὐτοῖς, ὦ ἄριστε· ὅ τι μὲν γὰρ ἂν τούτων καταπράξῃς, καὶ σοὶ καλὸν ἔσται, καὶ τῇ πόλει ἀγαθόν· ἐὰν δέ τι ἀδυνατῇς, οὔτε τὴν πόλιν βλάψεις, οὔτε σεαυτὸν καταισχυνεῖς.

CHAPTER VI.

SUMMARY.

Glauco, the son of Aristo, was so strongly possessed with the desire of being a statesman, that, although not yet twenty, he was continually making orations to the people, and thereby exposing himself to ridicule. Socrates, therefore, endeavors to cure him of this delusion, and by a series of questions succeeds in convincing him that he is altogether ignorant of what appertains to the character of a true statesman; and he then shows him that, unless one be acquainted with this, he can neither prove of any advantage to the state, nor acquire any reputation for himself.

1. Γλαύκωνα δὲ τὸν Ἀρίστωνος, ὅτ' ἐπεχείρει δημηγορεῖν, ἐπιθυμῶν προστατεύειν τῆς πόλεως, οὐδέπω εἴκοσιν ἔτη γεγονώς, ὄντων ἄλλων οἰκείων τε καὶ φίλων, οὐδεὶς ἐδύνατο παῦσαι ἑλκόμενόν τε ἀπὸ τοῦ βήματος, καὶ καταγέλαστον ὄντα, Σωκράτης δέ, εὔνους ὢν αὐτῷ διά τε Χαρμίδην τὸν Γλαύκωνος, καὶ διὰ Πλάτωνα, μόνος ἔπαυσεν. 2. Ἐντυχὼν γὰρ αὐτῷ πρῶτον μὲν εἰς τὸ ἐθελῆσαι ἀκούειν τοιάδε λέξας κατέσχεν· Ὦ Γλαύκων, ἔφη, προστατεύειν ἡμῖν διανενόησαι τῆς πόλεως; Ἔγωγ', ἔφη, ὦ Σώκρατες. Νὴ Δί', ἔφη, καλὸν γάρ, εἴπερ τι καὶ ἄλλο τῶν ἐν ἀνθρώποις· δῆλον γάρ, ὅτι, ἐὰν τοῦτο διαπράξῃ, δυνατὸς μὲν ἔσει αὐτὸς τυγχάνειν ὅτου ἂν ἐπιθυμῇς, ἱκανὸς δὲ τοὺς φίλους ὠφελεῖν, ἐπαρεῖς δὲ τὸν πατρῷον οἶκον, αὐξήσεις δὲ τὴν πατρίδα, ὀνομαστὸς δ' ἔσει, πρῶτον μὲν ἐν τῇ πόλει, ἔπειτα ἐν τῇ Ελλάδι, ἴσως δέ, ὥσπερ Θεμιστοκλῆς, καὶ ἐν τοῖς βαρβάροις, ὅπου δ' ἂν ᾖς, πανταχοῦ περίβλεπτος ἔσει. 3

Ταῦτ' οὖν ἀκούων ὁ Γλαύκων ἐμεγαλύνετο, καὶ ἡδέως παρέμενε. Μετὰ δὲ ταῦτα ὁ Σωκράτης, Οὔκουν, ἔφη, τοῦτο μέν, ὦ Γλαύκων, δῆλον, ὅτι, εἴπερ τιμᾶσθαι βούλει, ὠφελητέα σοι ἡ πόλις ἐστίν; Πάνυ μὲν οὖν, ἔφη. Πρὸς θεῶν, ἔφη, μὴ τοίνυν ἀποκρύψῃ, ἀλλ' εἰπὸν ἡμῖν, ἐκ τίνος ἄρξει τὴν πόλιν εὐεργετεῖν; 4. Ἐπεὶ δὲ ὁ Γλαύκων διεσιώπησεν, ὡς ἂν τότε σκοπῶν, ὁπόθεν ἄρχοιτο· Ἄρ', ἔφη ὁ Σωκράτης, ὥςπερ, φίλου οἶκον εἰ αὐξῆσαι βούλοιο, πλουσιώτερον αὐτὸν ἐπιχειροίης ἂν ποιεῖν, οὕτω καὶ τὴν πόλιν πειράσει πλουσιωτέραν ποιῆσαι; Πάνυ μὲν οὖν, ἔφη. 5. Οὔκουν πλουσιωτέρα γ' ἂν εἴη, προςόδων αὐτῇ πλειόνων γενομένων; Εἰκὸς γοῦν, ἔφη. Λέξον δή, ἔφη, ἐκ τίνων νῦν αἱ πρόςοδοι τῇ πόλει, καὶ πόσαι τινές εἰσι; δῆλον γάρ, ὅτι ἔσκεψαι, ἵνα, εἰ μέν τινες αὐτῶν ἐνδεῶς ἔχουσιν, ἐκπληρώσῃς, εἰ δὲ παραλείπονται, προςπορίσῃς. Ἀλλὰ μὰ Δί', ἔφη ὁ Γλαύκων, ταῦτά γε οὐκ ἐπέσκεμμαι. 6. Ἀλλ', εἰ τοῦτο, ἔφη, παρέλιπες, τάς γε δαπάνας τῆς πόλεως ἡμῖν εἰπέ· δῆλον γάρ, ὅτι καὶ τούτων τὰς περιττὰς ἀφαιρεῖν διανοεῖ. Ἀλλὰ μὰ τὸν Δί', ἔφη, οὐδὲ πρὸς ταῦτά πω ἐσχόλασα. Οὐκοῦν, ἔφη, τὸ μὲν πλουσιωτέραν τὴν πόλιν ποιεῖν ἀναβαλούμεθα· πῶς γὰρ οἷόν τε μὴ εἰδότα γε τὰ ἀναλώματα καὶ τὰς προςόδους ἐπιμεληθῆναι τούτων; 7. Ἀλλ', ὦ Σώκρατες, ἔφη ὁ Γλαύκων, δυνατόν ἐστι καὶ ἀπὸ πολεμίων τὴν πόλιν πλουτίζειν. Νὴ Δία, σφόδρα γ', ἔφη ὁ Σωκράτης, ἐάν τις αὐτῶν κρείττων ᾖ· ἥττων δὲ ὢν καὶ τὰ ὄντα προςαποβάλοι ἄν. Ἀληθῆ λέγεις, ἔφη. 8. Οὐκοῦν, ἔφη, τόν γε βουλευσόμενον πρὸς οὕςτινας δεῖ πολεμεῖν, τήν τε τῆς πόλεως δύναμιν καὶ τὴν τῶν ἐναντίων εἰδέναι δεῖ, ἵνα, ἐὰν μὲν ἡ τῆς πόλεως κρείττων ᾖ, συμβουλεύῃ ἐπιχειρεῖν τῷ πολέμῳ, ἐὰν δὲ ἥττων τῶν ἐναντίων, εὐλαβεῖσθαι πείθῃ. Ὀρθῶς λέγεις, ἔφη. 9. Πρῶτον μὲν τοίνυν, ἔφη, λέξον ἡμῖν τῆς πόλεως τήν τε πεζικὴν καὶ τὴν ναυτικὴν δύναμιν, εἶτα τὴν τῶν ἐναντίων. Ἀλλὰ μὰ τὸν Δί', ἔφη, οὐκ ἂν ἔχοιμί σοι οὕτως γε ἀπὸ στόματος εἰπεῖν. Ἀλλ', εἰ γέγραπταί σοι, ἔνεγκε, ἔφη· πάνυ γὰρ ἡδέως ἂν τοῦτο ἀκούσαιμι. Ἀλλὰ μὰ τὸν Δί', ἔφη, οὐδὲ γέγραπταί μοί πω. 10. Οὐκοῦν, ἔφη, καὶ περὶ πολέμου συμβουλεύειν τήν γε πρώτην ἐπισχήσομεν· ἴσως γὰρ καὶ διὰ τὸ μέγεθος αὐτῶν, ἄρτι ἀρχόμενος τῆς προστατείας, οὔπω ἐξήτακας. Ἀλλά τοι περί γε φυλακῆς τῆς χώρας οἶδ' ὅτι σοι μεμέληκε, καὶ οἶσθα, ὁπόσαι τε φυλακαὶ ἐπίκαιροί εἰσι καὶ ὁπόσαι μή, καὶ ὁπόσοι τε φρουροὶ ἱκανοί εἰσι καὶ ὁπόσοι μὴ εἰσι· καὶ τὰς μὲν ἐπικαίρους φυλακὰς συμβουλεύσειν μείζονας ποιεῖν, τὰς δὲ περιττὰς ἀφαιρεῖν. 11. Νὴ Δί', ἔφη ὁ Γλαύκων, ἁπάσας μὲν οὖν ἔγωγε, ἕνεκά γε τοῦ οὕτως αὐτὰς φυλάττεσθαι, ὥςτε κλέπτεσθαι τὰ ἐκ τῆς χώρας. Ἐὰν δέ τις ἀφέλῃ γ', ἔφη, τὰς φυλακάς, οὐκ οἴει καὶ ἁρπάζειν ἐξουσίαν ἔσεσθαι τῷ βουλομένῳ; ἀτάρ, ἔφη, πότερον ἐλθὼν αὐτὸς ἐξήτακας τοῦτο, ἢ πῶς οἶσθα, ὅτι κακῶς φυλάττονται; Εἰκάζω, ἔφη. Οὐκοῦν, ἔφη, καὶ περὶ τούτων, ὅταν μηκέτι εἰκάζωμεν, ἀλλ' ἤδη εἰδῶμεν, τότε συμβουλεύσομεν; Ἴσως, ἔφη ὁ Γλαύκων, βέλτιον. 12. Εἴς γε μήν, ἔφη, τἀργύρια οἶδ' ὅτι οὐκ ἀφῖξαι, ὥςτ' ἔχειν εἰπεῖν, διότι νῦν ἐλάττω, ἢ πρόσθεν, προςέρχεται αὐτόθεν. Οὐ γὰρ οὖν ἐλήλυθα, ἔφη. Καὶ γὰρ νὴ Δί', ἔφη ὁ Σωκράτης, λέγεται βαρὺ τὸ χωρίον εἶναι, ὥςτε, ὅταν περὶ τούτου δέῃ συμβουλεύειν, αὕτη σοι ἡ πρόφασις ἀρκέσει. Σκώπτομαι, ἔφη ὁ Γλαύκων. 13. Ἀλλ' ἐκείνου γέ τοι, ἔφη, οἶδ' ὅτι οὐκ ἠμέληκας, ἀλλ' ἔσκεψαι, καὶ πόσον χρόνον ἱκανός ἐστιν ὁ ἐκ τῆς χώρας γιγνόμενος σῖτος διατρέφειν τὴν πόλιν, καὶ πόσου εἰς τὸν ἐνιαυτὸν προςδεῖται, ἵνα μὴ τοῦτό γε λάθῃ σέ ποτε ἡ πόλις ἐνδεὴς γενομένη, ἀλλ' εἰδώς, ἔχῃς ὑπὲρ τῶν ἀναγκαίων συμβουλεύων τῇ πόλει βοηθεῖν τε καὶ σώζειν αὐτήν. Λέγεις, ἔφη ὁ Γλαύκων, παμμέγεθες πρᾶγμα, εἴγε καὶ τῶν τοιούτων ἐπιμελεῖσθαι δεήσει. 14. Ἀλλὰ μέντοι, ἔφη ὁ Σωκράτης, οὐδ' ἂν τὸν ἑαυτοῦ ποτε οἶκον καλῶς τις οἰκήσειεν, εἰ μὴ πάντα μὲν εἴσεται, ὧν προςδεῖται, πάντων δὲ ἐπιμελόμενος ἐκπληρώσει· ἀλλ' ἐπεὶ ἡ μὲν πόλις ἐκ πλειόνων ἢ μυρίων οἰκιῶν συνέστηκε, χαλεπὸν δέ ἐστιν ἅμα τοσούτων οἴκων ἐπιμελεῖσθαι, πῶς οὐχ ἕνα, τὸν τοῦ θείου, πρῶτον ἐπειράθης αὐξῆσαι; δέεται δὲ κἂν μὲν τοῦτον δύνῃ, καὶ πλείοσιν ἐπιχειρήσεις· ἕνα δὲ μὴ δυνάμενος ὠφελῆσαι, πῶς ἂν πολλούς γε δυνηθείης; ὥσπερ εἰ τις ἓν τάλαντον μὴ δύναιτο φέρειν, πῶς οὐ φανερόν, ὅτι πλείω γε φέρειν οὐδ' ἐπιχειρητέον αὐτῷ; 15. Ἀλλ' ἔγωγ', ἔφη ὁ Γλαύκων, ὠφελοίην ἂν τὸν τοῦ θείου οἶκον, εἴ μοι ἐθέλοι πείθεσθαι. Εἶτα, ἔφη ὁ Σωκράτης, τὸν θεῖον οὐ δυνάμενος πείθειν, Ἀθηναίους πάντας μετὰ τοῦ θείου νομίζεις δυνήσεσθαι ποιῆσαι πείθεσθαί σοι; 16. Φυλάττου, ἔφη, ὦ Γλαύκων, ὅπως μὴ τοῦ εὐδοξεῖν ἐπιθυμῶν εἰς τοὐναντίον ἔλθῃς. Ἢ οὐχ ὁρᾷς, ὡς σφαλερόν ἐστι τό, ἃ μὴ οἶδέ τις, ταῦτα λέγειν ἢ πράττειν; ἐνθυμοῦ δὲ τῶν ἄλλων, ὅσους οἶσθα τοιούτους, οἷοι φαίνονται καὶ λέγοντες ἃ μὴ ἴσασι, καὶ πράττοντες, πότερά σοι δοκοῦσιν ἐπὶ τοῖς τοιούτοις ἐπαίνου μᾶλλον, ἢ ψόγου τυγχάνειν; καὶ πότερον θαυμάζεσθαι μᾶλλον, ἢ καταφρονεῖσθαι; 17. Ἐνθυμοῦ δὲ καὶ τῶν εἰδότων ὅ τι τε λέγουσι καὶ ὅ τι ποιοῦσι· καί, ὡς ἐγὼ νομίζω, εὑρήσεις ἐν πᾶσιν ἔργοις τοὺς μὲν εὐδοκιμοῦντάς τε καὶ θαυμαζομένους, ἐκ τῶν μάλιστα ἐπισταμένων ὄντας, τοὺς δὲ κακοδοξοῦντάς τε καὶ καταφρονουμένους ἐκ τῶν ἀμαθεστάτων. 18. Εἰ οὖν ἐπιθυμεῖς εὐδοκιμεῖν τε καὶ θαυμάζεσθαι ἐν τῇ πόλει, πειρῶ κατεργάσασθαι ὡς μάλιστα τὸ εἰδέναι ἃ βούλει πράττειν· ἐὰν γὰρ τούτῳ διενέγκας τῶν ἄλλων, ἐπιχειρῇς τὰ τῆς πόλεως πράττειν, οὐκ ἂν θαυμάσαιμι εἰ πάνυ ῥᾳδίως τύχοις ἃ ἐπιθυμεῖς.

CHAPTER VII.

SUMMARY.

CHARMIDES, the son of Glauco, and uncle of the young man mentioned in the previous chapter, industriously declined any office in the government, though a man of far greater abilities than many of those employed in the administration. Socrates thereupon exhorts him to lay aside this aversion to public affairs, and shows him that he who is possessed of any talent or acquirement, by the exercise of which he may procure reputation for himself and glory for his country, ought not to allow it to remain inactive. (§ 1, 2.) And he then states how well qualified, in his opinion, Charmides is to take part in public affairs, from what he has seen of him in his conferences with the leading men of the state. (§ 3-9.)

1. Χαρμίδην δὲ τὸν Γλαύκωνος ὁρῶν ἀξιόλογον μὲν ἄνδρα ὄντα, καὶ πολλῷ δυνατώτερον τῶν τὰ πολιτικὰ τότε πραττόντων, ὀκνοῦντα δὲ προςιέναι τῷ δήμῳ, καὶ τῶν τῆς πόλεως πραγμάτων ἐπιμελεῖσθαι, Εἰπέ μοι, ἔφη, ὦ Χαρμίδη, εἴ τις ἱκανὸς ὢν τοὺς στεφανίτας ἀγῶνας νικᾶν, καὶ διὰ τοῦτο αὐτός τε τιμᾶσθαι, καὶ τὴν πατρίδα ἐν τῇ Ἑλλάδι εὐδοκιμωτέραν ποιεῖν, μὴ θέλοι ἀγωνίζεσθαι, ποῖόν τινα τοῦτον νομίζοις ἂν τὸν ἄνδρα εἶναι; Δῆλον, ὅτι, ἔφη, μαλακόν τε καὶ δειλόν. 2. Εἰ δέ τις, ἔφη, δυνατὸς ὢν τῶν τῆς πόλεως πραγμάτων ἐπιμελόμενος τήν τε πόλιν αὔξειν, καὶ αὐτὸς διὰ τοῦτο τιμᾶσθαι, ὀκνοίη δὴ τοῦτο πράττειν, οὐκ ἂν εἰκότως δειλὸς νομίζοιτο; Ἴσως, ἔφη· ἀτὰρ πρὸς τί με ταῦτ' ἐρωτᾷς; Ὅτι, ἔφη, οἶμαί σε, δυνατὸν ὄντα, ὀκνεῖν ἐπιμελεῖσθαι, καὶ ταῦτα, ὧν ἀνάγκη σοι μετέχειν, πολίτῃ γε ὄντι. 3. Τὴν δὲ ἐμὴν δύναμιν, ἔφη ὁ Χαρμίδης, ἐν ποίῳ ἔργῳ καταμαθών, ταῦτά μου καταγιγνώσκεις; Ἐν ταῖς συνουσίαις, ἔφη, αἷς σύνει τοῖς τὰ τῆς πόλεως πράττουσι· καὶ γάρ, ὅταν τι ἀνακοινῶνταί σοι, ὁρῶ σε καλῶς συμβουλεύοντα, καὶ ὅταν τι ἁμαρτάνωσιν, ὀρθῶς ἐπιτιμῶντα. 4. Οὐ ταὐτόν ἐστιν, ἔφη, ὦ Σώκρατες, ἰδίᾳ τε διαλέγεσθαι, καὶ ἐν τῷ πλήθει ἀγωνίζεσθαι. Καὶ μήν, ἔφη, ὅ γε ἀριθμεῖν δυνάμενος, οὐδὲν ἧττον ἐν τῷ πλήθει, ἢ μόνος ἀριθμεῖ, καὶ οἱ κατὰ μόνας ἄριστα κιθαρίζοντες, οὗτοι καὶ ἐν τῷ πλήθει κρατιστεύουσιν. 5. Αἰδῶ δὲ καὶ φόβον, ἔφη, οὐχ ὁρᾷς ἐμφυτά τε ἀνθρώποις ὄντα, καὶ πολλῷ μᾶλλον ἐν τοῖς ὄχλοις ἢ ἐν ταῖς ἰδίαις ὁμιλίαις παριστάμενα; Καὶ σέ γε διδάξων, ἔφη, ὥρμημαι, ὅτι οὔτε τοὺς φρονιμωτάτους αἰδούμενος, οὔτε τοὺς ἰσχυροτάτους φοβούμενος, ἐν τοῖς ἀφρονεστάτοις τε καὶ ἀσθενεστάτοις αἰσχύνει λέγειν. 6. Πότερον γὰρ τοὺς γναφεῖς αὐτῶν, ἢ τοὺς σκυτεῖς, ἢ τοὺς τέκτονας, ἢ τοὺς χαλκεῖς, ἢ τοὺς

γεωργοὺς, ἢ τοὺς ἐμπόρους, ἢ τοὺς ἐν τῇ ἀγορᾷ μεταβαλλομένους, καὶ φροντίζοντας, ὅ τι ἐλάττονος πριάμενοι πλείονος ἀποδῶνται, αἰσχύνει; ἐκ γὰρ τούτων ἁπάντων ἡ ἐκκλησία συνίσταται. 7. Τί δὲ οἴει διαφέρειν, ὃ σὺ ποιεῖς, ἢ τῶν ἀσκητῶν ὄντα κρείττω τοὺς ἰδιώτας φοβεῖσθαι; οὐ γὰρ τοῖς πρωτεύουσιν ἐν τῇ πόλει, ὧν ἔνιοι καταφρονοῦσί σου, ῥᾳδίως διαλεγόμενος, καὶ τῶν ἐπιμελομένων τοῦ τῇ πόλει διαλέγεσθαι πολὺ περιών, ἐν τοῖς μηδὲ πώποτε φροντίσασι τῶν πολιτικῶν, μηδὲ σοῦ καταπεφρονηκόσιν, ὀκνεῖς λέγειν, δεδιώς, μὴ καταγελασθῇς; 8. Τί δ'; ἔφη, οὐ δοκοῦσί σοι πολλάκις οἱ ἐν τῇ ἐκκλησίᾳ τῶν ὀρθῶς λεγόντων καταγελᾶν; Καὶ γὰρ οἱ ἕτεροι, ἔφη· διὸ καὶ θαυμάζω σου, εἰ ἐκείνους, ὅταν τοῦτο ποιῶσι, ῥᾳδίως χειρούμενος, τούτοις δὲ μηδένα τρόπον οἴει δυνήσεσθαι προςενεχθῆναι. 9. Ὠγαθέ, μὴ ἀγνόει σεαυτόν, μηδὲ ἁμάρτανε ἃ οἱ πλεῖστοι ἁμαρτάνουσιν· οἱ γὰρ πολλοὶ ὡρμηκότες ἐπὶ τὸ σκοπεῖν τὰ τῶν ἄλλων πράγματα, οὐ τρέπονται ἐπὶ τὸ ἑαυτοὺς ἐξετάζειν· μὴ οὖν ἀποῤῥᾳθύμει τούτου, ἀλλὰ διατείνου μᾶλλον πρὸς τὸ σεαυτῷ προςέχειν· καὶ μὴ ἀμέλει τῶν τῆς πόλεως, εἴ τι δυνατόν ἐστι διὰ σὲ βέλτιον ἔχειν· τούτων γὰρ καλῶς ἐχόντων, οὐ μόνον οἱ ἄλλοι πολῖται, ἀλλὰ καὶ οἱ σοὶ φίλοι καὶ αὐτὸς σὺ οὐκ ἐλάχιστα ὠφελήσει.

CHAPTER VIII.

SUMMARY.

Aristippus, being desirous of retaliating in kind for having been, on a previous occasion, put to silence by Socrates, proposes some captious questions to the latter concerning the good and fair. Socrates, in reply, shows him that nothing is good or fair in itself, but only so as regards the things for which it is intended; and that, therefore, goodness and fairness are identical with usefulness.

1. Ἀριστίππου δ' ἐπιχειροῦντος ἐλέγχειν τὸν Σωκράτην, ὥςπερ αὐτὸς ὑπ' ἐκείνου τὸ πρότερον ἠλέγχετο, βουλόμενος τοὺς συνόντας ὠφελεῖν ὁ Σωκράτης, ἀπεκρίνατο, οὐχ ὥςπερ οἱ φυλαττόμενοι, μή πη ὁ λόγος ἐπαλλαχθῇ, ἀλλ' ὡς ἂν

πεπεισμένοι μάλιστα πράττοιεν τὰ δέοντα. 2. Ὁ μὲν γὰρ αὑτὸν ἤρετο, εἴ τι εἰδείη ἀγαθόν, ἵνα, εἴ τι εἴποι τῶν τοιούτων, οἷον ἢ σιτίον, ἢ ποτόν, ἢ χρήματα, ἢ ὑγίειαν, ἢ ῥώμην, ἢ τόλμαν, δεικνύοι δὴ τοῦτο κακὸν ἐνίοτε ὄν· ὁ δὲ εἰδώς, ὅτι, ἐάν τι ἐνοχλῇ ἡμᾶς, δεόμεθα τοῦ παύσοντος, ἀπεκρίνατο, ᾗπερ καὶ ποιεῖν κράτιστον· 3. Ἆρά γε, ἔφη, ἐρωτᾷς με, εἴ τι οἶδα πυρετοῦ ἀγαθόν; Οὐκ ἔγωγ', ἔφη. Ἀλλ' ὀφθαλμίας; Οὐδὲ τοῦτο. Ἀλλὰ λιμοῦ; Οὐδὲ λιμοῦ. Ἀλλὰ μήν, ἔφη, εἴγ' ἐρωτᾷς με, εἴ τι ἀγαθὸν οἶδα, ὃ μηδενὸς ἀγαθόν ἐστιν, οὔτ' οἶδα, ἔφη, οὔτε δέομαι.

4. Πάλιν δὲ τοῦ Ἀριστίππου ἐρωτῶντος αὐτόν, εἴ τι εἰδείη καλόν; Καὶ πολλά, ἔφη. Ἆρ' οὖν, ἔφη, πάντα ὅμοια ἀλλήλοις; Ὡς οἷόν τε μὲν οὖν, ἔφη, ἀνομοιότατα ἔνια. Πῶς οὖν, ἔφη, τὸ τῷ καλῷ ἀνόμοιον, καλὸν ἂν εἴη; Ὅτι, νὴ Δί', ἔφη, ἔστι μὲν τῷ καλῷ πρὸς δρόμον ἀνθρώπῳ ἄλλος ἀνόμοιος, καλὸς πρὸς πάλην, ἔστι δὲ ἀσπίς, καλὴ πρὸς τὸ προβαλέσθαι, ὡς ἔνι ἀνομοιοτάτη τῷ ἀκοντίῳ, καλῷ πρὸς τὸ σφόδρα τε καὶ ταχὺ φέρεσθαι. 5. Οὐδὲν διαφερόντως, ἔφη, ἀποκρίνει μοι, ἢ ὅτε σε ἠρώτησα, εἴ τι ἀγαθὸν εἰδείης. Σὺ δ' οἴει, ἔφη, ἄλλο μὴν ἀγαθόν, ἄλλο δὲ καλὸν εἶναι; οὐκ οἶσθ', ὅτι πρὸς ταὐτὰ πάντα καλά τε κἀγαθά ἐστι; Πρῶτον μὲν γὰρ ἡ ἀρετὴ οὐ πρὸς ἄλλα μὲν ἀγαθόν, πρὸς ἄλλα δὲ καλόν ἐστιν· ἔπειτα οἱ ἄνθρωποι τὸ αὐτό τε καὶ πρὸς τὰ αὐτὰ καλοὶ κἀγαθοὶ λέγονται, πρὸς τὰ αὐτὰ δὲ καὶ τὰ σώματα τῶν ἀνθρώπων καλά τε κἀγαθὰ φαίνεται, πρὸς ταὐτὰ δὲ καὶ τἆλλα πάντα, οἷς ἄνθρωποι χρῶνται, καλά τε κἀγαθὰ νομίζεται, πρὸς ἅπερ ἂν εὔχρηστα ᾖ. 6. Ἆρ' οὖν, ἔφη, καὶ κόφινος κοπροφόρος καλόν ἐστιν; Νὴ Δί', ἔφη, καὶ χρυσῆ γε ἀσπὶς αἰσχρόν, ἐάν, πρὸς τὰ ἑαυτῶν ἔργα, ὁ μὲν καλῶς πεποιημένος ᾖ, ἡ δὲ κακῶς. Λέγεις σύ, ἔφη, καλά τε καὶ αἰσχρὰ τὰ αὐτὰ εἶναι; 7. Καὶ νὴ Δί' ἔγωγ', ἔφη, ἀγαθά τε καὶ κακά· πολλάκις γὰρ τό τε λιμοῦ ἀγαθόν, πυρετοῦ κακόν ἐστι, καὶ τὸ πυρετοῦ ἀγαθόν, λιμοῦ κακόν ἐστι, πολλάκις δὲ τὸ μὲν πρὸς δρόμον καλόν, πρὸς πάλην αἰσχρόν· τὸ δὲ πρὸς πάλην καλόν, πρὸς δρόμον

αἰσχρόν· παντα γὰρ ἀγαθὰ μὲν καὶ καλά ἐστι, πρὸς ἃ ἂν εὖ ἔχῃ, κακὰ δὲ καὶ αἰσχρά, πρὸς ἃ ἂν κακῶς. 8. Καὶ οἰκίας δὲ λέγων τὰς αὐτὰς καλάς τε εἶναι καὶ χρησίμους παιδεύειν ἔμοιγ' ἐδόκει, οἵας χρὴ οἰκοδομεῖσθαι. Ἐπεσκόπει δὲ ὧδε· Ἆρά γε τὸν μέλλοντα οἰκίαν, οἵαν χρή, ἔχειν, τοῦτο δεῖ μηχανᾶσθαι, ὅπως ἡδίστη τε ἐνδιαιτᾶσθαι, καὶ χρησιμωτάτη ἔσται; 9. Τούτου δὲ ὁμολογουμένου· Οὔκουν ἡδὺ μὲν θέρους ψυχεινὴν ἔχειν, ἡδὺ δὲ χειμῶνος ἀλεεινήν; Ἐπειδὴ δὲ καὶ τοῦτο συμφαῖεν· Οὔκουν ἐν ταῖς πρὸς μεσημβρίαν βλεπούσαις οἰκίαις τοῦ μὲν χειμῶνος ὁ ἥλιος εἰς τὰς παστάδας ὑπολάμπει, τοῦ δὲ θέρους ὑπὲρ ἡμῶν αὐτῶν καὶ τῶν στεγῶν πορευόμενος σκιὰν παρέχει; Οὔκουν εἰ γε καλῶς ἔχει ταῦτα οὕτω γίγνεσθαι, οἰκοδομεῖν δεῖ ὑψηλότερα μὲν τὰ πρὸς μεσημβρίαν, ἵνα ὁ χειμερινὸς ἥλιος μὴ ἀποκλείηται, χθαμαλώτερα δὲ τὰ πρὸς ἄρκτον, ἵνα οἱ ψυχροὶ μὴ ἐμπίπτωσιν ἄνεμοι; 10. Ὡς δὲ συνελόντι εἰπεῖν, ὅποι πάσας ὥρας αὐτός τε ἂν ἥδιστα καταφεύγοι, καὶ τὰ ὄντα ἀσφαλέστατα τιθοῖτο, αὕτη ἂν εἰκότως ἡδίστη τε καὶ καλλίστη οἴκησις εἴη· γραφαὶ δὲ καὶ ποικιλίαι πλείονας εὐφροσύνας ἀποστεροῦσιν, ἢ παρέχουσι. Ναοῖς γε μὴν καὶ βωμοῖς χώραν ἔφη εἶναι πρεπωδεστάτην, ἥτις ἐμφανεστάτη οὖσα, ἀστιβεστάτη εἴη· ἡδὺ μὲν γὰρ ἰδόντας προςεύξασθαι, ἡδὺ δὲ ἁγνῶς ἔχοντας προςιέναι.

CHAPTER IX.

SUMMARY.

In this chapter are contained various Socratic definitions, namely of fortitude, wisdom and self-control, madness, envy, idleness, commend, good fortune.

1. Πάλιν δὲ ἐρωτώμενος, ἡ ἀνδρία πότερον εἴη διδακτὸν ἢ φυσικόν; Οἶμαι μέν, ἔφη, ὥσπερ σῶμα σώματος ἰσχυρότερον πρὸς τοὺς πόνους φύεται, οὕτω καὶ ψυχὴν ψυχῆς ἐρρωμενεστέραν πρὸς τὰ δεινὰ φύσει γίγνεσθαι· ὁρῶ γὰρ ἐν τοῖς αὐτοῖς νόμοις τε καὶ ἔθεσι τρεφομένους, πολὺ δια-

φέροντας ἀλλήλων τι λμη. 2. Νομίζω μέντοι πᾶσαν φύσιν μαθήσει καὶ μελέτῃ πρὸς ἀνδρίαν αὔξεσθαι· δῆλον μὲν γάρ, ὅτι Σκύθαι καὶ Θρᾷκες οὐκ ἂν τολμήσειαν ἀσπίδας καὶ δόρατα λαβόντες Λακεδαιμονίοις διαμάχεσθαι· φανερὸν δέ, ὅτι καὶ Λακεδαιμόνιοι οὔτ' ἂν Θραξὶν ἐν πέλταις καὶ ἀκοντίοις, οὔτε Σκύθαις ἐν τόξοις ἐθέλοιεν ἂν διαγωνίζεσθαι. 3. Ὁρῶ δ' ἔγωγε καὶ ἐπὶ τῶν ἄλλων πάντων ὁμοίως καὶ φύσει διαφέροντας ἀλλήλων τοὺς ἀνθρώπους, καὶ ἐπιμελείᾳ πολὺ ἐπιδιδόντας· ἐκ δὲ τούτων δῆλόν ἐστιν, ὅτι πάντας χρὴ καὶ τοὺς εὐφυεστέρους καὶ τοὺς ἀμβλυτέρους τὴν φύσιν, ἐν οἷς ἂν ἀξιόλογοι βούλωνται γενέσθαι, ταῦτα καὶ μανθάνειν καὶ μελετᾶν.

4. Σοφίαν δὲ καὶ σωφροσύνην οὐ διώριζεν, ἀλλὰ τὸν τὰ μὲν καλά τε καὶ ἀγαθὰ γιγνώσκοντα χρῆσθαι αὐτοῖς, καὶ τὸν τὰ αἰσχρὰ εἰδότα εὐλαβεῖσθαι, σοφόν τε καὶ σώφρονα ἔκρινεν. Προςερωτώμενος δέ, εἰ τοὺς ἐπισταμένους μὲν ἃ δεῖ πράττειν, ποιοῦντας δὲ τἀναντία, σοφούς τε καὶ ἐγκρατεῖς εἶναι νομίζοι· Οὐδέν γε μᾶλλον, ἔφη, ἢ ἀσόφους τε καὶ ἀκρατεῖς· πάντας γὰρ οἶμαι, προαιρουμένους ἐκ τῶν ἐνδεχομένων, ἃ οἴονται συμφορώτατα αὑτοῖς εἶναι, ταῦτα πράττειν. Νομίζω οὖν τοὺς μὴ ὀρθῶς πράττοντας, οὔτε σοφούς, οὔτε σώφρονας εἶναι. 5. Ἔφη δὲ καὶ τὴν δικαιοσύνην, καὶ τὴν ἄλλην πᾶσαν ἀρετήν, σοφίαν εἶναι· τά τε γὰρ δίκαια, καὶ πάντα, ὅσα ἀρετῇ πράττεται, καλά τε καὶ ἀγαθὰ εἶναι· καὶ οὔτ' ἂν τοὺς ταῦτα εἰδότας ἄλλο ἀντὶ τούτων οὐδὲν προελέσθαι, οὔτε τοὺς μὴ ἐπισταμένους δύνασθαι πράττειν, ἀλλὰ καί, ἐὰν ἐγχειρῶσιν, ἁμαρτάνειν· οὕτω καὶ τὰ καλά τε καὶ ἀγαθὰ τοὺς μὲν σοφοὺς πράττειν, τοὺς δὲ μὴ σοφοὺς οὐ δύνασθαι, ἀλλὰ καί, ἐὰν ἐγχειρῶσιν, ἁμαρτάνειν· ἐπεὶ οὖν τά τε δίκαια καὶ τὰ ἄλλα καλά τε καὶ ἀγαθὰ πάντα ἀρετῇ πράττεται, δῆλον εἶναι, ὅτι καὶ δικαιοσύνη, καὶ ἡ ἄλλη πᾶσα ἀρετή, σοφία ἐστί. 6. Μανίαν γε μὴν ἐναντίον μὲν ἔφη εἶναι σοφίᾳ, οὐ μέντοι γε τὴν ἀνεπιστημοσύνην μανίαν ἐνόμιζε, τὸ δὲ ἀγνοεῖν ἑαυτόν, καὶ μὴ ἃ οἶδε δοξάζειν τε καὶ οἴεσθαι γιγνώσκειν, ἐγγυτάτω

μανίας ἐλογίζετο εἶναι· τοὺς μέντοι πολλοὺς ἔφη, ἃ μὲν οἱ πλεῖστοι ἀγνοοῦσι, τοὺς διημαρτηκότας τούτων οὐ φάσκειν μαίνεσθαι, τοὺς δὲ διημαρτηκότας, ὧν οἱ πολλοὶ γιγνώσκουσι, μαινομένους καλεῖν· 7. Ἐάν τε γάρ τις μέγας οὕτως οἴηται εἶναι, ὥστε κύπτειν τὰς πύλας τοῦ τείχους διεξιών, ἐάν τε οὕτως ἰσχυρός, ὥςτ' ἐπιχειρεῖν οἰκίας αἴρεσθαι, ἢ ἄλλῳ τῳ ἐπιτίθεσθαι τῶν πᾶσι δήλων ὅτι ἀδύνατά ἐστι, τοῦτον μαίνεσθαι φάσκειν, τοὺς δὲ μικρὸν διαμαρτάνοντας οὐ δοκεῖν τοῖς πολλοῖς μαίνεσθαι, ἀλλ',ὥςπερ τὴν ἰσχυρὰν ἐπιθυμίαν ἔρωτα καλοῦσιν, οὕτω καὶ τὴν μεγάλην παράνοιαν μανίαν αὐτοὺς καλεῖν. 8. Φθόνον δὲ σκοπῶν, ὅ τι εἴη, λύπην μέν τινα ἐξεύρισκεν αὐτὸν ὄντα, οὔτε μέντοι τὴν ἐπὶ φίλων ἀτυχίαις, οὔτε τὴν ἐπ' ἐχθρῶν εὐτυχίαις γιγνομένην, ἀλλὰ μόνους, ἔφη, φθονεῖν τοὺς ἐπὶ ταῖς τῶν φίλων εὐπραξίαις ἀνιωμένους. Θαυμαζόντων δέ τινων, εἰ τις φιλῶν τινα ἐπὶ τῇ εὐπραξίᾳ αὐτοῦ λυποῖτο, ὑπεμίμνησκεν, ὅτι πολλοὶ οὕτως πρός τινας ἔχουσιν, ὥστε κακῶς μὲν πράττοντας μὴ δύνασθαι περιορᾶν, ἀλλὰ βοηθεῖν ἀτυχοῦσιν, εὐτυχούντων δὲ λυπεῖσθαι· τοῦτο δὲ φρονίμῳ μὲν ἀνδρὶ οὐκ ἂν συμβῆναι, τοὺς ἠλιθίους δὲ ἀεὶ πάσχειν αὐτό. 9. Σχολὴν δὲ σκοπῶν, τί εἴη, ποιοῦντας μέν τι ὅλως ἅπαντας, σχολάζοντας μέντοι τοὺς πλείστους ἔφη εὑρίσκειν· καὶ γὰρ τοὺς πεττεύοντας, καὶ τοὺς γελωτοποιοῦντας ποιεῖν τι· πάντας δὲ τούτους, ἔφη, σχολάζειν· ἐξεῖναι γὰρ αὐτοῖς ἰέναι πράξοντας τὰ βελτίω τούτων. Ἀπὸ μέντοι τῶν βελτιόνων ἐπὶ τὰ χείρω ἰέναι, οὐδένα σχολάζειν· εἰ δέ τις ἴοι,τοῦτον, ἀσχολίας αὐτῷ οὔσης, κακῶς, ἔφη, τοῦτο πράττειν. 10. Βασιλεῖς δὲ καὶ ἄρχοντας οὐ τοὺς τὰ σκῆπτρα ἔχοντας ἔφη εἶναι, οὐδὲ τοὺς ὑπὸ τῶν τυχόντων αἱρεθέντας, οὐδὲ τοὺς κλήρῳ λαχόντας, οὐδὲ τοὺς βιασαμένους, οὐδὲ τοὺς ἐξαπατήσαντας, ἀλλὰ τοὺς ἐπισταμένους ἄρχειν. 11. Ὁπότε γάρ τις ὁμολογήσειε τοῦ μὲν ἄρχοντος εἶναι τὸ προςτάττειν ὅ τι χρὴ ποιεῖν, τοῦ δὲ ἀρχομένου τὸ πείθεσθαι, ἐπεδείκνυεν ἔν τε νηῒ τὸν μὲν ἐπιστάμενον, ἄρχοντα, τὸν δὲ ναύκληρον καὶ τοὺς ἄλλους τοὺς ἐν τῇ νηῒ πάντας,

πειθομένους τῷ ἐπισταμένῳ, καὶ ἐν γεωργίᾳ, τοὺς κεκτη
μένους ἀγρούς, καὶ ἐν νόσῳ, τοὺς νοσοῦντας καὶ ἐν σωμ-
ασκίᾳ τοὺς σωμασκοῦντας, καὶ τοὺς ἄλλους πάντας, οἷς
ὑπάρχει τι ἐπιμελείας δεόμενον, ἂν μὲν αὐτοὶ ἡγῶνται
ἐπίστασθαι, ἐπιμελεῖσθαι· εἰ δὲ μή, τοῖς ἐπισταμένοις οὐ
μόνον παροῦσι πειθομένους, ἀλλὰ καὶ ἀπόντας μεταπεμπο-
μένους, ὅπως ἐκείνοις πειθόμενοι τὰ δέοντα πράττωσιν· ἐν
δὲ ταλασίᾳ καὶ τὰς γυναῖκας ἐπεδείκνυεν ἀρχούσας τῶν
ἀνδρῶν, διὰ τὸ τὰς μὲν εἰδέναι, ὅπως χρὴ ταλασιουργεῖν,
τοὺς δὲ μὴ εἰδέναι. 12. Εἰ δέ τις πρὸς ταῦτα λέγοι, ὅτι
τῷ τυράννῳ ἔξεστι μὴ πείθεσθαι τοῖς ὀρθῶς λέγουσι, Καὶ
πῶς ἄν, ἔφη, ἐξείη μὴ πείθεσθαι, ἐπικειμένης γε ζημίας, ἐάν
τις τῷ εὖ λέγοντι μὴ πείθηται; ἐν ᾧ γὰρ ἄν τις πράγματι
μὴ πείθηται τῷ εὖ λέγοντι, ἁμαρτήσεται δήπου, ἁμαρτά-
νων δὲ ζημιωθήσεται. 13. Εἰ δὲ φαίη τις τῷ τυράννῳ
ἐξεῖναι καὶ ἀποκτεῖναι τὸν εὖ φρονοῦντα, Τὸν δὲ ἀποκτεί-
νοντα, ἔφη, τοὺς κρατίστους τῶν συμμάχων οἴει ἀζήμιον
γίγνεσθαι, ἤ, ὡς ἔτυχε, ζημιοῦσθαι; πότερον γὰρ ἂν μᾶλ-
λον οἴει σώζεσθαι τὸν ταῦτα ποιοῦντα, ἢ οὕτω καὶ τάχιστ'
ἂν ἀπολέσθαι; 14. Ἐρομένου δέ τινος αὐτόν, τί δοκοίη
αὐτῷ κράτιστον ἀνδρὶ ἐπιτήδευμα εἶναι, ἀπεκρίνατο, Εὐ-
πραξίαν. Ἐρομένου δὲ πάλιν, εἰ καὶ τὴν εὐτυχίαν ἐπιτή-
δευμα νομίζοι εἶναι, Πᾶν μὲν οὖν τοὐναντίον ἔγωγ', ἔφη,
τύχην καὶ πρᾶξιν ἡγοῦμαι· τὸ μὲν γὰρ μὴ ζητοῦντα ἐπι-
τυχεῖν τινι τῶν δεόντων, εὐτυχίαν οἶμαι εἶναι, τὸ δὲ μα-
θόντα τε καὶ μελετήσαντά τι εὖ ποιεῖν, εὐπραξίαν νομίζω,
καὶ οἱ τοῦτο ἐπιτηδεύοντες δοκοῦσί μοι εὖ πράττειν. 15
Καὶ ἀρίστους δὲ καὶ θεοφιλεστάτους ἔφη εἶναι, ἐν μέν γε-
ωργίᾳ, τοὺς τὰ γεωργικὰ εὖ πράττοντας, ἐν δ' ἰατρείᾳ,
τοὺς τὰ ἰατρικά, ἐν δὲ πολιτείᾳ, τοὺς τὰ πολιτικά· τὸν δὲ
μηδὲν εὖ πράττοντα, οὔτε χρήσιμον οὐδὲν ἔφη εἶναι, οὔτε
θεοφιλῆ.

CHAPTER X.

SUMMARY.

SOCRATES was also serviceable to artists, in the conversations which he held with them concerning their respective arts. In the first place, he showed in what the chief excellence of a painting consists. The art of painting, for example, is not confined to the mere representation of objects that are visible in their nature, but it seeks to express also the various emotions of the breast, by means of the eyes, the countenance, and the gestures. (§ 1-5.)

In statuary, again, we must not merely seek to imitate the various positions and movements of the human frame, but we must also breathe life into the statue by expressing the emotions of the soul. (§ 6-8.)

In another and third conversation, he shows in what the εὐρυθμία of a corslet consists. (§ 9-15.)

1. Ἀλλὰ μὴν καὶ εἴ ποτε τῶν τὰς τέχνας ἐχόντων, καὶ ἐργασίας ἕνεκα χρωμένων αὐταῖς, διαλέγοιτό τινι, καὶ τού τοις ὠφέλιμος ἦν· εἰςελθὼν μὲν γάρ ποτε πρὸς Παρράσιον τὸν ζωγράφον, καὶ διαλεγόμενος αὐτῷ, Ἆρα, ἔφη, ὦ Παρράσιε, γραφική ἐστιν ἡ εἰκασία τῶν ὁρωμένων; τὰ γοῦν κοῖλα καὶ τὰ ὑψηλά, καὶ τὰ σκοτεινὰ καὶ τὰ φωτεινά, καὶ τὰ σκληρὰ καὶ τὰ μαλακά, καὶ τὰ τραχέα καὶ τὰ λεῖα, καὶ τὰ νέα καὶ τὰ παλαιὰ σώματα διὰ τῶν χρωμάτων ἀπεικάζοντες ἐκμιμεῖσθε. Ἀληθῆ λέγεις, ἔφη. 2. Καὶ μὴν τά γε καλὰ εἴδη ἀφομοιοῦντες, ἐπειδὴ οὐ ῥᾴδιον ἑνὶ ἀνθρώπῳ περιτυχεῖν ἄμεμπτα πάντα ἔχοντι, ἐκ πολλῶν συνάγοντες τὰ ἐξ ἑκάστου κάλλιστα, οὕτως ὅλα τὰ σώματα καλὰ ποιεῖτε φαίνεσθαι; Ποιοῦμεν γάρ, ἔφη, οὕτως. 3. Τί γάρ; ἔφη, τὸ πιθανώτατόν τε καὶ ἥδιστον, καὶ φιλικώτατον, καὶ ποθεινότατον, καὶ ἐρασμιώτατον ἀπομιμεῖσθε τῆς ψυχῆς ἦθος; ἢ οὐδὲ μιμητόν ἐστι τοῦτο; Πῶς γὰρ ἄν, ἔφη, μιμητὸν εἴη, ὦ Σώκρατες, ὃ μήτε συμμετρίαν, μήτε χρῶμα, μήτε ὧν σὺ εἶπας ἄρτι μηδὲν ἔχει, μηδὲ ὅλως ὁρατόν ἐστιν; 4. Ἆρ' οὖν, ἔφη, γίγνεται ἐν ἀνθρώπῳ τό τε φιλοφρόνως καὶ τὸ ἐχθρῶς βλέπειν πρός τινας; Ἔμοιγε δοκεῖ, ἔφη. Οὐκοῦν τοῦτό γε μιμητὸν ἐν τοῖς ὄμμασιν; Καὶ μάλα,

εφη. Ἐπὶ δὲ τοῖς τῶν φίλων ἀγαθοῖς καὶ τοῖς κακοις ομοίως σοι δοκοῦσιν ἔχειν τὰ πρόςωπα οἵ τε φροντίζοντες, καὶ οἱ μή; Μὰ Δί' οὐ δῆτα, ἔφη· ἐπὶ μὲν γὰρ τοῖς ἀγαθοῖς φαιδροί, ἐπὶ δὲ τοῖς κακοῖς σκυθρωποὶ γίγνονται. Οὔκουν, ἔφη, καὶ ταῦτα δυνατὸν ἀπεικάζειν; Καὶ μάλα, ἔφη. 5. Ἀλλὰ μὴν καὶ τὸ μεγαλοπρεπές τε καὶ ἐλευθέριον, καὶ τὸ ταπεινόν τε καὶ ἀνελεύθερον, καὶ τὸ σωφρονητικόν τε καὶ φρόνιμον, καὶ τὸ ὑβριστικόν τε καὶ ἀπειρόκαλον, καὶ διὰ τοῦ προςώπου καὶ διὰ τῶν σχημάτων καὶ ἑστώτων καὶ κινουμένων ἀνθρώπων διαφαίνει. Ἀληθῆ λέγεις, ἔφη. Οὔκουν καὶ ταῦτα μιμητά; Καὶ μάλα, ἔφη. Πότερον οὖν, ἔφη, νομίζεις ἥδιον ὁρᾶν τοὺς ἀνθρώπους, δι' ὧν τὰ καλά τε κἀγαθὰ καὶ ἀγαπητὰ ἤθη φαίνεται, ἢ δι' ὧν τὰ αἰσχρά τε καὶ πονηρὰ καὶ μισητά; Πολὺ νὴ Δί', ἔφη, διαφέρει, ὦ Σώκρατες.

6. Πρὸς δὲ Κλείτωνα τὸν ἀνδριαντοποιὸν εἰςελθών ποτε, καὶ διαλεγόμενος αὐτῷ, Ὅτι μέν, ἔφη, ὦ Κλείτων, ἀλλοίους ποιεῖς, δρομεῖς τε καὶ παλαιστάς, καὶ πύκτας, καὶ παγκρατιαστάς, ὁρῶ τε καὶ οἶδα· ὃ δὲ μάλιστα ψυχαγωγεῖ διὰ τῆς ὄψεως τοὺς ἀνθρώπους, τὸ ζωτικὸν φαίνεσθαι, πῶς τοῦτο ἐνεργάζει τοῖς ἀνδριᾶσιν; 7. Ἐπεὶ δὲ ἀπορῶν ὁ Κλείτων οὐ ταχὺ ἀπεκρίνατο, Ἆρ', ἔφη, τοῖς τῶν ζώντων εἴδεσιν ἀπεικάζων τὸ ἔργον, ζωτικωτέρους ποιεῖς φαίνεσθαι τοὺς ἀνδριάντας; Καὶ μάλα, ἔφη. Οὔκουν τά τε ὑπὸ τῶν σχημάτων κατασπώμενα καὶ τὰ ἀνασπώμενα ἐν τοῖς σώμασι, καὶ τὰ συμπιεζόμενα, καὶ τὰ διελκόμενα, καὶ τὰ ἐντεινόμενα καὶ τὰ ἀνιέμενα ἀπεικάζων, ὁμοιότερά τε τοῖς ἀληθινοῖς καὶ πιθανώτερα ποιεῖς φαίνεσθαι; Πάνυ μὲν οὖν, ἔφη. 8. Τὸ δὲ καὶ τὰ πάθη τῶν ποιούντων τι σωμάτων ἀπομιμεῖσθαι οὐ ποιεῖ τινα τέρψιν τοῖς θεωμένοις; Εἰκὸς γοῦν, ἔφη. Οὔκουν καὶ τῶν μὲν μαχομένων ἀπειλητικὰ τὰ ὄμματα ἀπεικαστέον, τῶν δὲ νενικηκότων εὐφραινομένων ἡ ὄψις μιμητέα; Σφόδρα γ', ἔφη. Δεῖ ἄρα, ἔφη, τὸν ἀνδριαντοποιὸν τὰ τῆς ψυχῆς ἔργα τῷ εἴδει προςεικάζειν.

9. Πρὸς δὲ Πιστίαν τὸν θωρακοποιὸν εἰςελθών, ἐπιδείξαντος αὐτοῦ τῷ Σωκράτει θώρακας εὖ εἰργασμένους, Νὴ τὴν Ἥραν, ἔφη, καλόν γε, ὦ Πιστία, τὸ εὕρημα, τῷ τὰ μὲν δεόμενα σκέπης τοῦ ἀνθρώπου σκεπάζειν τὸν θώρακα, ταῖς δὲ χερσὶ μὴ κωλύειν χρῆσθαι. 10. Ἀτάρ, ἔφη, λέξον μοι, ὦ Πιστία, διὰ τί οὔτε ἰσχυροτέρους οὔτε πολυτελεστέρους τῶν ἄλλων ποιῶν τοὺς θώρακας πλείονος πωλεῖς; Ὅτι, ἔφη, ὦ Σώκρατες, εὐρυθμοτέρους ποιῶ. Τὸν δὲ ῥυθμόν, ἔφη, πότερα μέτρῳ ἢ σταθμῷ ἐπιδεικνύων πλείονος τιμᾷ; οὐ γὰρ δὴ ἴσους γε πάντας, οὐδὲ ὁμοίους οἶμαί σε ποιεῖν, εἴγε ἁρμόττοντας ποιεῖς. Ἀλλὰ νὴ Δί', ἔφη, ποιῶ· οὐδὲν γὰρ ὄφελός ἐστι θώρακος ἄνευ τούτου. 11. Οὔκουν, ἔφη, σώματά γε ἀνθρώπων, τὰ μὲν εὔρυθμά ἐστι, τὰ δὲ ἄρρυθμα; Πάνυ μὲν οὖν, ἔφη. Πῶς οὖν, ἔφη, τῷ ἀρρύθμῳ σώματι ἁρμόττοντα τὸν θώρακα εὔρυθμον ποιεῖς; Ὥσπερ καὶ ἁρμόττοντα, ἔφη· ὁ ἁρμόττων γάρ ἐστιν εὔρυθμος. 12. Δοκεῖς μοι, ἔφη ὁ Σωκράτης, τὸ εὔρυθμον οὐ καθ' ἑαυτὸ λέγειν, ἀλλὰ πρὸς τὸν χρώμενον, ὥσπερ ἂν εἰ φαίης ἀσπίδα, ᾧ ἂν ἁρμόττῃ, τούτῳ εὔρυθμον εἶναι, καὶ χλαμύδα, καὶ τἆλλα ὡςαύτως ἔοικεν ἔχειν τῷ σῷ λόγῳ. 13. Ἴσως δὲ καὶ ἄλλο τι οὐ μικρὸν ἀγαθὸν τῷ ἁρμόττειν πρόςεστι. Δίδαξον, ἔφη, ὦ Σώκρατες, εἴ τι ἔχεις. Ἧττον, ἔφη, τῷ βάρει πιέζουσιν οἱ ἁρμόττοντες τῶν ἀναρμόστων, τὸν αὐτὸν σταθμὸν ἔχοντες· οἱ μὲν γὰρ ἀνάρμοστοι, ἢ ὅλοι ἐκ τῶν ὤμων κρεμάμενοι, ἢ καὶ ἄλλο τι τοῦ σώματος σφόδρα πιέζοντες, δύσφοροι καὶ χαλεποὶ γίγνονται, οἱ δὲ ἁρμόττοντες, διειλημμένοι τὸ βάρος, τὸ μὲν ὑπὸ τῶν κλειδῶν καὶ ἐπωμίδων, τὸ δὲ ὑπὸ τῶν ὤμων, τὸ δὲ ὑπὸ τοῦ στήθους, τὸ δὲ ὑπὸ τοῦ νώτου, τὸ δὲ ὑπὸ τῆς γαστρός, ὀλίγου δεῖν οὐ φορήματι, ἀλλὰ προσθήματι ἐοίκασιν. 14. Εἴρηκας, ἔφη, αὐτό, δι' ὅπερ ἔγωγε τὰ ἐμὰ ἔργα πλείστου ἄξια νομίζω εἶναι· ἔνιοι μέντοι τοὺς ποικίλους καὶ τοὺς ἐπιχρύσους θώρακας μᾶλλον ὠνοῦνται. Ἀλ.ὰ μήν, ἔφη εἴγε διὰ ταῦτα μὴ ἁρμόττοντας ὠνοῦνται, κακὸν ἔμοιγε δοκοῦσι ποικίλον τε καὶ ἐπίχρυσον ὠνεῖσθαι. 15. Ἀτάρ, ἔφη, τοῖ

σώματος μὴ μένοντος, ἀλλὰ τοτὲ μὲν κυρτουμένου, τοτὲ δὲ ὀρθουμένου, πῶς ἂν ἀκριβεῖς θώρακες ἁρμόττοιεν; Οὐδαμῶς, ἔφη. Λέγεις, ἔφη, ἁρμόττειν οὐ τοὺς ἀκριβεῖς, ἀλλὰ τοὺς μὴ λυποῦντας ἐν τῇ χρείᾳ. Αὐτός, ἔφη, τοῦτο λέγεις, ὦ Σώκρατες, καὶ πάνυ ὀρθῶς ἀποδέχει.

CHAPTER XI.

SUMMARY.

In a conversation with the hetaerist Theodota, Socrates discourses on the value of friends, and on the art of gaining and preserving them.

1. Γυναικὸς δέ ποτε οὔσης ἐν τῇ πόλει καλῆς, ᾗ ὄνομα ἦν Θεοδότη, μνησθέντος αὐτῆς τῶν παρόντων τινός, καὶ εἰπόντος, ὅτι κρεῖττον εἴη λόγου τὸ κάλλος τῆς γυναικός, καὶ ζωγράφους φήσαντος εἰσιέναι πρὸς αὐτὴν ἀπεικασομένους, Ἰτέον ἂν εἴη θεασομένοις, ἔφη ὁ Σωκράτης· οὐ γὰρ δὴ ἀκούσασί γε τὸ λόγου κρεῖττόν ἐστι καταμαθεῖν. Καὶ ὁ διηγησάμενος, Οὐκ ἂν φθάνοιτ', ἔφη, ἀκολουθοῦντες. 2. Οὕτω μὲν δὴ πορευθέντες πρὸς τὴν Θεοδότην, καὶ καταλαβόντες ζωγράφῳ τινὶ παρεστηκυῖαν, ἐθεάσαντο· παυσαμένου δὲ τοῦ ζωγράφου, Ὦ ἄνδρες, ἔφη ὁ Σωκράτης, πότερον ἡμᾶς δεῖ μᾶλλον Θεοδότῃ χάριν ἔχειν, ὅτι ἡμῖν τὸ κάλλος ἑαυτῆς ἐπέδειξεν, ἢ ταύτην ἡμῖν, ὅτι ἐθεασάμεθα; ἆρ' εἰ μὲν ταύτῃ ὠφελιμωτέρα ἐστὶν ἡ ἐπίδειξις, ταύτην ἡμῖν χάριν ἑκτέον, εἰ δὲ ἡμῖν ἡ θέα, ἡμᾶς ταύτῃ; 3. Εἰπόντος δέ τινος, ὅτι δίκαια λέγοι, Οὐκοῦν, ἔφη, αὕτη μὲν ἤδη τε τὸν παρ' ἡμῶν ἔπαινον κερδαίνει, καὶ ἐπειδὰν εἰς πλείους διαγγείλωμεν, πλείω ὠφελήσεται. Ἐκ δὲ τούτων εἰκός, ἡμᾶς μὲν θεραπεύειν, ταύτην δὲ θεραπεύεσθαι. Καὶ ἡ Θεοδότη, Νὴ Δί', ἔφη, εἰ τοίνυν ταῦθ' οὕτως ἔχει, ἐμὲ ἂν δέοι ὑμῖν τῆς θέας χάριν ἔχειν. 4. Ἐκ δὲ τούτου ὁ Σωκράτης, ὁρῶν αὐτήν τε πολυτελῶς κεκοσμημένην, καὶ μητέρα παροῦσαν αὐτῇ ἐν ἐσθῆτι καὶ θεραπείᾳ οὐ τῇ τυχούσῃ, καὶ θεραπαίνας πολλὰς καὶ εὐειδεῖς, καὶ οὐδὲ ταύτας ἠμελημένως ἐχούσας, καὶ τοῖς ἄλλοις τὴν οἰκίαν ἀφθόνως κα-

τεσκευασμένην, Εἰπέ μοι, ἔφη, ὦ Θεοδότη, ἔστι σοι ἀγρός, Οὐκ ἔμοιγ', ἔφη. Ἀλλ' ἄρα οἰκία προςόδους ἔχουσα; Οὐδὲ οἰκία, ἔφη. Ἀλλὰ μὴ χειροτέχναι τινές; Οὐδὲ χειροτέχναι, ἔφη. Πόθεν οὖν, ἔφη, τἀπιτήδεια ἔχεις; Ἐάν τις, ἔφη, φίλος μοι γενόμενος, εὖ ποιεῖν ἐθέλῃ, οὗτός μοι βίος ἐστί. 5. Νὴ τὴν Ἥραν, ἔφη, ὦ Θεοδότη, καλόν γε τὸ κτῆμα, καὶ πολλῷ κρεῖττον οἴων τε καὶ βοῶν καὶ αἰγῶν, φίλων ἀγέλην κεκτῆσθαι. Ἀτάρ, ἔφη, πότερον τῇ τύχῃ ἐπιτρέπεις, ἐάν τίς σοι φίλος, ὥςπερ μυῖα, προςπτῆται, ἢ καὶ αὐτή τι μηχανᾷ; 6. Πῶς δ' ἄν, ἔφη, ἐγὼ τούτου μηχανὴν εὕροιμι; Πολὺ νὴ Δί', ἔφη, προςηκόντως μᾶλλον, ἢ αἱ φάλαγγες· οἶσθα γάρ, ὡς ἐκεῖναι θηρῶσι τὰ πρὸς τὸν βίον· ἀράχνια γὰρ δήπου λεπτὰ ὑφηνάμεναι, ὅ τι ἂν ἐνταῦθα ἐμπέσῃ, τούτῳ τροφῇ χρῶνται. 7. Καὶ ἐμοὶ οὖν, ἔφη, συμβουλεύεις ὑφήνασθαί τι θήρατρον; Οὐ γὰρ δὴ οὕτως γε ἀτεχνῶς οἴεσθαι χρὴ τὸ πλείστου ἄξιον ἄγρευμα, φίλους θηράσειν· οὐχ ὁρᾷς, ὅτι καὶ τὸ μικροῦ ἄξιον, τοὺς λαγώς, θηρῶντες πολλὰ τεχνάζουσιν; 8. Ὅτι μὲν γὰρ τῆς νυκτὸς νέμονται, κύνας νυκτερευτικὰς πορισάμενοι, ταύταις αὐτοὺς θηρῶσιν· ὅτι δὲ μεθ' ἡμέραν ἀποδιδράσκουσιν, ἄλλας κτῶνται κύνας, αἵτινες, ᾗ ἂν ἐκ τῆς νομῆς εἰς τὴν εὐνὴν ἀπέλθωσι, τῇ ὀσμῇ αἰσθανόμεναι εὑρίσκουσιν αὐτούς· ὅτι δὲ ποδώκεις εἰσίν, ὥςτε καὶ ἐκ τοῦ φανεροῦ τρέχοντες ἀποφεύγειν, ἄλλας αὖ κύνας ταχείας παρασκευάζονται, ἵνα κατὰ πόδας ἁλίσκωνται· ὅτι δὲ καὶ ταύτας αὐτῶν τινες ἀποφεύγουσι, δίκτυα ἱστᾶσιν εἰς τὰς ἀτραπούς, ᾗ φεύγουσιν, ἵν' εἰς ταῦτα ἐμπίπτοντες συμποδίζωνται. 9. Τίνι οὖν, ἔφη, τοιούτῳ φίλους ἂν ἐγὼ θηρῴην; Ἐὰν νὴ Δί' ἔφη, ἀντὶ κυνὸς κτήσῃ, ὅστις σοι ἰχνεύων μὲν τοὺς φιλοκάλους καὶ πλουσίους εὑρήσει, εὑρὼν δὲ μηχανήσεται, ὅπως ἐμβάλῃ αὐτοὺς εἰς τὰ σὰ δίκτυα. 10. Καὶ ποῖα, ἔφη, ἐγὼ δίκτυα ἔχω; Ἕν μὲν δήπου, ἔφη, καὶ μάλα εὖ περιπλεκόμενον, τὴν ψυχήν, ᾗ καταμανθάνεις, καὶ ὡς ἂν ἐμβλέπουσα χαρίζοιο, καὶ ὅ τι ἂν λέγουσα εὐφραίνοις, καὶ ὅτι δεῖ τὸν μὲν ἐπιμελόμενον ἀσμένως ὑποδέχεσθαι, τὸν δὲ τρυφῶντα

E

ἀποκλεί«ιν καὶ ἀρρωστήσαντός γε φίλου φροντιστικῶς ἐπισκέψασθαι, καὶ καλόν τι πράξαντος σφόδρα συνησθῆναι, καὶ τῷ σφόδρα σου φροντίζοντι ὅλῃ τῇ ψυχῇ κεχαρίσθαι. Μὰ τὸν Δί', ἔφη ἡ Θεοδότη, ἐγὼ τούτων οὐδὲν μηχανῶμαι. 11. Καὶ μήν, ἔφη, πολὺ διαφέρει τὸ κατὰ φύσιν τε καὶ ὀρθῶς ἀνθρώπῳ προςφέρεσθαι · καὶ γὰρ δὴ βίᾳ μὲν οὖτ' ἂν ἕλοις, οὔτε κατάσχοις φίλον, εὐεργεσίᾳ δὲ καὶ ἡδονῇ τὸ θηρίον τοῦτο ἁλώσιμόν τε καὶ παραμόνιμόν ἐστιν. Ἀληθῆ λέγεις, ἔφη. 12. Καὶ ἡ Θεοδότη, Τί οὖν οὐ σύ μοι, ἔφη, ὦ Σώκρατες, ἐγένου συνθηρατὴς τῶν φίλων; Ἐάν γε νὴ Δί', ἔφη, πείθῃς με σύ. Πῶς οὖν ἄν, ἔφη, πείσαιμί σε; Ζητήσεις, ἔφη, τοῦτο αὐτὴ καὶ μηχανήσει, ἐάν τί μου δέῃ. Εἴςιθι τοίνυν, ἔφη, θαμινά. 13. Καὶ ὁ Σωκράτης ἐπισκώπτων τὴν αὑτοῦ ἀπραγμοσύνην, Ἀλλ', ὦ Θεοδότη, ἔφη, οὐ πάνυ μοι ῥᾴδιόν ἐστι σχολάσαι · καὶ γὰρ ἴδια πράγματα πολλά, καὶ δημόσια, παρέχει μοι ἀσχολίαν · εἰσὶ δὲ καὶ φίλαι μοι, αἳ οὔτε ἡμέρας, οὔτε νυκτὸς ἀφ' αὑτῶν ἐάσουσί με ἀπιέναι, φίλτρα τε μανθάνουσαι παρ' ἐμοῦ, καὶ ἐπῳδάς. 14. Ἐπίστασαι γάρ, ἔφη, καὶ ταῦτα, ὦ Σώκρατες; Ἀλλὰ διὰ τί οἴει, ἔφη, Ἀπολλόδωρόν τε τόνδε καὶ Ἀντισθένην οὐδέποτέ μου ἀπολείπεσθαι; διὰ τί δὲ καὶ Κέβητα καὶ Σιμμίαν Θήβηθεν παραγίγνεσθαι; εὖ ἴσθι, ὅτι ταῦτα οὐκ ἄνευ πολλῶν φίλτρων τε καὶ ἐπῳδῶν καὶ ἰύγγων ἐστί. 15. Χρῆσον τοίνυν μοι, ἔφη, τὴν ἴυγγα, ἵνα ἐπὶ σοὶ πρῶτον ἕλκω αὐτήν. Ἀλλὰ μὰ Δί', ἔφη, οὐκ αὐτὸς ἕλκεσθαι πρός σε βούλομαι, ἀλλὰ σὲ πρὸς ἐμὲ πορεύεσθαι. Ἀλλὰ πορεύσομαι, ἔφη · μόνον ὑποδέχου. Ἀλλ' ὑποδέξομαί σε ἔφη, ἐὰν μή τις φιλωτέρα σου ἔνδον ᾖ.

CHAPTER XII.

SUMMARY.

THE value of gymnastic exercises in not only strengthening the body, but also imparting a healthy tone to the mind.

1. Ἐπιγένην δὲ τῶν ξυνόντων τινά, νέον τε ὄντα καὶ τὸ σῶμα κακῶς ἔχοντα, ἰδών, Ὡς ἰδιωτικῶς, ἔφη, τὸ σῶμα ἔχεις, ὦ Ἐπίγενες. Καὶ ὅς, Ἰδιώτης μέν, ἔφη, εἰμί, ὦ Σώκρατες. Οὐδέν γε μᾶλλον, ἔφη, τῶν ἐν Ὀλυμπίᾳ μελλόντων ἀγωνίζεσθαι· ἢ δοκεῖ σοι μικρὸς εἶναι ὁ περὶ τῆς ψυχῆς πρὸς τοὺς πολεμίους ἀγών, ὃν Ἀθηναῖοι θήσουσιν, ὅταν τύχωσιν; 2. Καὶ μὴν οὐκ ὀλίγοι μὲν διὰ τὴν τῶν σωμάτων καχεξίαν ἀποθνήσκουσί τε ἐν τοῖς πολεμικοῖς κινδύνοις, καὶ αἰσχρῶς σώζονται, πολλοὶ δὲ δι' αὐτὸ τοῦτο ζῶντες ἁλίσκονται, καὶ ἁλόντες ἤτοι δουλεύουσι τὸν λοιπὸν βίον, ἐὰν οὕτω τύχωσι, τὴν χαλεπωτάτην δουλείαν, ἢ εἰς τὰς ἀνάγκας τὰς ἀλγεινοτάτας ἐμπεσόντες, καὶ ἐκτίσαντες ἐνίοτε πλείω τῶν ὑπαρχόντων αὐτοῖς, τὸν λοιπὸν βίον ἐνδεεῖς τῶν ἀναγκαίων ὄντες καὶ κακοπαθοῦντες διαζῶσι, πολλοὶ δὲ δόξαν αἰσχρὰν κτῶνται, διὰ τὴν τοῦ σώματος ἀδυναμίαν, δοκοῦντες ἀποδειλιᾶν· 3. Ἤ καταφρονεῖς τῶν ἐπιτιμίων τῆς καχεξίας τούτων, καὶ ῥᾳδίως ἂν οἴει φέρειν τὰ τοιαῦτα; καὶ μὴν οἶμαί γε πολλῷ ῥᾴω καὶ ἡδίω τούτων εἶναι, ἃ δεῖ ὑπομένειν τὸν ἐπιμελόμενον τῆς τοῦ σώματος εὐεξίας· ἢ ὑγιεινότερόν τε καὶ εἰς τἆλλα χρησιμώτερον νομίζεις εἶναι τὴν καχεξίαν τῆς εὐεξίας; ἢ τῶν διὰ τὴν εὐεξίαν γιγνομένων καταφρονεῖς; 4. Καὶ μὴν πάντα γε τἀναντία συμβαίνει τοῖς εὖ τὰ σώματα ἔχουσιν, ἢ τοῖς κακῶς· καὶ γὰρ ὑγιαίνουσιν οἱ τὰ σώματα εὖ ἔχοντες, καὶ ἰσχύουσι, καὶ πολλοὶ μὲν διὰ τοῦτο ἐκ τῶν πολεμικῶν ἀγώνων σώζονταί τε εὐσχημόνως, καὶ τὰ δεινὰ πάντα διαφεύγουσι, πολλοὶ δὲ φίλοις τε βοηθοῦσι, καὶ τὴν πατρίδα εὐεργετοῦσι, καὶ διὰ ταῦτα χάριτός τε ἀξιοῦνται καὶ δόξαν μεγάλην κτῶνται, καὶ τιμῶν καλλίστων τυγχά

νουσι, καὶ διὰ ταῦτα τόν τε λοιπὸν βίον ἥδιον καὶ κάλλιον διαζῶσι, καὶ τοῖς ἑαυτῶν παισὶ καλλίους ἀφορμὰς εἰς τὸν βίον καταλείπουσιν. 5. Οὗτοι χρή, ὅτι ἡ πόλις οὐκ ἀσκεῖ δημοσίᾳ τὰ πρὸς τὸν πόλεμον, διὰ τοῦτο καὶ ἰδίᾳ ἀμελεῖν, ἀλλὰ μηδὲν ἧττον ἐπιμελεῖσθαι· εὖ γὰρ ἴσθι, ὅτι οὐδὲ ἐν ἄλλῳ οὐδενὶ ἀγῶνι, οὐδὲ ἐν πράξει οὐδεμιᾷ μεῖον ἕξεις, διὰ τὸ βέλτιον τὸ σῶμα παρεσκευάσθαι· πρὸς πάντα γάρ, ὅσα πράττουσιν ἄνθρωποι, χρήσιμον τὸ σῶμά ἐστιν· ἐν πάσαις δὲ ταῖς τοῦ σώματος χρείαις πολὺ διαφέρει ὡς βέλτιστα τὸ σῶμα ἔχειν. 6. Ἐπεὶ καὶ ἐν ᾧ δοκεῖς ἐλαχίστην σώματος χρείαν εἶναι, ἐν τῷ διανοεῖσθαι, τίς οὐκ οἶδεν, ὅτι καὶ ἐν τούτῳ πολλοὶ μεγάλα σφάλλονται, διὰ τὸ μὴ ὑγιαίνειν τὸ σῶμα; καὶ λήθη δέ, καὶ ἀθυμία, καὶ δυςκολία, καὶ μανία πολλάκις πολλοῖς, διὰ τὴν τοῦ σώματος καχεξίαν, εἰς τὴν διάνοιαν ἐμπίπτουσιν οὕτως, ὥστε καὶ τὰς ἐπιστήμας ἐκβάλλειν. 7. Τοῖς δὲ τὰ σώματα εὖ ἔχουσι πολλὴ ἀσφάλεια, καὶ οὐδεὶς κίνδυνος διά γε τὴν τοῦ σώματος καχεξίαν τοιοῦτόν τι παθεῖν, εἰκὸς δὲ μᾶλλον πρὸς τὰ ἐναντία τῶν διὰ τὴν καχεξίαν γιγνομένων καὶ τὴν εὐεξίαν χρήσιμον εἶναι· καίτοι τῶν γε τοῖς εἰρημένοις ἐναντίων ἕνεκα τί οὐκ ἄν τις νοῦν ἔχων ὑπομείνειεν; 8. Αἰσχρὸν δὲ καὶ τὸ διὰ τὴν ἀμέλειαν γηρᾶσαι, πρὶν ἰδεῖν ἑαυτόν, ποῖος ἂν κάλλιστος καὶ κράτιστος τῷ σώματι γένοιτο. Ταῦτα δὲ οὐκ ἔστιν ἰδεῖν ἀμελοῦντα· οὐ γὰρ ἐθέλει αὐτόματα γίγνεσθαι.

CHAPTER XIII.

SUMMARY.

This chapter contains various pithy remarks of Socrates to various individuals.

1. We should not be offended at want of civility in another, any more than at personal deformity. (§ 1.)

2. The best remedy for a want of relish in eating, is to stop eating before satiety supervenes. (§ 2.)

3. In eating and drinking, be not too hard to please. (§ 3.)

4. If you wish to punish a slave for any faults or vices, first see whether you yourself may not be laboring under similar ones. (§ 4.)

5. He who can walk about during one or more days in succession, can likewise perform a journey of one or more days. When you undertake a journey, moreover, it is best to set out in time, so as not to be too much hurried in the course of it. (§ 5.)

6. It is disgraceful for a man who has gone through all gymnastic exercises, and been well trained in these, to be surpassed in enduring fatigue and labor by his slave. (§ 6.)

1. Ὀργιζομένου δέ ποτέ τινος, ὅτι προςειπών τινα χαίειν, οὐκ ἀντιπροςερρήθη, Γελοῖον, ἔφη, τό, εἰ μὲν τὸ σῶμα κάκιον ἔχοντι ἀπήντησάς τῳ, μὴ ἂν ὀργίζεσθαι, ὅτι δὲ τὴν ψυχὴν ἀγροικοτέρως διακειμένῳ περιέτυχες, τοῦτό σε λυπεῖ. *

2. Ἄλλου δὲ λέγοντος ὅτι ἀηδῶς ἐσθίοι, Ἀκουμενός, ἔφη, τούτου φάρμακον ἀγαθὸν διδάσκει. Ἐρομένου δέ, Ποῖον; Παύσασθαι ἐσθίοντα, ἔφη· καὶ ἥδιόν τε καὶ εὐτελέστερον, καὶ ὑγιεινότερόν φησι διάξειν παυσάμενον.

3. Ἄλλου δ' αὖ λέγοντος, ὅτι θερμὸν εἴη παρ' ἑαυτῷ τὸ ὕδωρ, ὃ πίνοι, Ὅταν ἄρ', ἔφη, βούλῃ θερμῷ λούσασθαι, ἕτοιμον ἔσται σοι. Ἀλλὰ ψυχρόν, ἔφη, ὥςτε λούσασθαι, ἐστίν. Ἆρ' οὖν, ἔφη, καὶ οἱ οἰκέται σου ἄχθονται πίνοντές τε αὐτὸ καὶ λουόμενοι αὐτῷ; Μὰ τὸν Δί', ἔφη· ἀλλὰ καὶ πολλάκις τεθαύμακα, ὡς ἡδέως αὐτῷ πρὸς ἀμφότερα ταῦτα χρῶνται. Πότερον δέ, ἔφη, τὸ παρὰ σοὶ ὕδωρ θερμότερον πιεῖν ἐστιν, ἢ τὸ ἐν Ἀσκληπιοῦ; Τὸ ἐν Ἀσκληπιοῦ, ἔφη. Πότερον δὲ λούσασθαι ψυχρότερον, τὸ παρὰ σοί, ἢ τὸ ἐν Ἀμφιαράου; Τὸ ἐν Ἀμφιαράου, ἔφη. Ἐνθυμοῦ οὖν, ἔφη, ὅτι κινδυνεύεις δυςαρεστότερος εἶναι τῶν τε οἰκετῶν καὶ τῶν ἀρρωστούντων.

4. Κολάσαντος δέ τινος ἰσχυρῶς ἀκόλουθον, ἤρετο, τί χαλεπαίνοι τῷ θεράποντι. Ὅτι, ἔφη, ὀψοφαγίστατός τε ὤν, βλακίστατός ἐστι, καὶ φιλαργυρώτατος ὤν, ἀργότατος. Ἤδη ποτὲ οὖν ἐπεσκέψω, πότερος πλειόνων πληγῶν δεῖται, σύ, ἢ ὁ θεράπων;

5. Φοβουμένου δέ τινος τὴν εἰς Ὀλυμπίαν ὁδόν, Τί, ἔφη, φοβεῖ σὺ τὴν πορείαν; οὐ καὶ οἴκοι σχεδὸν ὅλην τὴν ἡμέραν περιπατεῖς; καὶ ἐκεῖσε πορευόμενος, περιπατήσας ἀρι

στήσα**ι**, **ν**· ριπατήσας δειπνήσεις καὶ ἀναπαύσει· οὐκ οἶσθα, ὅτι, εἰ ἐκιείναις τοὺς περιπάτους, οὓς ἐν πέντε ἢ ἓξ ἡμέραις περιπατεῖς, ῥᾳδίως ἂν Ἀθήνηθεν εἰς Ὀλυμπίαν ἀφίκοιο; Χαριέστερον δὲ καὶ προεξορμᾶν ἡμέρᾳ μιᾷ μᾶλλον, ἢ ὑστερίζειν· τὸ μὲν γὰρ ἀναγκάζεσθαι περαιτέρω τοῦ μετρίου μηκύνειν τὰς ὁδοὺς χαλεπόν, τὸ δὲ μιᾷ ἡμέρᾳ πλείονας πορευθῆναι πολλὴν ῥᾳστώνην παρέχει· κρεῖττον οὖν ἐν τῇ ὁρμῇ σπεύδειν, ἢ ἐν τῇ ὁδῷ.

6. Ἄλλου δὲ λέγοντος, ὡς παρετάθη μακρὰν ὁδὸν πορευθείς, ἤρετο αὐτόν, εἰ καὶ φορτίον ἔφερε. Μὰ Δί', οὐκ ἔγωγ', ἔφη, ἀλλὰ τὸ ἱμάτιον. Μόνος δ' ἐπορεύου, ἔφη, ἢ καὶ ἀκόλουθός σοι ἠκολούθει; Ἠκολούθει, ἔφη. Πότερον κενός, ἔφη, ἢ φέρων τι; Φέρων νὴ Δί', ἔφη, τά τε στρώματα καὶ τἆλλα σκεύη. Καὶ πῶς δή, ἔφη, ἀπήλλαχεν ἐκ τῆς ὁδοῦ; Ἐμοὶ μὲν δοκεῖ, ἔφη, βέλτιον ἐμοῦ. Τί οὖν; ἔφη, εἰ τὸ ἐκείνου φορτίον ἔδει σε φέρειν, πῶς ἂν οἴει διατεθῆναι; Κακῶς νὴ Δί', ἔφη· μᾶλλον δὲ οὐδ' ἂν ἠδυνήθην κομίσαι. Τὸ οὖν τοσούτῳ ἧττον τοῦ παιδὸς δύνασθαι πονεῖν πῶς ἠσκημένου δοκεῖ σοι ἀνδρὸς εἶναι;

CHAPTER XIV.

SUMMARY.

In this chapter are contained various remarks of Socrates in praise of frugality.

1. In the first place we are informed in what way he brought it about that, at feasts of contribution, no one of the party should strive to surpass another in abundance of supply. (§ 1.)
2. Definition of an ὀψοφάγος. (§ 2–4.)
3. Remarks of Socrates on a person who tasted of various dishes, and employed, at the same time, but a single piece of bread. (§ 5, 6.)
4. Explanation of the term εὐωχεῖσθαι. (§ 7.)

1. Ὁπότε δὲ τῶν ξυνιόντων ἐπὶ δεῖπνον οἱ μὲν μικρὸν ὄψον, οἱ δὲ πολὺ φέροιεν, ἐκέλευεν ὁ Σωκράτης τὸν παῖδα τὸ μικρὸν ἢ εἰς τὸ κοινὸν τιθέναι, ἢ διανέμειν ἑκάστῳ τὸ ἱερός. Οἱ οὖν τὸ πολὺ φέροντες ᾐσχύνοντο τό τε μὴ κοι-

νωνεῖν τοῦ εἰς τὸ κοινόν τιθεμένου, καὶ τὸ μὴ ἀντιτιθέναι τὸ ἑαυτῶν· ἐτίθεσαν οὖν καὶ τὰ ἑαυτῶν εἰς τὸ κοινόν· καὶ ἐπεὶ οὐδὲν πλέον εἶχον τῶν μικρὸν φερομένων. ἐπαύοντο πολλοῦ ὀψωνοῦντες.

2. Καταμαθὼν δέ τινα τῶν ξυνδειπνούντων τοῦ μὲν σίτου πεπαυμένον, τὸ δὲ ὄψον αὐτὸ καθ' αὑτὸ ἐσθίοντα, λόγου ὄντος περὶ ὀνομάτων, ἐφ' οἵῳ ἔργῳ ἕκαστον εἴη, Ἔχοιμεν ἄν, ἔφη, ὦ ἄνδρες, εἰπεῖν, ἐπὶ ποίῳ ποτὲ ἔργῳ ἄνθρωπος ὀψοφάγος καλεῖται; ἐσθίουσι μὲν γὰρ δὴ πάντες ἐπὶ τῷ σίτῳ ὄψον, ὅταν παρῇ· ἀλλ' οὐκ οἶμαί πω ἐπί γε τούτῳ ὀψοφάγοι καλοῦνται. Οὐ γὰρ οὖν, ἔφη τις τῶν παρόντων. 3. Τί γάρ; ἔφη, ἐάν τις ἄνευ τοῦ σίτου τὸ ὄψον αὐτὸ ἐσθίῃ, μὴ ἀσκήσεως, ἀλλ' ἡδονῆς ἕνεκα, πότερον ὀψοφάγος εἶναι δοκεῖ, ἢ οὔ; Σχολῇ γ' ἄν, ἔφη, ἄλλος τις ὀψοφάγος εἴη. Καί τις ἄλλος τῶν παρόντων, Ὁ δὲ μικρῷ σίτῳ, ἔφη, πολὺ ὄψον ἐπεσθίων; Ἐμοὶ μέν, ἔφη ὁ Σωκράτης, καὶ οὗτος δοκεῖ δικαίως ἂν ὀψοφάγος καλεῖσθαι· καὶ ὅταν γε ο' ἄλλοι ἄνθρωποι τοῖς θεοῖς εὔχωνται πολυκαρπίαν, εἰκότως ἂν οὗτος πολυοψίαν εὔχοιτο. 4. Ταῦτα δὲ τοῦ Σωκράτους εἰπόντος, νομίσας ὁ νεανίσκος εἰς αὐτὸν εἰρῆσθαι τὰ λεχθέντα, τὸ μὲν ὄψον οὐκ ἐπαύσατο ἐσθίων, ἄρτον δὲ προσέλαβεν. Καὶ ὁ Σωκράτης καταμαθών, Παρατηρεῖτ', ἔφη, τοῦτον οἱ πλησίον, ὁπότερα τῷ σίτῳ ὄψῳ, ἢ τῷ ὄψῳ σίτῳ χρήσεται.

5. Ἄλλον δέ ποτε τῶν συνδείπνων ἰδὼν ἐπὶ τῷ ἑνὶ ψωμῷ πλειόνων ὄψων γευόμενον, Ἆρα γένοιτ' ἄν, ἔφη, πολυτελεστέρα ὀψοποιία, ἢ μᾶλλον τὰ ὄψα λυμαινομένη, ἢ ἣν ὀψοποιεῖται ὁ ἅμα πολλὰ ἐσθίων, καὶ ἅμα παντοδαπὰ ἡδύσματα εἰς τὸ στόμα λαμβάνων; πλείω μέν γε τῶν ὀψοποιῶν συμμιγνύων, πολυτελέστερα ποιεῖ, ἃ δὲ ἐκεῖνοι μὴ συμμιγνύουσιν, ὡς οὐχ ἁρμόττοντα, ὁ συμμιγνύων, εἴπερ ἐκεῖνοι ὀρθῶς ποιοῦσιν, ἁμαρτάνει τε καὶ καταλύει τὴν τέχνην αὐτῶν. 6. Καίτοι πῶς οὐ γελοῖόν ἐστι, παρασκευάζεσθαι μὲν ὀψοποιοὺς τοὺς ἄριστα ἐπισταμένους, αὐτὸν δὲ μηδ' ἀντιποιούμενον τῆς τέχνης ταύτης, τὰ ὑπ' ἐκείνων

ποιούμενα μετατιθέναι; καὶ ἄλλυ δέ τι προςγίγνεται τῷ ἅμα πολλὰ ἐπεσθίειν ἐθισθέντι· μὴ παρόντων γὰρ πολλῶν μειονεκτεῖν ἄν τι δοκοίη, ποθῶν τὸ σύνηθες· ὁ δὲ συνεθισθεις, τὸν ἕνα ψωμὸν ἑνὶ ὄψῳ προπέμπειν, ὅτε μὴ παρείη πολλά, δύναιτ' ἂν ἀλύπως τῷ ἑνὶ χρῆσθαι.

7. Ἔλεγε δὲ καί, ὡς τὸ εὐωχεῖσθαι ἐν τῇ Ἀθηναίωι γλώττῃ ἐσθίειν καλοῖτο· τὸ δὲ εὖ προςκεῖσθαι, ἔφη, ἐπ. τῷ ταῦτα ἐσθίειν, ἅτινα μήτε τὴν ψυχὴν μήτε τὸ σῶμα λυποίη, μήτε δυςεύρετα εἴη· ὥστε καὶ τὸ εὐωχεῖσθαι τοῖς κοσμίως διαιτωμένοις ἀνετίθει.

XENOPHON'S MEMORABILIA

OF

SOCRATES.

BOOK IV.

CHAPTER I.

SUMMARY.

This chapter contains an account of the various modes by which Socrates drew the young unto him, and, while he studied their various characters, excited them all to the love and practice of virtue.

1. Οὕτω δὲ ὁ Σωκράτης ἦν ἐν παντὶ πράγματι καὶ πάντα τρόπον ὠφέλιμος, ὥστε τῷ σκοπουμένῳ τοῦτο, καὶ εἰ μετρίως αἰσθανομένῳ, φανερὸν εἶναι, ὅτι οὐδὲν ὠφελιμώτερον ἦν τοῦ Σωκράτει συνεῖναι, καὶ μετ' ἐκείνου διατρίβειν ὁπουοῦν, καὶ ἐν ὁτῳοῦν πράγματι· ἐπεὶ καὶ τὸ ἐκείνου μεμνῆσθαι μὴ παρόντος οὐ μικρὰ ὠφέλει τοὺς εἰωθότας τε αὐτῷ συνεῖναι, καὶ ἀποδεχομένους ἐκεῖνον· καὶ γὰρ παίζων οὐδὲν ἧττον ἢ σπουδάζων ἐλυσιτέλει τοῖς συνδιατρίβουσι. 2. Πολλάκις γὰρ ἔφη μὲν ἄν τινος ἐρᾶν, φανερὸς δ' ἦν οὐ τῶν τὰ σώματα πρὸς ὥραν, ἀλλὰ τῶν τὰς ψυχὰς πρὸς ἀρετὴν εὖ πεφυκότων ἐφιέμενος· ἐτεκμαίρετο δὲ τὰς ἀγαθὰς φύσεις ἐκ τοῦ ταχύ τε μανθάνειν οἷς προσέχοιεν, καὶ μνημονεύειν ἃ ἂν μάθοιεν, καὶ ἐπιθυμεῖν τῶν μαθημάτων πάντων, δι' ὧν ἔστιν οἰκίαν τε καλῶς οἰκεῖν, καὶ πόλιν, καὶ τὸ ὅλον ἀνθρώποις τε καὶ ἀνθρωπίνοις πράγμασιν εὖ χρῆσθαι· τοὺς γὰρ τοιούτους ἡγεῖτο παιδευθέντας οὐκ ἂν μόνον αὐτούς τε εὐδαίμονας εἶναι, καὶ τοὺς ἑαυτῶν οἴκους καλῶς οἰκεῖν, ἀλλὰ καὶ ἄλλους ἀνθρώπους καὶ πόλεις δύνασθαι εὐδαίμονας ποιεῖν. 3. Οὐ τὸν αὐτὸν δὲ τρόπον ἐπὶ πάντας ᾔει ἀλλὰ τοὺς μὲν οἰομένους φύσει ἀγαθοὺς εἶναι,

μαθήσεως δὲ καταφρονοῦντας, ἐδίδασκεν, ὅτι αἱ ἄρισται δοκοῦσαι εἶναι φύσεις μάλιστα παιδείας δέονται, ἐπιδεικνύων τῶν τε ἵππων τοὺς εὐφυεστάτους, θυμοειδεῖς τε καὶ σφοδροὺς ὄντας, εἰ μὲν ἐκ νέων δαμασθεῖεν, εὐχρηστοτάτους καὶ ἀρίστους γιγνομένους, εἰ δὲ ἀδάμαστοι γένοιντο, δυςκαθεκτοτάτους καὶ φαυλοτάτους· καὶ τῶν κυνῶν τῶν εὐφυεστάτων, φιλοπόνων τε οὐσῶν, καὶ ἐπιθετικῶν τοῖς θηρίοις, τὰς μὲν καλῶς ἀχθείσας ἀρίστας γίγνεσθαι πρὸς τὰς θήρας, καὶ χρησιμωτάτας, ἀναγώγους δὲ γιγνομένας, ματαίους τε καὶ μανιώδεις καὶ δυσπειθεστάτας. 4. Ὁμοίως δὲ καὶ τῶν ἀνθρώπων τοὺς εὐφυεστάτους, ἐρρωμενεστάτους τε ταῖς ψυχαῖς ὄντας, καὶ ἐξεργαστικωτάτους ὧν ἂν ἐγχειρῶσι, παιδευθέντας μὲν καὶ μαθόντας, ἃ δεῖ πράττειν ἀρίστους τε καὶ ὠφελιμωτάτους γίγνεσθαι· (πλεῖστα γὰρ καὶ μέγιστα ἀγαθὰ ἐργάζεσθαι·) ἀπαιδεύτους δὲ καὶ ἀμαθεῖς γενομένους, κακίστους τε καὶ βλαβερωτάτους γίγνεσθαι· κρίνειν γὰρ οὐκ ἐπισταμένους, ἃ δεῖ πράττειν, πολλάκις πονηροῖς ἐπιχειρεῖν πράγμασι, μεγαλείους δὲ καὶ σφοδροὺς ὄντας, δυσκαθέκτους τε καὶ δυσαποτρέπτους εἶναι· διὸ πλεῖστα καὶ μέγιστα κακὰ ἐργάζονται. 5. Τοὺς δ' ἐπὶ πλούτῳ μέγα φρονοῦντας, καὶ νομίζοντας οὐδὲν προςδεῖσθαι παιδείας, (ἐξαρκέσειν δέ σφισιν οἰομένους τὸν πλοῦτον πρὸς τὸ διαπράττεσθαί) τε ὅ τι ἂν βούλωνται, καὶ τιμᾶσθαι ὑπὸ τῶν ἀνθρώπων, ἐφρένου, λέγων, ὅτι μωρὸς μὲν εἴη, εἴ τις οἴεται μὴ μαθὼν τά τε ὠφέλιμα καὶ τὰ βλαβερὰ τῶν πραγμάτων διαγνώσεσθαι, μωρὸς δ', εἴ τις μὴ δια γιγνώσκων μὲν ταῦτα, διὰ δὲ τὸν πλοῦτον ὅ τι ἂν βούληται ποριζόμενος, οἴεται δυνήσεσθαι καὶ τὰ συμφέροντα πράττειν· ἠλίθιος δ', εἴ τις μὴ δυνάμενος τὰ συμφέροντα πράττειν, εὖ τε πράττειν οἴεται καὶ τὰ πρὸς τὸν βίον αὑτῷ ἢ καλῶς ἢ ἱκανῶς παρεσκευάσθαι· ἠλίθιος δὲ καί, εἴ τις οἴεται διὰ τὸν πλοῦτον, μηδὲν ἐπιστάμενος, δόξειν τι ἀγαθὸς εἶναι ἢ μηδὲν ἀγαθὸς εἶναι δοκῶν εὐδοκιμήσειν.

CHAPTER II.

SUMMARY.

THE same subject continued, and illustrated still further by the case of Euthydemus, a young man who fancied himself far superior in wisdom and acquirements to all others of the same age with himself. Socrates, in the course of a conversation with him, compels him to confess his ignorance of the very things on the knowledge of which he had previously prided himself so much.

1. Τοῖς δὲ νομίζουσι παιδείας τε τῆς ἀρίστης τετυχηκέναι, καὶ μέγα φρονοῦσιν ἐπὶ σοφίᾳ, ὡς προςεφέρετο, νῦν διηγήσομαι. Καταμαθὼν γὰρ Εὐθύδημον τὸν Καλὸν γράμματα πολλὰ συνειλεγμένον ποιητῶν τε καὶ σοφιστῶν τῶν εὐδοκιμωτάτων, καὶ ἐκ τούτων ἤδη τε νομίζοντα διαφέρειν τῶν ἡλικιωτῶν ἐπὶ σοφίᾳ, καὶ μεγάλας ἐλπίδας ἔχοντα πάντων διοίσειν τῷ δύνασθαι λέγειν τε καὶ πράττειν, πρῶτον μέν, αἰσθανόμενος αὐτὸν διὰ νεότητα οὔπω εἰς τὴν ἀγορὰν εἰςιόντα, εἰ δέ τι βούλοιτο διαπράξασθαι, καθίζοντα εἰς ἡνιοποιεῖόν τι τῶν ἐγγὺς τῆς ἀγορᾶς, εἰς τοῦτο καὶ αὐτὸς ᾔει τῶν μεθ' ἑαυτοῦ τινας ἔχων. 2. Καὶ πρῶτον μὲν πυνθανομένου τινός, πότερον Θεμιστοκλῆς διὰ συνουσίαν τινὸς τῶν σοφῶν, ἢ φύσει τοσοῦτον διήνεγκε τῶν πολιτῶν, ὥςτε πρὸς ἐκεῖνον ἀποβλέπειν τὴν πόλιν, ὁπότε σπουδαίου ἀνδρὸς δεηθείη, ὁ Σωκράτης βουλόμενος κινεῖν τὸν Εὐθύδημον, εὔηθες ἔφη εἶναι τὸ οἴεσθαι, τὰς μὲν ὀλίγου ἀξίας τέχνας μὴ γίγνεσθαι σπουδαίους ἄνευ διδασκάλων ἱκανῶν, τὸ δὲ προεστάναι πόλεως, πάντων ἔργων μέγιστον ὄν, ἀπὸ ταὐτομάτου παραγίγνεσθαι τοῖς ἀνθρώποις. 3. Πάλιν δέ ποτε παρόντος τοῦ Εὐθύδημον, ὁρῶν αὐτὸν ἀποχωροῦντα τῆς συνεδρίας, καὶ φυλαττόμενον, μὴ δόξῃ τὸν Σωκράτην θαυμάζειν ἐπὶ σοφίᾳ, Ὅτι μέν, ἔφη, ὦ ἄνδρες, Εὐθύδημος οὑτοσὶ ἐν ἡλικίᾳ γενόμενος, τῆς πόλεως λόγον περί τινος προτιθείσης, οὐκ ἀφέξεται τοῦ συμβουλεύειν, εὐδηλόν ἐστιν ἐξ ὧν ἐπιτηδεύει· δοκεῖ δέ μοι καλὸν προοίμιον τῶν δημηγοριῶν παρασκευάσασθαι, φυλαττόμενος, μὴ δόξῃ μανθάνειν

τι παρά του· δῆλον γάρ, ὅτι λέγειν ἀρχόμενος ὧδε προοιμιάσεται· 4. Παρ' οὐδενὸς μὲν πώποτε, ὦ ἄνδρες Ἀθηναῖοι, οὐδὲν ἔμαθον, οὐδ' ἀκούων τινὰς εἶναι λέγειν τε καὶ πράττειν ἱκανούς, ἐζήτησα τούτοις ἐντυχεῖν, οὐδ' ἐπεμελήθην τοῦ διδάσκαλόν μοί τινα γενέσθαι τῶν ἐπισταμένων, ἀλλὰ καὶ τἀναντία· διατετέλεκα γὰρ φεύγων οὐ μόνον τὸ μανθάνειν τι παρά τινος. ἀλλὰ καὶ τὸ δόξαι· ὅμως δὲ ὅ τι ἂν ἀπὸ ταὐτομάτου ἐπίῃ μοι, συμβουλεύσω ὑμῖν. 5. Ἁρμόσειε δ' ἂν οὕτω προοιμιάζεσθαι καὶ τοῖς βουλομένοις παρὰ τῆς πόλεως ἰατρικὸν ἔργον λαβεῖν· ἐπιτήδειόν γ' ἂν αὐτοῖς εἴη, τοῦ λόγου ἄρχεσθαι ἐντεῦθεν· Παρ' οὐδενὸς μὲν πώποτε, ὦ ἄνδρες Ἀθηναῖοι, τὴν ἰατρικὴν τέχνην ἔμαθον, οὐδ ἐζήτησα διδάσκαλον ἐμαυτῷ γενέσθαι τῶν ἰατρῶν οὐδένα· διατετέλεκα γὰρ φυλαττόμενος οὐ μόνον τὸ μαθεῖν τι παρὰ τῶν ἰατρῶν, ἀλλὰ καὶ τὸ δόξαι μεμαθηκέναι τὴν τέχνην ταύτην· ὅμως δέ μοι τὸ ἰατρικὸν ἔργον δότε· πειράσομαι γὰρ ἐν ὑμῖν ἀποκινδυνεύων μανθάνειν. Πάντες οὖν οἱ παρόντες ἐγέλασαν ἐπὶ τῷ προοιμίῳ. 6. Ἐπεὶ δὲ φανερὸς ἦν ὁ Εὐθύδημος ἤδη μέν, οἷς ὁ Σωκράτης λέγοι, προσέχων, ἔτι δὲ φυλαττόμενος αὐτός τι φθέγγεσθαι, καὶ νομίζων τῇ σιωπῇ σωφροσύνης δόξαν περιβάλλεσθαι, τότε ὁ Σωκράτης, βουλόμενος αὐτὸν παῦσαι τούτου, Θαυμαστὸν γάρ, ἔφη, τι ποτε οἱ βουλόμενοι κιθαρίζειν, ἢ αὐλεῖν, ἢ ἱππεύειν, ἢ ἄλλο τι τῶν τοιούτων ἱκανοὶ γενέσθαι, πειρῶνται ὡς συνεχέστατα ποιεῖν ὅ τι ἂν βούλωνται δυνατοὶ γενέσθαι, καὶ οὐ καθ' ἑαυτούς, ἀλλὰ παρὰ τοῖς ἀρίστοις δοκοῦσιν εἶναι, πάντα ποιοῦντες καὶ ὑπομένοντες, ἕνεκα τοῦ μηδὲν ἄνευ τῆς ἐκείνων γνώμης ποιεῖν, ὡς οὐκ ἂν ἄλλως ἀξιόλογοι γενόμενοι· τῶν δὲ βουλομένων δυνατῶν γενέσθαι λέγειν τε καὶ πράττειν τὰ πολιτικά, νομίζουσί τινες ἄνευ παρασκευῆς καὶ ἐπιμελείας αὐτόματοι ἐξαίφνης δυνατοὶ ταῦτα ποιεῖν ἔσεσθαι. 7. Καίτοι γε τοσούτῳ ταῦτα ἐκείνων δυσκατεργαστότερα φαίνεται, ὅσῳ περ πλειόνων περὶ ταῦτα πραγματευομένων, ἐλάττους οἱ κατεργαζόμενοι γίγνονται· δῆλον οὖν, ὅτι καὶ ἐπιμελείας δέονται πλείονος καὶ ἰσχυροτέρας οἱ τούτων

[V. 2. § 11.] MEMORABILIA. 109

ἐφιέμενοι, ἢ οἱ ἐκείνων. 8. Κατ' ἀρχὰς μὲν οὖν, ἀκούοντος Εὐθυδήμου, τοιούτους λόγους ἔλεγε Σωκράτης· ὡς δ' ᾔσθετο αὐτὸν ἑτοιμότερον ὑπομένοντα, ὅτε διαλέγοιτο, καὶ προθυμότερον ἀκούοντα, μόνος ἦλθεν εἰς τὸ ἡνιοποιεῖον· παρακαθεζομένου δ' αὐτῷ τοῦ Εὐθυδήμου, Εἰπέ μοι, ἔφη, ὦ Εὐθύδημε, τῷ ὄντι, ὥσπερ ἐγὼ ἀκούω, πολλὰ γράμματα συνῆχας τῶν λεγομένων σοφῶν ἀνδρῶν γεγονέναι; Νὴ τὸν Δί', ἔφη, ὦ Σώκρατες· καὶ ἔτι γε συνάγω, ἕως ἂν κτήσωμαι, ὡς ἂν δύνωμαι, πλεῖστα. 9. Νὴ τὴν Ἥραν, ἔφη ὁ Σωκράτης, ἄγαμαί γέ σου, διότι οὐκ ἀργυρίου καὶ χρυσίου προείλου θησαυροὺς κεκτῆσθαι μᾶλλον, ἢ σοφίας· δῆλον γάρ, ὅτι νομίζεις ἀργύριον καὶ χρυσίον οὐδὲν βελτίους ποιεῖν τοὺς ἀνθρώπους, τὰς δὲ τῶν σοφῶν ἀνδρῶν γνώμας ἀρετῇ πλουτίζειν τοὺς κεκτημένους. Καὶ ὁ Εὐθύδημος ἔχαιρεν ἀκούων ταῦτα, νομίζων δοκεῖν τῷ Σωκράτει ὀρθῶς μετιέναι τὴν σοφίαν. 10. Ὁ δὲ καταμαθὼν αὐτὸν ἡσθέντα τῷ ἐπαίνῳ τούτῳ, Τί δὲ δὴ βουλόμενος ἀγαθὸς γενέσθαι, ἔφη, ὦ Εὐθύδημε, συλλέγεις τὰ γράμματα; Ἐπεὶ δὲ διεσιώπησεν ὁ Εὐθύδημος, σκοπῶν ὅ τι ἀποκρίναιτο, πάλιν ὁ Σωκράτης, Ἆρα μὴ ἰατρός; ἔφη· πολλὰ γὰρ καὶ ἰατρῶν ἐστι συγγράμματα. Καὶ ὁ Εὐθύδημος, Μὰ Δί', ἔφη, οὐκ ἔγωγε. Ἀλλὰ μὴ ἀρχιτέκτων βούλει γενέσθαι; γνωμονικοῦ γὰρ ἀνδρὸς καὶ τοῦτο δεῖ. Οὔκουν ἔγωγ', ἔφη. Ἀλλὰ μὴ γεωμέτρης ἐπιθυμεῖς, ἔφη, γενέσθαι ἀγαθός, ὥσπερ ὁ Θεόδωρος; Οὐδὲ γεωμέτρης, ἔφη. Ἀλλὰ μὴ ἀστρολόγος, ἔφη, βούλει γενέσθαι; Ὡς δὲ καὶ τοῦτο ἠρνεῖτο, Ἀλλὰ μὴ ῥαψῳδός; ἔφη· καὶ γὰρ τὰ Ὁμήρου σέ φασιν ἔπη πάντα κεκτῆσθαι. Μὰ Δί' οὐκ ἔγωγ', ἔφη· τοὺς γαρ τοι ῥαψῳδοὺς οἶδα τὰ μὲν ἔπη ἀκριβοῦντας, αὐτοὺς δὲ πάνυ ἠλιθίους ὄντας. 11. Καὶ ὁ Σωκράτης ἔφη· Οὐ δήπου, ὦ Εὐθύδημε, ταύτης τῆς ἀρετῆς ἐφίεσαι, δι' ἣν ἄνθρωποι πολιτικοὶ γίγνονται, καὶ οἰκονομικοί, καὶ ἄρχειν ἱκανοί, καὶ ὠφέλιμοι τοῖς τε ἄλλοις ἀνθρώποις καὶ ἑαυτοῖς; Καὶ ὁ Εὐθύδημος, Σφόδρα γ', ἔφη, ὦ Σώκρατες ταύτης τῆς ἀρετῆς δέομαι. Νὴ Δί'. ἔφη ὁ Σωκράτης, τῆς καλλίστης ἀρετῆς καὶ μεγίστης ἐφίεσαι τέχνης· ἔστι γὰρ τῶν βασιλέων αὕτη, καὶ καλεῖται βασιλική· ἀτάρ, ἔφη, κατανενόηκας, εἰ οἷόν τ' ἐστί, μὴ ὄντα δίκαιον, ἀγαθὸν ταῦτα γενέσθαι; Καὶ μάλα, ἔφη, καὶ οὐχ οἷόν τέ γε ἄνευ δικαιοσύνης ἀγαθὸν πολίτην γενέσθαι. 12. Τί οὖν; ἔφη, σὺ δὴ τοῦτο κατείργασαι; Οἶμαί γε, ἔφη, ὦ Σώκρατες, οὐδενὸς ἂν ἧττον φανῆναι δίκαιος. Ἆρ' οὖν, ἔφη, τῶν δικαίων ἐστὶν ἔργα, ὥςπερ τῶν τεκτόνων; Ἔστι μέντοι, ἔφη. Ἆρ' οὖν, ἔφη, ὥςπερ οἱ τέκτονες ἔχουσι τὰ ἑαυτῶν ἔργα ἐπιδεῖξαι, οὕτως οἱ δίκαιοι τὰ ἑαυτῶν ἔχοιεν ἂν διεξηγήσασθαι;) Μὴ οὖν, ἔφη ὁ Εὐθύδημος, οὐ δύναμαι ἐγὼ τὰ τῆς δικαιοσύνης ἔργα ἐξηγήσασθαι; καὶ νὴ Δί' ἔγωγε τὰ τῆς ἀδικίας· ἐπεὶ οὐκ ὀλίγα ἐστὶ καθ' ἑκάστην ἡμέραν τοιαῦτα ὁρᾶν τε καὶ ἀκούειν. 13. Βούλει οὖν, ἔφη ὁ Σωκράτης, γράψωμεν ἐνταυθοῖ μὲν Δ, ἐνταυθοῖ δὲ Α; εἶτα ὅ τι μὲν ἂν δοκῇ ἡμῖν τῆς δικαιοσύνης ἔργον εἶναι, πρὸς τὸ Δ τιθῶμεν, ὅ τι δ' ἂν τῆς ἀδικίας, πρὸς τὸ Α; Εἴ τί σοι δοκεῖ, ἔφη, προςδεῖν τούτων, ποίει ταῦτα. 14. Καὶ ὁ Σωκράτης γράψας, ὥςπερ εἶπεν, Οὐκοῦν, ἔφη, ἔστιν ἐν ἀνθρώποις τὸ ψεύδεσθαι; Ἔστι μέντοι, ἔφη. Ποτέρωσε οὖν, ἔφη, θῶμεν τοῦτο; Δῆλον ἔφη, ὅτι πρὸς τὴν ἀδικίαν. Οὐκοῦν, ἔφη, καὶ τὸ ἐξαπατᾶν ἔστι; Καὶ μάλα, ἔφη. Τοῦτο οὖν ποτέρωσε θῶμεν; Καὶ τοῦτο δῆλον ὅτι, ἔφη, πρὸς τὴν ἀδικίαν. Τί δέ; τὸ κακουργεῖν; Καὶ τοῦτο, ἔφη. Τὸ δὲ ἀνδραποδίζεσθαι; Καὶ τοῦτο. Πρὸς δὲ τῇ δικαιοσύνῃ οὐδὲν ἡμῖν τούτων κείσεται, ὦ Εὐθύδημε; Δεινὸν γὰρ ἂν εἴη, ἔφη. 15. Τί δ'; ἐάν τις στρατηγὸς αἱρεθείς, ἄδικόν τε καὶ ἐχθρὰν πόλιν ἐξανδραποδίσηται, φήσομεν τοῦτον ἀδικεῖν; Οὐ δῆτα, ἔφη. Δίκαια δὲ ποιεῖν οὐ φήσομεν; Καὶ μάλα. Τί δ'; ἐὰν ἐξαπατᾷ πολεμῶν αὐτοῖς; Δίκαιον, ἔφη, καὶ τοῦτο. Ἐὰν δὲ κλέπτῃ τε καὶ ἁρπάζῃ τὰ τούτων, οὐ δίκαια ποιήσει; Καὶ μάλα, ἔφη· ἀλλ' ἐγώ σε τὸ πρῶτον ὑπελάμβανον πρὸς τοὺς φίλους μόνον ταῦτα ἐρωτᾶν. Οὐκοῦν, ἔφη, ὅσα πρὸς τῇ ἀδικίᾳ ἐθήκαμεν, πάντα καὶ πρὸς τῇ δικαιοσύνῃ θετέον ἂν εἴη; Ἔοικεν, ἔφη. 16. Βούλει οὖν, ἔφη, ταῦτα οὕτω

θέντες, διορισώμεθα πάλιν, πρὸς μὲν τοὺς πολεμίους δί·
καιον εἶναι τὰ τοιαῦτα ποιεῖν, πρὸς δὲ τοὺς φίλους ἄδικον,
ἀλλὰ δεῖν πρός γε τούτους ὡς ἀπλούστατον εἶναι; (Πάνυ
μὲν οὖν, ἔφη ὁ Εὐθύδημος. 17. Τί οὖν; ἔφη ὁ Σωκράτης
ἐάν τις στρατηγὸς ὁρῶν ἀθύμως ἔχον τὸ στράτευμα, ψευ
σάμενος φήσῃ συμμάχους προςιέναι, καὶ τῷ ψεύδει τούτῳ
παύσῃ τὰς ἀθυμίας τοῦ στρατεύματος, ποτέρωθι τὴν ἀπά
την ταύτην θήσομεν; Δοκεῖ μοι, ἔφη, πρὸς τὴν δικαιοσύ
νην. Ἐὰν δέ τις υἱὸν ἑαυτοῦ δεόμενον φαρμακείας, καὶ
μὴ προςιέμενον φάρμακον, ἐξαπατήσας, ὡς σιτίον τὸ φάρ-
μακον δῷ, καὶ τῷ ψεύδει χρησάμενος οὕτως ὑγιᾶ ποιήσῃ,
ταύτην αὖ τὴν ἀπάτην ποῖ θετέον; Δοκεῖ μοι, ἔφη, καὶ
ταύτην εἰς τὸ αὐτό. Τί δ'; ἐάν τις, ἐν ἀθυμίᾳ ὄντος φί-
λου, δείσας μὴ διαχρήσηται ἑαυτόν, κλέψῃ ἢ ἁρπάσῃ ἢ ξίφος
ἢ ἄλλο τι τοιοῦτον, τοῦτο αὖ ποτέρωσε θετέον; Καὶ τοῦ-
το νὴ Δί', ἔφη, πρὸς τὴν δικαιοσύνην. 18. Λέγεις, ἔφη, σὺ
οὐδὲ πρὸς τοὺς φίλους ἅπαντα δεῖν ἀπλοΐζεσθαι; Μὰ Δί'
οὐ δῆτα, ἔφη· ἀλλὰ μετατίθεμαι τὰ εἰρημένα, εἴπερ ἔξεστι.
Δεῖ γέ τοι, ἔφη ὁ Σωκράτης, ἐξεῖναι πολὺ μᾶλλον, ἢ μὴ
ὀρθῶς τιθέναι. 19. Τῶν δὲ δὴ τοὺς φίλους ἐξαπατώντων
ἐπὶ βλάβῃ, ἵνα μηδὲ τοῦτο παραλίπωμεν ἄσκεπτον, πότερος
ἀδικώτερός ἐστιν, ὁ ἑκών, ἢ ὁ ἄκων; Ἀλλ', ὦ Σώκρατες,
οὐκέτι μὲν ἔγωγε πιστεύω, οἷς ἀποκρίνομαι· καὶ γὰρ τὰ
πρόσθεν πάντα νῦν ἄλλως ἔχειν δοκεῖ μοι, ἢ ὡς ἐγὼ τότε
ᾠόμην· ὅμως δὲ εἰρήσθω μοι ἀδικώτερον εἶναι τὸν ἑκόντα
ψευδόμενον τοῦ ἄκοντος. 20. Δοκεῖ δέ σοι μάθησις καὶ
ἐπιστήμη τοῦ δικαίου εἶναι, ὥσπερ τῶν γραμμάτων; Ἔμοι-
γε. Πότερον δὲ γραμματικώτερον κρίνεις, ὃς ἂν ἑκὼν μὴ
ὀρθῶς γράψῃ καὶ ἀναγιγνώσκῃ, ἢ ὃς ἂν ἄκων; Ὃς ἂν
ἑκών, ἔγωγε· δύναιτο γὰρ ἄν, ὁπότε βούλοιτο, καὶ ὀρθῶς
αὐτὰ ποιεῖν. Οὐκοῦν ὁ μὲν ἑκὼν μὴ ὀρθῶς γράφων γραμ·
ματικὸς ἂν εἴη, ὁ δὲ ἄκων, ἀγράμματος; Πῶς γὰρ οὔ; Τὰ
δίκαια δὲ πότερον ὁ ἑκὼν ψευδόμενος καὶ ἐξαπατῶν οἶδεν,
ἢ ὁ ἄκων; Δῆλον, ὅτι ὁ ἑκών. Οὐκοῦν γραμματικώτερον
μὲν τὸν ἐπιστάμενον γράμματα τοῦ μὴ ἐπισταμένου φὴς

εἶναι; Ναί. Δικαιότερον δὲ τὸν ἐπιστάμενον τὰ δίκαια τοῦ μὴ ἐπισταμένου; Φαίνομαι· δοκῶ δέ μοι καὶ ταῦτα, οὐκ οἶδ' ὅπως, λέγειν. 21. Τί δὲ δή, ὃς ἂν βουλόμενος τἀληθῆ λέγειν, μηδέποτε τὰ αὐτὰ περὶ τῶν αὐτῶν λέγῃ, ἀλλ' ὁδόν τε φράζων τὴν αὐτήν, τοτὲ μὲν πρὸς ἕω, τοτὲ δὲ πρὸς ἑσπέραν φράζῃ, καὶ λογισμὸν ἀποφαινόμενος τὸν αὐτόν, τοτὲ μὲν πλείω, τοτὲ δ' ἐλάττω ἀποφαίνηται, τί σοι δοκεῖ ὁ τοιοῦτος; Δῆλος νὴ Δί' εἶναι, ὅτι, ἃ ᾤετο εἰδέναι, οὐκ οἶδεν. 22. Οἶσθα δέ τινας ἀνδραποδώδεις καλουμένους; Ἔγωγε. Πότερον διὰ σοφίαν, ἢ δι' ἀμαθίαν; Δῆλον, ὅτι δι' ἀμαθίαν. Ἆρ' οὖν διὰ τὴν τοῦ χαλκεύειν ἀμαθίαν τοῦ ὀνόματος τούτου τυγχάνουσιν; Οὐ δῆτα. Ἀλλ' ἆρα διὰ τὴν τοῦ τεκταίνεσθαι; Οὐδὲ διὰ ταύτην. Ἀλλὰ διὰ τὴν τοῦ σκυτεύειν; Οὐδὲ δι' ἓν τούτων, ἔφη, ἀλλὰ καὶ τοὐναντίον· οἱ γὰρ πλεῖστοι τῶν γε τὰ τοιαῦτα ἐπισταμένων ἀνδραποδώδεις εἰσίν. Ἆρ' οὖν τῶν τὰ καλὰ καὶ ἀγαθὰ καὶ δίκαια μὴ εἰδότων τὸ ὄνομα τοῦτ' ἐστίν; Ἔμοιγε δοκεῖ, ἔφη. 23. Οὐκοῦν δεῖ παντὶ τρόπῳ διατειναμένους φεύγειν, ὅπως μὴ ἀνδράποδα ὦμεν. Ἀλλὰ νὴ τοὺς θεούς, ἔφη, ὦ Σώκρατες, πάνυ ᾤμην φιλοσοφεῖν φιλοσοφίαν, δι' ἧς ἂν μάλιστα ἐνόμιζον παιδευθῆναι τὰ προσήκοντα ἀνδρὶ καλοκαγαθίας ὀρεγομένῳ· νῦν δὲ πῶς οἴει με ἀθύμως ἔχειν, ὁρῶντα ἐμαυτὸν διὰ μὲν τὰ προπεπονημένα οὐδὲ τὸ ἐρωτώμενον ἀποκρίνεσθαι δυνάμενον, ὑπὲρ ὧν μάλιστα χρὴ εἰδέναι, ἄλλην δὲ ὁδὸν οὐδεμίαν ἔχοντα, ἣν ἂν πορευόμενος βελτίων γενοίμην; 24. Καὶ ὁ Σωκράτης, Εἰπέ μοι, ἔφη, ὦ Εὐθύδημε, εἰς Δελφοὺς δὲ ἤδη πώποτε ἀφίκου; Καὶ δίς γε νὴ Δία, ἔφη. Κατέμαθες οὖν πρὸς τῷ ναῷ που γεγραμμένον τό ΓΝΩΘΙ ΣΑΥΤΟΝ; Ἔγωγε. Πότερον οὖν οὐδέν σοι τοῦ γράμματος ἐμέλησεν, ἢ προσέσχες τε καὶ ἐπεχείρησας σαυτὸν ἐπισκοπεῖν, ὅστις εἴης; Μὰ Δί' οὐ δῆτα, ἔφη· καὶ γὰρ δὴ πάνυ τοῦτό γε ᾤμην εἰδέναι· σχολῇ γὰρ ἂν ἄλλο τι ᾔδειν, εἴγε μηδ' ἐμαυτὸν ἐγίγνωσκον. 25. Πότερα δέ σοι δοκεῖ γιγνώσκειν ἑαυτόν, ὅστις τοὔνομα τὸ ἑαυτοῦ μόνον οἶδεν, ἢ ὅστις, ὥσπερ οἱ τοὺς ἵππους ὠνούμενοι οὐ πρότερον οἴονται γιγνώσκειν, ὃν ἂν βούλωνται γνῶναι, πρὶν ἂν ἐπισκέψωνται, πότερον εὐπειθής ἐστιν, ἢ δυσπειθής, καὶ πότερον ἰσχυρός ἐστιν, ἢ ἀσθενής, καὶ πότερον ταχύς, ἢ βραδύς, καὶ τἆλλα τὰ πρὸς τὴν τοῦ ἵππου χρείαν ἐπιτήδειά τε καὶ ἀνεπιτήδεια ὅπως ἔχει, οὕτως, ὁ ἑαυτὸν ἐπισκεψάμενος, ὁποῖός ἐστι πρὸς τὴν ἀνθρωπίνην χρείαν, ἔγνωκε τὴν αὑτοῦ δύναμιν; Οὕτως ἔμοιγε δοκεῖ, ἔφη, ὁ μὴ εἰδὼς τὴν ἑαυτοῦ δύναμιν, ἀγνοεῖν ἑαυτόν. 26. Ἐκεῖνο δὲ οὐ φανερόν, ἔφη, ὅτι διὰ μὲν τὸ εἰδέναι ἑαυτούς, πλεῖστα ἀγαθὰ πάσχουσιν οἱ ἄνθρωποι, διὰ δὲ τὸ ἐψεῦσθαι ἑαυτῶν, πλεῖστα κακά; οἱ μὲν γὰρ εἰδότες ἑαυτούς, τά τε ἐπιτήδεια ἑαυτοῖς ἴσασι, καὶ διαγιγνώσκουσιν, ἅ τε δύνανται, καὶ ἃ μή· καὶ ἃ μὲν ἐπίστανται πράττοντες, πορίζονταί τε ὧν δέονται, καὶ εὖ πράττουσιν, ὧν δὲ μὴ ἐπίστανται ἀπεχόμενοι, ἀναμάρτητοι γίγνονται, καὶ διαφεύγουσι τὸ κακῶς πράττειν· διὰ τοῦτο δὲ καὶ τοὺς ἄλλους ἀνθρώπους δυνάμενοι δοκιμάζειν, καὶ διὰ τῆς τῶν ἄλλων χρείας τά τε ἀγαθὰ πορίζονται, καὶ τὰ κακὰ φυλάττονται. 27. Οἱ δὲ μὴ εἰδότες, ἀλλὰ διεψευσμένοι τῆς ἑαυτῶν δυνάμεως, πρός τε τοὺς ἄλλους ἀνθρώπους καὶ τἆλλα ἀνθρώπινα πράγματα ὁμοίως διάκεινται· καὶ οὔτε ὧν δέονται ἴσασιν, οὔτε ὅ τι πράττουσιν, οὔτε οἷς χρῶνται, ἀλλὰ πάντων τούτων διαμαρτάνοντες, τῶν τε ἀγαθῶν ἀποτυγχάνουσι, καὶ τοῖς κακοῖς περιπίπτουσι. 28. Καὶ οἱ μὲν εἰδότες ὅ τι ποιοῦσιν, ἐπιτυγχάνοντες ὧν πράττουσιν, εὔδοξοί τε καὶ τίμιοι γίγνονται· καὶ οἵ τε ὅμοιοι τούτοις ἡδέως χρῶνται, οἵ τε ἀποτυγχάνοντες τῶν πραγμάτων ἐπιθυμοῦσι τούτους ὑπὲρ αὑτῶν βουλεύεσθαι, καὶ προΐστασθαί τε ἑαυτῶν τούτους, καὶ τὰς ἐλπίδας τῶν ἀγαθῶν ἐν τούτοις ἔχουσι, καὶ διὰ πάντα ταῦτα πάντων μάλιστα τούτους ἀγαπῶσιν. 29. Οἱ δὲ μὴ εἰδότες ὅ τι ποιοῦσι, κακῶς δὲ αἱρούμενοι, καὶ οἷς ἂν ἐπιχειρήσωσιν ἀποτυγχάνοντες, οὐ μόνον ἐν αὐτοῖς τούτοις ζημιοῦνταί τε καὶ κολάζονται, ἀλλὰ καὶ ἀδοξοῦσι διὰ ταῦτα, καὶ καταγέλαστοι γίγνονται καὶ καταφρονούμενοι, καὶ ἀτιμαζόμενοι ζῶσιν· ὁρᾷς δὲ καὶ τῶν πόλεων ὅτι ὅσαι ἂν ἀγνοήσωσαι τὴν ἑαυτῶν δύναμιν κρείττοσι πολεμήσωσιν, αἱ μὲν ἀνάστατοι γίγνονται, αἱ δ' ἐξ ἐλευθέρων δοῦλαι. 30. Καὶ ὁ Εὐθύδημος, Ὡς πάνυ μοι δοκοῦν, ἔφη, ὦ Σώκρατες, περὶ πολλοῦ ποιητέον εἶναι τὸ ἑαυτὸν γιγνώσκειν, οὕτως ἴσθι· ὁπόθεν δὲ χρὴ ἄρξασθαι ἐπισκοπεῖν ἑαυτόν τοῦτο πρὸς σὲ ἀποβλέπω εἴ μοι ἐθελήσαις ἂν ἐξηγήσασθαι. 31. Οὐκοῦν, ἔφη ὁ Σωκράτης, τὰ μὲν ἀγαθὰ καὶ τὰ κακὰ ὁποῖά ἐστι, πάντως που γιγνώσκεις. Νὴ Δί', ἔφη· εἰ γὰρ μηδὲ ταῦτα οἶδα, καὶ τῶν ἀνδραπόδων φαυλότερος ἂν εἴην. Ἴθι δή, ἔφη, καὶ ἐμοὶ ἐξήγησαι αὐτά. Ἀλλ' οὐ χαλεπὸν ἔφη· πρῶτον μὲν γάρ, αὐτὸ τὸ ὑγιαίνειν ἀγαθὸν εἶναι νομίζω, τὸ δὲ νοσεῖν, κακόν· ἔπειτα τὰ αἴτια ἑκατέρου αὐτῶν, καὶ ποτά, καὶ βρωτά, καὶ ἐπιτηδεύματα, τὰ μὲν πρὸς τὸ ὑγιαίνειν φέροντα, ἀγαθά, τὰ δὲ πρὸς τὸ νοσεῖν, κακά 32. Οὐκοῦν, ἔφη, καὶ τὸ ὑγιαίνειν καὶ τὸ νοσεῖν, ὅταν μὲν ἀγαθοῦ τινος αἴτια γίγνηται, ἀγαθὰ ἂν εἴη, ὅταν δὲ κακοῦ, κακά. Πότε δ' ἄν, ἔφη, τὸ μὲν ὑγιαίνειν κακοῦ αἴτιον γένοιτο, τὸ δὲ νοσεῖν, ἀγαθοῦ; Ὅταν νὴ Δί', ἔφη, στρατείας τε αἰσχρᾶς, καὶ ναυτιλίας βλαβερᾶς, καὶ ἄλλων πολλῶν τοιούτων οἱ μὲν διὰ ῥώμην μετασχόντες ἀπόλωνται, οἱ δὲ δι' ἀσθένειαν ἀπολειφθέντες σωθῶσιν. Ἀληθῆ λέγεις· ἀλλ' ὁρᾷς, ἔφη, ὅτι καὶ τῶν ὠφελίμων οἱ μὲν διὰ ῥώμην μετέχουσιν, οἱ δὲ δι' ἀσθένειαν ἀπολείπονται. Ταῦτα οὖν, ἔφη, ποτὲ μὲν ὠφελοῦντα, ποτὲ δὲ βλάπτοντα μᾶλλον ἀγαθὰ ἢ κακά ἐστιν; Οὐδὲν μὰ Δία φαίνεται, κατά γε τοῦτον τὸν λόγον. 33. Ἀλλ' ἥ γέ τοι σοφία, ὦ Σώκρατες, ἀναμφισβητήτως ἀγαθόν ἐστιν· ποῖον γὰρ ἂν τις πρᾶγμα οὐ βέλτιον πράττοι σοφὸς ὤν, ἢ ἀμαθής; Τί δαί; τὸν Δαίδαλον, ἔφη, οὐκ ἀκήκοας, ὅτι ληφθεὶς ὑπὸ Μίνω διὰ τὴν σοφίαν, ἠναγκάζετο ἐκείνῳ δουλεύειν, καὶ τῆς τε πατρίδος ἅμα καὶ τῆς ἐλευθερίας ἐστερήθη, καὶ ἐπιχειρῶν ἀποδιδράσκειν μετὰ τοῦ υἱοῦ, τόν τε παῖδα ἀπώλεσε, καὶ αὐτὸς οὐκ ἠδυνήθη σωθῆναι, ἀλλ' ἀπενεχθεὶς εἰς τοὺς βαρβάρους, πάλιν ἐκεῖ ἐδούλευεν; Λέγεται νὴ Δί', ἔφη, ταῦτα. Τὰ δὲ Παλαμήδους οὐκ ἀκήκοας πάθη; τοῦτον γὰρ δὴ πάντες ὑμνοῦσιν, ὡς διὰ σοφίαν φθονηθεὶς ὑπὸ -οῦ 'Οδυσσέως ἀπόλλυται. Λέγεται καὶ ταῦτα, ἔφη. Ἄλλους δὲ πόσους οἴει διὰ σοφίαν ἀναρπάστους πρὸς βασιλέα γεγονέναι, καὶ ἐκεῖ δουλεύειν; 34. Κινδυνεύει, ἔφη, ὦ Σώκρατες, ἀναμφιλογώτατον ἀγαθὸν εἶναι τὸ εὐδαιμονεῖν. Εἴγε μή τις αὐτό, ἔφη, ὦ Εὐθύδημε, ἐξ ἀμφιλόγων ἀγαθῶν συντιθείη. Τί δ' ἂν, ἔφη, τῶν εὐδαιμονικῶν ἀμφίλογον εἴη; Οὐδέν, ἔφη, εἴγε μὴ προςθήσομεν αὐτῷ κάλλος, ἢ ἰσχύν, ἢ πλοῦτον, ἢ δόξαν, ἢ καί τι ἄλλο τῶν τοιούτων. Ἀλλὰ νὴ Δία προςθήσομεν, ἔφη· πῶς γὰρ ἄν τις ἄνευ τούτων εὐδαιμονοίη; 35. Νὴ Δί', ἔφη, προςθήσομεν ἄρα, ἐξ ὧν πολλὰ καὶ χαλεπὰ συμβαίνει τοῖς ἀνθρώποις· πολλοὶ μὲν γὰρ διὰ τὸ κάλλος διαφθείρονται, πολλοὶ δὲ διὰ τὴν ἰσχὺν μείζοσιν ἔργοις ἐπιχειροῦντες, οὐ μικροῖς κακοῖς περιπίπτουσι, πολλοὶ δὲ διὰ τὸν πλοῦτον διαθρυπτόμενοί τε καὶ ἐπιβουλευόμενοι ἀπόλλυνται, πολλοὶ δὲ διὰ δόξαν καὶ πολιτικὴν δύναμιν μεγάλα κακὰ πεπόνθασιν. 36. Ἀλλὰ μὴν, ἔφη, εἴγε μηδὲ τὸ εὐδαιμονεῖν ἐπαινῶν ὀρθῶς λέγω, ὁμολογῶ μηδὲ ὅ τι πρὸς τοὺς θεοὺς εὔχεσθαι χρὴ εἰδέναι. Ἀλλὰ ταῦτα μέν, ἔφη ὁ Σωκράτης, ἴσως διὰ τὸ σφόδρα πιστεύειν εἰδέναι, οὐδ' ἔσκεψαι· ἐπεὶ δὲ πόλεως δημοκρατουμένης παρασκευάζει προεστάναι, δῆλον ὅτι δημοκρατίαν γε οἶσθα τί ἐστι. Πάντως δήπου, ἔφη. 37. Δοκεῖ οὖν σοι δυνατὸν εἶναι δημοκρατίαν εἰδέναι, μὴ εἰδότα δῆμον; Μὰ Δί' οὐκ ἔμοιγε. Καὶ τί νομίζεις δῆμον εἶναι; Τοὺς πένητας τῶν πολιτῶν ἔγωγε. Καὶ τοὺς πένητας ἄρα οἶσθα; Πῶς γὰρ οὔ; Ἆρ' οὖν καὶ τοὺς πλουσίους οἶσθα; Οὐδέν γε ἧττον ἢ καὶ τοὺς πένητας. Ποίους δὲ πένητας, καὶ ποίους πλουσίους καλεῖς; Τοὺς μέν, οἶμαι, μὴ ἱκανὰ ἔχοντας εἰς ἃ δεῖ τελεῖν, πένητας, τοὺς δὲ πλείω τῶν ἱκανῶν, πλουσίους. 38. Καταμεμάθηκας οὖν, ὅτι ἐνίοις μὲν πάνυ ὀλίγα ἔχουσιν οὐ μόνον ἀρκεῖ ταῦτα, ἀλλὰ καὶ περιποιοῦνται ἀπ' αὐτῶν, ἐνίοις δὲ πάνυ πολλὰ οὐχ ἱκανά ἐστι; Καὶ νὴ Δί', ἔφη ὁ Εὐθύδημος, (ὀρθῶς γάρ με ἀναμιμνήσκεις,) οἶδα γὰρ καὶ τυράννους τινάς, οἳ δι' ἔνδειαν, ὥσπερ οἱ ἀπορώτατοι, ἀναγκάζονται ἀδικεῖν. 39. Οὔκουν, ἔφη ὁ Σωκράτης, εἴγε ταῦτα οὕτως ἔχει, τοὺς μὲν τυράννους εἰς τὸν δῆμον θήσομεν, τοὺς δὲ ὀλίγα κεκτημένους, ἐὰν οἰκονομικοὶ ὦσιν, εἰς τοὺς πλουσίους; Καὶ ὁ Εὐθύδημος ἔφη· Ἀναγκάζει με καὶ ταῦτα ὁμολογεῖν δηλονότι ἡ ἐμὴ φαυλότης· καὶ φροντίζω, μὴ κράτιστον ᾖ μοι σιγᾶν· κινδυνεύω γὰρ ἁπλῶς οὐδὲν εἰδέναι. Καὶ πάνυ ἀθύμως ἔχων ἀπῆλθε, καὶ καταφρονήσας ἑαυτοῦ, καὶ νομίσας τῷ ὄντι ἀνδράποδον εἶναι 40. Πολλοὶ μὲν οὖν τῶν οὕτω διατεθέντων ὑπὸ Σωκράτους οὐκέτι αὐτῷ προςῄεσαν, οὓς καὶ βλακωτέρους ἐνόμιζεν· ὁ δὲ Εὐθύδημος ὑπέλαβεν οὐκ ἂν ἄλλως ἀνὴρ ἀξιόλογος γενέσθαι, εἰ μὴ ὅτι μάλιστα Σωκράτει συνείη· καὶ οὐκ ἀπελείπετο ἔτι αὐτοῦ, εἰ μή τι ἀναγκαῖον εἴη· ἔνια δὲ καὶ ἐμιμεῖτο ὧν ἐκεῖνος ἐπετήδευεν· ὁ δὲ ὡς ἔγνω αὐτὸν οὕτως ἔχοντα, ἥκιστα μὲν διετάραττεν, ἁπλούστατα δὲ καὶ σαφέστατα ἐξηγεῖτο, ἅ τε ἐνόμιζεν εἰδέναι δεῖν, καὶ ἐπιτηδεύειν κράτιστα εἶναι.

CHAPTER III.

SUMMARY.

It was a settled rule with Socrates, that the young should never be urged to engage in public affairs, or in any other vocation whatsoever, until their minds had been moulded by virtuous precepts, and especially until they had been inspired with piety toward the gods. He therefore shows unto Euthydemus, in the present chapter, that the gods consult for the welfare of men, and ought therefore to be worshipped by them.

1. Τὸ μὲν οὖν λεκτικούς, καὶ πρακτικούς, καὶ μηχανικοὺς γίγνεσθαι τοὺς συνόντας οὐκ ἔσπευδεν, ἀλλὰ πρότερον τούτων ᾤετο χρῆναι σωφροσύνην αὐτοῖς ἐγγενέσθαι· τοὺς γὰρ ἄνευ τοῦ σωφρονεῖν ταῦτα δυναμένους, ἀδικωτέρους τε καὶ δυνατωτέρους κακουργεῖν ἐνόμιζεν εἶναι. 2. Πρῶτον μὲν δὴ περὶ θεοὺς ἐπειρᾶτο σώφρονας ποιεῖν τοὺς συνόντας. Ἄλλοι μὲν οὖν αὐτῷ πρὸς ἄλλους οὕτως ὁμιλοῦντι παραγενόμενοι διηγοῦντο· ἐγὼ δέ, ὅτε πρὸς Εὐθύδημον τοιάδε διελέγετο. παρεγενόμην. 3. Εἰπέ μοι, ἔφη,

ὦ Εὐθύδημε, ἤδη ποτέ σοι ἐπῆλθεν ἐνθυμηθῆναι, ὡς ἐπιμελῶς οἱ θεοί, ὧν οἱ ἄνθρωποι δέονται, κατεσκευάκασι; Καὶ ὅς, Μὰ τὸν Δί', ἔφη, οὐκ ἔμοιγε. 'Αλλ' οἶσθά γ', ἔφη, ὅτι πρῶτον μὲν φωτὸς δεόμεθα, ὃ ἡμῖν οἱ θεοὶ παρέχουσιν; Νὴ Δί', ἔφη, ὃ γ' εἰ μὴ εἴχομεν, ὅμοιοι τοῖς τυφλοῖς ἂν ἦμεν, ἕνεκά γε τῶν ἡμετέρων ὀφθαλμῶν. 'Αλλὰ μὴν καὶ ἀναπαύσεώς γε δεομένοις ἡμῖν νύκτα παρέχουσι, κάλλιστον ἀναπαυτήριον. Πάνυ γ', ἔφη, καὶ τοῦτο χάριτος ἄξιον. 4. Οὔκουν καί, ἐπειδὴ ὁ μὲν ἥλιος φωτεινὸς ὢν τάς τε ὥρας τῆς ἡμέρας ἡμῖν καὶ τἆλλα πάντα σαφηνίζει, ἡ δὲ νύξ, διὰ τὸ σκοτεινὴ εἶναι ἀσαφεστέρα ἐστίν, ἄστρα ἐν τῇ νυκτὶ ἀνέφηναν, ἃ ἡμῖν τὰς ὥρας τῆς νυκτὸς ἐμφανίζει, καὶ διὰ τοῦτο πολλά, ὧν δεόμεθα, πράττομεν. Ἔστι ταῦτα, ἔφη. 'Αλλὰ μὴν ἥ γε σελήνη οὐ μόνον τῆς νυκτός, ἀλλὰ καὶ τοῦ μηνὸς τὰ μέρη φανερὰ ἡμῖν ποιεῖ. 5. Πάνυ μὲν οὖν, ἔφη. Τὸ δ', ἐπεὶ τροφῆς δεόμεθα, ταύτην ἡμῖν ἐκ τῆς γῆς ἀναδιδόναι, καὶ ὥρας ἁρμοττούσας πρὸς τοῦτο παρέχειν, αἳ ἡμῖν οὐ μόνον, ὧν δεόμεθα, πολλὰ καὶ παντοῖα παρασκευάζουσιν, ἀλλὰ καὶ οἷς εὐφραινόμεθα; Πάνυ, ἔφη, καὶ ταῦτα φιλάνθρωπα. 6. Τὸ δὲ καὶ ὕδωρ ἡμῖν παρέχειν, οὕτω πολλοῦ ἄξιον, ὥςτε καὶ φυτεύειν τε καὶ συναύξειν τῇ γῇ καὶ ταῖς ὥραις πάντα τὰ χρήσιμα ἡμῖν, συντρέφειν δὲ καὶ αὐτοὺς ἡμᾶς, καὶ μιγνύμενόν πᾶσι τοῖς τρέφουσιν ἡμᾶς, εὐκατεργαστότερά τε καὶ ὠφελιμώτερα, καὶ ἡδίω ποιεῖν αὐτά, καί, ἐπειδὴ πλείστου δεόμεθα τούτου, ἀφθονέστατον αὐτὸ παρέχειν ἡμῖν; Καὶ τοῦτο, ἔφη, προνοητικόν. 7. Τὸ δὲ καὶ τὸ πῦρ πορίσαι ἡμῖν, ἐπίκουρον μὲν ψύχους, ἐπίκουρον δὲ σκότους, συνεργὸν δὲ πρὸς πᾶσαν τέχνην, καὶ πάντα, ὅσα ὠφελείας ἕνεκα ἄνθρωποι κατασκευάζονται; ὡς γὰρ συνελόντι εἰπεῖν, οὐδὲν ἀξιόλογον ἄνευ πυρὸς ἄνθρωποι τῶν πρὸς τὸν βίον χρησίμων κατασκευάζονται. Ὑπερβάλλει, ἔφη, καὶ τοῦτο φι'.ανθρωπία. 8. Τὸ δὲ καὶ ἀέρα ἡμῖν ἀφθόνως οὕτω πανταχοῦ διαχῦσαι, οὐ μόνον πρόμαχον καὶ σύντροφον ζωῆς, ἀλλὰ καὶ πελάγη περᾶν δι' αὐτοῦ, καὶ τὰ ἐπιτήδεια ἄλλους ἀλλαχόθι καὶ ἐν ἀλλοδαπῇ στελλομένοις πορίζεσθαι, πῶς οὐχ ὑπὲρ λόγον; Ἀνέκφραστον. Τὸ δὲ τὸν ἥλιον, ἐπειδὰν ἐν χειμῶνι τράπηται, προςιέναι τὰ μὲν ἁδρύνοντα, τὰ δὲ ξηραίνοντα, ὧν καιρὸς διελήλυθεν, καὶ ταῦτα διαπραξάμενον μηκέτι ἐγγυτέρω προςιέναι, ἀλλ' ἀποτρέπεσθαι, φυλαττόμενον, μή τι ἡμᾶς μᾶλλον τοῦ δέοντος θερμαίνων βλάψῃ· καὶ ὅταν αὖ πάλιν ἀπιὼν γένηται, ἔνθα καὶ ἡμῖν δῆλόν ἐστιν, ὅτι, εἰ προςωτέρω ἄπεισιν, ἀποπαγησόμεθα ὑπὸ τοῦ ψύχους, πάλιν αὖ τρέπεσθαι καὶ προςχωρεῖν, καὶ ἐνταῦθα τοῦ οὐρανοῦ ἀναστρέφεσθαι, ἔνθα ὢν μάλιστα ἡμᾶς ὠφελοίη; Νὴ τὸν Δί', ἔφη, καὶ ταῦτα παντάπασιν ἔοικεν ἀνθρώπων ἕνεκα γιγνομένοις. 9. Τὸ δ' αὖ, ἐπειδὴ καὶ τοῦτο φανερόν, ὅτι οὐκ ἂν ὑπενέγκαιμεν οὔτε τὸ καῦμα, οὔτε τὸ ψῦχος, εἰ ἐξαπίνης γίγνοιτο, οὕτω μὲν κατὰ μικρὸν προςιέναι τὸν ἥλιον, οὕτω δὲ κατὰ μικρὸν ἀπιέναι, ὥστε λανθάνειν ἡμᾶς εἰς ἑκάτερα τὰ ἰσχυρότατα καθισταμένους; Ἐγὼ μέν, ἔφη ὁ Εὐθύδημος, ἤδη τοῦτο σκοπῶ, εἰ ἄρα τί ἐστι τοῖς θεοῖς ἔργον, ἢ ἀνθρώπους θεραπεύειν· ἐκεῖνο δὲ μόνον ἐμποδίζει με, ὅτι καὶ τἆλλα ζῷα τούτων μετέχει. 10. Οὐ γὰρ καὶ τοῦτ', ἔφη ὁ Σωκράτης, φανερόν, ὅτι καὶ ταῦτα ἀνθρώπων ἕνεκα γίγνεταί τε καὶ ἀνατρέφεται; τί γὰρ ἄλλο ζῷον αἰγῶν τε καὶ οἰῶν, καὶ ἵππων, καὶ βοῶν, καὶ ὄνων, καὶ τῶν ἄλλων ζῴων τοσαῦτα ἀγαθὰ ἀπολαύει, ὅσα ἄνθρωποι; ἐμοὶ μὲν γὰρ δοκεῖ πλείω τῶν φυτῶν· τρέφονται γοῦν καὶ χρηματίζονται οὐδὲν ἧττον ἀπὸ τούτων, ἢ ἀπ' ἐκείνων· πολὺ δὲ γένος ἀνθρώπων τοῖς μὲν ἐκ τῆς γῆς φυομένοις εἰς τροφὴν οὐ χρῶνται, ἀπὸ δὲ βοσκημάτων γάλακτι, καὶ τυρῷ, καὶ κρέασι τρεφόμενοι ζῶσι· πάντες δὲ τιθασσεύοντες καὶ δαμάζοντες τὰ χρήσιμα τῶν ζῴων, εἴς τε πόλεμον καὶ εἰς ἄλλα πολλὰ συνεργοῖς χρῶνται. Ὁμογνωμονῶ σοι καὶ τοῦτ', ἔφη· ὁρῶ γὰρ αὐτῶν καὶ τὰ πολὺ ἰσχυρότερα ἡμῶν, οὕτως ὑποχείρια γιγνόμενα τοῖς ἀνθρώποις, ὥστε χρῆσθαι αὐτοῖς ὅ τι ἂν βούλωνται. 11. Τὸ δ', ἐπειδὴ πολλὰ μὲν καλὰ καὶ ὠφέλιμα, διαφέροντα δὲ ἀλλήλων ἐστί, προςθεῖναι τοῖς ἀνθρώποις αἰσθήσεις ἁρμοττούσας πρὸς ἕκαστα, δι' ὧν ἀπολαύομεν πάν-

[IV. 3. § 14.] MEMORABILIA.

των των αγαθών· το δε και λογισμόν ημίν εμφύσαι, ω περί ων αισθανόμεθα, λογιζόμενοί τε και μνημονεύοντες, καταμανθάνομεν, όπη έκαστα συμφέρει, και πολλά μηχανώμεθα, δι' ων των τε αγαθών απολαύομεν, και τα κακά αλεξόμεθα· το δε και ερμηνείαν δούναι, δι' ης πάντων των αγαθών μεταδίδομέν τε αλλήλοις διδάσκοντες και κοινωνούμεν, και νόμους τιθέμεθα, και πολιτευόμεθα; Παντάπασιν εοίκασιν, ω Σώκρατες, οι θεοί πολλήν των ανθρώπων επιμέλειαν ποιείσθαι. 12. Το δε καί, ει αδυνατούμεν τα συμφέροντα προνοείσθαι υπέρ των μελλόντων, ταύτη αυτούς ημίν συνεργείν, δια μαντικής τοις πυνθανομένοις φράζοντας τα αποβησόμενα, και διδάσκοντας, η αν άριστα γίγνοιντο; Σοι δ', έφη, ω Σώκρατες, εοίκασιν έτι φιλικώτερον η τοις άλλοις χρήσθαι, ει γε μηδέ επερωτώμενοι υπό σου προσημαίνουσί σοι, ά τε χρη ποιείν, και α μή. 13. Ότι δε γε αληθή λέγω, και συ γνώσει, αν μη αναμένης, έως αν τας μορφάς των θεών ίδης, αλλ' εξαρκή σοι, τα έργα αυτών ορώντι σέβεσθαι και τιμάν τους θεούς. Εννόει δε, ότι και αυτοί οι θεοί ούτως υποδεικνύουσιν· οι τε γαρ άλλοι ημίν ταγαθά διδόντες ουδέν τούτων εις τουμφανές ιόντες διδόασι, και ο τον όλον κόσμον συντάττων τε και συνέχων, εν ω πάντα καλά και αγαθά εστι, και αεί μεν χρωμένοις ατριβή τε και υγιά, και αγήρατονπαρέχων, θάττον δε νοήματος αναμαρτήτως υπηρετούντα, ούτος τα μέγιστα μεν πράττων οράται, τάδε δε οικονομών αόρατος ημίν εστιν. 14. Εννόει δ', ότι και ο πάσι φανερός δοκών είναι ήλιος, ουκ επιτρέπει τοις ανθρώποις εαυτόν ακριβώς οράν, αλλ', εάν τις αυτόν αναιδώς εγχειρή θεάσθαι, την όψιν αφαιρείται. Και τους υπηρέτας δε των θεών ευρήσεις αφανείς όντας· κεραυνός τε γαρ ότι μεν άνωθεν αφίεται, δήλον, και ότι οις αν εντύχη, πάντων κρατεί, οράται δ' ούτ' επιών, ούτε κατασκήψας, ούτε απιών· και άνεμοι αυτοί μεν ουχ ορώνται, α δε ποιούσι φανερά ημίν εστι, και προσιόντων αυτών αισθανόμεθα. Αλλά μην και ανθρώπου γε ψυχή, ή, είπερ τι και άλλο των ανθρωπίνων, του θείου μετέχει, ὅτι μὲν βασιλεύει ἐν ἡμῖν, φανερόν, ὁρᾶτα, δὲ οὐδ αὐτή. Ἃ χρὴ κατανοοῦντα μὴ καταφρονεῖν τῶι ἀοράτων, ἀλλ' ἐκ τῶν γιγνομένων τὴν δύναμιν αὐτῶν καταμανθάνοντα, τιμᾶν τὸ δαιμόνιον. 15. Ἐγὼ μέν, ὦ Σώκρατες, ἔφη ὁ Εὐθύδημος, ὅτι μὲν οὐδὲ μικρὸν ἀμελήσω τοῦ δαιμονίου, σαφῶς οἶδα· ἐκεῖνο δὲ ἀθυμῶ, ὅτι μοι δοκεῖ τὰς τῶν θεῶν εὐεργεσίας οὐδ' ἂν εἰς ποτε ἀνθρώπων ἀξίαις χάρισιν ἀμείβεσθαι. 16. Ἀλλὰ μὴ τοῦτο ἀθύμει, ἔφη, ῶ Εὐθύδημε· ὁρᾷς γάρ, ὅτι ὁ ἐν Δελφοῖς θεός, ὅταν τις αὐτὸν ἐπερωτᾷ, πῶς ἂν τοῖς θεοῖς χαρίζοιτο, ἀποκρίνεται ΝΟΜΩι ΠΟΛΕΩΣ· νόμος δὲ δήπου πανταχοῦ ἐστι, κατὰ δύναμιν ἱεροῖς θεοὺς ἀρέσκεσθαι · πῶς οὖν ἄν τις κάλλιον καὶ εὐσεβέστερον τιμῴη θεούς, ἤ, ὡς αὐτοὶ κελεύουσιν, οὕτω ποιῶν; 17. Ἀλλὰ χρὴ τῆς μὲν δυνάμεως μηδὲν ὑφίεσθαι ὅταν γάρ τις τοῦτο ποιῇ, φανερὸς δήπου ἐστὶ τότε οὐ τιμῶν θεούς· χρὴ οὖν μηδὲν ἐλλείποντα κατὰ δύναμιν τιμᾶν τοὺς θεοὺς θαρρεῖν τε καὶ ἐλπίζειν τὰ μέγιστα ἀγαθά· οἱ γὰρ παρ' ἄλλων γ' ἄν τις μείζω ἐλπίζων σωφρονοίη, ἢ παρὰ τῶν τὰ μέγιστα ὠφελεῖν δυναμένων, οὐδ' ἂν ἄλλως μᾶλ λον, ἢ εἰ τούτοις ἀρέσκοι· ἀρέσκοι δὲ πῶς ἂν μᾶλλον, ἢ ε. ὡς μάλιστα πείθοιτο αὐτοῖς; 18. Τοιαῦτα μὲν δὴ λέγων τε καὶ αὐτὸς ποιῶν, εὐσεβεστέρους τε καὶ σωφρονεστέρους τοὺς συνόντας παρεσκεύαζεν.

CHAPTER IV.

SUMMARY.

Discourse of Socrates with Hippias the Sophist, in which the former opens up the fountain heads of the Law of Nature and of Nations.

1. Ἀλλὰ μὴν καὶ περὶ τοῦ δικαίου γε οὐκ ἀπεκρύπτετο ἣν εἶχε γνώμην, ἀλλὰ καὶ ἔργῳ ἀπεδείκνυτο, ἰδίᾳ τε πᾶσι νομίμως τε καὶ ὠφελίμως χρώμενος, καὶ κοινῇ, ἄρχουσί τε ἃ οἱ νόμοι προςτάττοιεν πειθόμενος, καὶ κατὰ πόλιν καὶ ἐν ταῖς στρατείαις οὕτως, ὥστε διάδηλος εἶναι παρὰ τοὺς ἄλλους εὐτακτῶν· 2. Καὶ ὅτε ἐν ταῖς ἐκκλησίαις ἐπιστάτης

γενόμενος, ούκ επέτρεψε τῷ δήμῳ παρὰ τοὺς νόμους ψηφίσασθαι, ἀλλὰ σὺν τοῖς νόμοις ἠναντιώθη τοιαύτῃ ὁρμῇ τοῦ δήμου, ἣν οὐκ ἂν, οἶμαι ἄλλον οὐδένα ἄνθρωπον ὑπομεῖναι. 3. Καὶ ὅτε οἱ τριάκοντα προςέταττον αὐτῷ παρὰ τοὺς νόμους τι, οὐκ ἐπείθετο· τοῖς τε γὰρ νέοις ἀπαγορευόντων αὐτῶν μὴ διαλέγεσθαι, καὶ προςταξάντων ἐκείνῳ τε καὶ ἄλλοις τισὶ τῶν πολιτῶν ἀγαγεῖν τινα ἐπὶ θανάτῳ, μόνος ουκ ἐπείσθη, διὰ τὸ παρὰ τοὺς νόμους αὐτῷ προςτάττεσθαι. 4. Καὶ ὅτε τὴν ὑπὸ Μελήτου γραφὴν ἔφευγε, τῶν ἄλλων εἰωθότων ἐν τοῖς δικαστηρίοις πρὸς χάριν τε τοῖς δικασταῖς διαλέγεσθαι, καὶ κολακεύειν, καὶ δεῖσθαι παρὰ τοὺς νόμους, καὶ διὰ τὰ τοιαῦτα πολλῶν πολλάκις ὑπὸ τῶν δικαστῶν ἀφιεμένων, ἐκεῖνος οὐδὲν ἠθέλησε τῶν εἰωθότων ἐν τῷ δικαστηρίῳ παρὰ τοὺς νόμους ποιῆσαι, ἀλλὰ ῥᾳδίως ἂν ἀφεθεὶς ὑπὸ τῶν δικαστῶν, εἰ καὶ μετρίως τι τούτων ἐποίησε, προείλετο μᾶλλον τοῖς νόμοις ἐμμένων ἀποθανεῖν, ἢ παρανομῶν ζῆν. 5. Καὶ ἔλεγε δὲ οὕτως καὶ πρὸς ἄλλους μὲν πολλάκις· οἶδα δέ ποτε αὐτὸν καὶ πρὸς Ἱππίαν τὸν Ἠλεῖον περὶ τοῦ δικαίου τοιάδε διαλεχθέντα· διὰ χρόνου γὰρ ἀφικόμενος ὁ Ἱππίας Ἀθήναζε, παρεγένετο τῷ Σωκράτει λέγοντι πρός τινας, ὡς θαυμαστὸν εἴη τό, εἰ μέν τις βούλοιτο σκυτέα διδάξασθαί τινα, ἢ τέκτονα, ἢ χαλκέα, ἢ ἱππέα, μὴ ἀπορεῖν, ὅποι ἂν πέμψας τούτου τύχοι· φασὶ δέ τινες καὶ ἵππον καὶ βοῦν τῷ βουλομένῳ δικαίους ποιήσασθαι, πάντα μεστὰ εἶναι τῶν διδαξόντων· ἐὰν δέ τις βούληται ἢ αὐτὸς μαθεῖν τὸ δίκαιον, ἢ υἱὸν ἢ οἰκέτην διδάξασθαι, μὴ εἰδέναι, ὅποι ἂν ἐλθὼν τύχοι τούτου. 6. Καὶ ὁ μὲν Ἱππίας ἀκούσας ταῦτα, ὥσπερ ἐπισκώπτων αὐτόν, Ἔτι γὰρ σύ, ἔφη, ὦ Σώκρατες, ἐκεῖνα τὰ αὐτὰ λέγεις, ἃ ἐγὼ πάλαι ποτέ σου ἤκουσα; Καὶ ὁ Σωκράτης, Ὃ δέ γε τούτου δεινότερον, ἔφη, ὦ Ἱππία, οὐ μόνον ἀεὶ τὰ αὐτὰ λέγω, ἀλλὰ καὶ περὶ τῶν αὐτῶν· σὺ δ' ἴσως, διὰ τὸ πολυμαθὴς εἶναι, περὶ τῶν αὐτῶν οὐδέποτε τὰ αὐτὰ λέγεις Ἀμέλει, ἔφη, πειρῶμαι καινόν τι λέγειν ἀεί. 7. Πότερον ἔφη, καὶ περὶ ὧν ἐπίστασαι; οἶον περὶ γραμμάτων, ἐάν τις ἐρηταί σε, πόσα καὶ ποῖα Σωκράτους ἐστίν, ἄλλα μὲν πρότερον, ἄλλα δὲ νῦν πειρᾷ λέγειν; ἢ περὶ ἀριθμὸν τοῖς ἐρωτῶσιν, εἰ τὰ δὶς πέντε δέκα ἐστίν, οὐ τὰ αὐτὰ νῦν, ἃ καὶ πρότερον, ἀποκρίνει; Περὶ μὲν τούτων, ἔφη, ὦ Σώκρατες, ὥςπερ σύ, καὶ ἐγὼ ἀεὶ τὰ αὐτὰ λέγω· περὶ μέντοι τοῦ δικαίου πάνυ οἶμαι νῦν ἔχειν εἰπεῖν, πρὸς ἃ οὔτε σύ, οὔτ' ἂν ἄλλος οὐδεὶς δύναιτ' ἀντειπεῖν. 8. Νὴ τὴν Ἥραν, ἔφη, μέγα λέγεις ἀγαθὸν εὑρηκέναι, εἰ παύσονται μὲν οἱ δικασταὶ δίχα ψηφιζόμενοι, παύσονται δὲ οἱ πολῖται περὶ τῶν δικαίων ἀντιλέγοντές τε καὶ ἀντιδικοῦντες καὶ στασιάζοντες, παύσονται δὲ αἱ πόλεις διαφερόμεναι περὶ τῶν δικαίων, καὶ πολεμοῦσαι· καὶ ἐγὼ μὲν οὐκ οἶδ', ὅπως ἂν ἀπολειφθείην σου, πρὸ τοῦ ἀκοῦσαι τηλικοῦτον ἀγαθὸν εὑρηκότος. 9. Ἀλλὰ μὰ Δί', ἔφη, οὐκ ἀκούσει, πρίν γ' ἂν αὐτὸς ἀποφήνῃ, ὅ τι νομίζεις τὸ δίκαιον εἶναι· ἀρκεῖ γάρ, ὅτι τῶν ἄλλων καταγελᾷς, ἐρωτῶν μὲν καὶ ἐλέγχων πάντας, αὐτὸς δ' οὐδενὶ θέλων ὑπέχειν λόγον, οὐδὲ γνώμην ἀποφαίνεσθαι περὶ οὐδενός. 10. Τί δέ; ὦ Ἱππία, ἔφη, οὐκ ᾔσθησαι, ὅτι ἐγώ, ἃ δοκεῖ μοι δίκαια εἶναι, οὐδὲν παύομαι ἀποδεικνύμενος; Καὶ ποῖος δή σοι, ἔφη, οὗτος ὁ λόγος ἐστίν; Εἰ δὲ μὴ λόγῳ, ἔφη, ἀλλ' ἔργῳ ἀποδείκνυμαι· ἢ οὐ δοκεῖ σοι ἀξιοτεκμαρτότερον τοῦ λόγου τὸ ἔργον εἶναι; Πολύ γε νὴ Δί', ἔφη· δίκαια μὲν γὰρ λέγοντες πολλοὶ ἄδικα ποιοῦσι, δίκαια δὲ πράττων οὐδ' ἂν εἷς ἄδικος εἴη. 11. Ἤισθησαί οὖν πώποτέ μου ἢ ψευδομαρτυροῦντος, ἢ συκοφαντοῦντος, ἢ φίλους ἢ πόλιν εἰς στάσιν ἐμβάλλοντος, ἢ ἄλλο τι ἄδικον πράττοντος; Οὐκ ἔγωγε, ἔφη. Τὸ δὲ τῶν ἀδίκων ἀπέχεσθαι οὐ δίκαιον ἡγεῖ; Δῆλος εἶ, ἔφη, ὦ Σώκρατες, καὶ νῦν διαφεύγειν ἐγχειρῶν τὸ ἀποδείκνυσθαι γνώμην, ὅ τι νομίζεις τὸ δίκαιον· οὐ γὰρ ἃ πράττουσιν οἱ δίκαιοι, ἀλλ' ἃ μὴ πράττουσι, ταῦτα λέγεις. 12. Ἀλλ' ὤμην ἔγωγε, ἔφη ὁ Σωκράτης, τὸ μὴ θέλειν ἀδικεῖν, ἱκανὸν δικαιοσύνης ἐπίδειγμα εἶναι· εἰ δέ σοι μὴ δοκεῖ, σκέψαι, ἐὰν ⁓όδε σοι μᾶλλον ἀρέσκῃ· φημὶ γὰρ ἐγὼ τὸ νόμιμον δίκαιον εἶναι. Ἆρα τὸ αὐτὸ λέγεις, ὦ Σώκρατες, νόμιμόν τε καὶ δίκαιον είναι; Έγωγε, έφη. 13. Ού γάρ αισθάνομαί σου, ὁποῖον νόμιμον, ἢ ποῖον δίκαιον λέγεις. Νόμους δὲ πόλεως, έφη, γιγνώσκεις; Έγωγε, έφη. Καὶ τίνας τούτους νομίζεις; Ἃ οἱ πολῖται, έφη, συνθέμενοι ἅ τε δεῖ ποιεῖν, καὶ ὧν ἀπέχεσθαι, ἐγράψαντο. Οὔκουν, έφη, νόμιμος μὲν ἂν εἴη ὁ κατὰ ταῦτα πολιτευόμενος, ἄνομος δὲ ὁ ταῦτα παραβαίνων; Πάνυ μὲν οὖν, έφη. Οὔκουν καὶ δίκαια μὲν ἂν πράττοι ὁ τούτοις πειθόμενος, ἄδικα δ' ὁ τούτοις ἀπειθῶν; Πάνυ μὲν οὖν. Οὔκουν ὁ μὲν τὰ δίκαια πράττων, δίκαιος, ὁ δὲ τὰ ἄδικα, ἄδικος; Πῶς γὰρ οὔ; Ὁ μὲν ἄρα νόμιμος δίκαιός ἐστιν, ὁ δὲ ἄνομος ἄδικος. 14. Καὶ ὁ Ἱππίας, Νόμους δ', έφη, ὦ Σώκρατες, πῶς ἄν τις ἡγήσαιτο σπουδαῖον πρᾶγμα εἶναι, ἢ τὸ πείθεσθαι αὐτοῖς, οὕς γε πολλάκις αὐτοὶ οἱ θέμενοι ἀποδοκιμάσαντες μετατίθενται; Καὶ γὰρ πόλεμον, έφη ὁ Σωκράτης, πολλάκις ἀράμεναι αἱ πόλεις, πάλιν εἰρήνην ποιοῦνται. Καὶ μάλα, έφη. Διάφορον οὖν τι οἴει ποιεῖν, έφη, τοὺς τοῖς νόμοις πειθομένους φαυλίζων, ὅτι καταλυθεῖεν ἂν οἱ νόμοι, ἢ εἰ τοὺς ἐν τοῖς πολέμοις εὐτακτοῦντας ψέγοις, ὅτι γένοιτ' ἂν εἰρήνη; ἢ καὶ τοὺς ἐν τοῖς πολέμοις ταῖς πατρίσι προθύμως βοηθοῦντας μέμφει; Μὰ Δί' οὐκ ἔγωγ', έφη. 15. Λυκοῦργον δὲ τὸν Λακεδαιμόνιον, έφη ὁ Σωκράτης, καταμεμάθηκας, ὅτι οὐδὲν ἂν διάφορον τῶν ἄλλων πόλεων τὴν Σπάρτην ἐποίησεν, εἰ μὴ τὸ πείθεσθαι τοῖς νόμοις μάλιστα ἐνειργάσατο αὐτῇ; τῶν δὲ ἀρχόντων ἐν ταῖς πόλεσιν οὐκ οἶσθα, ὅτι, οἵτινες ἂν τοῖς πολίταις αἰτιώτατοι ὦσι τοῦ τοῖς νόμοις πείθεσθαι, οὗτοι ἄριστοί εἰσι; καὶ πόλις, ἐν ᾗ μάλιστα οἱ πολῖται τοῖς νόμοις πείθονται, ἐν εἰρήνῃ τε ἄριστα διάγει, καὶ ἐν πολέμῳ ἀνυπόστατός ἐστιν; 16. Ἀλλὰ μὴν καὶ ὁμόνοιά γε μέγιστόν τε ἀγαθὸν δοκεῖ ταῖς πόλεσιν εἶναι, καὶ πλειστάκις ἐν αὐταῖς αἵ τε γερουσίαι καὶ οἱ ἄριστοι ἄνδρες παρακελεύονται τοῖς πολίταις ὁμονοεῖν, καὶ πανταχοῦ ἐν τῇ Ἑλλάδι νόμος κεῖται, τοὺς πολίτας ὀμνύναι ὁμονοήσειν, καὶ πανταχοῦ ὀμνύουσι τὸν ὅρκον τοῦτον· οἶμαι δ' ἐγὼ ταῦτα γίγνεσθαι, οὐχ ὅπως τοὺς αὐτοὺς χο ροὺς κρίνωσιν οἱ πολῖται, οὐδ' ὅπως τοὺς αὐτοὺς αὐλητὰς ἐπαινῶσιν, οὐδ' ὅπως τοὺς αὐτοὺς ποιητὰς αἱρῶνται, οὐδ ἵνα τοῖς αὐτοῖς ἥδωνται, ἀλλ' ἵνα τοῖς νόμοις πείθωνται. τούτοις γὰρ τῶν πολιτῶν ἐμμενόντων, αἱ πόλεις ἰσχυρόταταί τε καὶ εὐδαιμονέσταται γίγνονται· ἄνευ δὲ ὁμονοίας, οὔτ' ἂν πόλις εὖ πολιτευθείη, οὔτ' οἶκος καλῶς οἰκηθείη. 17. Ἰδίᾳ δὲ πῶς μὲν ἄν τις ἧττον ὑπὸ πόλεως ζημιοῖτο, πῶς δ' ἂν μᾶλλον τιμῷτο, ἢ εἰ τοῖς νόμοις πείθοιτο; πῶς δ' ἂν ἧττον ἐν τοῖς δικαστηρίοις ἡττῷτο; ἢ πῶς ἂν μᾶλλον νικῴη; τίνι δ' ἄν τις μᾶλλον πιστεύσειε παρακαταθέσθαι ἢ χρήματα, ἢ υἱούς, ἢ θυγατέρας; τίνα δ' ἂν ἡ πόλις ὅλη ἀξιοπιστότερον ἡγήσαιτο τοῦ νομίμου; παρὰ τίνος δ' ἂν μᾶλλον τῶν δικαίων τύχοιεν ἢ γονεῖς, ἢ οἰκεῖοι, ἢ οἰκέται, ἢ φίλοι, ἢ πολῖται, ἢ ξένοι; τίνι δ' ἂν μᾶλλον πολέμιοι πιστεύσειαν ἢ ἀνοχάς, ἢ σπονδάς, ἢ συνθήκας περὶ εἰρήνης; τίνι δ' ἂν μᾶλλον, ἢ τῷ νομίμῳ, σύμμαχοι ἐθέλοιεν γίγνεσθαι; τῷ δ' ἂν μᾶλλον οἱ σύμμαχοι πιστεύσειαν ἢ ἡγεμονίαν, ἢ φρουραρχίαν, ἢ πόλεις; τίνα δ' ἄν τις εὐεργετήσας ὑπολάβοι χάριν κομιεῖσθαι μᾶλλον, ἢ τὸν νόμιμον; ἢ τίνα μᾶλλον ἄν τις εὐεργετήσειεν, ἢ παρ' οὗ χάριν ἀπολήψεσθαι νομίζει; τῷ δ' ἄν τις βούλοιτο μᾶλλον φίλος εἶναι, ἢ τῷ τοιούτῳ, ἢ τῷ ἧττον ἐχθρός; τῷ δ' ἄν τις ἧττον πολεμήσειεν, ἢ ᾧ ἂν μάλιστα μὲν φίλος εἶναι βούλοιτο, ἥκιστα δ' ἐχθρός, καὶ ᾧ πλεῖστοι μὲν φίλοι καὶ σύμμαχοι βούλοιντο εἶναι, ἐλάχιστοι δ' ἐχθροὶ καὶ πολέμιοι; 18. Ἐγὼ μὲν οὖν, ὦ Ἱππία, τὸ αὐτὸ ἐπιδείκνυμι νόμιμόν τε καὶ δίκαιον εἶναι· σὺ δ' εἰ τἀναντία γιγνώσκεις, δίδασκε. Καὶ ὁ Ἱππίας, Ἀλλά, μὰ τὸν Δία, ἔφη, ὦ Σώκρατες, οὔ μοι δοκῶ τἀναντία γιγνώσκειν οἷς εἴρηκας περὶ τοῦ δικαίου. 19. Ἀγράφους δέ τινας οἶσθα, ἔφη, ὦ Ἱππία, νόμους; Τούς γ' ἐν πάσῃ, ἔφη, χώρᾳ κατὰ ταὐτὰ νομιζομένους. Ἔχοις ἂν οὖν εἰπεῖν, ἔφη, ὅτι οἱ ἄνθρωποι αὐτοὺς ἔθεντο; Καὶ πῶς ἄν, ἔφη, οἵ γε οὔτε συνελθεῖν ἅπαντες ἂν δυνηθεῖεν, οὔτε ὁμόφωνοί εἰσι; Τίνας οὖν, ἔφη, νομίζεις τεθεικέναι τοὺς νόμους τούτους; Ἐγὼ μέν, ἔφη, θεοὺς οἶμαι τοὺ νόμους τούτους τοῖς ἀνθρώποις θεῖναι· καὶ γὰρ παρὰ πᾶσιν ἀνθρώποις πρῶτον νομίζεται θεοὺς σέβειν. 20 Οὐκοῦν καὶ γονέας τιμᾶν πανταχοῦ νομίζεται; Καὶ τοῦτο ἔφη. Οὐκέτι μοι δοκεῖ, ἔφη, ὦ Σώκρατες, οὗτος θεοῦ νόμος εἶναι. Τί δή; ἔφη. Ὅτι αἰσθάνομαί τινας, ἔφη, παραβαίνοντας αὐτόν. 21. Καὶ γὰρ ἄλλα πολλά, ἔφη, παρανομοῦσιν· ἀλλ' οὖν δίκην γέ τοι διδόασιν οἱ παραβαίνοντες τοὺς ὑπὸ τῶν θεῶν κειμένους νόμους, ἣν οὐδενὶ τρόπῳ δυνατὸν ἀνθρώπῳ διαφυγεῖν, ὥςπερ τοὺς ὑπ' ἀνθρώπων κειμένους νόμους ἔνιοι παραβαίνοντες διαφεύγουσι τὸ δίκην διδόναι, οἱ μὲν λανθάνοντες, οἱ δὲ βιαζόμενοι. 22. Τί δέ; τοὺς εὖ ποιοῦντας ἀντευεργετεῖν οὐ πανταχοῦ νόμιμόν ἐστι; Νόμιμον, ἔφη· παραβαίνεται δὲ καὶ τοῦτο. Οὐκοῦν καὶ οἱ τοῦτο παραβαίνοντες δίκην διδόασι, φίλων μὲν ἀγαθῶν ἔρημοι γιγνόμενοι, τοὺς δὲ μισοῦντας ἑαυτοὺς ἀναγκαζόμενοι διώκειν· ἢ οὐχ οἱ μὲν εὖ ποιοῦντες τοὺς χρωμένους ἑαυτοῖς ἀγαθοὶ φίλοι εἰσίν, οἱ δὲ μὴ ἀντευεργετοῦντες τοὺς τοιούτους, διὰ μὲν τὴν ἀχαριστίαν μισοῦνται ὑπ' αὐτῶν, διὰ δὲ τὸ μάλιστα λυσιτελεῖν τοῖς τοιούτοις χρῆσθαι, τούτους μάλιστα διώκουσι; Νὴ τὸν Δί', ὦ Σώκρατες, ἔφη, θεοῖς ταῦτα πάντα ἔοικε· τὸ γὰρ τοὺς νόμους αὐτοὺς τοῖς παραβαίνουσι τὰς τιμωρίας ἔχειν, βελτίονος ἢ κατ' ἄνθρωπον νομοθέτου δοκεῖ μοι εἶναι. 23. Πότερον οὖν, ὦ Ἱππία, τοὺς θεοὺς ἡγεῖ τὰ δίκαια νομοθετεῖν, ἢ ἄλλα τῶν δικαίων; Οὐκ ἄλλα μὰ Δί', ἔφη· σχολῇ γὰρ ἂν ἄλλος γέ τις τὰ δίκαια νομοθετήσειεν, εἰ μὴ θεός. Καὶ τοῖς θεοῖς ἄρα, ὦ Ἱππία, τὸ αὐτὸ δίκαιόν τε καὶ νόμιμον εἶναι ἀρέσκει.

Τοιαῦτα λέγων τε καὶ πράττων δικαιοτέρους ἐποίει τοὺς πλησιάζοντας.

CHAPTER V.

SUMMARY

The advantages resulting from habits of self-control, and the evils attendant upon an opposite course of life.

1. Ὡς δὲ καὶ πρακτικωτέρους ἐποίει τοὺς συνόντας ἑαυτῷ, νῦν αὖ τοῦτο λέξω· νομίζων γὰρ ἐγκράτειαν ὑπάρχειν ἀγαθὸν εἶναι τῷ μέλλοντι καλόν τι πράξειν, πρῶτον μὲν αὐτὸς φανερὸς ἦν τοῖς συνοῦσιν ἠσκηκὼς ἑαυτὸν μάλιστα πάντων ἀνθρώπων, ἔπειτα διαλεγόμενος προετρέπετο πάντων μάλιστα τοὺς συνόντας πρὸς ἐγκράτειαν. 2. Ἀεὶ μὲν οὖν περὶ τῶν πρὸς ἀρετὴν χρησίμων αὐτός τε διετέλει μεμνημένος, καὶ τοὺς συνόντας πάντας ὑπομιμνήσκων· οἶδα δέ ποτε αὐτὸν καὶ πρὸς Εὐθύδημον περὶ ἐγκρατείας τοιάδε διαλεχθέντα· Εἰπέ μοι, ἔφη, ὦ Εὐθύδημε, ἆρα καλὸν καὶ μεγαλεῖον νομίζεις εἶναι καὶ ἀνδρὶ καὶ πόλει κτῆμα ἐλευθερίαν; Ὡς οἷόν τέ γε μάλιστα, ἔφη. 3. Ὅστις οὖν ἄρχεται ὑπὸ τῶν διὰ τοῦ σώματος ἡδονῶν, καὶ διὰ ταύτας μὴ δύναται πράττειν τὰ βέλτιστα, νομίζεις τοῦτον ἐλεύθερον εἶναι; Ἥκιστα, ἔφη. Ἴσως γὰρ ἐλεύθερον φαίνεταί σοι τὸ πράττειν τὰ βέλτιστα, εἶτα τὸ ἔχειν τοὺς κωλύσοντας τὰ τοιαῦτα ποιεῖν ἀνελεύθερον νομίζεις. Παντάπασί γε, ἔφη. 4. Παντάπασιν ἄρα σοι δοκοῦσιν οἱ ἀκρατεῖς ἀνελεύθεροι εἶναι; Νὴ τὸν Δί', ἔφη, εἰκότως. Πότερον δέ σοι δοκοῦσιν οἱ ἀκρατεῖς κωλύεσθαι μόνον τὰ κάλλιστα πράττειν, ἢ καὶ ἀναγκάζεσθαι τὰ αἴσχιστα ποιεῖν; Οὐδὲν ἧττον ἔμοιγ', ἔφη, δοκοῦσι ταῦτα ἀναγκάζεσθαι, ἢ ἐκεῖνα κωλύεσθαι. 5. Ποίους δέ τινας δεσπότας ἡγεῖ τοὺς τὰ μὲν ἄριστα κωλύοντας, τὰ δὲ κάκιστα ἀναγκάζοντας; Ὡς δυνατὸν νὴ Δί', ἔφη, κακίστους. Δουλείαν δὲ ποίαν κακίστην νομίζεις εἶναι; Ἐγὼ μέν, ἔφη, τὴν παρὰ τοῖς κακίστοις δεσπόταις Τὴν κακίστην ἄρα δουλείαν οἱ ἀκρατεῖς δουλεύουσιν; Ἔμοιγε δοκεῖ, ἔφη. 6. Σοφίαν δὲ τὸ μέγιστον ἀγαθὸν οὐ δοκεῖ σοι ἀπείργουσα τῶν ἀνθρώπων ἡ ἀκρασία

εἰς τοὐναντίον αὐτοὺς ἐμβάλλειν; ἢ οὐ δοκεῖ σοι προςέχειν 1ε τοῖς ὠφελοῦσι καὶ καταμανθάνειν αὐτὰ κωλύειν, ἀφέλκουσα ἐπὶ τὰ ἡδέα, καὶ πολλάκις αἰσθανομένους τῶν ἀγαθῶν τε καὶ τῶν κακῶν ἐκπλήξασα, ποιεῖν τὸ χεῖρον ἀντὶ τοῦ βελτίονος αἱρεῖσθαι; Γίγνεται τοῦτ', ἔφη. 7. Σωφροσύνης δέ, ὦ Εὐθύδημε, τίνι ἂν φαίημεν ἧττον, ἢ τῷ ἀκρατεῖ, προςήκειν; αὐτὰ γὰρ δήπου τὰ ἐναντία σωφροσύνης καὶ ἀκρασίας ἔργα ἐστίν. Ὁμολογῶ καὶ τοῦτο, ἔφη. Τοῦ δ' ἐπιμελεῖσθαι, ὧν προςήκει, οἴει τι κωλυτικώτερον ἀκρασίας εἶναι; Οὔκουν ἔγωγε, ἔφη. Τοῦ δὲ ἀντὶ τῶν ὠφελούντων τὰ βλάπτοντα προαιρεῖσθαι ποιοῦντος, καὶ τούτων μὲν ἐπιμελεῖσθαι, ἐκείνων δὲ ἀμελεῖν πείθοντος, καὶ τοῖς σωφρονοῦσι τὰ ἐναντία ποιεῖν ἀναγκάζοντος, οἴει τι ἀνθρώπῳ κάκιον εἶναι; Οὐδέν, ἔφη. 8. Οὔκουν τὴν ἐγκράτειαν τῶν ἐναντίων ἢ τὴν ἀκρασίαν εἰκὸς τοῖς ἀνθρώποις αἰτίαν εἶναι; Πάνυ μὲν οὖν, ἔφη. Οὔκουν καὶ τῶν ἐναντίων τὸ αἴτιον εἰκὸς ἄριστον εἶναι; Εἰκὸς γάρ, ἔφη. Ἔοικεν ἄρα, ἔφη, ὦ Εὐθύδημε, ἄριστον ἀνθρώπῳ ἡ ἐγκράτεια εἶναι; Εἰκότως γάρ, ἔφη, ὦ Σώκρατες. 9. Ἐκεῖνο δέ, ὦ Εὐθύδημε, ἤδη πώποτε ἐνεθυμήθης; Ποῖον; ἔφη. Ὅτι καὶ ἐπὶ τὰ ἡδέα, ἐφ' ἅπερ μόνα δοκεῖ ἡ ἀκρασία τοὺς ἀνθρώπους ἄγειν, αὐτὴ μὲν οὐ δύναται ἄγειν, ἡ δ' ἐγκράτεια πάντων μάλιστα ἥδεσθαι ποιεῖ. Πῶς; ἔφη. Ὥσπερ ἡ μὲν ἀκρασία, οὐκ ἐῶσα καρτερεῖν οὔτε λιμόν, οὔτε δίψαν, οὔτε ἀγρυπνίαν, δι' ὧν μόνων ἔστιν ἡδέως μὲν φαγεῖν τε καὶ πιεῖν, ἡδέως δ' ἀναπαύσασθαί τε καὶ κοιμηθῆναι, καὶ περιμείναντας καὶ ἀνασχομένους, ἕως ἂν ταῦτα ὡς ἔνι ἥδιστα γένηται, κωλύει τοῖς ἀναγκαιοτάτοις τε καὶ συνεχεστάτοις ἀξιολόγως ἥδεσθαι ἡ δ' ἐγκράτεια μόνη ποιοῦσα καρτερεῖν τὰ εἰρημένα, μόνη καὶ ἥδεσθαι ποιεῖ ἀξίως μνήμης ἐπὶ τοῖς εἰρημένοις. Παντάπασιν, ἔφη, ἀληθῆ λέγεις. 10. Ἀλλὰ μὴν τοῦ μαθεῖν τι καλὸν καὶ ἀγαθόν, καὶ τοῦ ἐπιμεληθῆναι τῶν τοιούτων τινός, δι' ὧν ἄν τις καὶ τὸ ἑαυτοῦ σῶμα καλῶς διοικήσειε, καὶ τὸν ἑαυτοῦ οἶκον καλῶς οἰκονομήσειε, καὶ φίλοις καὶ πόλει ὠφέλιμος γένοιτο καὶ ἐχθροὺς κρατήσειεν, ἀφ' ὧν οὐ μόνον ὠφέλειαι, ἀλλὰ καὶ ἡδοναὶ μέγιστα. γίγνονται, οἱ μὲν ἐγκρατεῖς ἀπολαύουσι, πράττοντες αὐτά, οἱ δ' ἀκρατεῖς οὐδενὸς μετέχουσι· τῷ γὰρ ἂν ἧττον φήσαιμεν τῶν τοιούτων προςήκειν, ἢ ᾧ ἥκιστα ἔξεστι ταῦτα πράττειν, κατεχομένῳ ἐπὶ τῷ σπουδάζειν περὶ τὰς ἐγγυτάτω ἡδονάς; 11. Καὶ ὁ Εὐθύδημος, Δοκεῖς μοι, ἔφη, ὦ Σώκρατες, λέγειν, ὡς ἀνδρὶ ἥττονι τῶν διὰ τοῦ σώματος ἡδονῶν πάμπαν οὐδεμιᾶς ἀρετῆς προςήκει. Τί γὰρ διαφέρει, ἔφη, ὦ Εὐθύδημε, ἄνθρωπος ἀκρατὴς θηρίου τοῦ ἀμαθεστάτου; ὅςτις γὰρ τὰ μὲν κράτιστα μὴ σκοπεῖ, τὰ ἥδιστα δ' ἐκ παντὸς τρόποι ζητεῖ ποιεῖν, τί ἂν διαφέροι τῶν ἀφρονεστάτων βοσκημάτων; ἀλλὰ τοῖς ἐγκρατέσι μόνοις ἔξεστι σκοπεῖν τὰ κράτιστα τῶν πραγμάτων, καὶ ἔργῳ καὶ λόγῳ διαλέγοντας κατὰ γένη, τὰ μὲν ἀγαθὰ προαιρεῖσθαι, τῶν δὲ κακῶν ἀπέχεσθαι. 12. Καὶ οὕτως, ἔφη, ἀρίστους τε καὶ εὐδαιμονεστάτους ἄνδρας γίγνεσθαι, καὶ διαλέγεσθαι δυνατωτάτους· ἔφη δὲ καὶ τὸ διαλέγεσθαι ὀνομασθῆναι ἐκ τοῦ συνιόντας κοινῇ βουλεύεσθαι, διαλέγοντας κατὰ γένη τὰ πράγματα· δεῖν οὖν πειρᾶσθαι ὅτι μάλιστα πρὸς τοῦτο ἑαυτὸν ἕτοιμον παρασκευάζειν, καὶ τούτου μάλιστα ἐπιμελεῖσθαι· ἐκ τούτου γὰρ γίγνεσθαι ἄνδρας ἀρίστους τε καὶ ἡγεμονικωτάτοις. καὶ διαλεκτικωτάτους.

CHAPTER VI.

SUMMARY.

SOCRATES strove to teach those who associated with him the true art of reasoning, since he always held that whoever had acquired clear ideas himself of any matter, could, with equal clearness, explain those ideas to others; while, on the other hand, it was not to be wondered at if such as were deficient in that particular should not on'y be led into error themselves, but likewise mislead others.

1. Ὡς δὲ καὶ διαλεκτικωτέρους ἐποίει τοὺς συνόντας, πειράσομαι καὶ τοῦτο λέγειν. Σωκράτης γὰρ τοὺς μὲν εἰδότας, τί ἕκαστον εἴη τῶν ὄντων, ἐνόμιζε καὶ τοῖς ἄλλοις

ἂν ἐξηγεῖσθαι δύνασθαι, τοὺς δὲ μὴ εἰδότας, οὐδὲν ἔφη θαυμαστὸν εἶναι αὐτούς τε σφάλλεσθαι, καὶ ἄλλους σφάλλειν· ὧν ἔνεκα σκοπῶν σὺν τοῖς συνοῦσι, τί ἕκαστον εἴη τῶν ὄντων, οὐδέποτ' ἔληγε. Πάντα μὲν οὖν, ᾗ διωρίζετο, πολὺ ἔργον ἂν εἴη διεξελθεῖν, ἐν ὅσοις δὲ καὶ τὸν τρόπον τῆς ἐπισκέψεως δηλώσειν οἶμαι, τοσαῦτα λέξω. 2. Πρῶτον δὲ περὶ εὐσεβείας ὡδέ πως ἐσκόπει· Εἰπέ μοι, ἔφη, ὦ Εὐθύδημε, ποῖόν τι νομίζεις εὐσέβειαν εἶναι; Καὶ ὅς, Κάλλιστον νὴ Δί', ἔφη. Ἔχεις οὖν εἰπεῖν, ὁποῖός τις ὁ εὐσεβής ἐστιν; Ἐμοὶ μὲν δοκεῖ, ἔφη, ὁ τοὺς θεοὺς τιμῶν. Ἔξεστι δέ, ὃν ἄν τις βούληται τρόπον, τοὺς θεοὺς τιμᾶν; Οὐκ· ἀλλὰ νόμοι εἰσί, καθ' οὓς δεῖ τοῦτο ποιεῖν. 3. Οὔκουν ὁ τοὺς νόμους τούτους εἰδώς, εἰδείη ἄν, ὡς δεῖ τοὺς θεοὺς τιμᾶν; Οἶμαι ἔγωγ', ἔφη. Ἆρ' οὖν ὁ εἰδὼς τοὺς θεοὺς τιμᾶν, οὐκ ἄλλως οἴεται δεῖν τοῦτο ποιεῖν, ἢ ὡς οἶδεν; Οὐ γὰρ οὖν, ἔφη. Ἄλλως δέ τις θεοὺς τιμᾷ, ἢ ὡς οἴεται δεῖν; Οὐκ οἶμαι, ἔφη. 4. Ὁ ἄρα τὰ περὶ τοὺς θεοὺς νόμιμα εἰδώς, νομίμως ἂν τοὺς θεοὺς τιμῴη; Πάνυ μὲν οὖν. Οὔκουν ὅ γε νομίμως τιμῶν, ὡς δεῖ τιμᾷ; Πῶς γὰρ οὔ; Ὁ δέ γε, ὡς δεῖ τιμῶν, εὐσεβής ἐστι; Πάνυ μὲν οὖν, ἔφη. Ὁ ἄρα τὰ περὶ τοὺς θεοὺς νόμιμα εἰδώς, ὀρθῶς ἂν ἡμῖν εὐσεβὴς ὡρισμένος εἴη; Ἐμοὶ γοῦν, ἔφη, δοκεῖ.

5. Ἀνθρώποις δὲ ἄρα ἔξεστιν, ὃν ἄν τις τρόπον βούληται, χρῆσθαι; Οὐκ· ἀλλὰ καὶ περὶ τούτους ὁ εἰδώς, ἅ ἐστι νόμιμα, καθ' ἃ δεῖ πως ἀλλήλοις χρῆσθαι, νόμιμος ἂν εἴη. Οὔκουν οἱ κατὰ ταῦτα χρώμενοι ἀλλήλοις, ὡς δεῖ, χρῶνται; Πῶς γὰρ οὔ; Οὔκουν οἵ γε, ὡς δεῖ, χρώμενοι, καλῶς χρῶνται; Πάνυ μὲν οὖν, ἔφη. Οὔκουν οἵ γε τοῖς ἀνθρώποις καλῶς χρώμενοι, καλῶς πράττουσι τἀνθρώπεια πράγματα; Εἰκός γ', ἔφη. Οὔκουν οἱ τοῖς νόμοις πειθόμενοι, δίκαια οὗτοι ποιοῦσι; Πάνυ μὲν οὖν, ἔφη. 6. Δίκαια δὲ οἶσθα, ἔφη, ὁποῖα καλεῖται; Ἃ οἱ νόμοι κελεύουσιν, ἔφη. Οἱ ἄρα ποιοῦντες ἃ οἱ νόμοι κελεύουσι, δίκαιά τε ποιοῦσι, καὶ ἃ δεῖ; Πῶς γὰρ οὔ; Οὔκουν οἵ γε τὰ δίκαια ποιοῦντες, δίκαιοί εἰσιν; Οἶμαι ἔγωγ', ἔφη. Οἴει

οὖν τινας πείθεσθαι τοῖς νόμοις, μὴ εἰδότας ἃ οἱ νόμοι κελεύουσιν; Οὐκ ἔγωγ', ἔφη. Εἰδότας δὲ ἃ δεῖ ποιεῖν οἴει τινὰς οἴεσθαι δεῖν μὴ ποιεῖν ταῦτα; Οὐκ οἶμαι, ἔφη. Οἶδας δέ τινας ἄλλα ποιοῦντας, ἢ ἃ οἴονται δεῖν; Οὐκ ἔγωγ', ἔφη. Οἱ ἄρα τὰ περὶ ἀνθρώπους νόμιμα εἰδότες, τὰ δίκαια οὗτοι ποιοῦσιν; Πάνυ μὲν οὖν, ἔφη. Οὔκουν οἱ γε τὰ δίκαια ποιοῦντες, δίκαιοί εἰσι; Τίνες γὰρ ἄλλοι; ἔφη. Ὀρθῶς ἄν ποτε ἄρα ὁριζοίμεθα, ὁριζόμενοι δικαίους εἶναι τοὺς εἰδότας τὰ περὶ ἀνθρώπους νόμιμα; Ἔμοιγε δοκεῖ, ἔφη.

7. Σοφίαν δὲ τί ἄν φήσαιμεν εἶναι; εἰπέ μοι, πότερά σοι δοκοῦσιν οἱ σοφοί, ἃ ἐπίστανται, ταῦτα σοφοὶ εἶναι, ἢ εἰσί τινες, ἃ μὴ ἐπίστανται, σοφοί; Ἃ ἐπίστανται δῆλον ὅτι, ἔφη· πῶς γὰρ ἄν τις, ἅ γε μὴ ἐπίσταιτο, ταῦτα σοφὸς εἴη; Ἆρ' οὖν οἱ σοφοὶ ἐπιστήμῃ σοφοί εἰσι; Τίνι γάρ, ἔφη, ἄλλῳ τις ἄν εἴη σοφός, εἴ γε μὴ ἐπιστήμῃ; Ἄλλο δέ τι σοφίαν οἴει εἶναι, ἢ ᾧ σοφοί εἰσιν; Οὐκ ἔγωγε. Ἐπιστήμη ἄρα σοφία ἐστίν; Ἔμοιγε δοκεῖ. Ἆρ' οὖν δοκεῖ σοι ἀνθρώπῳ δυνατὸν εἶναι τὰ ὄντα πάντα ἐπίστασθαι; Οὐδὲ μὰ Δί' ἔμοιγε πολλοστὸν μέρος αὐτῶν. Πάντα μὲν ἄρα σοφὸν οὐχ οἷόν τε ἄνθρωπον εἶναι; Μὰ Δί' οὐ δῆτα, ἔφη. Ὃ ἄρα ἐπίσταται ἕκαστος, τοῦτο καὶ σοφός ἐστιν; Ἔμοιγε δοκεῖ.

8. Ἆρ' οὖν, ὦ Εὐθύδημε, καὶ τἀγαθὸν οὕτω ζητητέον ἐστί; Πῶς; ἔφη. Δοκεῖ σοι τὸ αὐτὸ πᾶσιν ὠφέλιμον εἶναι; Οὐκ ἔμοιγε. Τί δέ; τὸ ἄλλῳ ὠφέλιμον οὐ δοκεῖ σοι ἐνίοτε ἄλλῳ βλαβερὸν εἶναι; Καὶ μάλα, ἔφη. Ἄλλο δ' ἄν τι φαίης ἀγαθὸν εἶναι, ἢ τὸ ὠφέλιμον; Οὐκ ἔγωγ', ἔφη. Τὸ ἄρα ὠφέλιμον, ἀγαθόν ἐστιν, ὅτῳ ἄν ὠφέλιμον ᾖ; Δοκεῖ μοι, ἔφη.

9. Τὸ δὲ καλὸν ἔχοιμεν ἄν πως ἄλλως εἰπεῖν, ἤ, εἰ ἔστιν, ὀνομάζεις καλὸν ἢ σῶμα, ἢ σκεῦος, ἢ ἄλλ' ὁτιοῦν, ὃ οἶσθα πρὸς πάντα καλὸν ὄν; Μὰ Δί' οὐκ ἔγωγ', ἔφη. Ἆρ' οὖν, πρὸς ὃ ἄν ἕκαστον χρήσιμον ᾖ, πρὸς τοῦτο ἑκάστῳ καλῶς ἔχει χρῆσθαι; Πάνυ μὲν οὖν, ἔφη. Καλὸν δὲ

πρὸς ἄλλο τί ἐστιν ἕκαστον, ἢ πρὸς ὃ ἑκάστῳ καλῶς ἔχει χρῆσθαι; Οὐδὲ πρὸς ἓν ἄλλο, ἔφη. Τὸ χρήσιμον ἄρα καλόν ἐστι, πρὸς ὃ ἂν ᾖ χρήσιμον; Ἔμοιγε δοκεῖ, ἔφη.

10. Ἀνδρίαν δέ, ὦ Εὐθύδημε, ἆρα τῶν καλῶν νομίζεις εἶναι; Κάλλιστον μὲν οὖν ἔγωγ', ἔφη. Χρήσιμον ἄρα οὐ πρὸς τὰ ἐλάχιστα νομίζεις τὴν ἀνδρίαν; Μὰ Δί', ἔφη, πρὸς τὰ μέγιστα μὲν οὖν. Ἆρ' οὖν δοκεῖ σοι πρὸς τὰ δεινά τε καὶ ἐπικίνδυνα χρήσιμον εἶναι τὸ ἀγνοεῖν αὐτά; Ἥκιστά γ', ἔφη. Οἱ ἄρα μὴ φοβούμενοι τὰ τοιαῦτα, διὰ τὸ μὴ εἰδέναι τί ἐστιν, οὐκ ἀνδρεῖοί εἰσιν; Νὴ Δί', ἔφη, πολλοὶ γὰρ ἂν οὕτω γε τῶν τε μαινομένων καὶ τῶν δειλῶν ἀνδρεῖοι εἶεν. Τί δὲ οἱ καὶ τὰ μὴ δεινὰ δεδοικότες; Ἔτι γε, νὴ Δία, ἧττον, ἔφη. Ἆρ' οὖν τοὺς μὲν ἀγαθοὺς πρὸς τὰ δεινὰ καὶ ἐπικίνδυνα ὄντας, ἀνδρείους ἡγεῖ εἶναι, τοὺς δὲ κακούς, δειλούς; Πάνυ μὲν οὖν, ἔφη. 11. Ἀγαθοὺς δὲ πρὸς τὰ τοιαῦτα νομίζεις ἄλλους τινάς, ἢ τοὺς δυναμένους αὐτοῖς καλῶς χρῆσθαι; Οὔκ, ἀλλὰ τούτους, ἔφη. Κακοὺς δὲ ἄρα τοὺς οἵους τούτοις κακῶς χρῆσθαι; Τίνας γὰρ ἄλλους; ἔφη. Ἆρ' οὖν ἕκαστοι χρῶνται, ὡς οἴονται δεῖν; Πῶς γὰρ ἄλλως; ἔφη. Ἆρα οὖν οἱ μὴ δυνάμενοι καλῶς χρῆσθαι ἴσασιν, ὡς δεῖ χρῆσθαι; Οὐ δήπου γε, ἔφη. Οἱ ἄρα εἰδότες, ὡς δεῖ χρῆσθαι, οὗτοι καὶ δύνανται; Μόνοι γ', ἔφη. Τί δέ; οἱ μὴ διημαρτηκότες ἄρα κακῶς χρῶνται τοῖς τοιούτοις; Οὐκ οἶμαι, ἔφη. Οἱ ἄρα κακῶς χρώμενοι διημαρτήκασιν; Εἰκός γ', ἔφη. Οἱ μὲν ἄρα ἐπιστάμενοι τοῖς δεινοῖς τε καὶ ἐπικινδύνοις καλῶς χρῆσθαι ἀνδρεῖοί εἰσιν, οἱ δὲ διαμαρτάνοντες τούτου δειλοί; Ἔμοιγε δοκοῦσιν, ἔφη.

12. Βασιλείαν δὲ καὶ τυραννίδα, ἀρχὰς μὲν ἀμφοτέρας ἡγεῖτο εἶναι, διαφέρειν δὲ ἀλλήλων ἐνόμιζε· τὴν μὲν γὰρ ἑκόντων τε τῶν ἀνθρώπων καὶ κατὰ νόμους τῶν πόλεων ἀρχήν, βασιλείαν ἡγεῖτο, τὴν δὲ ἀκόντων τε καὶ μὴ κατὰ νόμους, ἀλλ' ὅπως ὁ ἄρχων βούλοιτο, τυραννίδα· καὶ ὅπου μὲν ἐκ τῶν τὰ νόμιμα ἐπιτελούντων αἱ ἀρχαὶ καθίστανται ταύτην τὴν πολιτείαν ἀριστοκρατίαν ἐνόμιζεν εἶναι, ὅποι

δ' ἐκ τιμημάτων, πλουτοκρατίαν, ὅπου δ' ἐκ πάντων, δημοκρατίαν.

13. Εἰ δέ τις αὐτῷ περί του ἀντιλέγοι, μηδὲν ἔχων σαφὲς λέγειν, ἀλλ' ἄνευ ἀποδείξεως, ἤτοι σοφώτερον φάσκων εἶναι, ὃν αὐτὸς λέγοι, ἢ πολιτικώτερον, ἢ ἀνδρειότερον, ἢ ἄλλο τι τῶν τοιούτων, ἐπὶ τὴν ὑπόθεσιν ἐπανῆγεν ἂν πάντα τὸν λόγον ὡδέ πως. 14. Φῂς σὺ ἀμείνω πολίτην εἶναι, ὃν σὺ ἐπαινεῖς, ἢ ὃν ἐγώ; Φημὶ γὰρ οὖν. Τί οὖν; οὐκ ἐκεῖνο πρῶτον ἐπεσκεψάμεθα, τί ἐστιν ἔργον ἀγαθοῦ πολίτου; Ποιῶμεν τοῦτο. Οὔκουν ἐν μὲν χρημάτων διοικήσει κρατοίη ἂν ὁ χρήμασιν εὐπορωτέραν τὴν πόλιν ποιῶν; Πάνυ μὲν οὖν, ἔφη. Ἐν δέ γε πολέμῳ, ὁ καθυπερτέραν τῶν ἀντιπάλων; Πῶς γὰρ οὔ; Ἐν δὲ πρεσβείᾳ ἄρα, ὃς ἂν φίλους ἀντὶ πολεμίων παρασκευάζῃ; Εἰκότως γε. Οὔκουν καὶ ἐν δημηγορίᾳ, ὁ στάσεις τε παύων, καὶ ὁμόνοιαν ἐμποιῶν; Ἔμοιγε δοκεῖ. Οὕτω δὲ τῶν λόγων ἐπαναγομένων, καὶ τοῖς ἀντιλέγουσιν αὐτοῖς φανερὸν ἐγίγνετο τἀληθές. 15. Ὁπότε δὲ αὐτός τι τῷ λόγῳ διεξίοι, διὰ τῶν μάλιστα ὁμολογουμένων ἐπορεύετο, νομίζων ταύτην τὴν ἀσφάλειαν εἶναι λόγου· τοιγαροῦν πολὺ μάλισ-α, ὧν ἐγὼ οἶδα, ὅτε λέγοι, τοὺς ἀκούοντας ὁμολογοῦντας παρεῖχεν· ἔφη δὲ καὶ Ὅμηρον τῷ Ὀδυσσεῖ ἀναθεῖναι τὸ ἀσφαλῆ ῥήτορα εἶναι, ὡς ἱκανὸν αὐτὸν ὄντα διὰ τῶν δοκούντων τοῖς ἀνθρώποις ἄγειν τοὺς λόγους.

CHAPTER VII.

SUMMARY

SOCRATES always showed himself solicitous to have his friends become capable of performing their own business, that they might not stand in need of others to perform it for them. For this reason, he made it his study, more than any other man, to find out wherein any of his followers were likely to excel in things not unbecoming a wise and good man; and in such points as he himself could give them any instruction about, he did so with the utmost readiness, and where he could not, he was always ready to carry them to some more skilful master. Yet was he careful to fix the bounds in the case of every science, having in view merely what was useful for the practical purposes of life.

1. Ὅτι μὲν οὖν ἁπλῶς τὴν ἑαυτοῦ γνώμην ἀπεφαίνετο Σωκράτης πρὸς τοὺς ὁμιλοῦντας αὐτῷ, δοκεῖ μοι δῆλον ἐκ τῶν εἰρημένων εἶναι· ὅτι δὲ καὶ α.τάρκεις ἐν ταῖς προςηκούσαις πράξεσιν αὐτοὺς εἶναι ἐπεμελεῖτο, νῦν τοῦτο λέξω· πάντων μὲν γάρ, ὧν ἐγὼ οἶδα, μάλιστα ἔμελεν αὐτῷ εἰδέναι, ὅτου τις ἐπιστήμων εἴη τῶν συνόντων αὐτῷ· ὧν δὲ προςήκει ἀνδρὶ καλῷ κἀγαθῷ εἰδέναι, ὅ τι μὲν αὐτὸς εἰδείη, πάντων προθυμότατα ἐδίδασκεν, ὅτου δὲ αὐτὸς ἀπειρότερος εἴη, πρὸς τοὺς ἐπισταμένους ἦγεν αὐτούς. 2. Ἐδίδασκε δὲ καὶ μέχρι ὅτου δέοι ἔμπειρον εἶναι ἑκάστου πράγματος τὸν ὀρθῶς πεπαιδευμένον· αὐτίκα γεωμετρίαν μέχρι μὲν τούτου ἔφη δεῖν μανθάνειν, ἕως ἱκανός τις γένοιτο, εἴ ποτε δεήσειε, γῆν μέτρῳ ὀρθῶς ἢ παραλαβεῖν, ἢ παραδοῦναι, ἢ διανεῖμαι, ἢ ἔργον ἀποδείξασθαι· οὕτω δὲ τοῦτο ῥᾴδιον εἶναι μαθεῖν, ὥστε τὸν προςέχοντα τὸν νοῦν τῇ μετρήσει, ἅμα τήν τε γῆν, ὁπόση ἐστίν, εἰδέναι, καὶ ὡς μετρεῖται ἐπιστάμενον ἀπιέναι. 3. Τὸ δὲ μέχρι τῶν δυςξυνέτων διαγραμμάτων γεωμετρίαν μανθάνειν ἀπεδοκίμαζεν· ὅ τι μὲν γὰρ ὠφελοίη ταῦτα, οὐκ ἔφη ὁρᾶν· καίτοι οὐκ ἄπειρός γε αὐτῶν ἦν· ἔφη δὲ ταῦτα ἱκανὰ εἶναι ἀνθρώπου βίον κατατρίβειν, καὶ ἄλλων πολλῶν τε καὶ ὠφελίμων μαθημάτων ἀποκωλύειν. 4. Ἐκέλευε δὲ καὶ ἀστρολογίας ἐμπείρους γίγνεσθαι, καὶ ταύτης μέντοι μέχρι τοῦ νυκτός τε ὥραν, καὶ μηνός, καὶ ἐνιαυτοῦ δύνασθαι γιγνώσκειν, ἕνεκα πορείας τε καὶ πλοῦ, καὶ φυλακῆς, καὶ ὅσα ἄλλα ἢ νυκτός, ἢ μηνός, ἢ ἐνιαυτοῦ πράττεται, πρὸς ταῦτ' ἔχειν τεκμηρίοις χρῆσθαι, τὰς ὥρας τῶν εἰρημένων διαγιγνώσκοντας· καὶ ταῦτα δὲ ῥᾴδια εἶναι μαθεῖν παρά τε τῶν νυκτοθηρῶν, καὶ κυβερνητῶν, καὶ ἄλλων πολλῶν, οἷς ἐπιμελὲς ταῦτα εἰδέναι. 5. Τὸ δὲ μέχρι τούτου ἀστρονομίαν μανθάνειν, μέχρι τοῦ καὶ τὰ μὴ ἐν τῇ αὐτῇ περιφορᾷ ὄντα, καὶ τοὺς πλάνητάς τε καὶ ἀσταθμήτους ἀστέρας γνῶναι, καὶ τὰς ἀποστάσεις αὐτῶν ἀπὸ τῆς γῆς καὶ τὰς περιόδους, καὶ τὰς αἰτίας

αὐτῶν ζητοῦντες κατατρίβεσθαι, ἰσχυρῶς ἀπέτρεπεν· ὠφέ-
λειαν μὲν γὰρ οὐδεμίαν οὐδ' ἐν τούτοις ἔφη ὁρᾶν· καίτοι
οὐδὲ τούτων γε ἀνήκοος ἦν· ἔφη δὲ καὶ ταῦτα ἱκανὰ εἶναι
κατατρίβειν ἀνθρώπου βίον, καὶ πολλῶν καὶ ὠφελίμων
ἀποκωλύειν. 6. Ὅλως δὲ τῶν οὐρανίων, ᾗ ἕκαστα ὁ θεὸς
μηχανᾶται, φροντιστὴν γίγνεσθαι, ἀπέτρεπεν· οὔτε γὰρ
εὑρετὰ ἀνθρώποις αὐτὰ ἐνόμιζεν εἶναι, οὔτε χαρίζεσθαι
θεοῖς ἂν ἡγεῖτο τὸν ζητοῦντα, ἃ ἐκεῖνοι σαφηνίσαι οὐκ
ἐβουλήθησαν· κινδυνεῦσαι δ' ἂν ἔφη καὶ παραφρονῆσαι
τὸν ταῦτα μεριμνῶντα, οὐδὲν ἧττον ἢ Ἀναξαγόρας παρε-
φρόνησεν, ὁ μέγιστον φρονήσας ἐπὶ τῷ τὰς τῶν θεῶν μη-
χανὰς ἐξηγεῖσθαι. 7. Ἐκεῖνος γάρ, λέγων μὲν τὸ αὐτὸ
εἶναι πῦρ τε καὶ ἥλιον, ἠγνόει, ὡς τὸ μὲν πῦρ οἱ ἄνθρωποι
ῥᾳδίως καθορῶσιν, εἰς δὲ τὸν ἥλιον οὐ δύνανται ἀντιβλέ-
πειν, καὶ ὑπὸ μὲν τοῦ ἡλίου καταλαμπόμενοι τὰ χρώματα
μελάντερα ἔχουσιν, ὑπὸ δὲ τοῦ πυρὸς οὔ· ἠγνόει δέ, ὅτι
καὶ τῶν ἐκ τῆς γῆς φυομένων ἄνευ μὲν ἡλίου αὐγῆς οὐδὲν
δύναται καλῶς αὔξεσθαι, ὑπὸ δὲ τοῦ πυρὸς θερμαινόμενα
πάντα ἀπόλλυται· φάσκων δὲ τὸν ἥλιον λίθον διάπυρον
εἶναι, καὶ τοῦτο ἠγνόει, ὅτι λίθος μὲν ἐν πυρὶ ὢν οὔτε λάμ-
πει, οὔτε πολὺν χρόνον ἀντέχει, ὁ δὲ ἥλιος τὸν πάντα
χρόνον πάντων λαμπρότατος ὢν διαμένει. 8. Ἐκέλευε δὲ
καὶ λογισμοὺς μανθάνειν, καὶ τούτων δὲ ὁμοίως τοῖς ἄλ-
λοις ἐκέλευε φυλάττεσθαι τὴν μάταιον πραγματείαν, μέχρι
δὲ τοῦ ὠφελίμου πάντα καὶ αὐτὸς συνεπεσκόπει, καὶ συν-
διεξῄει τοῖς συνοῦσι. 9. Προέτρεπε δὲ σφόδρα καὶ ὑγιείας
ἐπιμελεῖσθαι τοὺς συνόντας, παρά τε τῶν εἰδότων μανθά-
νοντας ὅσα ἐνδέχοιτο, καὶ ἑαυτῷ ἕκαστον προςέχοντα διὰ
παντὸς τοῦ βίου, τί βρῶμα, ἢ τί πόμα, ἢ ποῖος πόνος συμ-
φέροι αὐτῷ, καὶ πῶς τούτοις χρώμενος ὑγιεινότατ' ἂν διά-
γοι· τοῦ γὰρ οὕτω προςέχοντος ἑαυτῷ, ἔργον ἔφη εἶναι
εὑρεῖν ἰατρὸν τὰ πρὸς ὑγίειαν συμφέροντα αὐτῷ μᾶλλον
διαγιγνώσκοντα ἑαυτοῦ. 10. Εἰ δέ τις μᾶλλον, ἢ κατὰ
τὴν ἀνθρωπίνην σοφίαν, ὠφελεῖσθαι βούλοιτο, συνεβούλευε
μαντικῆς ἐπιμελεῖσθαι· τὸν γὰρ εἰδότα, δι' ὧν οἱ θεοὶ τοῖς

ἀνθρώποις περὶ τῶν πραγμάτων σημαίνουσιν, οὐδέποτ' ἐρη-
μεν, ἔφη, γίγνεσθαι συμβουλῆς θεῶν.

CHAPTER VIII.

SUMMARY.

XENOPHON proceeds to show in this concluding chapter that the death of Socrates was no proof of his having been guilty of falsehood in relation to the internal monitor, under whose guidance he professed to act.
The work concludes with a brief recapitulation of the arguments that have been advanced throughout it.

1. Εἰ δέ τις, ὅτι φάσκοντος αὐτοῦ τὸ δαιμόνιον ἑαυτῷ προσημαίνειν, ἅ τε δέοι, καὶ ἃ μὴ δέοι ποιεῖν, ὑπὸ τῶν δικαστῶν κατεγνώσθη θάνατος, οἴεται αὐτὸν ἐλέγχεσθαι περὶ τοῦ δαιμονίου ψευδόμενον, ἐννοησάτω πρῶτον μέν, ὅτι οὕτως ἤδη τότε πόρρω τῆς ἡλικίας ἦν, ὥστ' εἰ καὶ μὴ τότε, οὐκ ἂν πολλῷ ὕστερον τελευτῆσαι τὸν βίον· εἶτα, ὅτι τὸ μὲν ἀχθεινότατον τοῦ βίου, καὶ ἐν ᾧ πάντες τὴν διάνοιαν μειοῦνται, ἀπέλειπεν, ἀντὶ δὲ τούτου τῆς ψυχῆς τὴν ῥώμην ἐπιδειξάμενος, εὔκλειαν προςεκτήσατο, τήν τε δίκην πάντων ἀνθρώπων ἀληθέστατα καὶ ἐλευθεριώτατα καὶ δικαιότατα εἰπών, καὶ τὴν κατάγνωσιν τοῦ θανάτου πρᾳότατα καὶ ἀνδρωδέστατα ἐνεγκών. 2. Ὁμολογεῖται γάρ, οὐδένα πω τῶν μνημονευομένων ἀνθρώπων κάλλιον θάνατον ἐνεγκεῖν· ἀνάγκη μὲν γὰρ ἐγένετο αὐτῷ, μετὰ τὴν κρίσιν τριάκοντα ἡμέρας βιῶναι, διὰ τὸ Δήλια μὲν ἐκείνου τοῦ μηνὸς εἶναι, τὸν δὲ νόμον μηδένα ἐᾶν δημοσίᾳ ἀποθνήσκειν, ἕως ἂν ἡ θεωρία ἐκ Δήλου ἐπανέλθῃ· καὶ τὸν χρόνον τοῦτον ἅπασι τοῖς συνήθεσι φανερὸς ἐγένετο οὐδὲν ἀλλοιότερον διαβιούς, ἢ τὸν ἔμπροσθεν χρόνον· καίτοι τὸν ἔμπροσθέν γε πάντων ἀνθρώπων μάλιστα ἐθαυμάζετο, ἐπὶ τῷ εὐθύμως τε καὶ εὐκόλως ζῆν. 3. Καὶ πῶς ἄν τις κάλλιον ἢ οὕτως ἀποθάνοι; ἢ ποῖος ἂν εἴη θάνατος καλλίων, ἢ ὃν ἂν κάλλιστά τις ἀποθάνοι; ποῖος δ' ἂν γένοιτο θάνατος εὐδαιμονέστερος τοῦ καλλίστου; ἢ ποῖος θεοφιλέστερος τοῦ κὐ-

δαιμονεστάτου; 4. Λέξω δὲ καὶ ἃ 'Ερμογένους τοῦ 'Ιππονίκου ἤκουσα περὶ αὐτοῦ· ἔφη γάρ, ἤδη Μελήτου γεγραμμένου αὐτὸν τὴν γραφήν, αὐτὸς ἀκούων αὐτοῦ πάντα μᾶλλον, ἢ περὶ τῆς δίκης διαλεγομένου, λέγειν αὐτῷ, ὡς χρὴ σκοπεῖν ὅ τι ἀπολογήσεται· τὸν δὲ τὸ μὲν πρῶτον εἰπεῖν· Οὐ γὰρ δοκῶ σοι τοῦτο μελετῶν διαβεβιωκέναι; ἐπεὶ δὲ αὐτὸν ἤρετο, ὅπως; εἰπεῖν αὐτόν, ὅτι οὐδὲν ἄλλο ποιῶν διαγεγένηται, ἢ διασκοπῶν μὲν τά τε δίκαια καὶ τὰ ἄδικα, πράττων δὲ τὰ δίκαια καὶ τῶν ἀδίκων ἀπεχόμενος, ἥνπερ νομίζοι καλλίστην μελέτην ἀπολογίας εἶναι. 5. Αὐτὸς δὲ πάλιν εἰπεῖν· Οὐχ ὁρᾷς, ὦ Σώκρατες, ὅτι οἱ Ἀθήνῃσι δικασταὶ πολλοὺς μὲν ἤδη μηδὲν ἀδικοῦντας, λόγῳ παραχθέντες ἀπέκτειναν, πολλοὺς δὲ ἀδικοῦντας ἀπέλυσαν; Ἀλλὰ νὴ τὸν Δία, φάναι αὐτόν, ὦ 'Ερμόγενες, ἤδη μου ἐπιχειροῦντος φροντίσαι τῆς πρὸς τοὺς δικαστὰς ἀπολογίας, ἠναντιώθη τὸ δαιμόνιον. 6. Καὶ αὐτὸς εἰπεῖν· Θαυμαστὰ λέγεις· τὸν δέ· Θαυμάζεις, φάναι, εἰ τῷ θεῷ δοκεῖ βέλτιον εἶναι, ἐμὲ τελευτᾶν τὸν βίον ἤδη; οὐκ οἶσθ', ὅτι μέχρι μὲν τοῦδε τοῦ χρόνου ἐγὼ οὐδενὶ ἀνθρώπων ὑφείμην ἂν, οὔτε βέλτιον, οὔθ' ἥδιον ἐμοῦ βεβιωκέναι; ἄριστα μὲν γὰρ οἶμαι ζῆν τοὺς ἄριστα ἐπιμελομένους τοῦ ὡς βελτίστους γίγνεσθαι, ἥδιστα δέ, τοὺς μάλιστα αἰσθανομένους, ὅτι βελτίους γίγνονται. 7. Ἃ ἐγὼ μέχρι τοῦδε τοῦ χρόνου ᾐσθανόμην ἐμαυτῷ συμβαίνοντα, καὶ τοῖς ἄλλοις ἀνθρώποις ἐντυγχάνων, καὶ πρὸς τοὺς ἄλλους παραθεωρῶν ἐμαυτόν, οὕτω διατετέλεκα περὶ ἐμαυτοῦ γιγνώσκων· καὶ οὐ μόνον ἐγώ, ἀλλὰ καὶ οἱ ἐμοὶ φίλοι οὕτως ἔχοντες περὶ ἐμοῦ διατελοῦσιν, οὐ διὰ τὸ φιλεῖν ἐμέ, καὶ γὰρ οἱ τοὺς ἄλλους φιλοῦντες οὕτως ἂν εἶχον πρὸς τοὺς ἑαυτῶν φίλους, ἀλλὰ διόπερ καὶ αὐτοὶ ἂν οἴονται ἐμοὶ συνόντες βέλτιστοι γίγνεσθαι. 8. Εἰ δὲ βιώσομαι πλείω χρόνον, ἴσως ἀναγκαῖον ἔσται τι τοῦ γήρως ἐπιτελεῖσθαι, καὶ ὁρᾶν τε καὶ ἀκούειν ἧττον καὶ διανοεῖσθαι χεῖρον, καὶ δυσμαθέστερον καὶ ἐπιλησμονέστερον ἀποβαίνειν, καὶ ὧν πρότερον βελτίων ἦν, τούτων χείρω γίγνεσθαι· ἀλλὰ μὴν ταῦτά γε μὴ αἰσθανομένῳ μὲν ἀβίωτος ἂν εἴη ὁ βίος, αἰσθανόμενον δὲ πῶς οὐκ ἀνάγκη χεῖρόν τε καὶ ἀηδέστερον ζῆν; 9. Ἀλλὰ μὴν εἴ γε ἀδίκως ἀποθανοῦμαι, τοῖς μὲν ἀδίκως ἐμὲ ἀποκτείνασιν αἰσχρὸν ἂν εἴη τοῦτο· εἰ γὰρ τὸ ἀδικεῖν αἰσχρόν ἐστι, πῶς οὐκ αἰσχρὸν καὶ τὸ ἀδίκως ὁτιοῦν ποιεῖν; ἐμοὶ δὲ τί αἰσχρόν, τὸ ἑτέρους μὴ δύνασθαι περὶ ἐμοῦ τὰ δίκαια μήτε γνῶναι, μήτε ποιῆσαι; 10. Ὁρῶ δ' ἔγωγε καὶ τὴν δόξαν τῶν προγεγονότων ἀνθρώπων ἐν τοῖς ἐπιγιγνομένοις οὐχ ὁμοίαν καταλειπομένην τῶν τε ἀδικησάντων καὶ τῶν ἀδικηθέντων· οἶδα δέ, ὅτι καὶ ἐγὼ ἐπιμελείας τεύξομαι ὑπ' ἀνθρώπων, καὶ ἐὰν νῦν ἀποθάνω, οὐχ ὁμοίως τοῖς ἐμὲ ἀποκτείνασιν· οἶδα γὰρ ἀεὶ μαρτυρήσεσθαί μοι, ὅτι ἐγὼ ἠδίκησα μὲν οὐδένα πώποτε ἀνθρώπων, οὐδὲ χείρω ἐποίησα, βελτίους δὲ ποιεῖν ἐπειρώμην ἀεὶ τοὺς ἐμοὶ συνόντας. Τοιαῦτα μὲν πρὸς Ἑρμογένην τε διελέχθη, καὶ πρὸς τοὺς ἄλλους. 11. Τῶν δὲ Σωκράτην γιγνωσκόντων, οἷος ἦν, οἱ ἀρετῆς ἐφιέμενοι πάντες ἔτι καὶ νῦν διατελοῦσι πάντων μάλιστα ποθοῦντες ἐκεῖνον, ὡς ὠφελιμώτατον ὄντα πρὸς ἀρετῆς ἐπιμέλειαν. Ἐμοὶ μὲν δή, τοιοῦτος ὤν, οἷον ἐγὼ διήγημαι, εὐσεβὴς μὲν οὕτως, ὥςτε μηδὲν ἄνευ τῆς τῶν θεῶν γνώμης ποιεῖν, δίκαιος δέ, ὥςτε βλάπτειν μὲν μηδὲ μικρὸν μηδένα, ὠφελεῖν δὲ τὰ μέγιστα τοὺς χρωμένους αὐτῷ, ἐγκρατὴς δέ, ὥςτε μηδέποτε προαιρεῖσθαι τὸ ἥδιον ἀντὶ τοῦ βελτίονος, φρόνιμος δέ, ὥςτε μὴ διαμαρτάνειν κρίνων τὰ βελτίω καὶ τὰ χείρω, μηδὲ ἄλλου προςδέεσθαι, ἀλλ' αὐτάρκης εἶναι πρὸς τὴν τούτων γνῶσιν, ἱκανὸς δὲ καὶ λόγῳ εἰπεῖν τε καὶ διορίσασθαι τὰ τοιαῦτα, ἱκανὸς δὲ καὶ ἄλλους δοκιμάσαι τε καὶ ἁμαρτάνοντας ἐξελέγξαι, καὶ προτρέψασθαι ἐπ' ἀρετὴν καὶ καλοκἀγαθίαν, ἐδόκει τοιοῦτος εἶναι, οἷος ἂν εἴη ἄριστός τε ἀνήρ, καὶ εὐδαιμονέστατος· εἰ δέ τῳ μὴ ἀρέσκει ταῦτα, παραβάλλων τὸ ἄλλων ἦθος πρὸς ταῦτα, οὕτω κρινέτω.

NOTES.

NOTES.

The Greek title of this work is 'Απομνημονεύμιτα, that is, narrations from memory of sayings and doings, which we have either heard or seen ourselves, or else have learned from others who have been ear or eye witnesses of the same. It corresponds, therefore, strictly to the Latin term *Commentarii*, and the English "Memoirs;" for Xenophon's object in writing the work was not to act the philosopher, but to support the character of a simple narrator, and, in describing the life and teaching of his master, to defend him against the accusations of his enemies. Hence the remark ascribed to Xenophon in one of the Epistles of the Socratics (*Ep.* xv., p. 38, ed. *Leo Allat.*): δοκεῖ μέντοι χρῆναι ἡμᾶς συγγράφειν ἅ ποτε εἶπεν ἀνὴρ καὶ ἔπραξεν· καὶ αὕτη ἀπολογία γένοιτ' ἂν αὐτοῦ βελτίστη εἰς τὸ νῦν τε καὶ εἰς τὸ ἔπειτα.

The term *Memorabilia*, "things worthy of being remembered," which has for a long time back been given to the present work, is by no means a correct translation of ἀπομνημονεύματα; still, however, its employment in the present case is so sanctioned by custom, that it appears pedantic to change it. Besides, although it does not give an accurate idea of the Greek title, it still expresses very well the general scope and spirit of the work.

It may be asked whether Xenophon merely inscribed this work 'Απομνημονεύματα, or whether (what would be more usual with us at the present day) something was added by him in farther explanation of the term, as, for example, Σωκρατικά, or Σωκράτους. It is more than probable, both from the simple titles given by this writer to his other works, and which promise much less than the works themselves actually contain, and from the circumstance of the term ἀπομνημονεύματα alone being employed by the Greek writers in designating the present work, that this latter appellation was used by Xenophon without any appendage. (*Dionys. Hal., Art. Rhet.*, p. 67 Compare *Diog. Laert.*, iii., 34. *Weiske, ad h. l.*)

BOOK I.

CHAPTER I.

§ 1

Τίσι ποτὲ λόγοις. "By what arguments in the world," i. e. by what possible arguments. Observe the intensive force which ποτὲ here gives to the interrogative, and, moreover, that τίσι is here put for οἷστισι, since sometimes, in indirect questions, the simple interrogative forms are used for the compound, when the indirect question assumes the character of the direct. (*Kühner*, § 877, *Obs.* 2, *Jelf.*)—οἱ γραψάμενοι Σωκράτην. "They who accused Socrates." Observe the force of the middle voice. The expression γράφεσθαί τινα properly means, to *cause* the name of an accused person to be *written* down before a magistrate, and, as this was virtually done by the accuser's handing in a written indictment, the full form of expression is γραφὴν γράφεσθαί τινα, the verb governing, in fact, a double accusative. But γραφήν is commonly omitted. (*Stallb. ad Plat., Euthyphr.*, c. 1, B. *Schömann, de Comit. Athen.*, p. 179.) The accusers of Socrates were Meletus, a young tragic poet; Lycon, a public orator; and Anytus, a tanner, but a man of great influence in the state. (Consult *Wiggers' Life of Socrates*, p. 407 of this volume.)—ὡς ἄξιος εἴη θανάτου τῇ πόλει. "That he was deserving of death with regard to the state," i. e., at the hands of the state. The dative is here employed to express a general reference. (*Matthiæ*, § 387.)—εἴη. Observe the employment of the optative to indicate what others asserted, not what the writer himself believed. (*Kühner*, § 802, 3, *b.*, *Jelf.*)

ἡ μὲν γὰρ γραφή. "For the accusation." The particle μέν is here what the grammarians term solitary, that is, without its usual concomitant δέ. (*Kühner*, § 766, *Jelf.*)—γραφή. The accusation, as the word imports, was in writing, which was always the case in public actions. The term γραφή means properly nothing more than a writ. It was necessary, in the first place, that the date should be affixed, then the name of the magistrate before whom it was brought, then those of the accused and the accuser, or accusers, then the heads of the indictment, and, lastly, the names of the witnesses. (*Schömann, de Comit. Athen.*, p. 179.)—τοιάδε τις ἦν. "Was some such a one (as this)," i. e., was in substance as follows. Xenophon gives here merely a general summary of the indictment, divested of all technicalities. Observe the indefinite air which τὶς imparts to τοιάδε. (*Kühner*, § 659, 4, *Jelf.*)

ἀδικεῖ. "Is a wrong-doer," *i. e.*, does wrong in the eye of the law.—οὓς μὲν ἡ πόλις νομίζει, κ. τ. λ. "In not acknowledging (as such) those whom the state acknowledges as gods," *i. e.*, in not acknowledging by acts of worship, or, in other words, in not worshipping according to the νόμοι, or established usages of the state. This part of the charge then meant, that Socrates neglected the accustomed worship of his country. As regards this peculiar employment of νομίζω, consult *Stallb. ad Plat., Euthyphr.*, c. 11, B., and *Abresch. ad Æsch., Choëph.*, 994 ; *ad Pers.*, 497.—ἕτερα καινὰ δαιμόνια. "Other strange divinities." The allusion here is principally to what was called the genius, or δαιμόνιον, of Socrates.—ἀδικεῖ δὲ καί. "Moreover, he is a wrong-doer also."

§ 2.

πρῶτον μὲν οὖν. "In the first place, then," *i. e.*, as regards the first charge. Observe that μέν here stands opposed in fact to δέ in the commencement of chap. ii.—ὡς. In the sense of ὅτι. (*Viger*, viii., § 10, 7.)—ποίῳ ποτ' ἐχρήσαντο τεκμηρίῳ ; "What possible kind of proof did they make use of?" *i. e.*, where in the world did they find any proof in support of this? Observe the indefinite force of ποτέ, and compare note on τίσι ποτέ, § 1.—θύων τε γὰρ φανερὸς ἦν. "For he was both openly seen sacrificing." Instead of the impersonal forms δῆλόν ἐστι, φανερόν ἐστι, &c., the Greeks use the personal, as δῆλός εἰμι, φανερός εἰμι, &c., and the participle is construed with the subject thus created. (*Kühner*, § 684, *Obs.* 1. *Jelf.*)—οἴκοι The domestic sacrifices of the Greeks were performed in the αὐλή an open and airy court, around which were arranged the apartments of the male members of the family The Romans, on the other hand, had their domestic altar in the *compluvium*, which formed an open square in the centre of the *atrium*.—μαντικῇ. "Divination." The Greek term μαντική is much more extended in meaning than the Latin *divinatio*, since it signifies any means by which the decrees of the gods can be discovered, the natural as well as the artificial ; that is, the seers, and the oracles, &c., where the will of the gods is revealed by inspiration, as well as the signs which the gods throw in the way of man. (*Dict. Ant., s. v. Divinatio*.)

διετεθρύλητο. "It was commonly reported," *i. e.*, it was a matter of common conversation. The reading of the ordinary text, διετεθρύλλητο, is now deservedly rejected by the best editors. (Compare *Bornemann, ad loc.*)—ὡς. "How that."—φαίη. The optative in the indirect narration (*oratio obliqua*), to denote the assertion of another. (*Kühner*, § 885, 2, *Jelf.*)—τὸ δαιμόνιον ἑαυτῷ σημαίνειν. "That the deity gave intimations unto him." The term δαιμόνιον, in general, signifies the same as θεῖον, i. e., "divine," or whatsoever proceeds from the gods. Hence the expression τὸ δαιμόνιον (with the article) has the same meaning as τὸ θεῖον, "the deity," 'the divinity." (Compare *Proleg.*, ch. v.)—αὐτὸν αἰτιάσασθαι εἰςφέρειν. "To have accused him of introducing." The verb αἰτιάομαι s often construed, as here, with an accusative and an infinitive. (Compare Il., 7, 12.)

§ 3.

καινότερον τῶν ἄλλων. Observe that ἄλλων here takes the place of ἢ οἱ ἄλλοι. The Greeks are so fond of the genitive with the comparative, that they even put in the genitive an object to which the comparison does not directly refer. (*Buttmann*, § 132, *note* 5, *ed. Rob.*)—μαντικὴν νομίζοντες. "Acknowledging the existence of an art of divination," i. e., believing in divination.—οἰωνοῖς τε καὶ φήμαις, κ. τ. λ. "Omens from birds, and voices, and signs, and sacrifices." By φῆμαι are meant omens taken from the voices of men, and hence some supply ἀνθρώπων here. By σύμβολα are meant signs of various kinds, such as thunder, lightning, the meeting a person, &c. By θυσίαι are indicated the omens and presages derived from inspecting the entrails of victims.—οὗτοί τε. The particle τὲ here stands opposed to the καί in κἀκεῖνος, so that οὗτοί τε γὰρ . . . . κἀκεῖνος is the same, in fact, as saying ὡς γὰρ οὗτοι . . . . οὕτω καὶ ἐκεῖνος.—τοὺς ὄρνιθας οὐδὲ τοὺς ἀπαντῶντας. "That the birds (which they see), or the persons that meet them."—τοῖς μαντευομένοις. "To those who consult by divination."—κἀκεῖνος δὲ οὕτως ἐνόμιζεν. "And so, likewise, did he think" (Compare note on οὗτοί τε.)

§ 4.

ἀλλ' οἱ μὲν πλεῖστοι. "The majority of persons, however." The particle ἀλλά here introduces a limitation to the preceding clause, the writer now proceeding to show how it was that Socrates, though entertaining these sentiments respecting divination in common with the multitude, yet incurred the accusation of impiety. (*Herbst, ad loc.*)—ἀποτρί-εσθαι τε καὶ προτρέπεσθαι. "That they are both diverted (from some things) and urged on (to others)."— ὥςπερ ἐγίγνωσκεν. "As he really thought," i. e., as he really beħeved.—καὶ πολλοῖς τῶν ξυνόντων προηγόρευε. "And he used to forewarn many of those who associated with him." Socrates never established any particular school, and hence had no disciples, strictly so called. A circle of inquisitive men and youths, however, were soon assembled around him, and, charmed with his conversation and instruction, were attached to him with incredible affection. These are Xenophon's οἱ ξύνοντες Σωκράτει. (Consult *Wiggers' Life of Socrates*, c. iv., p. 387 of this volume.)

ὡς τοῦ δαιμονίου προσημαίνοντος. "Asserting that the deity had given him a previous intimation on the subject." Equivalent to λέγων τὸ δαιμόνιον προσημαίνειν. When we assign or suggest some reason in the mind of another person why he does any thing, it is usually expressed by ὡς with an accusative or genitive absolute; and then, in translating, some explanatory term or clause must be inserted. (*Buttmann*, § 145, *note* 5, *ed. Rob.*) Xenophon, in the present passage, and in many others, asserts that Socrates was not only prevented by his so-called genius from undertaking himself, or recommending in others any act, but was also urged to undertake or recommend certain acts. Plato, on the other hand, expressly declares that the genius had only a dissuasive power, never a persuasive. This extraordinary discrepancy may be removed, if, with Tennemann, we suppose that Xenophon did not accurately distinguish between the results to which the divine voice referred, and those which Socrates himself inferred from its silence. If this voice, whenever it was heard by Socrates, was a sign of discouragement, it follows, of necessity, that, as often as the voice was silent, its silence was a sign of encouragement and exhortation. (*Kühner*, *ad loc.* Consult *Proleg*, ch. v.)

τοῖς δὲ μὴ πειθομένοις μετέμελε. "While it repented them if any did not obey him," i. e., while, if any disobeyed his warnings, they had reason to repent of this. Observe the force of the conditional negative μή. This negative is joined with a participle when they can be resolved into a conditional clause. Thus the Latin here would be *si qui autem non parebant.* (*Kühner*, § 746, 2, *Jelf.*)

§ 5.

καίτοι. "And yet." Xenophon here departs from the immediate subject of discussion, and turns to a new statement, not referred to in the accusation. The charge was that Socrates introduced new deities, not that he wholly disbelieved in the gods.—ἐδόκει δ' ἂν ἀμφότερα ταῦτα. "Now he would have appeared (to be) both of these." Imperfect for the pluperfect, to indicate the repetition of an action.

That is, as often as the circumstances mentioned in the succeeding clause occurred, so often would he have appeared, &c. (*Kühner, l loc. Kühner, G. G.*, § 424, β., *Jelf.*)—εἰ προαγορεύων ὡς ὑπὸ θεοῦ, ιc. "If, in forewarning them of things as shown (unto him) by some deity, he were thereupon even openly uttering what was alse" Observe the employment of ἐφαίνετο with a participle, and its supplying in this way the place of an adverb, while the participle is to be rendered by a tense. (*Buttmann*, § 144, *note* 8, *ed. Rob.*)—κᾆτα. Contracted for καὶ εἶτα. The forms κᾆτα and κᾄπειτα (καὶ ἔπειτα) are often introduced before participles where we would expect the simple εἶτα and ἔπειτα. In such cases καί is not expletive, as some imagine, but has the force of "even." (*Heindorf ad Plat., Phæd.*, 89, D. *Stallb. ad Plat., Gorg.*, 457, B.)—ὅτι οὐκ ἂν προέλεγεν. The imperfect, again, of an action often repeated.—εἰ μὴ ἐπίστευεν ἀληθεύσειν. "If he had not believed that he was about to speak the truth," i. e., that these predictions of his would actually come to pass.

ταῦτα δέ. "Now with regard to these things," i. e., his believing that he was about to foretell what would come to pass. The train of ideas is as follows : A sure knowledge of the future is an attribute of deity alone. If, then, any man believes that he is going to predict the future truly, he must, of course, refer this to the inspiration of deity, that is, he must, of course, believe in the existence of deity. (*Kühner, ad loc.*)—πιστεύων δὲ θεοῖς. "Now, if he trusted in gods," i. e., if he were sure that his predictions would come to pass, because they were foreshown unto him by the deity.—πῶς ἐνόμιζεν "How did he believe," i. e., how could he possibly think.

§ 6.

ἀλλὰ μὴν ἐποίει καὶ τόδε. "But, in truth, he did this also." The particles ἀλλά μήν are here employed to express a strong affirmation or asseveration, and serve to introduce a new argument, and that, too, a very weighty one, for the purpose of proving that Socrates believed in the existence of gods. The adversative ἀλλά is aimed at the calumnies of his accusers, while μήν serves to show the confidence of his defender.—τὰ μὲν ἀναγκαῖα. "The things that were necessary to be done," i. e., whatever might be their issue. The reference is to things that must be done, as a matter of course, and which are required either by duty, or sound reason, or necessity These follow fixed and certain rules, without which they can not be performed.—καὶ πράττειν. "Even (so) to do." Equivalent to οὕτω καὶ πράττειν.—ἐνόμιζεν. Ernesti reads ἐνόμιζον, the conjecture of

Leunclavius; but, as Weiske correctly remarks, if this word referred to the friends of Socrates, it should have been νομίζοιεν.—περὶ δὲ τῶν ἀδήλων, κ. τ. λ. "With regard, however, to things that were uncertain in their nature how they would eventuate," i. e., with regard to things of uncertain event.—μαντευσομένους. "To consult the oracles."—εἰ ποιητέα. "Whether they were to be done (or not)."

§ 7.

καί. "Accordingly." The particle καί is here explanatory, and introduces examples to illustrate the foregoing paragraph.—τοὺς μέλλοντας καλῶς οἰκήσειν. "That they who intend to regulate advantageously." The verb οἰκέω here has very nearly the same force as διοικέω. Leunclavius prefers οἰκίζειν to οἰκήσειν, and Ernesti actually edits οἰκίσειν. The reference, however, is not to mere building, for in this no oracle would be needed, but to occupancy after building.—προςδεῖσθαι. "Stand in need, besides other things." Observe the force of πρός in composition.—τεκτονικὸν μὲν γὰρ, κ. τ. λ. "For, as to a man's becoming a good builder, or smith," &c. Supply ἄνθρωπον as the accusative before γενέσθαι, and observe the force of the termination ικός in denoting ability or fitness. —τῶν τοιούτων ἔργων ἐξεταστικόν. "An accurate investigator of such pursuits as these." Adjectives denoting capability, fitness, skill, including those in ικός, are construed with a genitive. (*Matthiæ*, § 344.) By ἐξεταστικός is meant one who can discover and demonstrate the excellences or defects of different works or pursuits, although he never personally engaged in them: one, in other words, who is occupied in θεωρίᾳ (speculation), not in πράξει (action, or work).

λογιστικόν. "An able reasoner." Less correctly referred by some to mere ability in reckoning or computation.—πάντα τὰ τοιαῦτα μαθήματα, κ. τ. λ. "He thought that all such things as these were results of learning, and were to be attained to by the understanding of man," i. e., by the mere exercise of human understanding, without our seeking for or expecting any aid from on high. Observe here the force of αἱρετέα, which refers to the grasping or mastering of a thing, not as some suppose, to the mere choosing of it. We have placed a comma after μαθήματα, supplying εἶναι from the subsequent clause. Kühner and others, however, have no comma here, and give καί the force of "even," which makes a much less natural arrangement, and one not in accordance with the usual simplicity of Xenophon's style.

§ 8.

τὰ δὲ μέγιστα τῶν ἐν τούτοις, κ. τ. λ. "He said, however that the gods reserved unto themselves the most important of the things connected with these pursuits," i. e., the more important results arising from their exercise. Supply after τούτοις the words τοῖς μαθήμασιν ὄντων.—δῆλον εἶναι. "Was manifest." In Greek, any dependent clause, in an *oratio obliqua*, may stand in the accusative and infinitive, depending on a verb of saying. In Latin, this is restricted to such clauses of the *oratio obliqua* as are introduced by relative pronouns or relative conjunctions. (*Kühner*, § 889, *Jelf.*) —φυτευσαμένῳ. Observe the force of the middle in this word and in οἰκοδομησαμένῳ, as referring to the doing of a thing for one's self.

εἰ συμφέρει. "Whether it be advantageous (or not)." The particle εἰ is neither affirmative nor negative, but we must always ascertain from the context whether affirmation or negation is to be implied.—ἵνα εὐφραίνηται. "In order that he may be gladdened," i. e., that he may enjoy happiness. Observe the employment of the subjunctive after the aorist participle, to indicate an event continued into present time. (*Heindorf ad Plat., Protag.*, p. 29.)—εἰ διὰ ταύτην ἀνιάσεται. "Whether he shall not be grieved on her account." Observe the negative force of εἰ as required by the context; and, moreover, that ἀνιάσεται, the future middle, is to be taken in a passive sense. (*Kühner, ad loc.*)—κηδεστάς. "Relatives." Connexions by marriage.—εἰ στερήσεται. "Whether he shall not be deprived." The future middle again in a passive sense.

§ 9.

εἶναι δαιμόνιον. "Appertains to the deity." Observe that δαιμόνιον (literally "divine") is here opposed to all that springs from the operation of the human intellect.—τῆς ἀνθρωπίνης γνώμης. "Are within the reach of human intellect." Supply εἶναι.—δαιμονᾶν. "Are mad." The primary meaning is, "to be possessed by an evil spirit," and hence "to be driven to madness." As δαιμονᾶν, then, is equivalent to ὑπὸ δαίμονος κατέχεσθαι, observe the oxymoron implied by it as opposed to δαιμόνιον.—ἃ τοῖς ἀνθρώποις ἔδωκαν, κ. τ. λ. "(Respecting those things) which the gods have given unto men to discern by learning," i. e., by exerting their own reasoning powers. The participle here expresses the means, and is put in the same case with ἀνθρώποις. So in Latin, *nobis dedit esse beatis*. In other words, μαθοῦσι, though it does not belong immediately to ἀνθρώποις, but to διακρίνειν, stands in the dative by a species of attraction. *Buttmann*, § 144, note 5, *ed. Rob.*)

οἷον. "As for example." Compare ii., 1, 4.—ἐπερωτῴη. The optative in -οιμι, particularly in contracted verbs, has also in Attic the termination -οίην, -ῴην. (*Matthiæ*, § 198, 2.)—ἐπὶ ζεύγος. "To drive a chariot," or, more freely, "for driving." Equivalent, as Kühner remarks, to *ad vehendum*, on account of the absence of the article; whereas, in ἐπὶ τὴν ναῦν, immediately after, the article expressed has the force of a possessive pronoun, and we must translate, "on board his ship," equivalent to "*in navem quam quis habet.*" (*Kühner, ad loc.*)—ἢ ἃ ἔξεστιν ἀριθμήσαντας, κ. τ. λ. "Or, (as regards those matters), which it is permitted us to become acquainted with by having counted, or measured, or weighed them." Here the participle is in the accusative, because the dative ἀνθρώποις is not expressed. (*Matthiæ*, § 536.) Even when the dative is expressed, an accusative sometimes follows, as in Latin, "*vobis expedit esse bonos.*—τοὺς τὰ τοιαῦτα, κ. τ. λ. The insertion of these words converts the preceding clause, ἢ ἃ ἔξεστιν, κ. τ. λ., into an anacoluthon. (*Herm. ad Vig.*, p. 894.)

ἃ μὲν μαθόντας, κ. τ. λ. The participle is again put in the accusative, because the dative ἀνθρώποις is not expressed.—τοὺς θεοὺς γὰρ οἷς ἄν, κ. τ. λ. An answer in effect to those, who complained that the gods did not signify the future to all men without distinction.—ἵλεῳ. Attic for ἵλαοι On the accentuation, consult *Matthiæ* § 70, 6.

§ 10.

ἀλλὰ μὴν ἐκεῖνός γε. "But certainly he at least." Compare note on ἀλλὰ μήν, in § 6.—ἀεὶ μέν. The particle μέν is here opposed to δέ at the commencement of § 11, and the whole passage is worthy of notice on account of another μέν and δέ intervening, namely, ἔλεγε μὲν . . . . . . τοῖς δὲ βουλομένοις.—τοὺς περιπάτους. "The public walks." The term περίπατος properly means "a walking about;" here, however, by περίπατοι are meant porticoes, or covered places for walking, built for the use of the public, to take air and exercise in, and intended especially for those who walked for the benefit of their health. The school of Aristotle was called the *peripatetic*, because he taught walking in a περίπατος of the Lyceum at Athens.—γυμνάσια. The Greek gymnasia were not only schools of exercise, but also places of meeting for philosophers, and all persons who sought intellectual amusements.—πληθούσης ἀγορᾶς. "At the time of full market," *i. e.*, at the time of day when the market-place was usually crowded. The expression πλήθουσα ἀγορά was employed to signify the time from about nine to twelve o'clock. The earlier part of the morning, previous to this, was termed πρωΐ, or πρῴ τῆς ἡμέρας. Compare *Anab.*, i., 8, 1.

ὅπου πλείστοις μέλλοι συνέσεσθαι. "Where he would be likely to hold intercourse with the greatest number of persons," *i. e.*, where he thought he would meet with most. Sometimes the *oratio obliqua* is used in the dependent clauses of an *oratio recta*, when it is to be marked. that a statement is made, not as by the speaker himself, but as passing in another person's mind. (*Kühner*, § 585, *Obs.*, *Jelf.*)
—καὶ ἔλεγε μὲν ὡς τὸ πολύ. "And he was for the most part engaged in conversation." Socrates never delivered any complete discourse, but conversed with his hearers in a friendly manner, on topics just as they were suggested by the occasion.

§ 11.

Σωκράτους . . . . . οὔτε πράττοντος εἶδεν, οὔτε λέγοντος ἤκουσεν. "Either saw Socrates doing, or heard him saying." Verbs of seeing are not properly construed with the genitive except in poetry Here, however, εἶδεν is construed with πράττοντος, in order to preserve the symmetry of expression, since λέγοντος ἤκουσεν immediately follows. (*Kühner*, 528, *Anm.*, 3, *Germ. ed.*)—τῆς τῶν πάντων φύσεως. "The nature of the universe." The inquiries of Socrates were turned away from the speculative questions which had engaged previous philosophers, such as the origin and formation of the world, the unity of the first cause and the variety of its operations, in short, from divine to human affairs.

ᾗπερ. "As." Literally, ("in the way) in which." Supply ὁδῷ.
—ὅπως ὁ καλούμενος, κ. τ. λ. "How that which was called κόσμος by the professors of wisdom was brought into being." By κόσμος is here meant "the world," or "universe," so called from its perfect arrangement and order, and hence opposed to the *indigesta moles* of Chaos. The term is said to have been first employed in this sense by Pythagoras. The Latin *mundus* corresponds exactly to this (*Phot., Biblioth.*, *cod.* 659. Compare *Bentley, Phal.*, p. 391, *ed. Dyce.*)
—σοφιστῶν. Employed here in the sense of φιλοσόφων. The earlier philosophers were all called σοφισταί, in the better sense of the term. Pythagoras first modestly styled himself φιλόσοφος, or a *lover of knowledge* or *wisdom* for its own sake, an *amateur*. We must not confound these σοφισταί with the later sophists in the time of Socrates.—ἔφυ. This reading occurs in one MS., and in the early editions. Most of the MSS. have ἔχει, which Zeune, Schneider, Bornemann, Dindorf, and others have adopted. Consult, however, Kühner's note.

τίσιν ἀνάγκαις. "By what fixed laws." By ἀνάγκη is m ant "fated necessity," and by ἀνάγκαι, in the plural, parts of that necessity, i. e., fixed laws, or, as we say, "laws of nature."—τῶν οὐρανίων. "Of the heavenly phænomena," i. e., of the appearances and movements in the heavens, namely, the changes of day and night, the courses of the stars, sun, and moon, &c.—τοὺς φροντίζοντας. "That they who scrutinized into," i. e., busied themselves about.

§ 12.

καὶ πρῶτον μέν. The particle μέν is here opposed to δέ in the commencement of § 15, ἐσκόπει δέ, κ. τ. λ.—αὐτῶν ἐσκόπει. "He used to consider with regard to them," i. e., he used in their case to indulge in the following train of reflection and inquiry. The reference in αὐτῶν is to οἱ φροντίζοντες τὰ τοιαῦτα, mentioned at the close of the preceding section. The genitive αὐτῶν itself is not, however, a partitive one, as Seyffert explains it, but is to be taken in its general sense of " with regard to," " in respect of." (*Matthiæ*, § 337.) Sometimes this idea is expressed still more clearly by the addition of περί, as at the beginning of § 15. (Compare *Kühner*, § 486, *Obs.* 1, *Jelf.*)—πότερά ποτε. "Whether possibly."—τἀνθρώπινα. "Human affairs," i. e., the things relating to man as a moral and social being, his duties, &c. Schneider and others read τἀνθρώπεια, from some MSS., but without any necessity, since ἀνθρώπινα and ἀνθρώπεια are often used the one for the other. (*Kühner, ad loc.*) The strict distinction between the two forms, though very seldom observed, and neglected also in the present instance, is as follows: ἀνθρώπινα means things done by man ; and ἀνθρώπεια, things that belong to, or benefit man's nature.

ἔρχονται ἐπὶ τὸ περὶ τῶν τοιούτων φροντίζειν. "They enter upon the investigation of such topics as these," i. e., they proceed to speculate on physical phænomena.—παρέντες. "By having neglected," i. e., by having considered them unworthy their notice.—τὰ δαιμόνια. "Celestial matters," i. e., the phænomena of the heavens, the changes of seasons, &c. Compare the latter part of § 15, ποιήσειν, ὅταν βούλωνται, καὶ ἀνέμους, κ. τ. λ.—τὰ προςήκοντα. "Their duty." More literally, "the things that become them," i. e.. as men and moral beings.

§ 13.

εἰ μὴ φανερόν αὐτοῖς ἐστιν. "If it is not manifest unto them." The particle εἰ is commonly said to be employed, in such constructions as the present, after θαυμάζω, and some other verbs expressing emotions of the mind, in place of ὅτι. Strictly speaking, however εἰ is purposely used in such cases, to carry with it an expression of uncertainty and doubt. The Attic custom of avoiding a tone of decision in discourse was the occasion of this and, in accordance with this custom, εἰ is used of things not only highly probable, but, as in the present instance, entirely certain. (*Buttmann*, § 149, *Rob.*) —ἐπεὶ καὶ τοὺς μέγιστον φρονοῦντας, κ. τ. λ. "Since that even they who pride themselves most upon discoursing concerning such matters as these." For the construction here with the infinitive δοξάζειν, consult note on δῆλον εἶναι, § 8. The verb φρονεῖν, with ἐπί and a dative, signifies "to pride one's self upon something." It is usually accompanied by the adverb μέγα. (Compare *Matthiæ*, § 585, b.)—διακεῖσθαι. "Are affected," *i. e.*, act.

§ 14.

τῶν τε γὰρ μαινομένων. The particle τέ here corresponds to τέ in the words τῶν τε μεριμνώντων, and the two sentences are to be regarded as parallel to one another. The τέ in the first sentence is to be rendered "as," and in the second "so." Xenophon rarely connects by means of τέ . . . . τέ. Such an arrangement occurs more frequently in poetry; whereas, in prose, we generally find it only when whole sentences, or, at least, complete portions of sentences, are to be connected. (*Kühner*, 754, 3, *Jelf.*)—τὰ μὴ φοβερὰ φοβεῖσθαι. Compare *Horat., Sat.*, ii., 3, 53: "*Est genus unum Stultitiæ nihilum metuenda timentis.*"—ἐν ὄχλῳ. "Amid a crowd" *i. e.*, before a large concourse.—οὐδ' ἐξιτητέον εἰς ἀνθρώπους εἶναι. "That they must not even go out among men," *i. e.*, go into public. With ἐξιτητέον supply αὐτοῖς. Neuter verbals in τέον denote necessity, and answer to the Latin gerund in *dum*.

λίθους καὶ ξύλα τὰ τυχόντα. "Stones and common pieces of wood," *i. e.*, stocks and stones. The participle τυχών is often used to signify any thing common or comparatively worthless; any thing which may be met with any where. Hence ξύλα τὰ τυχόντα will mean literally "pieces of wood that *meet* us, (*i. e.*, with which we meet), any where and at any time;" in which observe the force of the aorist. Schneider thinks that by λίθους and ξύλα *statues* of stone or wood are here meant, but the epithet τὰ τυχόντα clearly disproves this. Xenophon, on the contrary, alludes, as Kühner correctly remarks, to the principle of Fetichism, that is, the worship of material substances, such as stones, plants, weapons, &c., a species of idolatry still common among the negro tribes in some of the western parts of Africa.

τῶν μεριμνώντων. "Of those who speculate," *i. e.*, who seek to pry narrowly into. The verb μεριμνῶ is much stronger than φροντίζω, and means, properly, "to take anxious thought" about any thing, "to think earnestly upon," and hence, "to scan minutely," &c.—ἓν μόνον τὸ ὂν εἶναι. "That there is one world alone." More literally, "that whatever exists is one alone." The meaning is, that all parts of nature form one grand whole, one world or universe, or, as Cicero expresses it (*Acad.*, ii., 37), "*unum esse omnia.*" This was the doctrine of Thales, Pythagoras, Empedocles, Xenophanes, Parmenides, Heraclitus, Anaxagoras, and others, namely, ἕνα τὸν κόσμον εἶναι, or ἓν εἶναι τὰ πάντα καλούμενα.—ἄπειρα τὸ πλῆθος. "That there are worlds infinite in number." More literally, "that the things which exist are infinite in number." Supply τὰ ὄντα εἶναι. As τὸ ὂν in the previous clause is equivalent to κόσμον, sc τὰ ὄντα here will be the same as κόσμους. This was the doctrine of Anaximander, Anaximenes, Archelaus, &c. Compare *Stobæus, Eclog. Phys.*, i., 22: Ἀναξίμανδρος, Ἀναξιμένης, Ἀρχέλαος . . . . . ἀπείρους κόσμους ἐν τῷ ἀπείρῳ.

ἀεὶ κινεῖσθαι πάντα. "That all things are in a state of constant motion." This was, in particular, the doctrine of Heraclitus, who maintained that there was no such thing as rest in the universe, but that all things were involved in constant vicissitude and change, which he called τὴν τῶν πάντων ῥοήν. Compare *Stobæus, Ecl. Phys.*, I., 20: Ἡράκλειτος ἠρεμίαν μὲν καὶ στάσιν ἐκ τῶν ὅλων ἀνῄρει, κίνησιν δὲ τοῖς πᾶσιν ἀπεδίδου.—οὐδὲν ἂν ποτε κινηθῆναι. "That nothing could ever have been set in motion." This was, in particular, the doctrine of Zeno of Helea or Velia, in southern Italy, and the founder of the Eleatic sect. He is said to have argued with great subtlety against the possibility of motion. Observe here the employment of ἂν with the infinitive, giving to that mood the same signification as the optative with ἂν would have in the resolution by means of the finite verb. (*Matthiæ*, § 597, 1, *a.*)—πάντα γίγνεσθαί τε καὶ ἀπόλλυσθαι. "That all things are both produced and destroyed," *i. e.*, have an origin and consequent destruction. The allusion is to the doctrine of Leucippus, the author of the Atomic theory, and his pupil Democritus, who maintained that all things were produced from the concourse (σύγκρισις) of atoms, and destroyed again by their separation from one another, or decomposition (διάκρισις).—τοῖς δὲ οὔτ' ἂν γενέσθαι, κ. τ. λ. "Unto others, that nothing ever could have been produced or will perish," *i. e.*, ever could have had a beginning or will have an end. This was the doctrine of Zeno, the founder of the Eleatic sect, already referred to

§ 15.

ἰσκόπει δὲ περὶ αὐτῶν, κ. τ. λ. Compare note on the conuuencement of § 12.—*ἀρ*. "Whether."—*τ' ἀνθρώπεια*. "Human arts." Literally, "the things appertaining to man."—*τοῦθ', ὅ τι ἂν μάθωσιν, ποιήσειν*. "That they will practice that, whatsoever they may have learned."—*οἱ τὰ θεῖα ζητοῦντες*. "They who seek to investigate celestial things."—*αἷς ἀνάγκαις*. Compare § 11.—*ὕδατα*. "Rains." —*ὥρας*. "Seasons."—*καὶ ὅτου δ' ἄλλου*. "And whatever else also." Observe the force of *δέ*.—*ᾖ τῶν τοιούτων ἕκαστα*. "In what way each of such things as these." Supply *ὁδῷ* after *ᾖ*.

§ 16.

τῶν ταῦτα πραγματευομένων. "Those who busied themselves about these things." The verb *πραγματεύομαι* properly means "to make any thing one's business," "to work at it," "to take it in hand."—*αὐτὸς δὲ περὶ τῶν ἀνθρωπείων ἂν ἀεὶ διελέγετο*. "He himself, however, was always, as often as an opportunity occurred, conversing on subjects relative to man." We have given *ἄν* here, with the imperfect indicative, the meaning assigned to it by Hermann (*ad Vig.*, p. 820. Compare *Reisig, de vi et usu ἄν particulæ*, p. 115). Our common English idiom, however, would answer just as well, and would, besides, harmonize better with *ἀεί*, "He himself, however, *would* always be conversing," &c.—*τῶν ἀνθρωπείων*. Socrates, as we have already observed, strove to turn the attention of his countrymen from speculative questions of a physical nature to the subject of moral duties, and to the love of virtue; and hence Cicero might well say of him that he was the first who called down philosophy from heaven to earth, and introduced her into the cities and habitations of men, that she might instruct them concerning life and manners, concerning good and evil things. (*Tusc. Quæst.*, v., 4.)

σκοπῶν. "Considering," *i. e.*, investigating. — *τί σωφροσύνη, τί μανία*. "What self-control, what mad desire." *Μανία* here stands opposed to *σωφροσύνη*, as in Plato's Protagoras (323, B.): *ὃ ἐκεῖ σωφροσύνην ἡγοῦντο εἶναι, ... ἐνταῦθα μανίαν*.—*ἀνδρεία*. "Manliness." For *ἀνδρεία* in this place, Stephens and Zeune write *ἀνδρία*, contrary to all the MSS. *Ἀνδρία* is properly "fortitude," whereas here the idea of courage is required, in opposition to cowardice or *δειλία*. (Consult *Kühner, ad loc.*, and compare iv., 6, 10.)—*πολιτικός*. "A statesman." Literally, "one skilled in regulating the affairs of a state."—*ἀρχ κὸς ἀνθρώπων*. "One skilled in governing men"—*καλοὺς κἀγαθούς*. "Honorable and worthy." The ethical meaning of this well-known form of expression must of course be here adopted, as required by the context. As regards its political meaning, consult *Grote's History of Greece*, vol. iii., p. 62, note, where some excellent remarks will be found on the frequent confounding of the two significations.—ἀνδραποδώδεις ἂν δικαίως κεκλῆσθαι. "Might justly be called slavish," i. e., of servile spirit, low minded, and hence unable to appreciate the beauties of moral excellence.

§ 17.

ὅσα μὲν οὖν μὴ φανερὸς ἦν, κ. τ. λ. "With regard, then, to as many things as it was not manifest how he thought respecting them," i. e., with respect to things about which it was not clear what the sentiments of Socrates were. Observe the employment of the personal φανερός for the impersonal φανερόν, and compare note on θύων τε γὰρ φανερὸς ἦν, § 2.—ὑπὲρ τούτων. For περὶ τούτων, because περὶ αὐτοῦ immediately follows.—παραγνῶναι τοὺς δικαστάς. "That his judges gave a wrong judgment." The verb παραγιγνώσκω means properly "to decide *beside* the right," i. e., not in a line, or in accordance with it.—δικαστάς. The trial of Socrates took place in the court called Heliæa ('Ηλιαία), where all the more important cases were tried. The whole number of dicasts present at any one time was usually about five hundred; on some occasions, however, it was diminished to two hundred, or four hundred, while on others it rose to one thousand or one thousand five hundred.—εἰ μὴ τούτων ἐνεθυμήθησαν. The verb ἐνθυμεῖσθαι is construed with the genitive of the thing, with or without the preposition περί, in the sense of "to think upon;" whereas with an accusative, it signifies "to lay to heart," "to consider well," "to weigh any thing in the mind."

§ 18.

βουλεύσας γάρ ποτε. "For having, on one occasion, been chosen a senator." Observe here the force of the aorist; βουλεύσας being equivalent to *senator factus*, whereas βουλεύων would mean "being a senator." The Athenian senators (βουλευταί) were chosen by lot. The senate itself consisted of five hundred members, chosen in fifties from each of the ten tribes. These five hundred were divided, according to their tribes, into ten bodies of fifty each, called πρυτανεῖαι. Each prytaneia presided over the state for thirty-five or thirty-six days, and from them were elected by lot ten πρόεδροι, for each seven days, whose office it was to preside in the senate. One of these πρόεδροι was chosen daily, by lot, to sit as ἐπιστάτης.

or " presiding officer," in both the senate and the assembly of the people, and he had the power of passing or rejecting any thing that was proposed to him. He had also the key of the treasury. As his office involved very important powers, it lasted for only a single day τὸν βουλευτικὸν ὅρκον. "The senatorial oath."—ὁμόσας · · · · γενόμενος. Observe the asyndeton. Two or more participles often stand in the same sentence without being connected by a copulative conjunction καί or τέ. This is the case when the participles are opposed to each other, or in a climax, or where (as in the present instance) two or more single actions are brought forward in rapid succession. (*Kühner*, § 706, *Jelf*.)

ἐν ᾧ ἦν κατὰ τοὺς νόμους βουλεύσειν. " In which it was (contain ed), that he will discharge the duties of a senator according to the laws," i. e., in which there was a clause to that effect. The expression κατὰ τοὺς νόμους βουλεύσειν is the subject of ἦν.—ἐν τῷ δήμῳ. " Over the people," i. e., in the assembly of the people. Literally, " among the people."—παρὰ τοὺς νόμους ἐννέα στρατηγούς, κ. τ. λ. " To put to death by a single vote, in violation of the laws, all the nine commanders, namely, Thrasyllus and Erasinides, with their colleagues." The Athenian commanders here referred to had gained a brilliant naval victory over the Lacedæmonians, near the islands called Arginusæ, B.C. 406. After the battle, however, a tempest arose, which prevented the Athenian leaders from saving the shipwrecked sailors and soldiers, and from taking up and burying the dead. For this omission they were publicly accused, and six of them, who had returned to Athens, were put to death. A discrepancy, however, exists with regard to the number of these commanders. The text here says *nine* (ἐννέα), but Xenophon himself, elsewhere, makes the number only *eight* (*Hist. Gr.*, i., 7), and this last would appear to be the more correct sum. (Compare *Kuhn ad Æl.*, *V. H.*, iii., 17.) The whole number of commanders was originally ten (*Diod. Sic.*, xiii., 74); but one of them, Archestratus, died at Mytilene, and Conon, another, was not present at the fight. (*Xen.*, *Hist. Gr.*, i., 6, *seqq.*)

μιᾷ ψήφῳ. This was illegal, because, according to law, each commander ought to have been tried separately. (*Xen.*, *Hist. Gr.*, i., 7, 37.) Observe, moreover, that these words are placed immediately after ἐννέα στρατηγούς, to render the opposition more striking.—τοὺς ἀμφὶ Θράσυλλον καὶ Ἐρασινίδην. A well-known Greek idiom. (*Matthiæ*, § 583.) Thrasyllus and Erasinides are here specially named, because they were the two most prominent objects of attack. It seems that after the victory the Athenian commanders spent very little, if any time, in pursuit of the flying enemy, but, having returned to their station at the Arginusæ, held a council on the course to be next adopted. On this occasion, Diomedon, one of their number, thought that their first care should be to save as many as they could of their own people and of the disabled vessels, and that the whole fleet ought for this purpose to sail immediately to the scene of the action. Erasinides, however, contended that it was of greater importance to proceed directly with the utmost speed to Mytilene, that they might surprise and overpower the enemy's squadron, which was still blockading it. But Thrasyllus suggested that both these objects might be accomplished, if they detached a squadron sufficient to take care of the wrecks, and sailed with the rest of their forces to Mytilene. His advice was adopted. Erasinides and Thrasyllus, therefore, became particularly obnoxious to popular resentment. (*Xen.*, *Hist. Gr.*, i., 7, 31, *seqq.* *Thirlwall's Hist. of Greece*, vol. iv., p. 123, 12mo ed.)

οὐκ ἠθέλησεν ἐπιψηφίσαι. "He refused to put it to vote." As ἐπιστάτης, he had full power to pursue such a course, and his refusal saved the accused for that day. The other πρόεδροι, however, did not dare to imitate his noble firmness.—ὀργιζομένου μὲν τοῦ δήμου "Although the people were incensed against him."—δυνατῶν. In particular, Theramenes and Callixenus. (Compare *Xen.*, *Hist. Gr.*, i., 7. *Plat.*, *Apol.*, c. 20.)—περὶ πλείονος ἐποιήσατο. "He deemed it of far more importance to himself." Literally, "he made it for himself a thing above more (than ordinary)." Observe the force of the middle voice.—καὶ φυλάξασθαι τοὺς ἀπειλοῦντας. "And to take heed of those who threatened," *i. e.*, to consult his personal safety by obeying their behests. Literally, "to guard himself against those who threatened." Observe again the force of the middle.

§ 19.

καὶ γὰρ ἐνόμιζεν. "And (no wonder he acted thus), for he thought.' Observe the elliptical force of καὶ γάρ, like that of the Latin *etenim* —ἐπιμελεῖσθαι ἀνθρώπων. "Exercise a superintendence over men." —οὐχ ὃν τρόπον. "Not in the way in which." The accusative is here employed absolutely, with a kind of adverbial force. (Compare *Matthiæ*, § 425.)—τὰ μὲν εἰδέναι, τὰ δ' οὐκ εἰδέναι. Some of the ancient philosophers thought that the gods took notice merely of the more important class of actions, and neglected those of minor importance. Compare *Cicero*, *N. D.*, ii., 66: "*Magna dii curant, parva negligunt;*" and again (iii., 35): "*At enim minora dii negligunt, neque agellos singulorum nec viticulas persequuntur.*"—καὶ τὰ σιγῇ βουλευόμενα. "And those that are planned by us in silence," i. e., and our most secret thoughts. Observe that τὰ σιγῇ βουλευόμενα are here opposed to the combined idea in τὰ λεγόμενα and πραττόμενα, since if these two latter expressions were not intended to form one united idea, πραττόμενα would have the article. (*Herbst, ad loc.*)—σημαίνειν. "Give indications," i. e., signs and omens.

§ 20.

ὅπως ποτέ. "How in the world."—περὶ τοὺς θεοὺς μὴ σωφρονεῖν. "Was not sound in his belief respecting the gods." Literally, "was not sound of mind with respect to the gods."—ποτε. "At any time."—οἷά τις ἂν καὶ λέγων, κ. τ. λ. "As, were one both to say and do, he would both be in reality, and would be considered to be, a most pious man." Literally, "as one both saying and doing would both be," &c. Observe that ἂν belongs here in construction to the optative coming after. The position of this particle in a sentence depends wholly on euphony, or perhaps, also, on the need of making the uncertainty expressed by it earlier or later perceptible. (*Buttmann*, § 139, *note* 4, *Rob.*)

CHAPTER II.

§ 1.

καὶ τὸ πεισθῆναί τινας. "The circumstance, also, that certain persons were persuaded." This is taken as the subject to φαίνεται, the infinitive with the neuter of the article having the force of a substantive. (*Matthiæ*, § 539.)—πρὸς τοῖς εἰρημένοις. "In addition to the things that have been mentioned," i. e., to what has been already said of him in the preceding chapter.—ἀφροδισίων, καὶ γαστρός, κ. τ. λ. "Was the most temperate of all men as regarded sensual pleasures and appetite." Kühner observes that ἀφροδισίων and γαστρός, being without the articles, have the force of verbs, a remark altogether out of place here, and only calculated to mislead.—πρὸς χειμῶνα. On Socrates' endurance of cold, consult Wiggers' life of him, p. 397 of this volume.—πρὸς τὸ μετρίων δεῖσθαι, κ. τ. λ. "So trained to want but little." Literally, "to the wanting of moderate things." The infinitive with the neuter of the article again employed as a noun.—πάνυ μικρὰ κεκτημένος. "Although possessing very trifling means." In the Œconomicus of Xenophon (ii 3), Socrates remarks to Critobulus, that, if he could find a reasonable purchaser, he should perhaps get five minæ for all his property, including his house. Five minæ are equal to $83, the mina being equivalent to $17 60. Observe the construction here of the nominative κεκτημένος with the infinitive ἔχειν. The particles ὡς and ὥστε, with an infinitive, are joined with a nominative, when the verb on which the particle depends is one referring to the same thing of person as that nominative. (*Kühner*, § 863, *Obs.* 5, *Jelf.*) —ἀρκοῦντα. "A sufficiency.". Literally, "sufficient things."

§ 2.

αὐτὸς ὢν τοιοῦτος. "Being such a one himself," *i. e.*, when such was his own character.—ἂν ἐποίησεν. "Could he have made," *i. e.*, could he have been likely to make.—πρὸς τὸ πονεῖν μαλακούς. "Effeminate with regard to undergoing labor."—ἀλλ' ἔπαυσε μὲν τούτων πολλούς. "(He did not do this), on the contrary, he caused many to cease from these (habits)." Observe, that ἀλλά here refers to the answer of the foregoing question in the negative. The verb παύω, in the active voice, is, "to cause another to cease;" in the middle, "to cause one's self to cease," or simply, "to cease." The particle μέν refers to § 3.—ἂν ἑαυτῶν ἐπιμελῶνται. "If they take care of themselves." Observe that ἄν is here the conditional particle contracted from ἐάν, which usually begins a proposition or clause, and is thus distinguished from the potential or radical ἄν, which commonly stands after one or more words in a clause.—καὶ οὓς καὶ ἀγαθούς. Compare notes on § 16.

§ 3.

καίτοι γε. "Although indeed." Equivalent to the Latin *quanquam quidem*. Compare iv., 2, 7.—τῷ φανερὸς εἶναι τοιοῦτος ὤν. "By his being manifest that he was such a person," *i. e.*, by its being manifest that he was, &c. The nominative with the infinitive by attraction. Compare *Kühner*, § 672, 2, *Jelf.*—συνδιατρίβοντας. Socrates never called his followers μαθητάς, but συνόντας, συνδιατρίβοντας, γνωρίμους, ἐπιτηδείους. (*Weiske*, *ad loc.*) In this way he placed himself in direct opposition to the sophists, who vainly boasted that they could effect all things by their pretended lessons of wisdom. (*Kühner, ad loc.*)—ἐκεῖνον. In place of αὐτόν. This change of ἐκεῖνος for αὐτός often takes place, but always where strong opposition is to be marked, an idea which αὐτός itself does not express. (*Kühner, ad loc.*)—τοιούσδε. "Such as he was," *i. e.*, of similar character.

§ 4.

ἀλλὰ μὴν καὶ τοῦ σώματος, κ. τ. λ. "But, in truth, he was both himself not neglectful of the body also," &c. The idea is, that he attended not only to the mind, but also to the body. With regard to ἀλλὰ μήν, consult notes on i., 1, 6.—τὸ μὲν οὖν ὑπερεσθίοντα, κ. τ. λ. "He did not approve, accordingly, that one eating above measure labor above measure," i. e, he did not approve of over-exercise in connection with over-eating. The allusion appears to be to the ancient Athletæ, whose voracity was as proverbial as their exercises and training were severe. Compare Athenæus, x., 5: πάντες οἱ ἀθλοῦντες, μετὰ τῶν γυμνασμάτων, καὶ ἐσθίειν πολλὰ διδάσκονται; and also Upton ad Epictet., Diss. iii., 15, 3.—τὰ δέ, ὅσα γ' ἡδέως, κ. τ. λ. "But he approved of duly digesting by sufficient exercise those things, as many as the appetite receives with pleasure." Observe that ψυχή denotes not only the soul, but also its desires, propensities, appetites, &c. A similar usage prevails in the case of the Latin animus.—ἐκπονεῖν. Literally, "to work off," i. e., to digest by labor.—ἕξιν. "Habit," i. e., mode of life.—ὑγιεινήν τε ἱκανῶς εἶναι. "Was both conducive to health in a sufficient degree." Adverbs placed after adjectives, like ἱκανῶς in the present instance, are intended to have an emphatic force. (Stallb. ad Plat., Phædr., p. 256, E.)—τὴν τῆς ψυχῆς ἐπιμέλειαν. "The proper care of the intellect," i. e., its due cultivation.

§ 5.

ἀλλ' οὐ μὴν ἦν. "But yet, most assuredly, he was not." The particles οὐ μήν are often employed when something is opposed, with a strong assertive force, to what has gone before. It was stated in the previous section that Socrates was neither neglectful of the body himself, nor commended those who were; *still, however*, it is here remarked, he was *by no means* an effeminate man. (Kühner, ad loc.)—ἀλαζονικός. A covert hit at the Sophists, who were famed for ostentatious display of all kinds.—ἀμπεχόνῃ. "In his upper garment." The ἀμπεχόνη was a robe, or fine upper garment, worn by women and effeminate men. The terms ἀμπεχόνη and ὑπόδεσις comprehend, as Heindorf remarks, the whole ordinary attire of the Greeks, as far as externals were concerned. (Heind ad Plat., Hipp. Maj., p. 291.) On the form ὑπόδεσις, with the short penult, consult Lobeck ad Phryn., p. 445.—διαίτῃ. "Habits of life."

οὐ μὴν οὐδ' ἐποίει. "No, truly, nor did he make."—ἔπαυε. "He caused them to cease." Observe the force of the active here, as contrasted with that of the middle, ἐπαύετο, "he caused himself to cease," i. e., he ceased.—τοὺς δὲ ἑαυτοῦ, κ. τ. λ. "And he exacted no compensation from those who desired his instruction." Literally, "who were desirous of him." This whole passage i remarkably concise. As Socrates endeavored to restrain his pupils from all desires, he checked the passion of cupidity on their part by showing himself to be above the ruling desire for money. Here too, therefore, there is a covert allusion to the contrary practice of the Sophists. The verb πράσσω, and more particularly the middle voice, is often used in the sense of exacting from another a fine, compensation, &c. The literal meaning is "to work out," and hence the literal rendering here would be, "and he was not accustomed to work out money from those who," &c., the construction being with the double accusative. (*Blomf. ad Æsch., Pers.*, 482.)

§ 6.

τούτου δ' ἀπεχόμενος, κ. τ. λ. "By refraining, moreover, from this, he considered that he was securing his own freedom," *i. e.*, by refraining from exacting any compensation for his instructions. The old editions have ἀπεχομένους. The present reading is found in six MSS., and in the margin of Stephens's edition; it is followed, also, in the version of Leunclavius.—τῆς ὁμιλίας. "For their instruction," *i. e.*, for their lectures. More literally, "for their intercourse (with their disciples)."—ἀνδραποδιστὰς ἑαυτῶν ἀπεκάλει. "He stigmatized as enslavers of themselves," *i. e.*, as sellers of their own independence. The term ἀνδραποδιστής properly denotes a slave-dealer, one who kidnaps free men or slaves to sell them again. Hence, generally, an enslaver.—διαλέγεσθαι. "To converse with those."—ἂν λάβοιεν. The optative with ἄν has the force of a potential, and is used as well in direct as in indirect narration. (*Kühner*, § 832, *Jelf.*)

§ 7.

ἐθαύμαζε δ' εἰ. On this usage of εἰ after a verb of wondering, consult notes on i., 1, 13.—τις ἀρετὴν ἐπαγγελλόμενος. "Any one professing (to teach) virtue." The verb ἐπαγγέλλομαι in this sense, namely, to make a show of, to profess, &c., is especially said of the Sophists. Compare *Plato, Protag.*, 319, A.; and *Gorg.*, 447, C.— ἀργύριον πράττοιτο. Supply τινά, the verb being, as already remarked (§ 5), construed with a double accusative.—κτησάμενος. "On having acquired," *i. e.*, by having secured for himself.—μὴ ὁ γενόμενος, κ. τ. λ. "Lest he who thus became excellent and worthy might not entertain the liveliest gratitude toward the one who had most essentially benefited him," *i. e.*, toward his greatest benefactor. The usual construction after a verb of fearing, like φοβοῦμαι here, is with μὴ οὐ. In the present case, however, we have μή.

μή, so that the former μή is a conjunction ("lest)," and the latter a repetition of the nega.ive notion in the principal clause. (*Kühner,* § 750, *Obs.* 2.)

§ 8.

τῶν ξυνόντων ἑαυτῷ, κ. τ. λ. "That those of the persons, who associated with him, that received the opinions which he himself maintained," *i. e.,* that those of his followers who listened to and acted upon his instructions. Literally, "who received the things which he himself approved of."—εἰ μὴ ἄρα. "Unless forsooth." Observe the ironical use of ἄρα. (*Kühner,* § 788, 5, *Jelf.*)

§ 9.

ἀλλά, νὴ Δία, ὁ κατήγορος ἔφη. "But, in very truth, said the accuser," *i. e.,* but, said the accuser, it is a positive fact, that, &c. Literally, "but, by Jove," &c. Νή is a particle of affirmative adjuration, and the accusative Δία depends on some verb, such as ὄμνυμι, &c., which is readily supplied by the mind. (*Kühner,* § 566, 2, *Jelf.*) Some commentators regard νὴ Δία here as coming from Xenophon, not from the accuser, and give it an ironical force. This, however, is decidedly inferior. Compare the explanation of Heinze : "*Ja, allerdings ist Sokrates ein Verführer der Jugend.*"—ὁ κατήγορος ἔφη. The more usual order would have been ἔφη ὁ κατήγορος, since ἔφη is commonly placed before its nominative. The same remark applies to the Latin *inquit.* The accuser referred to here is probably Meletus, who first laid the charge before the king-archon.—ὑπερορᾶν τῶν καθεστώτων νόμων. "To despise the established laws."—ὡς μωρὸν εἴη, κ. τ. λ. "That it was a foolish thing (for a people) to appoint the rulers of their state by means of a bean." Observe the employment of the optative in the *oratio obliqua,* as indicating the alleged sentiments of Socrates. The force of the middle, also, in καθίστασθαι, must be particularly noted. The active, καθιστάναι τινά, would be, to appoint one over another ; whereas the middle, καθίστασθαί τινα, is to appoint one over one's self, and is here employed with reference to a people appointing their own rulers. In place of καθίστασθαι, Bornemann, Dindorf, and Sauppe read καθιστάναι, without any propriety Most of the old editions, moreover, have μωρῶν, "that it was the part of fools."—ἀπὸ κυάμου. The Athenian magistrates were elected by lot, the lots employed being white and black beans. The names of the candidates were placed in one urn, and black and white beans in another. Those whose names were drawn out with the white beans were elected. (*Hermann, Polit. Ant.,* § 149.)

κυβονήτῃ κεχρῆσθαι κυαμευτῷ. "To keep using a bean-chosen pilot," *i. e.*, a pilot chosen by lot. Observe the employment here of the perfect to denote continuance, so that κεχρῆσθαι has nearly the force of the Latin *habere*. (*Kühner*, § 399, *Obs.*, 2, *Jelf.*)—μηδ' αὐλητῇ. Omitted by Kühner without remark.—μηδ' ἐπ' ἄλλα τοιαῦτα. Kühner supplies κεχρῆσθαι κυαμευτῷ τινι.—ἃ πολλῷ ἐλάττονας βλάβας, κ. τ. λ. "Which, when erred in, produce far less injury than those things erred in respecting the state," *i. e.*, which, when mismanaged, cause less injury than errors in the management of the state.—ἔφη. Referring to the κατήγορος.—τῆς καθεστώσης πολιτείας. "The established form of government."—βιαίους. "Violent," *i. e.*, lawless.

§ 10.

τοὺς φρόνησιν ἀσκοῦντας. "That they who cultivate the intellect." We have followed here the explanation of Kühner: "*eos, qui animi cultui operam dant.*"—ἱκανοὺς ἔσεσθαι. "That they will be able eventually." The future is here very elegantly employed to indicate a matter that will take place on certain conditions, that is, if time and circumstance permit. Compare the explanation of Kühner: "*si tempora vel res ita ferant futuros esse.*" Schneider and Dindorf read εἶναι.—πρόςεισιν. "Are always attached," *i. e.*, always accompany. —ταὐτὰ γίγνεται. "The same results are produced," *i. e.*, are gained.—οἱ μὲν γὰρ βιασθέντες, κ. τ. λ. "For they who have been forced by compulsion, hate as if they had been robbed, whereas, they who have been led by persuasion, love as if grateful for services received." Literally, "love as if affected by favors (received)." Observe that βιασθέντες is here taken in a passive sense. Deponent verbs which have the aorist as well of the passive as the middle form, employ the passive aorist generally, though not always, in a passive signification. In βιάζομαι, however, this distinction regularly obtains. Thus, ἐβιασάμην is *coegi*, but ἐβιάσθην, *coactus sum*. (*Kühner*, § 368, *b. Jelf.*)—κεχαρισμένοι. In a passive sense. Compare *Herod.*, viii., 5: τοῖσι Εὐβοέεσσι ἐκεχάριστο. "It was done to please the Euboeans."

οὔκ οὖν τῶν φρόνησιν, κ. τ. λ. "To employ violence, therefore, is not the part," &c. It is generally laid down that οὔκουν means "not therefore," and οὐκοῦν "therefore," the accent being placed over that part of the word the sense of which prevails ; more accurately, perhaps, when the meaning is "not therefore," we should write οὐκ οὖν separately. (*Kühner*, § 791, *Obs.*, *Jelf.*)—ἰσχὺν ἄνευ γνώμης. "Brute force without intellect."—τὰ τοιαῦτα πράττειν. This is the reading o˙ all the MSS. and old editions. Bornemann gives τὸ τοιαὖτα πράττειν, from a conjecture of Schæfer's (*ad Dion. Hal.*, p. 111) but in his note proposes τὸ τὰ τοιαῦτα πράττειν. Kühner, however, successfully defends the ordinary reading.

§ 11.

ἀλλὰ μὴν καὶ συμμάχων, κ. τ. λ. "But, in very truth, the man that dares to employ open force would need allies not a few." With regard to ἀλλὰ μήν, consult notes on i., 1, 6.—οὐδενός. "Not a single one." The full construction would be οὐδενὸς συμμάχου δέοιτ' ἄν.—καὶ γὰρ μόνος ἡγοῖτ' ἄν, κ. τ. λ. "For he would think himself, even though unaided, able to persuade." More literally, "even though all alone." Observe the construction of the nominative with the infinitive, the reference being to the same person that forms the subject of the verb. Observe also the force of καί in connection with μόνος.—Καὶ φονεύειν δὲ τοῖς τοιούτοις, κ. τ. λ. "Moreover, it least of all accords with the character of such persons as these to slay a man."—ἢ ζῶντι πειθομένῳ χρῆσθαι. "Than to have him living and voluntarily obedient." Literally, "than to use him a living persuaded one."

§ 12, 13.

ἀλλ' ἔφη γε ὁ κατήγορος. "But, said the accuser in particular." The force of γέ here must be noted, and the idea intended to be conveyed may be stated thus: "What you say is well enough on general grounds; I will mention, however, a particular instance, as regards two of the followers of Socrates, which will show how inapplicable your remarks are to the case of that philosopher."—ὁμιλητὰ γενομένω. "After having been intimate companions," i. e., intimate as followers. Observe the employment of the dual to give more precision to the sense. Ὁμιλητά is the nominative dual of ὁμιλητής.

Κριτίας. Critias, the son of Callæschrus, was a follower of Socrates, by whose instructions he profited but little in a moral point of view, and, together with Alcibiades, gave a color by his life to the charge against the philosopher of corrupting the youth of the day. He became eventually one of the thirty tyrants, and was conspicuous above all his colleagues for rapacity and cruelty. He was slain at the battle of Munychia, fighting against Thrasybulus and the exiles. He is said to have been a vigorous speaker (*Cic., de Orat.*, ii., 22), and he composed, also, some elegies and dramatic pieces. In philosophy he was but a dabbler and dilettante. (*Smith, Dict. Biogr., s. v.*)—Ἀλκιβιάδης. Alcibiades was the son of Clinias, and nephew οt Pericles. He was remarkable for intelligence and sagacity as a statesman, and great ability as a commander, but was characterized by a total want of principle. In early life he was the favorite follower of Socrates, who saved his life at the battle of Potidæa.

πλεῖστα κακὰ τὴν πόλιν ἐποιησάτην. To do good or evil is expressed, in Greek, by ποιεῖν and two accusatives, one of the person and another of the thing; or with an accusative of the person and εὖ or κακῶς. (*Matthiæ*, § 415, a, β.)—ἐν τῇ ὀλιγαρχίᾳ. The allusion is to the government of the thirty tyrants, which the term ὀλιγαρχία is often employed in Xenophon to denote. (*Sturz, Lex. Xen., s. v.*) —πλεονεκτίστατος. On this form of the superlative, consult *Matthiæ*, § 129. Dindorf and Bornemann read here κλεπτίστατός τε καὶ βιαιότατος καὶ φοινικώτατος ἐγένετο.—'Ἀλκιβιάδης δὲ αὖ. "While Alcibiades, on the other hand." From the notion of repetition and opposition implied in αὖ is derived its copulative force, whereby it can join together two clauses, and place them in opposition, like δέ. In this case it is usually strengthened, as here, by the addition of δέ. (*Kühner*, § 771, 2, *Jelf.*)—ὑβριστότατος. On this form, consult the remarks of *Lobeck, Paralip.*, p. 40, *seq.*—βιαιότατος. "Most reckless."

οὐκ ἀπολογήσομαι. "Will not make any defence for them."—τὴν δὲ πρὸς Σωκράτην, κ. τ. λ. "I will relate, however, the intercourse of both of them with Socrates, how it was." For ἡ συνουσία αὐτοῖν ὡς ἐγένετο διηγήσομαι. An idiom of common occurrence.

§ 14.

ἐγενέσθην μὲν γὰρ δή, κ. τ. λ. "Now these two men, indeed, were by nature," &c. The particle γάρ is here explanatory, while δή is to be connected, not with γάρ, but with what follows, and serves to add emphasis to this. (Compare *Hartung*, i., p. 287.)—ὀνομαστοτάτω πάντων. "Most celebrated of all."—'Ἤιδεσαν, i. e., ᾔδεσαν.—ἀπ' ἐλαχίστων μὲν χρημάτων, κ. τ. λ. "As one living most contentedly on the most trifling means," i. e., they knew that he lived, &c. Observe the participial construction here after a verb signifying "to know," where in Latin we would have the accusative with the infinitive. (*Matthiæ*, § 548, 2.) The preposition ἀπό, moreover, is often employed with its case to denote the means or instrument by which any thing is effected. (*Kühner*, § 620, *Jelf.*)—ὄντα. "As being."—τοῖς δὲ διαλεγομένοις αὐτῷ πᾶσι, κ. τ. λ. "And as swaying, in the discourses (which took place), all those who held converse with him, (exactly) as he would," i. e., as swaying at pleasure, &c. This is well explained by the following passage from the Laches of

Plato (187, E.): *οὔ μοι δοκεῖς εἰδέναι ὅτι, ὃς ἂν ἐγγυτάτω Σωκράτους ᾖ λόγῳ, καὶ πλησιάζῃ διαλεγόμενος, ἀνάγκη αὐτῷ, ἐὰν ἄρα καὶ περὶ ἄλλου τοῦ πρότερον ἄρξηται διαλέγεσθαι, μὴ παύσασθαι ὑπὸ τούτου περιαγόμενον τῷ λόγῳ, πρὶν ἂν ἐμπέσῃ εἰς τὸ διδόναι περὶ αὑτοῦ λόγον, κ. τ. λ.*

§ 15.

ὁρῶντε. It is neater to make *ὁρῶντε* and *ὄντε* nominatives absolute, the construction changing in the accusative *αὐτώ* before *ὀρέξασθαι*, than to construe them as accusatives after *αὐτώ* and agreeing with it.—*ὄντε οἴω προείρησθον.* "Being such as they have before this been said to be."—*πότερόν τις αὐτὼ φῇ.* The subjunctive here stands alone and independent, in a question implying doubt, and thus forms what is technically termed the deliberative subjunctive. (*Matthiæ*, § 515, 2. *Kühner*, § 417, *Jelf.*)—*τοῦ βίου τοῦ Σωκράτους ἐπιθυμήσαντε.* "Because they desired (to lead) the life of Socrates." Literally, "having become desirous of the life of Socrates." The participle is here employed to denote the cause or reason. (*Kühner*, § 697, a., *Jelf.*)—*καὶ τῆς σωφροσύνης.* "And (to possess) the self-control." Literally, "and of the self-control." With regard to the Socratic *σωφροσύνη*, compare iv., 3, 1.—*ὀρέξασθαι τῆς ὁμιλίας αὐτοῦ.* "Were eager for his intimacy." The verb *ὀρέγω*, in the middle voice, means properly "to stretch one's self out after a thing," "to desire a thing with outstretched hands," and is construed with a genitive of the object desired. (*Matthiæ*, § 350.) Compare § 16: *Σωκράτους ὠρεχθήτην.—νομίσαντε.* "Because they thought." Compare note on *ἐπιθυμήσαντε*, above.

§ 16.

θεοῦ διδόντος αὐτοῖν. "That, if the deity had granted unto them both." Literally, "the deity giving unto them two."—*ἑλέσθαι ἂν αὐτώ, κ. τ. λ.* "They two would, without any hesitation, have chosen rather to die." Observe the force of the aorist here in denoting rapidity of determination, and the absence of all hesitation. —*δῆλω δ' ἐγενέσθην, κ. τ. λ.* "Now they both became manifest (in this respect) from the things which they (subsequently) did," i. e., now this was rendered manifest by their subsequent conduct; they proved the truth of this remark by the acts which they subsequently perpetrated. Compare, as regards the construction of *δῆλω* here, the notes on i., 1, 2, *θύων τε γὰρ φανερὸς ἦν.—ὡς τάχιστα.* "As soon as."—*τῶν συγγιγνομένων.* Their fellow-disciples are meant.— *ἀποπηδήσαντε.* "Having bounded away from." A strong expression in place of *ἀποφοιτήσαντε.* Jacobs (*Socr.*, p. 19) compares Phiiostratus, *Vit. Apoll.*, iv., 38 : εἴ τις διὰ τοῦτο ἀποπηδᾷ φιλοσιφίας, and also vi., 16 : δείσαντες μὴ ἀποπηδήσας αὐτῶν πλεύσαιμι ἐς τὴν Ἐρυθράν.—ἐπραττέτην. "They began to engage in."—ὠρεχθήτην. "They had eagerly sought after." Compare note on ὀρέξασθαι τῆς ὁμιλίας, § 15.

§ 17.

τὰ πολιτικά. "The science of public life." Literally, "the things appertaining to the state or government."—σωφρονεῖν. "To practice self-restraint."—οὐκ ἀντιλέγω. "Make no reply at present." This accusation Xenophon does not now answer. It is fully met, however, in book iv., 3, 1.—ὁρῶ δέ. "I see, however."—αὐτούς. In the old editions αὐτούς, which is far inferior.—ᾗπερ αὐτοὶ ποιοῦσιν. "In what way they themselves practice."—τῷ λόγῳ προςβιβάζοντας. "Bringing them over (to the same line of conduct) by their arguments," *i. e.*, training them up to similar conduct by arguments. The common editions have προβιβάζοντας. Our present reading is Schneider's emendation, from some of the MSS. The idea implied is a *leading toward* the things that are taught.

§ 18.

οἶδα δὲ καὶ Σωκράτην, κ. τ. λ. "I know, too, of Socrates also showing himself unto those who associated with him as being," &c. Observe the force of καί, the idea being, "As I know this of other teachers, so *also* do I know it of Socrates ;" and hence καί has here a force very like that of "accordingly."—δεικνύντα . . . . διαλεγόμενον. These are both imperfect participles, and have reference to an oft-repeated action. As regards the participial construction here, consult notes on § 14.—οἶδα δὲ κἀκείνω σωφρονοῦντε, κ. τ. λ. "I know, too, of those two men also practicing self-control as long as they associated with Socrates."—ἔςτε. Not ἔς τε, since it stands for ἐς ὅτε, Dorice ἔςτε.—φοβουμένω . . . . . οἰομένω. "Because they feared . . . . . because they thought."

§ 19.

τῶν φασκόντων φιλοσοφεῖν. "Of those who say that they are philosophers." He appears to allude to the Sophists.—ὑβριστής. "Licentious." This meaning is here deduced from its being placed in direct opposition to the idea implied by σώφρων.—οὐδὲ ἄλλο οὐδέν, κ. τ. λ. "Nor could he, who had once become acquainted with it, ever become ignorant of any other one of those things of which there is a learning," *i. e.*, which are capable of being acquired from the teaching of others. Observe that ἄλλο οὐδέν depends on ἀνἐπιστήμων; and on this construction of the accusative with verbs' adjectives, consult *Matthiæ*, § 316 *Obs*. 3.—οὕτω γιγνώσκω. This question, whether virtue could be obtained by learning, and was not a natural quality, was frequently discussed by the ancient philosophers The opinion of Socrates was, that virtue could be acquired by instruction and improved by practice. (Consult iii., 9, 1, and iv., 1, and also *Bornemann ad Xen., Conviv.*, ii., 6.)—ὁρῶ γάρ, ὥςπερ τὰ τοῦ σώματος, κ. τ. λ. "For I see that, even as (I perceive) that they who do not exercise their bodies," &c. After ὥςπερ we must supply ὁρῶ from the previous clause. This simple process will entirely obviate the necessity of our having recourse, with Kühner, to the doctrine of attraction, by which the structure of the secondary clause is made to conform to that of the primary. The natural arrangement, however, would be ὥςπερ . . . οἱ μὴ τὰ σώματα ἀσκοῦντες οὐ δύνανται ποιεῖν, οὕτω καί, κ. τ. λ.

§ 20.

κἂν ὦσι. "Even though they be."—ὡς τὴν μὲν τῶν χρηστῶν, κ. τ. λ. "Because (as they are convinced) their intercourse with the virtuous is a practice of virtue, whereas that with the bad is a destruction (of the same)." Observe here the employment of the accusative absolute with ὡς. This particle is joined to the simple participle, or the genitive or accusative absolute, when we assign or suggest some reason, in the mind of another person, why he does a certain thing. (*Buttmann*, § 145, *note* 5, *Rob.*)—ἐσθλῶν μὲν γὰρ, κ. τ. λ. This distich is taken from Theognis (v. 35, 36). Socrates appears to have been fond of quoting it. Compare *Xen., Conviv.*, ii., 4. *Plat., Men.*, 95, D. The first line of the couplet is a hexameter, the second a pentameter.—ἄπ'. Observe the anastrophe.—διδάξεαι. "You will learn." Literally, "you will cause yourself to be taught." Observe the force of the middle.—ἀπολεῖς καὶ τὸν ἐόντα νόον. "You will destroy even the intellect you have."—καὶ ὁ λέγων. The author of the hexameter, which follows after this, is unknown.—αὐτὰρ ἀνὴρ ἀγαθός. κ. τ. λ. "The good man, however, is at one time erring, at another time excellent." The object of this last quotation is to show the necessity of the constant and unremitting exercise of virtue, since even the good man, if he neglect this for a moment, is liable to be surprised by he inroads of vice.

§ 21.

κἀγὼ δὲ. Compare i., 1, 3.—ὁρῶ γάρ, ὥςπερ, κ. τ. λ. Compare notes on § 19.—τῶν ἐν μέτρῳ πεποιημένων ἐπῶν, κ. τ. λ. "That they who do not keep up their practice, forget the metrical composition of verses." Literally, "forget verses composed in accordance with (regular) metre."—τῶν διδασκαλικῶν λόγων. "Of the precepts of instruction." The genitive here depends on λήθην, and ἀμελοῦσι governs αὐτῶν understood.—τῶν νουθετικῶν λόγων. "The words of admonition."—ἐπιλέληστοι καὶ ὦν, κ. τ. λ. "He forgets, also, (those emotions) under the influence of which the soul became desirous of moderation." Literally, "which the soul suffering," i. e., by which being affected. Observe that ὦν is by attraction for ἅ, the regular construction being ἐπιλέλησται καὶ τούτων ἅ, κ. τ. λ.

§ 22.

τοὺς προαχθέντας. "That those who are led on."—τοὺς εἰς ἔρωτας ἐγκυλισθέντας. "Those who are involved in love-affairs." The common text has ἐκκυλισθέντας, "plunged headlong," but MS. authority is in favor of the former.—τῶν δεόντων. "Of the things that ought to be done," i. e., their necessary duties.—ἐρασθέντες. "On having become enamored of it." The prose writers employ the passive aorist ἡράσθην, of ἐραω, exactly in an active signification.—καταναλώσαντες. "After having spent." The participle is used to express the time which is defined by some action or state. (*Kühner*, § 696, *Jelf.*)—κερδῶν. "Sources of gain."—αἰσχρὰ νομίζοντες εἶναι. "Because they thought that these were disgraceful." Another instance of the employment of the participle to assign a reason.

§ 23.

πῶς οὖν οὐκ ἐνδέχεται. "How, then, is it not possible."—ἀσκητὰ εἶναι. "Are attainable by exercise." Observe that ἀσκητός, in this sense, is opposed to διδακτός. Weiske reads ἀσκητέα, which Schneider and Kühner very properly condemn. We must first ascertain that a thing is attainable by exercise, before we say that it ought to be made a subject of exercise.—οὐχ ἥκιστα δέ. "And not least," i. e., and especially.—ἐν τῷ γὰρ αὐτῷ σώματι, κ. τ. λ. "For voluptuous pleasures, implanted in the same body with the soul." Observe here the employment of ἡδοναί, like *voluptates* in Latin, to denote the *desires* of pleasure.

§ 24.

καὶ Κριτίας δὴ καὶ Ἀλκιβιάδης. "Both Critias, accordingly, and Alcibiades." The particle δή is often thus employed in resuming an interrupted discourse ; and hence Kühner paraphrases it here-

H

by jam, ut rem paucis complectar.—συμμάχῳ. "As an ally".—ἐκείνω δ' ἀπαλλαγέντε. "But when they had departed from him." Observe here the anomalous construction of the participle in the nominative dual, as indicating the whole, while the two subjects follow separately, each with its own adjuncts and verb. Grammarians explain this by the figure called τὸ σχῆμα καθ' ὅλον καὶ μέρος. (*Kühner*, § 478, § 708, 2, *Jelf.*)—φυγὼν εἰς Θετταλίαν. This was in B.C. 406 probably (the year in which the generals who had conquered at the Arginusæ were put to death), for we find him at that time in Thessaly, fomenting a sedition of the Penestæ, or serfs, against their lords. According to Xenophon, in his Grecian History (ii., 3, 15, 36), he had been banished by a decree of the people, and this it was which afterward made him so rancorous in his tyranny, when one of the thirty, in B.C. 404.—ἀνομίᾳ μᾶλλον ἢ δικαιοσύνῃ χρωμένοις. "Living in lawlessness rather than just-dealing." Literally, "making use of lawlessness," &c. The Thessalians were proverbial for their licentiousness, perfidy, and treachery. Compare *Plato, Crit.*, 53, D.

'Ἀλκιβιάδης δ' αὖ. "But Alcibiades, on the other hand." Compare § 12.—διὰ μὲν κάλλος. Alcibiades was remarkable at every period of his life for the extraordinary beauty of his person.—ὑπὸ πολλῶν καὶ σεμνῶν γυναικῶν. "By many and respectable females." The Greeks regularly join πολύς with another adjective, expressing praise or blame. (*Matthiæ*, § 444.)—ὑπὸ πολλῶν καὶ δυνατῶν κολακεύειν, κ. τ. λ. "Being corrupted by many men, and these skilled in flattery," i. e., by the arts of many adroit and skillful flatterers. We have given δυνατῶν κολακεύειν its natural signification here, with Jacobs (*Socr.*, p. 23). Compare iv., 2, 6, where ὅ τι ἂν βούλωνται δυνατοὶ γενέσθαι is made to correspond in meaning to ἱκανοὶ γενέσθαι πειρῶνται. Kühner is clearly wrong when he makes δυνατῶν κολακεύειν refer here to those whose flattery had weight with Alcibiades; on the contrary, δυνατῶν is precisely equivalent to δεινῶν. Compare *Schneider, ad loc.*, and *Fischer, Ind. ad Theophrast. Charact.*, s. v. δυνατὸς διακονῆσαι.—τῶν γυμνικῶν ἀγώνων. "In the gymnastic contests."—οὕτω κἀκεῖνος, κ. τ. λ. The demonstrative pronoun is often repeated, for the sake of emphasis, in the second member of a comparison. (*Kühner*, § 658, *Jelf.*)

§ 25.

ὀγκωμένῳ. "Being swelled with pride."—ἐπηρμένῳ δέ. "Being elated too."—πεφυσημένῳ δέ. "Being puffed up, moreover."—διατεθρυμμένῳ δέ. "Being corrupted likewise"—ἐπὶ δὲ πᾶσι τούτοις διεφθαρμένω. "And being completely spoiled by all these means." —καὶ γεγονότε. "And having also been."—ἀπὸ Σωκράτους. Bornemann writes ἀπο, as if put for ἀπωθεν; but consult Kühner, ad loc.

§ 26.

εἶτα. Expressive here, as often elsewhere, of mingled surprise and indignation.—εἰ μέν τι ἐπλημμελησάτην. "If they two did any thing wrong," i. e., were guilty of any outrage. The verb πλημμελέω means, properly, "to make a false note in music," and hence "to err," "to do wrong," &c.—ὅτι δὲ νέω ὄντε αὐτώ. "But because Socrates rendered them both discreet when they were young," &c. Observe that παρέσχε (literally "afforded") is here nearly equivalent to ἔθηκε, or the Latin reddidit.

§ 27.

οὐ μὴν τά γε ἄλλα οὕτω κρίνεται. "The other things (in life surely are not judged of in this way." Observe the strong and indignant affirmation expressed by the particle μὴν.—τίς δὲ κιθαριστής. Render δέ in this clause "too," and in the succeeding one "or."— ἱκανούς. "Proficients."—φανῶσιν. "They appear."—αἰτίαν ἔχει τούτου. "Has blame for this."—συνδιατρίβων τῳ. "On passing his time with any one," i. e., with any instructor. Observe that τῳ is the Attic contracted form for τινί. With συνδιατρίβων we may understand χρόνον. (Bos, Ellips., ed. Sch., p. 550.)—συγγενόμενος. "On having been with."—τὸν πρόσθεν. "The former," i. e., the master who taught him previously.—ἀλλ' οὐχ ὅσῳ ἄν, κ. τ. λ. "But does not, by how much the worse he may appear with the latter, by so much the more praise the previous one?"—ἀλλ' οἱ γε πατέρες αὐτοί, κ. τ. λ. "Nay, even those fathers themselves who are always with their sons," i. e., who take charge themselves of the education of their sons. Compare Heinze, "die Väter, die ihre Söhne selbst erziehen," and also Sturz, Lex. Xen., s. v., "Nullo alio magistro adhibito." Commentators, in general, make this clause refer merely to fathers as being so much more in company with, and connected by so much closer a tie with their sons, than mere instructors are. But they overlook in this the peculiar force of the article with the participle. The argument is as follows: if even those fathers who educate their own sons, and between whom and their children there is, therefore, the closest connection, are not blamed if those children subsequently err, provided they themselves be sober-minded, why blame an instructor, between whom and his pupil the connection is so much less intimate!

§ 28.

οὕτω δέ. "In this same way, too."—εἰ μὲν αὑτὸς ἐποίει, κ τ. λ. "If he himself were accustomed to do any thing evil, he would naturally have appeared on all such occasions to be an evil man." Observe the employment of the imperfect to denote the repetition of an action, and also the peculiar arrangement of the protasis and apodosis to express impossibility or disbelief, that is, εἰ with the imperfect in the former, and ἄν with the same tense in the latter; so that it is necessarily implied, "but he was not accustomed to do any thing evil." (*Buttmann*, § 139, 9, 4, *Rob.*)—εἰ δ' αὐτὸς σωφρονῶν διετέλει. "If, however, he himself was always practicing self-control." Here we have εἰ with the indicative, in the protasis, to indicate a condition that is certain, followed by ἄν with the optative in the apodosis, to mark a result as utterly uncertain. (*Kühner* ¶ 853, *Jelf.*)

§ 29.

ἀλλ' εἰ καί, κ. τ. λ. "But if, even though doing nothing evil himself," &c. This period forms part of the previous section in the old editions.—Κριτίαν μέν. The particle μέν is added, because Xenophon had intended to mention Alcibiades also; and the particle τοίνυν is here, as often elsewhere, used to mark a transition to the example or instance which the writer is proceeding to adduce. (*Hartung*, ii., p. 348, *seq.*)—Εὐθυδήμου. This was Euthydemus, surnamed ὁ καλός, the son of Diocles. (Compare *Plato, Sympos.*, § 37.) Mention is again made of him in iv., 2, 1; nor does he appear different from the one who is spoken of in the third and fifth chapters of the same book. He must not be confounded, however, with Euthydemus, the brother of Dionysodorus mentioned in iii., 1, 1. —ἀπέτρεπε λέγων. "He endeavored to dissuade him by saying." Literally, "endeavored to turn him away," *i. e.*, from his object Observe the force of the imperfect.

§ 30.

τοῦ δὲ Κριτίου, κ. τ. λ. "But he, Critias, not hearkening to such admonitions as these." Supply νουθετήμασι, or something equivalent. Observe, moreover, the presence of the article with the proper name, for the purpose of making the opposition a stronger one.—καὶ τοῦ Εὐθυδήμου. "And, in particular, Euthydemus." The conjunction καί has here an incressive or emphatic force. (*Kühner*, § 759, *Jelf.*)—ὑϊκὸν πάσχειν. "To be swinishly affected." One MS. gives τι before ὑϊκόν, which some few editions, without any necessity,

adopt Consult *Fritzsche, Quæst. Lucian.*, p. 92, *seq.*, who shows that τι is often thus omitted.—δοκοίη. The optative in the *oratio obliqua*, as indicating the sentiments of the speaker.

§ 31.

ἐξ ὧν δή. "On account of which same things." The particle δή is here appended, to add explicitness to the relative.—ὅτε τῶν τριάκοντα ὤν, κ. τ. λ. "When, being one of the thirty, he had become nomothete along with Charicles." Under the regular constitution of Athens, the νομοθέται were a legislative committee, who inquired into the defects of the existing code, and the alterations proposed thereto, and who also examined into every bill before it became a law. When the thirty tyrants subsequently came into power, it was by virtue of a regulation, which ordained that the supreme power should for the present be lodged with thirty persons, who should be authorized to draw up a new code of laws. (*Xen., Hist. Gr.*, ii., 3, 2.) Strictly speaking, therefore, the thirty tyrants were all νομοθέται, but the legislative power, or, in other words, the chief authority, soon centered in Critias, next in power to whom was Charicles, and hence these two are alone mentioned here. Jacobs regards ὧν ἐγένετο as equivalent here to ἧν, and refers to *Matthiæ*, § 559 ; but this is quite unnecessary.

ἀπεμνημόνευσεν αὐτῷ. "He bore it in mind against him." Observe that ἀπομνημονεύειν τινί τι is, "to bear a thing in mind for one," either for good or for evil, and hence is said both of a person intending to do a kindness, and of one determined to do an injury. The latter meaning prevails here.—λόγων τέχνην. "The art of disputation." This does not mean rhetoric merely, but the art of disputing on all questions, public or private, which had reference to philosophy or general literature. Hence, as Socrates alone is not meant, but all philosophers of this class generally, the article is omitted. The law here referred to was abrogated on the expulsion of the thirty.—μὴ διδάσκειν. "That no one teach."

ἐπηρεάζων ἐκείνῳ. "Seeking to cast contumely upon him." Compare the explanation of Morus (*ad Isocr., Paneg.*, 31, p. 62) : "*insolenter eum tractare cupiens.*" On the general meaning of ἐπηρεάζω, consult *Wasse, ad Thucyd.*, i., 26, and *Schleusner, Lex. N. T., s. v.*—καὶ οὐκ ἔχων ὅπη ἐπιλάβοιτο. "And not having where he might take hold of him," *i. e.*, and having no pretext for seizing him.—τὸ κοινῇ τοῖς φιλοσόφοις, κ. τ. λ. "The taunt uttered in common by the multitude against the philosophers," *i. e.*, uttered against all philosophers. The taunt here referred to was their making the worse appear the better side, or, in other words, black appear white (*Stallb. ad Plat., Apol.*, 18, B.; *Aristoph., Nub.*, 95, *seqq.*) The charge, however, was only just against the Sophists. (Compare *Wiggers' Life of Socrates*, p. 418 of this volume.)—οὐδὲ γὰρ ἔγωγε, οὔτε αὐτός, κ. τ. λ. "For neither did I, for my part, either myself ever hear this from Socrates, or learn it from another, who said that he had heard it (from him)," *i. e.*, for neither did I, &c., ever hear Socrates himself profess to teach the art of disputation, &c. The common text has οὔτε γάρ, which Bornemann adopts; but the true form is οὐδὲ γάρ, which corresponds, in negative propositions, to καὶ γάρ in affirmative ones.

§ 32.

ἐδήλωσε δέ. "But it soon appeared evident (that Socrates was the person aimed at)." Observe here the force of the aorist in denoting quickness of result; and, moreover, that ἐδήλωσε itself is taken in an intransitive sense, as equivalent to δῆλον ἐγένετο. (Compare *Matthiæ*, § 360, 2, and *Kühner*, § 373, 1, *Jelf.*) Lange, with less correctness, makes ἐδήλωσε transitive, and refers it to Critias.—καὶ οὐ τοὺς χειρίστους. "And these not the worst," *i. e.*, not persons of the lowest or common stamp. A litotes, for "persons of high standing." Compare *Seneca, de Tranq. An.*, c. 3: "*Triginta tyranni mille trecentos cives, optimum quemque, occiderant.*" The persons who were now singled out for destruction were men of unblemished character, without any strong political bias, who had gained the confidence of the people by their merits or services, and might be suspected of preferring a popular government to the oligarchy under which they were living. (*Thirlwall*, iv., p. 184.)—πολλοὺς δὲ προετρέποντο ἀδικεῖν. "And impelled many to be guilty of injustice." Observe here the employment of the middle in an apparently active sense, but in reality with a full middle force, "impelled for themselves," *i. e.*, to gratify their own base views, by making others accomplices in their wickedness. An illustration of the text is afforded by Plato, *Apol.*, 32, C., where Socrates tells the story of his having been ordered by the thirty, along with four others, to bring Leon of Salamis to Athens. "That government," he adds, "though it was so powerful, did not frighten me into doing any thing unjust; but, when we came out of the Tholos, the four went to Salamis and took Leon, but I went away home."

εἰπέ που. "Casually observed."—δοκοίη. The optative again, as expressing the sentiments of the speaker.—νομεύς. "A keeper."—μὴ ὁμολογοίη εἶναι. "Would not confess that he was." The optative is here employed because the case adduced is a mere supposition; but in αἰσχύνεται, farther on, the indicative is used, because there Socrates refers to what is passing under his own eyes. (*Kühner, ad loc.*)—μὴ αἰσχύνεται, μηδ' οἴεται. The common text has μὴ αἰσχύνοιτο, μηδ' οἴοιτο; but the optative is wrong, for the reason just stated. (Compare *Kühner*, § 855, *Jelf.*)

§ 33.

καλέσαντες .... ἐδεικνύτην. A plural participle with a dual verb. (*Kühner*, § 387, *Jelf.*)—ἀπειπέτην μὴ διαλέγεσθαι. "Forbade him to hold any converse." With verbs of prohibition as well as those of denial, preventing, &c., the infinitive is used with μή. This is not a pleonasm, but the negative notion of the verb is increased thereby. (*Kühner*, § 749, l, *Jelf.* Compare *Hermann ad Vig.*, § 271; p. 811.) —πυνθάνεσθαι. "To ask a question," *i. e.*, to ask for information. We have here a specimen of the Socratic εἰρωνεία, to which that philosopher was accustomed to have recourse, whenever he had to deal with those who were puffed up with erroneous ideas of their own consequence or wisdom. (Compare *Wiggers' Life of Socrates*, p. 388 of this volume.)—εἴ τι ἀγνοοῖτο τῶν προαγορευομένων. "In case any one of the things proclaimed (by them) should not be clear (to him)," *i. e.*, any one of their enactments.—τὼ δ' ἐφάτην. "And they said (that it was allowed)," *i. e.*, that he might. Observe that ἐφάτην is equivalent here to ἐξεῖναι ἔλεξαν. (*Jacobs, ad loc.*)

§ 34.

ἐγὼ τοίνυν, ἔφη, κ. τ. λ. "Well, then, said he, I am prepared," &c. Observe that τοίνυν is a particle of transition, and is often used in answers, especially when one replies promptly to the discourse of another. (Compare *Hartung*, p. 350, 3.)—ὅπως δὲ μὴ δι' ἄγνοιαν λάθω, κ. τ. λ. "But, in order that I may not in any respect unconsciously transgress them through ignorance." The verb λανθάνω is construed with a participle, which participle may be translated as a verb, and the verb as an adverb, in the signification of the Latin *clam*. (*Kühner*, § 694, *Jelf.*)—πότερον τὴν τῶν λόγων τέχνην, κ. τ. λ. "Whether considering the art of disputation to bo auxiliary to those things that are rightly said, or to those that are not rightly (said), you order me to refrain from it," *i. e.*, whether you order me to refrain from the art of disputation because you consider it to be auxiliary to reasoning rightly or not rightly. Observe that σύν τινι εἶναι signifies "to be auxiliary to" "to assist any thing." (*Kühner*, § 623, *Jelf.*)

δῆλον ὅτ.. Examples are extremely rare of a present tense (δῆλόν ἐστι), followed by ὅτι and an optative (ἀφεκτέον εἴη) in place of an indicative. The true employment of the optative is when the words of another are given in past time or in the *oratio obliqua*. (Compare Kühner, *ad loc.*)—δῆλον ὅτι πειρατέον ὀρθῶς λέγειν. The meaning of the whole passage is given as follows by Kühner: "You interdict the art of speaking. The question then presents itself, whether you mean the art of speaking rightly or not rightly. If you interdict the art of speaking rightly, such as I practice, then one must abstain from speaking rightly, which is absurd. If, on the other hand, you interdict the art of not speaking rightly, such as the Sophists practice, we must strive to speak rightly, and, consequently, my mode of speaking, which teaches how to speak rightly, must be approved of; for it can not be imagined that you interdict the art of speaking both rightly and not rightly. Your interdict, therefore, can have no reference to me, who teach to those who associate with me the art of speaking rightly."

§ 35.

ἐπειδή. The common text has ἐπειδάν, but the indicative ἀγνοεῖς with ἐπειδάν would be solecistic. (Compare *Matthiæ*, § 521, *Obs.* 1.) —τάδε σοι εὐμαθέστερα, κ. τ. λ. "We proclaim the following things unto you as being more easy to understand: not to converse with the young at all," *i. e.*, we give you now an order more easy to understand, &c. Compare iv., 4, 3, where it is stated that Socrates paid no obedience to this order.—ὡς ἄλλο τι ποιῶ, κ. τ. λ. "As I may do something else than the things which have been ordered." We have given ὡς here the force of a comparative conjunction, with Kühner, making it equivalent to the German *wie*, "as." Jacobs, however, explains it by ὥστε με ἄλλο τι ποιεῖν, and Sauppe by "*adeo ut faciam.*"—μέχρι πόσων ἐτῶν. "To what number of years," *i. e.*, until what age. Compare the Latin "*intra quot annos.*"—ὅσου περ, εἶπε, χρόνου, κ. τ. λ. "For even as long a time, replied he, as it is not permitted one to be a senator." Citizens could not be elected to the office of senator until they were thirty years old. Observe here the employment of the genitive of time. A space of time is put in the genitive, when it is regarded as the necessary condition of the notion of the verb. (*Kühner*, § 523, *Jelf.*)—νεωτέροις τριάκοντα ἐτῶν "With persons younger than thirty years."

§ 36.

ἄν τι ὠνῶμαι. "If I am inclined to buy any thing." Observe the conditional ἄν beginning, as usual, a clause—ἢν πωλῇ. The conditionaľ ἄν appears here again under the form ἦν, which is more usual with the Attic writers, except Plato, and is always employed by the tragedians. (*Ellendt, Lex. Soph.*, s. v.) Schneider, offended at the employment here of the two forms of this particle so near each other, proposes to read καί for ἦν, unless ἄν be referred to time, and ἦν be taken as implying a condition. There is no need, however, of any change. Compare *Kühner, ad loc.*,; and observe, also, that πωλῇ in this clause, and πωλεῖ in the succeeding one, denote willingness to sell.—ναὶ τά γε τοιαῦτα. "Yes, such things as these (you may ask about)."—ἀλλά τοι σύ γε, κ. τ. λ. "But, in very truth, you yourself are accustomed, although knowing how they are constituted, to ask questions respecting the most of them." This seems to have reference to Socrates' method of disputation, that is, of interrogating his hearers, and appearing to instruct himself, rather than pretending to instruct others; in other words, of calling forth ideas rather than communicating them. (Compare *Wiggers' Life of Socrates*, p. 390 of this volume.)—ἐὰν εἰδῶ, οἷον. "If I know, for example." Compare, as regards the force of οἷον here, *Viger*, iii., 9, 12.

§ 37.

τῶνδε ἀπέχεσθαι, τῶν σκυτέων, κ. τ. λ. "To refrain from those people, the leather-dressers, namely, and carpenters, and smiths."• Observe here, in τῶνδε, what is called the prospective use of the demonstrative pronoun, that is, it directs the reader's attention to some substantive or substantives that are to follow, and serves to prepare the way for them. (*Kühner*, § 657, *Jelf.*) In his disputations, Socrates was wont to derive illustrations for his statements from common life, from fullers, leather-dressers, cobblers, &c., and was often accustomed, moreover, to engage in converse with this very class of persons. The Sophists pursued a directly contrary method, being fond of expressing themselves in dazzling theses and antitheses, and frequently ridiculed what they considered the philosopher's vulgar taste in this respect. (Compare *Plat., Symp.*, 221, E.; *Gorg.*, 491, A.)—καὶ γὰρ οἶμαι αὐτούς, κ. τ. λ. "And with good reason, for I think that they are, by this time, quite worn out, being continually had in your mouth," i. e., that they are talked deaf by your loquacity. Properly speaking, the illustrations ought to be said to be worn threadbare; here, however, the persons themselves who afforded them are said to be worn out, by a half-sneering, half-jocular form of expression.

οὐκοῦν, ἔφη ὁ Σωκράτης, καὶ τῶν ἑπομένων τούτοις "(Will it be incumbent on me), then, said Socrates, (to refrain) also from the things that follow these (examples)," *i. e.*, to refrain from all reasonings which follow from these illustrations, namely, on justice, &c.—τῶν ἄλλων τῶν τοιούτων. After τὰ ἄλλα, or οἱ ἄλλοι, the article is often repeated. The common text has τῶν ἄλλων τῶν δικαίων, which Schütz interprets "*de iis, quæ justis sunt opposita;*" but the true reading is τοιούτων, the reference being to the other virtues, namely, wisdom, temperance, fortitude, &c.—καὶ τῶν βουκόλων γε. "And in particular from herdsmen." Compare § 32, in explanation of this allusion.—ὅπως μὴ ποιήσῃς. So in all the MSS. and printed editions. This is one of the many passages which are cited against Dawes' canon, "*that the particles ὅπως μή are not joined with the 1st aor. subjunctive active or middle, but that in place thereof the future indicative is used.*" As this canon rests on no grammatical or logical grounds, so it is shaken by the fact that in many passages, by the agreement of the MSS., ὅπως is joined with the 1st aor. subj. active; for, since a change of ΗΙ into ΕΙ, and of Ω into Ο, is all that is required to make the 1st aor subj. a future indicative, great opportunities were thereby opened to the inaccuracy of transcribers. (*Kühner*, § 812, 1, *Jelf.*)—ἐλάττους τὰς βοῦς. Some think this refers to an Athenian coin, having on it the figure of an ox, as if Charicles had threatened Socrates with a fine. (Compare *Rasche, Lex. R. N.*, i., col. 1587.) Others translate βοῦς "cattle," supposing that Socrates is here threatened with death. This is certainly the better view of the subject. Compare § 32.

§ 38, 39.

τοῦ περὶ τῶν βοῶν λόγου. "His remark respecting the cattle," *i. e.*, the simile he had uttered respecting them. Compare § 32.— οἷα μὲν οὖν ἡ συνουσία, κ. τ. λ. "Of what nature, then, was the intercourse of Critias with Socrates," &c.—φαίην δ' ἂν ἔγωγε, κ. τ. λ. "I indeed, for my part, would say, that no one ever derived any instruction from a person that did not please him," *i. e.*, any thing that exercised a lasting effect on his subsequent conduct.—οὐκ ἀρέσκοντος αὐτοῖς Σωκράτους ὡμιλησάτην. "Did not, because Socrates pleased them, associate (with him)."—εὐθὺς ἐξ ἀρχῆς. The same with the Latin "*statim ab initio.*"—οὐκ ἄλλοις τισὶ μᾶλλον, κ. τ. λ. "They strove to hold discussions with none others but those most versed in state affairs." Literally, "with not any others rather than with those," &c. As regards the expression πράττουσι τὰ πολιτικά, compare i., 6. 15

§ 40.

πρὶν εἴκοσιν ἐτῶν εἶναι   The conversation here detailed coincides with the time of Plato's First Alcibiades. Compare chapter xli. of that dialogue.—Περικλεῖ, ἐπιτρόπῳ μὲν ὄντι ἑαυτοῦ, κ. τ. λ. " Held a conversation such as this with Pericles, who was his guardian, and chief minister of the state, on the subject of law." On the death of his father, Alcibiades was left to the guardianship of his relations, Pericles and Ariphron. Agariste, the mother of Pericles and Ariphron, was the daughter of Hippocrates, whose brother Cleisthenes was the grandfather of Deinomache, the mother of Alcibiades. (*Herod.*, vi., 131.   *Isocr., de Big.*, 10.   *Böckh ad Pind.*, *Pyth.*, vii., p. 302.) At the age of eighteen his minority ceased, and he entered upon the possession of his fortune.

§ 41.

φάναι. As the verb φημί has not the second aorist, the imperfect ἔφην is used in its stead, with the force of the aorist. In a continued narrative ἔφην, and, in the oblique structure, its infinitive φάναι, both with the power of an aorist, are often introduced parenthetically, the latter especially, like the English "said he." (*Kühner*, § 263, 7, *Jelf.*)—πάντως δήπου. "Certainly, I think (I could)." In the form δήπου, both particles, δή and που, preserve their natural force, the assertion implied by the former being blended with the doubt expressed by the latter, and hence the two combined are employed when one distrusts, or affects to distrust, his own opinion. So that here πάντως is qualified by δήπου, in the sense of " I think," " if I mistake not," &c.—δίδαξον δή. "Teach me, then." The particle δή is very frequently added to imperatives, in the sense of " now," " then," and indicates haste and impatience. (*Kühner*, § 721, 1, *Jelf.*)—νόμιμοι. "Observant of law."—οἶμαι μὴ ἂν δικαίως, κ. τ. λ. "Think that one could not justly obtain this praise who knows not what law is."

§ 42.

οὐδέν τι χαλεποῦ πράγματος ἐπιθυμεῖς. "You desire nothing at all of a difficult matter," i. e., no very difficult matter. Observe that οὐδέν τι is equivalent to the Latin *nihil quicquam*. (*Herbst, ad loc.* Jacobs, *ad Achill. Tat.*, p. 728.) On the construction of τί with οὐδέν, consult *Matthiæ*, § 487, 4.—βουλόμενος. "In wishing," i. e., by your wish.—πάντες γὰρ οὗτοι νόμοι εἰσίν. Attraction, for πάντα γὰρ ταῦτά ἐστι νόμοι. So we have in § 43, ταῦτα νόμος ἐστί.—συνελθὸν καὶ δοκιμάσαν, κ. τ. λ. "Having assembled and approved of, enact, declaring thereby," &c. Literally, "write down," *i. e.*, cause to be written down or enrolled. The middle voice (ἐγράψατο) would be more regular here, since γράφειν νόμον, in the active, is properly applied to those who propose or enact laws for others, not for themselves. Compare *Sturz, Lex. Xen., s. v. γράφειν*, i., 9. Observe moreover, the employment of the aorist here to denote what is customarily done, and which requires it to be rendered by a present.— πότερον δ᾽ τἀγαθὰ νομίσαν δεῖν ποιεῖν. "But whether (do they so enact), after having made up their minds that we ought to do the things that are good." The common text has ἐνόμισαν, but the best editions now admit in place of it the elegant emendation of Reiske, namely, νομίσαν. The participle apparently stands by itself, but the finite verb is, in reality, to be supplied from the previous sentence. For other instances of this construction, consult *Matthiæ*, § 556, *Obs.* 1.—ὦ μειράκιον. "My boy."

§ 43.

ὥςπερ ὅπου. "As (happens) where." Supply γίγνεται after ὥςπερ. —ταῦτα τί ἐστιν; "what are these (enactments)?"—ὅσα ἂν τὸ κρατοῦν, κ. τ. λ. "Whatsoever the controlling power of the state, after having deliberated, what it is incumbent to do," *i. e.*, what the several members of the state ought to do.—κρατῶν. "Ruling over."—καὶ ταῦτα. "These things also," *i. e.*, these enactments.

§ 44.

ἀνομία. "Lawlessness."—ἆρ᾽ οὐχ ὅταν. "Is it not when."—ὁ κρείττων .... τὸν ἥττω. "The stronger, ... the weaker."—ἀνατίθεμαι γάρ, κ. τ. λ. "For I retract (the assertion), that whatever things a tyrant prescribes, without having persuaded (the citizens), is a law." Observe that the article τό belongs here to the whole phrase following after. *Kühner*, § 457, 1, *Jelf.*) The old editions less correctly have τοί in place of it. Observe, moreover, that ἀνατίθεμαι is a metaphor from the game of draughts, in which ἀναθεῖναι πεττόν signifies "to take up," *i. e.*, "to remove" or "withdraw a man," and place it elsewhere. Compare ii., 4, 4, and iv., 2, 33. The verb μετατίθεσθαι occurs, in the same sense, in iv., 2, 18.

§ 45, 46.

κρατοῦντες. "By the strong hand." Literally, "exercising authority."—εἴτε γράφων, εἴτε μή. "Whether making it the subject of a written enactment or not." Supply γράφων in the second clause. —κρατοῦν τῶν τὰ χρήματα ἐχόντων. "Lording it over these having wealth," i. e., over the wealthy classes.—μάλα τοι. • Most assuredly." The enclitic particle τοὶ lays a particular emphasis on the word to which it is attached. It is often equivalent to the Latin *sane*, " truly," " verily." (*Kühner*, § 736, *Jelf.*) Coray changes the colon after Ἀλκιβιάδη into a comma, and connects μάλα τοι with δεινοί; but, in the first place, μάλα τοι is naturally required as an answer to the question of Alcibiades, and, in the next, μάλα is too far removed from δεινοί here to be neatly connected with it. (*Kühner, ad loc.*)—καὶ ἡμεῖς, τηλικοῦτοι, κ. τ. λ. " We also, when of your age, were skilled in such things as these," *i. e.*, in the art of disputing on such topics as these ; in investigating such matters as these. Many adjectives expressing ability, fitness, &c., are construed with an accusative, which, however, is sometimes more accurately defined by a preposition, εἰς, πρός, &c. (*Kühner*, § 579, 1, *Jelf.*) The expression καὶ ἡμεῖς is a modest use of the plural, conceding a participation in merit to his equals in age. Compare ii., 7, 1.—ἐμελετῶμεν καὶ ἐσοφίζομεθα. " We discussed and philosophized upon."—εἴθε σοι. If a wish relate to any thing past, the indicative aorist is used with εἰ γάρ, or εἴθε, without ἄν. Compare *Matthiæ*, § 513, *Obs.* 2.—ὅτε δεινότατος σαυτοῦ, κ. τ. λ. " When you surpassed yourself in these things." The superlative is frequently accompanied, not by the genitive plural of a class of objects, but by the genitive of the reflective pronoun, by which, in this case, is expressed the highest degree to which a thing or person attains. (*Matthiæ*, § 460.) Fritzsche proposes to read δεινότερος, " when you were more powerful in these studies than now." (*ad Aristoph.*, *Thesmoph.*, 838.)

§ 47.

ἐπεὶ τοίνυν τάχιστα, κ. τ. λ. " As soon, therefore, as they thought themselves to be superior to those who were at the head of public affairs," *i. e.*, superior to the statesmen of the day. On this meaning of πολιτεύεσθαι, consult *Sturz*, *Lex. Xen.*, *s. v.* The narrative now returns to Critias and Alcibiades, and the particle τοίνυν is therefore employed, since it serves to resume an interrupted discourse. (Compare § 29.)—οὔτε γὰρ αὐτοῖς, κ. τ. λ. " For neither did he please them in other respects ; and, in case they did approach him, they were chagrined at being reproved for the things in which they were accustomed to err," *i. e.*, at being reproved for their errors and vicious conduct. The verb ἐλέγχω properly carries with it the idea of putting to shame, and hence of confuting, reproving, &c. Observe, moreover, that verbs which, like ἤχθοντο, denote a state of feeling, are construed with a participle. (*Kühner*, § 685

Jelf.)—ὑπὲρ ὧν. The preposition ὑπέρ, in a causal sense, mostly coincides with περί although more rarely thus employed. (Compare *Buttmann, Ind. ad Midiam*, p. 188.)—ὧνπερ ἕνεκεν καί. The Greeks frequently insert καί ("even," "also") after relative pronouns, to mark a certain gradation. (*Hartung*, i., p. 136.)

◊ 48.

Κρίτων. Crito was a wealthy Athenian, who became an intimate friend and disciple of Socrates, having discovered his eminent talents, and who induced him to give up the profession of his father, namely, sculpture. (*Wiggers' Life of Socrates*, p. 374 of this volume.)—Χαιρεφῶν, καὶ Χαιρεκράτης. Chærephon and Chærecrates were brothers, natives of Athens, and followers of Socrates. (Compare ii., 3, 1 and 15. *Schol. ad Aristoph., Nub.*, 104, 144, 146, 504.) —καὶ Ἑρμοκράτης. These words have been inserted by Schneider from two MSS. Who this Hermocrates was, however, is unknown. He certainly ought not to be confounded with the Syracusan general of that name, who fought against Nicias, the Athenian, during the Peloponnesian war. Van Prinsterer thinks that we ought to read Ἑρμογένης, Hermogenes having been a friend and follower of Socrates. (*Prosopogr. Plat.*, p. 225, *seq.*)—Σιμμίας. Simmias was a native of Thebes, who went to Athens to study under Socrates.—Κέβης. Cebes was a Theban philosopher, and a follower of Socrates, with whom he was connected by intimate friendship. He is introduced by Plato as one of the interlocutors in the Phædo, and as having been present at the death of the philosopher. One of his works, the Πίναξ, or Picture of Human Life, is still extant, and much admired.—Φαιδώνδης. Thus in several MSS. This Phædondes was a Cyrenean, according to Ruhnken (*ad loc.*); but, according to Heindorff (*ad Plat., Phæd.*, p. 13) and Wyttenbach (*ad Phæd.*, p. 118), a Theban. The common text has Φαίδων δέ, where δέ has the force of ἔτι.

δημηγορικοὶ ἢ δικανικοί. "Able popular speakers or skillful advocates."—καὶ οἴκῳ, καὶ οἰκέταις, κ. τ. λ. "They might be able to conduct themselves in a becoming manner toward their families, and domestics, and relations," &c. Literally, "to make a becoming use of family," &c. Observe that οἰκέτης strictly means an inmate of one's house, but most usually a house-slave or domestic. On the other hand, οἰκεῖος means a relation, and answers to the Latin *propinquus* or *cognatus.*—οὔτε νεώτερος οὔτε πρεσβύτερος ὤν. "Either in youth or in more advanced age." As regards νεώτερος here, where we would expect νέος, compare *Kühner*, ◊ 784, *Jelf.*

§ 49.

ἀλλὰ Σωκρά.ης γε. Compare § 12.—προπηλακίζειν. "To treat ·th contumely." The verb προπηλακίζω means properly "to be-_atter with mud," or, as Buttmann prefers (*Lexil.*, p. 497, *Fishl.*), "to trample in the mire;" and hence "to treat with contumely," "to insult," &c. (Compare *Aristoph.*, *Nub.*, 1407.) Those persons who were condemned to ἀτιμία were exposed to such treatment as is indicated by the literal meaning of προπηλακίζω. (Compare *Bremi ad Demosth. de Cor.*, p. 229, 12.)—αὑτῷ. Bornemann reads ἑαυτῷ, but there is no need whatever of any change, since either pronoun will answer. The distinction between them appears to be this, namely, that the reflexive pronoun refers to what is passing in the mind of the person spoken of, but αὐτός to what is passing in the mind of the speaker. (Compare *Kühner, ad loc.*)—φάσκων δὲ κατὰ νόμον ἐξεῖναι, κ. τ. λ. "And also by asserting that it was allowable, according to law, for a person who had·convicted him of derangement even to bind" his father," *i. e.*, to consign him to safe keeping. The main object of this law was to enable those next of kin to get the control of the property and prevent its being squandered. The process was a public one, and a regular trial ensued. (Compare *Meier*, and *Schömann, der Att. Proc.*, p. 296, *seqq.*)—τεκμηρίῳ τούτῳ χρώμενος. "Using this as a sure argument," *i. e.*, making use of the fact that such a law existed as a sure proof, &c.—δεδέσθαι. "To be kept bound." Observe the continued action indicated by the perfect, and compare the explanation of Kühner, "*vin ciri vinctumque teneri.*"

§ 50, 51.

τὸν μὲν δεσμεύοντα. "That he who consigned another to bonds." —πολλάκις ἐσκόπει, τί διαφέρει, κ. τ. λ. "He often made it a subject of investigation in what respect ignorance differs from madness." Though the nature of the *oratio obliqua* would seem to require the optative, as the proper expression of a supposition, yet·it is not always used, and the indicative (as here διαφέρει) is employed far more frequently; so that objects are brought before the mind not as mere conceptions, but as facts, which gives great power of representation to the language. (*Kühner*, § 886, *Jelf.*)—συμφερόντως. "With advantage."—ἐν ἀτιμίᾳ εἶναι. "To be held in dishonor."—τοὺς δικαζομένους. "Those who are involved in law-suits." Observe here the force of the middle voice. The active, δικάζειν, is "to dispense justice;' the middle, δικάζεσθαι, "to cause justice to be dispensed unto one's self," "to go to law."—οἱ συνδικεῖν ἐπιστάμενοι. "Those who know how to act as advocates." The verb συνδικέω means properly, to be a σύνδικος or adv.cate ; and σύνδικος itself, one who takes hold of a case along with another (σύν, δίκη), an assistant in a cause, &c. (Compare *Hermann, Pol. Ant.*, § 142, 14.)

§ 52.

ἔφη δέ. Supply ὁ κατήγορος.—ὡς οὐδὲν ὄφελος, κ. τ. λ. "That it is no advantage for them to be well disposed." Supply ἐστί after ὄφελος.—φάσκειν δὲ αὐτόν. "And that he frequently remarked." Observe the frequentative force of φάσκω.—ἑρμηνεῦσαι. "To explain them," *i. e.*, to teach them clearly unto others. Compare *Sturz, Lex. Xen., s. v.*—οὕτω διατιθέναι. "So disposed," *i. e.*, succeeded in exerting such an influence over.—ὥστε μηδαμοῦ παρ' αὐτοῖς, κ. τ. λ. "That all others were in no estimation with them in comparison with himself," *i. e.*, were held in no account by them, &c. With μηδαμοῦ Weiske supplies λόγου or τιμήματος, of which Kühner approves. It is much neater, however, to regard μηδαμοῦ as the simple adverb ; literally, " were *no where* in comparison with him.' Compare the remark of Hermann on οὗ and αὐτοῦ. (*De Ellips. et Pleon. in Ling. Gr.*, p. 151.)—πρὸς ἑαυτόν. A similar construction occurs in Latin. Thus, *Terent., Eun.*, ii., 3, 69 : " *At nihil ad nostram.*"

§ 53.

καὶ τῶν ἄλλων συγγενῶν. The common text has τε after συγγενῶν, which, as Herbst remarks, can not be endured. We have thrown it out, therefore, with Weiske, Herbst, and other editors. Kühner seeks to defend it, but on very feeble grounds, making συγγενῶν and φίλων to be in apposition with ἄλλων, and attempting to account for the presence of περί before φίλων by the circumstance of the latter word's denoting a class of persons distinct from both πατέρων and συγγενῶν.—καὶ πρὸς τούτοις γε δή. "And in addition to these things in very truth," *i. e.*, and besides, what is still more to the purpose. Xenophon here concedes even more than the accuser alleges, and proceeds to adduce other instances of apparent paradoxes in the remarks of Socrates ; from all which, however, he deduced sound and useful conclusions. Observe the strengthening effect of δή. (*Kühner*, § 722, *Jelf.*) The editions prior to that of Weiske have πρὸς τούτοις γε διότι. Our present reading is the conjectural emendation of that scholar.—γίγνεται φρόνησις. "Intelligence exists." The general idea intended to be conveyed here is more fully developed in § 55.—ἐξενήκαντες. The second aorist of this verb is more usual with the Attics The first aorist, however, occurs again, ii., 2, 5; iii., 6, 18; iv., 8, 1. (*Kühner, ad loc.*)—ἀφανίζουσιν. "Inter." The literal meaning of ἀφανίζω is "to make unseen," "to hide from sight," and hence "to inter," "to bury," &c.

§ 54.

ἔλεγε δέ, ὅτι καὶ ζῶν, κ. λ. "He used to say, also, that each one, while living, both himself removes, and affords unto another (to remove), whatever may be useless or unavailable of his own body, which he loves most of all." Kühner removes the comma after ἑαυτοῦ, and explains as follows: ἕκαστος ἀφαιρεῖ (τούτων) ὃ πάντων μάλιστα ἑαυτοῦ φιλεῖ (τοῦ σώματος λέγω) ὅ τι ἂν ἀχρεῖον ᾖ. This, however, is much less natural.—αὐτοί τε γάρ. The common text has αὐτοί τέ γε, for which we have given Ernesti's correction, sanctioned by one of the MSS.. There can be no doubt but that γάρ is the true reading here, since, as Buttmann remarks (*ad Demosth., Mid.*, § 21, *n.* 7), an example or illustration is adduced, not an argument. Ernesti's correction is adopted by Schneider, Bornemann, Herbst, and in the Paris edition of Xenophon from the press of Didot. Kühner, however, retains and seeks to defend the common reading. —τύλους. "Callosities."—καὶ ἀποτέμνειν καὶ ἀποκάιειν. "Both to cut off and burn away." After verbs of giving, &c., the infinitive active is commonly found, where we would expect the passive. (*Kühner*, § 669, *Obs.* 2, *Jelf.*) This, however, must not be regarded as the active used for the passive merely, but as an attempt to express by means of the active a more distinct and emphatic idea of the action of the verb, and one brought more immediately into present view.—ἐνόν. "While within."—βλάπτει δὲ πολὺ μᾶλλον. "But rather does considerable harm."

§ 55.

οὐ διδάσκων. "Not teaching (thereby)," *i. e.*, not for the purpose of teaching.—ἑαυτὸν δὲ κατατέμνειν. "Or to cut one's self in pieces." Observe the strengthening force of κατά in composition.—ὅτι τὸ ἄφρον ἄτιμόν ἐστι. "That what is without intelligence is without honor," *i. e.*, that no honor or respect is paid to want of understanding.—παρεκάλει ἐπιμελεῖσθαι, κ. τ. λ. "He exhorted (each one) to be careful to become as discreet and as useful as possible," *i. e.*, to study to become. Observe here the peculiar employment of the article, which belongs, not to εἶναι alone, but to the whole clause, of which εἶναι merely forms part.—ἐάν τε . . . . ἐάν τε. "If either . . . . or if." Like the Latin *sive . . . . sive* (*Kühner*, § 778, *Jelf.*)

—μή, ῷ οἰκεῖος εἶναι πιστεύων, κ. τ. λ. "He be not neglectful of them, relying upon the circumstance of his being a relation, but endeavor," &c. Observe that the subject of discourse from § 54 onward is ἔκ ιστος, and compare the remark of Kühner: "*Dictum est, quasi antecesserit παρεκάλει ἕκαστον ἐπιμελεῖσθαι.*"—πειρᾶται. Subjunctive present.

§ 56.

τὰ πονηρότατα. "The worst passages." Supply μέρη or ἔπη.—τούτοις μαρτυρίοις χρώμενον. "Using these as proofs." Compare § 49.—Ἡσιόδου μὲν τό. "That the line of Hesiod, for instance." The apodosis is found at the commencement of § 58, the particle μέν here marking the first instance cited, and δέ, in τὸ δὲ Ὁμήρου, the second. Observe, moreover, that τό in the present passage (with which supply ἔπος) is the accusative, and was intended to depend on λέγειν coming after, but, in consequence of the line's intervening, τοῦτο is inserted for perspicuity' sake, which takes the place of τό, and the particle δή serves to mark this change of construction. We have, therefore, an anacoluthon in Ἡσιόδου μὲν τό. Hesiod was an ancient Greek poet, whose name is often mentioned by the ancients in connection with that of Homer. He was a native of Ascra in Bœotia, whence he is often called the Ascrean bard.

ἔργον δ' οὐδὲν ὄνειδος, κ. τ. λ. "For work is no disgrace, but idleness, on the other hand, is a disgrace." On the peculiar force of the particles δέ τε, when in juxtaposition, consult *Hartung*, i., p. 71 The line of Hesiod here quoted is from the Works and Days, v. 311. The poet is treating of agriculture, and by ἔργον means labor in the fields, which, he says, is no disgrace. The enemies of Socrates, however, understood, or pretended to understand, ἔργον as signifying any action whatever, and joined οὐδέν with it, although it belongs to ὄνειδος. According to this view, the meaning of the line would be, "no work is a disgrace, but idleness (of any kind) is a disgrace." The measure of the verse is hexameter.—τοῦτο δὴ λέγειν αὐτόν, ὥς, κ. τ. λ. "That this line, then, he explained (in such a way), as if the poet bids us," &c. Supply οὕτως in the first clause, to which ὥς becomes opposed in the second. There is no need, therefore, of our giving λέγειν, with Seyffert, a double object, namely, τοῦτο and ὥς, "*diesen Vers nennen, und sagen dass,*" &c.—καὶ ταῦτα. "Even these."

§ 57.

Σωκράτης δ' ἐπειδὴ ὁμολογήσαιτο, κ. τ. λ. "Now, whenever Socrates allowed that the being a worker was both useful and good for a man." The optative is used after temporal particles (as here after ἐπειδή), to express, not an individual circumstance, but a case of frequent recurrence. Hence ἐπειδή has here the force of "whenever," or "as often as." (*Kühner*, § 843, b.)—τὸ δὲ ἀργόν. "But that the being idle." Observe that εἶναι is twice to be supplied in this clause, once after ἀργόν, and again after κακόν.—ἐργάζεσθαί τε καὶ ἐργάτας ἀγαθοὺς εἶναι. "Both worked and were good workmen." Weiske objects to ἀγαθούς as superfluous here, and that the notion of good is already implied here in ἐργάζεσθαι and ἐργάτας, and Schneider, agreeing with Weiske, incloses it in brackets, which Bornemann allows to remain. But ἀγαθούς here carries with it an air of energy and emphasis which the context seems naturally to demand.—ἀργοὺς ἀπεκάλει. "He stigmatized as idle."—ἐκ δὲ τούτων. "And in accordance with these sentiments."—τό. "The line." Supply ἔπος.

§ 58.

τὸ δὲ Ὁμήρου. "The following passage, also, of Homer."—λέγειν. "Quoted." The passage referred to occurs in the Iliad, ii. 188, *seqq*.—ὅτι. "How that."—κιχείη. "He chanced to find," *i. e.*, as often as he met with any king, &c. The optative with the relative is used to indicate the recurrence or repetition of an act. (*Kühner*, § 831, 4, *Jelf*.)—τὸν δ'. "This one thereupon." Observe the Homeric demonstrative pronoun τόν, which became the later article. The particle δέ here is not in the apodosis to μέν in the preceding line. This apodosis occurs in ὃν δ' αὖ δήμου, farther on. —ἐρητύσασκε. 3d sing. of the iterative form (Epic and Ionic) of the 1st aor. ind. act. of ἐρητύω, "to restrain," and, consequently, for ἐρήτυσε. The iterative form is employed to denote a repeated action, which is at the same time momentary in its nature. Thus, in the present instance, the meaning is, as often as he met such a person so often he restrained him. Compare the remarks of *Buttmann*, *Ausf. Gr. Spr.*, vol. i., p. 395, *note.*)—δαιμόνι'. "Strange man." The term δαιμόνιος always carries with it, in Homer, some degree of objurgation, and is to be translated according to the rank or condition of the party addressed.—κακὸν ὥς. "Coward like." Observe the accentuation of ὥς, which particle takes the accent here because coming after the word (κακόν) with which it is connected in construction.—καὶ ἄλλους ἵδρυε λαούς. "And cause the rest of the people to take seats." Observe the force of the active in ἵδρυε. The middle, ἱδρύεσθαι, means "to cause one's self to take a seat," "to sit."—ἵδοι .... ἐφεύροι. Compare note on κιχείη, in the first

verse of the extract.—τὸν ἐλ. ἴσασκεν. "This one he smote." The form ἐλάσασκεν is iterative for ἤλασεν, from ἐλαύνω. The reference is properly to a *driving back* by blows.—ὁμοκλήσασκε. Iterative form for ὡμόκλησε, from ὁμοκλέω, "to reprove," "to chide."
δαιμόνι'. "Fellow." Consult note on δαιμόνι' in verse 3.—ἀτρέμας ἧσο. "Sit quietly," *i. e.*, take a seat and be quiet.—σὺ δέ. "For thou art." Supply εἶς.—οὔτε ποτ' ἐν πολέμῳ, κ. τ. λ. "Neither at any time counted in war nor in council," *i. e.*, neither numbered among the brave in war, nor admitted to the council of chieftains.—ἐξηγεῖσθαι. "Interpreted."—ὡς ὁ ποιητὴς ἐπαινοίη. "As if the poet recommended."—δημοτάς. "The common people." According to the lexicon of Zonaras, as quoted by Ruhnken, δημότης, in the sense in which it is here employed, is peculiar to the Ionic writers, and Xenophon is the only one of the Attic authors who uses it in this meaning. The regular Attic term is δημοτικός.

§ 59.

καὶ γὰρ ἑαυτὸν οὕτω, κ. τ. λ. "And (no wonder), for in this way he would have inferred," &c., *i. e.*, by this same train of reasoning he must have inferred, &c.—ἄλλως τ' ἐὰν πρὸς τούτῳ. "Especially if, in addition to this." The expression ἄλλως τε is here of the same force as ἄλλως τε καί. (*Kühner, ad loc.*) The καί after τούτῳ belongs to θρασεῖς.—θρασεῖς. "Bold of deportment," *i. e.*, of insolent spirit.—κἂν τυγχάνωσιν ὄντες. "Even though they happen to be."

§ 60.

ἀλλὰ Σωκράτης γε, κ. τ. λ. "Socrates, however, for his part, in opposition to all this, was evidently both a friend of the common people and a lover of mankind." The particle ἀλλά refers to the negation, οὐ ταῦτ' ἔλεγε, in § 59. Observe also the peculiar force of γέ, and compare the explanation of Kühner, "*Socrates tamen, si quis alius,*" &c.—φανερὸς ἦν ὤν. Literally, "was manifest as being."—πολλοὺς ἐπιθυμητὰς καὶ ἀστούς, κ. τ. λ. "Although he received numbers of persons desirous of hearing him, both citizens and strangers.". Observe here the force of ἐπιθυμητάς, and compare *Apol. Socr.*, § 28 : Ἀπολλόδωρος ἐπιθυμητὴς μὲν ἰσχυρῶς αὐτοῦ (Consult notes on § 5.)—μισθὸν ἐπράξατο. Compare § 5.—ἀλλὰ πᾶσιν ἀφθόνως, κ. τ. λ. "But ungrudgingly bestowed a share of his instructions upon all." Observe that τῶν is here the partitive genitive. (*Kühner,* § 535, *Jelf.*)—ὧν τινες, μικρὰ μέρη, κ. τ. λ. He hints at Aristippus and some others of Socrates' followers, who taught to pay. Aristippus was the first that did this. (*Ruhnk., ad loc.* Com pare *Diog. Laert.*, ii., 65.)—πολλοῦ ἐπώλουν. "Sold them at a high price." The price of any thing is put in the genitive. (*Matthiæ*, § 364.)

§ 61.

πρὸς τοὺς ἄλλους ἀνθρώπους. "Among foreigners," *i. e.*, in other lands. Literally, "with respect to the rest of men."—ἦ Λίχας τῇ Λακεδαιμονίων. Lichas, the Lacedæmonian, and son of Arcesilaus, is meant, who was contemporary with Socrates.—ἐπὶ τούτῳ. "On the following account." The pronoun οὗτος generally refers to something that goes before. Occasionally, however, as in the present instance, it has relation to what follows. (*Kühner, ad loc.* Compare i., 2, 3; ii., 2, 27.)—ταῖς γυμνοπαιδίαις τοὺς ἐπιδημοῦντας, κ. τ. λ. "Banqueted at the Gymnopædia all the strangers then sojourning in Lacedæmon." The Gymnopædia, or the festival of the "naked youths," was celebrated at Sparta every year in honor of Apollo Pythæus, Diana, and Latona. The festival lasted for several, perhaps for ten days, and the whole season of its celebration was one of great merriment and rejoicing, during which Sparta was visited by large numbers of strangers. (Consult *Dict. Ant., s. v.*) It was for his hospitality on this occasion that Lichas became renowned throughout Greece. (Compare *Plut., Vit. Cim.*, 10.) Observe, moreover, that γυμνοπαιδίαις is here the dative of time. (*Kühner*, § 606, *Jelf.*)—τὰ μέγιστα πάντας. According to the analogy of ποιεῖν τινα κακά, "to do any one harm," the verbs ὠφελεῖν, βλάπτειν, and others in which the idea of *doing* is implied, take, besides the accusative of the person, another accusative neuter plural of an adjective, where the English language employs the adverbs *more, very*, &c. (*Matthiæ*, § 415, *Obs.* 3.)

§ 62.

ἐμοὶ μὲν δή. When δή follows μέν, it refers to something previously mentioned, and may be rendered "then," "therefore," "accordingly." (*Matthiæ*, § 603.) The δέ clause is omitted, which may be explained thus: "To me, therefore, he seemed, &c., but to some perhaps otherwise."—καὶ κατὰ τοὺς νόμους, κ. τ. λ. "And if one were to consider the subject with reference to the existing aws."—κατὰ γὰρ τοὺς νόμους. "For, according to the laws."— φανερὸς γένηται. "Be openly caught." Literally, "may have become manifest."—λωποδυτῶν. "Stealing garments." The verb λωποδυτέω is properly applicable to the stealing of the garments of bathers from the thermæ or public baths. In a more general sense, however, it refers to the operations of thieves and highwaymen of all classes. The offence was punished with death if the articles stolen or taken were of the value of ten drachmæ. (*Meier und Schöm., Att. Proc.*, iii., 1, p. 229, 359, *seqq.*)—τούτοις. "For these offenders." The pronoun is here in the plural, after the collective τις, because a whole class of offenders are referred to. (*Matthiæ*, § 434.)—ὧν πάντων. "From all which offences."

§ 63.

ἀλλὰ μήν. Compare i., 1, 10.—συμβάντος. "Having resulted."—προδοσίας. "Of treason."—οὐδὲ μήν. Compare i., 2, 5.—ἰδίᾳ γε. "In a private capacity."—οὔτε κακοῖς περιέβαλεν. "Or involve him in evils." Compare *Demosth., de Fals. Leg.*, p. 216, 9: τὸν φανερόν τι ποιῆσαι βουληθέντα .... τηλικαύτῃ καὶ τοιαύτῃ συμφορᾷ περιβάλλειν. · *Id. c. Timocr.*, p. 740, 22: τοιούτόν γ' ὄντα καὶ οὕτως αἰσχροῖς ὀνείδεσι περιβάλλοντα ἐκεῖνον.—ἀλλ' οὐδ' αἰτίαν, κ. τ. λ. "Nay, he never even was charged with any one of the acts that have been mentioned."

§ 64.

πῶς οὖν ἔνοχος ἂν εἴη τῇ γραφῇ; "How, then, could he be liable to the indictment (brought against him)?"—ὃς ἀντὶ μέν. After an interrogative clause, the relative pronoun is often put for the demonstrative οὗτος, or οὗτος γάρ. (*Kühner*, § 834, *Jelf.*) And sometimes without a preceding interrogation, as in iii., 5, 11. With the particle γέ it becomes more emphatic. Compare iii., 5, 16.—γέγραπτο. This is Bornemann's reading, from one of the best MSS., in place of the common lection ἐγέγραπτο. Grashof, cited by Kühner, has satisfactorily proved, that the second or syllabic augment of the pluperfect is often omitted, not only by the poets, but also by prose writers, for the sake of euphony, when, in the case of simple verbs, a vowel precedes which can not be elided; and when, in the case of compound ones, the preposition with which they are compounded ends in a vowel. (*Kühner, ad loc. Matth.*, § 165.)—φανερὸς ἦν θεραπεύων. Compare i., 1, 2.—ᾐτιᾶτο. According to Kühner, γέγραπτο refers to what was stated in the written indictment, and ᾐτιᾶτο to the time when the verbal accusation was made, on which the written one was founded. The distinction, however, does not appear to be a tenable one.

τούτων μὲν παύων. Verbs signifying "to cause to cease," "to cease," &c., such as παύω, παύομαι, λήγω, are construed with a genitive. (*Matthiæ*, § 355.)—τῆς δὲ καλλίστης, κ. τ. λ. Verbs signify ιng "to desire," "to long after," take a genitive of that whence the desire arises. (*Kühner*, § 498, *Jelf.*)—εὖ νἰκοῦσι. "Men regulate well."—προτρέπων. Compare i., 7, 1; ii., 1, 1; iii., 3, 15. The middle form occurs in the same sense in i., 2, 32; ii., 3, 12; iii., 3, 8 &c. Compare *Matthiæ*, § 496, 497.—τῇ πόλει. Compare i., 1, 1.

CHAPTER III.

§ 1.

ὡς δὲ δή, κ. τ. λ. "But how, indeed, he also seemed to me," &c. We have seen that Socrates did not injure his pupils; we are now to consider whether he did not greatly benefit them. Hence καὶ refers here to a suppressed clause, "how he not only did not corrupt," *but also,* &c.—τὰ μέν . . . . τὰ δέ. "Partly . . . . partly."— ἔργῳ. "By example."—δεικνύων ἑαυτὸν οἷος ἦν. For δεικνύων οἷος αὐτὸς ἦν.—διαλεγόμενος. "By his discourses."—ὁπόσα ἂν διαμνημονεύσω. "As many as I may have held in remembrance." Observe that διαμνημονεύσω is not the future, but the aorist subjunctive.—τὰ μὲν τοίνυν πρὸς τοὺς θεούς. "The things then appertaining to the gods."—ᾗπερ ἡ Πυθία ὑποκρίνεται. "In the way in which the Pythoness answers unto those," &c., *i. e.,* in the way which the Pythoness mentions in her answers, &c. Eight MSS. and the early editions have ὑποκρίνεται, as we here give it. The modern editions, on the other hand, have ἀποκρίνεται. Kühner has brought back ὑποκρίνεται, which is used in this sense not only by the Ionic writers (as, for example, Herodotus, i., 78, 91, &c.), but also in Thucydides, vii., 44, 5.—προγόνων θεραπείας. "The worship of ancestors." —ἥ τε γὰρ Πυθία, κ. τ. λ. "For both the Pythoness answers, that men, if they act (on these occasions) in conformity with the law of the state, will act with piety." Observe here the peculiar force of ἀναιρέω, properly "to *take up* a matter, and *give an answer* thereon," and usually said in this sense of oracles.

οὕτως καί. "In this way also." This is the reading of Bornemann, from several MSS. and early editions, and is adopted also by Kühner. The common text has οὕτω καί, but the Attic writers use οὕτως even before a consonant when emphasis is required. (*Kühner, ad loc.*)—παρῄνει. Supply οὕτω ποιεῖν.—ἄλλως πως. 'In any other way."—περιέργους καὶ ματαίους. "Over-busy and wasting their labor."

§ 2.

καὶ εὔχετο δέ, κ. τ. λ. "Farthermore, also, he prayed unto the gods simply to give (unto him) the things that were good, since he thought that the gods knew best what kinds of things are good," *i. e.*, are real blessings. With regard to the combination καὶ δέ, compare ., 1, 3. Observe, to ι, the employment of ὡς with the accusative absolute, as indicating a reason existing in the mind of another. Compare note on i., 2, 20.—ἁπλῶς τἀγαθὰ διδόναι. As regards the Socratic precept here involved, consult Plato, *Alcib.*, ii., c. 9, where are found the following well known and beautifully-expressed lines:

Ζεῦ βασιλεῦ, τὰ μὲν ἐσθλὰ καὶ εὐχομένοις καὶ ἀνεύκτοις
Ἄμμι δίδου, τὰ δὲ δεινὰ καὶ εὐχομένοις ἀπαλέξειν.

οὐδὲν διάφορον εὔχεσθαι, κ. τ. λ. "Prayed for nothing different than if they should pray for a gambling affair," &c., *i. e.*, prayed as unreasonably as if they should pray for success in a gambling affair, &c.—φανερῶς ἀδήλων ὅπως ἀποβήσοιτο. "Manifestly uncertain in what way they would be likely to result." Compare i., 1, 6.

. § 3.

Θυσίας δὲ θύων, κ. τ. λ. "In offering up, moreover, humble sacrifices from humble means," *i. e.*, and when, moreover, from his humble means he offered up humble sacrifices. The means or material, by or from which any thing is done or made, is often expressed in Greek, for the sake of greater distinctness, by ἀπό and a genitive Compare i., 2, 14.—οὐδὲν μειοῦσθαι. "That he was in no respect inferior to." Verbs derived from comparatives are construed with a genitive, as here, τῶν θυόντων. (*Matthiæ*, § 357.)—οὔτε γὰρ τοῖς θεοῖς, κ. τ. λ. "For he said that it would neither be becoming in the gods if they took delight," &c. Literally, "that it would neither have itself becomingly for the gods," &c. The particle ἄν is omitted here before the infinitive ἔχειν. In such expressions as indicate propriety, duty, necessity, &c., that is, in clauses where καλῶς εἶχε, ἔδει, χρῆν, &c., are employed, it accorded with the genius of the Greeks as well as Latins to represent that which was becoming, necessary, &c., as unconditionally true, its not happening being partially kept out of sight. (*Kühner*, § 858, 3, *Jelf.*)

ἂν εἶναι μᾶλλον κεχαρισμένα. "Would be more acceptable."—οὔτ' ἂν τοῖς ἀνθρώποις, κ. τ. λ. Kühner thinks that ἄν might also have been omitted here. It seems, however, to be required by the context: "nor would it *in all likelihood* be," &c. The idea intended to be conveyed by the whole clause is simply this, that if the gods take more delight in the offerings of the bad than those of the good, life becomes unto the good not worth leading, since the bad, in that event, will be the recipients of all the more important favors of the gods.—τοῦ ἔπους τούτου. "Of this verse." The verse that follows is taken from the Works and Days of Hesiod (v. 336).—κὰδ δύναμιν δ' ἔρδειν, κ. τ. λ. "Offer up sacrifices, moreover, to the immortal gods, according to your ability." The infinitive is here used for the imperative, as is frequently the case with the poets. This is probably a remnant of the ancient simplicity of the language, the action required being expressed by means of the verb taken absolutely. (*Matthiæ*, § 546.) Some, however, explain it by supposing the infinitive to depend on a verb of "bidding," "directing," &c., in the mind of the speaker. (*Kühner*, § 671, *Jelf.*) Observe that κὰδ is Epic for κατά.—καὶ πρὸς φίλους δέ, κ. τ. λ. "And he said that the doing according to one's ability' was an excellent exhortation, as regarded friends, and those connected with us by the ties of hospitality, and as regarded the regulation of the rest of life," i. e., and as regarded the other relations of life. The expression τὴν κὰδ δύναμιν ἔρδειν is for τὸ κὰδ δύναμιν ἔρδειν, the article being attracted into the gender of παραίνεσιν. (Compare *Matthiæ*, § 280, and *Kühner*, § 457, 3, *Jelf.*)

§ 4.

εἰ δέ τι δόξειεν, κ. τ. λ. "But, whenever any thing appeared to him to be intimated from the gods, he could less be persuaded, &c., than if one were to strive to persuade him," &c. Observe here the employment of the optative in the protasis with εἰ, to denote an indefinite frequency of action. (*Kühner*, § 855, β., *Jelf.*)—παρὰ τὰ σημαινόμενα. Observe here the meaning of παρά with the accusative, as indicating "against," "contrary to," &c., and being directly opposed to κατά with the same case.—ἀντὶ βλέποντος καὶ εἰδότος. Supply αὐτήν.—καὶ τῶν ἄλλων δὲ μωρίαν κατηγόρει. "And he charged folly against the rest of men," i. e., he censured the folly of others. —παρὰ τὰ παρὰ τῶν θεῶν, κ. τ. λ. There is a species of κακοφωνία here, as Herbst remarks, by no means infrequent among the Greek writers. The idea intended to be conveyed, however, is borrowed from the early lyric poet Ibycus, as referred to by Plato, *Phædr.*, 242, C.: καί πως ἐδυςωπούμην κατ' Ἴβυκον μή τι παρὰ θεοῖς ἀμπλακὼν τιμὰν πρὸς ἀνθρώπων ἀμείψω. (Compare *Ruhnk. ad Tim., Lex.*, p. 90.)—φυλαττόμενοι τὴν παρὰ τοῖς ἀνθρώποις ἀδοξίαν. "Guarding against ill repute with their fellow-men," i. e., lest they meet with the derisive sneers of mankind."—πρὸς τὴν παρὰ τῶν θεῶν συμβουλίαν. "In comparison with the counsel received from the gods," i. e., given him from on high, as he thought, by his so-called genius.

I

§ 5.

διαίτῃ δέ, κ. τ. λ. There appears to be a want of connection between this section and the previous one; the transition from piety toward the gods to every-day life appears harsh. Kühner thinks that Xenophon naturally passes from the duties of men toward the deity to their duties toward their fellow-men.—ἐπαίδευσε. "He trained."—εἰ μή τι δαιμόνιον εἴη. "Unless there were some divine interference," i. e., unless some obstacle were opposed from on high. More literally, "unless there were something proceeding from the deity."—τοσαύτης δαπάνης. "So much money" (as would suffice to lead such a life as that of Socrates). Observe that δαπάνη has here the signification of "money for spending."—οὕτως ἐν ὀλίγῳ ἐργάζοιτο. "Could obtain so little by his labor." Observe here the peculiar force of ἐργάζεσθαι, "to earn by one's exertions," and compare Herod., i., 24, ἐργασάμενον δὲ χρήματα μεγάλα.—ἐχρῆτο. "He consumed."—ἡδέως. "With pleasure," i. e., with an appetite.—ἐπὶ τούτῳ. "For this," i. e., that he might eat with an appetite. Dindorf reads ἐπὶ τοῦτον, i. e., σῖτον.—ὄψον αὐτῷ εἶναι. "Served as a relish for him." Any thing eaten with bread was called ὄψον, and even without bread, as flesh-meat, fish, &c., and hence every sort of more delicate food, sauces, condiments, &c. Compare Cicero, Tusc. Disp., v., 34, 97: "Socratem ferunt, quum usque ad vesperum contentus ambularet, quæsitumque esset ex eo, quare id faceret, respondisse, se, quo melius cænaret, opsonare ambulando famem."

§ 6.

εἰ δέ ποτε κληθεὶς ἐθελήσειεν, κ. τ. λ. Compare § 4.—ὥστε φυλάξασθαι, κ. τ. λ. "Namely, so as to guard against the being filled above measure," i. e., the being surfeited. A simple infinitive, or, what is more forcible, an infinitive with ὥστε, is often added, to explain an antecedent word, or clause, more accurately and fully. (Matthiæ, § 531, Obs. 2. Kühner, § 669, Jelf.)—ὑπὲρ τὸν καιρόν. The term καιρός is often employed to denote the measure of a thing Compare Ages., Vit., 5, 1: σίτων δ' ὑπὲρ καιρὸν ἀπέχεσθαι ᾤετο χρῆναι.—τὰ πείθοντα μὴ πεινῶντας ἐσθίειν. "Those viands which persuade men to eat when not hungry."—τὰ λυμαινόμενα γαστέρας, κ. τ. λ. "Which ruin stomachs, and heads, and minds." Observe here the employment of the plural, the reference being to the case of many individuals. (Kühner, ad loc.)

§ 7.

ἐπισκώπτων. "In sportive mood," i. e., jocularly. Literally "joking"—καὶ τὴν Κίρκην ὓς ποιεῖν. "That Circe also made 'men' swine." Alluding to the Homeric fable of Circe's transforming those who feasted at her table into filthy swine. (*Od.*, x., 230, *seqq.*)—τοιούτοις πελλοῖς. "With many such (incentives)," *i. e.*, things which persuade us, when not hungry, to eat, &c.—ὑποθημοσύνῃ. "By the suggestion." Ulysses, according to the legend, was fortified against the enchantments of Circe by an herb called *moly*, which he received from Mercury ; but his companions were changed into swine.—καὶ αὐτὸν ἐγκρατῆ ὄντα. "And being himself under the influence of self-control," *i. e.*, and through his own self-restraint.—τὸ ὑπὲρ τὸν καιρόν, κ. τ. λ. Ernesti reads τοῦ in place of τό, after Brodæus and others. A rash change, however; for those verbs in Greek which are usually construed with a simple infinitive, are sometimes joined with an accusative of the article and an infinitive. This construction, as being emphatic, is very often used in antithesis. (*Kühner*, § 670, *Jelf*. Compare iii., 6, 6 iv., 3, 1 ; iv , 7, 5.)

CHAPTER IV.

§ 1.

τεκμαιρόμενοι. "Forming mere conjectures," *i. e.*, from mere conjecture. Not knowing, namely, the nature of his doctrine and sentiments, but forming opinions from mere conjecture.—προτρέψασθαι μὲν.... κράτιστον γεγονέναι. "Was very influential in exhorting."—προαγαγεῖν. "To lead the way." Socrates was supposed, by the persons here alluded to, merely to have been able to excite in his followers a love of virtue, but not to show the path to it practically.—σκεψάμενοι .... δοκιμαζόντων. "Let them, after having considered, &c., determine." Observe that δοκιμαζόντων is the abbreviated form of the imperative for δοκιμαζέτωσαν. This being especially and almost exclusively adopted from the old Homeric language by the Attic writers, is called the Attic imperative, though it is found frequently in the other dialects. (*Kühner*, § 196, *Obs.* 3, *Jelf*.)—μὴ μόνον ἅ. "Not only the things in which." Observe that μή, not οὐ, is here employed, on account of the imperative δοκιμαζόντων.—κολαστηρίου ἕνεκα. "For the sake of chastisement," *i. e.*, in order to check them.—τοὺς πάντ' οἰομένους εἰδέναι Alluding to the Sophists, who laid claim to universal knowledge.— ἐρω ων ἤλεγχεν. "Confuted by his interrogations." Literally, "interrogating confuted." The allusion is to the Socratic mode of arguing by question and answer.—ἃ λέγων συνημέρευε. "(Those) about which he daily conversed." Literally, "about which conversing he spent the day with."

§ 2

περὶ τοῦ δαιμονίου. "Concerning the deity."—'Αριστόδημον τον Μικρὸν ἐπικαλούμενον. "Aristodemus, surnamed the Little." Aristodemus was a most devoted friend, and constant companion of Socrates. He is described as an austere man, and always walking barefoot, which he seems to have done in imitation of Socrates. (Plat., Symp., 173, D. Compare Davis. ad Max. Tyr., diss. 3, p. 504.)—καταμαθὼν αὐτόν. "Having observed him."—οὔτ' εὐχόμενον. The editions previous to that of Ernesti have μηχανώμενον, "when undertaking any thing." Leunclavius, however, ingeniously conjectured οὔτ' εὐχόμενον, which Ernesti introduced into the text.—ἔστιν οὕςτινας ἀνθρώπους, κ. τ. λ. "Do you admire any men for their intelligence." The form ἔστιν οἱ was so firmly established, that neither the number of the relative had any influence on the verb ἔστι, nor is the tense changed, though the time spoken of bo past or future ; hence this form assumed the character of the substantival pronoun ἔνιοι, and by means of the cases of the relative has a complete inflexion. And then, as a question, ἔστιν οἵτινες is employed. (Kühner, § 817, 5, Jelf.)—τεθαύμακας. Observe the continued meaning implied by this tense : "have you admired and do you still admire," i. e., do you admire? (Matthiæ, § 497.)—ἔγωγε. Supply τεθαύμακα.

§ 3.

καὶ ὅς. "And he." The pronoun ὅς, of the same origin as οὗτος, is used as a demonstrative or personal pronoun, frequently in Homer and also by the Attics, at the beginning of a proposition. (Kühner, § 816, 3, 4., Jelf.)—ἐπὶ μὲν τοίνυν ἐπῶν ποιήσει. "For the composition, then, of epic verse," i. e., in epic poetry, then. Observe that ἐπί here with the dative has a causal signification, answering to the Latin propter.—ἐπῶν ποιήσει. Homer every where applies the term ἀοιδή to the delivery of poems, while ἔπη merely denotes the every-day conversation of ordinary life. On the other hand, later authors, from Pindar downward, use the term ἔπη frequently to designate poetry, and especially epic, in contradistinction to lyric, or μέλη. (Müller, Hist. Gr. Lit., iv., 3.)—ἐπὶ δὲ διθυράμβῳ. "For the dithyramb, on the other hand." The dithyramb was a kind of choral song, of a lofty but usually inflated style, originally in honor of Bacchus, afterward also of other gods. Cobet conjectures that we ought to read διθυράμβων, understanding ποιήσει, because, according to him, διθύραμβος, like ἔπος and μέλος, is not used in the singular when expressive of poetry, but in the plural. Dithyrambic

poetry, however, can very well be implied here in the term διθύραμ-
βος.—Μελανιππίδην. Melanippides was a native of Melos, and one
of the most celebrated lyric poets in the department of the dithy-
ramb. His date can only be fixed within rather uncertain limits.
He may be said, somewhat indefinitely, to have flourished about
the middle of the fifth century B.C.—Σοφοκλέα. Sophocles, as has
been well remarked, is the summit of Grecian art; but one must
have scaled many a steep before one can estimate his height. It
is because of his classical perfection that he has generally been the
least admired of the great ancient poets. (*Theatre of the Greeks*, p
78, 4th *ed.*)—Πολύκλειτον. Polycletus was a celebrated statuary of
Sicyon, and flourished about B.C. 430.—Ζεῦξιν. Zeuxis, a native
of Heraclea, was the most celebrated painter of antiquity. He
flourished at the same time with Polycletus.

§ 4.

εἴδωλα ἄφρονά τε καὶ ἀκίνητα. " Representations devoid of both
intelligence and the power of self-motion."—ἔμφρονά τε καὶ ἐνεργά
" Possessed of reason and activity."—οἱ ζῶα. Supply ἀπεργαζόμενοι
—εἴπερ γε μὴ τύχῃ, κ. τ. λ. " If, at least, these results are in real-
ity brought about, not from any chance, but through actual design."
Observe the force of εἴπερ, " if, in reality." The cases are beauti-
fully varied here, τύχῃ the dative denoting the instrument or means,
and ὑπὸ γνώμης referring to an effecting cause. (*Kühner*, *ad loc.*)—
τῶν δὲ ἀτεκμάρτως ἐχόντων, κ. τ. λ. " But of those things which af-
ford us no sure indication on what account they exist." Literally,
" which have themselves in a condition without sure indication."
— ἐπ' ὠφελείᾳ. " For a useful purpose."— πότερα. " Which."—
πρέπει μεν· " It is right (to think)." — γνώμης ἔργα εἶναι. " Are
works of design."

§ 5.

οὔκουν δοκεῖ σοι, κ. τ. λ. " Does not then he who made men from
the very first," &c. For the difference in signification between
οὔκουν and οὐκοῦν, compare note i., 2, 10.—προςθεῖναι. " To add,"
i. e., in every case to add. Observe the employment of the aorist
to indicate what is accustomed to take place.—δι' ὧν αἰσθάνονται
ἕκαστα. " Each (of those members) by means of which they ob-
tain a perception (of external objects)."—ὀσμῶν γε μήν, κ. τ. λ.
" What advantage, in very truth, would there have been unto us
from odors at least, if nostrils had not been added? The combi-
nation γὲ μήν differs from the simple μήν merely in this, that γέ adds

:mphasis to the word which precedes it. (*Hartung*, ii., p. 383.)—
προςετίθησιν. The aorist again refers to what is customary in the
case of each one of our species. So also ἐνειργάσθη, farther on.—
-ῶν διὰ στόματος ἡδέων. "The pleasant things procured by means
of the mouth." Literally, "by means of *a* mouth ;" and hence the
absence of the article in the Greek, the reference being a general
one to the whole species. So γλῶττα immediately after, not ἡ
γλῶττα.—εἰ μὴ γλῶττα, κ. τ. λ. "If a tongue had not been formed
within as an indicator of these."

§ 6.

προνοίας ἔργῳ ἐοικέναι. "To resemble a work of prescience.
We have not hesitated to recall ἔργῳ, the reading of the modern
editions. Kühner adopts ἔργον, which appears in many MSS. and
several early editions, and gives ἐοικέναι the force of *haberi*, or *putari*.
This, however, appears extremely far-fetched, and wanting in energy.—τὸ, ἐπεὶ ἀσθενής, κ. τ. λ. "(Namely), since the sight is delicate, the guarding it with eye-lids like doors." The verb θυρόω
properly denotes, "to furnish with doors." Observe, again, the employment of the aorist to denote what is customary.—αὐτῇ χρῆσθαι
τι. "To use it in any respect."—ἀναπετάννυται . . . . συγκλείεται.
Middle voice.—ἠθμὸν βλεφαρίδας ἐμφῦσαι. "The implanting of eyelashes as a sieve." The ἠθμός properly was a kind of sieve or
strainer, used by the Greeks to strain or percolate their wine. We
have given ἠθμός the rough breathing with Ernesti and others, on
the authority of the scholiast to Apollonius Rhodius (i., 1294) and
the Sigæan inscription. (*Böckh, Corp. Inscr. Græc.*, i., p. 19, *seqq.*)
Ruhnken prefers θριγκόν, "a fence," the conjecture of Victorius,
but the allusion to the winds in the previous clause suits better the
idea conveyed by ἠθμόν, namely, the shielding of the eye from the
fine particles of dust, &c.—ὀφρύσι τε ἀπογεισῶσαι, κ. τ. λ. "And
the causing the parts above the eyes to jut out with eye-brows like
the eaves of a house." The verb ἀπογεισόω is to make to jut out
like a cornice or coping, or like eaves. The root γεῖσον is said to be
of Carian origin, the term γίσσα in the Carian language being equivalent to λίθος in Greek. (*Steph. Byz., s. v.* Μονόγισσα. *Ruhnk. ad
Tim., Lex.*, p. 65.)

τὸ δέ, τὴν ἀκοὴν δέχεσθαι. "And, again, this circumstance, (namely), that the hearing receives." We have placed a comma after
τὸ δέ with Weiske, as making a neater construction than joining
τό at once with τὴν ἀκοὴν δέχεσθαι. Observe that we have now a
succession of independent clauses, forming, as it were, so many noun-

natives, until we reach ταῦτα, when this last takes the place of all of them, and thus converts what precedes into an anacoluthon.—καὶ τοὺς μὲν πρόσθεν ὀδόντας, κ. τ. λ. "And that the front teeth in all animals are adapted for cutting (the food)." Observe that τὸ δέ is, in fact, understood after καί, literally, "and this other circumstance, that the front teeth," &c. The full construction in οἵους is τοιούτους οἵους, literally, "such as." (*Kühner*, § 823, *Obs*. 3, *Jelf*.)—καὶ στόμα μὲν καταθεῖναι. "And the placing of a mouth."—τὰ ἀποχωροῦντα. "The fæces."—δυςχερῆ. Supply ἐστίν. The ellipsis of εἶναι is comparatively rare after conjunctions, as here after δέ. (*Kühner ad loc*.)—ἀποστρέψαι..... ἀπενεγκεῖν. "The turning away.... the removing."—οὕτω προνοητικῶς. "With so much forethought." πότερα. "Whether."

§ 7.

οὕτω γε. "In this particular light," *i. e.*, with reference to the principle of utility.—πάνυ ἔοικε ταῦτα, κ. τ. λ. "These things altogether resemble a contrivance of some wise architect, and one benevolent to living things."—τὸ δέ, ἐμφῦσαι, κ. τ. λ. We have here a construction similar to that in the previous section, namely, τέ δέ, τὴν ἀκοὴν δέχεσθαι, κ. τ. λ., excepting that, when we reach the end of the clause, μέγιστον δὲ φόβον θανάτου, the words ταῦτα οὕτω προνοητικῶς πεπραγμένα, κ. τ. λ., are not again added, but are left to be implied —ἔρωτα τῆς τεκνοποιίας. "A love of progeny."—ταῖς γειναμέναις. "In mothers." The 1st aor. mid. of the deponent γείνομαι is used in an active sense.—ἀμέλει. "Certainly." This is the beginning of the answer of Aristodemus. Socrates recommences his interrogatories with the next section. Ἀμέλει is properly the imperative of ἀμελέω, and therefore signifies, primarily, "never mind," "do not trouble yourself." (Compare *Aristoph., Nub.*, 488, 875.) Thence, like other imperatives, it takes the nature of a particle of exhortation or encouragement, and is also affirmative. It may therefore be rendered, according to circumstances, "doubtless," "certainly," "truly," &c.—μηχανήμασί τινος, κ. τ. λ. "The ingenious devices of one who had resolved within himself that animals should exist."

§ 8.

σὺ δὲ σαυτὸν δοκεῖς, κ. τ. λ. "And do you think that you yourself possess a certain portion of intelligence?" *i. e.*, that you are endowed with reason. According to the general rule, when the same person is both the subject of the infinitive and of the governing verb, the subject of the infinitive is omitted, and is in the nominative. But, whenever an emphasis is required, the subject of the infinitive is expressed, and is then in the accusative, as here, σαυτόι (*Buttmann*, § 142, *Rob.*)—ἐρώτα γοῦν καὶ ἀποκρινοῦμαι. These words are omitted by Bessario (in his version) and by Ernesti, on the suggestion of Ruhnken. They were first thrown out of the Greek text by Schütz, whom Schneider and others follow. The objection against them is, that they mar the regular flow of the passage ; but they are found in all the MSS., without a single exception, and could hardly, therefore, have proceeded from any other than Xenophon himself. Lange gives the following explanation of the words in question : "Since modesty prevented Aristodemus from expressly affirming, and truth prevented his denial, he answers guardedly and cautiously thus : ' Interrogate then, and I will answer,' *i. e.*, by my answers you will know that I φρονιμόν τι ἔχω."

καὶ ταῦτα εἰδώς. "And that, too, when you know."—πολλῆς οὔσης. "While, at the same time, there is much of it," *i. e.*, while, at the same time, it is so boundless in extent.—καὶ τῶν ἄλλων δήπου, κ. τ. λ. "And that your body has been compacted for you by your having received a scanty portion of each of the other elements, that are, as is well known, immense in their nature." Observe the force of δήπου here, answering to the Latin *ut notum est*, or *scilicet*, and consult *Sturz, Lex. Xen.*, *s. v.*—νοῦν δὲ μόνον ἄρα, κ. τ. λ. "And do you think that you alone have, by some lucky chance or other, caught a mind, existing nowhere else ?" Compare *Cicero, N. D.*, 11, 6 : "*Unde enim hanc* (mentem) *homo arripuit ? ut ait apud Xenophontem Socrates.*"—σε συναρπάσαι. The accusative with the infinitive, not the nominative, because emphasis is required. Compare note on σὺ δὲ σαυτὸν δοκεῖς, κ. τ. λ., at the commencement of this section.—καὶ τάδε τά. Thus in three MSS., in place of the common reading καὶ τά.—δι' ἀφροσύνην τινά, κ. τ. λ. "Hold on in their course of order through some idle folly, as you suppose"

§ 9.

μὰ Δί'. "Certainly." *Má* is a particle of swearing, like the Latin *per*, and by itself neither affirms nor denies, but simply exercises a strengthening influence. Hence it is used in both affirmation and negation. In affirmation it is joined with ναί, as ναὶ μὰ Δία, and in negations, with οὐ, as οὐ μὰ Δία. But when μὰ Δία is used simply, without οὐ, a negative either precedes or follows. In the present instance it refers to what has gone before, namely, ἄλλοθι δὲ οὐδαμοῦ οὐδὲν φρόνιμον εἶναι, and οὐ γάρ belongs to what ollows.—τοὺς κυρίους. "The lords (of the universe)," *i. e.*, its creators and governors.—δημιουργούς. "The makers."—οὐδὲ γάρ. This form of expression, in response and dialogue, refers to something understood, as ὀρθῶς λέγεις, οὐ θαυμαστόν, or something similar. In the present passage it has an ironical force : "(Quite right), for neither do you see," &c.—ἑαυτοῦ. Several MSS. have σεαυτοῦ, a few σαυτοῦ, but ἑαυτοῦ is here, by a usage not unfrequent in Attic, employed itself for the second person. This occurs in cases where the reference is easily determined from the context. In like manner, ἑαυτοῦ is also not unfrequently employed for the first person. (*Matthiæ*, § 489, 2. *Kühner*, § 653, *Jelf*.)—κυρία. "The mistress."—κατά γε τοῦτο. "As far, at least, as this point is concerned," *i. e.*, by parity of reasoning.—γνώμῃ. "By reason."

§ 10.

οὗτοι ἐγώ, ὦ Σώκρατες, κ. τ. λ. "Indeed, Socrates, I do not despise the deity."—μεγαλοπρεπέστερον ἢ ὡς προςδεῖσθαι. "Too glorious to need." Literally, "more glorious than so as to need." Observe that ἢ ὡς is for ἢ ὥςτε; and mark, also, the force of πρός in προςδεῖσθαι, literally, "to need *in addition*," *i. e.*, in addition to that of the rest of his creatures.—ὅσῳ μεγαλοπρεπέστερον ἀξιοῖ. "By how much more glorious he is, and yet deigns." Literally, "by how much more glorious being he deigns." Supply ὄν after μεγαλοπρεπέστερον. Wyttenbach, indeed (*ad Plut., de S. N. V.*, p. 36), wishes ὄν to be added here to the text, but the participle of εἶναι is often omitted. (Compare *Lobeck ad Phryn.*, p. 277.)

§ 11.

ἔπειτα. Compare i. 2, 26.—οἳ πρῶτον μέν. After an interrogative clause, the relative pronoun is often put for the demonstrative οὗτος, or οὗτος γάρ. (Compare i., 2, 64.)—ὀρθὸν ἀνέστησαν. The aorist, as before, refers here to what is customary or always takes place, and hence has the force of a present. As regards the idea itself, compare *Cic., N. D.*, 11, 56 : "*Quæ primum eos humo excitatos celsos et erectos constituit, ut deorum cognitionem cælum intuentes capere possent.*"—ἡ δὲ ὀρθότης. "And this uprightness of stature." —μᾶλλον. "With more convenience."—καὶ ἧττον κακοπαθεῖν, οἷς, κ. τ. λ. "And that those parts suffer less injury, in which they (the gods) have constructed a faculty of vision, and of hearing, and of speaking." The true reading here is extremely doubtful. Almost all the MSS. and editions have κακοπαθεῖν· καὶ ὄψιν, κ. τ. λ. omitting οἷς. We have inserted this last-mentioned word, in ac cordance with the ingenious emendation of Kühner, and have placed a comma after κακοπαθεῖν instead of a colon.—ἔπειτα. "In the next place." More commonly ἔπειτα δέ. (Compare *Viger*, viii., 8. 10.)—τοῖς μὲν ἄλλοις ἑρπετοῖς. "To the rest of animals." Observe that ἑρπετά is here employed in its general sense of things that move upon the earth, since ἕρπω means "to walk" as well as "creep." This, however, is rather its poetical usage; in prose, it commonly means "reptiles."—τὸ πορεύεσθαι. "The power of proceeding," i. e., the faculty of motion —προςέθεσαν. "They add " observe the force of the aorist.

§ 12.

καὶ μήν. "And in truth." These are particles here of transition. Compare ii., 3, 10.—μόνην τὴν τῶν ἀνθρώπων, κ. τ. λ. "They have made that alone of men such, as, by touching the mouth at different times in different parts, both to articulate the voice," &c., i. e., to utter articulate sounds. Before οἷαν, supply, as before, τοιαύτην. Compare § 6.—καὶ σημαίνειν πάντα, κ. τ. λ. The same as καὶ εἰς ἡμᾶς σημαίνειν πάντα, κ. τ. λ. When there are two or more adjectival clauses in succession, depending on the same verb, or on different verbs, but in the same government, the relative is generally used but once, and thereby the two sentences are united into one Compare (*Kühner*, § 833, *Jelf.*)

§ 13.

οὐ τοίνυν μόνον ἤρκεσε. "Still farther, it was not sufficient merely," i. e., and yet this alone was not sufficient. The particle τοίνυν here has merely the effect of continuing the discourse, and marks no inference or conclusion from what precedes. Compare *Sturz, Lex. Xen.*, s. v. 2, and *Schaefer ad Demosth., Olynth.*, i., p. 222.—ἐπιμε ληθῆναι. For the middle ἐπιμελήσασθαι.—καὶ τὴν ψυχὴν κρατίστην, κ. τ. λ. "He has also implanted in man the soul, which is most excellent in its nature," i. e., which is his lordliest part. The adjective κρατίστην here forms the predicate, and is equivalent to ἣ κρατίστη ἐστίν. In such cases it is without the article. (*Matthiæ*, § 277, *b.*)—τίνος γὰρ ἄλλου ζώου, κ. τ. λ. "For what other animal's soul, in the first place, has perceived the gods, who have arranged hese most stupendous and beautiful works, that they exist!" i. e., has perceived that the gods exist, who have arranged, &c. By a very elegant idiom, a noun, which, if the sense only were regarded, should be the subject of a verb subsequent in the construction of the sentence, is made to depend on some other verb preceding in the construction. Thus θεῶν is here governed by ᾔσθηται, when the regular construction would have been ᾔσθηται ὅτι θεοί εἰσι, οἱ τὰ μέγιστα καὶ κάλλιστα συνέταξαν. Compare *Matthiæ*, § 349 ; *Kühner*, § 898, *Jelf*; and, as regards the sentiment itself expressed in the text, consult Cicero, *N. D.*, ii., 6'.—τὰ μέγιστα καὶ κάλλιστα. The reference is to the universe. Compare Plato, *Leg.*, x., *Op.*, vol. x., p. 74, *ed. Bip*.

θεραπεύουσι. Here the verb agrees in number, not with φῦλον, out, by attraction, with ἄνθρωποι. Kühner refers, in illustration, to Sallust, *Jug.*, c. 50. "*Sin opportunior fugæ collis, quam campi fuerant*," and also to Cicero, *Phil.*, iv., 4 : " *Quis igitur illum consulem, nisi latrones putant.*"—ἢ ψύχη ἢ θάλπη. Observe here the employment of the plural, as indicating different degrees or varieties of cold and heat. (Compare *Kühner*, § 355,) *., Jelf:*)—ῥώμην ἀσκῆσαι. "To acquire strength by exercise." Literally, "to exercise strength." —πρὸς μάθησιν ἐκπονῆσαι. "To toil after instruction," *i. e.*, to toil to acquire instruction. Observe that ἐκπονέω is here used intransitively. Its more common employment is that of a transitive verb with the accusative. (*Kühner, ad loc.*)—διαμεμνῆσθαι. "To keep in memory."

§ 14.

οὐ γάρ. "Is it not then." These particles are interrogative in demonstration and argument, and are equivalent to the Latin *nonne igitur*.—παρὰ τὰ ἄλλα ζῶα. "In comparison with the rest of animals." (*Matthiæ*, § 588, *c.*)—φύσει κρατιστεύοντες. "Naturally excelling them."—οὔτε γὰρ βοὸς ἂν ἔχων σῶμα. "For neither would one if he had an ox's body." From the plural ἄνθρωποι, which precedes, we may supply ἄνθρωπος or τὶς with ἔχων. (*Kühner, ad loc.*) Observe, moreover, that the particle ἄν is sometimes found repeated in a sentence, as here, where it is first attached to the word βοός, on which the greatest emphasis is laid, and is again placed after the verb which it modifies. (*Kühner*, § 432, *b.*)—ὅσα. Supply ζῶα. The reference is to what we would term quadrumanous animals, or the monkey tribe.—πλέον οὐδὲν ἔχει.. "Possess any advantage (over the rest)." Supply ἢ τὰ ἄλλα.—ἀμφοτέρων τῶν πλείστου ἀξίων τετυχηκώς. "Who have obtained both of these in the greatest excellence." Literally, "worthy of most." The reference is to the body and the mind.—ἀλλ' ὅταν τί ποιήσωσι, κ. τ. λ. "But, whenever they shall have done what, will you think that they care for you?" *i. e.*, out what must the gods do to make you believe that they care for you? A dependent clause, introduced by a conjunction, often as sumes a direct interrogatory form, still retaining the conjunction. Numerous instances of this construction are given by Fritzsche *Quæst. Luc.*, p. 134, *seqq.* (Compare *Kühner*, § 882, *Jelf.*)—νομιεῖς. Attic for νομίσεις.

§ 15.

συμβούλους. "Advisers." This is the reply of Aristodemus, who alludes particularly to the so-called genius of Socrates.—ὅταν δὲ 'Αθηναίοις, κ. τ. λ. The answer of Socrates.—πυνθανομένοις τι διὰ μαντικῆς. "Inquiring about any thing by means of divination.' This refers not only to the consulting of omens, but also of oracles. —οὐ δοκεῖς. "Do you not think."—τέρατα. "Portents."—ἀλλὰ μόνον σὲ ἐξαιροῦντες, κ. τ. λ. "But picking you alone out (from all mankind), do they hold you in neglect!" Literally, "do they put you down in neglect," *i. e.*, put you down and have done with you.

§ 16.

οἴει δ' ἂν τοὺς θεοὺς ἐμφῦσαι. "Do you think, moreover, that the gods would have engendered."—εἰ μὴ δυνατοὶ ἦσαν. That is, εὖ καὶ κακῶς ποιεῖν.—ἐξαπατωμένους. That is, in the opinion they had formed, that the gods were able to benefit and to injure.—τὰ χρονιώτατα καὶ σοφώτατα τῶν ἀνθρωπίνων. "The most abiding and the wisest of human institutions."—αἱ φρονιμώταται ἡλικίαι. "The most discreet periods of life." Compare *Cicero, N. D.*, ii., 3.—θεῶν ἐπι μελέστεται. The adjective here governs the genitive, because the verb to which it corresponds (ἐπιμελεῖσθαι) governs the same case. (*Matthiæ*, § 348, *Obs.* 1.)

§ 17.

ὠγαθέ. "My good friend." Contracted from ὦ ἀγαθέ. This expression has always a slight shade of irony or sarcasm, like *O bone* in Latin. (Compare *Viger*, iii., 3, 1, and *Hermann, ad loc.*)—ἐνών. "While it is within you."—καὶ τὴν ἐν παντὶ φρόνησιν, κ. τ. λ. "That the intelligence, also, which pervades every part of the universe, disposes that universe in such a way as may be pleasing unto it.' —καὶ, μή. "And (you ought) not (to suppose)." Supply οἴεσθαι χρή.—δύνασθαι ἐπὶ πολλὰ στάδια ἐξικνεῖσθαι. "Can reach the length of many stadia." The stadium was 600 Greek, or 606¾ English feet. The preposition ἐπί is employed in definitions of place, answering to the question "how far?" (*Matthiæ*, § 586, *c.*)—περὶ τῶν ἐνθάδε. Observe that φροντίζω is also construed with the simple genitive. The present arrangement, however, carries with it an air of greater precision. (*Matthiæ*, § 348, *Obs.* 2.)

§ 18.

ἦν μέντοι. "If, indeed." Observe that μέντοι is a confirmative particle, and is often used to make a new sentence more emphatic. (*Kühner*, § 730, *Jelf.*)—ὥςπερ ἀνθρώπους θεραπεύων, κ. τ. λ. "Even as by paying attentions unto men you discover those who are inclined to pay you attentions in return."—συμβουλευόμενος. "By consulting along with others."—οὕτω καὶ τῶν θεῶν, κ. τ. λ. "So, by serving them, you make trial of the gods, as to whether," &c.—γνώσει τὸ θεῖον, ὅτι ἐστιν. "You will know the godhead, that it is," *i. e.*, you will know that the godhead is. This construction has already been alluded to in § 13.—αὐτούς. The gods implied in τὸ θεῖον. There is no need, therefore, of our omitting αὐτούς with Ernesti, or of reading αὐτό, with others, from a few MSS. Observe, moreover, the air of emphasis which the pronoun αὐτούς carries with it at the close of the sentence; so that its presence is far from being pleonastic.

§ 19.

ἐμοὶ μέν. "Unto me, I confess." Observe the employment of the emphatic form of the personal pronoun, and its position at the beginning of the sentence. Schneider and Dindorf read ἐμοὶ μέν οὖν, from one MS.—ὁπότε ὁρῷντο. "Whenever they might be seen." (Compare i., 2, 57.)—ἐν ἐρημίᾳ. "In solitude."—μηδὲν ἄι ποτε, κ. τ. λ. "That no one, at any time, of those things which they might be doing, would escape for an instant the observation of the gods." Observe the force of the aorist in διαλαθεῖν.

CHAPTER V.

§ 1.

εἰ δὲ δή, κ. τ. λ. "Since, moreover, in very truth, self-control, also, is both an honorable and an excellent possession for a man.' The particle εἰ has here the force of ἐπειδή, the reference being to a case that admits of no doubt; and this case is made still clearer by the addition of δή, which is often employed in this way for the purpose of imparting more explicitness to the clause, and then answers to the Latin *vero*.—εἴ τι προυβίβαζε λέγων, κ. τ. λ. "Whether he in any degree urged on others to its attainment by saying such things as follows."—ἆρ' ὅντιν' ἂν αἰσθανοίμεθα, κ. τ. λ. "Whether, whomsoever we should perceive subservient to gluttony or wine, or incapable of enduring labor, or given to sleep, this one would we select!" *i. e.*, whether, if we should perceive any one subservient,

&c. The genitives γαστρός, οίνου, &c., are genitives of comparison, and ἥττω γαστρός, &c., means, literally, "inferior to," or "less than gluttony," &c. (*Matthiæ*, § 361, a.) So in Latin we have "*inferior voluptatibus.*" Observe, moreover, the absence of ὄντα after ἥττω, the omission of the participle of εἰμί being common in such cases, where the adjective has a predicative force. (*Kühner*, § 682, 3, *Jelf.*)—τοὺς πολεμίους κρατῆσαι. The verb κρατέω has the meaning of "to subdue," "to master," when joined with the accusative; whereas, when it governs the genitive, it means "to rule over," &c.

§ 2.

εἰ δὲ γενόμενοι. "And if, on having arrived."—τῷ ἐπιτρέψαι, κ. τ. λ. "To commit unto any one either male children to educate, or maiden daughters to protect, or money to preserve." Observe that the infinitive is used frequently after verbs in themselves of complete meaning, but which would not be sufficiently defined without such an addition, to express a purpose ; as here, παιδεῦσαι, διαφυλάξαι, διασῶσαι. (*Matthiæ*, § 532.)—ἀξιόπιστον εἰς ταῦτα. "Worthy of confidence for these things," i. e., in these matters.—ἡγησόμεθα. Observe the indicative in the apodosis, after εἰ with the optative in the protasis, and hence expressing a positive certainty that we will not regard him as such. (*Kühner*, § 855, b., *Jelf.*)—ταμιεῖα. "Our granaries."—ἔργων ἐπίστασιν. "The superintendence of agricultural labors." Observe that ἔργον, like the Latin *opus*, is often used to denote agricultural operations, or laboring in the fields. (Compare *Ruhnken ad Ter., Eun.*, ii., 1, 14.)—διάκονον καὶ ἀγοραστὴν τοιοῦτον. "An agent and purveyor of such a character." The ἀγοραστής was a slave who purchased provisions for the family; a family purveyor. Zeune and Bornemann read τὸν τοιοῦτον, from Stobæus and Athenæus. The article, however, is added to this word only when it refers to a person already known. (Compare ii., 8, 3, and *Matthiæ*, § 265, 7.)

§ 3.

ἀκρατῆ. "If intemperate."—πῶς οὐκ ἄξιον, κ. τ. λ. "How is it not worth one's while that he himself guard against becoming such." Observe the effect of the particle γέ on αὐτόν, giving the pronoun a species of reflexive force.—καὶ γάρ, οὐχ ὥςπερ, κ. τ. λ. The order 's, καὶ γάρ ὥςπερ οἱ πλεονέκται, κ. τ. λ., οὕτως ὁ ἀκρατὴς οὐ τοῖς μὲν ἄλλοις, κ. τ. λ.—τῶν ἄλλων ἀφαιρούμενοι χρήματα. The verb ἀφαιρεῖσθαι is usually construed with two accusatives. (*Matthiæ*, § 418.) An example of its construction with a genitive of the person occurs

᾿: Thucydides, iii., 58.—κακοῦργος. "An injurer." Taken substantively.—εἴ γε κακουργότατόν ἐστι. "Since it is (as all must admit) most injurious." Observe the employment of the indicative with εἰ to express positive certainty, which we have indicated, in translating, by a parenthetical clause ; and compare the explanation of Ernesti: "Siquidem perniciosissimum est, ut nemo dubitat."—τὸν οἶκον τὸν ἑαυτοῦ. "One's own substance." Observe here the repetition of the article. The common form of expression would be τὸν ἑαυτοῦ οἶκον ; but when the adjunct of the substantive is placed after it, either for emphasis or perspicuity, the article must be repeated. (Buttmann, § 125, 3, Rob.)

§ 4, 5.

ἐν συνουσίᾳ δέ. "In society, too."—ἀρά γε οὐ χρή. "Does it not, in short, behoove." Hartung and Kühner give the particle γέ in such constructions as the present the meaning of *am Ende*; it answers rather, however, to our "in short."—κρηπῖδα. "The foundation."—ἢ τίς οὐκ ἄν, ταῖς ἡδοναῖς δουλεύων, κ. τ. λ. "Or who would not, by being a slave to his pleasures, be basely disposed as to both his body and his mind," *i. e.*, be degraded both in body and mind.—νὴ τὴν Ἥραν. "By Juno." This form of swearing or adjuration, almost peculiar to women, was often used by Socrates. Compare *Menag. ad Diog. Laert.*, ii., 40.—ἐλευθέρῳ μὲν ἀνδρὶ εὐκτὸν εἶναι. "That a freeman should pray." Literally, "that it is a thing to be prayed for by a free man." By a free man is here meant one in the truest sense of the term, as free from the influence of all degrading propensities.—ἱκετεύειν. "Should supplicate." The construction with verbal adjectives often changes to the infinitive alone (*Kühner,* § 613, *Obs.* 5, *Jelf.*)—δεσποτῶν ἀγαθῶν. "Good masters," *i. e.*, who would by their manner of living show good examples, and exercise a salutary influence in reclaiming the vicious.

§ 6.

τοιαῦτα δὲ λέγων, κ. τ. λ. "And yet, while accustomed to say such things, he exhibited himself as still more continent in his acts than in his words," *i. e.*, while these were his expressed sentiments, he exhibited his own continence still more forcibly by his life and actions than by his mere words.—διὰ τοῦ σώματος. "Enjoyed through the agency of the body," *i. e.*, of the bodily senses.—παρὰ τοῦ τυχόντος. "From every casual person." Compare note on τὰ τυχόντα, i., 1, 14.—δεσπότην ἑαυτοῦ καθιστάναι. "Made (that person) a master over himself." Compare i., 2, 6.—οὐδεμιᾶς ἥττη αἰσχράν. "Not less disgraceful than any other." For οὐχ ἧττον αἰσχρὰν ἢ ἄλλην τινά, compare iii., 5, 18 ; iv., 2, 12.

CHAPTER VI.
§ 1.

ἄξιον δ᾽ αὐτοῦ, κ. τ. λ. "It is worth while, also, not to omit those things, that were likewise said by him, in the course of conversation with Antiphon the Sophist." The genitive αὐτοῦ does not depend on ἄξιον, but on the relative clause ἃ διελέχθη, and it is the same as saying ἄξιον αὐτοῦ πρὸς Ἀντιφῶντα λόγους μὴ παραλιπεῖν. (*Kühner, ad loc.*)—Ἀντιφῶντα. The Antiphon here meant was an Athenian Sophist. He must be distinguished from the orator of the same name, and also from Antiphon the tragic poet, although the ancients themselves appear to have been doubtful as to who the Antiphon here mentioned by Xenophon really was. (*Ruhnken, Opusc.*, i., p. 148, *seqq.*)—τοὺς συνουσιαστὰς αὐτοῦ παρελέσθαι. "To draw off from him those who associated with him," *i. e.*, his followers. Observe that συνουσιαστάς here is equivalent to συνόντας or συνδιατρίβοντας elsewhere. (Compare *Heusing. ad Plut., de lib. ed.*, p. 90.)

§ 2.

τἀναντία τῆς φιλοσοφίας ἀπολελαυκέναι. "To have enjoyed the opposite from your philosophy," *i. e.*, to have reaped fruits of a directly opposite kind, namely, hardship and wretchedness. Observe that ἀπολαύω is construed with the accusative and genitive. (*Matthiæ*, § 327.)—ζῇς γοῦν οὕτως. "At any rate, you live in such a way." The component parts of γοῦν, namely, γέ and οὖν, are both perceptible here, "at least, for the matter of that," *i. e.*, at any rate. —οὐδ᾽ ἂν εἷς. More emphatic than οὐδεὶς ἄν.—διαιτώμενος. "Being kept."—τὰ φαυλότατα. "That are of the worst description." Observe the force of the article.—ἱμάτιον ἠμφίεσαι. "You are clad in an outer garment." The ἱμάτιον was an outer garment, cloak, or mantle, worn above the χιτών or tunic. It was, in fact, a square piece of cloth, thrown over the left, and brought round over or under the right shoulder.—ἀνυπόδητος. At the siege of Potidæa, in particular, he is said to have walked barefoot through snow and ice. (*Diog. Laert.*, ii., 12.)—ἀχίτων. This must not be so understood as if he covered his naked body with only the outer cloak or ἱμάτιον. Socrates usually wore only the *shirt*, ὑπενδύτης, but not the second covering *over* that, namely, the ἐπενδύτης, which κατ᾽ ἐξοχὴν the ancients called the "tunic" or χιτών. (*Ernesti, ad loc.*)

§ 3, 4.

καὶ μήν. Compare i., 4, 12.—ἃ καὶ κτωμένους εὐφραίνει, κ. τ. λ. "Which both gladden men on acquiring them, and cause them, on having become possessed of them," &c. Observe the force of the perfect in κεκτημένους.—οὕτω καὶ σὺ διαθήσεις. "In this same way, also, you will dispose," i. e., will inspire them with the desire of imitating your comfortless mode of life.—νόμιζε εἶναι. "Consider yourself to be," i. e., you must regard yourself as being.—δοκεῖς μοι, ἔφη Some MSS. and early editions omit ἔφη. The Greeks, however, often insert ἔφη, even when a verb of saying has preceded. In like manner, *inquam* is sometimes redundant in Latin. (Compare *Kühner ad Cic., Tusc.,* V., 36, 105.)—ὑπειληφέναι. "To have concluded."—ὥστε πέπεισμαι. "That I am persuaded."—ὥσπερ ἐγώ. "As I do." For ὥσπερ ἐγὼ ζῶ. In the construction with ἤ, the word with which another is compared is usually put in the same case with the word compared, or subject of the comparison. Sometimes, however, after ἤ, the nominative is used, as in the present instance, if another verb can be supplied. (*Matthiæ,* § 448, 1, *a.*)—τί χαλεπὸν ᾖσθησαι τοὐμοῦ βίου. "What particular hardship you have discovered in this life of mine." (*Matthiæ,* § 317.)

§ 5.

πότερον, ὅτι, κ. τ. λ. "Have you perceived this hardship in my mode of life, in that, &c. Supply, for a full construction, χαλεπὸν ᾖσθησαι τοῦτο τοὐμοῦ βίου.—ἀπεργάζεσθαι. "To work out."—ἐμοὶ δέ. "While unto me, on the other hand." The more regular, but less emphatic form of enunciating the whole clause would have been as follows: ἐκείνοις λαμβάνουσιν ἀργύριον ἀναγκαῖον ὄν . . . . ἐμοὶ μὴ λαμβάνοντι οὐκ ἀνάγκη διαλέγεσθαι, κ. τ. λ. Two clauses, however, of the same construction are sometimes, as here, opposed to each other by μέν and δέ, in order to connect the former, which ought to have been expressed by a clause dependent on the context, by putting it in contrast with the latter. And it is this opposition of μέν and δέ, and this independent enunciation of the two clauses, which imparts an air of greater energy and vigor to the whole sentence. (*Dissen ad Demosth., de Cor.,* c. 97. *Matthiæ,* § 622, 4. *Kühner,* § 764, *e., Jelf.*)

τὴν δίαιτάν μου. "This diet of mine."—ὡς ἧττον μὲν ὑγιεινά, κ τ. λ. "Because I eat, as you think, less wholesome things than you do." Observe, as before, the construction of ὡς with the genitive absolute, to indicate, not a fact, but a supposition or idea occurring to another; and compare i., 1, 4.—ἦ ὡς χαλεπώτερα πορίσα σθαι, κ. τ. λ. "Or because my viands are, as you suppose, more difficult to supply one's self with, in consequence of their being," &c. We have here, again, with ὡς, a construction similar to that in the preceding clause, ὄντα being understood after χαλεπώτερα, except that we have now the accusative absolute instead of the genitive absolute.—πορίσασθαι. An active or middle infinitive is often used in Greek, where a passive supine would be expected in Latin. This occurs particularly after adjectives, and more especially after ῥᾴδιος and χαλεπός. (*Matthiæ*, § 535.)—ἐμοὶ ἃ ἐγώ. A correction of Ernesti's, confirmed by two MSS. The common text has ἐμοὶ λέγω.—ὅτι ὁ μὲν ἥδιστα ἐσθίων, κ. τ. λ. "That he who eats with the greatest relish requires condiments least."—τοῦ μὴ παρόντος ποτοῦ. "Drink difficult to procure." Literally, "drink that is not present," i. e., not ready at hand.

§ 6.

ἱμάτια. Governed by μεταβαλλόμενοι.—καὶ ὑποδήματα ὑποδοῦνται. "And bind sandals under their feet." More freely, "put on sandals." The ὑπόδημα was merely a sole bound to the foot. Observe the force of the middle in ὑποδοῦνται.—διὰ τὰ λυποῦντα τοὺς πόδας. "By the things which annoy the feet."—ἤδη οὖν ποτε ᾔσθου. "Now, then, have you ever perceived."—μᾶλλόν του ἔνδον μένοντα. "Remaining at home more than any other," i. e., more than any other who was more seasonably clad. Observe that του is Attic for τινός. So, presently, τῳ for τινί.—διὰ τὸ ἀλγεῖν τοὺς πόδας. "On account of any annoyance to my feet."

§ 7, 8.

μελετήσαντες. "On having practiced," i. e., by dint of exercise. —ἀμελησάντων. "Who neglect (exercise)."—πρὸς ἃν μελετῶσι. Observe that ἃν is for ἃ ἄν. The common reading is πρὸς ἃ μελετῶσι.—ἐμὲ δὲ ἆρα οὐκ οἴει, κ. τ. λ. "And do you not think that I, by constantly practicing to endure with my body every thing that may befall it," &c.—τοῦ δὲ μὴ δουλεύειν γαστρί, κ. τ. λ. "Think you, moreover, that there is any more effectual cause of my not being a slave to appetite, &c., than my regarding those other things as more pleasing than these, which (other) things," &c.—ἐν χρείᾳ ὄντα. "When used."—ἀλλὰ καὶ ἐλπίδας, κ. τ. λ. "But also (delight) as affording hopes," &c. Observe that εὐφραίνει belongs also to this clause, being understood with it.—καὶ μὴν τοῦτό γε. Compare i., 4, 12.—ὅτι οἱ μὲν οἰόμενοι, κ. τ. λ. "That they who think they are in no respect prosperous are not delighted."—καλῶς προ ζωρεῖν. "Succeeds favorably."—ὡς εὖ πράττοντες. "As being happy in their efforts."

§ 9.

γίγνεσθαι. "That one is becoming."—καὶ φίλους ἀμείνους κτᾶσθαι. "And is acquiring friends of superior character."—ἐγὼ τοίνυν διατελῶ, κ. τ. λ. "I accordingly will continue to hold to these opinions."—ποτέρῳ ἡ πλείων σχολή, κ. τ. λ. "Which of the two will have the more leisure to concern himself about these things?" With ποτέρῳ supply ἂν εἴη, which actually appears in one MS., and is introduced into several editions.—ἐκπολιορκηθείη ἂν θᾶττον. "Would sooner be captured." The verb ἐκπολιορκέω is here taken in a somewhat subdued sense. It properly means "to take a city, or strong place, by storm." In its application to persons, however, it approximates to the meaning of αἱρέω.—χαλεπωτάτων εὑρεῖν. Compare § 5.—ἀρκούντως χρώμενος. "Using contentedly," i. e., contented with, and equivalent to ἀρκούμενος.

§ 10.

ἔοικας οἰομένῳ. "You seem to think." Literally, "you appear like one thinking." The participle is often put for the infinitive In many cases it is quite indifferent which construction is chosen 'Εοικέναι, "to appear," takes the infinitive; but since it signifies, also, "to resemble," it may take the same action, which is otherwise in the infinitive, in the dative of the participle. (*Matthiœ*, § 555, *Obs.* 2. *Kühner*, § 682, 2; § 684, *Jelf.*)—τρυφὴν καὶ πολυτέλειαν. "Mere luxury and extravagance."—δέεσθαι. Two MSS. have δεῖσθαι, but without any necessity, since Xenophon, in this verb, is fond of the open or uncontracted forms. Compare *Matthiœ*, § 52, and *Krüger ad Anab.*, vii., 4, 8.—θεῖον. "A divine attribute." We have here one of the most celebrated maxims of the Socratic school. It is copiously illustrated by Ruhnken, *ad loc.*—τὸ δ' ὡς ἐλαχίστων, κ. τ. λ. "And that, to be in want of the fewest things possible, is nearest to the divine nature," i. e., resembles it most closely.—καὶ τὸ μὲν θεῖον. Weiske reads, from conjecture, καίτοι τὸ μέν, rendering καίτοι by the Latin particle *atqui*.

§ 11.

ἐγώ τοι. "I, for my part." Compare note on μάλα τοι, i., 2, 46. —σοφὸν δὲ οὐδ' ὁπωςτιοῦν. "But not even in any way whatsoever wise," i. e., but not in the least wise.—οὐδένα γοῦν τῆς συνουσίας κ. τ. λ. "At least, for the matter of that, you exact no fee for the holding converse with you." On the force of γοῦν, consult note ζῶς γοῦν, § 2, and with regard to πράττῃ, compare note on τοὺς δὲ ἑαυτοῦ, κ. τ. λ., i., 2, 5.—καίτοι. "And yet."—νομίζων. "If you considered it."—οὐδενὶ ἂν μὴ ὅτι, κ. τ. λ. "You would not only not give to any person gratis, but not, indeed, if you received any thing less than the value," i. e., so far from giving to any one gratuitously, you would not part with it unless you received its full equivalent. The construction here is elliptical, the full form being μὴ λέγω ὅτι, κ. τ. λ. "Not to say that you would not give," &c., as in Latin, ne dicam. (Matthiæ, § 610, 2. Kühner, § 762, 2, Jelf.)—ἔλαττον τῆς ἀξίας. The regular construction would be ἔλαττον ἢ ἡ ἀξία τούτων τῶν χρημάτων ἐστί: oftentimes, however, when, as here, we ought to have ἤ followed by an entire proposition, the substantive of this is alone employed, and put in the genitive. (Matthiæ, § 451. Kühner, § 783, h., Jelf.)

§ 12.

δῆλον δή. "It is evident, then."—εἰ καί. Observe that καί does not belong to εἰ, but to συνουσίαν in the signification of also. (Compare Kühner, § 861, Jelf.)—ᾤου, 2d sing. imperf. ind. of οἴομαι.—καὶ ταύτης ἂν οὐκ ἔλαττον, κ. τ. λ. "You would exact for this, likewise, no less money than it is worth."—δίκαιος μὲν οὖν ἂν εἴης. "You may, perchance, then be," &c.—ἐπὶ πλεονεξίᾳ. "For your own advantage."—σοφὸς δὲ οὐκ ἄν. "A wise man, however, you can not in all likelihood be." Supply εἴης after ἄν. (Kühner, § 430, 1, Jelf.) —μηδενός γε ἄξια. "Things worthy of nothing, indeed," i. e., worth nothing at all; of no practical value. Observe the emphasis which γε imparts here to μηδενός.

§ 13.

παρ' ἡμῖν νομίζεται, κ. τ. λ. "With us it is thought that it is alike honorable and alike disgraceful to dispose of one's beauty and wisdom (unto others)." More freely, "that beauty and wisdom may be disposed of alike honorably and alike disgracefully," i. e., it is disgraceful to sell either for lucre's sake; it is honorable to employ either in gaining a firm friend. The verb διατίθεσθαι is properly used of merchants who expose their goods for sale; here, however, it is applied in part to the Sophists, who sold their knowledge to all who could afford to pay. Observe the force of the middle in this verb: "to set forth or arrange as one likes," i. e., as he thinks may tempt others to buy.—καλόν τε κἀγαθὸν ἐραστήν. "Both an honorable and worthy admirer."—καὶ τὴν σοφίαν τοὺς μέν, κ. τ. λ. "And they stigmatize as Sophists those who sell wisdom for money to whosoever wishes (to buy)." Socrates means, that from their inordinate love of gain, the name of *Sophist* was marked with the infamous idea of the grossest venality; in other words, they were so many prostitutors of wisdom. Observe that the words in the text, τὴν σοφίαν τοὺς μὲν πωλοῦντας, are so placed as to strengthen the opposition, instead of τοὺς μὲν τὴν σοφίαν πωλοῦντας. A substantive which depends on an article and participle, in place of being put between them, is often set before the article, for greater emphasis (Compare iv., 4, 7, and *Bornemann ad Anab.*, v., 6, 7.)—εὐφυᾶ. "Of a noble disposition." Three MSS. and the old editions have εὐφυῆ Both forms, however, as Kühner remarks, are found in Plato, although the termination in ᾶ is the more frequent of the two.—ὅτι ἂν ἔχῃ ἀγαθόν. "Whatever good thing he may know." Observe that ἔχω, from its signification "to possess," is used sometimes in the sense of "to know," "to be skilled in." (Compare *Herbst, ad loc. Stallb. ad Plat., Euthyphr.*, p. 18.)—φίλον ποιεῖται. We have given ποιεῖται with Dindorf from two MSS. The common text has φίλον ποιῆται, where Matthiæ endeavors, though not very successfully, to account for the absence of ἄν, by supposing that the preceding ἄν belongs to ποιῆται also. (*Matthiæ*, § 527, *Obs.* 2.)

§ 14.

ἐγὼ δ' οὖν καὶ αὐτός. "And, therefore, I myself also."—ὄρνιθι. "Falcon."—καὶ ἄλλοις συνίστημι. "And I recommend them to others," i. e., for farther instruction. In illustration of the force of συνίστημι here, Kühner refers to Bornemann in *Ind. ad Anab.*, p. 673, &c.—ὠφελήσεσθαι. Future middle in a passive sense. Compare ἀνιάσεται and στερήσεται in i., 1, 8. Dindorf reads ὠφεληθήσεσθαι.—τῶν πάλαι σοφῶν ἀνδρῶν. "Of the wise men of old." C. F. Hermann refers this to the poets, but it may mean, also, the earlier philosophers, whose works were studied by Socrates, in order to select any good thing he might find contained in them. Observe that the adverb πάλαι, thus placed between the article and its clause, has an adjectival force. (*Matthiæ*, § 272, a.)—ἐν βιβλίοις γράψαντες. 'Having written them in volumes."—ἐὰν ἀλλήλοις φίλοι γιγνώμεθα. "If (thus) we become (dearer) friends to one another," i. e., we were before this bound to one another by the ties of amity, and this communion of studies renders us still more so. (*Kühner, ad loc.*)—αὐτός. "Himself." Referring to Socrates.—ἐπὶ καλοκἀγαθίαν. "To all that was good and honorable."

§ 15.

ποτέ. "On one occasion."—πῶς ἡγεῖται ποιεῖν. "How he thinks of making," i. e., how he thinks he can make. We have given here in ἡγεῖται the reading of most MSS. In three MSS. and some old editions we have ἡγεῖτο. Ernesti and other more recent editors read ἠγοῖτο..... πράττοι, from three MSS.—αὐτὸς δὲ οὐ πράττει, κ. τ. λ. "And yet does not himself engage in public affairs, if, indeed, he knows (aught about them)." Observe the air of sarcasm in εἴπερ ἐπίσταται. For ἐπίσταται some have ἐπίσταιτο, others ἠπίστατο.—ποτέρως δέ. "But whether." The particle δέ in interrogations often refers to something to be supplied by the imagination. Thus, in the present instance, the full form of expression would be, Λέγεις μὲν ἐμὲ τὰ πολιτικὰ μὴ πράττειν· ποτέρως δέ, κ. τ. λ.—ἢ εἰ ἐπιμελοίμην τοῦ, κ. τ. λ. "Or if I should exercise care about the making as many as possible fit to engage in them," *i. e.*, if I should endeavor to train as many as possible to a fitness for engaging in them.

CHAPTER VII.

§ 1.

εἰ καί. Compare i., 6, 12.—ἀλαζονείας. "From arrogant assumption."—προέτρεπεν. Compare i., 2, 64.—ἐπ' εὐδοξίᾳ. "To a fair reputation." Schneider, Reiske, Dindorf, and Ernesti read ἐπ' εὐδοξίαν, but the dative denotes more of what is abiding and permanent.—ἀγαθὸς τοῦτο, ὅ, κ. τ. λ. "Actually good in that, in which," &c. Observe that τοῦτο and ὅ are accusatives of nearer definition.—ὧδε ἐδίδασκεν. "He proved in the following way."

§ 2.

ἐνθυμώμεθα γάρ. The particle γάρ refers to the previous discourse of Socrates, in which incidental mention was made of arrogance and ostentation.—ἆρ' οὐ τὰ ἔξω τῆς τέχνης, κ. τ. λ. "Must he not imitate good flute-players in all the external appendages of their art?" Literally, "with reference to the things without their art."—σκεύη καλά. "Splendid attire." Some think that instruments are meant; but these are not ἔξω τῆς τέχνης. The musicians of ancient Greece were accustomed to go about dressed in the most splendid and costly habiliments.—ἔπειτα. For ἔπειτα δέ. Compare i., 2, 1.—ἀλλὰ μὴν ἔργον, κ. τ. λ. "But yet he must nowhere undertake any open performance (of skill)."—γελοῖος. "A fit subject of ridicule."—ἄνθρωπος ἀλαζών. "A vain-boaster."—καίτοι "And yet."—κακοδοξῶν. "Being in bad repute."

§ 3.

ὣς δ' αὔτως. "In this same way, moreover." So in several MSS., in place of the common reading ὡςαύτως.—ἐννοῶμεν, τί ἂν αὐτῷ συμβαίνοι. "Let us consider what would happen unto him," i. e., what would be the natural result in his case.—ἀρ' οὐκ ἄν. Compare i., 2, 4.—ταύτῃ λυπηρόν. With ταύτῃ supply ὁδῷ, and εἴη after λυπηρόν. For ταύτῃ, Heindorf reads τοῦτ' εἴη.—κυβερνᾶν τε καταοταθείς. For the infinitive after verbs signifying "to appoint," "to choose," &c., consult *Matthiæ*, § 532, b. Dindorf omits the conjunction τε.—καὶ αὐτὸς αἰσχρῶς, κ. τ. λ. "And he himself would come off both disgracefully and with loss," i. e., would have to retreat from, or abandon, his post. Literally, "would depart." The Latins use *male discedere* nearly in the same sense.

§ 4.

ὡςαύτως δέ, κ. τ. λ. "In like manner, also, he showed that both for one to appear to be rich," &c. With δοκεῖν supply εἶναι.—ἀλυσιτελές. "Was productive of no advantage." Supply ὄν. After verbs of declaring, showing, &c., the participle of the verb εἶναι is often omitted. (*Kühner*, § 682, 3, *Jelf.*)—προςτάττεσθαι γὰρ αὐτοῖς, κ. τ. λ. "For he said that duties were (thus) imposed upon them greater than accorded with their strength." As regards μείζω, ἢ κατὰ δύναμιν, consult *Matthiæ*, § 449. A similar construction occurs at iv., 4, 24, and iv., 7, 10.—δοκοῦντας ἱκανοὺς εἶναι. "While appearing to be capable."—οὐκ ἂν τυγχάνειν. "Would not be likely to meet with." Observe the force of ἄν in denoting mere contingency or possibility.

§ 5.

ἀπατεῶνα δ' ἐκάλει, κ. τ. λ. "He called him, moreover, no trifling impostor, in case one having obtained money or equipment from any person by dint of persuasion, should defraud him of these." Supply αὐτὸν ταῦτα after ἀποστεροίη.—πολὺ δὲ μέγιστον. "But by far the greatest (impostor he pronounced him to be)."—μηδενὸς ἄξιος ὤν. "Being a good-for-nothing fellow."-ἐξηπατήκει. Supply τὴν πόλιν, and translate τῆς πόλεως in the succeeding clause as equivalent to αὐτῆς. Weiske conjectures ἐξηπατήκοι, and Schneider ἐξαπατῴη; but, as Kühner correctly remarks, Socrates apparently states a case as having actually occurred, and therefore the indicative is employed.—τοιάδε διαλεγόμενος. "By such discourses as these (just mentioned)." As Kühner remarks, we would expect τοιαῦτα here; but τοιάδε has here a more graphic force, and places the narrative, as it were, before the very eyes of the reader; hence τοιάδε διαλεγόμενος becomes equivalent to "*durch die vorliegenden Reden.*" (*Kühner, ad loc.*)

BOOK II.

CHAPTER I

§ 1.

Τὰ τοῖα λέγων. "By the following arguments." Literally, "by saying such things" as follow.—προτρέπειν. Compare i., 2, 64.— ἀσκεῖν ἐγκράτειαν, κ. τ. λ. "To practice continence as regarded the desire of food, and drink, and sleep, and (to exercise) endurance of cold, and heat, and toil." The original contains some difficulty here, for, though we may correctly say ἐγκράτεια πρὸς ἐπιθυμίαν βρωτοῦ, αἱ ποτοῦ, καὶ ὕπνου, yet we can not so well explain the connected words ἐγκράτεια πρὸς ἐπιθυμίαν ῥίγους, καὶ θάλπους, καὶ πόνου. Sauppe supposes Xenophon to have negligently blended together two constructions, intending to say ἀσκεῖν ἐγκράτειαν πρὸς ἐπιθυμίαν βρωτοῦ, κ. τ. λ., and then, as if πρὸς ἐπιθυμίαν did not precede, to add ἀσκεῖν ἐγκράτειαν ῥίγους, κ. τ. λ. This is the simplest explanation, and is adopted also by Kühner. Similar instances of neglect of strictness in style occur in the best authors. Dindorf, however, reads καὶ ῥῖγος, καὶ θάλπος, καὶ πόνον, but, if Xenophon had intended this, he would undoubtedly have repeated the preposition πρός, and would have said καὶ πρὸς ῥῖγος, κ. τ. λ. (*Wheeler, ad loc.*)

γνοὺς δέ. Observe that δέ has here the force of γάρ.—ἀκολαστοτέρως ἔχοντα, κ. τ. λ. "Was disposed, after a more intemperate manner than usual, toward such things as these." Literally, "as having himself," &c.—Ἀρίστιππε. This was the celebrated Aristippus, a native of Cyrene, and the subsequent founder of the Cyrenaic school. He remained with Socrates almost up to the time of his execution. Though a disciple of the philosopher, he wandered both in principle and practice very far from the teaching and example of his great master. He was luxurious in his mode of living, indulged in sensual gratifications, and was the first of the followers of Socrates who afterward took money for his teaching. The doctrine of his school was, that pleasure formed the chief good, and pain the chief evil. The anecdotes which are told of him, however, by no means give us the notion of a person who was the mere slave of his passions, but rather of one who took a pride in extracting enjoyment from all circumstances of every kind, and in controlling adversity and prosperity alike. (*Smith, Dict. Biogr., vol. i., p. 209*)

τῶν νέων. "Of the young men of the day." Observe the force of the article.—ὅπως. "In what way," i. e., in such a way that.—μηδ' ἀντιποιήσεται ἀρχῆς. "He shall not even seek after authority." Observe the force of the middle.—βούλει σκοπῶμεν, κ. τ. λ. "Do you wish that we consider the subject by having commenced with their nutriment." The subjunctive is used without a conjunction, and without ἄν after βούλει in interrogations. (*Matthiæ*, § 516, 3.)—ἀρξάμενοι ἀπὸ τῆς τροφῆς. With this verb, the genitive, without a preposition, marks the action, or condition itself, which is commencing; but the genitive with ἀπό marks the individual point which is the first in a continued action or condition. Hence τροφή, and, after it, στοιχεῖα, mark the point whence the inquiry commences. Compare *Matthiæ*, § 336, *Obs.*, 2.—δοκεῖ γοῦν μοι, κ. τ. λ. "Nutriment certainly appears to me to be the first rudiment." Observe the force of γοῦν. Literally, "at least, for the matter of that."

§ 2.

οὔκουν τὸ μὲν βούλεσθαι, κ. τ. λ. "Is it not natural, then, that the desire to partake of food be present unto both, whenever the proper time may have come? (You are right), for it is natural, replied the other." Observe the elliptical construction of γάρ, and compare i., 4 9. -τὸ οὖν προαιρεῖσθαι, κ. τ. λ. "Which one of them, then, should we habituate to the preferring to accomplish that which is urgent, rather than to gratify the appetite?" The adverb μᾶλλον is often added, by pleonasm, to the verb προαιρεῖσθαι. (Compare iii., 5, 16 ; iv , 2, 9.) Observe, moreover, that the verb ἐθίζειν is here construed with two accusatives, one of the person, and the other of the thing ; but the latter accusative consists in the present case of an article with the infinitive. Compare *Hist. Gr.*, vi., 1, 4, where the accusative of the thing is a pronoun. Elsewhere the thing is in the dative (Compare *Kühner*, § 583, 56, *Jelf.*)—νὴ Δία. "Certainly."—ὅπως μὴ τὰ τῆς πόλεως, κ. τ. λ. "In order that the affairs of the state may not be left undone during his government," i. e., be left neglected. Compare Kühner, "*ne res publicæ infectæ vel neglectæ relinquantur.*" Observe, moreover, that παρά is here temporal, and refers to extension in time. (*Kühner*, § 637, iii., 2, B., *Jelf.*)—τὸ δύνασθαι διψῶντα ἀνέχεσθαι. "The being able, when thirsting, to endure it," i. e., to endure thirsting, or, in other words, the power of enduring thirst.—πάνυ μὲν οὖν. "Most assuredly."

K

§ 3.

ὕπνου ἐγκρατῆ. "Temperate in sleep." Adjectives, derived from verbs which govern a genitive, are construed also with the same case. Compare i., 5, 6; ii., 6, 1; and *Matthiæ*, § 361.—κοιμηθῆναι. "To lie down." Passive in a middle sense.—ἀγρυπνῆσαι. "To remain awake (all night long)."—τί δέ. "But what!" *i. e*, but further. This combination of particles serves for the purpose of passing on quickly to a fresh point, and is analogous to the Latin *quid vero.*—τῷ αὐτῷ. Supply προςθετέον.—τὸ ἀφροδισίων ἐγκρατῆ εἶναι, κ. τ. λ. At the end of this clause we must mentally supply ποτέρῳ ἂν προςθείημεν.—ἄρχειν. "For governing." Observe the employment of the infinitive to express a purpose, and compare *Matthiæ*, § 532, *a*.—τὸ μαθεῖν, εἰ τι ἐπιτηδειόν ἐστι, κ. τ. λ. "If there be any branch of instruction adapted to the mastering of our antagonists, unto which of the two would it be more proper that the learning of this be added?"—ἄνευ τῶν τοιούτων μαθημάτων. "Without instruction of this kind."

§ 4.

ἧττον ἂν ἁλίσκεσθαι. "Would be less likely to be ensnared."—·ούτων γὰρ δήπου, κ. τ. λ. "For some of these, namely, being allured by appetite, and certain ones (of this number), though very shy, being yet attracted to the bait by the desire of gratifying their gluttony, are captured, while others are entrapped by drink." The words ἔνια δυςωπούμενα are subjoined to the preceding words τὰ μὲν γαστρὶ δελεαζόμενα by the figure called by grammarians σχῆμα καθ' ὅλον καὶ μέρος. Thus, τὰ μὲν γαστρὶ δελεαζόμενα refer to the whole, of which ἔνια δυςωπούμενα indicate a part, and the verb ἁλίσκεται is joined to the clause which denotes the part, while the clause that refers to the whole is left without any verb. (*Kühner*, § 708, 2, *Jelf.*)—οἷον. "As, for instance."—συνέφη καὶ ταῦτα. "He assented to these things also."

§ 5.

ταὐτὰ πάσχειν, κ. τ. λ. "To be affected in the same way with the most senseless of wild creatures." Literally, "to suffer the same things with," &c. Observe that ταὐτά here is for τὰ αὐτά. All words denoting coincidence, equality, similarity, &c., take the dative. (*Kühner*, § 594, 2, *Jelf.*)—ὥςπερ. "As, to cite an instance." —εἰς τὰς εἱρκτάς. "Into the private apartments (of dwellings)." By εἱρκτάς are here meant the γυναικεῖα, or women's apartments, where, in accordance with Grecian custom, the females of the family were kept secluded; for εἰρκτή properly denotes a shut place or inclosure.—κίνδυνος. Supply ἐστι.—ἅ τε ὁ νόμος, κ. τ. λ. As regards the punishment inflicted for this offence by the Athenian law, consult *Smith, Dict. Ant., s. v.* Adulterium.—ὑβρισθῆναι. "Of being most violently treated."—ὅμως εἰς τὰ ἐπικίνδυνα φέρεσθαι "For one, nevertheless, to be borne headlong into the midst of those things that are fraught with danger." In the editions before that of Schneider, we have ἐλαύνεται ὅμως, κ. τ. λ., but ἐλαύνεται is now omitted on the authority of two MSS.—ἆρ' οὐκ ἤδη τοῦτο, κ. τ. λ. "Is not this now the part of one altogether possessed?" *i. e.,* of an utter madman. The verb κακοδαιμονάω means, properly, to be tormented by an evil genius.

§ 6, 7.

τὸ δὲ εἶναι μέν, κ. τ. λ. "Again, does it not appear to you to oi gross neglect, that the greatest number of the most necessary employments of men are performed in the open air!" &c.—τοὺς δὲ πολλούς, κ. τ. λ. "And yet, that the majority of mankind are untrained to bear cold and heat." As regards the plural forms ψύχη and θάλπη, *vid.* note on i., 4, § 13.—ἀσκεῖν δεῖν καὶ ταῦτα, κ. τ. λ. "Should practice to endure with ease these hardships also."—οὔκουν εἰ τοὺς ἐγκρατεῖς, κ. τ. λ. "Shall we not, then, if we class those who are disciplined in all these points with men fitted to command, class those incapable of doing these things with those," &c.—ἀντιποιησομένους. The common text has ἀντιποιησαμένους, for which we have given the future participle with Schneider.—ἐπειδὴ καὶ τούτων ἑκατέρου, κ. τ. λ. "Since you even know the rank of each class of these men, have you ever yet considered with yourself," &c.

§ 8.

οὐδαμῶς γε. "By no means, I can assure you."—τό, μεγάλου ἔργου ὄντος, κ. τ. λ. "When it is a great trouble to procure for one's self the necessaries of life, that this occupation does not prove sufficient for him, but that he impose upon himself the additional task of procuring," &c. The substantive ἔργου is omitted in one MS. Kühner incloses it in brackets. With ἀρκεῖν supply αὐτῷ. The verb ἀρκέω is often found without the dative of the person, as in ii., 2, 6; iv., 4, 9. Nothing is of more frequent occurrence in the Greek writers than for the subject of the preceding clause to become the object in the succeeding, and that, too, in such a way as not even to be indicated by the pronoun. (*Kühner, ad loc.*)—καὶ ἑαυτῷ μὲν ἐλλείπειν. "And to deny himself."—ὧν βούλεται. The subject of βούλεται is to be deduced from the words ἄφρονος ἀνθρώπου which precede. Observe, moreover, that ὧν is by attraction for τούτων ἁ —προεστῶτα. 'On becoming the presiding officer."—τούτου δίκας ὑπέχειν. "To have to give an account of this," i. e., to render himself liable to punishment for this.

§ 9.

καὶ γὰρ ἀξιοῦσιν αἱ πόλεις. "And, (no wonder), for states think it right."—ἐγώ τε .... αἱ τε. Compare i., 1, 14.—ἄφθονα. "In abundance." Marking the predicate, as is shown by the position of the article with ἐπιτήδεια. (Matthiæ, § 277, b.)—ὡς πλεῖστα ἀγαθά. "As many advantages as possible."—πολλὰ πράγματα ἔχειν, κ. τ. λ. "To have much trouble for themselves, and to afford it unto others." Many alterations of the text have been proposed here, but without any necessity; for those engaged in official duties are of necessity obliged to impose their respective duties on their subordinates, and to excite in them a spirit of activity and energy. (Wheeler, ad loc.) —οὕτως παιδεύσας. "After having thus trained them," i. e., after they had been thus trained.—ᾗ ῥᾷστά τε καὶ ἥδιστα βιοτεύειν. "To pass their lives in the way in which (it is) both most easy and agreeable." With ᾗ supply ὁδῷ.

§ 10, 11.

βούλει σκεψώμεθα. Compare § 1.—πότεροι. Some read πότερον ·ἢ οἱ ἀρχόμενοι. So in five MSS. The article is omitted in the common editions.—ὧν ἡμεῖς ἴσμεν. Observe that ὧν is here by attraction for οὕς.—Σύροι, καὶ Φρύγες, καὶ Λυδοί. Jacobs aptly remarks, that Socrates designedly mentions, out of several nations, those held in the greatest contempt among the Greeks.—Μαιῶται. The Mæotians dwelt near the Palus Maeotis, or *Sea of Asoph*. They are distinguished from the Scythians by Herodotus, iv., 123.—Λίβυες. By the Libyans are here meant the roving tribes in the interior of Africa.—ἀλλ' ἐγώ τοι. "Nay, I indeed." A formula of objection in reply.—οὐδὲ εἰς τὴν δουλείαν, κ. τ. λ. "Neither, on the other hand, do I consign myself unto slavery," i. e., assign myself to the class of those who are ruled over by others. The αὖ in this clause refers back to, and connects itself with the commencement of § 8. The meaning is, as I am not inclined, on the one hand, to assign myself a place among those desirous of ruling, so, on the other, am I as little inclined to belong to the class of the subjugated.—τις μέση τούτων ὁδός. "A middle kind of path." The pronoun τις is often separated from its substantive by the interposition of several words. —οὔτε δι' ἀρχῆς. Supply ἄγουσα.

§ 12.

ἀλλ' εἰ μέντοι, κ. τ. λ. "But if, in very truth, replied Socrates, even as this same path (of ours) leads neither through command nor subjection, so it were to lead through human society, you would, perhaps, be saying something to the same purpose," i. e., something that carried weight with it. After δι' ἀνθρώπων supply φέροι, and observe, moreover, that μέντοι has here a confirmative force. The μέν-οι, however, which commences the next clause, has an adversative force, and must be rendered "however." (*Kühner, ad loc.*)
—ών. "While you are."—μήτε ἀξιώσεις, κ. τ. λ. "You will neither think it meet to command yourself, or be commanded, nor will willingly show respect to those in authority." We have given ἀξιώσεις and θεραπεύσεις with Bornemann and others, in place of the common reading ἀξιώσῃς and θεραπεύσῃς. The latter, indeed, has all the MSS. in its favor; but as the terminations σεις and σῃς are often confounded by the copyists, and as the sense evidently requires the indicative here (the reference being to an express and definite opinion avowed before this by Aristippus), the old reading must yield to the new. (*Kühner, ad loc.*)

ὡς ἐπίστανται οἱ κρείττονες, κ. τ. λ. "That the powerful know, by having made their inferiors both publicly and privately to weep, how to treat them as slaves." We have given καθίσαντες with Schneider, from *Xen.*, *Cyrop.*, ii., 2, 14, in place of καθιστάντες, the reading of other editors. Consult *Plato, Ion,* 505, E., and *Stallbaum, ad loc.* The verb καθίζω properly means "to set down," "to make to sit down," and hence, "to put into a state or condition," or simply "to make," "to render," and hence κλαίοντας καθίσαντες is here equivalent, as Coray remarks, to κλαίειν ποιήσαντες.—δούλοις χρῆσθαι. Zeune and others read ὡς δούλοις χρῆσθαι. This, however, changes the meaning, for it renders the slavery doubtful, whereas the omission of ὡς makes it real. (*Kühner, ad loc.*)

§ 13.

ἢ λανθάνουσι, κ. τ. λ. "Do those escape your onservation, who, after others have sown and planted, cut down their corn, and fell their trees, and harass in every way their inferiors," &c., i. e., have you never seen persons, who, after others have sown and planted, have cut down their corn. &c.—πολιορκοῦντες. The verb πολιορκέω properly means "to besiege," &c., and is then applied to all other violent and oppressive conduct. (*Jacobs, ad loc.*)—καὶ ἰδίᾳ αὖ. "And again in private life."—οἱ ἀνδρεῖοι καὶ δυνατοί, κ. τ. λ. The order is, οὐκ οἶσθα ὅτι οἱ ἀνδρεῖοι, κ. τ. λ.—καρποῦνται. "Reap the fruit of the latter's labor."—*οὐδ' εἰς πολιτείαν ἐμαυτὸν κατακλείω* " Do not shut myself up in any one state."—*ξένος.* "A temporary guest."

§ 14.

τοῦτο μέντοι ἤδη, κ. τ. λ. "Now, truly, you mention in this an admirable artifice." Ironical. By *πάλαισμα* is properly meant a trick or artifice peculiar to wrestlers, by which they endeavored to trip up their antagonists. Here, however, it denotes any cunning and artful device in general.—*ἐξ οὗ.* "Since."—*Σίννις, καὶ ὁ Σκείρων*, &c. These were celebrated robbers destroyed by Theseus. There is a pleasant irony in this speech of Socrates. He means, in fact, to say, although such cruel robbers as Sinnis, Sciron, and Procrustes no longer infest the public roads, yet there are not wanting other men to injure you. Hence, though he uses the expression *οὐδεὶς ἔτι ἀδικεῖ,* he means directly the reverse. We have retained the ordinary orthography in the name *Σίννις,* although the more correct form would appear to be *Σίνις.* Compare *Valck. ad Eurip., Hippol.,* 977.—*οἱ μὲν πολιτευόμενοι ἐν τοῖς πατρίοι.* "They who live as free citizens in their native states." The idea intended to be conveyed is this: If the most careful endeavors, on the part of the citizens of states, to repress wrong-doing, are nevertheless insufficient, how little can unprotected strangers reckon on personal security.—*πρὸς τοῖς ἀναγκαίοις καλουμένοις.* "In addition to those who are called relations by blood." The term *ἀναγκαῖοι* answers to the Latin *necessarii,* and denotes those that are connected with us by necessary or natural ties, or, in other words, those related by blood.—*οἷς ἀμύνονται.* "By which they seek to repel."—*ὅμως ἀδικεῦνται.* "Are nevertheless wronged."

§ 15.

ἐν δὲ ταῖς ὁδοῖς. This and *εἰς ὁποίαν δέ* are opposed to *οὐδὲν μέν,* &c. Hence the double *δέ.*—*πολὺν χρόνον διατρίβων.* "Spending much time," i. e., in passing from state to state, and from city to city.—*ἥττων.* "Inferior," i. e., as being a mere stranger.—*καὶ τοιοῦτος, οἴοις, κ. τ. λ.* "And that, too, when you are such a character as," &c. Observe the employment of the plural in *οἴοις* after the singular *τοιοῦτος,* the reference in *οἴοις* being to an entire class, and not to any definite individual. (*Kühner,* § 819, 2, a., *Jelf.*) The reference, moreover, in *τοιοῦτος* is to one who is a mere vagrant, who roams about without any settled abode, who is the citizen of no one state, and is, therefore, unprotected by any. (*Kühner, ad loc.*)—*διὰ τὸ ξένος εἶναι.* Observe the nominative with the infinitive, the reference being to the same person who is the subject of the finite verb. —ἢ διότι καὶ δοῦλος, κ. τ. λ. "Or is it because you think that you would be such a slave as to be profitable to no master?" The mode of life led by Aristippus was most costly and expensive, nor had he any inclination to work; hence he imagined that no one would be likely to reduce him to slavery, as his maintenance would cost more than his earnings were worth. Socrates soon shows the futility of this idea.—τῇ δὲ πολυτελεστάτῃ, κ. τ. λ. "And yet, delighting in the most sumptuous fare."

§ 16.

χρῶνται. "Manage."—ἄρα οὐ. These particles, like the Latin *nonne*, require an answer in the affirmative; while ἄρα μή, like *numne*, require an answer in the negative. (*Kühner*, § 873, 3, *Jelf.*) —σωφρονίζουσι. "Check," *i. e.*, cool down.—ἀποκλείοντες ὅθεν. "By detaining them (from all places) whence."—ᾖ. In the sense of ἐξῇ. "It may be possible."—τοῦ δραπετεύειν. "From running away."—ἐξαναγκάζουσιν. "They drive out."

§ 17.

πᾶσι κακοῖς. "With all kinds of punishments."—δουλεύειν. "To act as becomes a slave." Compare the explanation of Jacobs: "*sich als Sklaven benehmen*."—ἀλλὰ γάρ. "But then." Answering to the Latin *at enim*. (Compare *Kühner*, § 786, *Obs.* 6, *Jelf.*)—τῶν ἐξ ἀνάγκης κακοπαθούντων. "From those who suffer hardships of necessity."—εἴ γε πεινήσουσι, κ. τ. λ. "Since they will have voluntarily to endure hunger, and thirst," &c , *i. e.*, since they are destined to endure, &c. The future is here employed to express not merely a future action, but one which is considered as predetermined by circumstances and the state of affairs. Compare *Matthiæ*, § 498, *b.*—ἐγὼ γὰρ οὐκ οἶδ', κ. τ. λ. "Since I do not know in what respect it differs, for a person willing or unwilling to be lashed as to the same skin," *i. e.*, what difference it makes, when the same skin is lashed, whether it is lashed voluntarily or involuntarily. Observe that δέρμα is the accusative of nearer definition.—πολιορκεῖσθαι. "To be harassed."—ἄλλο γε ἢ ἀφροσύνη, κ. τ. λ. "Other, indeed, than that folly attaches to the person," &c. On the adverbial employment here of ἄλλο, consult *Kühner*, § 895, *Jelf*, and *Matthiæ*, § 635.

§ 18.

οὐ δοκεῖ σοι, κ. τ. λ. The construction is οὐ δοκεῖ σοι τὰ ἑκούσια ὧν τοιούτων διαφέρειν τῶν ἀκουσίων, κ. τ. λ.—ᾖ. "Inasmuch as," ι. ε., so far forth as this, that. Analogous to the 1 atin *quatenus* — *ὁ μὲν ἑκὼν πεινῶι* "He who, from choice, suffers hunger."—*πίοι.* Supply *ἄν.* Compare *Matthiæ*, § 515, *Obs.*—*ὁπόταν βούληται.* In the previous clause we had *ὁπότε βούλοιτο,* the optative being employed because an uncertain doubtful condition was implied; here, however, we have the subjunctive, because the present *ἔξεστιν* precedes. (*Matthiæ,* § 521, *Obs.* 2; *Kühner,* § 844, a., *Jelf.*)—*ἐπ' ἀγαθῇ ἐλπίδι πονῶν εὐφραίνεται.* "Relying on a good hope, takes delight in laboring." The preposition *ἐπί* with the dative is employed here to denote the ground of mental affection. (*Kühner,* § 634, e., *Jelf.*) The reading *πονῶν* is a conjectural emendation of Taylor on Lysias, p. 491, confirmed by MSS. The old editions have *φρονῶν.*—*τοῦ λήψεσθαι.* "Of being about to seize the prey."

§ 19.

καὶ τὰ μὲν τοιαῦτα, κ. τ. λ. "And yet, such rewards of toil are worth but little." The indefinite *τις,* when joined with adjectives, &c., brings the notion of these words more prominently forward, by either increasing or weakening that notion, according as the meaning of the word or the context requires. Here the effect is a weakening one. (*Kühner,* § 659, 4, *Jelf.*)—*ὅπως χειρώσωνται.* Schneidei reads, from two MSS., *χειρώσονται,* in compliance with Dawes' canon. But compare i., 2, 37.—*καλῶς οἰκῶσι.* "They may regulate well." Compare i., 1, 17.—*φίλους εὖ ποιῶσι.* To do a person good or evil is construed in Greek with two accusatives, or with an accusative of the person and the adverb *εὖ* or *κακῶς.* *Εὐεργετεῖν* and *κακουργεῖν* are construed with an accusative of the person. Compare iv., 4, 17.—*εἰς τὰ τοιαῦτα.* "For such objects as these."—*εὐφραινομένους.* "Full of happiness." More literally, "gladdened (in feeling)."—*ἀγαμένους.* "Admiring."—*ζηλουμένους.* "Emulated"

§ 20.

αἱ μὲν ῥᾳδιουργίαι. "Slothful habits."—*ἐκ τοῦ παραχρῆμα ἰδεῖναι.* "Easily obtained pleasures," *i. e.*, obtained at the moment of desire Such is the interpretation of Straub, adopted by Kühner, and supported by the whole connection of the passage. "*Voluptates ejusmodi, quas, ubi concupiveris, statim, utpote sine ullo labore parabiles, percipere liceat.*" The old interpretation was "pleasures of momentary duration," and so Schneider, "*eas voluptates, quæ statim percipiuntur, et quarum usus breve tempus durat.*" (*Wheeler, ad loc.*)—*σώματι εὐεξίαν ἐνεργάζεσθαι.* "To work out a good habit for the body,' *i. e.*, a good habit or condition of body. The old editions have *ἐν-*

γάζεσθαι, for which Zeune gives ἐνεργάζεσθαι, from four MSS.—ἄξι ὁλογον. "Worth mentioning." The epithet ἀξιόλογον is here added because αἱ παραυτίκα ἡδοναί can not be said to convey *no knowledge* whatever to the mind. For who denies that music, paintings, and other pleasures of the same kind give us some sort of knowledge? (*Kühner, ad loc.—Wheeler, ad loc.*)--αἱ δὲ διὰ καρτερίας ἐπιμέλειαι, κ. τ. λ. "Whereas pursuits requiring constant perseverance cause us eventually to reach all that is beautiful and good." The verb ἐξικνεῖσθαι, like τυγχάνειν, λαγχάνειν, &c., is construed with a genitive.—που. "Somewhere." The passage occurs in the "Works and Days" ('Εργα καὶ Ἡμέραι), v. 285, *seqq.*, or 287, *seqq.*, *ed. Göttl.*

τὴν μὲν γὰρ κακότητα, κ. τ. λ. "You may easily obtain vice for yourself even in one dense mass," *i. e.*, you may easily get it all at once. We have adopted here the explanation of Buttmann, (*Lexil. s. v. εἰλεῖν,* p. 270, *Fishl.*), who derives the force of ἰλαδόν in the present passage, not from the idea of crowds or troops, but from that of a dense compressed mass. The explanation of Göttling, which is as follows, is very unsatisfactory: "*Ἴλαι sunt comissationum antiquæ sodalitates* (*Pind., Nem.*, v., 86). *Hoc igitur voluit poeta: si vitio potiri vis, facilis est aditus, neque opus est ut solus vitii viam ineas, sed multos habebis socios comissationum amantes.*"— λείη. "Level." The common editions of Hesiod have ὀλίγη.—τῆς ἀρετῆς προπάροιθεν. "In front of virtue," *i. e.*, before virtue's threshold.—ἐπὴν δ' εἰς ἄκρον ἵκηται. "But when one shall have reached the summit," *i. e.*, the summit of the hill of virtue, unto which the steep and rugged path leads. The subject of ἵκηται is contained in the verb itself, and refers to him who shall have selected this path. (*Göttling, ad loc.*)—χαλεπή περ ἐοῦσα. "Though difficult before." Observe that here, and in ῥηϊδίη, at the commencement of the line, there is a sudden transition from the masculine to the feminine This arises, not from the circumstance of οἶμος being of both genders, as Kühner maintains, but because the reference now becomes a direct one to ἀρετή, as Seyffert more correctly supposes.

μαρτυρεῖ. "Bears testimony to the same effect."—'Επίχαρμος Epicharmus was the chief comic poet among the Dorians, and a native of the island of Cos, having been born there about B.C. 540. He subsequently resided at Syracuse, and spent there the remainder of his life. Hence he is often called the Sicilian.—τῶν πόνων πωλοῦσιν, κ. τ. λ. "The gods sell unto us all the good things of life for our labors," *i. e.*, it is a law of heaven that happiness is to be purchased only by toil. Observe that πόνων is the genitive of price

K 2

(*Matthiæ*, § 364.) The line here quoted is a trochaic tetrameter catalectic, and scanned as follows:

τῶν πόν|ῶν πωλ||οῦσῖν | ἡμῖν || πάντα] τἀγᾰθ'||οὶ θε|οί.

ὦ πονηρέ, μὴ τὰ, κ. τ. λ. "Ah! wretched one, seek not after the things that are soft, lest thou mayest obtain those that are hard," *i. e.*, seek not after an easy life, lest you may only obtain a hard one. Observe that μῶεο (contracted μῶου) is the present imperative of μώομαι, an Epic lengthened form of μάομαι. This line is also a trochaic tetrameter catalectic, and scanned as follows:

ὦ πόν|ῆρἔ, ‖ μῆ τᾰ | μᾰλᾰκᾰ ‖ μῶἔδ, | μῆ τᾰ ‖ σκλῆρ' ἔχ|ῃς.

The entire clause, from καὶ ἐν ἄλλῳ δὲ τόπῳ to the end of the line, is regarded as an interpolation by Valckenaer (*ad Herod.* ii., 117), because the ancient writers are not accustomed to employ τύπος when speaking of a passage of any book or writer. Schütz and Schneider concur in this opinion, and Dindorf even goes so far as to regard the whole passage in the light of a spurious addition, from μαρτυρεῖ δὲ καὶ Ἐπίχαρμος. Voigtlaender, however, has successfully defended the ordinary text. (*Obs.*, pt. 1, p. 13.)

§ 21.

καὶ Πρόδικος δὲ ὁ σοφός, κ. τ. λ. "Moreover, Prodicus the wise also, in the work which he has composed concerning Hercules." Observe the force of the article as repeated after συγγράμματι, and here rendered for perspicuity' sake by an entire clause, as if γεγραμμένῳ, or something equivalent, were understood. Prodicus was a native of Iulis, in the island of Ceos, and was eminent as a Sophist and rhetorician; although here, as Welcker observes, Xenophon separates him from the rest of the Sophists by the more honorable appellation of ὁ σοφός. (*Welcker, Kleine Schriften*, ii., p. 466.) Prodicus visited Athens frequently, for the purpose of transacting business on behalf of his native city. Socrates was one of his pupils in rhetoric. (*Plato, Meno*, 96, D.)—συγγράμματι. Xenophon merely refers to the work in question under the general appellation of σύγγραμμα. Its true title, however, was Ὧραι, which Welcker refers to the youthful bloom of Hercules. (*Suidas, s. v.* Ὧραι, *Welcker, l. c.*) The apologue itself is generally known, at the present day, by the title of "The Choice of Hercules."

ὅπερ δὴ καὶ πλείστοις ἐπιδείκνυται. "Which, as is well known, he is accustomed to read unto very many." Literally, "he exhibits." The verb ἐπιδείκνυμι is properly employed in the sense of making an exhibition of skill, or giving a specimen of one's art. The exhibition, in the present instance, consisted in reading the work aloud unto others. Declamations or recitations held by the Sophists and others, in order to show their power of language, skill, and invention, were called ἐπιδείξεις. (*Kühner, ad loc.*) Observe the force of δή in this clause, and compare the explanation of Kühner, "*uti constat inter omnes.*"—ὡςαύτως ἀποφαίνεται. "Declares his sentiments in a similar manner." Literally, "shows himself." Thucydides (ii., 42) uses the active voice in the same sense, but the middle is more usual.—ἐπεὶ ὡρμᾶτο. "When he was advancing."—ἐν ᾖ. "At which period." Supply ὥρᾳ.—αὐτοκράτορες. "Their own masters."—εἴτε τὴν δι' ἀρετῆς ὁδόν, κ. τ. λ. "Whether they will turn themselves toward life along the path leading through virtue," &c., *i. e.*, whether they will enter on the course of actual life by the path of virtue, &c.—εἰς ἡσυχίαν. "Into a solitary place." Compare *Cic., Off.*, i., 32.—τράπηται. "He shall turn himself." The deliberative subjunctive. Compare notes on i., 2, 15.

§ 22.

μεγάλας. "Large of form."—εὐπρεπῆ τε ἰδεῖν καὶ ἐλευθέριον. 'Both engaging to behold and lady-like," *i. e.*, of an engaging and lady-like appearance. Gaisford reads ἐλευθερίαν, from a MS. of Stobæus. Xenophon, however, uses in the feminine both ἐλευθέριος and ἐλευθερία. Compare *Conviv.*, ii., 4; *Greg. Cor.*, p. 62, *seqq.*, ed. *Schaef.*—προϊέναι. "To come forward." Schneider, Dindorf, and Bornemann give προςιέναι, "to come toward," from a single MS. The idea, however, implied in προϊέναι, is well expressed by Kühner, "*ex occulto prodire.*"—φύσει κεκαλλωπισμένην, κ. τ. λ. "Adorned by nature as to her person with purity, as to her eyes with modesty, as to her demeanor with becoming reserve, and in white attire." We have rendered ἐσθῆτι δὲ λευκῇ as a simple and independent clause. Jacobs, Kühner, and others, make it depend on κεκοσμημένην, and miss from the sentence some word corresponding to σῶμα, ὄμματα, and σχῆμα, and then ground upon this alleged omission a charge of want of elegance against Xenophon, than which nothing can be more unjust.—τεθραμμένην μὲν εἰς πολυσαρκίαν, κ. τ. λ. "Pampered into a full and enervated habit of body."—κεκαλλωπισμένην δὲ τὸ μὲν χρῶμα, κ. τ. λ. "Set off, moreover, as to her complexion, so as to seem to appear both fairer and more florid than the reality," *i. e.*, than she really was. Lange thinks δοκεῖν φαίνεσθαι pleonastic, and, as δοκεῖν follows immediately after, he regards φαίνεσθαι as alone correct here. But δοκεῖν φαίνεσθαι is well explained by Kühner, "*ut .... præ se ferre (φαίνεσθαι) videretur (δοκεῖν).*"

τὰ δὲ ὄμματα ἔχειν ἀναπεπταμένα. "That she had her eyes, moreover, opened widely." This is the bold, immodest stare, opposed to the modest and retiring look.—ἐσθῆτα δέ, ἐξ ἧς, κ. τ. λ. "And an attire, through which youthful beauty might most shine forth," *i. e.*, attire, the texture of which allowed the youthful beauty of her limbs to be clearly apparent. The reference is to what was termed the Coan robe or attire, and which had a great degree of transparency. Consult *Dict. Ant.*, *s. v. Coa vestis.*—κατασκοπεῖσθαι δὲ θαμὰ ἑαυτήν. "That she frequently, also, looked down at herself," *i. e.*, surveying her dress and person.—αὑτὴν θεᾶται. If the optative were here employed in the place of the indicative, we would have αὑτήν. (*Kühner, ad loc.*) Compare i., 2, 49.—ἀποβλέπειν. "She looked back."

§ 23.

πλησιαίτερον. Thus in several MSS. and early editions. The common reading is πλησιέστερον.—ἰέναι τὸν αὐτὸν τρόπον. "Proceeded in the same manner (as before)," *i. e.*, with the same quiet gait, neither slower nor faster. Observe here the construction of the accusative (τὴν μὲν πρόσθεν ῥηθεῖσαν) with the infinitive, the reference being still to what Prodicus says.—φθάσαι. "To get before her," *i. e.*, to anticipate her.—ἀποροῦντα. "At a loss."—ἐὰν οὖν ἐμὲ φίλην ποιησάμενος. "If, then, (you shall turn yourself thither) after having made me your friend." Supply, from the previous clause, ἐπὶ τὸν βίον τράπῃ. Compare *Hermann, ad Vig.*, § 227, p 776, *seqq.* Five MSS. give ποιήσῃ, and two ποιήσει. The common text has ποιήσῃς. We have given ποιησάμενος, on good MS. authority, with Bornemann, Kühner, and others.—καὶ τῶν μὲν τερπνῶν οὐδενός, κ. τ. λ. "And you shall taste of every pleasure." Literally, "and you shall be without tasting of no one of the things that are delightful." Observe that ἄγευστος takes the genitive on the same principle that γεύεσθαι, "to taste," is construed with it.—τῶν χαλεπῶν ἄπειρος. "Without any experience of troubles."

§ 24, 25.

οὐ φροντιεῖς. "You shall not concern yourself about." Observe that φροντιεῖς is the Attic form of the future for φροντίσεις.—πραγμάτων. "Public affairs."—σκοπούμενος δίεσει. "You shall be always considering." There is some doubt about the true reading here. We have given δίεσει (with the more Attic termination) from almost all the MSS Jacobs, however, conjectures ἀεὶ ἔση. and Budæus δὴ ἔση. One MS. has διάξεις, which is evidently a mere gloss.—κεχαρισμένον. "Gratifying to the taste."—ἡσθείης. "You may experience pleasure."—ἀπονώτατα. "With the least degree of trouble."—τίς ὑποψία σπάνεως, κ. τ. λ. "Any suspicion of a scarcity of the means whence these (blessings) are to arise." Observe that σπάνεως ἀφ' ὧν is for σπάνεως τούτων ἀφ' ὧν, and compare i., 2, 14.—οὐ φόβος. "There is no fear." Supply ἐστί, and compare Scyffert, "non est quod metuas."—ἐπὶ τὸ πονοῦντα, κ. τ. λ. "To the procuring of these things by laboring and undergoing privations," &c.—ἀλλ' οἷς ἂν οἱ ἄλλοι, κ. τ. λ. Observe that οἷς is here for ἅ, being attracted by τούτοις.—ἂν ἐργάζωνται. "May obtain by their labor."—πανταχόθεν ὠφελεῖσθαι ἐξουσίαν "Authority to benefit themselves from every side," i. e., from every possible source.

§ 26.

ἔφη. The verb ἔφη, like *inquit* in Latin, is commonly separated from its subject by some of the words quoted. (*Matthiæ*, § 306, *Obs.*)—ὄνομα δέ σοι τί ἐστιν. The particle δέ in interrogations often refers to something to be supplied by the imagination. Thus, in the present instance, we may suppose the full sentence to run as follows: "All this sounds fairly enough, O lady, *but* what is your name?"— Εὐδαιμονίαν. "Happiness." — ὑποκοριζόμενοι. "Nicknaming." The verb ὑποκορίζομαι means, properly, "to play the child," and especially, "to talk child's language," i. e., to use terms of endearment, such as diminutives. Then reversely, "to call something good by a bad name," "to disparage," "to nickname," &c.—κακίαν. "Vice."

§ 27.

ἐν τούτῳ. Supply τῷ χρόνῳ. "During this time."—καὶ ἐγώ. "I, too."—εἰδυῖα. "Because I know." Observe here and in καταμαθοῦσα the causal force of the participle. (*Kühner*, § 697, a, *Jelf.*)—φύσιν. "Disposition."—ἐν τῇ παιδείᾳ. "During your early training," i. e., in the training of your youth.—σφόδρ' ἂν σε τῶν καλῶν, κ. τ. λ. "You would assuredly become a noble doer of the things that are honorable and dignified." Observe that σφόδρα has here the force of *profecto* or *omnino*, and consult *Sturz, Lex. Xen., s. v.* 3.—ἔ.ι πολὺ ἐντιμοτέραν, κ. τ. λ. "Still far more held in honor, and more illustrious on account of the advantages (which I shall obtain for you)."—προοιμίοις ἡδονῆς. "With any preludes regarding pleasure," i. e., by any introductory remarks, holding out to you, for the purpose of securing your attention, the promise of pleasure able enjoyment. Observe that προοίμια ἡδονῆς stands here opposed to τὰ ὄντα, that is, τὰ ἀληθῆ, just as μετ' ἀληθείας stands opposed here to ἐξαπατήσω.—τὰ ὄντα. "The things that are," i. e., the existing state of things.—ἥπερ οἱ θεοὶ διέθεσαν. "Even as the gods have ordained (them to be)."

§ 28.

τῶν ὄντων ἀγαθῶν καὶ καλῶν οὐδέν. "No one of the things that are good and honorable."—ἵλεως. Attic for ἱλάονς.—θεραπευτέον τοὺς θεούς. "You must worship the gods." Supply σοὶ ἐστι. Verbals in τέον are construed like the Latin gerund in dum, with the substantive verb and the dative of the personal pronoun; and though passive in derivation, they nevertheless govern the cases of the verbs from which they are derived, like actives. (*Matthia*, § 447, 2.)—ἀξιοῖς ἐπ' ἀρετῇ θαυμάζεσθαι. "You claim to be admired for virtue." Compare ἐπ' ἀγαθοῖς, § 27.—τὴν γῆν θεραπευτέον "You must till the earth."—ὁρμᾶς αὔξεσθαι. "You are eager to increase your means." Observe the force of the middle.—τὰς πολεμικὰς τέχνας αὐτάς τε, κ. τ. λ. "You must both learn the arts of war themselves from those who are acquainted with them, and must practice how you ought to use them," i. e., you must not only learn, but must practice them.—εἰ δὲ καί. After a succession of members of a discourse, beginning with εἴτε, the concluding member, which is the most important one, commences with εἰ δέ. (Compare *Kühner*, § 778, *Obs.*, *Jelf.*) So in Latin, after a repetition of *sive*, the final member begins with *si vero*. (*Kühner, ad Cic. Tusc.*, i., 41, 97.)—τῇ γνώμῃ ὑπηρετεῖν ἐθιστέον τὸ σῶμα. "You must accustom your body to render obedience to your mind." Cicero gives the explanation of this passage in the *De Officiis* (i., 23), as cited by Victorius : "*Exercendum corpus, et ita afficiendum est, ut obedire consilio et rationi possit.*"—σὺν πόνοις καὶ ἱδρῶτι. The preposition σύν with the dative of the instrument is of rare occurrence. (Compare *Kühner*, § 623, *Jelf.*)

§ 29.

ὡς χαλεπὴν καὶ μακρὰν ὁδόν, κ. τ. λ. "How painful and tedious a road to her joys this woman tells you of." Observe the force of the article in τὰς εὐφροσύνας, *the* joys which *she* promises.—ἐπὶ τὴν εὐδαιμονίαν. "Unto the happiness which I have in store," i. e., unto *my* happiness. Observe again the force of the article.

§ 30.

τί δὲ σὺ ἀγαθὸν ἔχεις; "But what good thing dost thou possess?" Compare § 26.—ἐθέλουσα. "Since thou art willing."—τὴν τῶν ἡδέων ἐπιθυμίαν. "The desire for the things that are pleasing," i. e., the natural desire of pleasures.—πάντων ἐμπίπλασαι. "Sate yourself with all things." Observe the force of the middle.—ὀψοποιοὺς μηχανωμένη. "Contriving (to procure) skillful cooks." For the transition here from the finite verb to the participle, consult *Matthiæ*, § 632, 4 ; *Kühner*, § 705, 4, *Jelf*. The regular mode of expression would have been as follows: καὶ, ἵνα μὲν ἡδέως φάγῃς, ὀψοποιοὺς μηχανᾷ, ἵνα δὲ ἡδέως πίνῃς, οἴνους .... παρασκευάζει. (*Kühner, ad loc.*) —χιόνα. Snow was used by the ancients to cool their wines. They frequently preserved it in subterranean caverns. (*Plin.*, *H. N.*, ix., 4 ; *Athen.*, iii., p. 124 ; *Martial*, xiv., 115.)—τὰς στρωμνὰς μαλακάς. "Your soft beds," i. e., your beds of down. Observe the force of the article here, the reference being to things accustomed to be employed by the effeminate and luxurious.—τὰς κλίνας. "Your couches," i. e., those costly couches of yours, on which the beds of down were placed.—τὰ ὑπόβαθρα ταῖς κλίναις. "The rockers beneath your couches." By ὑπόβαθρα ταῖς κλίναις commentators generally suppose that Xenophon means carpets spread under the feet of couches, to prevent noise when the latter are moved or disturbed in any way. The true explanation, however, is the one which we have adopted, and is due to Schneider, who compares three passages of the physician Antyllus (*Frag. Medic. Oribas., ed. Matth.*, p. 114, 170, 172), from which it appears that by ὑπόβαθρα are here meant a kind of diagonal rockers attached to the feet of couches, for the purpose of producing a gentle motion and thus inviting repose. (*Kühner, ad loc.*)—ὅ τι ποιῇς. The deliberative subjunctive. In other words, the subjunctive is used, in such cases as the present, to express a question implying doubt or deliberation, where the speaker considers with himself what, under present circumstances, is best for him to do (*Matthiæ*, § 516; *Kühner*, § 417, *Jelf*.)

§ 31.

ἀθάνατος δὲ οὖσα. "Moreover, though immortal."—τοῦ δὲ πάντων ἡδίστου ἀκούσματος, κ. τ. λ. "The sweetest strain, too, of all that the ear takes in, thy own praise, thou never hast heard." Literally, "in respect of the sweetest thing heard of all, the praise of yourself, you are without hearing." As regards the employment of ἑαυτῆς for the pronoun of the second person, consult *Matthiæ*, § 489, 1.—τοῦ σοῦ θιάσου τολμήσειεν εἶναι "Would dare to be one of thy train of revelers." By θίασος is properly meant a band or company engaged in celebrating some festival, chiefly of Bacchus, with dancing, singing, &c. It is here employed in an ironical sense, to denote a noisy and licentious crew of the votaries of vicious indulgence. Observe that θιάσου is the partitive genit ve.—οἱ νέοι μει ὄντες. The plural here refers to θιασῶται, as imp ied in θιάσου.— ταῖς ψυχαῖς ἀνόητοι. "Mere dotards in their intellects," i. e., enfeebled to dotage by licentious excesses.—ἀπόνως μὲν λιπαροί, κ. τ λ "Maintained throughout early life in idleness amid abundance of all kinds," i. e., maintained by the labors of others, such as parents or relations. We have given λιπαροί here the meaning assigned to it by Kühner, "in omnium rerum affluentia."—τρεφόμενοι. In place of this, which is the reading of all MSS. and early editions, many later editors have given φερόμενοι, the conjecture of Ruhnken. The emendation, however, is altogether unnecessary. The votaries of vicious pleasure are described as being maintained by others in their youth, and being compelled to maintain themselves in age, at which latter period their previous excesses have left them broken down in body and mind, and little able to do any thing for their own support. (*Kühner, ad loc.*)

ἐπιπόνως δὲ αὐχμηροί, κ. τ. λ. "And passing through old age with heavy toil, amid all the squalidness of penury." Observe the opposition between αὐχμηροί and λιπαροί, and also between ἀπόνως and ἐπιπόνως.—τοῖς μὲν πεπραγμένοις. "On account of the things done by them," i. e., their past excesses. Observe the employment of the dative to express the cause of the action. (*Matthiæ, § 399.*)— τοῖς δὲ πραττομένοις βαρυνόμενοι. "And weighed down by the things that are at present getting done," i. e., oppressed and broken down by the weight of their present labors.—τὰ μὲν ἡδέα. "Pleasures." τὰ χαλεπά. "Hardships."

§ 32.

σύνειμι. "Associate with."—καὶ παρὰ ἀνθρώποις οἷς προςῆκε. "And by men by whom it is becoming to be honored," i. e., by the good among men. Supply παρ' before οἷς, and τιμᾶσθαι after προςη- κει. This omission of the preposition is common in both Greek and Latin. Thus, iii., 7, 3: ἐν ταῖς συνουσίαις, αἷς σύνει, and *Convir.*, iv., 1: ἐν τῷ χρόνῳ, ᾧ ὑμῶν ἀκούω. So in Latin, *Corn. Nep., Cim.*, 3, 1: "*Incidit in camdem invidiam, quam pater suus,*" &c.

§ 33.

ἡδεῖα μὲν καὶ ἀπράγμων ἀπόλαυσις. "A sweet and simple enjoyment." The term ἀπράγμων refers to the absence of all labored preparations, and all incentives to a jaded appetite.—ἀπολείποντες. Verbs which, like ἄχθυνται, denote a state of feeling, are construed with a participle. (Kühner, § 685, Jelf. Compare i., 2, 47.)—ταῖς τῶν νέων τιμαῖς. "With the honors shown them by the young." Observe here the employment of the genitive to denote the authors of a thing, so that the genitive is taken, as the grammarians term it, in an active sense. (Matthiæ, § 375.)—τῶν παλαιῶν πράξεων "Their former actions," i. e., their past course of life.—εὖ δὲ τὰς παρ οὔσας, κ. τ. λ. "And take delight in the successful performance of the business of the present." Literally, "in performing well their present ones."—τὸ πεπρωμένον τέλος. "The destined end." —ἄτιμοι. "Unhonored."—ἀλλὰ μετὰ μνήμης, κ. τ. λ. "But, being celebrated in song, they bloom in memory throughout all time.' Observe the adjectival force of ἀεί as placed between the article and noun.—θάλλουσι. Cicero uses a similar word (Tusc., i., 49): "*Harmodius in ore et Aristogiton, Lacedæmonius Leonidas, Thebanus Epaminondas vigent.*"—μακαριστοτάτην. This form of the superlative is to be assigned to a positive μακαριστός, from the verb μακαρίζω It is a form peculiar to Xenophon. Compare *Apol., c.* 32.

§ 34.

διώκει τὴν παίδευσιν. "Relates the instruction," i. e., the training.—ἐκόσμησε μέντοι τὰς γνώμας. "He ornamented, however, his sentiments."—πειρᾶσθαί τι καὶ τῶν, κ. τ. λ. "To endeavor in some degree to bethink yourself of those things also which relate to the future period of your life."

CHAPTER II.

§ 1.

Λαμπροκλέα. Socrates had three sons by his wife Xanthippe, namely, Lamprocles, Sophroniscus, and Menexenus.—χαλεπαίνοντα. Verbs signifying "to perceive," "observe," &c., are construed with a participle. (Matthiæ, § 549.)—καὶ μάλα. "Certainly (I do)." The expression καὶ μάλα is equivalent to the Latin "*maxime*," "*vel maxime*," "*maxime vero*," "*omnino*." Compare iii., 3, 9.—καταμεμάθηκας οὖν τοὺς τί ποιοῦντας, κ. τ. λ. "Have you ascertained, then, those who do what men stigmatize by this name?" i. e., have you ascertained, then, whom men stigmatize by this name, and what they do whom they thus stigmatize? Observe here the conciseness of the Greek form of expression. The full mode of enunciating the clause would be as follows: καταμευάθηκας οὖν, τίνας τὸ ὄνομα τοῦτ ἀποκαλοῦσιν, καὶ τί ποιοῦσιν αὐτοί, οὓς τὸ ὄνομα τοῦτο ἀποκαλοῦσιν (Con.pare *Matthiæ*, § 567 ; *Kühner*, § 883. 2, *Jelf.*) For the double accusative after ἀποκαλοῦσιν, consult *Matthiæ*, § 420. *Obs.* 2, *b.*—τοὺς εὖ παθόντας. "Those who have received a kindness."—οὔκουν δοκοῦσί σοι, κ. τ. λ. " Do they not, then, deem it right to class the ungrateful among the unjust?" Zeune thinks that δεῖν ought to be supplied after δοκοῦσι. But this is quite unnecessary, since δοκοῦσι itself implies the notion of what is fit or becoming. (*Kühner, ad loc.* Compare *Kühner*, § 665, *Jelf.*)

§ 2.

ἤδη δέ ποτ' ἐσκέψω. "And have you ever hitherto considered." —εἰ ἄρα . . . . ἀδικόν ἐστι. In case of reality, εἰ is used with an indicative ; but in case of a future event, yet to be investigated, ἐάν with the subjunctive is employed after σκέψασθαι. (*Matthiæ*, § 526.)—καὶ τὸ ἀχαριστεῖν πρὸς μὲν τοὺς φίλους, κ. τ. λ. " So the acting with ingratitude toward our friends is unjust."—καὶ δοκεῖ μοι, ὑφ' οὗ ἄν, κ. τ. λ. " And from whomsoever, whether friend or foe, one, on having received a favor, does not try to make a grateful return, (that one) appears to me to be an unjust person." The peculiar construction of this sentence arises from a species of attraction, the relative clause being in construction with the dependent clause. (*Kühner*, § 825, 1, *Jelf.*) The more simple arrangement would have been as follows : καὶ δοκεῖ μοι, ὅστις ἄν, ὑπό τινος εὖ παθών, μὴ πειρᾶται χάριν ἀποδιδόναι, ἄδικος εἶναι. A similar structure occurs in Cicero (*Tusc.*, i., 34.)

§ 3.

εἰ γε οὕτως ἔχει τοῦτο. " If, indeed, this be so." The particle εἰ with an indicative is often followed by an optative with ἄν in the apodosis, when the result is to be represented as uncertain, as only possible, not decided upon in the speaker's mind ; and hence, this is a less decided way of expressing the notion of the future indicative, ἄν referring to the condition of the former sentence. (*Kühner*, ? 851, *b.*, *Jelf.*)—εἰλικρινής τις ἀδικία. " A kind of sheer injustice." The primitive meaning of εἰλικρινής is, "examined by the sun's light" (εἴλη, κρίνω), "tested," "found genuine." Hence arise the significations of "unmixed," "pure," "clear," "palpable," "sheer," &c. The common form is εἰλικρινής, for which we have not hesitated to substitute εἱλικρινής, with the initial aspirate, as more in accordance with etymology, and as usually found in the best MSS. of Plato.—ὅσῳ τις μείζω ἀγαθὰ παθών. "By how much one having ceived greater favors." (Compare *Matthiæ*, § 509, *d.*) Observe that πάσχειν properly means "to be affected" by external objects or circumstances, either good or bad.—*τίνας οὖν, ἔφη, ὑπὸ τίνων, κ r. λ.* "Whom then, said he, could we find benefited in greater things by whom, than children by parents?" *i. e.*, whom then could we find more benefited, and by whom, &c. In Greek, two, or even more interrogative words may be attached to the same verb, so that two or more questions on different points are expressed in one sentence. (*Kühner*, § 883, 1, *Jelf.*) — *ἐκ μὲν οὐκ ὄντων.* "From not being," *i. e.*, from non-existence.

ἃ δή. "Which, it is well known." Observe the force of *δή*, and compare the explanation of Kühner: "*Quæ, uti satis constat.*"—*οὕτως παντὸς ἄξια.* "So valuable in every point of view." Literally, "so worthy of every thing."—*ἐπὶ τοῖς μεγίστοις ἀδικήμασι.* "For the greatest offences."—*ὡς οὐκ ἂν μείζονος κακοῦ, κ. τ. λ.* "Thinking that they will not, in all likelihood, cause wrong-doing to cease by the fear of any greater evil." Observe that *παύσοντες* agrees with *πολῖται*, implied in *πόλεις*, and also that *ὡς* here with the participle refers to an opinion formed or something thought of. (*Kühner*, § 701, *Jelf.*)—*ἂν παύσοντες.* The particle *ἂν* is joined with infinitives and participles, and gives to them the same signification that the optative, subjunctive, or indicative with *ἂν* would have in the resolution by means of the finite verb. (*Matthiæ*, § 598; *Kühner*, § 429 *Jelf.*)

§ 4, 5.

ιῶν γε ἀφροδισίων ἕνεκα παιδοποιεῖσθαι. "Beget children through mere sensuality."—*σκοπούμενοι.* "Carefully considering."—*βέλτιστα.* "The most robust."—*καὶ ὁ μέν γε.* Thus in several MSS. In some early editions we find *καὶ ὁ μὲν γάρ.* The common text omits *γε.*—*καὶ ταῦτα ὡς ἂν δύνηται πλεῖστα.* "And these in as great abundance as he may be able."—*ὑποδεξαμένη.* "Having both received it within herself."—*καὶ μεταδιδοῦσα τῆς τροφῆς, κ. τ. λ.* "And imparting a portion of the nourishment by which she herself is even supported." Many MSS. and all the early editions give *ἧς καὶ αὐτή*, but the attraction of the pronoun in the dative is so rare that we have preferred following Stobæus, and the edition of H. Stephens, with Bornemann, Dindorf, and other recent editors, and giving *ᾗ καὶ αὐτή.* On the attraction of the dative of the relative, consult Kühner, § 822, *Obs.* 4, *Jelf.*—*διενέγκασα.* "Having carried it her full time."—*οὔτε προπεπονθυῖα οὐδὲν ἀγαθόν.* "Having neither experienced as yet a single advantage"—*οὔτε γιγνῶσκον τὸ βρέφος, κ* τ. λ. "Nor the infant knowing by whom it is fondly tended." The best view of this much-contested clause is to regard γιγνώσκοι τὸ βρέφος as a nominative absolute. (Compare Wannowski, de Construct. quæ dicitur absoluta, p. 6.) Kühner, with much less propriety, regards it as a sort of oratorical anacoluthon, and that Xenophon used the nominative instead of the genitive, "*membrorum concinnitatis servandæ causa.*"—στοχαζομένη. "Guessing." A beautifully appropriate term to denote a mother's fond sagacity.—ἐκπληροῦν. "To satisfy it."—τίνα χάριν. "What return."

§ 6.

ἃ μὲν ἂν αὐτοὶ ἔχωσιν, κ. τ. λ. "Whatever good rules for the conduct of life the parents themselves may have, they teach unto them." Observe the employment here of ἔχειν in the sense of possessing, and compare i., 6, 13.—δαπανῶντες. "Incurring expense." ἐπιμελοῦνται. "Exercise an anxious care."—ὡς δυνατὸν βέλτιστοι. "As far as possible the best." In order to strengthen the signification of superlatives, particles and clauses are often added (*Matthiæ*, § 461.)

§ 7.

ἀλλά τοι, εἰ καί. "But, in truth, although."—πεποίηκε. Supply ἡ ἐμὴ μήτηρ, which Lamprocles had in his mind, the whole previous discourse being in reference to her.—τὴν χαλεπότητα. "Her harshness of temper." Xanthippe, the wife of Socrates, was notorious for her violent temper. Consult Wiggers' Life of Socrates, p.396 of this volume.—ἀγριότητα. "The wild temper."—ἢ μητρός. The article is not added, because Socrates speaks of mothers in general. Lamprocles, however, uses the article in the succeeding clause, τῆς μητρός, because he means his own mother.—τῆς μητρός, τῆς γε τοιαύτης. "That of my mother, at least of such a mother as she is." –ἢ δακοῦσα, ἢ λακτίσασα. "By having either bitten or kicked you."

§ 8.

ἀλλά, νὴ Δία, ἔφη, κ. τ. λ. "(No), but in very truth she utters, replied the other, things which one would not wish to hear for his whole life," *i. e.*, though he must lose his life unless he be willing to hear them. Observe that ἐπί here marks condition. (*Matthiæ*, § 585, β.) The particle ἀλλά at the beginning of the present clause is elliptical, the full idea being, οὐ κακόν τί μοι ἔδωκεν, ἀλλά, κ. τ. λ. —σὺ δὲ πόσα, ἔφη ὁ Σωκράτης, κ. τ. λ. "And yet, how much trouble replied Socrates, difficult to endure, do you think you have caused unto this (mother)."—πόσα δὲ λυπῆσαι κάμνων. "And how much sorrow (do you think) you have occasioned her by your illness" Literally, "when *laboring* (under sickness)." Observe the employment of the nominative with the infinitive, the reference being to the same individual that forms the subject of the leading verb.— ἐφ' ᾧ ᾐσχύνθη. "At which she blushed," i. e., that could call the blush to her cheeks.

§ 9.

ὧν αὐτὴ λέγει. Observe the attraction of ὧν for ἅ.—ἢ τοῖς ὑποκριταῖς. "Than it is for stage-players."—τὰ ἔσχατα. "The worst reproaches." Literally, "the last," i. e., in degree of reproaching. Observe in this clause the construction of λέγωσιν with the double accusative, and compare *Matthiæ*, § 416, *Obs.* 2, β.—ἐπειδὴ οὐκ οἴονται, κ. τ. λ. "Since they do not think that either he of the speakers, who reviles, reviles that he may injure,". &c.—νοοῦσα. "Intending."—ἀλλὰ καὶ βουλομένη, κ. τ. λ. "But even wishing that there be for you (so many) blessings, as many as (she wishes that there may be) for no one else," i. e., wishing you to have blessings more numerous than any other person. Observe that before ἀγαθὰ we are to supply τόσα, the correlative of ὅσα.—οὐ δῆτα. "No, assuredly."

§ 10.

ἐπιμελομένην κάμνοντος. "Taking care of you when sick."—ὅπως ὑγιαίνῃς, κ. τ. λ. Schneider, Herbst, and Dindorf read ὑγιανεῖς, on account of ἔσει following, in order that the two moods may agree, but no change of the kind is needed. The subjunctive ὑγιαίνῃς, as Kühner well remarks, has reference to that the issue of which is in the hands of the gods, and therefore altogether uncertain; whereas the indicative ἔσει is employed to express what is more within a mother's control, and therefore of more certain issue.—πολλὰ τοῖς θεοῖς εὐχομένη, κ. τ. λ. "Praying in thy behalf unto the gods for many blessings." The dative here is expressed elsewhere by πρὸς τοὺς θεούς. Sauppe makes θεοῖς equivalent to παρὰ τῶν θεῶν, "a *Diis*," in which Kühner concurs. The version, however, which we have given, is decidedly superior to this.—εὐχὰς ἀποδιδοῦσαν. "Paying the oblations she has vowed."—τἀγαθά. "Any thing that is good." Literally, "the things that are good."

§ 11, 12.

θεραπεύειν "To pay respect to."—ἢ παρεσκεύασαι. "Or are you prepared." Observe the continued action denoted by the perfect

Literally, "have you been prepared," and are you still prepared.—
ἔγωγε. "I would, indeed, endeavor to please." Supply ἂν πειρώμην
ἀρέσκειν.—ἀγαθοῦ συλλήπτωρ. "An assistant in the acquisition of
good."—καί, ἄν τι σφαλλόμενος τύχης, κ. τ. λ. "And, if you may have
chanced to stumble in any respect, may kindly lend aid to you from
near at hand."—συνοδοιπόρον, ἢ σύμπλουν, κ. τ. λ. "Would it make
no difference to you, that a fellow-traveler, or fellow-passenger, or
if you should meet with any one else, (in any other station of life,
that such an one) be a friend or an enemy!" i. e., or whatever person
you should come in contact with.—τῆς παρὰ τούτων εὐνοίας. "Of the
benevolence proceeding from these."—ἔγωγε. Supply οἴομαι δεῖν.

§ 13.

εἶτα. Compare i., 2, 26.—ἄλλης μὲν ἀχαριστίας οὐδεμιᾶς ἐπιμελεῖ-
ται, κ. τ. λ. "Takes no cognizance of any other species of ingrat-
itude, nor gives judgment against (any other)." After δικάζει supply
ἄλλην.—περιορᾷ. "Overlooks."—εὖ πεπονθότας. Compare § 3.—
γονέας μὴ θεραπεύῃ. An action was allowable for any neglect or
insult toward a parent, and was termed γραφὴ κακώσεως γονέων.
Compare *Meier und Schömann*, *Att. Proc.*, p. 288, *seqq.*; and *Her-
mann*, *Gr. Ant.*, § 133, 11.—δίκην. "A fine."—καὶ ἀποδοκιμάζουσα,
κ. τ. λ. "And, rejecting, does not permit this one to be an archon,
thinking that the sacrifices in behalf of the state would neither be
duly offered if this one were to offer them," &c. Observe again
the employment of ὡς with the absolute case of the participle, with
reference to something thought of, &c.—οὔτε ἄλλο καλῶς καὶ δικαίως,
κ. τ. λ. Complete the sentence as follows : οὔτε ἄλλο καλῶς καὶ
δικαίως οὐδὲν ἂν πραττόμενον, τούτου πράξαντος, so as to correspond
with οὔτε ἂν θυόμενα, τούτου θύοντος. Compare *Matthiæ*, § 568, 3.
—καὶ τοῦτο ἐξετάζει ἡ πόλις ἐν ταῖς τῶν ἀρχόντων δοκιμασίαις. "The
state examines into this also in the scrutinies of candidates for
offices of magistracy." More literally, "in the scrutinies of magis-
trates." By δοκιμασία at Athens was meant an examination or
scrutiny into the life and character of candidates for magisterial
offices. If the examination took place in the senate, it was called
ἀνάκρισις ; if in the forum, before the regular court of investigation,
δοκιμασία. In either case, however, the investigation was held after
the election, and before the candidate elect entered upon office.
(*Dict. Ant.*, *s. v.* Docimasia and Anacrisis.)

§ 14.

ἂν σωφρονῇς. "If you are wise."—παρημέληκας τῆς μητρός. Verbs
signifying "to neglect," or "be careless about" any thing, are fol-

lowed by a genitive. (*Matthiæ*, § 348.)—τοὺς δὲ ἀνθρώπους αὖ φυ- λάξει. "And, on the other hand, you will have respect for the opinion of mankind." More literally, "you will take care of men." —κᾆτα. The common text has εἶτα, which is too abrupt. We have adopted Zeune's conjectural emendation κᾆτα, deduced from καὶ εἶτα, the reading of eight Parisian MSS.—τοὺς γονεῖς. Thus in eight MSS., in Stobæus, and also in the older editions. Zeune and Schneider read τοὺς γονέας, but the accusative in εἰς is not unusual in Xenophon. Compare iii., 5, 19; iii., 7, 16; iv., 4, 20. (*Kühner* § 90, *Obs.* 3, *Jelf.*)—εὖ σε ποιήσας χάριν ἀπολήψεσθαι. "That he, after having done you a kindness, will obtain from you a grateful re turn." Observe the employment of the nominative with the infini tive, the reference being to the subject of the previous verb.

CHAPTER III.

§ 1.

Χαιρεφῶντα. Compare i., 2, 48. Plato, in his Charmides (153, B), describes Chærephon as a violent and passionate man.—γνωρίμω. "Well known."—διαφερομένω. "At variance with each other." Observe the force of the middle.—οὐ δήπου καὶ σὺ, κ. τ. λ. "You, too, surely, are not one of such men as those." The particles οὐ δήπου are thus used in ironical interrogation, when a negative an- swer is expected. (*Kühner*, § 724, 2, § 874, 3, *Jelf.*)—οἳ χρησιμώτε οον, κ. τ. λ. "Who consider property a more useful thing than brethren." An adjective, as a predicate, not as an epithet, of things and persons, often stands in the neuter singular, although the sub- ject is masculine, or feminine, and in the plural. It is usual in such cases to supply χρῆμα or κτῆμα.—χρήματα. Compare the explana- tion given in the *Lex. Seg.* (*Bekker, Anec. Gr.*, i., p. 316): σημαίνει καὶ τὸ ἀργύριον, καὶ τὰ χρήματα, καὶ τὴν ὅλην οὐσίαν.—καὶ ταῦτα, τῶν μὲν ἀφρόνων ὄντων, κ. τ. λ. "And that, too, though the former are devoid of reason, while the latter, (a brother), has reason."—βοη- θείας δεομένων. Socrates means that property requires care on the part of the possessors to guard and preserve it.—πλειόνων. "Man- ifold."—ἑνός. "But one."

§ 2, 3.

τοὺς μὲν ἀδελφοὺς ζημίαν ἡγεῖται. "Thinks his brothers a det riment to him."—τὰ τῶν ἀδελφῶν. "The property of these brothers." —ἐνταῦθα. "In the latter case."—ἀσφαλῶς ἀρκοῦντα ἔχειν "To enjoy a competency with security."—μόνον διαιτώμενον. "By leading a solitary life."—*ἐπικινδύνως*. "In an insecure state."—*ἐπὶ δὲ τῶν ἀδελφῶν, κ. τ. λ.* "While in the case of brothers men are ignorant of this same thing" The construction often changes from singular to plural, as here, and vice versa. We may here supply *ἄνθρωποι*. (*Matthiæ*, § 293. *Kühner*, § 390, 1, *a.*, *Jelf.*)—*οἱ δυνάμενοι*. "The rich." Literally, "they who are able (so to do)."—*τῶν δ' ἀδελφῶν ἀμελοῦσιν*. Compare ii., 2, 14; iv., 3, 15.—*ὥςπερ ἐκ πολιτῶν, κ. τ. λ.* "As if friends were made from citizens only." The absolute case is often put by the Attics in the accusative, with *ὥςπερ*, when it marks the motive of an action. (Compare *Matthiæ*, § 568, 569. *Kühner*, § 704, *Jelf.*)

§ 4, 5.

καὶ μήν. "And yet." In a simple sentence, *καὶ μήν* would merely signify, "and in very truth," &c.; here, however, it is employed to mark an opposition to what precedes, and the meaning changes in consequence. (*Kühner*, § 728, *Jelf.*)—*μέγα μὲν ὑπάρχει*. "Greatly conduces "—*ἐπεὶ καὶ τοῖς θηρίοις, κ. τ. λ.* "Since even among wild animals there springs up a sort of affection toward those that are fostered with them." The genitive is here used objectively. Compare *Matthiæ*, § 367.—*ἀλλ' εἰ μέν, ὦ Σώκρατες, κ. τ. λ.* "Why, my good Socrates, if the difference between us were not great," &c.— *καὶ μὴ φεύγειν*. "And not to avoid him."—*ἀγαθόν.* "Is a good thing." Supply *ἐστι*, and consult note on *χρησιμώτερον*, § 1.—*ὧν οἷον δεῖ.* "Provided he is such as he ought to be."—*ὁπότε μέντοι παντὸς ἐνδέοι, κ. τ. λ.* "But when he might fail in every particular, and might be in every respect the very opposite (to what he ought to be), why should one attempt impossibilities?" The common version renders *ὁπότε μέντοι παντὸς ἐνδέοι* by "*at si plane desit officio*," which is opposed to the usage of the verb. The true idea is given by Weiske, and approved of by Kühner: "When as yet he is infinitely in fault; when he is the direct opposite of a brother." (*Wheeler, ad loc.*)

§ 6.

πότερα δέ. Compare i., 6, 15, and *Matthiæ*, § 446.—*ἢ ἔστιν οἷς καὶ πάνυ ἀρέσκει.* "Or are there some whom he even altogether pleases." Observe is *ἔστιν οἷς* the peculiar idiom that prevails, and that *ἔστι*, not *εἰσί*, is employed, though the relative following be in the plural. (*Matthiæ*, § 482.) This is imitated in Latin. Thus we have in Propertius (iii., 9, 17) the following.

"*Est quibus Eleæ concurrit palma quadrigæ:*
Est quibus in celeres gloria nata pedes."

Compare also the note on ἔστιν οὕςτινας, i., 4, 2.—διὰ τοῦτο γάρ τοι, κ. τ. λ. "(Yes), replied he, for on this very account, O Socrates, is it right for me to hate him." Observe the elliptical employment of γάρ.—ζημία μᾶλλον, ἢ ὠφελειά ἐστιν. "He is an injury rathei than a benefit."

§ 7, 8.

ἀρ' οὖν. "Pray, then."—ὥςπερ ἵππος τῷ ἀνεπιστήμονι, κ. τ. λ. "As a horse is an injury to him who is unskillful indeed, and yet undertakes," &c., i. e., who, not knowing how, yet tries to manage him.—πῶς δ' ἂν ἐγώ, κ. τ. λ. "But how, replied Chærecrates, should I be ignorant of the mode of conducting myself toward my brother." —εὖ λέγειν τὸν εὖ λέγοντα. Compare ii., 1, 19.—ἀλλ' οὐδὲ πειράσομαι. "Nay, I will not even try." Literally, "(I not only will not do this), but I will not even try."

§ 9.

εἰ κύνα μέν, εἴ σοι ἦν, κ. τ. λ. "If, with respect to a dog, in case you had one well fitted for (guarding) flocks, and he fawned upon the shepherds," &c. Kühner points out the elegant collocation of the particles μὲν .... μέν, δὲ .... δέ, μὲν .... δέ. Compare i., 2, 3.—ἀμελήσας ἂν τοῦ ὀργίζεσθαι ἐπειρῶ. "Having foregone the getting angry, you would endeavor."—αὐτόν. Schütz and Schneider improperly reject αὐτόν. It is added, however, for perspicuity' sake, because κύνα is too far away from the governing verb, and this latter, therefore, becomes the accusative absolute, while αὐτόν takes its place. Compare *Matthiæ*, § 472, 1, a.—τὸν δὲ ἀδελφὸν φῇς μέν, κ. τ. λ. "While, on the other hand, you acknowledge that your brother would be a great advantage, if he were such toward you as he ought to be, and yet, although confessing that you know how both to act and to speak kindly, you do not try to contrive in what way he shall be for you as excellent as possible." The more regular arrangement and form of expression would have been with the participle φάς instead of the indicative φῇς, but it would also have been less forcible. (*Kühner, ad loc.*)

§ 10.

δέδοικα, ὦ Σώκρατες, μὴ οὐκ ἔχω ἐγώ. "I am afraid, O Socrates, lest I may not have," i. e, I fear I hardly have. After verbs of fearing, &c., μή in μὴ οὐκ expresses suspicion or doubt as to what is feared. (*Kühner*, § 750, 1, *Jelf.*)—πρὸς ἐμέ. "Toward me.' (*Matthiæ*, § 591, e.)—καὶ μὴν οὐδέν γε ποικίλον, κ. τ. λ. "Yet, truly, there is no need of contriving as appears to me, any nice or nove

L

plan against him." By ποικίλον is here meant something nicely planned, or carefully and skillfully arranged. Compare Bremi, and Jacobs, *ad Demosth. c. Phil.*, iii., p. 120, 37, and Stallbaum, *ad Plat., Sympos.*, 182, B. (*Kühner, ad loc.*)—οἷς δὲ καὶ σύ. By attraction, for τούτοις ὦ καὶ σύ.—ἁλόντα. "On having been gained over."— περὶ πολλοῦ ἂν ποιεῖσθαί σε. "Would esteem you very highly." Literally, "would make you for himself (something) above much." Observe the force of the middle, and consult *Matthiæ*, § 589.

§ 11.

• οὐκ ἂν φθάνοις, ἔφη, λέγων, κ. τ. λ. "You could not tell me too soon, said he, whether you have perceived me acquainted with some love-charm, with which I have been ignorant that I am acquainted," i. e., possessing some love-charm which I have been ignorant of having. The expression οὐκ ἂν φθάνοις λέγων means literally, "you could not anticipate by telling me," and hence more freely, "now do tell me at once, without any hesitation." Compare *Matthiæ*, § 553, 2. *Kühner*, § 694, *Jelf.* So, again, ὃ ἐγὼ εἰδὼς λέληθα ἐμαυ- τόν means literally, "which I have escaped my own observation in knowing."—κατεργάσασθαι. "To bring it about," i. e., to cause. On the construction κατεργάσασθαί τινα καλεῖν σε, consult *Matthiæ*, § 531 —ὁπότε θύοι. A banquet usually followed a sacrifice. (*Dict. Ant. s. v.* Sacrificium.)—κατάρχοιμι ἂν τοῦ αὐτός, κ. τ. λ. "I would myself begin with inviting him," &c. Verbs signifying "to begin," such as ἄρχειν, ἄρχεσθαι, ὑπάρχειν, κατάρχειν, &c., are construed with a genitive. Compare *Matthiæ*, § 335, 9.

§ 12, 13.

προτρέψασθαι. "To urge."—ὁπότε ἀποδημοίης. "Whenever you might be going abroad."—ξένον ποιῆσαι ὑποδέχεσθαι σεαυτόν. "To cause any host to receive you under his roof," i. e., to give you a hospitable reception. Observe the force of ὑπό in composition.—εἰς τὴν ἐκείνου. Supply πόλιν.—'Αθήναζε. For 'Αθήνασδε, the final let- ter σ coalescing with the δε into ζε. (*Kühner*, § 332, *Obs.* 5, *Jelf.*) —εἰ γε βουλοίμην αὐτὸν προθυμεῖσθαι, κ. τ. λ. "If, indeed, I should wish him to be desirous of accomplishing for me the things for which I might have come," i. e., the objects of my journey thither.—αὐτὼ ἐκείνῳ ποιεῖν. With αὐτόν supply ἐμέ.

§ 14.

πάντ' ἄρα σύ γε, κ. τ. λ. "Then, (according to your own showing), you, for your part, though acquainted with all the love-charms among mankind, were accustomed for a long time back to conceal your acquirements from them," *i. e.*, you, for your part, were all along, without their knowing it, acquainted with all the love-charms among mankind. Observe the force of the middle in ἀπεκρύπτον, and also the reference in the imperfect to something customary and continued. Compare also, as regards ἀποκρύπτεσθαι, the explanation of Sturz, *Lex. Xen., s. v.* "*Oecultare scientiam suam*," &c.—ἢ ὀκνεῖς, ἔφη, ἄρξαι, κ. τ. λ. "Or do you hesitate, said he, to make the firs. advance, lest you seem degraded in case you take the lead in benefiting a brother?" As the particle ἢ, like the Latin *an*, is never, properly speaking, employed save in the second clause of an interrogative sentence, we must suppose πάντ' ἄρα, at the commencement of the section, as equivalent in effect to ἢ πάντ' ἄρα, or, in other words, ἄρα as standing for ἢ ἄρα. (*Kühner, ad loc.*)—καὶ μὴν "And yet, indeed."—ὃς ἂν φθάνει. Compare ◊ 11.

εἰ μὲν οὖν ἐδόκει μοι, κ. τ. λ. "If, then, Chærephon had appeared to me to be more inclined to take the lead unto this frame of mind, I would have endeavored to persuade him to attempt the making you his friend first ; but, as the case now stands, you appear to me, by taking the lead, more likely to effect this." The connection of ideas in the whole passage is as follows : "Chærephon is the elder, and you, Chærecrates, are the younger. But in all countries it is the established usage that the juniors should pay reverence and render respect to their seniors. From this it results that you should show your respect for your elder brother by anticipating him in kindly offices ;" in other words, it was the duty of Chærecrates, though junior, so to regulate his temper and conduct as to be the first to court the favor of his brother, by anticipating him in performing services, and, by so doing, conciliate him. (*Kühner, ad loc Wheeler, ad loc.*)

◊ 15.

ἄτοπα. "Things quite out of place."—καὶ οὐδαμῶς πρὸς σοῦ "And by no means in accordance with your usual manner." Supply ὄντα, and compare *Matthiæ*, ◊ 590, a.—καθηγεῖσθαι. "To take the lead in this matter."—τούτου γε τἀναντία νομίζεται. "The very reverse of this, indeed, is established by custom," *i. e.*, established custom on this particular head is quite the reverse.

◊ 16.

οὐ γάρ. Answering to the Latin "*nonne igitur.*" The particle γάρ, in interrogations, has a conclusive signification. Compare ◊ 17, and also i., 4, 14.—ὁδοῦ παραχωρῆσαι. "Should step aside from the path,' i. e. should make way for.—ὑπαναστῆναι. The genitive θά-κων, which is otherwise usually added, is omitted here on account of the presence of the participle καθήμενον.—καὶ κοίτῃ μαλακῇ τιμῆσαι. "And should honor him with a soft seat." Compare *Hom., Il.*, ix., 617, 659; *Od.*, xxiv., 254.—καὶ λόγων ὑπεῖξαι. "And should yield to him in conversation." More literally, "should draw back from," &c.—ὠγαθέ. "My good friend." Compare i., 4, 17.—μὴ ὄκνει. "Be not, averse."—τὸν ἄνδρα. "This man." Much more emphatic than ἐκεῖνον would have been. Kühner thinks that the term is perhaps intended to indicate the full-grown manhood of Chærephon, as opposed to the youth of Chærecrates.—σοὶ ὑπακούσεται. The verb ὑπακούω is construed with a genitive or dative. So, also, κατακούω. (*Matthiæ*, § 362, § 392.)—φιλότιμος. "Fond of honorable distinction." Taken here in a good sense.—ἐλευθέριος. "Liberal of spirit."—τὰ μὲν γὰρ πονηρὰ ἀνθρώπια, κ. τ. λ. "For worthless wretches you could not in any other way more effectually allure," &c. The particle γάρ gives a reason here for what went before, namely, καὶ πάνυ ταχύ, κ. τ. λ.—ἀνθρώπια. The term ἀνθρώπιον, like the Latin *homuncio*, is always indicative of contempt or inferiority.—μάλιστ' ἂν κατεργάσαιο. "You could most effectually gain over."

§ 17.

τί γὰρ ἄλλα, ἔφη ὁ Σωκράτης, κ. τ. λ. "Why, what else will result, said Socrates, save that you will stand a chance of showing," &c., i. e., save that you will perhaps show. The verb κινδυνεύω signifies, "to run a risk," "to stand a chance," &c. A negation is often more strongly expressed by a question. So τί ἄλλο, ἤ is used with a finite verb for οὐδὲν ἄλλο, where we must not repeat the preceding or following verb with τί ἄλλο, but supply in the mind a general verb, such as γίγνομαι, ποιῶ, πάσχω. Compare *Matthiæ*, § 488, 11. Hence, the full expression here would be τί γὰρ ἄλλο γενήσεται.—ἐπιδεῖξαι, σὺ μὲν χρηστός, κ. τ. λ. The verb δείκνυμι, and its compounds ἐπιδείκ-νυμι, &c., in the sense of "to show," take properly a participle, and in the sense of "to teach," an infinitive. But they also take the infinitive when the object of the verb indicates something not clearly perceived, but merely thought of as possible. (*Kühner, ad loc.*)—εἰς τὸν ἀγῶνα τοῦτον. "To this (fraternal) contest."—πάνυ φιλονεικήσειν. "Will strive most emulously."

§ 18.

οὕτως διάκεισθον. "You two are so affected (toward one another)," i. e., are as unnaturally affected.—τὼ γε ρε. A feminine substantive, in Attic, in the dual is often joined with a masculine article, adjective, &c. (*Matthiæ*, § 436.)—ἀφεμένω τούτου. "Having ceased from this office."—θείᾳ μοίρᾳ. "By divine appointment."— τὸ συνεργεῖν. "The co-operating."

§ 19.

οὐκ ἂν πολλὴ ἀμαθία, κ. τ. λ. "Would it not be great folly and madness," &c. Observe here the asyndeton, giving an abrupt air to the commencement of the paragraph, and leading Zeune to suspect that we ought to read οὔκουν for οὐκ ἄν. There is no need, however, of any change, as Schneider and Bornemann have shown by a comparison of other passages of Xenophon.—ἐπ' ὠφελείᾳ ... ἐπὶ βλάβει. "For benefit .... for injury."—ὅσα ἀδελφὰ ἔφυσεν ἂν θρώποις. "As many as he has formed in pairs for men."—εἰ δέοι αὐτὰς τὰ πλέον ὀργυιᾶς, κ. τ. λ. "If it should behoove them to do at one and the same time things farther apart than a fathom." The ὀργυιά was equal to six feet one inch, and therefore about one fathom. It was so called from ὀρέγω, and strictly denotes the length of the *outstretched* arms, including the space across the breast.—οἱ καὶ δοκοῦντες. "Which even seem." The article and participle are equivalent to the relative and indicative in our idiom.—οὐδ' ἂν τῶν ἔτι ἐγγυτέρω ὄντων, κ. τ. λ. "Would not be able to see, at one and the same time, those before and those behind of the things that are still nearer."—καὶ πολὺ διεστῶτε. "Even though far apart," *i. e.*, even though widely severed.—πράττετον ἅμα, κ. τ. λ. "Act in concert, and that, too, for the benefit of one another," *i. e.*, and that, too, for mutual aid. Socrates means to say, that two brothers, even though separated by a wide interval of space, can unite their strength to accomplish any object, and that, too, in such a way, that each can assist and promote the welfare of the other.

CHAPTER IV.

§ 1.

περὶ φίλων διαλεγομένου. "Making certain remarks, in the course of conversation, about friends."—ἔμοιγε ἐδόκει μάλιστ', κ. τ. λ. "One appeared to me, I confess, likely to be very essentially benefited," &c. Observe the force of ἄν with the infinitive, as denoting what is likely, &c.—τοῦτο μὲν δή. "This very thing." Observe that δή increases the force of τοῦτο.—ἂν εἴη. "Would be." Observe the employment of the optative here, as referring to a latent condition in σαφὴς καὶ ἀγαθός, equivalent to εἰ σαφὴς καὶ ἀγαθὸς εἴη.—ἐπιμελον-

ξένους. Dindorf reads ἐπιμελουμένους. But the shorter form of this verb is less frequent in Attic.

§ 2.

καὶ γὰρ οἰκίας, κ. τ. λ. Compare Cicero, *de Am.*, xv., 55: "*Quid autem stultius, quam, cum plurimum copiis, facultatibus, opibus possint, cetera parare, quæ parantur pecunia, equos, famulos, vestem egregiam, vasa pretiosa; amicos non parare, optimam et pulcherrimam vitæ, ut ita dicam, supellectilem?*" Cicero has here evidently imitated the Greek of Xenophon.—ὁρᾶν ἔφη. Although ἔφη has just preceded, yet it is here repeated, in accordance with a very ordinary Greek usage, arising from the language of daily converse. (*Kühner, ad loc.*)—φίλον δέ, ὅ. The neuter ὅ is put here by a species of attraction for ὅν.—οὔτε ὅπως κτήσονται φροντίζοντας. "Neither caring how they shall acquire." For κτήσονται, which is supported by MS authority, the common text has κτήσωνται.—οὔτε ὅπως οἱ ὄντες, κ. τ. λ. "Nor in what way those who are (already their friends) may be preserved *το* for themselves." The old editions, with four Paris MSS., have ὅπως οἷόν τε ἑαυτοῖς σώζοντας.

§ 3.

ἀλλὰ καί. "Nay, more."—τἆλλα πρὸς ὑγιείαν. "The other things conducive to health," *i. e.*, to convalescence. Some recent editions have, with one MS., τἆλλα τά.—ἐπὶ μὲν τοῖς οἰκέταις. "In the case of their domestics." More literally, "on account of their domestics."—ζημίαν ἡγουμένους. "Thinking it a loss."—οὐδὲν ἐλαττοῦσθαι. "That they were in no respect worse off (than before)." —ἀθεράπευτον οὐδ' ἀνεπίσκεπτον. "To be unattended to, or not looked after."

§ 4.

καὶ πάνυ πολλῶν αὐτοῖς ὄντων. "Although they had very many. —τῶν δὲ φίλων, κ. τ. λ. Compare Cicero, *de Am.*, xvii., 62: "*Sæpe* (Scipio) *querebatur, quod omnibus in rebus homines diligentiores essent, ut capras et oves quot quisque haberet, dicere posset; amicos quot haberet, non posset dicere.*"—ἀλλὰ καὶ τοῖς πυνθανομένοις, κ. τ. λ. "But that, even on having attempted to recount this to those making the inquiry, (the persons) whom they placed among their friends, these they take up again." They enumerate persons at first, but correct themselves, and reject them on second thoughts. The allusion in ἀνατίθεσθαι is to the movements on a draught-board, when, after having put down a piece, we take it up again, and alter or take back our move. Observe, moreover, that the infinitive ἀνατίθεσθαι is put here for the participle ἀνατιθεμένους, on account of the preceding ἐγχειρήσαντας.—τοσοῦτον. "So much," i. e., so little. Observe that τοσοῦτος here, like *tantus* occasionally in Latin, is employed to denote a quality merely, without any accompanying idea of enlargement or increase.

§ 5.

καίτοι πρὸς ποῖον κτῆμα, κ. τ. λ. "And yet, with what possession of all others being compared, would not a good friend appear far more valuable ?" Literally, "with what possession of the rest."— οὕτω χρήσιμον, ὥςπερ ὁ χρηστὸς φίλος. "Is so useful as the useful friend," i. e., as the true or good friend. Observe the alliteration in χρήσιμον . . . . χρηστός.—παραμόνιμον. "Constant in his attach ment."—πάγχρηστος. "Useful in every respect."

§ 6.

ἑαυτὸν τάττει πρὸς πᾶν, κ. τ. λ. "Adapts himself to every thing that is deficient in his friend, both as regards the furnishing of private means and the discharge of public duties." We have not hesitated to adopt, with Sauppe, Dindorf's correction of πράξεως, for the common reading πράξεων. If we read πράξεων, we must supply κατασκευῆς.—συνεπισχύει. "He helps him with the means."—συμβοηθεῖ. "He lends his aid."—τὰ μὲν συναναλίσκων. "In some things sharing his expenses." Literally, "spending some things along with him."—συμπείθων. "Helping to persuade." Compare Heinze : "hilft er zureden."—βιαζόμενος. "Urging," i. e., employing gentle violence.—εὖ μὲν πράττοντας, κ. τ. λ. "Most (of all) gladdening the prosperous, and most (of all) setting upright again those who are thrown down," i. e., prostrated by misfortune. Thomas Magister (p. 333) says, ἐπανορθοῦμαι κάλλιον ἢ ἐπανορθῶ ; but consult *Fritsche. ad Aristoph., Thesmoph.*, p. 619.

§ 7.

προορῶσι. "See beforehand." The Latin *prospiciunt*. — προακούουσι. "Hear beforehand." Weiske maintains that προακούειν here means, "*sonos e remoto loco percipere*," and he is followed in this by Herbst. But Kühner correctly remarks, that as προορᾶν is to see beforehand, so προακούειν is used of him who hears any thing before another. Observe, moreover, that ὦτα, the neuter plural, is here joined with a plural verb. This is done, as Bornemann remarks, for the sake of concinnity, since a plural verb precedes.— τούτων φίλος εὐεργετῶν οὐδενὸς λείπεται. "In no one of these does a friend fail to prove kindly serviceable." For the construction of λείπεσθαι with the participle, consult *Matthiæ*, § 554, g., and, as regards οὐδενός in the genitive, § 317.—πρὸ αὐτοῦ. "For himself." Compare *Matthiæ*, § 575.—ταῦτα ὁ φίλος πρὸ τοῦ φίλου ἐξήρκεσεν. "These things the friend is wont to supply amply for his friend.' Observe here the force of the aorist in denoting what is habitual. Commentators generally supply participles here from the finite verbs which precede, such as ἐξεργαζόμενος, &c., but Kühner considers this quite unnecessary, since the idea implied by ἐξήρκεσεν is sufficiently full without them.—ὃ καλεῖται φίλος. Here the neuter relative ὃ agrees with the antecedent κτήματος, as being the most emphatic word. Compare § 2.

CHAPTER V.

§ 1.

ἄλλον αὐτοῦ λόγον. "Another conversation of his."—'ἐτάζειν ἑαυτόν. "To examine himself," *i. e.*, excited him to the task of self-examination.—ὁπόσου τοῖς φίλοις ἄξιος εἴη. "As to of how much value he might be unto his friends," *i. e.*, in the estimation of his friends. — πενίᾳ πιεζομένῳ. "When pinched by poverty."—'Ἀντισθένη. Antisthenes, a follower of Socrates, and after his death the founder of the Cynic sect. This form of the accusative is more common with Plato than with Xenophon, who generally employs the form ending in ην. Thus we have 'Ἀντισθένην, iii., 11, 17, and *Symp.*, 11, 12. So Σωκράτη in Plato, but Σωκράτην in Xenophon. (*Kühner, ad loc.*)—ἐναντίον τοῦ ἀμελοῦντος αὐτοῦ. "In the presence of the neglectful person himself."

§ 2.

ἆρ', ἔφη, ὦ 'Ἀντίσθενες, εἰσί τινες ἄξιαι φίλων, κ. τ. λ. "Are there, said he, O Antisthenes, any values of friends, even as (there are) of domestics!" *i. e.*, is there any standard of value for friends, as there is for domestics ?—ὁ μὲν που. "One, perhaps."—δύο μναῖν. The Attic mina (μνᾶ) was equivalent to one hundred drachmæ, or seventeen dollars sixty cents of our currency. Sixty minæ made the ordinary talent. The market-price of slaves at Athens, exclusively of the variations caused by the greater or less demand and supply, was very different according to their age, health, strength, beauty, natural abilities, mechanical ingenuity, and moral qualities. Compare *Böckh, Publ. Econ. of Athens*, vol. i., p. 92.—Νικίας. Nicias, the son of Niceratus, whose life has been written by Plutarch. His wealth is alluded to by Thucydides, vii., 86.—*ἐπιστάτην εἰς τἀργύρια, κ. τ. λ.* "To have purchased an overseer for the silver mines for a talent," i. e., to have given no less than a talent for an overseer, &c. The Athenian silver mines were at Laurium; they were farmed out to private individuals, and produced a considerable income to the state. Nicias is said by Xenophon elsewhere (*de Vectig.*, iv., 14), to have had a thousand slaves employed in these mines, and to have hired these out to Sosias the Thracian at an obolus a day each.—*ταλάντου.* The ordinary Attic talent, which is here meant, was equal to one thousand and fifty-six dollars sixty cents.—*σκοποῦμαι δὴ τοῦτο.* "I proceed now to investigate this question."

§ 3.

ναὶ μὰ Δία. "Certainly, indeed, there are." Supply *εἰσί.—ἐγὼ γοῦν βουλοίμην ἄν, κ. τ. λ.* "At any rate, I would wish some one person to be my friend rather than have two minæ, while, on the other hand, I would not prefer some other one even to half a mina; and some other one again I would choose even before ten minæ; and some other one I would purchase to be a friend unto me for all my means and all my labor." Observe the peculiar force of *πρό* here, which we have endeavored to adapt to our own idiom. For *πόνων* some read *πόρων*, the notion of which is already included in *χρημάτων*, besides *πόροι* could not be used in reference to Antisthenes, who was known to be exceedingly poor. (*Weiske, ad loc.*)

§ 4, 5.

καλῶς ἂν ἔχοι. "It would be well." Literally, "it would have itself well."—*ὡς πλείστου ἄξιος εἶναι.* This might have been *ἄξιον*, as *ἐξετάζειν τινὰ ἑαυτόν* had gone before. But it is attracted into the case of *ἄξιος ὤν*, next preceding it.—*ἧττον αὐτὸν προδιδῶσιν.* "May be less inclined to abandon him."—*ἐγὼ γάρ τοι.* "For I indeed."— *ἀκούω τοῦ μέν.* "Hear from one," i. e., hear one say.—*μνᾶν ἀνθ' ἑαυτοῦ μᾶλλον εἵλετο.* "Preferred a mina to his friendship." Literally, "chose a mina instead of himself."—*τὰ τοιαῦτα πάντα σκοπῶ, μή, κ. τ. λ.* "Taking into consideration all such points as these, I am apprehensive lest," &c. The verb *σκοπῶ* here contains in it the additional idea of a verb of fearing, as is indicated by the particle *μή*, and is equivalent, therefore, to *σκοπῶν φοβοῦμαι.* (*Seyffert, ad loc.*)— *καὶ ἀποδίδω·αι τοῦ εὑρόντος.* "And parts with him for what he will bring." Literally, "for that which he (the slave) finds (in the shape of a price)." Compare the explanation of Kühner: "*Scilicet τὸ* εὑρόν est id (pretium), quod res venalis reperit (πωλεῖν τι τοῦ εὑρόντο;, Etwas verkaufen für das was es findet)." Some editions have ἀποδίδοται, but the subjunctive is preferable.—ἐπαγωγὸν ᾖ. "There may be an inducement."—τὸ πλεῖον τῆς ἀξίας. "More than his value." Observe the force of the article in τῆς ἀξίας, literally, "the value (i. e., which he estimates him at)."—προδιδομένους "Parted with," j. e., forsaken.

CHAPTER VI.
§ 1.

φρενοῦν. "To give wise instruction." More literally, "to make wise."—Κριτόβουλε. Critobulus was the son of Crito, and a follower of Socrates. Compare i., 2, 48; ii., 9, 1.—πῶς ἂν ἐπιχειροίημεν σκοπεῖν. "How should we undertake to look out for one!" i. e., how should we proceed to search for one ! The Attic form of the optative of verbs in έω is rarely used in the plural. (Rost, § 77, p. 227.) —ἆρα πρῶτον μὲν ζητητέον, κ. τ. λ. "Must we, in the first place, seek for one who," &c. Many commentators consider ἆρα, in cases like the present, equivalent to ἆρ' οὐ, or the Latin nonne. This, however, is not correct. It is true, ἆρα implies doubt, and hence is for the most part used negatively, or, in other words, prepares one for a negative answer, being then equivalent to the Latin num. Attic urbanity, however, employs this particle even in interrogations where no doubt whatever is implied, that is, where, as in the present instance, the interrogator knows for certain that the person interrogated will give an affirmative answer. Hence it thus often subserves the purposes of delicate irony. (Kühner, ad loc.)—ἄρχει. "Holds in subjection."—ὕπνου. "Love of sleep."—ὁ κρατούμενος "He who is subjugated."—μὰ Δί', οὐ δῆτα. "No, surely, he could not indeed."—Supply δύναιτ' ἄν.—τοῦ μὲν ὑπὸ τούτων, κ. τ. λ. The particle μέν is solitary here, as in ἡ μὲν γὰρ γραφή, in i., 1, 1.—ἀφεκτέον εἶναι. "That we must refrain from," i. e., must avoid. Supply ἡμῖν.

§ 2.

τί γάρ; "What then? Observe that τί is found in many combinations, especially with particles, to give greater animation to the discourse. The literal force of τί γάρ appears to be "what, for (we have not yet done with the subject)?" In the previous section we have πρῶτον μέν, and would here naturally expect εἶτα δέ, but the place of this last is supplied by the more animated and impressive γαρ.—ὅςτις δαπανηρὸς ὤν, κ. τ. λ. "He who, being extravagant in his expenditures, has not sufficient resources of his own (to supply those expenditures)." Before ὅςτις supply ἐκεῖνος, which becomes a nominative absolute, its place being supplied by οὗτος, farther on in the sentence.—τῶν πλησίον δεῖται. "Needs his neighbors' aid." Literally, "needs those that are near," i. e., his neighbors. Supply ὄντων.—οὐ δοκεῖ σοι καὶ οὗτος, κ. τ. λ. "Does not this one also appear to you to be a troublesome friend?"—ἀφεκτέον. Supply ἡμῖν ἐστίν.

§ 3.

χρηματίζεσθαι. "To make money." More literally, "to enrich himself."—δυςξύμβολός ἐστι. "Is hard to have dealings with." Compare the explanation of Sturz, Lex. Xen., s. v.: "In pactis faciendis, in amicitia, &c., se difficilem præbens."—ἀποδιδόναι δὲ οὐ βούλεται; After these words we must mentally supply, though not translate, οὐ δοκεῖ σοι καὶ οὗτος χαλεπὸς φίλος εἶναι;—ἐκείνου. "Than that other," i. e., than the one mentioned in the previous section.

§ 4.

τί δέ; "But what?" Equivalent, in fact, to "still farther." The combinations τί γάρ and τί δέ often succeed each other in continuation of a discourse, and denote transition.—μηδὲ πρὸς ἓν ἄλλο, κ. τ. λ. "Does not even afford leisure unto himself for any one thing else." Observe that μηδὲ ἓν ἄλλο is more emphatic than μηδὲν ἄλλο would have been.—κερδανεῖ. "Shall be a gainer," i. e., hopes to gain something. We have the indicative here in an indirect interrogation, where in Latin the subjunctive would be employed. This is owing to the idea of something actually existing as implied in κερδανεῖ. Compare *Matthiæ*, § 507, 2.—στασιώδης. "Quarrelsome."—παρέχειν. "To raise up."—τούτων τῶν κακῶν. "Of these evil qualities."—ἐνέχεται. "Endures it."—φίλον ποιεῖσθαι. "To make a friend unto ourselves." Observe the force of the middle.

§ 5.

οἶμαι μέν, κ. τ. λ. "(Him), I think indeed, who, directly contrary to this," &c. Observe the force of μέν here, "I think *indeed*," but it may be otherwise.—ἐγκρατῆς μέν ἐστι τῶν διὰ τοῦ σώματος ἡδονῶν. "Is master over the pleasures (enjoyed) through the agency of the body," i. e., over all corporeal gratifications.—εὔορκος. "Just." Literally, ' a person adhering to his oath." Ruhnken ingeniously conjectures εὔοργος, "good tempered," "easy to be appeased " But as Kühner remarks, εὔορκος is used in opposition to the character of the avaricious man, § 4, who, in his eagerness for gain, cares neither for justice nor for his covenants, and who, in § 19, is called ἄπιστος. —καὶ φιλόνεικος πρὸς τὸ μή, κ. τ. λ. "And emulous as regards the not being behind-hand in doing good," &c. Verbs signifying "to be inferior," or "to fail," are construed with a participle. (*Matthiæ*, § 554, g.)—τοῖς χρωμένοις. "Unto those who make use of him," *e.*, unto those friends who avail themselves of his services.

§ 6, 7.

οὐ τοῖς λόγοις αὐτῶν τεκμαιρόμενοι. "Not drawing an inference from their words." The dative is used with some verbs, with which, in Latin, no instrument or means is signified. The verb τεκμαίρομαι is sometimes construed with ἀπό, or ἐκ and a genitive. Compare *Matthiæ*, § 396.—εἰργασμένον. "To have made." Literally, "as having made."—τούτῳ πιστεύομεν. "In this one we place confidence." We have here a kind of attraction, for τοῦτον πιστεύομεν ποιήσειν.—καὶ ἄνδρα δὴ λέγεις, κ. τ. λ. "And do you mean, then, said he, that a man who is seen benefiting his former friends, is manifest as intending to serve his subsequent ones?" i. e., that the man who has openly benefited his previous friends will clearly be inclined also to serve his future friends. Many verbs, and verbal expressions, which are used impersonally in other languages, particularly in the construction of the accusative with the infinitive, in Greek usually take the chief word of the following proposition as a subject. The expressions δῆλόν ἐστι, "it is clear;" δίκαιόν ἐστι, "it is right," &c., are most usually thus construed. (*Matthiæ*, § 297.)—καὶ γὰρ ἵπποις, κ. τ. λ. "I do, replied Socrates, for whomsoever I see using even former horses well, I think that this one uses others also well." Observe that γάρ is here elliptical, referring to λέγω, or something equivalent understood, while καί, on the other hand, is to be construed with ἵπποις. There is no need, moreover as the context plainly shows, of our reading χρήσεσθαι instead of χρῆσθαι, with Valckenaer.

§ 8.

εἶεν. "Well, be it so." Attic for εἴησαν, but used adverbially as a mere particle of transition.—ἔφη. "Said Critobulus."—πρῶτον μέν, ἔφη, κ. τ. λ. "In the first place, replied Socrates, we must look to the omens from the gods, whether," &c. Literally, "to the things from the gods."—ὃν ἂν ἡμῖν τε δοκῇ, κ. τ. λ. "As regards him whom it may appear good unto us (to make our frien— nd (the making whom our friend) the gods may not oppose," *i. e.*, by sending unfavorable omens. The full form of expression will be as follows : ὃν φίλον ποιεῖσθαι ἂν ἡμῖν τε δοκῇ, καὶ ὃν φίλον ποιεῖσθαι οἱ θεοὶ μὴ ἐναντιῶνται.

§ 9, 10.

μὰ Δί', ἔφη, οὐ κατὰ πόδας. "Assuredly, replied Socrates, not by tracking his footsteps." The expression κατὰ πόδας is rendered by Herbst, "*velocitate pedum,*" "*cursu.*" This, however, is erroneous, although retained in Didot's edition. The true idea is better given in the version of Leunclavius, "*insistendo vestigiis ejus.*" Compare iii., 11, 8, and Livy, xxvii., 2 : "*Marcellus . . . . vestigiis institit sequi.*" (*Kühner, ad loc.*)—οἱ ἐχθροί. The same here as οἱ πολέμιοι. The strict distinction is, that ἐχθρός means a private enemy, but πολέμιος a public enemy, in arms. There is the same difference in Latin between *inimicus* and *hostis.*—ἄκοντα γὰρ φίλον, κ. τ. λ. "For to seize a friend against his inclination is troublesome."—ταῦτα πάσχοντες. "On being treated in this way."—φίλοι δὲ πῶς. "(Yes), but how do they become friends?" Supply γίγνονται.—ἐπῳδάς. "Incantations," *i. e.*, charms in verse.—ἐπᾴδοντες. "Chanting."—φίλτρα. "Love-spells." The idea intended to be conveyed by the whole passage down to, and including § 14, is simply this : If you wish any one to become your friend, first show attachment to him in words, and then indicate the same also by deeds.

§ 11.

ἃ μέν. With this corresponds ἄλλας δέ τινας, § 12.—ἤκουσας Ὁμήρου. "You have heard from Homer." The poems of Homer were accustomed to be recited ; hence the employment here of ἤκουσας. The passage referred to occurs in *Od.*, xii., 184.—τοιάδε τις. "Is some such a one as this." Xenophon seems to have cited the verse that follows from memory. All the known copies of Homer have Δεῦρ' ἄγ' ἰών instead of δεῦρ' ἄγε δή. Hence the force of τοιάδε τις.—ταύτην οὖν, ἔφη, τὴν ἐπῳδήν, κ. τ. λ. "Did the Sirens, then, O Socrates, said he, by chanting this same charm unto the rest of men also, detain them so effectually, that those once charmed never departed from them?"—οὔκ · ἀλλά. Thus in all the MSS., contrary to the rule of the grammarians, which says, that οὐ at the end of a sentence does not take κ, whether followed by a vowel or consonant. Many similar instances occur, equally supported by MS. authority, as, for example, § 13, § 36, and those collected by Bornemann, *ad Symp.*, p 168, *seq.* In al these cases there appears to be a rapid transition from one clause to the other, especially when the second clause begins, as in the present instance, with ἀλλά (*Kühner, ad loc.*)—τοῖς ἐπ' ἀρετῇ φιλοτιμουμένοις. "To those (only who were ambitious after virtue," *i. e.*, who were eager in the pursuit of virtue.

§ 12, 13.

σχεδόν τι λέγεις, κ. τ. λ. "You seem to say nearly (as follows), that we ought to use, as charms unto each, such expressions, as one, on hearing him that praises, will not think that he utters laughing at him all the while," *i. e.*, that we ought to use, as charms to each, such praises, as that when one hears them he will not think himself mocked.—οὕτω μὲν γάρ. That is, if he thought he were ridiculed.—τὸν εἰδότα. "The one that was conscious."—λέγων. "By telling him."—οὐκ· ἀλλ' ἤκουσα. Compare note on οὐκ· ἀλλά, § 11.—ἤκουσα μέν. "I, for my part, have heard." Observe the force of μέν, and compare note on οἶμαι μέν, § 5.—ἐπίσταιτο. The optative, as Kühner remarks, is aptly employed here, because the reference is to something which Socrates had heard from others, but did not know of himself, and hence Bornemann makes the clause equivalent to ἤκουσα λεγόντων, ὅτι Περικλῆς ἐπίσταιτο.—ἐποίει. Observe the sudden change to the indicative, occasioned by the transition from the *oratio obliqua* to the *recta*, that is, from the indirect narration to the direct.—περιάψας τι ἀγαθὸν αὐτῇ. "By having attached some advantage to it."

§ 14.

εἰ μέλλοιμεν. "If we should be about." Schneider, following the conjecture of Heindorf, reads εἰ μέλλομεν, "if we are about," implying certainty; but the optative is preferable, as leaving it undecided whether the thing is about to take place or not.—λέγειν τε καὶ πράττειν. "Both in speaking and in acting." Herbst considers λέγειν to refer to the oratorical powers of Pericles, and πράττειν to the illustrious deeds of Themistocles; but both statesmen were remarkable for these qualities united. Socrates had already compared the oratory of Pericles with the music of the Sirens, to show the power of language; he now introduces, in the exploits of Themistocles (πράττειν), and in his admirable counsels for the state (λέγειν), the effect of both in gaining affection. (*Kühner, ad loc. Wheeler, ad loc.*)—σὺ δ' ᾤου. "And did you think."—οἷόν τ' εἶναι. "That it was possible."

§ 15, 16.

ἑώρων γάρ, κ. τ. λ. "(Yes), for I saw, said Critobulus, both worthless rhetoricians to be friends unto worthy public speakers." Observe the elliptical employment of γάρ, and supply the simple particle of affirmation, ναί, or the fuller form of expression, ᾤμην οἷόν τε εἶναι.—πάνυ στρατηγικοῖς ἀνδράσιν ἑταίρους. "Companions unto men admirably skilled in military tactics."—περὶ οὗ διαλεγόμεθα. "As regards the point about which we are discoursing." Socrates wishes to turn attention to the original subject of investigation.—ἀνωφελεῖς ὄντες. "Though·useless themselves."—ἀλλ' εἰ. "But since."—ἐκεῖνο ἤδη μέλει μοι, κ. τ. λ. "This is now a subject of concern unto me, whether it is possible for a man who has become honorable and worthy himself, easily to be a friend," &c. On the force of ἐξ ἑτοίμου, which answers to the Latin *facile*, consult *Viger*, p. 91.

§ 17, 18.

ὃ ταράττει σε. Supply τοῦτό ἐστιν. The common editions have ἣ ταράττει σε. The reading which we have given is that of Bornemann, Kühner, and others, and rests on good MS. authority.—καὶ χαλεπώτερον χρωμένους, κ. τ. λ. "And acting with more harshness toward one another than toward the worthless of men." Literally, "using one another with more harshness·than the worthless of men." Supply ἀλλήλοις after χρωμένους, and observe, moreover, that τῶν μηδενὸς ἀξίων ἀνθρώπων is a concise form of expression for ἢ τοῖς μηδενὸς ἀξίοις ἀνθρώποις.—ἀλλὰ καὶ πόλεις αἱ, κ. τ. λ. "But cities also, which, although both having the highest concern for the things that are becoming," &c. Observe the force of the article after πόλεις. We have given in ἐπιμελόμεναι the reading of four MSS. The common editions have ἐπιμελούμεναι. Compare *Kühner*, ad 1, 2, 22, and with him *Lobeck*, *Addend.* to *Buttman*, *Gr. Gr.*, ii., p. 242.—ἥκιστα προςιέμεναι. "Tolerating least."—πολεμικῶς ἔχουσι. "Are hostilely disposed." Adverbs are often put with the verb ἔχειν in the same sense as the adjectives corresponding to those adverbs would be with the verb εἶναι. For πολεμικῶς Ernesti would read πολεμίως. The strict distinction between the two forms is certainly in favor of the change, although probably the one is used here in the sense of the other. The form πολεμικῶς is used in praise, and is equivalent strictly to "*bellicose*," "*fortiter*;" whereas πολεμίως is used in dispraise, "*hostiliter*."

§ 19, 20

πάνυ ἀθύμως ἔχω. "I am altogether despondent." Compare note on πολεμικῶς ἔχουσι, § 18.—οὔτε γὰρ τοὺς πονηρούς, κ. τ. λ. An anacoluthon, for in § 20 there ought to follow, οὔτ᾽ ἂν τοῖς, &c —πλήν ονέκται. "Avaricious."—ἀκρατεῖς. "Incontinent."—πάντως. The common text has πάντες.—πεφυκέναι. "To be by their very nature." ἀλλὰ μήν. Compare i., 1, 6.—οὐδ᾽ ἂν τοῖς χρηστοῖς, κ. τ. λ. "The bad could never harmonize with the worthy for friendship."—εἰ δὲ δή. "But if then, (as you say)." Compare § 18.—στασιάζουσί τε περὶ τοῦ πρωτεύειν. "Are both at variance (with each other) for pre-eminence."—φθονοῦντες ἑαυτοῖς. "From mutual envy."— ἑαυτοῖς . . . . . . ἀλλήλους. The reflexive and reciprocal pronouns are often used promiscuously, merely for the purpose of varying the language. (Kühner, § 654, 2, Jelf.)—τίνες ἔτι. "Who any longer," i. e., who after this.

§ 21.

αλλ᾽ ἔχει μέν, ἔφη ὁ Σωκράτης, κ. τ. λ. "These things, however, my good Critobulus, replied Socrates, are somewhat diversified in their character," i. e., do not all follow one and the same rule. Compare the explanation of Ernesti : "*In hoc genere quædam varietas deprehenditur.*" The question here arises as to what Socrates means by ταῦτα, whether he has in view the φιλικά and πολεμικά, or whether he refers to the difference existing between the really good among men and the pretendedly so. The latter is undoubtedly the more correct view, and the point which he wishes to establish is this, that although differences and dissensions may arise among the really good, because the φιλικά are by the very constitution of our nature intermingled with πολεμικά, yet these differences are soon allayed by the influence of correct and virtuous principles. (*Lange, ad loc.*)—τὰ μὲν φιλικά. "Principles of love."—συνεργοῦντες. "By co-operating."—καὶ τοῦτο συνιέντες, κ. τ. λ. "And, understanding this, entertain a grateful feeling toward one another," i e., feel mutual gratitude.—τὰ δὲ πολεμικά. "And also principles of hostility."—ἐναντιοῦντα:. "Oppose one another." Observe the force of the middle.—πολεμικόν. "Are productive of hostility." Literally, "are a hostile thing." Observe that πολεμικόν is a neuter adjective without a substantive in the predicate. Compare ii, 3, 1.—δυςμενές. "Begets ill will."—μισητόν. "Is deserving of hatred." We have followed Kühner in rendering this. Commentators generally, but less correctly, explain it by "producing," or "causing hatred "

§ 22.

διὰ τούτων πάντων διαδυομένη. "Insinuating itself through all these obstacles."—*διὰ τὴν ἀρετήν.* "Through virtuous principles." —*πάντων κυριεύειν.* "To be masters over all things."—*καὶ δύνανται πεινῶντες, κ. τ. λ.* "And they are able, by enduring hunger and thirst patiently, to share in food and drink without occasioning any pain unto others." Some editions less correctly have *πότον.* Compare *Arcad. de Accent.*, p. 78, *ed. Bark.* : *πότος τὸ συμπόσιον, ποτὸς δὲ τὸ πινόμενον.*

§ 23.

τοῦ πλεονεκτεῖν. "From exercising a grasping spirit."—*χρημάτων νομίμως κοινωνεῖν.* "To participate in pecuniary matters as far as justice allows," *i. e.*, lawfully, justly. Kühner, whom we have followed, correctly explains *νομίμως* by *δικαίως.* Compare iv., 4, 1. Bornemann less correctly thinks, that Socrates meant to express the lending of money at legal interest, *legitimis usuris.*—*τὴν ἔριν οὐ μόνον ἀλύπως, κ. τ. λ.* "To settle strife, not only without giving pain, but even with advantage to each other."—*εἰς τὸ μεταμελησόμενον προϊέναι.* "From proceeding to what shall be repented of." Participles are used substantively when they have the article joined with them. (*Matthiæ*, § 570.)—*ἑαυτῶν.* "Their own."

§ 24.

πῶς οὖν οὐκ εἰκός. "How, then, is it not natural."—*τῶν πολιτικῶν τιμῶν.* These genitives depend on *κοινωνοὺς εἶναι.* The adjectives *ἀβλαβεῖς* and *ὠφελίμους* are used here adverbially, "without injury," "with advantage."—*οἱ μὲν γὰρ ἐπιθυμοῦντες.* "For they who desire."—*χρήματα κλέπτειν.* "To peculate."—*ἡδυπαθεῖν.* "To indulge in luxury."—*ἀδύνατοι ἄλλῳ συναρμόσαι.* "Incapable of friendly union with another."

§ 25.

εἰ δέ τις. Join this with *πειρᾶται.* It should have been, as Matthiæ remarks, *εἰ δέ τις .... βουλόμενος, ὅπως .... πειρᾶται, οὕτω πράττοι*, but this conclusion of the conditional proposition, on account of the parenthesis, and because *οὕτω πράττοι* expresses only generally what was previously declared more definitely, is omitted. (*Matthiæ*, § 556, *Obs.* 2.)—*τοῖς φίλοις τὰ δίκαια βοηθεῖν.* "To assist his friends in just things."—*ἄρξας.* "Having been elected an archon."—*ἀγαθόν τι ποιεῖν τὴν πατρίδα.* Compare i., 2, 12.—*ἄλλῳ τοιούτῳ.* "With another of similar disposition."—*μετὰ τῶν καλῶν κἀγαθῶι.* "If united with the honorable and worthy."

§ 26.

συνθεμένους ἐπὶ τοὺς χείρους ἰέναι. "To unite together and advance against the weaker." Construe the participle and infinitive as two infinitives united by the copulative *καί.—πάντας ἂν τοὺς ἀγῶνας, κ. τ. λ.* "The former would conquer in all the contests, and they would obtain all the prizes." When the condition and consequence are both past actions, whose relation to each other shows that any action would have taken place if another had happened, the indicative of past time is used twice, in the protasis with *εἰ* alone (hence here *εἰ ἐξῆν*), and in the apodosis with *ἂν* (hence here *ἂν ἐλάμβανον*).—*ἐκεῖ μέν.* Equivalent to *ἐν τοῖς γυμνικοῖς ἀγῶσιν*—*ἐν δὲ τοῖς πολιτικοῖς.* "In those political contests," *i. e.*, in those states. Supply *ἀγῶσιν.—οὐδεὶς κωλύει, κ. τ. λ.* "No one prevents a man from benefiting the state in concert with whomsoever he may please."—*κτησάμενον.* "For a person who has acquired."—*πολιτεύεσθαι.* "To conduct public affairs."—*κοινωνοῖς καὶ συνεργοῖς τῶν πράξεων.* "As sharers and co-operators in his proceedings."

§ 27.

ἀλλὰ μήν. Compare i., 1, 6.—*καὶ τούτων πλειόνων ἐὰν ἀντιτάττηται.* "And these in greater numbers if he oppose."—*εὖ ποιητέοι.* "Ought to be well treated."—*προθυμεῖσθαι.* "To be zealous in their exertions."—*τοὺς βελτίστους ἐλάττονας εὖ ποιεῖν, κ. τ. λ.* "To treat well the most deserving, although fewer in number, than the worse, being more in number," *i. e.*, to treat well a few of the more deserving class rather than a large number of the worse.—*εὐεργεσιῶν.* This is the reading of Ernesti, in accordance with the version of Bessario, "*beneficiis.*" The previous editions had *εὐεργετῶν*

§ 28.

καὶ τοιοῦτος γιγνόμενος. "And in endeavoring to become such.' Compare the explanation of Kühner: "*dum talis fieri studes.*" Bornemann and others, from three MSS., read *γενόμενος.—συλλαβεῖν ἔχοιμ.* The verb *ἔχειν* with an infinitive is equivalent to *δύνασθαι.*—*διὰ τὸ ἐρωτικὸς εἶναι.* "From my being prone to love." He means the love of real loveliness, namely, of truth, virtue, and honor, with which he endeavored also to inspire his followers.—*δεινῶς γάρ, ὧν ἂν ἐπιθυμήσω ἀνθρώπων, κ. τ. λ.* "For with regard to whatsoever persons I may desire, I am all impelled in a powerful degree to the being loved in turn by them, because loving them; and to the being longed for, because longing for; and to the being even desired in turn for the sake of my intercourse, because desirous of holding in

(ercourse," *i. e.*, impelled to love, that I may be loved in turn ; and to long for, that I may be longed for in return, &c. We have given ξυνουσίας here the explanation assigned to it by Kühner, who makes it the genitive of cause, and equivalent to *consuetudinis causa*

§ 29.

ὁρῶ δὲ καὶ σοὶ τούτων δεῆσον. "And I see that even to you there will be a need of these characteristics." Observe the employment of the participle where the Latins employ the infinitive : "*Quibus et tibi opus fore video.*"—μὴ σὺ οὖν ἀποκρύπτου με. Verbs signifying "to conceal" are construed with two accusatives, as in Latin, one of the thing, and the other of the person from whom it is concealed. The accusative of the thing is not expressed here, but understood. —οὐκ ἀπείρως οἶμαι ἔχειν, κ. τ. λ. " I do not think I am inexperienced as regards a hunting after men," *i. e.*, after friends. Compare note on πολεμικῶς ἔχουσι, ii., 6, 18.

§ 30–33.

καὶ μήν. Compare ii., 3, 4.—τούτων ἐγὼ τῶν μαθημάτων, κ. τ. λ. "I have long been desirous of these same branches of learning," *i. e.*, of this same science of acquiring friends, in all its ramifications.—ἐάσεις με κατειπεῖν σου, κ. τ. λ. "Will you permit me to accuse you unto him (by saying)," &c Observe that κατειπεῖν is here indicative of playful irony ; the meaning being, in fact, "will you permit me to say of you unto him," &c. The idea intended to be conveyed by Socrates is this : "Will you so think, speak, and act, that I may say all this with truth concerning you ?"—ὅτι ἀγασαί τε αὐτοῦ. "That you both admire him." Compare *Matthiæ*, § 317, *Obs.* Weiske calls attention to the gradation in the means of obtaining friendship that are here enumerated by Socrates : 1. *Admiratio* (ἀγασαι αὐτοῦ) : 2. *Benevolentia* (εὐνοϊκῶς ἔχεις πρὸς αὐτόν) : 3. *Studium promerendi* (ἐπιμελὴς τῶν φίλων).

§ 34.

ἐὰν δέ σου προςκατηγορήσω. "If, however, I shall bring this additional accusation against you." Observe the force of πρός in composition.—καὶ εὐνοϊκῶς ἔχεις. "You also feel well disposed."—ἆρα μὴ δόξεις. "Will you not think."—διαβάλλεσθαι. Another specimen of Socratic irony.—ἀλλὰ καὶ αὐτῷ μοι, κ. τ. λ. "(No), on the contrary, said he, there arises," &c. Observe the elliptical employment of ἀλλά, as referring to a negative understood.—πρὸς οὓς ἂν ὑπολάβω, κ. τ. λ. For πρὸς τούτους, οὕς, κ. τ. λ. This is the simplest form of attraction, the relative depending on a preposition, and yet being in the same case as is required by the verb. (*Kühner*, § 822, 2, *Jelf.*)

§ 35.

ταῦτα μὲν δή. "These things, then."—πρὸς οὕς. For πρὸς τούτους, οὕς.—φίλους ποιήσασθαι. "To make friends unto yourself." Observe the force of the middle.—καὶ ἐπί τε τοῖς καλοῖς ἔργοις, κ. τ. λ. "And exult at the noble actions of your friends no less than at your own." Observe that ἑαυτοῦ has here the force of σεαυτοῦ. (*Matthiæ*, § 489, 2.)—ἐπὶ τοῖς ἀγαθοῖς. "At the prosperity."—οὐκ ἀποκάμνεις μηχανώμενος. "Are not weary in contriving."—καὶ ὅτι ἔγνωκας, κ. τ. λ. "And that you consider it to be a manly virtue." Kühner is offended with the repetition of the conjunction ὅτι here, and ascribes it to negligence on the part of the writer. For the employment of the infinitive after ἔγνωκας, consult *Matthiæ*, § 530, 2.— πάνυ ἐπιτήδειον. Observe that πάνυ is separated from its adjective for the purpose of making it more emphatic. Compare *Kühner*, § 904, 1, *Jelf.*— οἴμαι εἶναί με. Observe here the accusative with the infinitive, where we would regularly expect the nominative, the subject being the same with that of the preceding verb. This is done, however, because emphasis is required. Compare *Matthiæ*, § 536, *Obs.*

§ 36.

ὥσπερ οὐκ ἐπὶ σοὶ ὄν. "As if it were not in your own power." The case absolute is often put by the Attics in the accusative with ὥσπερ when it marks the motive of an action, &c. (*Matthiæ*, § 568.) —μὰ Δί' οὐχ, ὥς ποτε, κ. τ. λ. "No, indeed, (it is not in my power), as I once heard Aspasia (say)." Literally, "as I once heard from Aspasia." With οὐχ supply ἐπὶ μοι ἐστι. The allusion is to the celebrated Aspasia, the mistress of Pericles, who is said by some to have been the preceptress of Socrates in the art of speaking. This story, however, is most probably untrue, and has arisen from a misconception of a passage in the Menexenus of Plato, p. 235, E. (Consult *Wiggers' Life of Socrates*, p. 377 of this volume.) Weiske maintains that Socrates praises this female as his teacher solely on the principle of irony, and that he never intended to mean that he really heard the lessons of Aspasia. The same point is ably argued by *C. F. Hermann* (*Disp. de Socr. Mag.*, &c. p. 19, *seqq.*).

ἀγαθὰς προμνηστρίδας. "That upright match-makers."—τὰς αὐτά. "The good qualities (of individuals)"—δεινὰς εἶναι συνάγειν, κ. τ. λ.

"Are very influential in bringing together persons into affinity, but that, uttering falsehoods, they proved of no service when they praised," *i. e.*, proved of no service when uttering false praises.— τὴν προμνησαμένην. "Her that brought about the match."—ἃ δὴ καὶ ἐγώ, κ. τ. λ. "With regard to which things, then, I, being persuaded that they were correct, think," &c., *i. e.*, I then being persuaded that her views with regard to these things were correct, &c.

§ 37.

οἷος . . . . συλλαμβάνειν μοι. "As to aid me." Compare *Matthiæ*, § 533, 3.—οὐκ ἂν ἐθέλοις, κ. τ. λ. "You would not be inclined, having feigned any thing, to utter it for my advantage," *i. e.*, to feign any thing and utter it, &c.—τὰ ψευδῆ ἐπαινῶν. "By praising you falsely." Literally, "by praising (you) with reference to the things that are false." Observe the accentuation of ψευδῆ, showing it to be the adjective from ψευδής. Had it been the noun, from ψεῦδος, the accentuation would have been ψεύδη.

§ 38.

ἐκ τῶνδε σκέψαι. "Consider it from the following illustrations," *i. e.*, consider it still farther from the following points of view.—εἰ γάρ. The particle γάρ, like the Latin *nempe*, serves for the explanation of a preceding proposition, in which was contained a demonstrative proposition, preparing the way for that which follows. (*Matthiæ*, § 615.)—ψευδόμενος ἐπαινοίην. "I should falsely praise you." Compare ψευδομένας . . . . ἐπαινούσας, § 36.—τὴν ναῦν. "His ship." Observe the force of the article.—μὴ ἂν ἀπολέσαι. "That you would not soon destroy." Observe the force of the aorist in denoting a rapid result.—κοινῇ. "In its public capacity."—ψευδόμενος. "Being guilty of falsehood all the while."—ὡς ἂν στρατηγικῷ, κ. τ. λ. "As if qualified to conduct an army, as well as to dispense justice, and to manage the affairs of the state." Observe that ὄντι is to be supplied from the following sentence. We must not, however, refer ἂν to this participle, but to πείσειεν also understood, and which we are to elicit from πείσαιμι that precedes; so that the full form of expression would be, εἰ τὴν πόλιν ψευδόμενός σοι ἑαυτὴν ἐπιτρέψαι πείσαιμι, ὡς ἂν τις αὐτὴν πείσειεν, εἰ σὺ εἴης στρατηγικός. Weiske conjectured ὡς ὄντι στρατηγικῷ, in opposition to all the MSS., and has been followed by most recent editors.—ὡς ὄντι οἰκονομικῷ τε. "As being both a skillful manager of domestic affairs."—πεῖραι διδούς. "On affording a trial (of your qualifications)."

§ 39.

ἀλλὰ συντομωτάτη τε, κ. τ. λ. Compare Cicero, de Off., ii., 13: ' Praeclare Socrates hanc viam ad gloriam proximam et quasi compendiariam dicebat esse, si quis id ageret, ut, qualis haberi vellet, talis esset." —ὅ τι. "In whatever."—τοῦτο καὶ γενέσθαι, κ. τ. λ. "Is in this even to endeavor to be actually good."—σκοπούμενος. "On consideration." Both σκοπίομαι, the deponent, and σκοπέω, the active verb, are in use; for an explanation of which, consult *Kühner*, § 363, 5, *Jelf*.)—αὐξανομένας. "Capable of being increased." Literally, "getting increased."—ταύτῃ. "In this way," *i. e.*, the way which I have unfolded. We have given in the text the reading drawn by Schütz from the margin of the Roman edition, and adopted by Kühner and other editors. The common editions have οὕτως οἶμαι δεῖν ἡμᾶς ταύτας θηρᾶσθαι. Most MSS. omit οὕτως. Simpson and Edwards have οἶμαι δεῖν ἡμᾶς ταύτας θηρᾶσθαι; Ernesti gives οὕτως οἶμαι δεῖν θηρᾶν ἡμᾶς.—θηρᾶσθαι. "To hunt (for friends)." In the middle, θηράομαι is used just like the active. Compare *Kühner*, § 363, 5, *Jelf*, and the note on σκοπούμενος above.—πῶς ἄλλως. "(How to do this) in any other way." Supply θηρᾶσθαι.

CHAPTER VII.

§ 1.

καὶ μὴν τὰς ἀπορίας γε, κ. τ. λ. "And, indeed, as regarded the difficulties of his friends, those which arose through ignorance he endeavored to remedy by advice."—διδάσκων. "By teaching (his followers)."—ἐρῶ δὲ καὶ ἐν τούτοις, κ. τ. λ. "And, among these, I will mention those instances to which I am privy from having been with him." Literally, "which I know along with him." Compare Kühner: "*Dicam ea, quibus, cum ab eo dicerentur, interfui, sive quorum testis auritus sum.*"—'Ἀρίσταρχον. Of this Aristarchus nothing is known. He must not, however, be confounded with the oligarchical leader of that name, who is mentioned by Thucydides, viii., 90.—σκυθρωπῶς ἔχοντα. "Having a gloomy countenance." Compare ii., 6, 18, and 36.—τοῦ βάρους μεταδιδόναι. "To impart the cause of your heaviness." Verbs signifying "to impart," or "communicate," are construed with a genitive of the thing, and a dative of the person. (*Matthiæ*, § 326, 3.)—ἡμεῖς. He modestly refers to others along with himself, though, in fact, he himself alone is meant.

§ 2.

ἀλλὰ μήν. "Why, to be candid."—ἐπεὶ γὰρ ἐστασίασει ἡ πόλις 'For ever since the state broke out into revolt," i. e., ever since the insurrection in the state against the power of the thirty tyrants. After Lysander had captured Athens, and established the thirty tyrants, the Athenian refugees and liberal party, under Thrasybulus, arose, and seized on the Piræus, or harbor of Athens, a town, in fact, in itself. Observe the employment here of πόλις, as indicating the state, whereas ἄστυ is used farther on to denote the city itself.—εἰς τὸν Πειραιᾶ. Thus in several MSS., in place of the old reading ὡς τὸν Πειραιᾶ. The preposition ὡς, or, as some term it, ὡς for εἰς, is used only of persons and the names of towns when standing for the inhabitants thereof. (Kühner, § 626, Jelf.)—ὡς ἐμέ. "Unto me."—καταλελειμμέναι. "Left behind," i. e., by their more immediate protectors.—ὡςτ' εἶναι ἐν τῇ οἰκίᾳ, κ. τ. λ. "That there are in my house fourteen free-born persons." The infinitive is employed here with ὥςτε, not the indicative, because ὥςτε refers to τοσαῦτα. Compare Kühner, § 863. Observe the force of the article in τοὺς ἐλευθέρους, literally, "fourteen who are free-born persons," i. e., fourteen, and these free-born persons, to say nothing of slaves. (Ernesti, ad loc.) In ἐλευθέρους, moreover, the worthier gender prevails. (Matthiæ, § 436, 2.)

ἐκ τῆς γῆς. "From the country," i. e., from our possessions in the country.—ἀπὸ τῶν οἰκιῶν. "From the rents of our houses."—ὀλιγανθρωπία. For many of the citizens had been put to death by the thirty tyrants, and some had fled into the Piræus, others to Megara and Thebes. Compare Xen., Hist. Gr., ii., 4. Sallust, Cat., c. 51.—τὰ ἔπιπλα. "Our furniture."—δανείσασθαι. Observe that δανείζω, in the active, is to *lend money* at interest ; but δανείζεσθαι, in the middle, to *borrow money* at interest, that is, to *cause* money to be lent unto one's self.—πρότερον. "Sooner."—τοὺς οἰκείους περιορᾶν ἀπολλυμένους. "To suffer my relatives to perish." The verb περιορᾶν, in the sense of "to overlook, "to neglect," and hence "to suffer" or "permit" any thing through negligence, is construed with a participle expressing the result of that negligence. (Matthiæ, § 550. Kühner, § 687, Jelf.)—ἐν τοιούτοις πράγμασιν. "In such a state of affairs (as the present)," i. e., in times like these.

§ 3.

τί ποτέ ἐστιν. "What possibly is the cause," i. e., what can possibly be the reason.—ὁ Κεράμων. "That Ceramon." The article here indicates him as a well-known person, and is analogous to th

Latin *ille*. Of the individual in question, however, we at the present day know nothing.—τρέφων. "Though supporting."— τὰ ἐπιτήδεια. "The necessaries of life."—ἀλλὰ καὶ περιποιεῖται τοσαῦτα. "But also makes so much." More literally, "makes so much over and above (this) for himself," i. e., lays up so much.— πολλοὺς τρέφων. "Supporting many," i. e., who support many.— ὅτι νὴ Δί' "Yes, because."

§ 4.

τὸν μὲν ἀπὸ τῶν πονηροτέρων εὐπορεῖν. "That he should become wealthy by means of the more worthless."—νὴ Δί', ἔφη. "Certainly, (it is disgraceful), replied Aristarchus." The connection in the train of ideas is this: Certainly it is disgraceful that I should be in poverty, for I have to support free citizens, well brought up and tenderly reared, who ought to live in a manner superior to common slaves. (*Kühner, ad loc.*)—ἐλευθερίως πεπαιδευμένους. "Persons liberally educated."

§ 5.

ἆρ' οὖν. For ἆρ' οὖν οὐ. Just as the simple ἆρα is sometimes put for ἆρ' οὐ. Consult *Heindorf, ad Plat., Cratyl.*, p. 388, B.; *Herm., ad Soph., Antig.*, 628.—ἄλφιτα. "Barley meal."—τί δ' ἄρτοι; "But what of bread!"—τί γάρ; ἔφη, κ. τ. λ. "What then! said he; are both male and female articles of apparel (useful), and inner vests, and cloaks, and sleeveless tunics?" Several species of garments are here mentioned. The ἱμάτιον was, properly speaking, an upper garment, outer robe, or gown, worn above the χιτών, and answering in the case of males nearly to the Roman toga. Here, however, the term is used in the plural of clothes or articles of apparel generally. The χιτωνίσκος was a small χιτών, or tunic, worn next the body. The χλαμύς was a thick, warm cloak, worn loosely, and chiefly by soldiers. (*Poll.*, x., 124. *D'Orville, ad Charit.*, p. 384.) The ἐξωμίς was a man's tunic, without sleeves, leaving the shoulders bare. Sometimes the ἐξωμίς had one sleeve, and left one shoulder bare; this last, however, was usually the dress of slaves, poor men, cynics, &c. The first kind is here meant.—ἔπειτα, ἔφη, οἱ παρὰ σοί, κ. τ. λ. "Then, said he, do those with you know how to make no one of these things? Nay rather, all, as I think." Observe that μὲν οὖν, or μενοῦν, seems to answer to the Latin *immo*, and is almost entirely confined to replies, affirmative, negative, or corrective. (*Kühner*, § 730, *b*.; § 880, 9.)—ἐγῷμαι. For ἐγὼ οἶμαι.

§ 6.

εἶτ' οὐκ οἶσθα. "Do you not know, then." The particle εἶτα is thus used in questions of impatience or sarcasm. Compare i., 2, 26.—ἀφ' ἑνός. The way, means, or instrument, is often expressed by the preposition ἀπό with the genitive. (*Kühner*, § 620, *f.*)—Ναυσικύδης. All we know of this person is, that he was an Athenian miller, and became rich by the manufacture of barley-meal. He is called ἀλφιταμοιβός, "a barley-meal merchant," by the scholiast on Aristophanes, *Eccl.*, 426.—λειτουργεῖν. This verb signifies here "to lend money" to the state in order to relieve the public wants. Compare *Xen.*, *Œcon.*, ii., 6; *de Rep.*, i., 3, and 13. For its more general meaning, consult *Dict. Ant.*, *s. v.* Leitourgia.—Κύρηβος. Nothing farther is known of this person. We have given the form of the name as restored by Bornemann, who regards it as one coined from κυρήβια, "bran," "husks," &c. Something like Bentley's emendation of *Nummidius* for *Ummidius*, from *Nummus*. (*Wheeler, ad loc.*)

Δημέας δὲ ὁ Κολλυτεύς. "And Demeas, of the borough of Collytus." This borough, the name of which is variously spelled, belonged to the tribe Ægeis (Αἰγηΐς). The person here referred to is unknown.—Μεγαρέων. "Of the Megarians." Megaris was a small territory of Greece, lying to the west and northwest of Attica. Its capital was Megara. The Megarians paid considerable attention to woollen manufactures, which they used to carry to the Athenian market. Compare *Elmsley, ad Aristoph.*, *Acharn.*, 493.—οὗτοι μὲν γὰρ ὠνούμενοι, κ. τ. λ. "For these have with them barbarians, obtaining them by purchase, so that they can compel them to work at the things which are advantageous for themselves." More freely, "these hold barbarians by purchase."—ἐγὼ δέ. "I, however, have with me." Supply ἔχω.

§ 7.

πότερον καὶ τῶν ἄλλων, κ. τ. λ. "Do you see those of the remainder of free persons also, who live in this (idle) way, passing their time more pleasantly, and do you deem them happier," &c.—ἢ τὴν μὲν ἀργίαν, κ. τ. λ. "Or do you imagine that idleness and carelessness are useful unto men as regards both," &c. Observe that ὠφέλιμα is neuter here, because ἀργίαν and ἀμέλειαν denote things without life. So χρήσιμα, farther on, as referring to ἐργασίαν and ἐπιμέλειαν.—ἰσχύειν τοῖς σώμασι. The dative is used after certain verbs in answer to the question *wherein?* Compare *Matthiæ*, § 400.

¶ The preposition ἐπί is expressed with the dative, iv., 2, 1

M

§ 8.

ἔμαθον δέ, ἃ φῄς, κ. τ. λ. The verb *ἔμαθον* is here placed before the interrogative particle *πότερον* for the sake of greater emphasis. (*Kühner*, § 903, *Jelf.*)—*ὡς οὔτε χρήσιμα ὄντα, κ. τ. λ.* "Because they thought that they were neither useful for life, nor that they themselves would ever practice any of them." Literally, "as being neither useful .... nor as being (themselves) about to practice," &c.—*ἐπιμελnθησόμεναι.* One MS. has *ἐπιμελησόμεναι,* which is the common form of the future of this verb.—*ποτέρως γὰρ ἂν μᾶλλον, κ. τ. λ.* "For in which case would men be more likely to be under the influence of self-control! when idle! or," &c.

§ 9.

ἀλλὰ καὶ νῦν μέν. "But now, too." Schneider incloses *καί* here in brackets, as savoring of interpolation. It is well defended, however, by Bornemann and Kühner. The train of ideas is as follows: You and the other members of your family not only are stinted in the means of subsistence, but *νῦν, too,* as I imagine, you entertain unfriendly feelings toward one another.—*ἐκεῖναι δὲ σὲ ὁρῶσαι, κ. τ. λ.* "And they, seeing you annoyed with them."—*ἐκ δὲ τούτων κίνδυνος, κ. τ. λ.* "And from these feelings there is danger that both (present) hostility be increased, and previous affection be diminished." Observe that *κίνδυνος* is usually construed with *μή* and a subjunctive or an optative. Schneider (*ad Anab.*, vi., 1, 21) has collected some examples of its construction with an infinitive.—*ἐὰν δὲ προστατήσῃς, κ. τ. λ.* "But if you shall take care that they be employed," i. e., shall make arrangements to provide them active employment.—*ὁρῶν.* "On seeing."—*αἰσθόμεναι.* "On having perceived."—*τὴν ἀπ' ἐκείνων χάριν αὐξήσετε.* "You will increase the kind feeling resulting from these (services)." With *ἐκείνων* supply *εὐεργεσιῶν.*—*φιλικώτερον ἕξετε.* Compare ii., 6, 18, and 36.

§ 10.

θάνατον ἀντ' αὐτοῦ προαιρετέον ἦν. "Death were preferable to it." Observe here the omission of *ἄν.* This ellipsis is most usual in expressions of necessity, duty, propriety, &c., as here with the verbal adjective in *τέος,* since it accorded with the genius of the Greeks as well as Latins to represent that which was necessary, &c., as unconditionally true, its not happening being partially kept out of sight. (*Kühner*, § 858, 3, *Jelf.*) It will be borne in mind here that *προαιρετέον* is the neuter singular, governing *θάνατον* in the accusative.—*κάλλιστα καὶ πρεπωδέστερα γυναικί.* "Most honorable

and more becoming a woman (than any other art)." Ficr πρεπωδέσ-
τερα some read, from three MSS., πρεπωδέστατα.—ταύτα εἰςηγεῖσθαι
αὐταῖς. "To recommend this course unto them."—ἡδέως ὑπακού-
σονται. "They will with pleasure obey your suggestion."

§ 11.

ἀλλὰ νὴ τοὺς θεούς. Compare i., 2, 9.—ὥςτε πρόσθεν μέν, κ. τ. λ.
"That before this, indeed, I was not inclined to borrow," i. e., that
whereas I did not heretofore permit myself to borrow.—οὐχ ἕξω
ἀποδοῦναι. "I would not have wherewith to pay back." Compare
ii., 6, 28.—νῦν δέ μοι δοκῶ, κ. τ. λ. "Now, however, I think I can
endure to do this for a means of commencing my works," i. e., in
order to gain means, &c. Observe that ἀφορμή properly means that
point whence one sets out to do any thing; and hence it is applied
to the means by which he can commence any undertaking.

§ 12.

ἐκ τούτων δέ. "Upon this, then."—ἐωνήθη δὲ ἔρια. "And wool
was purchased." Several deponents have, besides a first aorist
middle, a first aorist passive also. Compare Kühner, § 368, 3, Jelf
—ἐργαζόμεναι. "While engaged in working," i. e., in the daytime
—ἐργασάμεναι. "After having finished their work," i. e., in the
evening.—ἀντὶ ὑφορωμένων ἑαυτάς. "Instead of eyeing one another
with suspicious looks." More literally, "instead of persons eyeing,"
&c.—ὡς κηδεμόνα .... ὡς ὠφελίμους. Supply αὐτόν to the former
clause, and αὐτάς to the latter.—ὅτι αἰτιῶνται. The indicative for
the optative, the direct narration being substituted for the indirect.
—ἀργὸν ἐσθίειν. "Eats the bread of idleness." Literally, "eats as
an idle one."

§ 13.

τὸν τοῦ κυνὸς λόγον. "The fable of the dog," i. e., the story told
of the dog. It may also be rendered "the speech of the dog," i. e.,
what the dog said to the sheep. But the former is preferable.—ὅτε
φωνήεντα ἦν τὰ ζῶα. "That (once upon a time), when the animals
were endowed with speech." — ὃς δίδως. "Who give," i. e., in
that you give. Compare Kühner, § 836, 3, Jelf.—ταῖς παρεχούσαις.
"Who afford."—οὖπερ αὐτὸς ἔχεις σῖτον. Attraction for ὅνπερ αὐτὸς
ἔχεις σῖτον.

§ 14.

ναὶ μὰ Δία. "Yes, indeed, (he acts rightly)." Supply ὀρθῶς
ποιεῖ, as Ernesti directs.—ἐγὼ γάρ ῥἰμι ὁ καὶ ὑμᾶς, κ τ. λ. "For I

am he who preserves you yourselves also," *i. e.*, you yourselves as well as your wool, lambs, cheese, &c. This is Weiske's explanation. Schneider, however, refers καί to καὶ αὐτόν, "*et dominum*," which he makes to be understood. This, however, is inferior to the former. —προφυλάττοιμι ὑμᾶς. Stephens for ὑμᾶς would read here ὑμῶν, but Hindenburg opposes to this the passage in the Homeric Hymn to Apollo, 539; νηὸν δὲ προφύλαχθε.—φοβούμεναι μὴ ἀπόλησθε. When the principal verb is in the optative, with or without ἄν, the dependent verb is generally in the optative, if the aim proposed is merely a supposition, without any notion of its realization; but if this notion does come in, the subjunctive is employed. Here, then, the dog insinuates, that if he himself did not guard the sheep, they would most certainly have reason to fear lest they might perish. Compare *Kühner*, § 808, *Jelf.*—ὅτι ἀντὶ κυνός, κ. τ. λ. "That you are a guardian and protector unto them as valuable as a dog."—οὐδ' ὑφ' ἑνός "Not even by any one."—ἐργαζόμεναι. "Plying their tasks"

CHAPTER VIII.

§ 1.

διὰ χρόνου. "After some interval of time." Like the Latin '*interjecto aliquo tempore.*" Compare *Matthiæ*, § 580.—πόθεν φαίνει. "Whence do you show yourself," *i. e.*, whence come you. A familiar mode of addressing an old friend. Compare *Plato, Protag.*, *init*: πόθεν, ὦ Σώκρατες, φαίνει, which Cicero (*ap. Prisc.*, vi., p. 106) renders by " *Quid tu? unde tandem appares, O Socrate?*"—Εὔθηρε. Nothing farther is known of this individual.—ὑπὸ μὲν τὴν κατάλυσιν τοῦ πολέμου, κ. τ. λ. "Just before the close of the war, said he, O Socrates, (I came) from abroad; now, however, (I come) from the city here," *i. e.*, at present, however, I am dwelling in the city here. In speaking of the termination of the war, Eutherus very probably alludes to the peace of Theramenes, by which the Athenians lost all their possessions beyond the confines of Attica. Compare *Hist. Gr.*, ii., 2; *Plut., Vit. Lys., c.* 14. This was in B.C. 406. Simpson, however, refers it to the fifty years' peace, B.C. 422.—ἀφῃρέθημεν. The passive ἀφαιρεῖσθαι, "to be deprived," is construed with an accusative of the thing taken away.—ἐν τῇ ὑπερορίᾳ. "In the country beyond the confines (of Attica)." Observe that ὑπερορία has a general reference to all foreign parts both within Greece and without. —ἐπιδημήσας. "Sojourning here."—τῷ σώματι ἐργαζόμενος. "By bodily labor." Literally, "by laboring with my body."—δοκεῖ δέ οἱ .... ἔχοντα Compare note on ἢ ἃ ἔξεστιν ἀριθμήσαντας, i., 1, 9.

—δέεσθαι. "To ask aid." So in several MSS. and old editions The common text has δεῖσθαι.—ἄλλως τε καί. Compare i., 2, 59.— ἐφ' ὅτῳ. "Upon which," i. e., as a pledge.

§ 2.

τὸ σῶμα ἱκανὸν εἶναι, κ. τ. λ. "That your body will be sufficiently strong to earn by hire the necessaries of life." Ernesti, Weiske, and Schneider have inclosed τὰ ἐπιτήδεια in brackets as an interpolation, denying that τὰ ἐπιτήδεια ἐργάζεσθαι is Greek. But Hindenburg and more recent editors have successfully defended the ordinary reading, by a comparison with Hesiod, *Op. et D.*, 43, Andocides, *Myst.*, 144, Bekk.; and *Herod.*, i., 24.—καὶ μήν. "And yet, indeed."—τῶν τοῦ σώματος ἔργων. "For your bodily labors."

§ 3, 4.

αὐτόθεν. "Forthwith."—ἐπιτίθεσθαι. "To apply yourself." ἐπαρκέσει. "Will assist you."—καὶ προςελθόντα τῷ τῶν πλείονα, κ. τ. λ. "And that you, having gone to some one of those who possess more abundant means, who is in need of one that will aid him in taking care of them, both superintending (for him) agricultural labors," &c. The verb ἐπιστατέω is more usually construed with a dative.—ὠφελοῦντα ἀντωφελεῖσθαι. "By benefiting him, be benefited yourself in turn."—δουλείαν. "Slavery (such as this)."—καὶ μὴν οἱ γε, κ. τ. λ. "And yet they, who in the different states act as presiding officers, and take care of the public moneys," &c.

§ 5.

ὅλως μήν, ἔφη, ὦ Σώκρατες, κ. τ. λ. "Nevertheless, in short, said ne, O Socrates, I do not at all like the being liable to censure from any one." Five MSS. omit ὅλως, and it is also suspected by Schneider. But Bornemann correctly defends it, explaining the passage as follows: "Although I can not deny what you say, nevertheless (μήν), to be brief (ὅλως), I greatly dislike any situation in which I may be subject to the will of another."—εὑρεῖν ἔργον, κ. τ. λ. "To find any occupation in which one would not have blame," i. e., in which one would not be exposed to censure.—μὴ ἀγνώμονι κριτῇ περιτυχεῖν. "To meet with a judge who is not harsh (in his decisions)."—οἷς νῦν ἐργάζεσθαι. For ἐν τοῖς ἃ ἐργάζεσθαι.—ἀνέγκλητον διαγίγνεσθαι. "To go through them without blame."

§ 6.

ους φιλαιτίους. "Those who are fond of blaming," i. e., the censorious.—διώκειν. "To seek after."—ὑπομένειν. "To take upon you."—φυλάττεσθαι. "To avoid."—οὔτω γὰρ ἥκιστα, κ. τ. λ. "For in this way I think that you will be least involved in censure, and will most effectually find aid in your poverty."—διαρκέστατα. **Most independently.**

CHAPTER IX.

§ 1.

οἶδα δέ ποτε αὐτόν, κ. τ. λ. "I know, also, of his having once heard from Crito," i. e., I remember, also, his having once heard Crito say.—τὰ ἑαυτοῦ πράττειν. "To attend to his own affairs." All the orators and comedians prove the truth of Crito's complaint. Life, indeed, was harassing and full of trouble at Athens, on account of the swarm of sycophants or informers, whom the people permitted to accuse and harass the better class, erroneously thinking that it tended to preserve the purity of their democracy. A peculiar term σείειν was used to denote the assaults of these calumniators upon the rich. (*Schneider, ad loc. Wheeler, ad loc.*)—ἐμὲ εἰς δίκας ἄγουσιν. "Are bringing actions against me." Literally, "are leading me into actions."—ἢ πράγματα ἔχειν. "Than have any trouble (about the matter)," i. e., than be involved in the trouble of a lawsuit.

§ 2, 3.

κύνας δὲ τρέφεις; The particle δέ in interrogations often refers to something to be supplied by the imagination. So here, "(what you say is bad enough), *but* do you keep dogs," &c. Compare i., 6, 15.—ἀπὸ τῶν προβάτων. The Greeks, as well as the Latins, often repeat the preposition of a compound word before the case of the substantive.—οὐκ ἂν οὖν θρέψαις καὶ ἄνδρα, κ. τ. λ. "Would you not, then, support a man also," &c.—εἰ μὴ φοβοίμην, ὅπως μή, κ. τ. λ. "If I were not afraid that he might in some way turn upon myself." Literally, "how he might turn," &c. After verbs of fearing we sometimes find, in Attic, ὅπως μή instead of the simple μή, with the force of the Latin *quomodo non*. (*Kühner.* § 814, *Obs.* 4, *Jelf.*)—χαριζόμενον οἵῳ σοὶ ἀνδρί, κ. τ. λ. "For a person gratifying such a man as you are, rather than being hated by him, to be benefited." Observe that οἵῳ σοὶ ἀνδρί is for ἀνδρὶ τοιούτῳ οἷος σὺ εἶ.—τῶν τοιούτων ἀνδρῶν. These genitives, according to Schneider, depend on τινές understood. But Kühner more correctly makes them depend on εἶ.— πάνυ ἂν φιλοτιμηθεῖεν. "Would deem it a great honor"

§ 4.

καὶ ἐκ τούτων ἀνευρίσκουσιν Ἀρχέδημον. "Now, after this conversation, they discover, by inquiry, one Archedemus." This is the person who accused the generals for not saving the shipwrecked sailors and soldiers, and burying the dead after the battle of Arginusæ. (Compare Thirlwall's account of his movements on that occasion, *Hist. Gr.*, vol. iv., p. 129, 12mo *ed.*)—οὐ γὰρ ἦν οἷος, κ. τ. λ. "For he was not such a person as to make gain by every means." Literally, "from every thing." Supply τοιοῦτος before οἷος.—ἀλλά, φιλόχρηστός τε, κ. τ. λ. "But, being both a lover of honesty, and possessed of a larger share of keen ready wit than ordinary, just the man to make money out of the informers themselves," *i. e.*, by bringing actions against them for false accusations of individuals, and compelling them to pay a sum of money to him for being allowed to escape. Observe that λαμβάνειν depends on οἷος, at the beginning of the sentence. We have referred εὐφυέστερος to acuteness of intellect, not, as Kühner does, to elevation of character, which is already implied in φιλόχρηστος. The common text, in the place of εὐφυέστερος ὤν, has ἔφη ῥᾷστον εἶναι. Observe, moreover, that ἀπὸ τῶν συκοφαντῶν can not refer, as some think, to a receiving of bribes from informers, for then the preposition παρά would have been employed instead of ἀπό.

ὁπότε συγκομίζοι. "Whenever he gathered in." Observe here the employment of the optative with ὁπότε, to denote indefinite frequency. (*Kühner*, § 843, *a.*, *Jelf.*)—ἀφελὼν ἔδωκε. "Having taken a portion, gave it." Kühner reads from conjecture ἀφελὼν ἂν ἔδωκε, which forms no bad emendation.—ἐκάλει. "Invited him." After the performance of a sacrifice, an entertainment was usually prepared, to which relations and friends were invited.

§ 5.

νομίσας δὲ ὁ Ἀρχέδημος, κ. τ. λ. "Now Archedemus, having concluded (from all this) that the house of Crito was a (sure) refuge unto him," *i. e.*, that he would always have a refuge in the house of Crito.—μάλα περιεῖπεν αὐτόν. "Paid great attention to him." Compare *Timæus, Lex. Plat.*: περιεῖπον· περί τινα ἦσαν θεραπευτικῶς καὶ φυλακτικῶς, and consult *Ruhnken, ad loc.*—ἀνευρήκει. Castalio and Dindorf, with four Parisian MSS., read ἀνευρίσκει, but the pluperfect denotes the celerity of Archedemus's proceedings.—εἰς δίκην δημοσίαν. "To a public suit." The summons in such cases was called πρόσκλησις, or simply κλῆσις. The verb is προςκαλεῖσθαι, or καλεῖσθαι. (*Meier u. Schömann, Att. Proc.*, p. 576.)

—ἐν ᾗ αὐτὸν ἔδει κριθῆναι, κ. τ. λ. "In which he must. (if found guilty), be condemned (to the punishment) which he must suffer, or (to the fine) which he must pay," i. e., in which it would be decided what bodily or pecuniary mulct he should render as atonement. Observe that παθεῖν and ἀποτῖσαι are technical terms, peculiar to the formula employed in Athenian trials, the first having reference to bodily punishment, the second to a pecuniary fine (Compare *Att. Proc.*, p. 739.)

§ 6, 7.

πολλὰ καὶ πονηρά. The Greeks regularly join πολύς with another adjective expressing praise or blame. (*Matthiæ*, § 444.)—πάντ ἐποίει, κ. τ. λ. "Did every thing in his power to get rid of Archedemus."—οὐκ ἀπηλλάττετο. "Did not leave him alone." More literally, "did not depart from him."—ἕως τόν τε Κρίτωνα ἀφῆκε. "Until he had both ceased to annoy Crito."—αὐτῷ. "To (Archedemus) himself."—ἤδη τότε. "Then, indeed." The Latin *tum vero*. —ἵνα τοῦ κυνὸς ἀπολαύωσιν. "That they may have the benefit of his dog."—φύλακα. "As a protector."

§ 8.

τῷ Κρίτωνι ἡδέως ἐχαρίζετο. "Gladly gratified Crito (in this)," i. e., acceded to his wishes in protecting his friends also.—καὶ οὐχ ὅτι μόνος, κ. τ. λ. "And I do not say that Crito alone was left in tranquillity, but also his friends." Equivalent to καὶ οὐ λέγω ὅτι μόνος, κ. τ. λ. A more emphatic mode of expression than καὶ οὐ μόνον ὁ Κρίτων, κ. τ. λ. These are the words of Xenophon.—εἰ δέ τις αὐτῷ τούτων, κ. τ. λ. "And if any one of those by whom he was hated, sought to make it a source of reproach unto him, that he, being benefited by Crito, fawned upon him." Observe here the employment of the optative, as denoting the sentiments of those who made the charge in question. The common reading is decidedly inferior.—τοῖς δὲ πονηροῖς διαφέρεσθαι "And to be at variance with the bad."—πειρᾶσθαι. This infinitive is objected to by Kühner: but it is found in all the MSS. and printed editions.

CHAPTER X.

§ 1.

Διοδώρῳ. Who this person was is not known.—ἄν τίς σοι τῶν οἰκετῶν, κ. τ. λ. "If any one of your domestics runs away, do you take care in what way you may recover him?" Observe that σοι here is governed by ἀποδρᾷ, and not connected with οἰκετῶν, literally, "runs away for you." It is in fact, therefore, the *dativus incommodi.* (*Matthiæ,* § 412, 9.)

§ 2.

καὶ ἄλλους γε νὴ Δἰ, κ. τ. λ. "(Yes), by Jove, and, indeed," &c. Observe that καί here implies an answer in the affirmative; and the particle γέ is added for the sake of emphasis.—σῶστρα τούτου. "A reward for bringing this one back."—ἐάν τίς σοι κάμνῃ, κ. τ. λ. Observe that here again σοι depends on κάμνῃ, not on οἰκετῶν.—κινδυνεύει ἀπολέσθαι. "Runs a risk of perishing." — σοι ἄξιον εἶναι. "That it is worth your while." — ἐπιμεληθῆναι. For the middle ἐπιμελήσασθαι. Compare i., 4, 13, and ii., 7, 8.

§ 3.

καὶ μὴν οἶσθά γε. Compare ii., 3, 4. These words to § 5 belong to Socrates, though otherwise marked in the edition of Bornemann. —ἀγνώμων. "Insensible (to favors)."—'Ερμογένης. Hermogenes was the son of a wealthy citizen of Athens, named Hipponicus. His brother Callias inherited all the property of his father, so that he himself was in very great poverty. He was a faithful friend of Socrates.—τὸ ὑπηρέτην .... ἔχειν. "The having an agent."—παράμονον. Valckenaer conjectured παραμόνιμον, which actually occurs at ii., 4, 6, and iii., 11, 11. The present, however, is the rarer form, and is found also in Pindar, *Nem.,* viii., 28. As Xenophon is fond of introducing occasionally poetic forms of expression into his prose, we have allowed the text to remain unaltered, with Kühner and others.—καὶ τὸ κελευόμενον ἱκανὸν ποιεῖν. Schneider and Dindorf put these words in brackets. Weiske and Schütz reject them.

§ 4, 5.

οἱ μέντοι ἀγαθοὶ οἰκονόμοι. "Good economists, forsooth." Observe that μέντοι is here ironical. Compare *Hermann, ad Vig.,* p. 844.—ὅταν τὸ πολλοῦ ἄξιον, κ. τ. λ. "When you have it in your power to purchase for a small sum what is worth a large one.' Literally, "to buy for little what is worth much."—διὰ τὰ πράγματα. "In consequence of the present state of affairs," i. e., in such times as the present.—νομίζω γὰρ οὔτε σοί, κ. τ. λ. "For I think that neither is your inviting him to come more honorable to you than your going yourself unto him, nor is your doing these things a greater boon to him than to yourself," i. e., while the making him your friend is not more for his advantage than for your own.—οὐ αὐτὸν ἐλθεῖν. Here, the attraction being neglected, αὐτόν is for αὐτῷ. (Kühner, § 675, Jelf.)

§ 6.

οὐ πολὺ τελέσας. "Without much expense." Literally, "having not expended much."—ὃς ἔργον εἶχε. "Who made it his employment, that," &c. Compare Kühner: "Qui sedulo id agebat, et pro officii sui parte ducebat, ut," &c.

BOOK III.

CHAPTER I.
§ 1.

τοὺς ὀρεγομένους τῶν καλῶν. "Those who were desirous of public honors," *i. e.*, the high offices in the state. Observe here the peculiar force of τὰ καλά, and compare the explanation of Weiske: καλὰ hic sunt munera publica, honores.—ἐπιμελεῖς ὧν ὀρέγοιντο ποιῶν. "By making them diligent with regard to the offices which they might desire," *i. e.*, careful in qualifying themselves to fill these stations properly. The optative here expresses indefinite frequency, and hence the reference is to whatever offices they might 'desire, at whatever time.—Διοννσόδωρον. Dionysodorus was a native of Chios, and brother of the Euthydemus after whom one of Plato's dialogues is entitled. He first assumed the office of a professed teacher of military tactics at Athens, but afterward turned Sophist. Compare Cobet, *Prosopogr. Xen.*, p. 38, as cited by Kühner.—ἐπαγγελλόμενον. "Professing."—στρατηγεῖν. "The art of generalship." Literally, "to be a general."—τῆς τιμῆς ταύτης. "This employment," *i. e.*, that of general.

§ 2, 3.

αἰσχρὸν μέντοι. "It was disgraceful, indeed." The particle μέντοι has here a confirmatory force, like the Latin *vero*.—στρατηγεῖν. "To be a general."—ἐξόν. "When he has it in his power." Accusative absolute. (Kühner, § 700, Jelf.)—ἀνδριάντας ἐργολαβοίη. "Should contract to make statues." In Latin, "*statuas conduceret faciendas.*"—μεγάλα τά τε ἀγαθά, κ. τ. λ. "It is natural that both the advantages should be great, if he be successful, and the evils great, if he totally fail."—τοῦτο. So in several MSS. The common text has τούτου.—ἐπιμελόμενος. Thus in four Parisian MSS., in place of the common reading ἐπιμελούμενος.—ἐλθόντα μανθάνειν. "To go and learn."

§ 4.

προσέπαιζεν αὐτῷ. "He used to sport with him." The imperfect here is correct, as it marks a repetition. Stephens reads from the Aldine edition, and four MSS., προσέπαιξεν, a form not used by the

Attics. For the dative after προςπαίζω, consult Lobeck ad Phryn., p. 463. In the signification of *deriding*, it is construed with an accusative in Plato, *Menex.*, p. 235, *C.*, and *Phædr.*, p. 265, *C.*—ὥςπεα Ὅμηρος, κ. τ. λ. The passage occurs in *Il.*, iii., 169, *seq.*—γέραροι. "Of stately bearing."—καὶ οὕτως ὅδε. "Even in this same way, our friend here."—στρατηγεῖν μαθών. A little before we have μεμαθηκὼς ἧκε. The aorist participle signifies that a person *has learned*; the perfect, however, signifies more, namely, that he *has learned and understands*, i. e., is master of his subject.—καὶ ἐάν. "Even if."—διατελεῖ ὤν. "Continues to be." The verb διατελέω, in place of an infinitive, is construed with a participle. Compare *Kühner*, § 694, *Jelf*.

§ 5.

Ἵνα καί. Supply ἡμεῖς from the following ἡμῶν, i. e., ἵνα καὶ ἡμεῖς, ἐάν, κ.'τ. λ.—ταξιαρχῇ, ἢ λοχαγῇ σοι. "Command a company or section under your command." Literally, "for you." The τάξις, in Xenophon, is a body of infantry containing usually one hundred and twenty-eight men. Once, in the Cyropædia, however (ii., 1, 14), it is made to consist of one hundred men. The λόχος was a subdivision of the τάξις. Consult the commentators on *Anab.*, i., 2, 25.—πόθεν ἤρξατό σε διδάσκειν, κ. τ. λ. "With what did he begin to teach you generalship?" The verb ἄρχεσθαι is used with an infinitive when the notion of the dependent verb is only in intention not in act. (*Kühner*, § 688, *Jelf*.)—καὶ ὅς. Consult note on i., 4, 3 —ἐκ τοῦ αὐτοῦ, εἰς ὅπερ; κ. τ. λ. "With the same thing with which he even concluded."—τὰ τακτικά. "Tactics." The art of arranging and disposing the men and the ranks on all occasions and under all circumstances.

§ 6.

ἀλλὰ μήν, ἔφη ὁ Σωκράτης, κ. τ. λ. "Yet assuredly, said Socrates, this, indeed, is the smallest part of strategy." The adjective πολλοστός means, properly, "one of many," answering to the Latin *multesimus*; hence, generally, "very little," "smallest," "least."— παρασκευαστικὸν τῶν. Adjectives denoting capability, fitness, skill, including those in ικός, are construed with a genitive. (*Matthiæ*, § 344.)—μηχανικόν. "Quick in contrivances," i. e., inventive.— ἐργαστικόν. "Hard-working."—ἀγχίνουν. "Shrewd."—καὶ φυλακτικόν τε καὶ κλέπτην. "And both conservative and a thief," i. e., both well qualified to guard and take care of his own, and yet, at the same time, craftily to deprive his adversaries of what is theirs.—καὶ

§ 7.

καλὸν δὲ καὶ τὸ τακτ·κὸν εἶναι. "The being a tactician, moreover is also advantageous.'—τεταγμένον. "Properly marshalled."— ἀτάκτου. "From one in disorder."—κέραμος. "Tiles." The singular for the plural. The singular, thus used, has a collective force This arose from a poetical way of looking at plurality as unity ΄Kühner, § 354, Jelf.)—ἀτάκτως μὲν ἐρριμμένα. "When flung together in disorder." With the names of several inanimate things, the neuter plural is frequently used without any regard to the gendei of the subjects. (Kühner, § 391, 2, Jelf.)—ἐπιπολῆς. "At top."— ὥςπερ συντίθεται. "Just as they are put together." Stephens has συντίθενται, which Dindorf adopts. But the verb, when there are several subjects, is often made to conform to the number of the nearest one.—τότε γίγνεται. "Then there results." More literally, "there is produced."

§ 8.

πάνυ ὅμοιον εἴρηκας. "You have adduced a very exact parallel.' Literally, "you have mentioned a thing altogether similar."—τούς τε πρώτους, κ. τ. λ. "We must form both the front and rear of the bravest." Observe that, in this sentence, τοὺς πρώτους and τοὺς τελευταίους are the subjects, and ἀρίστους is the predicate.—ὑπὸ μὲν τῶν. "By the former," i. e., by the van.—ὑπὸ τῶν. "By the latter," i. e., by those in the rear.

§ 9.

εἰ μὲν τοίνυν, κ. τ. λ. At the close of this sentence, after ἐδίδαξεν, supply καλῶς ἔχει. "It is well."—τί σοι ὄφελος ὧν ἔμαθες. "What advantage has accrued to you from the things which you have learned." Observe that ὧν ἔμαθες is by attraction for τούτων ἃ ἔμαθες.—εἰ σε ἀργύριον ἐκέλευσε, κ. τ. λ. "If he had ordered you to range the purest silver first and last," i. e., in the foremost and hindermost row.—ἀλλά, μὰ Δί', ἔφη. The reply of the young man.—ὥςτε αὐτοὺς ἂν ἡμᾶς, κ. τ. λ. "So that it would be incumbent for ourselves to separate," &c. The optative with ἂν is used after ὥςτε, when the result is to be represented as a supposition or possibility depending on conditions. (Kühner, § 865, Jelf.)

§ 10.

τί οὖν οὐ σκοποῦμεν. "Why, then, do we not consider." A formula of exhortation, by way of quesotin, for σκοπῶμεν οὖν.—πῶς ἂν αὐτῶν, κ. τ. λ. "By what means we may not fall into error with regard to them," i. e., by what means we may be free from mistake on these points.—βούλομαι. "I am desirous (that we should)."— ἁρπάζειν. "To seize upon."—τοὺς φιλαργυρωτάτους. "The most covetous."—τί δὲ τοὺς κινδυνεύειν μέλλοντας ; "But what must we do with regard to those who are about to encounter danger!" i. e., but how must we arrange the soldiers if they are about to brave some perilous enterprise! With τί δὲ supply χρὴ ποιεῖν.—ἄρα. The Latin nonne.—οὗτοι γοῦν εἰσιν. "For these, indeed, are they." Compare i., 6, 2.—ἄδηλοι. "Concealed from notice." The idea is, that they who are eager after praise and distinction can not lie concealed, but are every where conspicuous, and may therefore easily be selected.

§ 11.

τάττειν. "To arrange your troops."—ὅποι καὶ ὅπως. "For what object, and in what way." Compare the explanation of Kühner: "ὅποι, quo, significat consilium, ad quod singulis ordinibus utendum sit: ὅπως rationem, qua singulis ordinibus utendum sit ad consilium exsequendum."—τῶν ταγμάτων. "Of your divisions."—πρὸς ἃ οὔτε τάττειν, κ. τ. λ. "Against which it is not fitting either to draw up or lead your troops in one and the same way."—ἐπανερῶτα. "Question him anew."—αἰσχύνεῖται. Observe that αἰσχύνεσθαι and αἰδεῖσθαι take an infinitive, when the feelings prevent the person from acting; the participle, when the person has done something which causes them. Compare Kühner, § 685; iii., Obs.—ἐνδεᾶ. "In want of proper information)," i. e., uninstructed. Herbst supplies after ἐνδεᾶ the words τῶν εἰς στρατηγίαν.

CHAPTER II.

§ 1.

ἐντυχὼν δέ ποτε, κ. τ. λ. "Having met, moreover, on one occasion, with a certain person who had been chosen to be a general." Observe that τῳ is here Attic for the indefinite τινί.—τοῦ ἕνεκεν "On what account." The form τοῦ is here Attic for the interrogative τίνος.—Ὅμηρον. Compare Il., i., 263 ; ii., 243.—ἆρά γε ὅτι. "Is it not, indeed because." The particle γέ, added to an inter nogative particle, belongs to the whole proposition. (*Kühner*, § 735, 2, *Jelf.*)—ὅπως σῶαί τε ἔσονται αἱ ὄϊες. "In what way the sheep shall both be safe." The indicative of the future is construed with ὅπως, when something is to be signified which is contemplated as future, at the time denoted by the principal verb.—καί, οὗ ἕνεκα τρέφονται, κ. τ. λ. "And (in what way) that result shall be brought about, for the sake of which they are kept." This whole clause is omitted in several MSS. It is found, on the other hand, in all the MSS. of Stobæus, in five MSS. of Xenophon, and in the Juntine edition, except that in place of τρέφονται we find στρατεύονται.—στρατεύονται δέ. "Now they serve." Observe here the explanatory force of δέ.

§ 2, 3.

ἦ τί δήποτε, κ. τ. λ. "Or why, pray, has he thus lauded Agamemnon, saying (of him)."—ἀμφότερον, κ. τ. λ. This line occurs in the third book of the Iliad, 179th verse.—ἆρά γε ὅτι, κ. τ. λ. "Is it not because one would be both a puissant warrior, not if he himself alone should contend," &c. Observe that ἆρα has here the force of *nonne*, as in § 1.—οὐκ εἰ μόνον τοῦ ἑαυτοῦ, κ. τ. λ. "Not if he should merely direct his own life well."—δι' αὐτὸν εὖ πράττωσι. "May prosper through his means."—στρατεύονται. "Take the field."— ὡς βέλτιστος. "As happy as possible."—πρὸς τοῦτο. "For this very purpose." Compare *Kühner*, § 638, 111, *Jelf.* Several MSS. and printed editions have πρὸς τούτοις.

§ 4.

τοῦτο παρασκευάζειν. "To provide this happiness."—καὶ οὕτως ἐπισκοπῶν, κ. τ. λ. And considering, in this point of view, what should be the virtue of a good leader." Observe that τίς εἴη is here for ἥτις εἴη.—τὰ μὲν ἄλλα περιῄρει, κ. τ. λ. "He used to reject all other characteristics, and to leave merely the rendering of those happy whom he may lead." More literally, "he used to take away." We would expect here regularly ὧν ἡγοῖτο, since a historic tense (κατέλειπε) precedes. Very often, however, the subjunctive in such a case is employed in place of the optative, in order to impart a certain vigor to the style, and bring the action at once before the eyes. (*Kühner*, § 797, *Jelf.*)

CHAPTER III

§ 1.

καὶ ἱππαρχεῖν δέ τινι, κ. τ. λ. "I know, too of his having conversed on one occasion, to the following effect, with a certain person who had been chosen to be a hipparch," i. e., a general of cavalry. At Athens there were two ἵππαρχοι, or generals of cavalry, who had supreme command over the cavalry force of the state, but yet were themselves under the authority of the ten στρατηγοί, or generals of infantry. Xenophon has described the duties of the hipparch in a separate tract, entitled 'Ιππαρχικός.—οὐ γὰρ δὴ τοῦ πρώτος, κ. τ. λ. "For it is not surely for the sake of riding as first of the horsemen." Observe that τοῦ ἐλαύνειν depends on ἕνεκα understood. So τοῦ γνωσθῆναι a little after. Compare *Matthiæ*, § 496, 1.—πρῶτος. Attraction. Compare τῷ φανερὸς εἶναι, 1, 2, 3.—οἱ ἱπποτοξόται. "The horse-archers." A species of light cavalry.—γοῦν. "At any rate." Compare notes on 1, 6, 2.—τοῦ γνωσθῆναί γε. "For the sake of being known, at least." Supply ἕνεκα.—οἱ μαινόμενοι. Compare the explanation of Weiske: "*Furiosi quidem facile in vulgus innotescunt ut a pueris etiam rideantur.*"

§ 2.

ἀλλ' ἆρα ὅτι, κ. τ. λ. "But is it then because you think that you could deliver over to the state the cavalry, after having rendered it more efficient?" Kühner conjectures ἀλλ' ἄρα, "but perhaps it is," &c., without any interrogation; being guided to this by one of the Parisian MSS., which has ἂν ἄρα. Observe that the particle ἄν in our text, which belongs to παραδοῦναι, is put after βέλτιον to make that word more emphatic. Compare *Kühner*, § 431, 2.—γενέσθαι "You might become." Supply ἄν with this verb from the previous clause.—καὶ μάλα. Compare ii., 2, 1.—καὶ ἔστι γε, νὴ Δί', καλόν. "And it is a noble thing, indeed."—ἡ δὲ ἀρχή που, κ. τ. λ. "But the command to which you have been chosen, extends, unless I am mistaken, to horses as well as riders?" There is here a half-suppressed interrogation, and we have pointed the sentence accordingly. The expression ἐφ' ἧς may be rendered more literally, "for which," since ἐπί here denotes, in fact, the object. (*Kühner*, § 633 3, *Jelf.*)—ἔστι γὰρ οὖν. "Yes, for it is really so." Compare *Kühner* § 737, 2, *Jelf.*

§ 3.

ἴθι δή "Come, then."—ὅπως διανοῇ. "How do you intend."—καὶ ὅς. Compare i., 4, 3.—τοῦτο μέν, ἔφη, κ. τ. λ. Here the words ἐμὸν εἶναι are the predicate. Construe, therefore, as follows: τοῦτο *τὸ ἔργον οἶμαι οὐκ ἐμὸν εἶναι. Valckenaer would change the article before ἔργον into γέ. But this is refuted by Schneider, who compares Cyrop., ii., 1, 11. Herod., v., 1.—ἰδίᾳ. "Separately."

§ 4.

ἐὰν οὖν, ἔφη ὁ Σωκράτης, κ. τ. λ. "If, then, said Socrates, some (of your men) exhibit to you their horses so weak in foot, or bad in legs," &c. To each soldier his own horse was given, and each led his own steed out for review; hence the middle voice. Schneider thinks σοί redundant here, and that παρέχεσθαι ἵππον is used of those who ἐκ καταλόγου ἱπποτροφοῦσι, i. e., are obliged to support horses for the state at their own expense; a duty usually imposed on the richer class of citizens. But it is hardly probable that the hipparchs would take steeds, if in such bad condition, from these persons. (Lange, ad loc.)—οὕτως ἀτρόφους. "So ill-conditioned." P. Victorius thinks the author means such horses as are naturally lean, and always look ill, however well fed.—ὥςτε μὴ δύνασθαι. Compare notes on ii., 7, 2.—ἀναγώγους. "Unmanageable."—λακτιστάς. "Given to kicking."—τοῦ ἱππικοῦ. "From your cavalry." Supply στρατεύματος.

§ 5, 6.

τί δέ. Compare ii., 6, 4.—ἔγωγ'. "Indeed wil. I." Supply ἐπιχειρήσω.—ἀναβατικωτέρους. "More expert in mounting." Compare Hipparch., i., 5.—δεῖ γοῦν. "I certainly ought." Compare ii., 1, 1.—μᾶλλον. "More readily."—κινδυνεύειν. "To risk an engagement."—πότερον ἐπαγαγεῖν τοὺς πολεμίους, κ. τ. λ. "Will you direct the enemy to lead their forces against you, upon the sand where you and your men are accustomed to exercise your horses." The Athenian cavalry were usually exercised on level ground covered with sand. Hence such places of exercise were called ἁμμόδρομοι.—τὰς μελέτας ποιεῖσθαι. "To go through your exercises."—γίγνονται. "Show themselves." Compare the remark of Kühner. "Verbum γίγνεσθαι nunquam simpliciter versari significare potest, a: potest significare apparere, in conspectum venire." — βέλτιον γοῦν. "It would be better, indeed, (to exercise in such places)."

§ 7, 8.

τοῦ βάλλειν ὡς πλείστους, κ. τ. λ. "Will you entertain any concern that your troops, from their steeds, may spear as many (foes) as possible!" Observe that βάλλειν here has the same force as ἀκοντίζειν. Compare the explanation of Kühner: "*Ut quam plurimi ab equis jaculentur.*"—θήγειν τὰς ψυχάς. "Of whetting the courage."—εἴπερ ἀλκιμωτέρους ποιεῖν. "If you do, indeed, (think) of rendering them more valiant." Supply διανοῇ, and compare the explanation of Morus: "*Si quidem eos fortiores reddere cogitas.*"—εἰ δὲ μή "If I have not hitherto." Supply διανενόημαι.—ὅπως δέ σοι πείθων ται, κ. τ. λ. "But have you taken any thought as to the means by which your cavalry are to be made to obey you."—ἀγαθῶν καὶ ἀλκίμων. "Valiant and spirited."

§ 9, 10.

ἐκεῖνο μὲν δήπου οἶσθα. "You are doubtless aware of this."—βελτίστους. "Most skillful."—ἰατρικώτατον. "The best physician."—καὶ μάλα, ἔφη. "Certainly, replied he, and they are very obedient." Supply πείθονται after μάλα.—μάλιστα εἰδώς. "To know best."—βέλτιστος ὢν αὐτῶν, κ. τ. λ. "Shall clearly appear to be the best among them." Literally, "shall be manifest as being the best." Compare ii., 6, 7.—εἰς τὸ πείθεσθαι αὐτοὺς ἐμοί. "As regards their obeying me," i. e., to make them obey me.—πολὺ νὴ ΔΙ', ἔφη, ῥᾷον, κ. τ. λ. "Far more easily, indeed, than if it were incumbent on you to prove that evil is better and more profitable than good."

§ 11.

λέγεις σύ. "Do you mean."—πρὸς τοῖς ἄλλοις. "In addition to his other duties."—τοῦ λέγειν δύνασθαι. "Of being able to harangue."—σὺ δ' ᾤου, ἔφη, κ. τ. λ. "And did you suppose, said Socrates, that one must needs command cavalry by silence?" Compare i., 6, 15.—νόμῳ. "According to the institutions of the state." In this clause Socrates speaks of the training of youth, &c., as appointed and regulated by the institutions of the state; in the next member (εἴ τι ἄλλο καλόν, κ. τ. λ.), he speaks of those arts which one learns by his own inclination, although usually not classed with the regular instruction of a freeman in a free state. (*Wheeler, ad loc. Schütz, ad loc.*)—δι' ὧν γε ζῆν ἐπιστάμεθα. "By which we know how to lead a well-regulated life," i. e., by which we enjoy civilized life. Observe that by ζῆν is meant here a life well regulated by order, and under the laws and customs established by the state, as opposed to a rude and uncivilized existence.—διὰ λόγου.

Through the medium of speech."—*καὶ οἱ τὰ σπουδαιότατα μάλιστα ἐπιστάμενοι, κ. τ. λ.* "And that they who best know the most important doctrines, most eloquently discourse upon them?"

§ 12.

ὅταν γε χορὸς εἷς κ. τ. λ. "Whenever any one single choius is formed from this very city; as, for example, the one accustomed to be sent to Delos." The force of *χορὸς εἷς* is well explained by Lange, namely, *one single* chorus out of the entire state, and consisting, of course, of the best performers. The Delian chorus here referred to was connected with the celebration of the festival called *Θεωρία*. Consult notes on iv., 8, 2. The idea intended to be conveyed by the whole clause is as follows: "Although the Athenians excel other people in very many respects, yet in none do they excel so much as in their love of praise. Wherefore, if you desire to render your cavalry troops superior to others, you must honor them with praise and approbation, if they well perform their duty." (*Lange, ad loc.*)—*τούτῳ ἐφάμιλλος.* "A match for this."—*εὐανδρία.* "An abundance of well-made men." This alludes to the custom of selecting, at the festival of Minerva called *Παναθήναια,* the handsomest men and youths as *θαλλοφόροι,* that is, to carry green boughs in procession. (*Schneider, ad loc. Schol. ad Aristoph., Vesp.,* p. 524.)

§ 13, 14.

εὐφωνίᾳ. "By sweetness of voice," *i. e.,* in singing. The following words, *μεγέθει καὶ ῥώμῃ,* refer to *εὐανδρίᾳ.—φιλοτιμίᾳ.* "In ambition." Compare iii., 5, 3: *ἀλλὰ μὴν φιλοτιμότατοι, κ. τ. λ.—ὡς πολὺ ἂν καὶ τούτῳ, κ. τ. λ.* "That the Athenians would far excel other nations in this (kind of force) also." As the preposition *ἐν* is properly required here before *τούτῳ,* Stephens conjectured *πολὺ κἂν τούτῳ.* Kühner would prefer *πολὺ ἂν καὶ ἐν τούτῳ.* Leunclavius altered it to *καὶ κατὰ τοῦτο.—παρασκευῇ.* "By equipments."—*εἰκός γε.* "It is likely, indeed."

§ 15.

προτρέπειν. Compare note on *προτρέπων,* i., 2, 64.—*ἀλλὰ νὴ Δία πειράσομαι.* "Well, then, by Jove, I will try." Observe the force of *ἀλλά.* Literally, "(I have no objections whatever to such a course), but, by Jove, I will try."

CHAPTER IV.

§ 1.

Νικομαχίδην. Who this person was is not known.—ἐξ ἀρχαιρεσιῶν ἀπιόντα. "Coming away from the election of public officers." By ἀρχαιρεσίαι are meant the assemblies of the people which were held for the election of those public officers at Athens who were not chosen by lot. Consult *Dict. Ant.*, *s. v.*—στρατηγοί. Of the public officers chosen by these general assemblies of the people, the most important were the strategi, taxiarchi, hipparchi, and phylarchi. The strategi, or generals, were ten in number, one for each of the ten tribes.—οὐ γάρ, ὦ Σώκρατες, κ. τ. λ. "(You may well ask this question), for are not the Athenians, O Socrates, just the same as ever," i. e., just as ungrateful as they have ever shown themselves to be. Compare the explanation of Kühner: "*nonne tales sese exhibuerunt, quales in omnibus rebus sese exhibent.*"—ὅς ἐκ καταλόγου στρατευόμενος, κ. τ. λ. "Who am worn out in serving from the list both as a commander of a company and of a brigade." The λοχαγός was the commander at Athens of one hundred men, so, again, the ταξίαρχος at Athens commanded the τάξις, or quota of infantry furnished by a φυλή. The like cavalry officers were called φύλαρχοι. By κατάλογος is here meant the list of those persons who possessed a certain amount of property, and were therefore liable to regular military service. These persons alone were allowed to serve in the regular infantry, while the lower class had not this privilege. The former were called οἱ ἐκ καταλόγου στρατεύοντες, and the latter οἱ ἔξω τοῦ καταλόγου.—ἀπογυμνούμενος. "Baring himself," i. e., taking off his robe.

§ 2, 3.

ἀγαθόν. "An advantage."—εἰ γε. "Since, indeed."—καὶ γὰρ οἱ ἔμποροι, κ. τ. λ. "(Certainly not), for even the merchants," &c.—ὁ στρατηγῷ προςεῖναι, κ. τ. λ. "Which is a proper characteristic to be added to a general," i. e., a proper characteristic for a general.—κεχορήγηκε. "He has been a chorāgus." It was customary for the wealthiest Athenians to be called upon in turn by the state, to bear the expenses of a chorus. Consult *Dict. Ant.*, *s. v.* Choragus.—πᾶσι τοῖς χοροῖς νενίκηκε. "He has proved victorious with all his choruses."—μὰ Δἴ, ἔφη ὁ Νικομαχίδης, κ. τ λ. "Yes, indeed," replied icomachides, "but to lead a chorus and an army is in no respect a similar thing.' More freely, "but there is no analogy between leading a chorus and an army." As regards the expression μὰ Δί', compare notes on i., 4, 9.

§ 4, 5.

οὐδὲ ᾠδῆς γε, οὐδὲ χορῶν, κ. τ. λ. "Though being experienced neither in singing nor instruction of choruses, yet became able to find out the best (artists) in these things." It was the duty of the choragus to instruct, by means of the best musical artists, the members of the chorus under his charge. The head instructor of the chorus was termed χοροδιδάσκαλος, and he had numerous subordinate διδάσκαλοι.—τοὺς τάξοντας .... τοὺς μαχουμένους. "Who will marshal (his troops) ..... who will fight." Observe the force of the article with the participle, required to be rendered into our idiom by the relative and indicative.—ἐν τοῖς πολεμικοῖς .... ἐν τοῖς χοροικοῖς. "In the transactions of war .... in the things appertaining to choruses."—ἐξευρίσκῃ τε. This is a conjecture of Valckenaer, in place of the old reading ἐξευρίσκηται. The middle is inadmissible here. Compare *Valck. ad Herod.,* iii., 148.—καὶ τούτου. "In this also," i. e., in war. Observe that τούτου is here put for πολεμικῶν, the singular for the plural.—εἰς τὴν ξὺν ὅλῃ τῇ πόλει, κ. τ. λ. "For victory in warlike matters, in conjunction with the whole state," i. e., to honor the whole state.—ξὺν τῇ φυλῇ. The victory belonged not to the individual, but to his tribe; in the name of the latter the chorus was introduced.

§ 6, 7.

χορηγεῖν τε καλῶς καὶ στρατηγεῖν. "To lead both a chorus and an army skillfully."—ὅτου ἄν τις προστατεύῃ. "Over whatsoever one may preside."—ἄν εἴη. "He will, in all likelihood, be." Observe the force of ἄν with the optative.—προστατεύοι. Thus in several Parisian and other MSS., in place of the common reading προστατεύει. The optative is required in consequence of the preceding ἀγαθὸς ἄν εἴη.—μὰ Δί'. "By Jove." Compare i., 4, 9.—σου ἀκοῦσαι. "To hear from you," i. e., to hear you assert.—οἰκονόμοι. "Housemanagers."—τὰ ἔργα. "The doings."—τὰ αὐτά. "Identica.."— πάνυ γε. "By all means."

§ 8, 9.

τοὺς ἀρχομένους. "Those under their authority." Literally. "those who are governed."—καὶ μάλα. Compare ii., 2, 1.—τὸ προςτάττειν, κ. τ. λ. "The ordering of persons to discharge the several

duties, who are competent (to discharge them)." This is he read
ing of Stobæus, and is adopted by Bornemann, Dindorf, and Kühner
The old editions have τὸ προςτάττειν ἑκάστοις ἐπιτηδείους πράττειν
—καὶ τοῦτ'. "This, likewise, is so."—ἀμφοτέροις προςήκειν. "Is
incumbent on both."—προςάγεσθαι. "To gain for themselves. —
ἀμφοτέρους εἶναι προςήκει. In § 8 the construction is different, ἀμ-
φοτέροις οἶμαι προςήκειν. The dative is here the personal object of
the verb; the accusative, on the other hand, is to be construed with
the infinitive. Compare Kühner, § 674, Jelf.—περὶ τὰ αὑτῶν ἔργα
"In their own operations."

§ 10, 11.

ταῦτα μέν, ἔφη, πάντα, κ. τ. λ. "All these points, said he, belong
equally to both; to fight, however, no longer to both," i. e., is no
longer a common trait.—ἀλλ' ἐχθροί γέ τοι, κ. τ. λ. "Both, how-
ever, have enemies, at least."—ἐκεῖνο παριείς. "Waving that, tell
me." Supply λέξον after παριείς, an ellipsis which suits the eager
and impatient character of Nicomachides.—ἡ οἰκονομική. "Skill in
economy." Literally, "the art of economy."—ἐνταῦθα δήπου καὶ
πλεῖστον. "Here, doubtless, it will benefit most essentially." Sup-
ply ὠφελήσει.—ὡς τὸ μαχόμενον τοὺς πολεμίους νικᾶν. "As for one
when fighting to conquer his enemies." Supply τινά with μαχόμε-
νον.—τὰ συμφέροντα. "The things that conduce."—τὰ φέροντα.
"The things that tend."—νικητικὴν οὖσαν. "To be likely to ensure
victory."—οὐχ ἥκιστα δέ, κ. τ. λ. "And, what is not the least of
these things, if he be unprepared, he will avoid joining battle," i. e ,
and, above all, if he be unprepared, &c. Herbst, less correctly.
makes τούτων depend on ἀπαράσκευος, and alters the punctuation
accordingly.

§ 12.

μὴ καταφρόνει. After these words οὖν seems to have been omit
ted, because Socrates finishes his discourse with this paragraph.-
τῶν οἰκονομικῶν ἀνδρῶν. "Those men that are skilled in household
management."—πλήθει μόνον. "Only in amount."—τῶν κοινῶν
"Of those of a public nature."—τὰ δὲ ἄλλα παραπλήσια ἔχει
"While it has all else exactly similar."—τὸ δὲ μέγιστον, ὅτι, κ. τ. λ.
"But the most important point is this, that," &c. Supply τοῦτό
ἐστι after μέγιστον, and consult, on this construction, Matthiæ, § 482,
p. 711.—γίγνεται. "Is managed."—δι' ἄλλων μὲν ἀνθρώπων . . . .
δι' ἄλλων δέ. "By men of one nature . . . . by men of another."—
ἄλλοις τισὶν ἀνθρώποις. "A different kind of men."—οἱ οἰκονομοῦν.

'ες. "They who manage."—καλῶς πράττουσιν. "Successfully conduct."—ἀμφοτέρωθι πλημμελοῦσιν. "Commit errors in both." Literally, "on both sides."

CHAPTER V.
§ 1.

Περικλεῖ. The natural son of the celebrated Pericles. When Pericles had lost his sons Xanthippus and Paralus, born in lawful wedlock, by the pestilence which ravaged Athens, the Athenians, to gratify him, repealed the law which he had himself caused to be passed against spurious children, and allowed him to call this son, by the celebrated Aspasia, after his own name. This younger Pericles was one of the ten generals who succeeded Alcibiades in the administration of affairs, and was put to death, together with his colleagues, by the Athenians after the battle of Arginusæ. Compare i., 1, 18.—τῷ τοῦ πάνυ Περικλέους υἱῷ. "The son of the celebrated Pericles." The article here gives πάνυ the force of an adjective.—σοῦ στρατηγήσαντος. "When you are elected general." More literally, "you having become a general."—ἀμείνω. "Better (than it now is)."—βουλοίμην ἄν, ἃ λέγεις. "I could wish (that these things were so) which you mention."—οὐ δύναμαι γνῶναι. "I am unable to discover."—βούλει ἐπισκοπῶμεν. Compare ii., 1, 1.—ὅπου ἤδη τὸ δυνατόν ἐστιν. "Where now the possibility of (effecting this) abides," i. e., by what means there is a possibility of effecting this, under present circumstances.

§ 2.

οἶδα γάρ. Compare i., 4, 9.—σώματα ἀγαθὰ καὶ καλά. "Vigorous and beautiful frames."—ἂν ἐκλεχθῆναι. "Could be selected."—οὐδὲ ταύτῃ μοι δοκοῦσι λείπεσθαι. "Not even in this respect do they appear to me to be inferior," i. e., do the Athenians appear. The reference in δοκοῦσι is to οἱ Ἀθηναῖοι, as implied in Ἀθηνῶν immediately preceding. The dative ταύτῃ is used adverbially here, so that there is no need of supplying μερίδι, as some do.—ἑαυτοῖς. "Toward one another." Equivalent here to ἀλλήλοις. Compare ii., 6, 20.—Βοιωτῶν μὲν γὰρ πολλοί, κ. τ. λ. "For many of the Bœotians, being wrongfully treated by the Thebans, are hostilely disposed toward them." The Bœotian cities were often at variance with Thebes, the claims of which to the supremacy they actively resisted.

§ 3.

φιλοφρονέστατοι. "Of the kindest temper."—ἄπερ. "Which traits."—ὑπὲρ εὐδοξίας τε καὶ πατρίδος. "For the sake of both a good name and their native country," i. e., for the purpose of both gaining renown and defending their country.—οὐκ ἔστιν οἷς ὑπάρχει. "There are not to any," i. e., no people has. Observe that ἔστιν οἷς is equivalent here to ἐνίοις. This usage of ἔστιν οἱ for ἔνιοι, &c., is so firmly established in the language, that neither the number of the relative has any influence on the verb ἐστι, nor is the tense changed, though the time spoken of be past or future. An imitation of this occurs in Propertius : "Est quibus Eleæ concurrit palma quadrigæ : Est quibus in celeres gloria nata pedes" (iii., 9, 17,. Compare Kühner, § 817, 5, Jelf. Matthiæ, § 482.—ᾧ πολλοὶ ἐπαιρόμενοι. "By which circumstance many being incited." Observe that ᾧ here refers to the fact of the glorious achievements performed by their forefathers.

§ 4.

ταῦτα μὲν ἀληθῆ λέγεις πάντα. "All these things you say true.' The English idiom here agrees with the Greek in employing the adjective with a kind of adverbial force.—ἥ τε σὺν Τολμίδῃ τῶν χιλίων, κ. τ. λ. "Both the disaster of the thousand with Tolmides at Lebadea." Tolmides, son of Tolmæus, was a general of great bravery. During the banishment of Conon, he carried on many expeditions with success. After Conon's death, B.C. 447, he marched, contrary to the advice of Pericles, with an army of volunteers, amounting to a thousand heavy-armed men, including the flower of the Athenian youth, against the Bœotian exiles, and other partisans of the same cause, who had made themselves masters of Chæronea, Orchomenus, and some other towns in Bœotia. The Athenians were completely defeated, many of them were taken prisoners, and Tolmides himself was among the slain. The battle was fought in the neighborhood of Coronea ; but, from the vicinity of the places, it is said sometimes to have been fought at Chæronea, sometimes at Lebadea. This last-mentioned place was a city of Bœotia, about midway between Haliartus and Chæronea, and to the west of the Lake Copaïs. Compare Thucyd., i., 113.—ἐπὶ Δηλίῳ. "At Delium." Delium was a city of Bœotia, on the sea-cost, north of the mouth of the Asopus. A battle was fought here, in which Hippocrates, the Athenian general, was slain, B.C. 424.—ἐκ τούτων. "By reason of these things," i. e., of the defeats just mentioned.— πρὸς τοὺς Βοιωτούς. "In comparison with the Bœotians." A brief

mode of expression, for πρὸς τὴν τῶν Βοιωτῶν δόξαν. Compare 1 2, 56 *Kühner*, § 781, *Jelf.*
τὸ φρόνημα. " The spirit."—πρὸς τοὺς 'Αθηναίους. For πρὸς το τῶν 'Αθηναίων φρόνημα.—ἐν τῇ ἑαυτῶν. Supply γῇ.—ἀντιτάττεσθαι. " To face." Literally, "to marshal themselves against."—αὐτοὶ καθ' ἑαυτούς. " That they themselves, by themselves," *i. e.*, that they, single-handed and unaided.—μόνοι. "Unaided."

§ 5, 6.

δοκεῖ δέ μοι, κ. τ. λ. " And yet the state appears to me to be now more favorably disposed for any worthy governor." Compare the explanation of Kühner : " *Erga bonum ducem faciliore, benigniore, magis obsequioso animo affecta esse.*"—τὸ μὲν γὰρ θάρσος, κ. τ. λ. " For self-confidence begets in men carelessness," &c. The force of θάρσος here is well expressed by Heinze : " *Vertrauen auf seine Kräfte.*"—προςεκτικωτέρους. " More attentive," *i. e.*, more on the alert.—τεκμήραιο δ' ἄν. Compare ii., 6, 6.—ἀπὸ τῶν ἐν ταῖς ναυσίν. " From the conduct of those on ship-board."—δήπου. " Namely." Equivalent to the Latin *scilicet.*—ἕςτ' ἂν δέ, κ. τ. λ. " But as long as," &c. Thus in five Parisian MSS., and also in the earlier editions. The common text has ὅταν δέ.—καραδοκοῦντες τὰ προςταχθησόμενα, κ. τ. λ. " Anxiously awaiting the orders about to be given, even as the members of a chorus (waiting for the orders of their leader)." The chorus always kept their eyes fixed on the leader, and followed implicitly his signals and directions. (*Schneider, ad loc.* Compare *Weiske, ad Cyrop.*, i., 6, 18.)

§ 7, 8.

ἀλλὰ μήν. Compare i., 1, 10, and i., 2, 63.—μάλιστα πείθοιντο. " They would yield especial obedience."—λέγειν, πῶς ἂν αὐτούς, κ. τ. λ. " To discuss how we might urge them on to be stirred up again with a desire of their ancient valor," &c. Observe that the genitive here is to be referred to the head of longing for or desiring a thing. Compare *Matthiæ*, § 350.—εἰ μὲν ἐβουλόμεθα, κ. τ. λ. " If we wished them to reclaim money which others might have possession of." Observe that εἶχον has here, in our idiom, the force of the Latin *haberent*. Perhaps, however, Orelli's conjecture is the true one, namely, οἱ πάλαι εἶχον, which would give the tense its ordinary force.—πατρῷά τε καὶ προςήκοντα. " Both their inheritance and property"—οὕτως. To express more clearly and emphatically any sequence, whether of time or otherwise, on the action of the participle, the adverbs ἐνταῦθα, οὕτω, οὕτω δή, ὧδε, are joined to the

N

verb of the sentence. Compare *Kühner*, § 696, *Obs.* 6, *Jelf. Matthia*, § 565, 2.—μετ' ἀρετῆς. "By their valor." Compare *Matthiæ*, § 587, a.—τοῦτ' αὖ δεικτέον, κ. τ. λ. "We must show that this attribute again belonged to them most (of any people) from ancient time." Observe that τοῦτο refers to τὸ μετ' ἀρετῆς πρωτεύειν.—καὶ ὡς τούτου ἐπιμελούμενοι, κ. τ. λ. Observe here the change of construction, the particle ὡς with the finite verb being employed, instead of the writer's continuing on with the participle. This is done for the sake of variety, and to prevent the too great accumulation of participles in the sentence, the difference otherwise being quite immaterial. Compare *Kühner*, § 804, 4.

§ 9.

εἰ τούς γε παλαιοτάτους, κ. τ. λ. "If we should remind them, who have themselves heard of it, that their most ancient ancestors, of whom we hear, were the bravest of men." Zeune well explains ἀκηκοότας here by "*cum ipsi audiverint.*" Weiske, on the other hand, with much less propriety, translates it by "*qui dicti sint,*" "*qui nomen habuerint,*" referring it to προγόνους, not to αὐτούς. All that is requisite is to repeat mentally after ἀκηκοότας the words ἀρίστους γεγονέναι. Compare *Kühner*, § 896, *Jelf.*

§ 10.

ἆρα λέγεις τὴν τῶν θεῶν κρίσιν, κ. τ. λ. "Do you mean the trial oetween the gods, which Cecrops and his assessors in judgment decided from their virtue?" By κρίσιν is here meant the controversy between Neptune and Minerva, as to which of the two should be the patron deity of Athens. The question was decided in favor of Minerva. According to one account, the gods themselves were the judges; according to another, Cecrops and Cranaus. (Compare *Apollod.*, iii., 14, 1.) Xenophon follows here a third account. By the expression οἱ περὶ Κέκροπα is meant the whole bench of judges seated with Cecrops, or, in other words, his assessors. We must be careful here not to refer the phrase to Cecrops alone. Such an employment of οἱ περί, to designate merely a single individual, would be characteristic of a writer of the Silver Age. (*Kühner, ad loc.*)—λέγω γάρ. "Yes, I mean that." More literally, supplying at the same time the ellipsis, "(You are right), for I mean it."—Ἐρεχθέως τροφὴν καὶ γένεσιν. The Erechtheus here meant was the earlier one of the two, and was the fourth king of Athens, and the son of Vulcan and Minerva. He was father of Pandion I., and grandfather of the younger Erechtheus, who was the sixth king of Athens

Apollodorus (iii., 14, 6) calls the elder Erechtheus by the name of Erichthonius, but, as Heyne thinks, this is merely a kind of cognomen. Some editors, offended by the *hysteron proteron* in τροφὴν καὶ γένεσιν, convert the latter substantive into ξένεσιν, referring it to the hospitable reception of Ceres by Erechtheus, but then, as Weiske observes, it should have been τὴν τῆς Δήμητρος ξένεσιν. Kühner suggests two arguments in defence of Xenophon's collocation of τροφήν and γένεσιν: one, that he is here expressly imitating the language of Homer; and the other, that τροφήν, the more important of the two, is purposely placed first, to make it more emphatic. Compare *Hom., Il.*, ii., 547, *seqq.*

καὶ τὸν πόλεμον, κ. τ. λ. "And the war that was waged in his time against the inhabitants of the whole adjacent continent." Thrace is meant, which in early times is said to have extended to the confines of Attica. The war alluded to is that between the Athenians and the Thracians and Eleusinians. Compare *Isocrat., Panog.*, c. 19. *Göller, ad Thucyd.*, ii., 15.—καὶ τὸν ἐφ' Ἡρακλειδῶν, κ. τ. λ. The war carried on by the descendants of Hercules against Eurystheus and the Peloponnesians.—καὶ πάντας τοὺς ἐπὶ Θησέως πολεμηθέντας. With πάντας supply τοὺς πολέμους. The allusion is to the wars waged against the Amazons and Thracians. Compare *Herod.*, ix., 27. *Plut., Vit. Thes.*, 27.—τῶν καθ' ἑαυτοὺς ἀνθρώπων ἀριστεύσαντες. "As having been tne bravest of the men of their own time." The expression δῆλοι γεγόνασι ἀριστεύσαντες may be rendered more freely, " were clearly the bravest."

§ 11.

εἰ δὲ βούλει. "And, if you please, (add this also)." A formula of Attic urbanity, and of transition, often translated simply by "moreover."—οἱ ἐκείνων μὲν ἀπόγονοι. "Their descendants," *i. e.*, the Athenians in the age of Miltiades, Themistocles, and Aristides, who warred against the Persians.—τὰ μέν . . . . τὰ δέ. "Partly . . . . . partly."—καθ' ἑαυτούς. He omits to mention the faithful Platæans. Compare *Corn. Nep., Milt.*, c. 5: "*Hoc in tempore nulla civitas Atheniensibus fuit auxilio præter Platæenses.*"—τοὺς κυριεύοντας. The Persians are meant, the extent of whose territory at that time is here defined.—ἀφορμήν. "Means." Compare ii., 7, 11.—οἵ δὴ καὶ λέγονται. "And these, as all know, are even said." The particle δή has here the force of "*uti constat inter omnes.*"—λέγονται γάρ. Compare note on λέγω γάρ, § 10.

§ 12, 13.

διέμειναν ἐν τῇ ἑαυτῶν. "They ever remained in their own land." Supply γῇ. Hence the Athenians prided themselves on being αὐτόχθονες and γηγενεῖς.—ὑπὲρ δικαίων. "For their just rights."— ἐπέτρεπον ἐκείνοις. "Submitted the case to them," i. e., to their arbitration.—καὶ θαυμάζω γε. Compare i., 1, 20.—ἡ πόλις ὅπως ποτ', κ. τ. λ. "How our city ever inclined to the worse," i. e., ever degenerated. Conjunctions which usually stand at the commencement of a clause, are often placed after one or more words, to render these words more emphatic. Tho same arrangement is common in Latin writers also. Compare Cic., Tusc., ii., 4, 12. Zeune reads, with one of the earlier editions, εἰ ἡ πόλις οὕτω, but this does not agree with the context, for the wonder of Pericles is, how the state at length declined, as appears from what follows.—διὰ τὸ πολὺ ὑπερενεγκεῖν κ. τ. λ. "By reason of their vast superiority, and their being best having sunk into carelessness, fall behind their antagonists"

§ 14.

ἂν ἀναλάβοιεν. "Might they regain."—οὐδὲν ἀπόκρυφον, κ. τ. λ. "That does not appear to me to be any thing mysterious."—τὰ ἐπιτηδεύματα. "The pursuits."—μηδὲν χεῖρον ἐκείνων ἐπιτηδεύοιεν. "They should practice them after no worse fashion than those did." —οὐδὲν ἂν χείρους ἐκείνων γενέσθαι. "(It appears unto me) that they would be in no respect inferior to them." Observe here the change of construction, the nominative with the infinitive being employed in ἀπόκρυφον εἶναι, and here the accusative with the same mood.—τούς γε νῦν πρωτεύοντας. The Lacedæmonians. Herbst remarks, that Xenophon always prefers the Lacedæmonian form of government to the Athenian.—καὶ τούτοις τὰ αὐτὰ ἐπιτηδεύοντες 'And practicing the same pursuits with these."

§ 15.

λέγεις, ἔφη, πόρρω που, κ. τ. λ. "You mean, said he, that moral excellence is, without doubt, far distant unto our city; for when will the Athenians," &c . Observe here the force of που, which is to be construed with πόρρω, not with λέγεις, and compare the remark of Weiske (Pleon. Gr.): "Vim intendendi hæc particula (που) habet, adjecta v. g. τῷ πόρρω. Zosim., ii., 1, πόρρω που, 'longissime :' sed Xenophon, Mem., iii., 5, 15, item metaphorice." The connection of the sentence is this. Since by adopting the discipline of Lacedæmon, you think you can recall the Athenians to their pristine valor and glory, you seem to hint that at present the Athenians are far inferior to the Lacedæmonians."—οἱ ἀπὸ τῶν πατέρων ἄρχονται καταφρονεῖν, κ. τ. λ. "Men who begin from their own parents to show contempt for their elders." The infinitive here, in place of the participle, is used to mark an intentional neglect observed by the Athenians toward their elders. (*Kühner*, § 688, *Obs*. *Jelf*.)—ἢ σωμασκήσουσιν. Supply πότε after ἢ, from the previous clause.—εὐεξίας. "A good habit of body."

§ 16.

ἀγάλλονται. "Pride themselves."—οὕτως ὁμονοήσουσιν. "Will they be so of one mind," *i. e.*, will they be of one mind, as they are. —ἀντὶ μὲν τοῦ συνέργειν, κ. τ. λ. "Instead of co-operating with one another for mutual benefit."—καὶ φθονοῦσιν ἑαυτοῖς μᾶλλον. "And have more envy toward one another."—συνόδοις. "Meetings."—καὶ πλείστας δίκας δικάζονται. "And institute very many suits." For this construction of δικάζεσθαι, consult *Kühner*, § 601, *Jelf*.—ἢ συνωφελοῦντες αὑτούς. "Than by helping each other." The participle is used to express the means or manner of an action (*Matthiæ*, § 566, 4.)—τοῖς δὲ κοινοῖς ὥσπερ ἀλλοτρίοις χρώμενοι. "And conducting their public affairs as if belonging to another state."—αὖ. "Also."—καὶ ταῖς εἰς τὰ τοιαῦτα, κ. τ. λ. "And rejoice most in the power which they obtain for such contests." Observe that τὰ τοιαῦτα refers to the several antecedent clauses.

§ 17, 18.

ἐξ ὧν πολλὴ μὲν ἀπειρία, κ. τ. λ. "From all which conduct great ignorance and cowardice spring up in our state." By ἀπειρία is meant ignorance of military affairs, the result of want of practice.— ἢ ὥστε φέρειν δύνασθαι. "Than it is able to bear." Literally, "than so as to be able to bear it."—οὕτως ἡγοῦ ἀνηκέστῳ, κ. τ. λ. "Think that the Athenians are afflicted with such incurable depravity." The verb νοσεῖν is generally construed with an accusative. It is sometimes, however, found with a dative, as here. This verb, moreover, is frequently used in a figurative sense, with respect to the disturbed or unsettled state of cities. Compare *Anab*., vii., 2, 32.— ὡς εὔτακτοι. 'How well disciplined."—εὐτάκτως δέ. " In how orderly a manner, too." Supply ὡς from the previous clause.—τοῖς ἐπιστάταις. "Their masters." These are the instructors in the palæstra, or place of exercise, who taught the youth wrestling, boxing, &c.—οὐδένων καταδεέστερον. "In a way inferior to none." Observe that οὐδένων is equivalent here to οὐδὲ ἄλλων τινῶν.

§ 19, 20.

τοῦτο γάρ τοι, κ. τ. λ. "(You are right), said he, fo: this, indeed is even strange, that such persons as these, namely, should obey," &c. Such persons as actors, sailors, rowers, &c., were generally men of the lower order, or slaves, whereas the ὁπλῖται and ἱππεῖς were citizens of the higher class.—προκεκρίσθαι. "To be superior."—ἡ δὲ ἐν Ἀρείῳ πάγῳ βουλή, κ. τ. λ. "But does not, O Pericles, the council of the Areopagus consist of persons who have been most fully approved of?" The council, or, rather, court of the Areopagus, held its sittings on a small rocky eminence to the west of, and not far from the Athenian Acropolis. This eminence was called "Mars' Hill," whence the name of the court. The Areopagus was a body of very remote antiquity, and gave judgment in capital cases. Consult *Smith, Dict. Ant.*, s. v.—τῶν δεδοκιμασμένων. The most worthy and religious of the Athenians were admitted as members of this council, and such archons as had discharged their duty with care and fidelity. Hence the high character enjoyed by the court.—νομιμώτερον. "More in accordance with the laws."—σεμνότερον. "With more dignity."—δίκας δικάζοντας. "Deciding cases." Observe the force of the active here. The middle would mean, "instituting or commencing lawsuits."

§ 21, 22.

καὶ μήν. "Yet surely."—οὐδενὶ τούτων προςέχουσιν. "They attend to no one of these things."—ἴσως γάρ. "(True); for perhaps." Compare iv., 4, 13, *seq.* Edwards less neatly supplies οὐ θαυμαστόν —οὐδὲ εἷς. Compare i., 6, 2.—ὅσοι τούτων ἄρχουσι. "As many as take the lead in these matters."—ἐφ' οἷς ἐφεστᾶσι. "Over which they preside."—αὐτοσχεδιάζουσιν. "Take office without due preparation." The verb αὐτοσχεδιάζω literally means, "to act off-hand," &c.—οὐδὲν ἧττον ἔχειν. "Are not the less able," *i. e.*, although you are a general, like one of them.—ἦρξω μανθάνειν. Compare note on ἄρχονται καταφρονεῖν, § 15.—καὶ πολλὰ μὲν οἶμαι, κ. τ. λ. "I think, too, that you have received and keep in remembrance many of your father's principles of warfare."—συνενηνοχέναι. "Have collected." From συμφέρω.

§ 23.

πολλὰ μεριμνᾶν. "Feel much anxiety." The verb μεριμνῶ is construed in this same way with an accusative in iv., 7, 6. It is construed with περί and a genitive in i., 1, 14.—ὅπως μὴ λάθῃς σεαυτόν, κ. τ. λ. "That you may not unconsciously be ignorant of any one of the things," &c., *i. e.*, lest you may be, &c. Literally, "tha you may not escape your own observation in being ignorant of," &c. The participle of the aorist, not of the present, is usually construed with the aorist λαθεῖν.—αἴσθῃ. Some take this to be from an obsolete verb αἴσθομαι. Compare *Sauppe, ad loc.*

§ 24, 25.

Οὐ λανθάνεις με, ὦ Σώκρατες, κ. τ. λ. "You do not escape my observation, O Socrates, that you say all this, not really thinking that I am careful of these things," &c. More freely, "I am well aware, Socrates, that you thus speak, not from a real opinion that I have been diligently careful on these points," &c. Pericles understood the irony of Socrates, by which it was his habit to commend an individual for a virtue he did not possess, in order to induce him to endeavor earnestly to possess it.—ὁμολογῶ μέντοι, κ. τ. λ. The particle μέντοι has here a confirmative force, and answers to the Latin *profecto.*—ὅτι πρόκειται, κ. τ. λ. Attica was separated from Bœotia by the range of Mount Parnes, which was itself connected with that of Cithæron.—καθήκοντα. "Stretching down." Referring to the chain's stretching off into Bœotia to meet Cithæron.—καὶ ὅτι μέσῃ διέζωσται, κ. τ. λ. "And that, lying in the midst, it is girded by strong mountain-heights." The chief mountains of Attica are Parnes, Brilessus, Hymettus, Laurium (famous for its silver mines), Lycabettus, and Pentelicus.

§ 26.

σὺ ἐκεῖνο. Jacobs conjectures οὐ κἀκεῖνο.—Μυσοὶ καὶ Πισίδαι. The Mysians were a people of Asia Minor, whose territory lay to the north of Lydia, and west of Bithynia. The Pisidians were also a people of Asia Minor, whose territory was bounded on the west and north by Phrygia, and on the south by Pamphylia.—βασιλέως. Observe that βασιλεύς, being put κατ' ἐξοχήν for the King of Persia, stands like a proper name without the article.—ἐρυμνὰ πάνυ χωρία. "Very strong situations."—ἀκούω. This is often, as here, used for ἀκήκοα. Compare iv., 2, 8, and *Kühner*, § 396, *Jelf.*

§ 27, 28.

μέχρι τῆς ἐλαφρᾶς ἡλικίας. "Up to the time of active youth." The allusion is to the young Athenians called περίπολοι, "the patrol," between eighteen and twenty years of age, who formed a sort of horse-patrol to guard the frontier. These two years, therefore, were a kind of apprenticeship in arms.—ὡπλισμένους. "If armed."—μι γάλην δε πρυβολήν, κ. τ. λ. "And prove a powerful bulwark for the citizens of this country."—ἐπιχείρει αὐτοῖς. Compare ii, 3, 5.—ἐὰν δέ τι ἀδυνατῇς. "And even if you be unable with respect to any one of them," i. e., unable to accomplish any one of them.—καταισχυνεῖς. "Will you bring shame upon."

CHAPTER VI.

§ 1.

Γλαύκωνα. This Glauco, son of Aristo, was brother of Plato the philosopher. There was another Glauco, father of Charmides, and uncle to Plato. Compare iii., 7, 1.—ὅτ' ἐπεχείρει δημηγορεῖν. "When he was attempting to harangue the populace."—οὐδέπω εἴκοσιν ἔτη γεγονώς. The young men of Athens, at the age of eighteen, were permitted to exercise the rights of free citizens, and to take office in the management of public affairs. (Compare Schömann, de Comit Athen., p. 76, 105.)—ὄντων ἄλλων οἰκείων, κ. τ. λ. "Although he had both other relations and friends."—παῦσαι ἑλκόμενόν τι, κ. τ. λ. "To prevent him from both being dragged down from the bema." The bema was a stone platform or hustings in the Athenian place of assembly, ten or eleven feet high, with an ascent of steps Schneider cites, in illustration of the present passage, Plato, Protag., p. 139, c., where it is mentioned, that occasionally wretched orators were dragged from the bema, and driven from the assembly by the τοξόται, a body of men kept to serve as the police of Athens, and deriving their name from the bows (τόξα) with which they were armed.—Πλάτωνα. Aulus Gellius (N. A., xiv., 13) states, that a spirit of rivalry and opposition existed between Xenophon and Plato, and asserts that hence there is no mention of the name of the latter in the works of the former. Muretus, however, employs the present passage to refute him. (Var. Lect., v., 14.) Cobet and Böckh both consider the whole story of their rivalry to be a mere fabrication.— ἔπαυσεν. "Caused him to cease (from his conduct)."

§ 2.

ἐντυχὼν γάρ. The particle γάρ refers to the previous paragraph. —πρῶτον μὲν εἰς τὸ ἐθελῆσαι, κ. τ. λ. "He, in the first place, detained (and led) him into a willingness to listen, by having made such remarks as the following." Compare Anab., vii., 8, 20, where εἰς τό with the infinitive likewise occurs.—ἡμῖν. "For us." The dativus commodi. Compare Kühner, § 599, Jelf.—νὴ Δί', ἔφη, καλὸν γάρ. "To be sure, replied he, for it is an honorable office." The

particle γάρ here gives the grounds for the preceding affirmation.—
εἴπερ τι καὶ ἄλλο, κ. τ. λ. The Latins have imitated this idiom: *Si quid aliud in rebus humanis*, sc. pulchrum est.—ἐὰν τοῦτο διαπράξῃ. "If you shall have accomplished this object," *i. e.*, to stand at the head of public affairs as a statesman.—τὸν πατρῷον οἶκον. "Your father's family." In four Parisian MSS., and in the early editions, we have τοὺς πατρῴους οἴκους.—Θεμιστοκλῆς. Compare ii., 6, 13.— περίβλεπτος. "Admired of all." More literally, "looked at from on all sides."

§ 3, 4.

ἐμεγαλύνετο. "Began to be proudly elated."—ὠφελητέα σοι ἡ πολις ἐστίν. Here the object becomes the subject, and the verbal is referred to it as a passive, in the same gender, number, and case, like the Latin participle in *dus*: "the state must be benefited by you."—ἐκ τίνος ἄρξει. "With what you will begin."—ὡς ἂν τότε σκοπῶν. "As if he were then considering." Elliptically put for ὡς ἂν διασιωπήσειεν, εἰ τότε σκοποίη.—ἄρ' ἔφη. Compare iii., 2, 1.

§ 5.

προςόδων. "Revenues."—εἰκὸς γοῦν. Compare i., 4, 8.—λέξον δή. "Tell me, then."—πόσαι τινές εἰσι. "How great perchance they are," *i. e.*, their probable amount.—ὅτι ἔσκεψαι. "That you have considered them."—εἰ μέν τινες αὐτῶν, κ. τ. λ. "If any of them may be deficient," *i. e.*, if any of these revenues fall short. Observe that αὐτῶν depends on τινές, not on ἐνδεῶς ἔχουσιν.—εἰ δὲ παραλείπονται, κ. τ. λ. "And, if any fail, you may procure an addition."

§ 6.

τάς γε δαπάνας, κ. τ. λ. "Tell us, at least, the expenses of the city."—δῆλον γάρ, ὅτι καὶ τούτων τὰς περιττάς, κ. τ. λ. "For it is evident that you intend to remove also the superfluous ones of these," *i. e.*, to remove all superfluous expenditure.—οὐδὲ πρὸς ταῦτά πω κ. τ. λ. "Neither for these have I ever as yet had leisure." Observe that ταῦτα refers to the whole of the previous sentence. Compare *Kühner*, § 383, *Jelf*.—τὸ μὲν ποιεῖν ἀναβαλούμεθα. "We will defer the making." The article here, which might have been omitted, renders the infinitive more emphatic. Compare *Kühner*, § 670, *Jelf*.

§ 7, 8.

ἀπὸ πολεμίων. "At the expense of her enemies."—νὴ Δί' σφόδρα γε. "Yes, indeed, most assuredly so." Compare i., 2, 9.—ὅττως δὲ ὤν, κ. τ. λ. "But if he be weaker, he would very likely lose even the things that are already his," i. e., would lose his all.—τόν γε βουλευσόμενον. "The minister, at least, who is about to deliberate."—ἐὰν μὲν ἡ τῆς πόλεως κρείττων ᾖ. "If that of his own state be superior." Observe that ἡ refers to δύναμις, implied from the previous clause.—ἐπιχειρεῖν τῷ πολέμῳ. Compare ii., 3, 5.—τῶν ἐναντίων. For τῆς τῶν ἐναντίων.—εὐλαβεῖσθαι πείθῃ. "He may persuade it to act with caution."

§ 9, 10.

εἶτα. "And then." For εἶτα δέ.—οὕτως γε ἀπὸ στόματος. "So readily, at least, by word of mouth," i. e., off hand, by memory.—εἰ γέγραπταί σοι, ἔνεγκε. "If it has been written out by you, bring it."—οὐκοῦν, ἔφη, καὶ περὶ πολέμου, κ. τ. λ. "Well, then," said he, "we will suspend our deliberating respecting war in the first place." Certain adjectives with an article, in the accusative feminine singular, are used adverbially, as τὴν πρώτην, τὴν εὐθεῖαν, &c., where some supply ὁδόν. (*Kühner*, § 558, *Jelf*.)—αὐτῶν. "Of the things involved in it."—ἀλλά τοι. "But certainly." Compare i., 2, 36.—ὅτι σοι μεμέληκε. Bornemann reads from one MS. ὅτι σοι ἤδη με μέληκε.—ὁπόσαι τε φυλακαὶ ἐπίκαιροί εἰσι. "Both how many fortresses are in favorable positions."—ἱκανοί. "Sufficient to guard them."—συμβουλεύσειν. Supply οἶδά σε. Observe that the construction changes here, from ὅτι and a future verb, to the infinitive. Compare *Kühner*, § 804, 4, § 683, 1, *Obs. Jelf*. One MS. has συμβουλεύσεις, which Dindorf adopts.

§ 11.

νὴ Δί', ἔφη ὁ Γλαύκων, κ. τ. λ. "Yes, indeed, replied Glaucon, I, for my part, will advise then to remove all, on account of their being kept in such a way that," &c. After ἔγωγε, supply συμβουλεύσω ἀφαιρεῖν, and observe that αὐτὰς φυλάττεσθαι is the same as φυλακὰς φυλάττεσθαι.—ὥστε κλέπτεσθαι, κ. τ. λ. "That the things which are in it are stolen from the country." We have given the conjecture of Valckenaer, supported by three MSS., for the common reading ὥστε καὶ ὕπτεσθαι. Zeune, with some early editions, reads ὥστε καὶ βλάπτεσθαι.—τὰ ἐκ τῆς χώρας. For τὰ ἐν τῇ χώρᾳ (ὄντα) ἐξ αὐτῆς τῆς χώρας. Compare *Kühner*, § 617, *Jelf*.—καὶ ἁρπάζειν. "To plunder also." This is opposed to κλέπτεσθαι. Not only to be stolen, but even to be openly pillaged.—αὐτός. "In person."—οὐκοῦν, ἔφη, καὶ περὶ τούτων, κ. τ. λ. "Shall we therefore, said he, delay then about these things also, when we may no longer be indulging in mere conjectures, but may now have known for certain?" *i. e.*, when we no longer rest on guesses, but have a certain knowledge

§ 12.

εἰς γε μήν, ἔφη, τἀργύρια, κ. τ. λ. "I know very well, said he, that you have not gone unto the silver mines." These mines were at Laurium, near the promontory of Sunium. Compare ii., 5, 2. Observe the strong affirmatory power of μήν.—αὐτόθεν "From that same quarter."—οὐ γὰρ οὖν ἐλήλυθα, ἔφη. "(You are right), said he, for I have not indeed gone." The particle οὖν, added to γάρ, marks the truth of the assertion. (*Kühner*, § 737, 2, *Jelf.*)—βαρύ. "Unhealthy."—αὕτη ἡ πρόφασις. "This excuse."—σκώπτομαι. "I am trifled with." This is the reading of five MSS. and some early editions. The Aldine and many subsequent editions have σκέπτομαι. But the best Attic writers hardly ever use the present σκέπτομαι. Jacobs reads σκέψομαι. "I will visit them." Kühner agrees with Bornemann in preferring σκώπτομαι. The young man, as the latter editor remarks, wishes the subject to be gravely discussed, and Socrates, perceiving his wish, abstains after this from every thing ironical.

§ 13.

καὶ πόσον χρόνον, κ. τ. λ. "Both for how long a time the corn produced from our territory is sufficient to support the city."—προςδέεται. Supply ἡ πόλις. The subject of one sentence is often supplied from the object of a preceding proposition. (*Kühner*, § 893, e., *Jelf.*) One MS. has προςδεῖται. Compare i., 6, 10.—τοῦτό γε ἐνδεής "In want as respects this in particular." Observe here the construction of ἐνδεής with the accusative, and consult on this usage the remarks of Kühner, *ad Cic., Tusc.*, v., 28, 81. One MS. has τούτου γε, which some editors have received.—ἀλλ' εἰδώς, ἔχῃς. "But that, from accurate knowledge, you may be able."—εἴγε δεήσει. "If it will be incumbent (on me)," *i. e.*, if I shall have to.

§ 14.

ἀλλὰ μέντοι. "Yet assuredly."—ὧν προςδέεται. "Which it requires." The common text has προςδεῖται.—ἐκ πλειόνων ἢ μυρίων οἰκιῶν. Boeckh (*Publ. Econ. of Athens*, i., p. 43) shows that Athens with the harbor Piræus, had inhabitants to the number of one hundred and eighty thousand, *i. e.*, including males and females, bond and free. In the region of the silver mines there were twenty thousand persons, and throughout the country region about three hundred thousand, so that the whole number of the Attic population would be about half a million.—οἰκιῶν. By οἰκίαι are here meant "houses;" by οἴκων in the next sentence or clause, "households" or "families." —τὸν τοῦ θείου. "That of your uncle, for instance." The individual here referred to was Charmides. Compare iii., 7, 1.—δέεται δέ. "For he stands in need of help."—καὶ πλείοσιν ἐπιχειρήσεις "You will even attempt to do so for more."—ἐν τάλαντον. The weight of course is here meant, not a sum of money. The talents of weight most in use were the Euboic or Attic talent (here meant), equal to almost fifty-seven pounds, and the Æginetan, equal to about eighty-two and one quarter pounds.

§ 15, 16.

πείθεσθαί μοι. "To follow my advice."—μετὰ τοῦ θείου. "Including your uncle."—δυνήσεσθαι ποιῆσαι πείθεσθαι. Here are three connected infinitives, without any other word intervening; a circumstance not uncommon in Greek authors. Compare iv., 6, 6. *Cyrop.*, i., 3, 13. *Matthiæ*, § 545, *Obs.*—φυλάττου. "Take care." Observe the force of the middle.—τοῦ εὐδοξεῖν. "Of reputation." —σφαλερόν. "Slippery."—ἐνθυμοῦ δὲ τῶν ἄλλων, κ. τ. λ. "Think, too, of the rest of men, as many as you know to be such as appear,' &c. For the genitive after ἐνθυμεῖσθαι, consult *Matthiæ*, § 349.

§ 17, 18.

ἐνθυμοῦ δὲ καὶ τῶν εἰδότων, κ. τ. λ. "Then think, too, of those who know what they both say and do," i. e., who know the subjects on which they speak, &c.—ἐκ τῶν μάλιστα ἐπισταμένων ὄντας. "To be of the number of those who have most knowledge."—πειρῶ κατεργάσασθαι, κ. τ. λ. "Endeavor to bring about as much as possible the actually knowing those things which you wish to perform," i. e., endeavor really to become most skilled in what you wish to attempt.—διενέγκας. "Having surpassed."—τὰ τῆς πόλεως πράττειν. Compare i., 6, 15.

CHAPTER VII.

§ 1.

Χαρμίδην. Charmides was the son of the elder Glauco, and uncle to Glauco the younger. He was uncle also, by the mother's side, to P.ato, who introduces him, in the dialogue which bears his name, as a very young man at the commencement of the Peloponnesian war. He was a great favorite with Socrates. In B.C 404, he was one of the ten who were appointed, over and above the thirty tyrants, to the special government of the Piræus, and he was slain fighting against Thrasybulus at the battle of Munychia in the same year.—*ἀξιόλογον.* "Worthy of estimation."—*προςιέναι τῷ δήμῳ.* "To appear before the people," *i. e.*, to speak in public.—*τοὺς στεφανίτας ἀγῶνας νικᾶν.* "To conquer in the games where crowns are given as prizes," *i. e.*, in the greater games. The four great games are particularly meant. The Grecian games were divided into two classes, the *στεφανῖται* and the *θεματικοί*. In the latter, rewards or prizes other than crowns were proposed.—*ἀγῶνας νικᾶν.* Verbs signifying to fight, contend, conquer, &c., take an accusative of the war, contest, or victory, or of that wherein it consists. Compare *Kühner,* § 564, *Jelf.*—*δῆλον, ὅτι, ἔφη.* A similar collocation of words occurs at iv., 2, 14 ; iv., 4, 23. The more usual arrangement is *δῆλον, ἔφη, ὅτι.*—*μαλακόν τε καὶ δειλόν.* Supply *εἶναι νομίζω*

§ 2, 3.

ὀκνοίη δή. "Should hesitate thereupon."—*δυνατὸν ὄντα.* "Though fully capable."—*καὶ ταῦτα, ὧν ἀνάγκη, κ. τ. λ.* "And that, too, of those things in which it is necessary for you to take part, especially as being a citizen." The full form of expression would be, *καὶ ταῦτα, ἐπιμελεῖσθαι τούτων, ὧν, κ. τ. λ.*—*τὴν ἐμὴν δύναμιν.* "My ability."—*ταῦτά μου καταγιγνώσκεις.* "Do you thus condemn me."—*ἐν αἷς σύνει τοῖς τὰ τῆς πόλεως πράττουσι.* "In which you associate with those who do manage the affairs of the state."

§ 4.

ἰδίᾳ τε διαλέγεσθαι, κ. τ. λ. "Both to discuss matters in private, and to exhibit one's powers before the people at large," *i. e.*, when met in full assembly.—*ἀριθμεῖν.* "To count."—*οὐδὲν ἧττον.* "No less accurately."—*κατὰ μόνας.* "In private." The same as *κατ' ἰδίαν.* Bos supplies *χώρας,* but Kühner gives the preference to *δυνάμεις.*—*οὗτοι καὶ ἐν τῷ πλήθει, κ. τ. λ.* The demonstrative pronoun is here brought in for the sake of emphasis, so that *οἱ κιθαρίζοντες* becomes a nominative absolute, or, in other words, an instance of anacoluthon

§ 5, 6.

ἔμφυτά τε ἀνθρώποις ὄντα. "Are both things naturally implanted in men." With the names of inanimate things the neuter plural is frequently used, without any regard to the gender of the subjects.—*καὶ παριστάμενα.* "And affect us." The verb *παρίστασθαι* is often used with respect to fear, hope, desire, and other affections of the mind. Compare *Haase, ad Rep. Lac.*, iii., 2, p. 94.—καὶ σέ γε διδάξων, κ. τ. λ. " And yet, said he, I am impelled to inform you." Observe that καί has here the force of καίτοι or καὶ μήν. Verbs of motion are accompanied regularly by participles future, to express the object of the verb. Compare *Matthiæ*, § 566, 6.—αἰσχύνει. "You are, nothwithstanding, ashamed."—τοὺς γναφεῖς αὐτῶν. "Of the fullers among them."—τοὺς ἐμπόρους. "The merchants." The ἔμποροι were properly those merchants who embarked and traded personally from port to port; and hence they are here opposed to οἱ ἐν τῇ ἀγορᾷ μεταβαλλόμενοι, "those who barter wares in the marketplace."—ὅ τι "In what way."—συνίσταται. "Is composed."

§ 7.

τί δὲ οἴει διαφέρειν, κ. τ. λ. " In what, then, do you suppose that what you are doing is other than that a man, who is superior to those practiced in the palæstra, yet fears the untrained!" i. e., in what do you suppose that your conduct differs from that of him who, being superior to the practiced athletæ, yet fears the untrained! Kühner well expresses here the force of διαφέρειν by *aliud esse quam*, or *præstabilius esse quam*. Observe, too, the force of ἀσκηταί, as denoting athletes regularly trained in the palæstra, and opposed to the ἰδιῶται, who are altogether unacquainted with gymnastic training —οὐ γὰρ τοῖς πρωτεύουσιν, κ. τ. λ. " For do you not, although easily holding conference with those who are superior officers in the state, some of whom hold you in contempt, and although far superior to those who practise the addressing the people, nevertheless shrink from delivering your sentiments," &c.—καταπεφρονηκόσιν. Compare the explanation of Kühner, as elucidating the force of the perfect here: " Perfectum indicat . . . . . *contemsisse et adhuc in contemtu habere*."

§ 8, 9.

καὶ γὰρ οἱ ἕτεροι, ἔφη. "(Very true), for even the others, said he, (whom you meet in private, do so)."—εἰ ἐκείνους, ὅταν τοῦτο ποιῶσι, κ. τ. λ. " If, easily putting down those persons whenever they may attempt this, you nevertheless think that you shall not be able in any way to manage these." The particle δέ often stands thus, especially in Attic writers, after a protasis, or after a participle which has the effect of a protasis. (*Matthiæ*, § 616, 3.)—προςενεχθῆναι Observe that προςφέρεσθαί τινι signifies, " to conduct one's self toward one," " to treat any one in a particular way,' and hence, " to manage," &c.—ὠγαθί. Compare i., 4, 17.—μὴ ἀγνόει σεαυτόν. Cicero seems to have imitated Xenophon (ad Q. Fratr., iii., 6): "Cessator esse noli (μὴ ἀπορραθύμει), et illud, γνῶθι σεαυτόν, noli putare ad arrogantiam minuendam solum esse dictum, verum etiam ut bona nostra norimus."—ὡρμηκότες ἐπὶ τὸ σκοπεῖν, κ. τ. λ. "Having rushed with eager curiosity to scrutinize the affairs of others."—μὴ οὖν ἀπορρᾷ θύμει τούτου. "Do not, then, abstain from this through indolence." —πρὸς τὸ σεαυτῷ προςέχειν. "To attend to your own powers."

CHAPTER VIII.

§ 1.

'Αριστίππου. Aristippus has been already alluded to, i., 2, 6. The genitive here might have been a dative after ἀπεκρίνατο, but it is used for greater emphasis.—ἐλέγχειν τὸν Σωκράτην. "To confute Socrates." The form Σωκράτην is given here in accordance with five MSS., instead of the common reading Σωκράτη.—τὸ πρότερον In book ii., c. 1.—οὐχ ὥςπερ οἱ φυλαττόμενοι, κ. τ. λ. "Not in the style of those who are on their guard lest their discourse may in any way be turned against them; but that, being persuaded (of the truth), they, (his followers), might most readily perform their duty." We have retained the common reading πράττοιεν. Kühner, following three of the MSS., gives πράττειν. The meaning is this: Socrates did not answer in the method of those who take great precautions to gain the better in argument, caring little whether their reasoning be just or false; but he replied in the manner of those who, free from all vain sophistry, seek truth alone, being imbued with the idea that what ought to be done, they should do. (Kühner, ad loc. Wheeler, ad loc.)

§ 2.

ὁ μὲν γάρ. Aristippus is meant.—εἰ εἴποι. "In case he should mention," i. e., in reply.—οἷον. "As, for example." In what follows after οἷον we have a species of attraction, for οἷον ἢ σιτίον . . . . ἢ ὑγίεια . . . . ἢ ῥώμη . . . . ἢ τόλμα ἐστίν.—ὅτι, ἐάν τι ἐνοχλῇ ἡμᾶς, κ. τ. λ. "That, in case any argument disconcert us, we stand in need of that which will cause our difficulty to cease," i. e., of that which will free us from our difficulty. Socrates, as Kühner remarks, answered Aristippus as he thought it best and most prudent to answer him, namely, by denying any thing to be absolutely good, and asserting good only to exist in reference to some other object: and in this mode of answer was included therefore an antidote (τὸ παῦσον) against Aristippus, who sought ἐνοχλοῖν τὸν Σωκράτην by a captious interrogation.—ποιεῖν. Observe that ποιεῖν is here equivalent in fact to ἀποκρίνεσθαι, the verb ποιῶ, like the Latin facio, being frequently made to supply the place of a verb that has preceded, by means of a general reference to it.

§ 3.

εἴ τι οἶδα πυρετοῦ ἀγαθόν. "Whether I know any thing good for a fever." Observe the peculiar construction of ἀγαθός with the genitive, and consult *Kühner*, § 100, *Jelf.— ἀλλὰ μήν.* "Well, then."—δ μηδενὸς ἀγαθόν ἐστιν. "Which is good for no one thing." The Socratic doctrine, as here laid down by Xenophon, is this, that nothing is good or useful of itself, but only with reference to something else.—οὔτε δέομαι. "Nor do I want (to know it)." Supply ἰδέναι

§ 4.

ὡς οἷόν τε μὲν οὖν, κ. τ. λ. "Nay, said he, some are as dissimilar as possible." Observe that μὲν οὖν here has somewhat the force of the Latin *immo*.—τῷ καλῷ πρὸς δρόμον. "To one who is beautifully formed for running."—καλὸς πρὸς πάλην. This reading Ernesti introduced, in place of the common one καὶ ἄλλος πρὸς πάλην.— καλὴ πρὸς τὸ προβαλέσθαι. "Handsomely formed for flinging in front of one's self," i. e., for defence in front.—ὡς ἔνι ἀνομοιοτάτη. "As dissimilar as possible."

§ 5.

οὐδὲν διαφερόντως, ἔφη, κ. τ. λ. "You answer me, said the other in no respect differently than when," &c., i. e., you give an answer now no way different from your previous one when I asked you, &c.—ἄλλο μὴν ἀγαθόν, ἄλλο δὲ καλὸν εἶναι. "That the good is one thing, indeed, and the beautiful another." More literally, "that one thing indeed is good, and another thing is beautiful."—ὅτι πρὸς ταῦτα πάντα, κ. τ. λ. "That all things are both beautiful and good, with reference to the same things," i. e., that with reference to the same things, all that is beautiful is also good.—ἡ ἀρετή .... ἀγαθόν. Compare ii., 3, 6.—τὸ αὐτό τε καὶ πρὸς τὰ αὐτά. "In both the same way, and with reference to the same objects."—πρὸς ταὐτὰ δὲ καὶ τἆλλα πάντα, κ. τ. λ. "And all the other things which men use are considered both beautiful and good with reference to those same things, with reference to which they may be useful," i. e., are considered beautiful and good with reference to their utility.

§ 6, 7.

κόφινος κοπροφόρος. "A dung basket."—νὴ Δία. Compare i., 2, 9 —ἐὰν πρὸς τὰ ἑαυτῶν ἔργα, κ. τ. λ. "If the former be beautifully formed, and the latter badly, for their respective uses."—λέγεις σύ, ἔφη, κ. τ. λ. "Do you mean, said he, that the same abstract things are beautiful and yet hideous?"—καὶ νὴ Δί' ἔγωγ', ἔφη, κ. τ. λ. "(Yes,) and indeed I, for my part, replied he, (say) that they are both good and evil."—τό τε λιμοῦ ἀγαθόν, πυρετοῦ κακόν ἐστι. For instance, food. So, again, τὸ πυρετοῦ ἀγαθόν is abstinence.—πρὸς ἃ ἂν εὖ ἔχῃ. "With reference to those things for which they may be good and proper."

§ 8.

καὶ οἰκίας δὲ λέγων, κ. τ. λ. "And again, when he said that the same houses were both beautiful and useful," i. e., that those which were beautiful were also useful.—οἵας χρὴ οἰκοδομεῖσθαι. "What kind of houses we ought to build."—ἀρά γε τὸν μέλλοντα, κ. τ. λ. "Ought not a man, who intends to have a house such as he ought (to have), to plan it in such a way that it shall be," &c.

§ 9.

τούτου δὲ ὁμολογουμένου. "And this being admitted (by his hearers)"—ἐπειδὴ δὲ καὶ τοῦτο συμφαῖεν. "And when they used to assent to this also." The optative sometimes represents an action as of frequent recurrence. Hence Kühner supposes that Socrates often discoursed with his friends on the proper method of constructing house. Compare i., 2, 57.—εἰς τὰς παστάδας. "Into the piazzas." The παστάς was a kind of colonnade or piazza, somewhat resembling the Homeric αἴθουσα, or porch in front of the house.—ὑπὲρ ἡμῶν αὐτῶν καὶ τῶν στεγῶν. "Over our heads and above the roof."—μὴ ἀποκλείηται. "May not be shut out."—μὴ ἐμπίπτωσιν. "May not blow upon it strongly."

§ 10.

ὡς δὲ συνελόντι εἰπεῖν. "But to speak briefly." With συνελόντι supply λόγῳ. The verb συναιρέω means literally, in this construction, to bring matters into a small or brief compass. Observe, moreover, that the infinitive is put after particles, especially after ὥστε and ὡς, for the simple *ut* with the subjunctive in Latin, or the English "to." (*Matthiæ*, § 545.)—αὐτός. "The owner himself," i. e, the owner and occupier of the house. Compare *Hermann, ad Vig.* p. 733.—καὶ τὰ ὄντα ἀσφαλέστατα τιθοῖτε. "And might most safely store up his property." Bornemann reads τίθοιτο, and so Matthiæ (§ 213, 3), remarking that the optative present passive and 2d aor mid. of τίθημι and ἵημι, in Attic, have frequently the form of the optative of a barytone verb, in which case the accent is drawn back, as in the imperative. The testimony, however, of the ancient grammarians is for the most part opposed to this. Compare Göttling, *Greek Accent*, p. 24, *Eng. transl.*—γραφαὶ δὲ καὶ ποικιλίαι, κ. τ. λ. "But paintings and decorations (on the walls) deprive one of more pleasurable feelings than they afford." The portion of the building reserved for these was wholly excluded from the rays of the sun, and therefore cold and cheerless in winter. By ποικίλαι appear to be meant frescoes, and in this sense Hermann also here understands them, remarking, "*ποικιλίας intelligenda esse censeo ornamenta parietibus illita, quæ ποικίλματα dicta in Œcon., ix., 2.*"

ναοὶς γε μὴν καὶ βωμοῖς, κ. τ. λ. "For temples and altars, however, he said the most becoming place was that which, being most open to the view, might be most free from the tread of men." Altars and temples, but more particularly the latter, were usually surrounded by a circuit wall (περιβόλῳ), the area included within which was usually thickly planted with trees and shrubs. Socrates disapproves of this arrangement, since he wished the place to be fully exposed to view, as if the worshippers could thus fancy that they saw the deity before them, and could address him as if present. (*Kühner, ad loc. Wheeler, ad loc.*)—ἡδὺ μὲν γὰρ ἰδόντι κ. τ. λ. "For that it was pleasant to pray the moment one beheld it, and pleasant, too, to approach it in perfect purity." Observe the force of the aorist in denoting an instantaneous action; and, with regard to the latter clause, compare the explanation of Schütz: "*Si via, quæ ad templum ducat, parum frequens sit, facilius adituri ab omni piaculo puros se servare possint.*"

CHAPTER IX.

§ 1; 2.

ἡ ἀνδρία πότερον, κ. τ. λ. "Whether courage was acquired by education or endowed by nature." More literally, "was a thing to be taught or natural." The substantive is placed before πότερον to make it more emphatic. Compare ii., 7, 8.—φύεται. "Is formed by nature."—πρὸς τὰ δεινά. "To encounter dangers."—ἔθεσι. "Institutions," i. e., national usages.—τόλμῃ. "In daring."—πᾶσαν φύσιν μαθήσει, κ. τ. λ. "That every nature is increased with regard to courage by instruction and training." The same sentiment occurs in ii., 6, 39.—ἀσπίδας καὶ δόρατα. The ordinary mode of Grecian arming is meant, and the Lacedæmonians are named as forming the truest type of Grecian bravery.—οὔτ' ἄν . . . . ἐθέλοιεν ἄν Heindenburg conjectured οὔτ' αὖ. But the particle ἄν is often repeated in the same proposition, for greater emphasis. Compare l, 4, 14.—ἐν πέλταις καὶ ἀκοντίοις. "Equipped with bucklers and javelins." The usual Thracian mode of arming. Observe here the force of ἐν. The leading idea is that of being in, being inclosed within, and hence being arrayed in.—ἐν τόξοις. "Armed with bows." The Scythians were expert archers, the bow being their national weapon.

§ 3.

ἐπὶ τῶν ἄλλων πάντων. "In all other instances." The preposition ἐπί is thus used with a genitive after verbs signifying "to understand, see, judge, say, show," &c. (Kühner, § 633, 1.)—καὶ ἐπιμελείᾳ πολὺ ἐπιδιδόντας. "And improving much by careful practice."—τοὺς εὐφυεστέρους "The more talented."—ἀξιόλογοι "Worthy of mention."

§ 4.

σοφίαν καὶ σωφροσύνην. "Wisdom and temperance." By σοφίαν is here meant the knowledge of virtue. In iv., 6, 7, he defines it as being identical with ἐπιστήμη. By σωφροσύνη, again, is meant virtuous conduct in general. The one of these always follows the other, and both ought to be united in the same individual. According to the opinion of Socrates, therefore, no one can be σοφός, that is, acquainted with all that is right and good, without being at the same time σώφρων.—ἀλλὰ τὸν τὰ μὲν καλά, κ. τ. λ. "But he judged that the man who knew the things that were beautiful and good, (and also knew how) to practise them (both), and the man who knew the things that were disgraceful, (and also knew how) to guard against them, was both wise and temperate." We have adopted here, with Kühner, the explanation of Lange, who regards the participles γιγνώσκοντα and εἰδότα as each, in effect, placed twice, that is, the expression in the text is the same as τὸν τὰ μὲν καλά τε καὶ ἀγαθὰ γιγνώσκοντα καὶ γιγνώσκοντα χρῆσθαι αὐτοῖς, καὶ τὸν τὰ αἰσχρὰ εἰδότα καὶ εἰδότα εὐλαβεῖσθαι. The regular form of expression would have been as follows: ἀλλὰ τὸ τὰ μὲν καλά τε καὶ ἀγαθὰ γιγνώσκειν καὶ χρῆσθαι αὐτοῖς, καὶ τὸ τὰ αἰσχρὰ εἰδέναι καὶ εὐλαβεῖσθαι σοφοῦ τε καὶ σώφρονος ἔκρινε. The explanation we given will save the necessity of any alteration of the text, as is rashly done by several editors.—*οὐδέν γε μᾶλλον, κ. τ. λ.* "That they were no more so than both the unwise and intemperate." We have given *ἀκρατεῖς*, the reading of four MSS., in place of the common reading *ἀμαθεῖς.—ἐκ τῶν ἐνδεχομένων.* "From every thing possible," i. e., by all possible means.

§ 5.

ἔφη δὲ καὶ τὴν δικαιοσύνην, κ. τ. λ. The train of reasoning of the whole passage is as follows: Justice and every other virtue is wisdom; but all just and virtuous things are also beautiful and good, he who knows all that is beautiful and good (i. e., *sapiens, σοφός*), will prefer nothing else to these; and so (*οὕτω*) the wise man will do all that is beautiful and good.—*οὔτε τοὺς μὴ ἐπισταμένους δύνασθαι πράττειν, κ. τ. λ.* "Nor would they who were not acquainted with them be able to effect them, nay, would actually commit error if they attempt them." Observe that *ἂν* continues its force throughout the whole of this clause.—*δῆλον εἶναι ὅτι . . . . σοφία ἐστί.* For *ὅτι σοφία εἴη.* Compare i., 1, 13.—*δικαιοσύνη.* The names of virtues and vices are often used without an article. The article which immediately follows is added on account of the adjective *ἄλλη.* It is omitted in one Paris MS.

§ 6.

μανίαν γε μήν. Compare i., 4, 5.—*τὴν ἀνεπιστημοσύνην.* "Ignorance in the abstract."—*καὶ μὴ ἃ οἶδε, κ. τ. λ.* "To imagine as well as actually believe that one knows, not what he knows, (but what he really does not know)," &c. When a negative is prefixed to an article or a relative, a conjunction or preposition, it may not be separated therefrom, for it is attached to it for the purpose of making or suggesting an antithetical clause to be supplied in the mind; thus, the full expression here would be, *μὴ ἃ οἶδεν, ἀλλ' ἃ μὴ οἶδεν.* "Not what he knows, but what he does not know," i. e., simply, "what he does not really know."—*τοὺς μέντοι πολλούς, κ. τ. λ.* "He said that the multitude indeed do not say that those are mad who err in those matters of which the many are ignorant, but call," &c.—*ὧν οἱ πολλοὶ γιγνώσκουσι.* The attraction of the relative is here owing to the omission of the demonstrative pronoun.

§ 7.

μέγας οὕτως εἶναι εἶναι. "Think himself to be so tall." Observe the construction of the nominative with the infinitive; and moreover, the emphatic position of *οὕτως*, literally, "tall to such a degree"

- τοῦ τείχους. "Of the city-wall"—αἱρεῖσθαι. "To lift up."—ἢ ἄλλῳ τῳ ἐπιτίθεσθαι, κ. τ. λ. "Or to undertake any other of the things manifest to all that they are impossible," i. e., of the things that are manifestly impossible in the eyes of all. Literally, "to attack any other," &c. Observe that τῳ is Attic for τινί.—μεγάλην παράνοιαν. "A great aberration of intellect."

§ 8.

ὅ τι εἴη. "What kind of a thing it might be." The relative pronoun is put in the neuter when it refers to a thing generally, whether masculine or feminine. The expression ὅ τι εἴη is regular, like the Latin "quid sit invidia," which refers to the determination of the class of objects to which any thing belongs; whereas, on the contrary, in ὅςτις εἴη, "qualis sit invidia," the class is considered as determined, and the question only is put, what other qualities besides the thing has. Compare *Matthiæ*, § 439. *Kühner*, § 820, 1, *Jelf*.—οὔτε μέντοι. Observe that μέντοι is here equivalent to δέ, and compare ii., 3, 5; iv., 4, 7.—τὴν γιγνομένην. "That which arises."—μόνους φθονεῖν. "That those alone felt envy."—θαυμαζόντων . . . . εἰ. Compare i., 1, 13.—φιλῶν τινα. "Having a friendly feeling toward any person."—οὕτως ἔχουσιν. "Are so disposed in feeling."—κακῶς μὲν πράττοντας. Compare i., 6, 8.—εὐτυχούντων. Genitive absolute.—τοῦτο δὲ φρονίμῳ μὲν ἀνδρί, κ. τ. λ. "That this, however, could not happen to a wise man," i. e., that this feeling could not arise in the breast of the wise man.

§ 9.

σχολήν. "Idleness."—τί εἴη. For ὅ τι εἴη. Compare notes on previous section.—ποιοῦντας μέν τι ὅλως ἅπαντας, κ. τ. λ. "He said that he found all men, upon the whole, doing something, yet still the most of them idle."—ποιεῖν τι. "Attempted to do something."—σχολάζειν. "Were in reality idle."—ἰέναι πράξοντας. "To go and do. —ἀπὸ μέντοι τῶν βελτιόνων, κ. τ. λ. "That no one, however, had leisure to pass from the things that were better to those that were worse," i. e., to leave a good occupation for a bad one. The verb σχολάζειν is often construed with a simple infinitive.—τοῦτον, ἀσχολίας αὐτῷ οὔσης, κ. τ. λ. "He said that this one really acted badly in this, because he had no leisure," i. e., that he, there being employment for him, &c.

§ 10, 1.

βασιλεῖς Compare ii., 2, 14.—ὑπὸ τῶν τυχόντων. "By the com mon people." Compare i. 1 14.—τοὺς κλήρῳ λαχόντας. "Those chosen by lot."—ὁπότε... ὁμολογήσειε. Compare i., 2, 57.—ἐπε δείκνυεν ἐν τε νηΐ, κ. τ. λ. "He used to show that, in a ship, the one who understood matters was the actual commander." Reiske would add κυβερνᾶν, but without necessity, for ὁ ἐπιστάμενος is frequently, as here, used absolutely.—οἷς ὑπάρχει τι ἐπιμελείας δεόμενον. "Who have any office requiring care."—ἂν μὲν αὐτοὶ ἡγῶνται, κ. τ. λ. "If they think that they are acquainted with it, take care of it themselves; but if they do not think that they understand it," &c.—ἐν δὲ ταλασίᾳ. "In wool spinning, moreover."

§ 12, 13.

μὴ πείθεσθαι τοῖς ὀρθῶς λέγουσι. "Not to yield obedience to upright advisers."—καὶ πῶς ἄν, ἔφη, κ. τ. λ. "And how is it possible that he should not obey, especially since there is a sure penalty impending if one obey not," &c. Καὶ implies wonder at the beginning of a question, in which the inquirer takes up what has been said, and turns it into an *argumentum ad absurdum*. Compare iii., 13, 6; iv., 4, 10.—τὸν εὖ φρονοῦντα. "A prudent monitor."—τὸν δὲ ἀποκτείνοντα. κ. τ. λ. "What, said he, do you think that the man who slays the best of his allies," &c. Ernesti, Dindorf, and Bornemann read ἀποκτείναντα from Stobæus and one Paris MS. Sauppe explains this aorist as implying an unsuccessful attempt; but Kühner and Jelf reject this signification of the tense. (*Kühner*, § 403, *Obs. Jelf.*) We have adopted, therefore, the ordinary reading, namely, the present participle, as implying a frequency of action, "he who slays," "who is in the habit of slaying."—ἤ, ὡς ἔτυχε, ζημιοῦσθαι. "Or is punished lightly." Literally, "is punished as it happens," i. e., in any ordinary way.—οὕτω. "By such conduct" This refers to ταῦτα ποιοῦντα.

§ 14.

ἐπιτήδευμα. "Object of study."—εὐπραξίαν. "Virtuous conduct.' —πᾶν μὲν οὖν τοὐναντίον, κ. τ. λ. "I, for my part, said he, think fortune and action altogether opposed to one another," i.e., diametrically opposite. Socrates now proceeds to set his inquirer right For when Socrates answered εὐπραξίαν, the other took this term in its ordinary sense of "prosperity," or "success in life," and immediately asked him whether "good fortune," or accidental prosperity, was an object of study. The philosopher now proceeds to lay down clearly the distinction between the two terms.—τὸ μὲν γὰρ μὴ ζητοῦντα, κ. τ. λ. "For I think that a person's meeting casually with any one of the things that are needed, without seeking for the same, is good fortune : while, on the other hand, I consider one's succeeding after having learned and practiced any thing, to be good conduct ; and they who aim at this appear to me to do well."

§ 15.

τοὺς τὰ γεωργικὰ εὖ πράττοντας. "Who, (understanding them), practice rightly the things appertaining to agriculture."—τὸν δὲ μηδὲν εὖ πράττοντα, κ. τ. λ. "While, on the other hand, he said that the man who did nothing zealously (and understandingly) was neither useful for any thing, nor loved of the gods." The student will not fail to perceive the mode in which Socrates plays upon the meaning of εὖ πράττειν.

CHAPTER X.

§ 1.

ἀλλὰ μὴν καί, κ. τ. λ. " But besides this, indeed, if he at any time entered into conversation with any one of those who were acquainted with the arts," i. e., with any artist. Observe here the peculiar force of ἔχω, "to hold any thing as one's own," "to be possessed of or familiar with a thing."—ἐργασίας ἕνεκα. "For the sake of gain."—καὶ τούτοις. "To these also." This pleonastic καὶ is added here in consequence of ἀλλὰ μὴν καί above.—εἰςελθὼν μέν The particle μέν refers to δέ in § 6.—Παρράσιον. Parrhasius was one of the most celebrated of the Greek painters, and a native of Ephesus. He practiced his art, however, chiefly at Athens. His peculiar merit consisted, according to Pliny, in accuracy of drawing, truth of proportion, and power of expression. Judging from the tenor of the present conversation, he appears to have been quite a young man when it took place. He did not, in fact, attain to his highest celebrity until after the death of Socrates.—γραφική ἐστιν ἡ εἰκασία τῶν ὁρωμένων ; " Is painting the representation of visible objects?" Observe that the predicate has here the article, while the subject is without it. The subject stands thus as a general notion, while the predicate with the article expresses something definite. There is no need, therefore, of our reading, with some editors ἡ γραφική ἐστιν εἰκασία.—γοῦν. "At least, however."—διὰ τῶν χρωμάτων ἀπεικάζοντες ἐκμιμεῖσθε. "Representing by means of your colors, you closely imitate." Observe the force of ἐκ in composition.

§ 2, 3.

ἀφομοιοῦντες. "In depicting,' i. e. when you depict.—ἐπὶ ἀνδρὸ *

"With any one man."—ὅλα τὰ σώματα καλὰ ποιεῖτε φαίνεσθαι. "You make your bodies to appear beautiful in all their parts." Compare the explanation of Kühner: "*Corpora in omnibus suis partibus.*"—ποιοῖμεν γάρ. ἔφη, οὕ-ως. "(You are right), for we do so, replied he." Observe the elliptical employment of γάρ.—τὸ πιθανώτατόν τε καὶ ἥδιστον.... τῆς ψυχῆς ἦθος. "That character of soul which is most persuasive as well as pleasing."—πῶς γάρ. "(Certainly not), for how."—μήτε ὧν σὺ εἶπας, κ. τ. λ. "Nor any one of the characteristics which you just mentioned." The allusion is to τὰ κοῖλα, ὑψηλά, &c., mentioned in § 1. Observe that ὧν is by attraction for ἅ.

§ 4.

ἆρ' οὖν, ἔφη, γίγνεται, κ. τ. λ. "Is not then, said he, both the looking in a friendly and in a hostile manner at certain p sons accustomed to arise in a man?" i. e., is it not sometimes seen that a man looks on others with a friendly or a hostile look?—τοῦτό γε. Thus in some MSS., in place of the common reading τό γε.—καὶ μάλα. "Undoubtedly."—ἐπὶ τοῖς ἀγαθοῖς. "At the prosperity."—ὁμοίως ἔχειν τὰ πρόςωπα. "To wear the same expression of countenance." More literally, "to have their countenances in the same way." The position of ὁμοίως here is intended to render it emphatic. The Greeks, in order to call attention to a word whereon an emphasis is to be laid, sometimes place it, as in the present instance, immediately before some word or words on which no stress is to be laid. (*Kühner,* § 904, 5, *Jelf.*)

§ 5.

ἀλλὰ μὴν καί. Compare § 1.—τὸ μεγαλοπρεπές τε καὶ ἐλευθέριον "Both what is exalted and liberal," i. e., elevation and liberality of spirit.—καὶ τὸ σωφρονητικόν τε καὶ φρόνιμον. "And both what is temperate and prudent," i. e., temperance and prudence of character.—καὶ διὰ τοῦ προςώπου, κ. τ. λ. "Display themselves clearly by both the countenance and the gestures of men both standing and in motion." With διαφαίνει supply ἑαυτά, and observe the employment here of the active with the reflexive pronoun, as more emphatic than the middle would have been.—πότερον οὖν, ἔφη, νομίζεις, κ. τ. λ. "Whether then, said he, do you suppose that men look with more pleasure upon (those paintings) by which fair, and virtuous, and loveable dispositions appear to the view, or those by which," &c. Schneider thinks that Socrates desired to persuade Parrhasius to imitate the fair and good rather than the vicious and hateful.

§ 6.

πρὸς δέ. The apodosis to εἰςελθὼν μέν in § 1.—Κλείτωια. Who this Clito was is not known. Coray would read Κλέωνα, from Pliny, *H. N.*, xxxiv., 9, 27. The Cleon of whom Pliny speaks was a sculptor of Sicyon, and excelled in portrait statues.—ἀλλοίους. "Statues of various forms," *i. e.*, in various positions. Supply ἂν ὁριάντας. We have placed a comma after ποιεῖς, which makes a neater arrangement than the ordinary one. For ἀλλοίους Orelli conjectures λαΐνους, Heindorf καλλίους ἢ οἱ ἄλλοι, and Dindorf καλοὶ οὕς.—μάλιστα ψυχαγωγεῖ διὰ τῆς ὄψεως τοὺς ἀνθρώπους, κ. τ. λ. "Most of all leads captive, by the sight of it, the minds of men, namely, the look of life." Literally, "that it (the statue) appears animated."

§ 7.

ἀπορῶν. "Being at a loss."—ἄρ' ἔφη. Compare iii., 2, 1.—τοῖς τῶν ζώντων, κ. τ. λ. "By assimilating your work to the forms of living creatures," *i. e.*, by moulding and fashioning your work according to the pattern which these present.—ζωτικωτέρους. "More life-like."—οὔκουν τά τε ὑπὸ τῶν σχημάτων, κ. τ. λ. "Do you not then, said he, by assimilating (to the reality) both those parts in your statues which by reason of the particular gestures are drawn down and those that are drawn upward, both those that are compressed and those that are drawn apart, both those that are in a state of tension and those that are relaxed," &c.—πιθανώτερα "More natural."

§ 8.

τὸ δὲ καὶ τὰ πάθη, κ. τ. λ. "Still farther, does not the imitating also of the affections of bodies, when doing any thing, produce a certain feeling of pleasure for the spectators?"—ἀπειλητικά. "As threatening."—ἀπεικαστέον. The reference is now to representing, not assimilating.—τῶν δὲ νενικηκότων, κ. τ. λ. "And should not the countenance of exulting victors be imitated?"—τὰ τῆς ψυχῆς, κ. τ. λ. "To represent in his statue the workings of the soul"

§ 9, 10.

Πιστίαν. Sturz thinks this Pistias identical with the person called Πίστων in *Athenæus*, iv., 20.—εὖ εἰργασμένους. "Skillfully made." Several deponents have in the perfect both an active and passive signification. Compare *Matthiæ*, § 495, *d.*—νὴ τὴν Ἥραν. Compare i. 5, 5.—τῷ τὰ μὲν δεόμενα σκέπης, κ. τ. λ. "In this, that the corse let covers those parts of man which require covering," &c.—οὔτε ἰσχυροτέρους οὔτε πολυτελεστέρους, κ. τ. λ. "Though you make them neither stronger nor of more precious material than the rest." Compare *Kühner:* "*neque e pretiosiore materia, ut auro, et variegatos.*" Observe that τῶν ἄλλων is for ἢ οἱ ἄλλοι, by the operation of what grammarians term the "*comparatio compendiaria*," or shorter form of comparison. (*Kühner,* § 781, d., *Jelf.*)—εὐρυθμοτέρους. "Better proportioned." The ῥυθμὸς τοῦ θώρακος is that concinnity and harmony with which all the parts are exactly suited to each other. In other words, it is "proportion."—μέτρῳ ἢ σταθμῷ. "By measure or by weight," i. e., proving it to the purchaser by measure or by weight.—οὐ γὰρ δὴ ἴσους, κ. τ. λ. "For certainly I do not think that you make them all of the same size at least," &c.—ποιῶ. "I make (them to fit)." Supply ἁρμόττοντας.

§ 11, 12.

πῶς οὖν, ἔφη, τῷ ἀῤῥύθμῳ σώματι, κ. τ. λ. "How then, said he, do you make that corselet well proportioned, which fits an ill-proportioned body."—ὥσπερ καὶ ἁρμόττοντα. "Just as I make them to fit." Supply ποιῶ.—τὸ εὔρυθμον οὐ καθ' ἑαυτὸ λέγειν, κ. τ. λ. "To mean proportion, not by itself, but with reference to the wearer," i. e., not independently considered, but, &c.—ὥσπερ ἂν εἰ φαίης. "As if you were to say." For ὥσπερ ἂν φαίης, εἰ φαίης. The particle ἂν is sometimes found without a verb, when it can be easily supplied from the context, particularly in the phrase ὥσπερ ἂν εἰ, "as if." Compare *Kühner,* § 430, 1, *Jelf.*—τῷ σῷ λόγῳ. "From what you say," i. e., according to the principle which you lay down.

§ 13.

τῷ ἁρμόττειν πρόςεστι. "Is attached to this fitness."—εἴ τι ἔχεις "If you know any."—τὸν αὐτὸν σταθμὸν ἔχοντες. "Although they have the same weight."—ἢ ὅλοι ἐκ τῶν ὤμων κρεμάμενοι. "Either hanging entirely from the shoulders."—δύςφοροι καὶ χαλεποί. "Difficult to wear, and annoying."—διειλημμένοι τὸ βάρος, κ. τ. λ. "Being distributed as to their weight, (borne) partly by the collar bone and the shoulder blade." The preposition ὑπό is here employed because φερόμενον is to be supplied by the mind.—ὀλίγου δεῖν οὐ φορήματι, κ. τ. λ. "Almost resemble, not a burden, but a (natural) appendage." Observe that ὀλίγου δεῖν is elliptical for ὡς ὀλίγου δεῖν, and has an adverbial force, arising from its parenthetical nature (*Kühner,* § 864, 1, *Jelf.*)

§ 14, 15.

αυτό, δι όπερ. "The very thing, on account of which."—μᾶλλον "In preference."—διὰ ταῦτα. "On these accounts," *i. e.*, because they are variegated and gilded.—τοῦ σώματος μὴ μένοντος. "Since the body does not remain in the same position."—τοτὲ μέν.... τοτὲ δέ. "At one time.... at another." Reiz, *ad Vig.*, p. 445, thinks that ποτέ should always be used in this formula. Compare *Borne mann, ad Conviv.*, viii., 5.—πῶς ἂν ἀκριβεῖς θώρακες ἁρμόττοιεν ; "How could accurately made corselets fit !" *i. e.*, corselets accurate ly fitted to the body.—οὐδαμῶς. "They by no means do." Supply ἁρμόττουσι.—τοὺς ἀκριβεῖς. "Those exactly made." Compare *Kuh ner: " loricæ corpori accurate adaptatæ."*—τοὺς μὴ λυποῦντας ἐν τῇ χρείᾳ. "Those that do not hurt in the wearing."—αὐτὸς τοῦτο λέγεις. "You mention yourself the very thing."—ἀποδέχει. "Yor comprehend my meaning."

CHAPTER XI.

§ 1.

ᾗ ὄνομα ἦν Θεοδότη. So in Herodotus, iii., 85, τῷ οὔνομα ἦν Οἰβά ρης.—μνησθέντος αὐτῆς. "Having made mention of her."—κρεῖττον λόγου. "Beyond expression," *i. e.*, beyond language to express.- - ἀπεικασομένους. "To take her likeness." The middle shows that her likeness was taken for their own benefit, that they might ac quire a more perfect knowledge of beauty.—ἰτέον ἂν εἴη θεασομένους. "We must go, I think, to see her." Observe here the force of the optative, as indicating the opinion of Socrates. Observe, moreover, the accusative θεασομένους. The accusative is common with verbals in τέον. The circumstance that a verbal in τέον is equivalent to δεῖ with an infinitive, explains this construction. Compare *Seager, ad Vig.*, vi., 1, 12 *Matthiæ*, § 447, 4.—οὐ γὰρ δὴ ἀκούσασί γε, κ. τ. λ. "For it is not possible for men, by having merely heard (of it), to become acquainted clearly with that which surpasses language."— καὶ ὁ διηγησάμενος, κ. τ. λ. "Thereupon, he that had made mention of her said, 'Follow me instantly.'" Literally, "you could not an ticipate (my wishes) in following me," *i. e.*, you could not be too quick in following. Compare ii., 3, 11.

§ 2, 3.

καταλαβόντες παρεστηκυῖαν. "Having found her standing."—παυσαμένου. Supply γράψαντος. Equivalent to ἐπεὶ δὲ ὁ ζωγράφος ἐπαύσατο γράψας.—Θεοδότῃ χάριν ἔχειν. "To feel gratitude toward

Theodota," *i. e.*, to thank her.—*ἀρ' εἰ μέν*. Compare iii., 2, 1.—*ἐπίδειξις*. "The display."—*ταύτην ἐκτέον*. "Must this woman feel." Observe, again, the accusative with the verbal in *τέον*.—*ἡμᾶς*. Supply *ἐκτέον*.—*οὐκοῦν*. "Accordingly."—*ὠφελήσεται*. So in five MSS. Two others, with Stephens's edition, have *ὠφεληθήσει*. Dindorf reads *ὠφεληθήσεται* with the common text.—*ἐκ δὲ τούτων εἰκός*. "Hence, therefore, it is natural."—*θεραπεύειν*. "Pay court unto her."—*ὑμῖν τῆς θέας, κ. τ. λ.* "To thank you for this visit." Literally, "for this seeing of me," *i. e.*, for thus coming to see me.

§ 4.

ἐν ἐσθῆτι καὶ θεραπείᾳ, κ. τ. λ. "In no common vesture and ornament." Herbst refers *θεραπείᾳ* here to an array of attendants, but this idea is expressed by *θεραπαίνας πολλάς* immediately following. It is better, therefore, with Bornemann, Sauppe, Finckh, and Kühner, to regard the term in question as analogous to the Latin *cultus*, or *ornatus muliebris*.—*οὐ τῇ τυχούσῃ*. Compare i., 1, 14.—*καὶ οὐδὲ ταύτας, κ. τ. λ.* "And not even these negligently attired."—*τοῖς ἄλλοις*. "In other respects."—*ἀγρός*. "A country estate," *i. e.*, a farm.—*ἀλλ' ἄρα*. "Well, then."—*ἀλλὰ μή*. "But yet have you not."—*τἀπιτήδεια*. "The necessary supplies," *i. e.*, for living in this way.—*οὗτός μοι βίος ἐστί*. "He is my means of subsistence."

§ 5, 6.

κρεῖττον οἴων τε, κ. τ. λ. For *κρεῖττόν ἐστι φίλων ἀγέλην κεκτῆσθαι ἢ οἴων ἀγέλην, κ. τ. λ.*—*τῇ τύχῃ ἐπιτρέπεις*. "Do you commit the matter to fortune."—*ἢ καὶ αὐτή τι μηχανᾷ*; "Or do you yourself practice any art (to attract him)?"—*φάλαγγες*. The spider is called *φάλαγξ* from the long joints of its legs.—*ὅ τι ἂν ἐνταῦθα ἐμπέσῃ*. "Whatever may have fallen into these." The adverbs *ἔνθα, ἐνθάδε, ἐνταῦθα*, are construed with verbs of motion as well as with those signifying rest. Compare *Kühner*, φ 605, *Obs.* 5, *Jelf.*—*τροφῇ*. "For food."

§ 7, 8.

τι θήρατρον. "A kind of net."—*οὐ γὰρ δὴ οὕτως, κ. τ. λ.* "(Yes), for you ought not truly to suppose that you will thus indeed, without some art, take friends, the most valuable prize of all," *i. e.*, thus, so readily, indeed, without practicing some art for the purpose.—*θηράσειν*. Thus, also, *Anab.*, iv., 5, 24; *Cyrop.*, i., 4, 16. The usual Attic future is *θηράσομαι*.—*τὸ μικροῦ ἄξιον*. "An article of little value"—*νέμονται*. "They feed." Referring to the hares.—*ννετ* cevτικής. "Fit for hunting by night."—ἀποδιδράσκουσιν. "They retire."—εἰς τὴν εὐνήν. "To their forms." Literally, "to their couch."—ὥςτε καὶ ἐκ τοῦ φανεροῦ, κ. τ. λ. "So as by running even to escape out of sight."—ἄλλας αὖ κύνας. The term κύων, like the Latin *canis*, is used both as masculine and feminine. Hunting dogs are generally used in the feminine. Compare iv., 1, 3; *Virg.*, *Æn.*, vii., 493; *Heinsius*, *ad Ov.*, *Met.*, iii., 140.—κατὰ πόδας. Compare ii., 6, 9.—αὐτῶν τινες. "Some of them." Referring to the hares. -ᾗ φεύγουσιν. "In the direction in which they flee." Supply ὁδῷ

§ 9, 10.

τίνι τοιούτῳ. "By what similar method."—κτήσῃ. "You procure (a person)."—ὅςτις σοι ἰχνεύων, κ. τ. λ. Join σοι with εὑρήσει —ἐμβάλῃ. "He may drive."—ἐν μὲν δήπου, ἔφη, κ. τ. λ. "One, at least, I ween, said he, and very closely embracing (its prize)."—καὶ ὡς ἂν ἐμβλέπουσα χαρίζοιο. "Both how you might gladden by a glance."—καὶ ὅτι δεῖ τὸν ἐπιμελόμενον, κ. τ. λ. "And that you should cheerfully receive the zealous suitor, but exclude the self-conceited one." By τρυφῶντα is here meant one puffed up with a vain opinion of himself; such as Thraso, the swaggering captain in Terence. — φροντιστικῶς ἐπισκέψασθαι. "Should anxiously visit him." Observe that δεῖ still extends its government to the infinitive here.—καὶ καλόν τι πράξαντος. "And when he has met with any success."

§ 11, 12.

καὶ μήν, ἔφη, πολὺ διαφέρει, κ. τ. λ. "And yet, indeed, said he, the attacking a man in a manner according with his disposition, and in the right way, makes a great difference," *i. e.*, becomes a matter of much importance.—τὸ θηρίον τοῦτο. "This same animal." Observe that θηρίον is here playfully said of a man.—ἁλώσιμον . . . . ἐστιν. Here the construction elegantly changes from the optative with ἄν (ἕλοις ἄν) to the indicative ἐστίν. This is done to mark certainty.—τί οὖν οὐ σὺ ἐγένου. "Why, then, will you not straightway become." The aorist is here employed as an instantaneous future. Compare *Kühner*, § 403, 2, *Jelf*; *Matthiæ*, § 506, 2.—ζητήσεις τοῦτο αὐτή, κ. τ. λ. "You yourself will seek and devise this."—εἴςιθι. "Visit me."

§ 13.

ἐπισκώπτων τὴν αὐτοῦ ἀπραγμοσύνην. "Joking upon her indolent ease."—σχολάσαι. "To idle away my time."—ἴδια πράγμα α πολλά.

κ. τ. λ. By ἴδια πράγματα, Weiske correctly understands the discussions held by Socrates with his disciples, while τὰ δημόσια is to be regarded as ironical, since Socrates τὰ πολιτικὰ οὐκ ἔπραττε.—φίλαι. "Female friends." Said ironically. The allusion is explained immediately after.—φίλτρα τε καὶ ἐπῳδάς. "Both love-charms and incantations."—καὶ ταῦτα. "These arts also."

§ 14.

διὰ τί. "On what account," i. e., influenced by what other reasons.—Ἀπολλόδωρον. Apollodorus was a disciple and constant companion of Socrates, though unable with all his attachment to understand the real worth of his master. A lively picture of the man is given in Plato's *Symposium*, p. 173, *seqq*.— τόνδε καὶ Ἀντισθένην. When demonstrative pronouns are added to proper names, the article is omitted. Antisthenes has been already mentioned, ii., 5, 1.—Κέβητα καὶ Σιμμίαν. Compare i., 2, 48.—ἴυγγων. "Magic wheels." The term ἴυγξ properly denotes a bird called by us the "*wryneck*." It derived its Greek name from its cry, and its English, as well as Latin one (*torquilla*), from the never-ceasing motion of its little head. From this peculiarity the ancients believed it to be endowed with magic influence, and therefore used it in incantations to excite love. They bound the bird to a wheel having four spokes, and then rapidly turned the wheel while the charm was being chanted. Hence, as in the present instance, the wheel itself was called by the name of the bird, ἴυγξ.

§ 15.

χρῆσον τοίνυν μοι, ἔφη, κ. τ. λ. "Lend me, then, said she, that magic wheel of yours, that I may set it going against yourself first."—ἕλκεσθαι πρός σε. "To be drawn to you."—ἀλλὰ πορεύσομαι. "Well, I will go."—ἐὰν μή τις φιλωτέρα, κ. τ. λ. "Unless some one dearer than you be within," i. e., right reason and virtue. Compare in explanation the remark of Ruhnken: "*Venuste, ut nihil supra: est enim propria meretricum amatores excludentium formula, ἔνδον ἕτερος.*"

CHAPTER XII.

§ 1.

Ἐπιγένην. Epigenes, son of Antiphon, of the demus of Cephisia, a follower of Socrates. He is mentioned by Plato as one of those who were with the philosopher in his last moments. (*Plat., Phæd.*

p. 59.)—τὸ σῶμα κακῶς ἔχοντα. "Weak of frame."—ὡς ἰδιωτικῶς, ἔφη, κ. τ. λ. "How unlike an athlete, said he, you have your frame O Epigenes." *i. e.*, how infirm and awkward you are. The ἰδιῶται, in a previous passage (iii., 7, 7), were opposed to the ἀσκηταί, who are called emphatically ἀθληταί, and hence he who neglects bodily exercise is termed ἰδιώτης.—ἰδιώτης μέν εἰμι. "I am, indeed, unlike an athlete." Observe that μέν is solitary here; still, however, an apodosis must be supplied by the mind. Thus, "I am not, indeed, one who exercises the body, but, nevertheless, I exercise the mind. Compare *Herbst, ad loc.*: "*Gymnastica quidem ars ad me non pertinet.* Oppositum cogita: *animo autem excolendo operam do.*"—οὐδέν γε μᾶλλον, ἔφη, κ. τ. λ. "You are no less an athlete indeed, replied Socrates, than those who are about to contend at Olympia." Literally, "you are no more, indeed, an ἰδιώτης." The idea is this: You are not a whit less an athlete virtually, than they who are about to contend at the Olympic games; they contend for a prize, or for glory, you should fight for the salvation of your state.—περὶ τῆς ψυχῆς. "For life," *i. e.*, where life is risked.—ὃν Ἀθηναῖοι θή σουσιν. "Which the Athenians will propose." Ἀγῶνα τιθέναι is said properly of the games of Greece. Compare Bornemann: "*Certamen instituere præmiis propositis.*"—ὅταν τύχωσιν. "Whenever they may happen (to propose one)." Supply τιθέναι.

§ 2.

καὶ μήν. "And yet." Compare ii., 3, 4.—τὴν καχεξίαν. "The evil plight," *i. e.*, the weak condition arising from want of proper exercise.—δι' αὐτὸ τοῦτο. "For this very same reason," *i. e.*, weakness of body.—ἤτοι δουλεύουσι. "Either, indeed, live as slaves." In Attic, the first ἤ often takes the separative particle τοι, whereby the disjunctive force is increased, and made to seem necessary. (*Kühner*, § 777, 5, *Jelf.*)—ἐὰν οὕτω τύχωσι. These words are omitted in Bessario's version and in the Juntine edition. They are condemned by Ruhnken.—καὶ ἐκτίσαντες ἐνίοτε, κ. τ. λ. "And having sometimes paid more for their ransom than their actual property." Observe here the peculiar force of ἐκτίνω. The verb properly means, "to pay off," "to pay in full," &c.

§ 3.

ἢ καταφρονεῖς τῶν ἐπιτιμίων, κ. τ. λ. "Or do you think lightly of those penalties that are attendant upon an evil habit of body?" The allusion is to death, disgrace, slavery, poverty, misery, infamy. These are all so many penalties attendant upon neglect of bodily exercise. Some commentators give ἐπιτιμίων here the meaning merely of *incommodorum*, "inconveniences," but this wants force. The reference is literally to an assessment of damages, a penalty imposed.—πολλῷ ῥᾷω καὶ ἡδίω τούτων εἶναι, κ. τ. λ. "That those things which he should endure who is careful of the healthful condition of his frame are far lighter and more agreeable than these," i. e., than these same penalties.—τῶν διὰ τὴν εὐεξίαν γιγνομένων. "The results arising from a good habit of body," i. e., from good muscular training.

§ 4.

καὶ μὴν πάντα γε τἀναντία, κ. τ. λ. "And yet all things happen unto those who have their bodies in good condition directly otherwise than to those who have them in evil condition," i. e., the results to those of an ill condition of frame are directly the reverse of those which befall a good condition. Words signifying difference are regularly construed with a genitive; but the adjective ἐναντίος, instead of this genitive, sometimes has the particle ἤ after it. Compare iv., 5, 8.—καὶ διὰ ταῦτα τόν τε λοιπὸν βίον, κ. τ. λ. "And, in consequence of all this, they live the rest of their lives more agreeably and honorably, and leave behind to their children fairer means for the support of existence." Compare ii., 7, 11.

§ 5.

οὔτοι χρή. "We by no means ought."—οὐκ ἀσκεῖ δημοσίᾳ τὰ πρὸς τὸν πόλεμον. "Does not publicly require the practice of warlike exercises." More literally, "does not publicly practice the things appertaining to war." The reference is to the toils and exercises of the athletæ, which are also for war. Xenophon here censures the Athenians, with tacit praise of the Lacedæmonians; for though at Athens there were contests of ὁπλομάχοι, yet there every citizen was not obliged to practice them as at Lacedæmon.—ἀλλὰ μηδὲν ἧττον ἐπιμελεῖσθαι. "But to attend to them none the less on this account."—οὐδὲ ἐν ἄλλῳ οὐδενὶ ἀγῶνι, κ. τ. λ. "Not even in any other contest, nor in any act whatsoever, will you come off inferior." Observe the construction of οὐδὲ .... οὐδέ, the former being equivalent to the Latin *ne quidem*, and the latter to *neque*. We must never confound οὐδὲ .... οὐδέ with οὔτε .... οὔτε, "neither .... nor." Compare Kühner, § 776, Jelf.—πολὺ διαφέρει, κ. τ. λ. "It makes a wide difference to have the body in as good a condition as possible." For a full enunciation of the thought, supply καὶ ὡς κάκιστα, "and in as evil a condition as possible." In this formula, the words which form the contrast are sometimes omitted. Compare iii., 11, 11.

§ 6, 7.

ἐπεὶ καὶ ἐν ᾧ, κ. τ. λ. Here the sentence commences as if πάντες ἴσασιν were to follow; but it suddenly changes into an interrogation. This is often the case in sentences beginning with ὥςτε. Compare *Kühner*, § 867, 1, *Jelf.*—ἐν τῷ διανοεῖσθαι. "In the employment of the mind."—μεγάλα σφάλλονται. "Fail greatly."—πολλάκις πολλοῖς. Paronomasia, or alliteration, a figure very common in Latin as well as in Greek. (*Kühner*, § 904, 2, *Jelf.*)—εἰς τὴν διάνοιαν ἐμπίπτουσιν οὕτως. "Attack the mental powers with such violence."—τὰς ἐπιστήμας. "All previous knowledge."—εἰκὸς δὲ μᾶλλον πρὸς τὰ ἐναντία, κ. τ. λ. "Nay, it is far more likely for a good constitution even to be useful to obtain results directly contrary to those which arise from a bad constitution." The position of καί here has given rise to some difficulty. The order of construction which we have adopted appears the most natural one.

§ 8.

τὸ διὰ τὴν ἀμέλειαν γηρᾶσαι. "This circumstance, that a person should grow old through omission of proper exercise." An older Attic form is γηρᾶναι, as cited by the Atticists. (*Thom. Mag.*, p. 78, ed. *Ritsch.*) Supply τινά with γηρᾶσαι.—πρὶν ἰδεῖν ἑαυτόν, κ. τ. λ. The same idiom sometimes occurs also in Latin; as in Cicero, "*Nosti Marcellum, quam tardus sit,*" for "*nosti quam tardus sit Marcellus.*"—ταῦτα δὲ οὐκ ἔστιν ἰδεῖν ἀμελοῦντα. "These things it is not possible for one to see who neglects them." Compare i., 1 9. —οὐ γὰρ ἐθέλει, κ. τ. λ. "For they are not accustomed to come of their own accord," *i. e.*, without practice.

CHAPTER XIII.

§ 1, 2.

προςειπών τινα χαίρειν. "Having saluted a person." More literally, "naving bid a certain person hail." This formula occurs a second time in Xenophon, *Hist. Gr.*, iv., 1, 3, where the person is in the dative.—γελοῖον, ἔφη, τὸ, κ. τ. λ. Many editions omit the article —τὸ σῶμα κάκιον ἔχοντι. "Having his person deformed." Literally "having his person worse (than ordinary)."—ἀγροικοτέρως διακειμένῳ. "Rather churlishly disposed."—ἀηδῶς. "Without any relish (for his food)."—Ἀκουμενός. Acumenus was a celebrated physician, the friend of Socrates He was a native of Athens. Many read ἀκούμενος as a participle, denying a physician of such a name to have ever existed. But consult *Plat.*, *Phæd.*, 227, a.—παύσασθαι ἐσθίοντα. "To stop eating (while you still have an appetite)," i. e., before satiety supervenes.

§ 3.

παρ' ἑαυτῷ. "With him," i. e., at his house, at home.—ἀλλὰ ψυχρόν, ἔφη, κ. τ. λ. "But, replied he, it is cold for the purpose of bathing," i. e., it is too cold for bathing. Sometimes a positive with ὥστε and an infinitive is used for the comparative with ἢ ὥστε (*Matthiæ*, § 448, b.)—ὡς ἡδέως. "With what pleasure." Equivalen to ὅτι οὕτως ἡδέως.—ἐν Ἀσκληπιοῦ. "In the temple of Æseulapius." Supply νεῷ. The temple of Æseulapius here referred to was in Athens, on the road from the theatre to the Acropolis. There was a warm spring here, connected, of course, with healing purposes. The great temple of Æsculapius was at Epidaurus, in Argolis.—ἐν Ἀμφιαράου. Pausanius states (i., 34, 2) that Amphiaraus had a temple in the Acropolis; but he also speaks of another temple of the same at Oropus, in Bœotia, near a spring possessing healing properties, and it is more than probable that the latter is here meant.—ὅτι κινδυνεύεις, κ. τ. λ. "That you are, very likely, harder to please," &c. Observe the force of κινδυνεύω. The verb properly means "to run a risk," and then, as the running a risk implies a probable chance of success, it is used, as in the present case, to express that which seems likely, though uncertain.

§ 4.

τον ἀκόλουθον. "His attendant." The term ἀκόλουθος answers to the Latin *pedissequus*, and denotes properly a young slave, whose duty it was to attend upon his master, and accompany him in public; a page or follower.—ὀψοφαγίστατος. "A perfect glutton." Adjectives in ης, gen. ου, of the first declension, add the compound suffix ἰσ-τερος, ἰσ-τατος, to their root. The adjective ὀψοφάγος, and some others in ος, irregularly drop the ος, and follow the same mode of comparing. (*Kühner*, § 33, 2, b., *Jelf.*)—βλακίστατος. Thu Schneider, from Athenæus viii., p. 277, and Eustathius, p. 867 All the MSS. and previous editions have βλακώτατος. Buttmann wishes to read here βλακικώτατος, from βλακικός. (*G. G.*, § 66, ed *Rob.*)—πότερος. "Which of the two."

§ 5.

τὴν εἰς Ὀλυμπίαν ὁδόν. "The route to Olympia," *i. e.*, a journey to that quarter. This spot was in Elis, on the banks of the Alpheus, and here the celebrated Olympic games were held. It was not a city, but a sacred spot or district.—τὴν πορείαν. "This journey."— οἴκοι. "At home," *i. e.*, at Athens.—περιπατήσας δειπνήσεις. Two MSS. have the conjunction καὶ before περιπατήσας. Hotibius inserts δέ after it. Compare, however, the note on ὁμόσας.... γενόμενος, i., 1, 18.—εἰ ἐκτείναις τοὺς περιπάτους, κ. τ. λ. "If you should extend in continuous length those several walks which you take in five or six days." The idea is this: If you were to continue in one unbroken length the different walks which you daily take, so as to make up one long walk out of numerous short ones, you might arrive even at Olympia without yet walking more than you usually do at home.—προεξορμᾶν ἡμέρᾳ μιᾷ. "To set out earlier by one day." With comparatives and analogous words, the noun which expresses the difference or excess is put in the dative. So μιᾷ ἡμέρᾳ πλείονας in the next sentence.—περαιτέρω τοῦ μετρίου μηκύνειν τὰς ὁδούς. "To lengthen your day's journeys beyond a moderate extent."—τὸ δὲ μιᾷ ἡμέρᾳ πλείονας πορευθῆναι. "Whereas, the having gone more by a day," *i. e.*, the taking one day more to make it.

§ 6.

ὡς παρετάθη. "That he was wearied out." The verb παρατείνω properly means "to stretch out," "to protract," and hence "to wear out," "to exhaust," &c.—ἀλλὰ τὸ ἱμάτιον. "But (merely) my cloak." Ernesti would add μόνον at once to the text, and it is actually expressed in the Latin version of Bessario. Weiske conjectures ἀλλ' ἢ τὸ ἱμάτιον, and probably this is the true reading.— τὰ στρώματα. "The bedding."—καὶ πῶς δή, ἔφη, ἀπήλλαχεν ἐκ τῆς ὁδοῦ; "And how, pray, said he, did he get over the journey?"—πῶς ἂν οἴει διατεθῆναι; "How do you think you would have been affected," *i. e.*, would have fared.—μᾶλλον δὲ οὐδ' ἂν ἠδυνήθην κομίσαι. "Or, rather, I would not have been able to carry it at all."—ἠσκημένου. "Trained in all exercises."

CHAPTER XIV.

§ 1.

ὁπότε. "Whenever." This meaning arises from the union of ὁπότε with the optative φέροιεν, showing that the circumstance here mentioned was not a single instance, but of frequent recurrence.—

τῶν ξυνιόντων ἐπὶ δεῖπνον. "Of those who came together unto a feast of contribution." The reference is to a feast where each guest brought his own provisions with him; and, as the provisions were brought in baskets, such an entertainment was sometimes called a δεῖπνον ἀπὸ σπυρίδος. The object of Socrates was to prevent an unpleasant rivalry in the quality or quantity of the contributed viands. In order to effect this, he directed the attendant either to place the small portions on table, in common for all, or else to distribute to each guest his share of the same. Observe that the reference is to such entertainments taking place at the house of Socrates, and hence the contro. which he assumed in regulating the same.

φέροιεν. The verbs φέρειν and πορίζειν are often used where one would rather expect the middle, the speaker not regarding the action in its reflexive relation to the subject. In the next sentence we have φέροντες, and, a little after, φερομένων. (Compare Kühner, § 363, 3, Jelf.)—τὸν παῖδα. "His slave." Compare the analogous usage of *puer* in Latin.—τὸ μικρὸν ἢ εἰς τὸ κοινόν, κ. τ. λ. "Either to place each small contribution on table for the use of all, or else to distribute his share of the same unto each."—ᾐσχύνοντο τό τε μή. κ. τ. λ. "Were ashamed not to partake of that which was placed for general use, and not, in return, to place on table their own stock." More literally, "were ashamed as regarded the not partaking of," &c. The infinitive with the article is often put for the infinitive alone, because the infinitive is considered as the subject or object of the main action. (*Matthiæ*, § 543, *Obs.* 2.)—καὶ ἐπεὶ οὐδὲν πλίον εἶχον. "And since they partook of no more."—πολλοῦ ὀψωνοῦντες "Purchasing delicacies at great cost."

§ 2.

τοῦ μὲν σίτου πεπαυμένον. "To have abstained from the bread."—τὸ ὄψον αὐτὸ καθ' αὑτό. "The meat itself alone." Literally, "the meat itself, by itself."—λόγου ὄντος περὶ ὀνομάτων, κ. τ. λ. "A conversation arising about names for things, for what particular act, namely, each might be (a proper appellation)."—ἐπὶ ποίῳ ποτὲ ἔργῳ, κ. τ. λ. "For what particular act a man is called carnivorous."— ἐπὶ τῷ σίτῳ. "With their bread."—ὅταν παρῇ. "Whenever it be present," *i. e.*, whenever bread be laid be 'ore them.—ἐπί γε τούτῳ. "On this account, at least."—οὐ γὰρ οὖν. "By no means." Compare iii., 6, 12.

§ 3, 4.

τὸ ὄψον αὐτό. "The meat alone." That is αὐτὸ καθ' αὑτό, as in § 2. The common text has αὐτοῦ. Stephens conjectured αὑτοῦ.— μὴ ἀσκήσεως, ἀλλ' ἡδονῆς ἕνεκα. "Not for training, but the mere gratification of the appetite." The term ἀσκήσεως has reference properly to athletes, who were accustomed to eat an enormous quantity of flesh, in order to strengthen their muscular powers.— σχολῇ. "Scarcely."—τοῖς θεοῖς εὔχωνται. Compare iv., 2, 24.— εἰκότως ἂν οὗτος, κ. τ. λ. "This one should naturally pray for abundance of flesh," i. e., to consume.—προςέλαβεν. "Took in addition." —οἱ πλησίον. "You who are near." Supply ὑμεῖς. The pronoun is expressed in the *Hist. Gr.*, ii., 3, 54, and *Cyrop.*, vi., 2, 4.—τῷ σίτῳ ὄψῳ, ἢ τῷ ὄψῳ σίτῳ. "His bread as meat, or his meat as bread." Compare i., 3, 5.

§ 5.

ἐπὶ τῷ ἑνὶ ψωμῷ. "Tasting many dishes with one piece of bread." Literally, "on one piece of bread."—πολυτελεστέρα ὀψοποιΐα, κ. τ. λ. "Any cookery more extravagant, or one that in a greater degree spoils the viands, than that which he practices who," &c. For ἢ μᾶλλον, a correction of Castalio, many editions have ἡ μᾶλλον.— πλείω μέν γε, κ. τ. λ. "Since he mixes many more things than the cooks do," &c. Two MSS. have πλείω μέντοι.—ἃ δὲ ἐκεῖνοι μὴ συμμιγνύουσιν, κ. τ. λ. "While he who (thus) mixes together condiments which they do not mix, as being unsuitable, errs, if indeed they act rightly, and destroys their art."

§ 6.

παρασκευάζεσθαι μὲν ὀψοποιούς, κ. τ. λ. "To provide one's self with cooks that are perfectly acquainted with their art, and yet that he himself, though claiming no knowledge of this same profession, should alter the dishes prepared by them." Literally, "the things done by them."—καὶ ἄλλο δέ τι προςγίγνεται, κ. τ. λ. "And something else besides accrues unto the man who is accustomed," &c., i. e., an additional evil befalls him.—μειονεκτεῖν. "To be stinted." —ποθῶν τὸ σύνηθες. "Missing what he was accustomed to."—τὸν ἕνα ψωμὸν ἑνὶ ὄψῳ προπέμπειν. "To accompany single morsels of bread with single morsels of meat." The article here imparts a distributive force.—ὅτε μὴ παρείη πολλά, κ. τ. λ. "Would be able to use with pleasure a single kind of meat, whenever variety might not be present."

§ 7.

ὡς τὸ εὐωχεῖσθαι, κ. τ. λ. "That the verb εὐωχεῖσθαι, in the language of the Athenians, meant 'to eat.'" Observe here the peculiar force of καλέω.—τὸ δὲ εὖ προςκεῖσθαι. "And that the word εὖ was added, that we may eat those things which," &c., i. e., in order to express the fancy for what would disorder neither body nor mind, and might be easily procurable. Observe here the force of ἐπί, and compare the explanation of Kühner: "*Præpositio* ἐπί *significat conditionem vel consilium: illud* εὖ *adhærere ita, ut ea comedamus, quæ,*" &c.—ὥςτε καὶ τὸ εὐωχεῖσθαι, κ. τ. λ. "So that he referred the term εὐωχεῖσθαι to those who lived moderately."

BOOK IV

CHAPTER I.

§ 1.

καὶ εἰ μετρίως αἰσθανομένῳ. "Even if moderately intelligent," i. e., even if only of moderate understanding. Observe the difference between εἰ καί and καὶ εἰ. The former means "although," and καί belongs to the sentence, and allows something which does or will really exist, or has existed; the latter means "even if," and here καί belongs to εἰ, and not to the sentence, and allows a supposed case which does not or will not exist, or has not existed Compare Kühner, § 861, Jelf.—τοῦ Σωκράτει συνεῖναι. "Than intimacy with Socrates."—ὁπουοῦν. "Any where whatsoever." Observe that ὁπουοῦν, ὁςτιςοῦν, &c., like the Latin ubicumque, quicumque, &c., take either a repetition of the verb of the clause, or require εἶναι to be supplied.—τὸ ἐκείνου μεμνῆσθαι. "The recollection of him," i. e., the recalling him to one's recollection.—καὶ ἀποδεχομένους ἐκεῖνον. "And who embraced his tenets." Compare the explanation of Kühner: "Qui ejus disciplinam sequebantur. Ἀποδέχεσθαί τινα vel τι est probare aliquem (alicujus sententiam) vel aliquid '—σπουδάζων. "In serious mood."

§ 2.

ἔφη μὲν ἄν. "He would say," i. e., he was accustomed to say. Compare i., 1, 16.—τὰ σώματα πρὸς ὥραν εὖ πεφυκότων. "Well endowed by nature in their persons for beauty." More freely, "with beauty."—ἐτεκμαίρετο δέ, κ. τ. λ. "He conjectured, also, excellent dispositions," i. e., what dispositions were excellent.—οἷς προςέχοιεν. "Those things unto which they applied themselves."—μαθημάτων πάντων. "All those branches of learning."—ἔστιν. "One has it n his power."—οἰκεῖν. "To regulate."—εὖ χρῆσθαι. "Manage well."—παιδευθέντας. "If instructed."

§ 3.

οὐ τὸν αὐτὸν δὲ τρόπον, κ. τ. λ. "He did not make advances in the same way, however, unto all." The particle δέ, in place of being the second word in the clause, is here placed after αὐτόν, be cause this word is opposed to the different other arts which Socrates employed. Οὐ and ἀλλά are opposed to each other.—μαθήσεως δὲ καταφρονοῦντας. "But slighting instruction." Verbs signifying "to care for," "think much of," or their contraries, are construed with a genitive of the person or thing cared for, or disregarded, &c., and an accusative of the cause of care, disregard, &c. (*Kühner*, § 496, 551, *Jelf.*) — ἐπιδεικνύων. "Instancing." — εὐφυεστάτους. "Best in breed."—σφοδρούς. "Mettlesome."—ἐκ νέων. "When young."—ἀδάμαστα.. "Not broken in."—δυςκαθεκτοτάτους. "Very difficult to hold in."—τῶν εὐφυεστάτων. "That are of the best blood."—καλῶς ἀχθείσας. "Well trained." The term ἀχθείσας is peculiarly used of hounds. The word "untrained," ἀναγώγους, here applied to hounds, is applied above to horses, iii., 3, 4.—μανιώδεις. "Rabid."

§ 4.

εὐφυεστάτους "Of the noblest natures."—ταῖς ψυχαῖς. The part of any thing affected by the operation of the verb is put in the accusative, but instead of this accusative the dative is sometimes used, as here. (Compare *Matthiæ*, § 424, *Obs.* 1.)—μεγαλείους καὶ σφοδρούς. "High souled and energetic."—κακὰ ἐργάζονται. Some read κακὰ ἐργάζεσθαι.

§ 5.

τοὺς δὲ ἐπὶ πλούτῳ μέγα φρονοῦντας. "Those, however, who thought highly of themselves in consequence of riches."—ἐφρένον, λέγων. "He admonished by saying."—εἰ τις οἴεται. Observe the employment of the indicative here in the *oratio obliqua*, the object being brought before the mind not as a mere conception, but as something certain, in order to render the narrative more animated —διαγνώσεσθαι. "He will distinguish between."— εὖ πράττειν "That he is acting rightly."

CHAPTER II.

§ 1.

ὡς προςεφέρετο. "How he assailed."—καὶ μέγα φρονοῦσιν ἐπὶ σοφίᾳ. "And who prided themselves greatly upon their wisdom." Observe that the verb φρονεῖν with ἐπί and a dative is usually accompanied by the adverb μέγα.—Εὐθύδημον. Compare i., 2, 29. A different person of this name is mentioned in iv., 3, 2.—γράμματα πολλὰ συνειλεγμένον. "Had collected numerous extracts." Kühner correctly maintains, that γράμματα has here the force of σ῾γγράμματα, or συγγεγραμμένα, "præcepta et exempla e scriptoribus excerpta."—συνειλεγμένον. Perfect passive participle in a middle sense, or, rather, the perfect middle participle at once.—ἐπὶ σοφίᾳ. "In wisdom.' Literally, "for wisdom."—διὰ νεότητα. Compare iii., 6, 1.—καθίζοντα εἰς ἡνιοποιεῖόν τι, κ. τ. λ. "Accustomed to go into the shop of a bridle maker, one of those near the market-place, and sit down therein." The preposition εἰς has here the force of a verb of motion.

§ 2.

διὰ συνουσίαν τινὸς τῶν σοφῶν. "In consequence of intimacy with any one of the Sophists."—πρὸς ἐκεῖνον ἀποβλέπειν. "Looked to him." The English idiom is the same: "to look to a person," i. e., to expect some help or assistance from him.—σπουδαίου ἀνδρός. "Of an able minister."—κινεῖν. "To arouse," i. e., to induce him to speak. Compare Kühner, "ad loquendum excitare," and also Heindorf and Stallbaum, ad Plat., Lysid., p. 223, A. Valckenaer, less correctly, renders it by the Latin pungere, i. e., to nettle or provoke. —τὰς μὲν ὀλίγου ἀξίας τέχνας, κ. τ. λ. "That men could not become able even in arts of little importance without fit instructors." The expression σπουδαῖος τὴν τέχνην is the same as δεινὸς τὴν τέχνην.—ἀπὸ ταὐτομάτου. "Spontaneously." The same, in fact, as φύσει.

§ 3.

φυλαττόμενον, μὴ δόξῃ, κ. τ. λ. "Anxious lest he appear to admire Socrates for wisdom."—Εὐθύδημος οὑτοσί. "This Euthydemus here." Proper names, when accompanied by the demonstratives οὗτος, ἐκεῖνος, ὅδε, and αὐτός, are without the article. (Kühner, § 453, Jelf.)—ἐν ἡλικίᾳ γενόμενος. "On having reached the proper age," i. e., the age of manhood. The term ἡλικία properly denotes the age of man from his eighteenth year to his fiftieth.—τῆς πόλεως λόγον περί τινος προτιθείσης. "The state giving him permission to speak about any matter." The expression λόγον προτιθέναι is in Latin copiam dicendi facere. (D'Orville, ad Charit., p. 111.) After the Athenian people had been convened in assembly, a herald gave liberty to address the people upon a proposed subject by the usual formula τίς ἀγορεύειν βούλεται;—ἐξ ὧν ἐπιτηδεύει. "From the conduct he now pursues." Attraction for ἐκ τῶν ἃ ἐπιτηδεύει.—καλὸν προοίμιον τῶν δημηγοριῶν παρεσκευάσασθαι, κ. τ. λ. "To have concocted an admirable preamble for his public orations, from an anxiety not to appear to learn any thing from any one." Observe that του is Attic for τινός.—προοιμιάσεται. "He will form the exordium."

§ 4.

ἀκούων. "Although I heard."—*οὐδ' ἐπεμελήθην, κ. τ. λ.* "Nor was I ever so icitous of any one of those who were acquainted with these matters becoming an instructor unto me."—*τἀναντία.* Supply *ἐποίησα.*—*διατετέλεκα φεύγων.* "I have always avoided." Compare i., 2, 28; iii., 1, 4.—*τὸ δόξαι.* "The very appearance of it."—*ἂν ἀπὸ ταὐτομάτου ἐπίῃ μοι.* "May occur to me spontaneously."

§ 5.

ἁρμόσειε δ' ἄν, κ. τ. λ. "It might suit, also, those to form their preamble in this way, who wish to obtain a medical appointment from the state." Compare Kühner: "*publici medici munus accipere.*" Weiske supposes that qualified physicians were appointed by the people in assembly. These were of two classes: the free, who attended to the free; and the slaves, who cured the slaves. They received their salary from the public treasury.—*ἐπιτήδειον.* "Advantageous." Ernesti thinks *ἐπιτήδειον* and *ἐντεῦθεν* spurious, since they are not noticed in the translation of Bessario.—*τῶν ἰατρῶν.* "Of the physicians of the day." Observe the force of the article.—*τὸ δόξαι μεμαθηκέναι.* "The very appearing to have learned."—*ἐν ὑμῖν ἀποκινδυνεύων.* "By trying experiments upon you." Literally, "among you," *i. e.*, in your case. Schneider aptly compares *Pliny, H. N.,* xxix., 1, "*Discunt (medici) periculis nostris, et experimenta per mortes agunt.*"—*τῷ προοιμίῳ* "At this form of preamble."

§ 6.

φανερὸς ἦν. Compare i., 2, 16.—*σωφροσύνης δόξαν περιβάλλεσθαι.* "To invest himself with a reputation for modesty." Compare Schneider: "*Tacendo assumere et consequi laudem modestiæ.*" Kühner is guilty of a singular oversight here. "Since Euthydemus," he remarks, "is said, in § 3, to have departed, what is now related must be supposed to have happened on a subsequent occasion." Not so, however, by any means. In § 3, Euthydemus is said to have been *in the act of departing* when Socrates commenced his attack, and he is now represented as having been induced to remain by what he heard fall from the lips of the philosopher.—*θαυμαστὸν γάρ, κ. τ. λ.* "It is strange, then, why in the world they who wish," &c. The particle *γάρ* here serves to draw a conclusion. Socrates forms an inference from the previous conduct of Euthydemus; and hence, for a literal translation of *γάρ* ("for"), we may supply the ellipsis as follows, with Herbst: *οὐκ ὀρθῶς ποιεῖς φυλαττόμενος αὐτός τι φθέγγεσθαι.—ἄλλο τι ἱκανοί.* Compare i., 2, 46.—*ὡς συνεχέστατα.* "As ᾳecessantiy as possible." Ernesti and Weiske explain this by "*statim a consilio capto, nullo intervallo facto.*"—καθ' ἑαυτούς. "By themselves," *i. e.*, unassisted.—παρὰ τοῖς ἀρίστοις, κ. τ. λ. "With those who seem to be most skilled." Here ἀρίστοις is attracted into the case of τοῖς.—ἕνεκα τοῦ μηδέν, κ. τ. λ. "So as not to do any thing without their judgment."—ὡς οὐκ ἂν ἄλλως, κ. τ. λ. "Thinking that they could not otherwise become worthy of notice." Equivalent to νομίζοντες ὅτι οὐκ ἂν ἄλλως ἀξιόλογοι γένοιντο. Compare ii., 2, 13.—αὐτόματοι. "By uninstructed talent." Literally, "of themselves."

§ 7.

καίτοι γε τοσούτῳ, κ. τ. λ. "And yet, these latter affairs are so much more difficult in execution than the others, by how much, although more busy themselves about them, they, who accomplish them, are fewer in number," *i. e.*, in proportion to the comparative fewness of those who succeed.

§ 8.

ἀκούοντος Εὐθυδήμου. "While Euthydemus heard him without attention," *i. e.*, merely heard, but did not seem to pay any attention to him. To this is opposed προθυμότερον ἀκούοντα which presently follows.—τοιούτους λόγους ἔλεγε. "Used to make such remarks as these." Observe the force of the imperfect. Kühner's observation, referred to under § 6, applies more correctly here, since the allusion now is to several conversations subsequent to the main one so fully detailed.—ἑτοιμότερον ὑπομένοντα. "Remaining more readily."—εἰπέ μοι, ὦ Εὐθύδημε, τῷ ὄντι, κ. τ. λ. "Tell me, Euthydemus, have you really, as I hear, collected," &c. The common text has συνῆξας, for which we have given συνῆχας with Zeune, Kühner, and others, as suggested by Valckenaer.—τῶν λεγομένων σοφῶν γεγονέναι. Attraction. Compare i., 2, 3.—νὴ τὸν Δία. Compare i., 2, 9

§ 9.

νὴ τὴν Ἥραν. Compare i., 5, 5.—ἄγαμαί γέ σου. "I do admire you, indeed." The verb ἄγαμαι is construed with an accusative of the person, and a genitive of the thing which is the cause of the wonder; or with a genitive of the person and a genitive of a participle, as ἄγαμαί σε τῆς ἀνδρείας, ἄγαμαι σοῦ λέγοντος. The place of the participle, however, is often supplied, as in the present instance, by an explanatory clause, with ὅτι, διότι, ὅπως, &c. Compare *Kühner*, § 495, *Obs. Jelf.*—προείλου μᾶλλον. Compare ii., 1, 2

—ὀρθῶς μετιέναι τὴν σοφίαν. "To be seeking after wisdom in the right way."

§ 10.

τί δὲ δή; "But in what particular a t, pray!"—διεσιώπησεν. Compare iii., 6, 4.—ἆρα μὴ ἰατρός; "Do you wish, then, to become a physician!" Supply βούλει γενέσθαι. The difference between ἆρ οὐ and ἆρα-μή is this, that ἆρ' οὐ, *nonne*, requires an affirmative answer, but ἆρα μή, *num*, a negative, as ἆρα does alone; but still μή imparts some degree of doubt to the question, and that for the purpose sometimes of irony. Compare *Kühner*, § 873, *Jelf.*—συγγράμματα. "Writings."—γνωμονικοῦ γὰρ ἀνδρός, κ. τ. λ. "Since there is need of a well-informed person for this also," *i. e.*, a person of judgment, whose mind has been matured by much reading and reflection. Observe that τοῦτο is here the accusative of the object.— Θεόδωρος. Theodorus was a philosopher and native of Cyrene, and a celebrated geometrician. According to Maximus Tyrius (*Diss.*, 22), he was the preceptor of Socrates. Compare iv., 7, 3.—ἀστρολόγος. "An astronomer." This was the original meaning of the word. Subsequently it was used to signify an astrologer. So ἀστρολογία, "astronomy," though ἀστρονομία was also in use. The case is similar in Latin with *astrologia* and *astronomia.*—ῥαψῳδός. "A Rhapsodist." The Rhapsodists were persons who recited, in public, portions of epic poems, especially those of Homer. They at first were held in great esteem; but in the time of Socrates the order had fallen into disrepute.—τὰ μὲν ἔπη ἀκριβοῦντας. "Know his verses accurately."—αὐτοὺς δὲ πάνυ ἠλιθίους ὄντας. The same contempt for the Rhapsodists was entertained by Plato, as appears from the dialogue entitled *Ion*, § 1, *seqq*. Compare *Stallbaum, ad loc*

§ 11.

οὐ δήπου ἐφίεσαι. "You surely do not desire." Observe that οὐ δήπου are here employed ironically. These particles are generally used in Attic writers to express a question to which a denial is confidently expected. (Compare ii., 3, 1.) Socrates, however, in putting the question, knew well that it would be answered in the affirmative.—ἔστι γὰρ τῶν βασιλέων αὕτη. "For this is the art of kings." Supply ἡ τέχνη from what precedes.—ἀγαθὸν ταῦτα. "Good at these things." Adjectives expressing quality, such as ἀγαθός, καλός, κακός, σοφός, &c., are construed with an accusative of the end or purpose. (*Kühner*, § 579. 2, *Jelf.*)—καὶ μάλα. Compare iii. 3 9.—καὶ οὐχ οἷόν τέ γε. "And it is not possible, indeed." Valck ἐπαεῖ would reject the particle γέ Consult, however, *Schaefer. Appaiat. Demosth.*, i., p. 543.

§ 12.

σὺ δὴ τοῦτο κατείργασαι; "Have you, indeed, accomplished this!" ı. e., have you, indeed, acquired this virtue? The allusion is to justice (δικαιοσύνη).—οὐδενὸς ἂν ἧττον φανῆναι δίκαιος. "That I will appear as just as any other." More literally, "less just than no one."—τῶν δικαίων ἔργα. "Any works of the just."—ἆρ' οὖν. Compare ii., 7, 5.—ἔχουσιν ἐπιδεῖξαι. Compare ii., 6, 28.—μὴ οὖν οὐ δύναμαι. Euthydemus, surprised at the question of Socrates, answers it by another question: "What! am I then unable to explain the works of justice?" When οὐ stands in a sentence introduced by μή, it belongs to some single word, not to the whole sentence. The particle μή, moreover, is distinguished from ἄρα μή only in being less pointed and emphatic.—ἔγωγε τὰ τῆς ἀδικίας. Supply δύναμαι ἐξηγήσασθαι.

§ 13.

βούλει οὖν γράψωμεν. Compare ii., 1, 1. Here Δ stands for δικαιοσύνη, and Α for ἀδικία.—πρὸς τὸ Δ τιθῶμεν. "We add to Delta," i. e., we place under it.—εἰ τί σοι δοκεῖ, ἔφη, προςδεῖν τούτων, κ. τ. λ. "If you think, said he, that you have any need of these (letters) besides," i. e., in addition to the means you already possess for explaining these matters. In this discussion, Socrates does not so much wish to strip Euthydemus of his reputation for justice, as of his own self-conceit. When Euthydemus at one moment pronounces the same thing to be just, at another unjust, he clearly shows his ignorance of what he professed to know, and, therefore, that he had not any true or real claim to wisdom.

§ 14.

οὐκοῦν ἔστιν ἐν ἀνθρώποις τὸ ψεύδεσθαι; "Does falsehood, then, exist among men?" The article, which is wanting in all the MSS and older editions, has been added by Ernesti.—ποτέρωσε. "In which of the two classes." Literally, "to which of the two sides." —πρὸς τὴν ἀδικίαν. "Under injustice."—πρὸς δὲ τῇ δικαιοσύνῃ, κ τ. λ. "And shall no one of these, in our opinion, belong to justice." Literally, "lie in addition to justice," i. e., be placed under it.—δεινὸν γὰρ ἂν εἴη, ἔφη. "(No), truly, replied he, for that would be intolerable." The particle γάρ often occurs in answers, when it must be referred to something not expressed.

§ 15.

ἐξανδραποδίσηται. This verb is often used with respect to cities. Compare *Ages.*, vii., 6. *Conviv.*, iv., 36.—πρὸς τοὺς φίλους. "With reference to friends."—ὅσα πρὸς τῇ ἀδικίᾳ ἐθήκαμεν, κ. τ. λ. "Whatsoever things we have placed under the head of injustice, must we place all (of these), likewise, under the head of justice?" Observe that πρὸς τῇ ἀδικίᾳ ἐθήκαμεν is an instance of what grammarians term the pregnant construction, for πρὸς τὴν ἀδικίαν ἐθήκαμεν, ὥστε κεῖσθαι πρὸς αὐτῇ. Prepositions with the dative are sometimes joined to verbs of motion, *whither*, and with the accusative to verbs of rest. This is called the pregnant construction. In the former case, the speaker regards the state of rest following on the complete motion; in the latter, the motion which precedes and is implied in the state of rest; so that the two parts, which in other languages require two verbs to express them, are in Greek signified by one. Compare *Kühner*, § 645, *Jelf.*—ἐθήκαμεν. This form is rare, for the Attics usually write ἔθεμεν. The aorist in κα occurs in good authors almost exclusively in the singular and third person plural. In the rest of the persons the second aorist is more used, which, again, hardly ever occurs in the singular. Compare *Matthiæ*, § 210, 211

§ 16.

Βούλει οὖν, ἔφη, κ. τ. λ. "Do you wish, then, said he, that, having placed these things thus, we again proceed to define, namely, that it is just," &c.—ἀλλὰ δεῖν πρός γε τούτους, κ. τ. λ. "But that, with reference to the latter, a general must act without the smallest guile." The subject here is στρατηγόν, which is to be supplied from the preceding section.

§ 17.

ἀθύμως ἔχων. "Disheartened." Compare ii., 6, 18.—ψευσάμενος φήσῃ. Compare ii., 6, 38.—παύσῃ τὰς ἀθυμίας τοῦ στρατεύματος "Shall cause the despondent feelings of his army to cease." Stobæus has, with one MS., τῆς ἀθυμίας τοὺς στρατιώτας.—ποτέρωθι δή σομεν; "Under which head are we to place this act of deceit?"—πρὸς τὴν δικαιοσύνην. "That we must assign it to justice." Supply θετέον εἶναι ἡμῖν.—δεόμενον φαρμακείας, κ. τ. λ. "Requiring medicine, and yet not liking a particular drug."—ὡς σιτίον τὸ φάρμακον δῷ. "Shall give him the drug in question as if it were an article of food." Commentators compare with this the fine lines in *Lucretius*, i., 935, seqq.: "Sed veluti pueris absinthia tetra medentes," &c.—ποῖ. "Under which head."—εἰς τὸ αὐτό. "Under the same"

—μὴ διαχρήσηται ἑαυτόν. "Lest he destroy himself." The verb διαχρῆσθαι is used in this sense by a euphemism, and governs an accusative.—κλέψῃ ἢ ἁρπάσῃ. Compare iii., 6, 11.

§ 18.

λέγεις, ἔφη, σύ, κ. τ. λ. "Do you mean, said he, that not even toward our friends ought we on all occasions to act without gui e?"—μετατίθεμαι. "I retract."—ἢ μὴ ὀρθῶς τιθέναι. "Than to lay down a wrong position."

§ 19.

τῶν δὲ δή, κ. τ. λ. In this and the following section, Socrates does not express his own sentiments, for what in those passages he asserts is opposed to his own doctrines as stated elsewhere (e. g., iii., 4, 4, seqq.; iv., 6, 6), respecting the nature of justice and other virtues. He here assumes the character of a Sophist in order more fully to convict Euthydemus of frivolity and self-conceit; for he who *knowingly* does injury to a friend, if we look to the point of *knowledge*, is more just, has a greater knowledge of justice, than he who does wrong unwittingly; but if we look to the act of *injury*, he is more unjust than the other. But he alone is to be called *just*, who, knowing what is just, also executes it, not he who only has the knowledge without the execution. And so he who designedly, and of set purpose, writes ungrammatically, if we consider the point of *knowledge* merely, is a better grammarian than he who writes or reads ungrammatically without knowing that he does so, but not so if we regard the act alone. (*Kühner, ad loc. Wheeler, ad loc.*)

ἐπὶ βλάβῃ. "To injure them." The preposition ἐπί, with a dative, sometimes expresses the object or aim of an action. So οὐκ ἐπὶ κακῷ, in Thucydides, v., 45, "not with any view to injury." Compare *Kühner*, § 634, *Jelf.*—ὁ ἑκών, ἢ ὁ ἄκων. "He who commits the wrong intentionally, or he who does it unwittingly."—πιστεύω οἷς ἀποκρίνομαι. "Put confidence in the answers which I give." Attraction for ἅ.—εἰρήσθω μοι. "Let it be said by me," *i. e.*, let me here admit.

§ 20.

μάθησις καὶ ἐπιστήμη. "An art and science."—γ ᾳμματικώτερον. "A better grammarian."—καὶ ἀναγιγνώσκῃ. "And read."—ὁπότε βούλοιτο. "Whenever he might feel inclined." Observe the force of the optative in marking the repetition of an act, and compare ὅτε μὴ παρείη, in iii., 14, 6.—αὐτά. Referring to writing and reading.—

πῶς γὰρ οὔ. Affirmaᵢ vely: "(Yes), for how could it be otherwise?" (*Matthiæ*, § 610, 6.)—τὰ δίκαια δὲ πότερον. For the situation of πότερον, compare note on ii., 7, 8; iii., 9, 1.—φαίνομαι. "I appear to say so." Supply τοῦτο λέγων. Observe that φαίνομαι is opposed to the following δοκῶ.—δοκῶ δέ μοι καὶ ταῦτα, κ. τ. λ. "But I think I say so without knowing why."

§ 21.

τί δὲ δή; "What then, pray?"—φράζων. "When describing." With regard to φράζων.... φράζῃ, observe, that by a peculiar Greek idiom, there is attached to the verb of the sentence a participle of the same root and of similar meaning. This is exactly analogous to the constructions μάχην μάχεσθαι, &c. Compare *Kühner*, § 705, 3, *Jelf*.—λογισμὸν ἀποφαινόμενος τὸν αὐτόν. "When stating the result of the same calculation," *i. e.*, when rendering the same account.—δῆλος νὴ Δί' εἶναι. Supply δοκεῖ; and on the construction of the whole clause, compare iii., 5, 24.

§ 22.

ἀνδραποδώδεις. Compare i., 1, 16.—ἆρ' οὖν διὰ τὴν τοῦ χαλκεύειν, κ. τ. λ. "Pray, then, do they obtain this name on account of their ignorance of working at smith's work?"—τοῦ τεκταίνεσθαι. "Of carpentry."—τοῦ σκυτεύειν. "Of shoe making."—οὐδὲ δι' ἐν τούτων. Since the former interrogation has been denied (οὐδὲ διὰ τ᾽αύτην), Kühner supposes Euthydemus somewhat irritated at the captious interrogatories of Socrates, and that he answers here pettishly.—ἀλλὰ καὶ τοὐναντίον. That is, διὰ τὴν τῶν τοιούτων σοφίαν τοῦ ὀνόματος τούτου τυγχάνουσιν.

§ 23.

φεύγειν, ὅπως μή, κ. τ. λ. "To avoid being low-minded." Literally, "slavish," *i. e.*, in spirit.—πάνυ ᾤμην φιλοσοφεῖν φιλοσοφίαν. "I altogether thought that I was seeking out a philosophic system," *i. e.*, pursuing a line of study. Compare the explanation of Kühner: "*Sæpe φιλοσοφεῖν est, diligenter meditando aliquid reperire.*" It is used by Isocrates in the signification of "to study," "to investigate by study." The proper meaning of the verb is, "to love knowledge," "to seek to become wise," "to seek after knowledge for its own sake."—δι' ἧς ἄν, κ. τ. λ. Construe ἄν with παιδευθῆναι, and consult *Kühner*, § 429, *Jelf*.—παιδευθῆναι τὰ προςήκοντα. Verbs which have two accusatives in the active, retain one of these cases in the passive —καλοκἀγαθίας ὀρεγομένῳ. Compare i., 2, 15.—πῶς οἴει με κ. τ. λ. "How much do you think I am dejected," i. e., can you imagine the despair I am in.—διὰ μὲν τὰ προπεπονημένα, κ. τ. λ. "After all my previous labor, not even able to answer that which is asked me concerning the things which I ought most of all to know." Literally, "on account of the things previously labored upon." Observe in ὑπὲρ ὧν the attraction for ἅ, and also that περί is more usual in this construction.

§ 24.

Δελφούς. Delphi was situate on the southern side of Mount Parnassus, in Phocis, and was famed for its oracle of Apollo. The more ancient name was Pytho.—ἤδη πώποτε "Ever as yet."—κατέμαθες οὖν πρὸς τῷ ναῷ, κ. τ. λ. "Did you observe, then, that sentence, Know Thyself, written somewhere upon the temple (wall)?" Observe here the force of the article τό, equivalent, as Sturz remarks, to *dictum illud*. This is said to have been the saying of Chilo. Others, however, ascribe it to Thales. Socrates often recommended it to his followers, for which he is ridiculed by Aristophanes. Compare Süvern, ad Aristoph., Nub., p. 6.—οὐδέν σοι τοῦ γράμματος ἐμέλησεν. The impersonal μέλει, *curæ est*, is construed with a dative of the person and a genitive of the thing. (Kühner, § 496, Jelf.)—σαυτὸν ἐπισκοπεῖν, ὅςτις εἴης. Thus sometimes in Latin, as in Cicero, "*Nosti Marcellum, quam tardus sit.*"—τοῦτό γε. "This, at least," i. e., my own self.—σχολῇ γὰρ ἂν ἄλλο τι ᾔδειν "For I could scarcely have known any thing else."

§ 25.

ὥςπερ οἱ τοὺς ἵππους .... ὅπως ἔχει. These words form a parenthesis.—γιγνώσκειν. "That they know (the animal)."—πρὸς τὴν τοῦ ἵππου χρείαν. "As regards the proper use of the steed," i. e., the proper services required of him.—πρὸς τὴν ἀνθρωπίνην χρείαν "With reference to human uses."

§ 26.

πάσχουσιν. "Experience."—διὰ δὲ τὸ ψεύσθαι ἑαυτῶν. "But, by having been deceived with respect to themselves," i. e., by reason of not knowing themselves.—διαγιγνώσκουσιν. "Thoroughly distinguish."—πράττοντες. "By attempting."—εὖ πράττουσι. "Enjoy success "—διαφεύγουσι τὸ κακῶς πράττειν. "Escape ill success."—τοὺς ἄλλους ἀνθρώπους δοκιμάζειν. "To form an estimate regarding the rest of men."—διὰ τῆς τῶν ἄλλων χρείας. "By means of their use of the rest of men," i. e., by their dealings with others.

§ 27.

οἱ δὲ μὴ εἰδότες. Supply *ἑαυτούς*, or *τὴν ἑαυτῶν δύναμιν.—πρός τε τοὺς ἄλλους, κ. τ. λ.* "Are similarly affected as regards both the rest of men," &c. Inasmuch as they do not know themselves, they are equally ignorant of other men, and of all human affairs.—*οὔτε οἷς χρῶνται.* "Nor those with whom they have dealings."—*τῶν τε ἀγαθῶν ἀποτυγχάνουσι, κ. τ. λ.* "They both fail of obtaining the things that are good, and fall into those that are evil."

§ 28.

ἐπιτυγχάνοντες ὧν πράττουσιν. "Succeeding in the things which they do." Observe that *ὧν* is by attraction for *ἅ.—καὶ οἱ τε ὅμοιοι τούτοις, κ. τ. λ.* "And they who are like to them gladly make use of their assistance," *i. e.*, men of similar prudence; men who resemble them in character and conduct.—*ὑπὲρ αὑτῶν βουλεύεσθαι* "To counsel for them."—*καὶ προΐστασθαί τε ἑαυτῶν τούτους.* "And to place these before themselves." We have here, as Kühner remarks, a species of anacoluthon. The more regular form of expression would have been, *καὶ προΐστασθαί τε βούλονται ἑαυτῶν τούτους καὶ τὰς ἐλπίδας . . . . ἔχουσι.*

§ 29.

κακῶς δὲ αἱρούμενοι. "And making an unfortunate choice," *i. e.*, in consequence of not knowing their own abilities. Weiske takes it passively : "*Infeliciter ad aliquod negotium vel munus delecti.*"—*ζημιοῦνταί τε καὶ κολάζονται.* "Are both fined and punished." Compare Kühner: "*Mulctantur et castigantur.*"—*ἀδοξοῦσι.* "Incur disrepute."—*τῶν πόλεων ὅτι.* In order to give greater force to the opposition, the genitive is thus placed before the conjunction. So sometimes in Latin, as in Cicero, *Divin.*, i., 40 : "*Deus ut haberetur,*" &c.

§ 30.

ὡς πάνυ μοι δοκοῦν. Here *δοκοῦν* is an accusative after *ἴσθι*, equivalent to *ἴσθι δοκεῖν μοι*. In place of this construction the genitive absolute is more frequently employed. The common text has *δοκεῖ.—περὶ πολλοῦ ποιητέον.* Compare ii., 3, 10.—*πρὸς σὲ ἀποβλέπω, κ. τ. λ.* "I look to you (for aid), if haply you might feel inclined to explain it unto me." The optative with *εἰ* is used with respect to present actions, when the doubtfulness of the result is to be strongly marked; and sometimes, as in the present instance, *ἄν* is added, for the purpose of making that doubtfulness still stronger Compare *Matthiæ, § 526*

§ 31.

πάντως που γιγνώσκεις. "You fully know, I suppose."—εἰ γὰρ μηδὲ ταῦτα οἶδα, κ. τ. λ. "For if I did not even know these, I would be more worthless even than a slave." Literally, "than slaves." The particle εἰ is used with the indicative, and, in the apodosis, the optative with ἄν, when the condition contains a determinately expressed case, and the apodosis refers to a circumstance which is merely possible or probable. (*Matthiæ*, § 524, *Obs.* 2, 1.)—αὐτὸ τὸ ὑγιαίνειν. "The very circumstance of being in health."—ἔπειτα τὰ αἴτια ἑκαστέρου αὐτῶν, κ. τ. λ. "In the next place, as regards the causes of each of them, namely, both drink and food, (I regard) those which conduce to health as blessings," &c. Supply νομίζω from the previous clause, and observe that ποτά and βρωτά are more literally "drinkables" and "eatables."

§ 32.

καὶ τὸ ὑγιαίνειν καὶ τὸ νοσεῖν. "Both health and sickness." Taken substantively.—πότε δ' ἄν, ἔφη, κ. τ. λ. The inquiry of Euthydemus.—στρατείας τε αἰσχρὰς, κ. τ. λ. "Some having, by reason of strong health, taken part either in a disgraceful expedition by land, or some injurious movement by sea," &c.—οἱ δὲ δι' ἀσθένειαν ἀπολειφθέντες, σωθῶσιν. "While others, having been left behind on account of feeble health, may have been saved." Some prefer, rendering ἀπολειφθέντες here more freely, "having missed (the expedition, or movement by sea)."—μᾶλλον ἀγαθὰ ἢ κακά. "Any more blessings than evils."—οὐδὲν, μὰ Δία, φαίνεται, κ. τ. λ. "Not any more, indeed, it is evident, according to this mode of arguing, at least."

§ 33.

ἀλλ' ἥ γέ τοι σοφία. "But wisdom, at least, indeed."—τί δαί; τὸν Δαίδαλον, κ. τ. λ. This passage is remarkable for its Socratic irony. Below, iv., 5, 6, where the philosopher utters his real sentiments, he calls σοφίαν, *i. e.*, intelligence and wisdom, the summum bonum; and above, iii., 9, 5, he clearly states all virtue to be σοφία.—τὸν Δαίδαλον. "The celebrated Dædalus." The article here is emphatic.—ὅτι ληφθεὶς ὑπὸ Μίνω, κ. τ. λ. "How that, having been seized by Minos, on account of his wisdom, he was compelled to be a slave to that prince." Dædalus, according to the legend was an Athenian, but having killed, through envy, his sister's son Perdix, he fled to Crete, where his skill obtained for him the friendship and protection of Minos. This Socrates ironically calls ληφθε'ὶ ὑπὸ Μίνω, κ. τ. λ.—μετὰ τοῦ υἱοῦ. An allusion to the fabled flight of Dædalus, along with his son Icarus, from the island of Crete, after the affair of Pasiphaë.—τόν τε παῖδα ἀπώλεσε. In the Icarian Sea, as it was afterward called.—εἰς τοὺς βαρβάρους. Dædalus fled to Sicily after the loss of his son, where he was protected by Cocalus, king of the Sicani, and where he executed for the monarch many great works of art. This Socrates ironically calls a second enslaving.—τὰ δὲ Παλαμήδους, κ. τ. λ. Palamedes exposed the pretended madness of Ulysses, and thus incurred his hatred. Ulysses accused him of treason, and succeeded by his artifices in having him stoned to death. Herbst aptly compares Philostratus (*Heroic.*, p. 707): Παλαμήδην δὲ οὐδὲν ἡ σοφία ὤνησε τὸ μὴ οὐκ ἀποθανεῖν διαβληθέντα. —ἱμνοῦσιν. "Celebrate in song."—ὡς. "How that."—ἀναρπάστους πρὸς βασιλέα γεγονέναι. "To have been carried off to the great king." The King of Persia is meant, and the reference being a well-known one, the article is, as usual, omitted.

§ 34.

κινδυνεύει. "Appears." Compare ii., 3, 17; iii., 13, 3.—εἴγε μή τις αὐτό, κ. τ. λ. "(Yes), if at least one do not seek to compose it. said he, O Euthydemus, of questionable goods," *i. e.*, if he do not consider any questionable good as one of its ingredients.—τί δ' ἄν, ἔφη, κ. τ. λ. "But what one, said he, of the things tending to happiness, could be questionable in its nature?" *i. e.*, could be a question able good.—εἴγε μὴ προςθήσομεν αὐτῷ. "Unless, indeed, we shall attach to it (as its elements)."

§ 35, 36.

νὴ Δί', ἔφη, προςθήσομεν ἄρα. "Ay, indeed, said Socrates, we will then be adding those things."—πολλὰ καὶ χαλεπά. Compare i., 2, 24.—μείζοσιν ἔργοις ἐπιχειροῦντες. "Undertaking works too great for them."—διαθρυπτόμενοί τε καὶ ἐπιβουλευόμενοι. "Being enervated and plotted against."—ἀλλὰ μήν, ἔφη, εἴγε μηδέ, κ. τ. λ. "Why in very truth, replied Euthydemus, if I do not speak rightly even in praising happiness, I confess that I do not even know what I ought to pray for from the gods." Literally, "with reference to the gods." Compare i., 2, 10.—οὐδ' ἔσκεψαι. "You have never even examined." —τί ἐστι. "What kind of a thing it is." Compare i., 2, 13.—πάντως δήπου. "Assuredly, if I mistake not, (I know this)."

§ 37.

εἰδέναι. "For one to know." Supply τινά.—μὴ εἰδότα δῆμον. "If he know not the people themselves." Literally, "the *demus*."

Among the Greek democratical states, especially at Athens, the term δῆμος was used to indicate the commons, 'he people, the privileged order of citizens, &c.—ποίους. "What sort of persons."— εἰς ἃ δεῖ τελεῖν. ' To expend on those things on which they ought (to expend their means)." *i. e.*, on the necessaries of life. Sauppe understands this differently. He refers τελεῖν to those citizens who, being enrolled in a particular class, pay the public taxes assessed upon that class: now, since these are said τελεῖν εἰς τάξιν τινά, he takes the present passage to mean the same as if it were written τοὺς μὴ ἔχοντας τελεῖν εἰς ταῦτα εἰς ἃ δεῖ. We have adopted the same mode of resolving the passage, but with what we conceive to be a far more natural explanation.

§ 38.

καὶ περιποιοῦνται ἀπ' αὐτῶν. "They even make savings from them."—καὶ νὴ Δί', ἔφη, κ. τ. λ. We have adopted in this sentence the punctuation of Weiske. The passage stood thus in the old editions: Καὶ νὴ Δί', ἔφη Εὐθύδημος· ὀρθῶς γάρ με ἀναμιμνήσκεις· οἶδα γάρ, κ. τ. λ. The second γάρ, in our reading, explains the parenthesis. The more natural arrangement, as Kühner remarks, would have been as follows: Καὶ νὴ Δί', ἔφη ὁ Εὐθύδημος, οἶδα (ὀρθῶς γάρ με ἀναμιμνήσκεις) καὶ τυράννους, κ. τ λ.—οἱ ἀπορώτατοι. "They who are completely destitute."

§ 39

τοὺς μὲν τυράννους εἰς τὸν δῆμον θήσομεν. "We will have to class these tyrants among the demus."—οἰκονομικοί. "Good managers." —ἀναγκάζει με καὶ ταῦτα ὁμολογεῖν, κ. τ. λ. "My own stupidity, doubtless, forces me to concede even this." The position of δῆλον ὅτι here is somewhat unusual. It would come in more naturally after ἀναγκάζει με. Leunclavius considers it a mere expletive here, but this is going altogether too far.—κινδυνεύω γὰρ ἁπλῶς, κ. τ. λ. "For I appear to know nothing at all." Literally, "simply nothing." Equivalent to the Latin "*omnino nihil.*"

§ 40.

τῶν οὕτω διατεθέντων ὑπὸ Σωκράτους. "Of those who were reduced to this state by Socrates."—βλακωτέρους. "More foolish (than ever)." In relation to this form, compare notes on iii., 13, 4. —ὑπέλαβεν. "Concluded."—ἄλλως εἰ μή. So in Latin, *non aliter nisi*, for *non aliter quam si*, in Cic., *Ep. ad Fam.*, viii., 14; xii., 14; *Liv.*, xlv., 11.—ἔνια δὲ καὶ ἐμιμεῖτο, κ. τ. λ "He imitated also, some of his pursuits.' Literally, "some of the things which he pursued." Observe the attraction in ὧν for ἅ.—διετάραττεν. "Confounded aim."—ἐξηγεῖτο. "Explained to him."

CHAPTER III.

§ 1.

τὸ μὲν οὖν λεκτικούς, κ. τ. λ. "Socrates, then, was not urgent that those who associated with him should rapidly become able in speech, or in action, or of inventive skill." More literally, "did not hasten onward this circumstance, that those who associated with him should become," &c. How Socrates taught his pupils to be πρακτικοί will be related in chapter v.; how to be διαλεκτικοί in chapter vi.; and how to be μηχανικοί, in chapter vii.—σωφροσύνη. "A spirit of self-control."—τοὺς ταῦτα δυναμένους. "That those who were powerful in these qualities," i. e., in speaking, acting, &c.

§ 2.

περὶ θεοὺς σώφρονας. "Sound in their notions respecting the gods."—ἄλλοι μὲν οὖν αὐτῷ, κ. τ. λ. "Others, then, who were present with him when conversing on this topic with other persons, related (his words unto me)." Heindorf conjectured διηγοῖντο, i. e., narrent; Herbst, διηγοῦνται. We have followed the common text, and have given the explanation of Bornemann, as approved of by Kühner.

§ 3.

ἤδη ποτέ σοι ἐπῆλθεν. "Did it ever hitherto occur to you." Compare iv., 2, 4.—κατεσκευάκασι. "Have provided."—καὶ ὅς. Compare i., 4, 2.—ἡμῖν παρέχουσιν. "Afford us."—ὅ γ' εἰ μὴ εἴχομεν. "And if we had not this, at least."—ἕνεκά γε τῶν ἡμετέρων ὀφθαλμῶν. "As far, at least, as our eyes are concerned."—ἀλλὰ μὴν καί. "But, moreover."—κάλλιστον ἀναπαυτήριον. "A most excellent time for taking repose." According to the analogy of the language, ἀναπαυτήριον should properly signify "a place for taking repose." Some read ἀναπαυστήριον, with regard to which form, consult the remarks of Lobeck, ad Soph., Aj., 704, p. 321.

§ 4.

φωτεινὸς ὤν. "Being luminous," i. e., light-imparting.—τάς τε ὥρας τῆς ἡμέρας. "Both the divisions of the day," i. e., ὄρθρον μεσημβρίαν, δείλην, ἑσπέραν, or "dawn, midday, afternoon, even

.ng." In the time of Xenophon ὥρα did not signify an hour, or the twenty-fourth equal part of a day and night. It appears to have been first used in this latter sense by the astronomer Hipparchus, about 140 B.C. Compare. *Ideler, Chronol.*, i., p. 239.—διὰ τὸ σκοτεινὴ εἶναι, ἀσαφεστέρα ἐστίν. "In consequence of its being gloomy, is less distinct." Observe here the nominative with the infinitive by attraction, and consult *Kühner*, § 672, 2, *Jelf.*—ἄστρα ἀνέφηναν. "They cause the stars to shine forth." Observe here the employment of the aorist to denote what is customary, or wont to happen. τὰς ὥρας τῆς νυκτός. The Greeks divided the night into three watches, the Romans into four.

§ 5.

ταύτην ἡμῖν ἐκ τῆς γῆς ἀναδιδόναι. "Their raising this for us from out of the earth." With ἀναδιδόναι supply αὐτούς, i. e., τοὺς θεούς.—ὥρας. "Seasons."—οἷς εὐφραινόμεθα. "By which we experience delight." More literally, "by which we gladden ourselves." Observe the force of the middle.—πάνυ, ἔφη, καὶ ταῦτα φιλάνθρωπα. "These things, also, said he, are indicative of a very strong love for man." Observe that ταῦτα is here in the plural, because the reference is not to the preceding τό, but to the various blessings that are enumerated.

§ 6.

οὕτω πολλοῦ ἄξιον, κ. τ. λ. "A thing of so much value as both to produce, and, in conjunction with the earth and the seasons, to bring to maturity," &c.—συντρέφειν. "To help to nurture."—πᾶσι τοῖς τρέφουσιν ἡμᾶς. "With all our nutriment."—εὐκατεργαστότερα. "More easy of digestion."—προνοητικόν. "Is a mark of divine foresight," i. e., of a kind Providence.

§ 7.

τὸ πῦρ. "The element of fire." Observe the article. It is omitted in one MS., whence Bornemann has very rashly inclosed it in brackets.—ἐπίκουρον μὲν ψύχους. "An aid against cold."—συνεργόν. "A co-worker." — κατασκευάζονται. "Supply themselves with." Observe the middle.—ὡς γὰρ συνελόντι εἰπεῖν. Compare iii., 8, 10.—ὑπερβάλλει φιλανθρωπίᾳ. "Surpasses all the former in evincing love for man."

§ 8.

τὸ δὲ καὶ ἀέρα ἡμῖν, κ. τ. λ.. "And, again, their having so abundantly diffused the air every where around us." Literally, "for us "

This whole passage, down to ἀνέκφραστον inclusive, is pieserved only n one MS., that of Meermann. It is suspected by most critics of being spurious. The following reasons have been advanced for this opinion. 1. The use of the adverb ἀφθόνως, where we would expect ἄφθονον. 2. The suspicious form of the aorist διαχῦσαι. 3. The affected form of the expression πρόμαχον ζωῆς, which does not suit the simple style of Xenophon. 4. The words ἀλλὰ καὶ πελάγη περᾶν but ill agree with the preceding sentences. 5. The form ἀλλαχόθι is met with in no other passage. In many MSS., moreover, there is an hiatus between τὸ δὲ καὶ ἀέρα and τὸ δὲ τὸν ἥλιον, and it has been supposed that some scribe attempted to fill up the vacuum with the present passage.—πρόμαχον καὶ σύντροφον. "A defense and support."—ἀλλὰ καὶ πελάγη περᾶν δι' αὐτοῦ. "But that we even cross over seas by means of it," i. e., by the action of the air on the canvass of the sails.—καὶ τὰ ἐπιτήδεια ἄλλους, κ. τ. λ. "And that some men in one quarter and in one land, and other men in another quarter and in a different land, by sending to each other, procure for themselves what they require, how is not this beyond all calculation? It is unutterably so."

ἐπειδὰν τράπηται. "Whenever he turns." Observe the force of the middle. The allusion is to the apparent motion of the sun after the shortest day, or the winter solstice.—προςιέναι. "Approaches toward us."—ὧν καιρὸς διελήλυθεν. "Whose season (for ripening) has gone by."—μᾶλλον τοῦ δέοντος θερμαίνων. "By imparting unto us more of his heat than is needful."—καὶ ὅταν αὖ πάλιν ἀπιὼν γένηται ἔνθα, κ. τ. λ. "And when, in the course of his departure, he may have come back again (to that quarter of the heavens) where," &c. Supply ἐνταῦθα before ἔνθα. The order αὖ πάλιν is very rare, πάλιν αὖ, which occurs immediately after, is much more usual. Compare *Schæfer, Melet. Crit.*, p. 39.—εἰ ἄπεισιν. "If he shall depart." Observe the employment of the present ἄπεισιν, according to Attic usage, in a future sense.—καὶ ἐνταῦθα τοῦ οὐρανοῦ ἀναστρέφεσθαι, κ. τ. λ. "And keeps revolving in that part of the heavens, by being in which he might benefit us most."—παντάπασιν ἔοικεν. "Altogether resemble."

§ 9.

εἰ ἐξαπίνης γίγνοιτο. "If either should come upon us suddenly."—κατὰ μικρόν. "Gradually."—ὥςτε λανθάνειν ἡμᾶς, κ. τ. λ. "That we escape our own observation while we are coming toward, and getting placed in, either most powerful extreme." More freely, 'that we are imperceptibly placed in either extreme." Observe the construction of εἰς with καθισταμένους, the preposition to be rendered by a verb of motion.—εἰ ἄρα τί ἐστι, κ. τ. λ. "Whether the gods, perchance, have any other employment than," &c. With ἔργον supply ἄλλο. The particle ἤ stands sometimes after an interrogative, τίς, τί, without ἄλλος. So in indirect questions we sometimes find τί instead of ἄλλο τί. Compare *Kühner*, § 779, *Obs.* 1, 1 ilf—τούτων. The benefits mentioned above.

§ 10.

οὐ γὰρ καὶ τοῦτ', κ. τ. λ. "(Let it occasion no embarrassment), for is not this also manifest, said Socrates." Observe the elliptical employment of γάρ.—ἀνθρώπων ἕνεκα. "For the sake of men." The same sentiment is expressed by Cicero, *N. D.*, ii., 62.—αἰγῶν τε καὶ ὀΐων, κ. τ. λ. "Reaps so many advantages from goats and sheep, &c., as men do?"—ἐμοὶ μὲν γὰρ δοκεῖ, κ. τ. λ. "For to me, indeed, it appears (that they reap) more advantages (from these) than from the productions of the earth." Zeune supplies ἤ after πλείω, but when a comparative is followed by a genitive, depending on some other word, this particle is often omitted. The genitive τῶν φυτῶν depends on ἀπολαύειν.—τρέφονται γοῦν καὶ χρηματίζονται, κ. τ. λ. "At least, however, they nourish and enrich themselves no less from these," *i. e.*, from animals.—πολὺ δὲ γένος ἀνθρώπων. "And a numerous race of men." The allusion is to the Scythians, who led a nomadic life.—ἀπὸ βοσκημάτων. "Obtained from herds."—τὰ χρήσιμα τῶν ζώων. "The useful ones of animals." When a substantive is joined with an adjective or pronoun, where both should be in the same case, the Greeks often, for greater emphasis, consider the substantive as the whole and the adjective as the part, and put the former in the genitive.—ὅτι ἂν βούλωνται. "For whatever purpose they may please." The verb χρῆσθαι, which properly signifies "to employ as a means or instrument," is construed with a dative of the person or thing employed, and an accusative of the use, purpose, or end

§ 11.

προςθεῖναι. "Their adding." Here again the aorist has reference to what is habitual or customary.—αἰσθήσεις. "Senses."—τὸ δὲ καὶ λογισμὸν ἡμῖν ἐμφῦσαι. "And their implanting, also, in us a faculty of reason."—περὶ ὧν αἰσθανόμεθα, κ. τ. λ. "Both reasoning respecting sensible objects, and holding these reasonings in memory." Observe that περὶ ὧν is for περὶ τῶν ὧν.—ὅπη ἕκαστα συμφέρει. "In what way each is beneficial," *i. e.*, how far each may be beneficial.—ἑρμηνείαν. "Speech."—δι' ἧς πάντων τῶν ἀγαθῶν, κ.

τ. λ. "Giving instruction, by means of which we both impart all blessings unto one another, and share these in common."—νόμους τιθέμεθα. Compare iv., 4, 19.—πολιτευόμεθα. "Enjoy constitutional government."—πολλὴν ἐπιμέλειαν ποιεῖσθαι. "To take, in their goodness, great care." Observe the force of the middle, literally, "to make for themselves," i. e., in their own spontaneous goodness Stronger, therefore, than the simple ἐπιμελεῖσθαι would have been.

§ 12.

εἰ ἀδυναταῖμεν, κ. τ. λ. "Since we are unable to foresee what things will be advantageous with regard to the future. The preposition ὑπέρ has here somewhat of the force of the Latin de, with the accessory idea of an intention to regulate or arrange. Hence the explanation which Matthiæ here gives to ὑπὲρ τῶν μελλόντων, namely, "ad res futuras bene constituendas." Observe that εἰ has here, with the indicative, the force of ἐπεί, and compare i., 5, 1. Schneider, Schütz, and Dindorf read ᾖ, a mere conjecture of Reiske's.—τοῖς πυνθανομένοις. "Unto those who inquire of them."—γίγνοιντο. Three Paris MSS. have γίγνοιτο, but the plural is right, because several distinct events are referred to. Compare *Kühner*, § 385, b., *Jelf.*—σοὶ δ', ἔφη, ὦ Σώκρατες, κ. τ. λ. Consult on this passage, page xxviii. of the *Prolegomena*.

§ 13.

ὅτι δέ γε ἀληθῆ λέγω, κ. τ. λ. "And that I speak the truth (in saying that the gods assist us in uncertain circumstances), you also will discover," &c. From this passage it would appear that Socrates did not consider that the δαιμόνιον was given specially to himself alone, as a peculiar gift, but was common to him with other men. Compare i., 1, 19: Σωκράτης δὲ πάντα μὲν ἡγεῖτο, κ. τ. λ., and *Prolegomena*, l. c.—τὰς μορφὰς τῶν θεῶν. Compare ii., 1, 19.—οὕτως ὑποδεικνύουσιν. "Thus secretly manifest themselves unto us." Observe the force of ὑπό. The idea is, that we are not to look, in divination, for the very forms of the gods, but that they merely give us on those occasions some secret manifestations of their will."—οἵ τε γὰρ ἄλλοι, κ. τ. λ. "For both the other gods." Supply θεοί, which is omitted because αὐτοὶ οἱ θεοί went before Socrates, Plato, and Cicero, besides believing in one supreme God, supposed that there were several other inferior, but immortal gods, whom the great God employed in the administration of the universe —οὐδὲν τούτων. The idea is, that they do not present themselves to our view in giving any of the good things which they bestow

καὶ ὁ τὸν ὅλον κόσμον, κ. τ. λ. "And he who both disposes and maintains the whole universe," *i. e.*, the universe as a whole. The reference is to the one great Being who reigns supreme over all things. The very name of the universe, κόσμος, denotes the order, harmony, and beauty that pervade it. A similar meaning is embraced by the Latin *mundus*. Compare Pliny, *H. N.*, ii., 4: "Quem *κόσμον Græci nomine* ornamenti *appellavere, eum nos a perfecta absolutaque elegantia* mundum."—ἐν ᾧ πάντα καλὰ καὶ ἀγαθά ἐστι. Explanatory, in effect, of the term κόσμος.—καὶ ἀεὶ μὲν χρωμένοις, κ. τ. λ. "And who always exhibits (this universe) unto those who avail themselves (of its blessings), as uninfluenced by decay, and by disease, and by age, and obeying him," &c. We have adopted ἀγήρατον, the correction of Stephens, and which has been followed by most subsequent editors. The common text has ἀγήρατα, making the reference to be to πάντα καλὰ καὶ ἀγαθά, but this is inferior in every point of view, though adopted by Kühner.—οὗτος τὰ μέγιστα, κ. τ. λ. "This being is (mentally) seen by his performance of the most stupendous works, but is unseen by our bodily eyes while administering the affairs of earth." The idea intended to be conveyed is simply this, that the Deity can only be seen in his works. We have given τάδε here what appears to be its most natural meaning. Kühner refers it to τὰ μέγιστα, but Xenophon would then have used ταῦτα.

§ 14.

ἀκριβῶς. "Steadfastly."—ἀναιδῶς. "Boldly." A metaphor taken from the staring gaze of effrontery.—τὴν ὄψιν ἀφαιρεῖται. "He deprives him of sight." The verb ἀφαιρεῖσθαι and some others, signifying "to take away," are construed with two accusatives, one of the thing taken, and another of the person deprived. The latter is sometimes, as in the present instance, omitted. (*Matthiæ*, § 418.) τοὺς ὑπηρέτας. "The ministers." A figurative form of expression for thunder, winds, &c. Ernesti remarks, that similarly in the Scriptures, thunder and tempests are called the ministers of God.— κεραυνός. Observe that κεραυνός and ἄνεμος are often found without the article, as being things familiar and well known. Compare *Kühner*, § 447, 448, *Jelf.*—οἷς ἂν ἐντύχῃ. "With whatsoever it may have come into contact," *i. e.*, whatever it strikes.—προςιόντων "As they approach."—ἀλλὰ μὴν καί. Compare i., 1, 6.—ἤ, εἴπερ. Thus in four MSS. The common text omits ἤ.—τοῦ θείου μετέχει. "Partakes of the divine essence."—ἃ χρὴ κατανοοῦντα. Here the conclusive and connecting particle is elegantly omitted by asynde-

ton.—*μὴ καταφρονεῖν τῶν ἀοράτων.* "Not to despise invisible things."
—*ἐκ τῶν γιγνομένων.* "From their results."

§ 15.

ὅτι μὲν οὐδὲ μικρόν, κ. τ. λ. "That I will not neglect the deity even in a slight degree." Verbs which express the notion of *caring for, thinking much of*, or their contraries, and which necessarily imply an antecedent notion of the cause, person, or thing whence the case arises, are construed with a genitive. (*Kühner*, § 496, *Jelf.*)—*ἐκεῖνο δὲ ἀθυμῶ.* Many neuter verbs, which express an emotion, not having any direct object, are followed by an accusative of the thing which causes the emotion. Thus, in the following section, *μὴ τοῦτο ἀθύμει.* So, also, in Latin, "*Id dolemus*" (*Cic., Brut.*, 1); "*Id lacrymat virgo*" (*Ter., Eun.*, v., 1, 13).—*οὐδ᾽ ἂν εἷς.* Compare i., 6, 2; iv., 2, 22.—*ἀξίαις χάρισιν ἀμείβεσθαι.* The verb *ἀμείβεσθαι*, in the signification of "to remunerate," is construed with an accusative of the person or thing remunerated, and with a dative of the means of remuneration. (*Matthiæ*, § 411, 5.)

§ 16.

ὁρᾷς γάρ. The verb *ὁράω* refers here to mental vision, and has, therefore, a force very like that of "to know."—*νόμῳ πόλεως.* "In accordance with the ritual of the state." Compare the explanation of Cicero, *De Leg.*, ii., 16: "*In lege est, ut de ritibus patriis colantur optimi: de quo cum consulerent Athenienses Apollinem Pythium, quas potissimum religiones tenerent, oraculum editum est, eas, quæ essent in more majorum.*"—*κατὰ δύναμιν.* "According to one's means."—*ἱεροῖς θεοὺς ἀρέσκεσθαι.* For the construction of *ἀρέσκεσθαι*, consult *Matthiæ*, § 398, 412, and *Carmichael's* Greek verbs, p. 41. Xenophon here follows the construction of Homer, *Od.*, viii., 396.

§ 17, 18.

τῆς μὲν δυνάμεως᾽ μηδὲν ὑφίεσθαι. "That we abate no portion of our means."—*φανερὸς δήπου ἐστί.* Compare i., 1, 2; iv., 1, 2.—*μηδὲν ἐλλείποντα τιμᾶν.* "Failing in no respect to honor." Observe that *ἐλλείπω* is here construed with an infinitive. The more usual construction, however, of this verb is with a participle.—*οὐ γὰρ παρ᾽ ἄλλων, κ. τ. λ.* The order is, *οὐ γὰρ ἄν τις σωφρονοίη, ἐλπίζων* (i. e., *εἰ ἐλπίζοι*) *μείζω παρ᾽ ἄλλων, κ. τ. λ.—οὐδ᾽ ἂν ἄλλως μᾶλλον.* Supply *σωφρονοίη.—καὶ αὐτὸς ποιῶν.* "And by personally acting in this ."—*παρεσκεύαζεν.* "He rendered." This verb occurs again, 14, in this same sense of "to render, effect, make."

CHAPTER IV.

§ 1.

οὐκ ἀπεκρύπτετο. "He was not accustomed to conceal," ι. ε he never concealed.—ἰδίᾳ τε πᾶσι, κ. τ. λ. "By both conducting himself toward all, in his private capacity, in accordance with the law and usefully," &c. By ὠφελίμως is meant the being kind, and benevolent, and useful to his fellow-citizens. Schneider, in his first edition, thought this word either corrupt or misplaced.—ἄρχουσί τε The particle τε corresponds with καί in § 2, καὶ ὅτε, κ. τ. λ. The sentence should have strictly run thus: ἰδίᾳ τε .... χρώμενος, καὶ κοινῇ ἄρχουσί τε .... πειθόμενος, ... καὶ ἐν ταῖς ἐκκλησίαις ἐπιστάτης γενόμενος οὐκ ἐπιτρέψας τῷ δήμῳ παρὰ τοὺς νόμους ψηφίσασθαι. The construction, however, is purposely changed from the participle to the finite verb for the sake of greater emphasis. Compare ii., 1, 30.—ὥςτε διάδηλος εἶναι, κ. τ. λ. "So that it was very evident that in comparison with the rest of men he was eminently obedient to discipline."

§ 2, 3.

ἐν ταῖς ἐκκλησίαις. Comparé i., 1, 18.—ἀλλὰ σὺν τοῖς νόμοις, κ τ. λ. "But in his adherence to the laws, he opposed such violence of impulse on the part of the populace as I think that no other individual could have withstood."—προςέταττον αὐτῷ τι. "Enjoined on him any order."—μὴ διαλέγεσθαι. Compare i., 2, 35. — προςταξάντων. Observe the employment here of the aorist participle, whereas, in the previous clause, ἀπαγορευόντων was employed. The distinction appears to be this, that the latter denotes a reiteration of the interdict, whereas the aorist participle implies a single command.—ἀγαγεῖν τινα ἐπὶ θανάτῳ. "To bring (unto them) a certain individual for the purpose of being put to death." The individual referred to was Leon, a native of Salamis, and citizen of Athens. He had gone to Salamis from Athens as a voluntary exile, to avoid being put to death by the thirty tyrants. Socrates, with four others, was ordered to bring him from Salamis; but he would not execute the command, which was, however, carried into effect by the remaining four. From the speech of Theramenes in Xenophon (*Hist Gr.*, ii., 3, 39) we learn that Leon was a man of worth and respectability, and chargeable with no crime; and Andocides (*De Myst.*, § 94) tells us that he was condemned without a trial.—διὰ τὸ προςτάττεσθαι. "Because the order was imposed"

§ 4.

καὶ ὅτε τὴν ὑπὸ Μελήτου, κ. τ. λ. "And when he was defendant in the accusation brought by Meletus." Concerning the accusers of Socrates, consult *Wiggers' Life of Socrates*, p. 406 of this volume. The verb φεύγω is frequently employed as an Attic law-term, "to be accused, or prosecuted at law;" hence ὁ φυγών, "the accused," "the defendant," opposed to ὁ διώκων, "the accuser," "the prosecutor." Hence, too, φεύγειν γραφήν or δίκην means "to be put on one's trial for something," the crime being usually added in the genitive, and the accuser being expressed by the same case with ὑπό.—πρὸς χάριν. "In order to gain their favor." There was a regular law at Athens, forbidding defendants having recourse to prayers, entreaties, or any other means for exciting the compassion of their judges. Compare *Pollux*, viii., 117. Hence the addition of the words παρὰ τοὺς νόμους after δεῖσθαι.—τῶν εἰωθότων. Supply ποιεῖσθαι.—ἀλλὰ ῥᾳδίως ἂν ἀφεθείς. "But, although he would easily have been acquitted." Equivalent to ὃς ῥᾳδίως ἂν ἀφείθη, εἰ, κ. τ. λ. Observe the employment of ἄν with the participle, and consult *Matthiæ*, § 598, b.—ἐμμένων. "Abiding by."

§ 5.

Ἱππίαν τὸν Ἠλεῖον. "Hippias the Eléan." Hippias, a native of Elis, was one of the most celebrated Sophists of the age. His vanity and boastful arrogance are well described in two of the dialogues of Plato (the Ἱππίας μείζων and the Ἱππίας ἐλάττων, *Hippias major* and *Hippias minor*). It can not be denied, however, that he was a man of very extensive knowledge. To a certain extent, too, he had a practical skill in the ordinary arts of life; for he used to boast of wearing on his body nothing that he had not made with his own hands, such as his seal-ring, his cloak, and shoes.—διὰ χρόνου. "After an interval of time." Hippias, as the succeeding passages prove, had then arrived for the second time at Athens. His powers of oratory had caused him to be employed on various embassies, and in this occupation he had arrived at Athens.—παρεγένετο τῷ Σωκράτει λέγοντι. "Was by when Socrates remarked."—ὡς θαυμαστὸν εἴη τό. Construe τό with μὴ ἀπορεῖν, and compare also i., 6, 15. The optative indicates the opinion of Socrates.—σκυτέα διδάξασθαί τινα. "To have any person instructed as a shoemaker." The middle voice of διδάσκω may be employed two ways, as signifying either "to have a person instructed for one's self by another," or "to instruct a person one's self, for one's self." It may therefore be said either of a father who sends his son to a teacher for instruction, or of a father who instructs his own son.— ὅ..... μὴ ἀπορεῖν "That he should not be at a loss."—τούτου τύχοι. "He might obtain this object"—φασὶ δέ τινες, κ. τ. λ. "Some also say, that for him who wishes to make both a horse and an ox fit for use, all places are full of those who will teach this." This sentence, though found in all the MSS., and editions prior to that of Schütz, is condemned as spurious by Ruhnken and Valckenaer.—δικαίους. This epithet is here purposely employed by Socrates, with reference to the discussion on which he is about entering, namely, justice, or τὸ δίκαιον, and he plays upon the double meaning of the term, what is just being also suitable and fitting in its nature.

§ 6, 7.

ἔτι γὰρ σύ, κ. τ. λ. "(How is all this), for are you still uttering those very same things, O Socrates," &c.—ὁ δέ γε τούτου δεινότερον. "(I am), and what is stranger than this."—διὰ τὸ πολυμαθὴς εἶναι. Compare i., 6, 15.—ἀμέλει. "Undoubtedly." * Compare i., 4, 7.— περὶ ὧν ἐπίστασαι. "Regarding matters of which you have scientific knowledge." For περὶ τῶν ἃ ἐπίστασαι.—οἷον. Compare ii., 1 4.—πόσα καὶ ποῖα Σωκράτους ἐστίν. "How many, and what sort of letters, make up the name Socrates." Literally, "belong to Socrates."—ἀλλὰ μὲν πρότερον, κ. τ. λ. "Do you try to mention one class of letters at first, and another class now."—ἢ περὶ ἀριθμῶν, κ τ. λ. This is not opposed to the previous instance, but merely another one of the same kind.—εἰ τὰ δὶς πέντε, κ. τ. λ. "Whether twice five makes ten."—ὥςπερ σύ, καὶ ἐγώ. The full form of expression would be, ὥςπερ σύ, οὕτω καὶ ἐγώ.—πάνυ οἶμαι νῦν ἔχειν εἰπεῖν. "I am fully convinced that I have it now in my power to mention things," &c.

§ 8.

νὴ τὴν Ἥραν. Compare i., 5, 5.—μέγα λέγεις, κ. τ. λ. "You tell of your having discovered an important advantage." Ironically.— παύσονται δίχα ψηφιζόμενοι. "Will cease giving contradictory votes."—καὶ ἀντιδικοῦντες καὶ στασιάζοντες. "And to be parties in suits at law, and to be distracted by factions."—διαφερόμεναι περὶ τῶν δικαίων, καὶ πολεμοῦσαι. "To be at strife respecting their just rights, and to go to war (for the same)."—οὐκ οἶδ' ὅπως ἂν ἀπολειφθείην σου. "Do not know how I could let you go." The verb ἀπολείπεσθαι often signifies "to depart from," "part with," "leave," &c., and is construed with a genitive.

§ 9.

πρίν γ' ἂν αὐτὸς ἀποφήνῃ. "Until, at least, you yourself shall declare."—ἀρκεῖ γάρ, ὅτι τῶν ἄλλων καταγελᾷς. "For it is quite enough that you deride others." Schneider supplies at the end of this sentence after οὐδενός the following, ἐμοῦ δὲ οὐ καταγελάσεις, ὥσπερ τῶν ἄλλων, i. e., but you shall not have an opportunity of laughing at me, as at the rest. On the usual mode of disputation adopted by Socrates, consult Prolegomena.—ὑπέχειν λόγον. "To submit a statement."—γνώμην ἀποφαίνεσθαι. "To declare your own opinion." Observe the force of the middle.

§ 10.

οὐδέν. "In no respect."—καὶ ποῖος δή σοι, κ. τ. λ. "And what, pray, said Hippias, is this definition of yours?" i. e., your definition of justice (τὰ δίκαια).—ἀξιοτεκμαρτότερον. "A stronger proof." The epithet ἀξιοτέκμαρτος properly means "worthy to be brought in proof," "credible."—οὐδ' ἂν εἷς. Compare i., 6, 2.

§ 11.

ᾔσθησαι οὖν πώποτέ μου; "Have you, then, ever as yet perceived me?" A participle is put after a verb when the object of that verb is to be expressed, and, if the participle refer to the same person or thing as the object, it is put in the same case. Verbs of sense, "to hear, see," &c., as also "to perceive, discern," &c., are thus followed by a participle.—εἰς στάσιν ἐμβάλλοντος. "Involving in sedition."—τὸ δὲ τῶν ἀδίκων ἀπέχεσθαι, κ. τ. λ. "And do you not consider the refraining from injustice to be justice?"—διαφεύγειν τὸ ἀποδείκνυσθαι γνώμην. "To avoid the declaring of your own opinion."—ταῦτα λέγεις. "You call thus."

§ 12.

τὸ μὴ θέλειν ἀδικεῖν, κ. τ. λ. "That the being unwilling to commit injustice was a sufficient proof of justice."—ἐὰν τόδε. "Whether the following."—τὸ νόμιμον δίκαιον εἶναι. "That what is conformable to law is just."—ἆρα τὸ αὐτὸ λέγεις, κ. τ. λ. "Do you, then, assert, Socrates, that both what is legal and what is just are the same thing," i. e., are identical in their natures.

§ 13.

οὐ γὰρ αἰσθάνομαί σου, κ. τ. λ. "(You talk very strangely), for I do not understand you what you call legal, namely, or what just," i. e., what you mean by legal, or what by just. Observe the ellipti cal force of γάρ. Stobæus reads οὐκ ἄρα, and is followed by Weiske in his German version.—ὁποῖον. For ποῖον.—γιγνώσκεις. Compare the remark of Kühner: "γιγνώσκειν non solum est 'cognoscere,' sed etiam 'nosse,' h. e. actio cognoscendi e præterito tempore pertingit ad præsens."—ἃ οἱ πολῖται ἔφη συνθέμενοι, κ. τ. λ. "What the citizens, replied he, having compiled, have written out, as to what things one ought to do, and from what things to refrain." Legislators, and those who make laws for others, are said θεῖναι νόμους, but the people who receive and sanction them, or enact them for themselves, are said θέσθαι νόμους.—νόμιμος μὲν ἂν εἴη, κ. τ. λ. "He would be lawful in deportment who should live as a citizen in accordance with these." The verb πολιτεύεσθαι properly signifies to be a free citizen," and then "to live as such in a state," &c.

§ 14.

νόμους δ', ἔφη, ὦ Σώκρατες, κ. τ. λ. "But how, Socrates, could one consider laws, or obedience unto them, a matter of importance, since oftentimes the persons themselves who enacted reject and alter them?" Stephens reads αὐτοὺς οἱ θέμενοι, but οὕς γε has just preceded.—καὶ γὰρ πόλεμον, κ. τ. λ. "(You do not view the matter rightly), said Socrates, for states often, after having even undertaken war," &c. More freely, "Well, said Socrates, so do states which commence war, frequently make peace again."—διάφορον οὖν τι οἴει ποιεῖν, κ. τ. λ. "Do you think that you do any thing different, when censuring those who are obedient to the laws, on the ground that these laws might be annulled, than if you should reproach those who are well disciplined in wars, because peace might possibly be made?" i. e., what difference is there between your censuring, &c., and your reproaching, &c. As regards the construction διάφορον .... ἤ, compare iii., 7, 7.—τοὺς ἐν τοῖς πολέμοις. Thus in Stobæus and five MSS., and it is confirmed by the translation of Bessario. The common editions have τοὺς πολεμίους.

§ 15.

Λυκοῦργον. Lycurgus, the celebrated Spartan lawgiver.—καταμεμάθηκας. "Have you ever observed."—ὅτι οὐδὲν ἂν διάφορον, κ. τ. λ. "That he would have rendered Sparta in no respect different from the other states of Greece, if he had not effected in it the greatest obedience to the laws."—τὸ πείθεσθαι. So, immediately after, τοῦ τοῖς νόμοις πείθεσθαι.—αἰτιώτατοι τοῦ τοῖς νόμοις πείθεσθαι "Most influential in bringing about obedience to the laws."—ἃ. ιο διάγει. "Goes on most happily."

§ 16.

ὁμόνοια. "Unanimity." The reasoning is this: Concord which is acknowledged to be the greatest preservative of a state, consists in nothing else but the observance of the laws.—*αἴ τε γερουσίαι καὶ οἱ ἄριστοι ἄνδρες, κ. τ. λ.* "Both the councils of elders and the leading men exhort their fellow-citizens to harmony." The word *γερουσία* is properly a Spartan term, but is characteristic generally of Doric states. It was an aristocratic element in the constitutions of these states, just as the *βουλή* was a democratic element in most Ionian constitutions.—*νόμος κεῖται.* "A law is in force."—*οἶμαι δ' ἐγὼ ταῦτα γίγνεσθαι, κ. τ. λ.* "And yet I think that all this is done, not that the citizens may (all) pick out (and adjudge the victory to) the same band of singers and dancers," i. e., may pick them out from the others that are competing for the same prize. Observe the zeugma in *κρίνωσιν*, or the double signification to be assigned to the verb, of both selecting and approving. (*Kühner, ad loc.*)—*τοὺς αὐτοὺς ποιητάς.* "The same poets," i. e., the same scenic poets, at the dramatic contests, sacred to Bacchus.—*τούτοις γὰρ τῶν πολιτῶν ἐμμενόντων.* "For while the citizens persevere in this course," i. e., in preserving unanimity.—*οὔτ' οἶκος.* Supply *ἂν* from the foregoing clause.

§ 17.

ἰδίᾳ δέ. "And in a private capacity," i. e., and with respect to private individuals.—*πῶς δ' ἂν ἧττον ἡττῷτο, κ. τ. λ.* "And how could he less frequently be defeated in courts of law, or how could he more frequently gain a suit?" Many of the forensic terms of the ancients were borrowed, like our own, from the language of real encounters in the field.—*τίνι δ' ἄν τις μᾶλλον πιστεύσειε, κ. τ. λ.* "And with whom would one believe that he could more safely deposit," &c. Construe *τίνι* with *παρακαταθέσθαι.*—*τῶν δικαίων τύχοιεν.* "Obtain justice."—*τίνι δ' ἂν μᾶλλον πολέμιοι, κ. τ. λ.* "In whom, too, would the enemy repose greater confidence as regarded either truces," &c. Observe here the construction of *πιστεύω* with the accusative and dative. The phrase *πιστεύειν ἀνοχάς* follows in some respects the analogy of *πιστεύειν πίστιν*. A more marked instance, however, of the accusative with *πιστεύω*, occurs in the case of *πιστεύσειαν ἢ ἡγεμονίαν, κ. τ. λ.*, where the verb must be rendered by "to intrust" or "confide."—*ἐθέλοιεν.* "Would men wish."—*φρουραρχίαν.* "The command of a fortress." Compare Schneider: "*præfectura præsidiorum.*"—*χάριν κομιεῖσθαι.* "That he will meet with gratitude." More literally, "will bear off gratitude for him.

εII. '—τῷ δ' ἄν τις βούλοιτο, κ. τ. λ. Observe that τῷ is here fo' ἰνι.—ἢ ᾧ ἂν μάλιστα, κ. τ. λ. "Than against him unto whom he would most prefer to be a friend," &c.—καὶ ᾧ πλεῖστοι . . . . βούλοιντο. Supply ἄν from the preceding clause.

§ 18, 19.

ἐπιδείκνυμι. "Strive to show."—οἷς εἴρηκας. Attraction for τοῖς ἃ εἴρηκας.—ἀγράφους δέ τινας οἶσθα, κ. τ. λ.' "But do you know, Hippias, said Socrates, that there are certain unwritten laws?"— τούς γε ἐν πάσῃ, κ. τ. λ. "(You mean) those, said he, which have the force of laws in every land, regarding the same points." Supply λέγεις with τούς.—ὅτι οἱ ἄνθρωποι αὐτοὺς ἔθεντο. Observe the employment here of the middle. Men enact laws for themselves. Farther on we have θεοὺς νόμους θεῖναι, because the gods enact laws for others, that is, for men.—καὶ πῶς ἄν, ἔφη, οἵ γε οὔτε, κ. τ. λ. "And how could they, since they would neither be able all to come together, nor are of the same language?"—θεοὺς σέβειν. The active σέβω is rare in prose. Stobæus has εὐσεβεῖν, which Valckenaer says should be εὖ σέβειν. Schneider would insert the article τό before θεούς, which Bornemann and Kühner think unnecessary.

§ 20, 21.

τί δή. "Why, pray?"—καὶ γὰρ ἄλλα πολλά, κ. τ. λ. "(You speak incorrectly), said Socrates, for they break the laws in many other points also." Supply οὐκ ὀρθῶς λέγεις, with Kühner. Some make ἀλλὰ πολλά the direct accusative after παρανομοῦσιν, but it is rather the accusative expressing the manner, and usually explained by the words "with regard to," "with respect to." So πάντα, "in every respect;" πάντα τρόπον, "in every way."—ἀλλ' οὖν. "But, nevertheless."—δίκην γέ τοι διδόασιν. "Suffer punishment, at least, as you know." Observe the force of τοι.—κειμένους. "Laid down by," i. e., enacted by. The phrase οἱ νόμοι οἱ κείμενοι, however, when independent of any other words, signifies "the established laws."—οἱ μὲν λανθάνοντες, κ. τ. λ. "Some by escaping notice, others by open violence."

§ 22.

οὐ πανταχοῦ νόμιμόν ἐστι; "Is it not every where a virtual law?" —διώκειν. "To seek after," i. e., to seek their aid, to court them. —ἢ οὐχ οἱ μὲν εὖ ποιοῦντες, κ. τ. λ. "Or are not they, who benefit those that make use of their services, valuable friends?"—θεοῖς ταῦτα πάντα ἔοικε. "All these things are godlike," i. e., suit the characters of gods rather than those of human beings.—βελτίονος ἢ κατ' ἄνθρωπον, κ. τ. λ. "Appears to me to be indicative of a far better legislator than accords with the character of a human being," i. e., than any human being. The words ἢ κατά, with an accusative, are sometimes used to express similitude or comparison. The Latin *pro* is used in the same manner, "*quam pro sorte humana*," i. e., than may be expected from the ordinary lot of human nature.

§ 23.

τοὺς θεοὺς τὰ δίκαια νομοθετεῖν, κ. τ. λ. "That the gods enact by these laws justice, or what is different from justice." Observe that ἄλλος, expressing difference, is construed with a genitive. So *alius*, in Latin, with the ablative.—καὶ τοῖς θεοῖς ἄρα, κ. τ. λ. "And therefore, Hippias, it pleases the gods, that what is just and what is legal should be regarded as the same thing." Lange lays down the following as the connexion of the argument. "The gods give just laws; whatever is in accordance with these laws is νόμιμον; therefore, every act, which is νόμιμον in the divine laws, is δίκαιον; therefore, also, in this definition the gods agree with men or with me." For above, § 12, Socrates had said, that, even in human laws, νόμιμον δίκαιον εἶναι, and rightly too, if human laws were understood to be, such as they ought in fact to be, namely, wholly in accordance with natural or divine laws. (*Kühner, ad loc. Wheeler, ad loc.*)

CHAPTER V.

§ 1.

πρακτικωτέρους. "More fit for the business of life." Compare iv., 3, 1.—νομίζων γάρ, κ. τ. λ. "For, considering it to be an advantage that self-control exist in him who is likely to perform any thing excellent." The order is, νομίζων γὰρ εἶναι ἀγαθόν, ἐγκράτειαν ὑπάρχειν τῷ μέλλοντι, κ. τ. λ.—διαλεγόμενος. "By his conversations."

§ 2.

ἀεὶ μὲν οὖν, κ. τ. λ. "He always, therefore, continued both to be mindful himself of the things that were conducive to virtue, and to remind all his followers of them." As the verb διατελεῖν implies continuance, the particle ἀεὶ seems to be somewhat redundant here.—μεγαλεῖον "Noble."

§ 3.

ἄρχεται. Compare ii., 1, 10.—ὑπὸ τῶν διὰ τοῦ σώματος ἡδονῶν. "By the pleasures enjoyed through the agency of the body." Compare i., 4, 5.—ἴσως γὰρ ἐλεύθερον, κ. τ. λ. "(Right), for perhaps the doing of the best things appears to you to be freedom," i. e., perhaps you consider liberty to consist in doing what is best.—εἶτα τὸ ἔχειν, κ. τ. λ. "And, in the next place, you consider the having those that will prevent," &c.

§ 4.

οἱ ἀκρατεῖς. "They who are unable to govern themselves.'—ἀνελεύθεροι. "Without freedom."—κωλύεσθαι μόνον τὰ κάλλιστα πράττειν. "To be prevented merely from doing what is best."—ταῦτα ἀναγκάζεσθαι. Supply πράττειν.—ἢ ἐκεῖνα κωλύεσθαι. "Than to be prevented from doing the former." Supply πράττειν.

§ 5, 6.

ποίους δέ τινας δεσπότας. "And what kind of masters."—παρὰ τοῖς κακίστοις δεσπόταις. "With the worst masters."—τὴν κακίστην δουλείαν. So in Latin, "*pessimam servitutem serviunt.*" Compare i., 5, 5. *Cic.*, *Mur.*, c. 29. *Plaut.*, *Mil. Gl.*, ii., 1, 17.—σοφίαν δὲ τὸ μέγιστον, κ. τ. λ. "Does not, moreover, intemperance appear to you to shut out from men wisdom, the greatest good, and plunge them into the very opposite (extreme)?"—ἢ οὐ δοκεῖ σοι προςέχειν, κ. τ. λ. The order is, ἢ οὐ (ἡ ἀκρασία) δοκεῖ σοι κωλύειν προςέχειν, κ. τ. λ. With προςέχειν supply τὸν νοῦν, and compare iv., 2, 24. *Matthiæ*, § 496.—ἀφέλκουσα ἐπὶ τὰ ἡδέα. "By drawing men away to pleasure."—καὶ πολλάκις αἰσθανομένους, κ. τ. λ. "And oftentimes having struck with perturbation those who do know how to distinguish between good and evil things," &c. Observe that αἰσθάνεσθαι has here, as Sturz remarks, the force of *dijudicare.* (*Lex Xen.*, vol. i., p. 86, § 3.) As regards the peculiar force of ἐκπλήξασα, compare the remarks of Kühner: "ἐκπλήττειν *omnino est aliquem vehementer movere et percellere, ut quasi extra se rapiatur*"

§ 7.

σωφροσύνης δέ, ὦ Εὐθύδημε, κ. τ. λ. "And with whom, Euthydemus, would we say that temperance has less to do than with the intemperate man?" On this construction of προςήκει, with the dative of the person and the genitive of the thing, compare *Kühner*, § 509, 1, *Jelf.*—αὐτὰ γὰρ δήπου, κ. τ. λ. The order of construction is ἔργα γὰρ δήπου σωφροσύνης καὶ ἀκρασίας (the subject) ἐστὶν αὐτὰ τὰ ἐναντία (the predicate).—ἐστὶν αὐτὰ τὰ ἐναντία "Are the very opposite (to one another)." Consult *Kuhner*, § 656, *Obs. Jelf*, where the present passage is cited.—κωλυτικώτερον εἶναι. "Is more calculated to impede."—τοῦ δὲ ἀντὶ τῶν ὠφελούντων, κ. τ. λ. "And do you think that there is any greater evil for man than that which makes him prefer the things that injure to those that are useful," &c.—καὶ τοῖς σωφρονοῦσι, κ. τ. λ. "And that compels him to do the things directly opposite to those which they who practice self-control do?" Observe the brachiology or conciseness of expression in τοῖς σωφρονοῦσι. The plain form of expression would be τοῖς ἃ οἱ σωφρονοῦντες ποιοῦσιν.

§ 8.

οὔκουν τὴν ἐγκράτειαν, κ. τ. λ. "Is it not natural, then, for temperance to be a cause unto men of the things opposite to those which intemperance produces?" Compare the explanation of Weiske: "*Nonne igitur consentaneum est, continentiam efficere contraria iis, quæ incontinentia efficit?*"—τῶν ἐναντίων τὸ αἴτιον ἄριστον εἶναι. "That the cause of these opposites be the best." We have here followed Heindenburg's emendation. The common text has ·ἢ τῶν ἐναντίων τὸ αἴτιον. Ernesti reads with Castalio, τὸ τῶν ἐναντίων αἴτιον — ἄριστον ἡ ἐγκράτεια. Compare ii., 3, 1.

§ 9.

ἐφ' ἅπερ μόνα. "To which only," *i. e.*, to pleasures, and pleasures only.—αὕτη. Referring to ἀκρασία, which is opposed to ἐγκράτεια. —ἥδεσθαι ποιεῖ. "Causes us to have pleasures."—πῶς, ἔφη · Ὥσπερ, κ. τ. λ. "How so! said he: why, because intemperance," &c. Observe here the peculiar force of ὥσπερ.—δι' ὧν μόνων ἐστίν. "By means of which (deprivations) alone, it is possible." Observe the employment of the emphatic ἐστίν, in the sense of ἔξεστιν.—ἀναπαύσασθαί τε καὶ κοιμηθῆναι. "Both to cease from toil and indulge in sleep."—καὶ περιμείναντας καὶ ἀνασχομένους. "Both waiting and holding out."—κωλύει τοῖς ἀναγκαιοτάτοις, κ. τ. λ. "Prevents our having any enjoyment worth mentioning in pleasures that are both most necessary and most habitual," *i. e.*, pleasures which are necessary, as being natural, and constantly recurring, as the desire of food, drink, sleep, &c.—ἐπὶ τοῖς εἰρημένοις. "In the case of things that have been stated."

§ 10.

ἀλλὰ μὴν τοῦ μαθεῖν τι, κ. τ. λ. "Nay, moreover, the temperate, by carrying them out into practice, enjoy (the greatest advantages and pleasures from) the learning something," &c. With ἀπολαύουσι supply, from what immediately precedes, ὠφελείας καὶ ἡδονὰς μεγίστας. (Kühner, ad loc.)—πράττοντες αὐτά. The reference in αὐτά is to μαθεῖν τι καλόν, κ. τ. λ.—καὶ ἐχθροὺς κρατήσειεν. "And might conquer his enemies." Observe that κρατεῖν, "to be superior to," or "to govern," has the genitive, from the relative notion of κράτος, "power;" but when it means "to conquer," it takes the accusative, from the positive notion κράτος, "strength." (Kühner, § 518, Obs 1, Jelf.)—οὐδενὸς μετέχουσι. "Have a share in no advantage."—τῶν τοιούτων προςήκειν. Compare § 7.—κατεχομένῳ ἐπὶ τῷ σπουδάζειν, κ. τ. λ. "Being wholly influenced by the craving desire for immediate pleasures." Literally, "the nearest pleasures," i. e. nearest at hand and easily attainable.

§ 11.

ἥττονι τῶν διὰ τοῦ σώματος ἡδονῶν. Compare i., 5, 1.—τί γὰρ διαφέρει. The verb διαφέρειν is construed with τίνι, τί, or εἰς τί. In prose writers, the particular point in which one thing surpasses another is generally in the instrumental dative, as in Herod., i., 1 In poetry, it stands also in the accusative. The accusative, however, is also employed by the purer Attic writers, such as Plato, Xenophon, Demosthenes, &c.—μὴ σκοπεῖ. "Does not aim at."—καὶ ἔργῳ καὶ λόγῳ, κ. τ. λ. "And by separating them both by word and act into classes," &c.

§ 12.

καὶ διαλέγεσθαι δυνατωτάτους. "And most able to discuss"—ἔφη δὲ καὶ τὸ διαλέγεσθαι, κ. τ. λ. "For he said that the term 'to discuss' was so named from men's coming together and deliberating in common, separating objects into classes."—ἀρίστους τε, κ. τ. λ. "Most excellent as well as most fit to command, and most able in argument." The words καὶ διαλεκτικωτάτους are bracketed by Herbst and Bornemann, but defended by Lange and Sauppe. Compare the explanation of Kühner: "Διαλέγεσθαι est cum altero disputando bona a malis, vera a falsis discernere."

CHAPTER VI.

§ 1.

ὡς δέ. "But by what means."—τί ἕκαστον εἴη τῶν ὄντων. "What was the nature of every thing individually."—αὐτούς τε σφάλλεσθαι, κ. τ. λ. "That they both erred themselves and caused others to err." Observe the difference between the active and middle voices —*οὐδέποτ' ἔληγε*. The common text has *οὐδεπώποτ' ἔληγε*, which has been retained by Bornemann.—*ᾖ διωρίζετο.* "As he defined them." Literally, "in the way in which he defined them."—*πολὺ ἔργον ἂν εἴη.* "Would be a tedious task."—*τὸν τρόπον τῆς ἐπισκέψεως.* "The method of his investigation."

§ 2, 3.

ὧδέ πως. "Somehow thus," *i. e.*, nearly as follows. The Latin *ιc fere.*—*ποῖόν τι.* "What kind of thing," *i. e.*, what sort of feeling. —*ὁποῖός τις.* "What sort of person."—*οὐκ · ἀλλά.* Compare ii., 6, 11.—*ὡς δεῖ τοὺς θεοὺς τιμᾶν.* "In what way one ought," &c.—*οἱ γὰρ οὖν.* "Doubtless not."

§ 4.

τὰ περὶ τοὺς θεοὺς νόμιμα. "The conduct that is legitimate toward the gods," *i. e.*, enjoined by the laws and usages of the state.— *νομίμως.* "Legitimately."—*ὀρθῶς ἂν ἡμῖν εὐσεβὴς ὡρισμένος εἴη.* "Would, in our opinion, be correctly defined to be a pious man." Observe that *ἡμῖν* is here, as Kühner remarks, equivalent to "*nostro judicio.*"

§ 5.

ἀνθρώποις χρῆσθαι. "To conduct one's self toward men."—*καθ' ἃ δεῖ πως, κ. τ. λ.* "In accordance with which, men ought, in a certain manner, to conduct themselves toward one another." In rendering *πως*, we have adopted the explanation of Kühner: "*πως explicamus per certo quodam modo, idque ad varias vitæ humanæ conditiones referimus.*" Five Paris MSS. have *καθ' ἃ δεῖ πρὸς ἀλλήλους,* whence Bornemann would read *προςαλλήλοις* as one word, of which Schneider, in his *Addenda et corrigenda* to *Xen., de Re Eq.*, iv, 3, p. 474, thinks he has discovered traces. Or else Bornemann would refer *πως* to *ὃν ἂν τρόπον* in the signification of *ratione nescio qua.*— *δίκαια οὗτοι ποιοῦσι.* As regards the emphatic employment of *οὗτοι* here, consult ii., 1, 19.

§ 1.

δίκαια δὲ οἶσθα, κ. τ. λ. "And do you know, said he, what kind of acts are called just?"—*οὔκουν οἱ γε τα δίκαια ποιοῦντες, κ. τ. λ.* Weiske and Schneider reject these words, down to *ἔφη*, as preposterous. They can not, however, be omitted, for two reasons: first because they appear in all the MSS. and early editions; and sec ondly, because they constitute the middle term of a syllogism. The reasoning of Socrates is this: They who act lawfully toward men do just things; they who do just things are just; therefore, they who act lawfully toward men are just. Again, They who know just things must needs do just things (iii., 9, 4); they who do just things are just; therefore, they who know just things are just. In both cases, *They who do just things are just*, constitutes the middle term of the syllogism. (*Kühner, ad loc.*)—οἴει τινὰς οἴεσθαι. Compare iii., 6, 15.—οἶδας. This form, which is supported by all the MSS. and early editions, is Ionic, and occurs in Homer, *Od.*, i., 337, on which consult *Nitzsch*, and also *Lehrs, Quæst. Epic.*, p. 275.—ὀρθῶς ἂν ποτε, κ. τ. λ. "Would we, then, at length, be right in our definition, if we were to define?" &c. Herbst thinks that the interrogation is rendered more emphatic by the addition of the particle ποτέ; but in the absence of an interrogative pronoun, as τίς, ὅστις, the particle ποτέ has not this force. It is used here, as Bornemann properly explains it, in the signification of *tandem aliquando*. Weiske and Schneider would expunge it.

§ 7.

σοφίαν δέ. Compare iii., 9, 4.—ἆρ' οὖν οἱ σοφοὶ ἐπιστήμῃ σοφοί εἰσι; "Are the wise, then, wise by knowledge?"—ἄλλο δέ τι σοφίαν οἴει εἶναι, κ. τ. λ. "Do you think, therefore, that wisdom is aught else than that by virtue of which men are wise?" The meaning of this passage is rightly given by Leunclavius: "*Num vero putas quiddam aliud esse sapientiam, quam quo homines sapientes sunt?*" Some supply οἱ σοφοί, but τίνι .... ἄλλῳ τις ἂν εἴη σοφός had preceded. Hence the change from singular to plural. Compare i., 2, 62.—πολλοστὸν μέρος. "A very small part." For the sentiment expressed, compare iii., 8, 2, *seqq.*—πάντα σοφόν. "Wise on every subject."

§ 8, 9.

οὕτω .... πῶς. "In this way .... in what way?"—καὶ μάλα. "Very much so."—τὸ δὲ καλὸν ἔχοιμεν ἄν, κ. τ. λ. "But could we speak of the beautiful in any other way, or, supposing such a case, do you call beautiful either a body, or utensil, or any thing else whatsoever, which you know to be beautiful for all purposes?" We have here a passage that has occasioned great difference of opinion among commentators, and has given rise to several emendations of the text. We have retained the common reading, and adopted the explanation of Lange. The difficulty is occasioned by the words ἤ, εἰ ἔστιν, ὀνομάζεις. Lange explains as follows: "*Num possumus pulchrum aliter definire* (intelligo ac antecedens ἀγαθόν, et vide in, 8, ubi demonstratum est, καλόν, ἀγαθόν et χρήσιμον idem esse), *an pulchrum vocas, si quid pulchrum est (εἰ ἔστιν), vel corpus, vel vas, vel aliud quid, quod ad quamcunque rem (πρὸς πάντα) pulchrum est?* His respondet Euthydemus, μὰ Δί' οὐκ ἔγωγε, repete ἔχοιμι ἄλλως πως εἰπεῖν, *equidem aliter definire nequeo.*"—καλὸν πρὸς ἄλλο τι. "Beautiful with regard to any thing else."—οὐδὲ πρὸς ἕν. Compare i., 6, 2

§ 10.

τῶν καλῶν εἶναι. "To be one of the things that are beautiful." More freely, "to be numbered among the beautiful."—κάλλιστον. "A very beautiful thing."—οὐ πρὸς τὰ ἐλάχιστα. "For not the least important matters."—τὸ ἀγνοεῖν αὐτά. "The being ignorant of their real nature."—τί ἐστιν. "What each one of them really is."—νὴ Δί'. This affirms the negation, οὐκ ἀνδρεῖοί εἰσι. Compare ii., 7, 4; iv., 2, 8.—τί δὲ οἱ καὶ τὰ μὴ δεινὰ δεδοικότες; "What, then, of those who even fear things not terrible in their nature?"—ἧττον Supply ἀνδρεῖοί εἰσιν.

§ 11.

αὐτοῖς καλῶς χρῆσθαι. "To manage them well."—τοὺς οἵους χρῆσθαι. "Those accustomed to manage these things badly." More literally, "those (who are) such as to manage," &c. Compare *Matthiæ*, § 479, a.—οὐ δήπου γε. "Doubtless not."—οἱ ἄρα εἰδότες Compare ii., 1, 19.—οἱ μὴ διημαρτηκότες, κ. τ. λ. "Do they who fail not in their attempts manage such things as these badly?"

§ 12.

Βασιλείαν καὶ τυραννίδα. "Monarchy and tyranny."—ἀρχάς "Species of command."—τὴν μὲν γὰρ ἑκόντων, κ. τ. λ. "For he considered monarchy to be the command over men both with their free consent, and according to the laws of the several free states." Thus, in the opinion of Socrates, Athens, under the rule of Aristides and Themistocles, was a kingdom, since these statesmen were invested with full authority, and yet held rule by the consent of their fellow-citizens, and in accordance with the laws. On the other hand, in the time of Pericles or Alcibiades, Athens was under a tyranny.—ἐκ τῶν τὰ νόμιμα ἐπιτελούντων, κ. τ. λ. "The magistrates are appointed from among those who comply with the injunctions of the laws." More literally, "who perform the things enjoined by law." Xenophon or Socrates had Sparta probably in view when giving this definition.—ὅπου δ' ἐκ τιμημάτων, πλουτοκρατίαν "But where (they are appointed) according to property, a plutocracy." Some render this "a timocracy," but this is less definite. By τίμημα is here meant the nominal value at which a citizen's property was rated for the purpose of taxation; hence the secondary meaning of property generally.—ἐκ πάντων. "From all the people," *i. e.*, from the whole body of citizens.

§ 13.

περί του. "Respecting any thing," *i. e.*, any statement of his. Observe that του is neuter here, as the Latin translators understood it, "*aliqua in re.*" Kühner, however, inclines to make it masculine from what follows —σαφές. "Definite."—ἀποδείξεως. "Proof."— ᾖτινι σοφώτερον φάσκων, κ. τ. λ. "Asserting that some person, whom he mentioned, was either wiser," &c., *i. e.*, than some other person whom Socrates had mentioned; so that, to complete the sentence, we may mentally supply after λέγοι the words ἢ ὃν ὁ Σωκράτης λέγοι.—ἐπὶ τὴν ὑπόθεσιν ἐπανῆγεν ἄν, κ. τ. λ. "He would carry back the whole statement to first principles." Thus, if the question were, which of two persons was the better citizen, he would, first of all, inquire what ought to be the conduct of a good citizen.

§ 14.

φημὶ γὰρ οὖν. "I do certainly say so."—ἐπεσκεψάμεθα. The aorist as an instantaneous future. Compare iii., 11, 15.—οὔκουν ἐν μὲν χρημάτων, κ. τ. λ. "Accordingly, as far as the regulation of the public finances is concerned, will he not be superior to others who renders the state more affluent?"—ὁ καθυπερτέραν τῶν ἀντιπάλων. "Who makes it more victorious than that of its foes." Observe here the brachiology, or, to speak still more technically, the employment of the *comparatio compendiaria*, τῶν ἀντιπάλων being put for τῆς τῶν ἀντιπάλων.—ὃς ἂν παρασκευάζῃ. "Who shall make." καὶ ἐμποιῶν. "And inspires."—οὕτω δὲ τῶν λόγων ἐπαναγομένων. "And the arguments being brought back in this way (to first principles)." Supply ἐπὶ τὴν ὑπόθεσιν.—καὶ τοῖς ἀντιλέγουσιν αὐτοῖς "Even to the persons themselves who opposed him."

§ 15.

ὁπότε δὲ αὐτός τι, κ. τ. λ. "And whenever he himself, in the course of an argument, went through any topic, he commenced by statements most universally acknowledged." More literally, "he began to proceed," &c. Observe the idea of repetition expressed by the optative, and compare i., 2, 57.—τὴν ἀσφάλειαν λόγου. "The stability of reasoning," i. e., the surest mode of reasoning.—ὅτι λέγων "Whenever he discoursed." The optative again marking repetition —ὁμολογοῦντας. "Of the same opinion with himself."—τῷ 'Οδυσσεῖ ἀναθεῖναι, κ. τ. λ. "Assigned to Ulysses the character of a cautious orator, since he was able to conduct his arguments (to the desired end) by means of those things that appear right unto men," i e., to shape his discourses so as to prove effectual, by adducing points well acknowledged among men. Compare *Hom., Od.*, viii., 171, and *Dion. Hal., Art. Rhet.*, xi., 8.—ἱκανὸν αὐτὸν ὄντα. We would expect here ὡς ἱκανῷ ὄντι, since τῷ 'Οδυσσεῖ precedes; but an absolute case is often put, where the participle agreeing in case with the noun going before ought naturally to have followed. (*Kühner, ad loc.*)— διὰ τῶν δοκούντων τοῖς ἀνθρώποις. The same, in effect, as διὰ τὰ μάλιστα ὁμολογουμένων just preceding.

CHAPTER VII.

§ 1.

ἑαυτοῦ γνώμην ἀπεφαίνετο. Observe the employment of the reflex ive pronoun with the middle voice to add strength to the meaning. —αὐτάρκεις ἐν ταῖς προςηκούσαις πράξεσιν. "Of sufficient ability in themselves for the actions that properly belonged to them," i. e., for discharging the duties of their respective situations. Not needing, therefore, in such cases, the assistance of others.—αὐτοὺς εἶναι ἐπεμελεῖτο. This construction of ἐπιμελεῖσθαι with the accusative and infinitive is of rare occurrence. The more common usage is to have this verb take a genitive of the object of care or concern.—πάντων μὲν γὰρ ὦν, κ. τ. λ. "For of all men whom," &c. We have here the masculine, not the neuter.—ἔμελεν αὐτῷ εἰδέναι. The 'mper sonal μέλει is construed usually with a dative of the subject, and a genitive of the object of care. It is construed with an infinitive in Thucydides, i., 5, as in the present passage. This construction is also found in Latin: "*Erit mihi curæ explorare provinciæ voluntatem.*" (*Plin., Epist.*, vii., 10.)—ὅτι μὲν αὐτὸς εἰδείη. The optative here ex presses an indefinite frequency of action. Compare iii., 1, 1.—ἦγεν αὐτούς. "He used to bring them."

§ 2.

ἐδίδασκε δέ, κ. τ. λ. "He used to teach, also, to what degree a well-educated man should be acquainted with each branch of scientific knowledge." As regards the force of πράγματος here, compare the explanation of Schneider: "*Negotii ex doctrina et scientia pendet*

NOTES TO BOOK IV.—CHAPTER VII. 365

ἧς."—αὐτίκα. "For instance."—*γῆν μέτρῳ ὀρθῶς, κ. τ. λ.* "Either to receive, or to give, or to apportion land, or to assign labor, correctly according to measurement." The expression *ἔργον ἀποδείξασθαι* has reference to the marking out of ground for tillage. Compare Sturz: "*Mensuram assignare operis, quantum in agro sit laborandum.*"—*τοῦτο.* "This much."—*τῇ μετρήσει.* "To the principles of measurement."—*καὶ ὡς μετρεῖται, κ. τ. λ.* "And succeeded in understanding how it is measured." The verb *ἀπιέναι* is here employed like the Latin *discedere*, and is a metaphor borrowed from an army's *coming off* or *leaving* the field victorious.

§ 3.

τὸ μέχρι τῶν δυςξυνέτων, κ. τ. λ. "The learning geometry up to diagrams difficult to be used."—*αὑτῶν.* "In such things themselves." Socrates had been instructed in geometry by Theodorus of Cyrene, already mentioned at iv., 2, 10.—*ταῦτα.* "That such minute studies as these."—*καταρίβειν.* "To wear away."

§ 4.

ἀστρολογίας. Compare iv., 2, 10.—*καὶ ταύτης μέντοι μέχρι, κ. τ. λ.* "And yet, (to be acquainted) with this, indeed, only so far as to be able to know the time of the night, and the particular division of the month and year." For the meaning of *ὥρα*, consult notes on iv., 3, 4.—*πρὸς ταῦτ' ἔχειν τεκμηρίοις, κ. τ. λ.* "With reference to these. to be able to make use of certain fixed indications, distinguishing (by means of them) the divisions of the periods that have been mentioned."—*παρά τε τῶν νυκτοθηρῶν.* "Both from those who hunt by night." From Oppian (*Halieut.*, iv., 640) we learn that fishermen often pursued their vocation by night. Hunting, also, was practiced by night as well as by day. Compare *Horat., Od.*, i., 1, 25 ; *Cic., Tusc.*, ii., 17, 40. Schneider, without any necessity, reads *νυκτοτηρῶν*, "watchers by night," referring to Æschylus, *Agam.*, 4, *seqq.*

§ 5.

τὸ δὲ μέχρι τούτου, κ. τ. λ. "But as to learning astronomy so minutely as to know both the bodies that are not in the same periphery with the sphere," &c. Literally, "but as to learning astronomy as far as this, as far, (namely), as the knowing," &c. With regard to the expression *τὰ μὴ ἐν τῇ αὐτῇ περιφορᾷ ὄντα*, compare the explanation of Edwards : "*Quæ non communi eodemque cæli motu circumacta proprio sibi motu feruntur.*"—*ἀσταθμήτους ἀστέρας.* "The unsettled stars." The comets are meant. Diogenes Apolloniates had laid it down, *ἀστέρας εἶναι τοὺς κομήτας*, according to Plutarch.

de Plac. Phil., iii., 2, and some of the Pythagoreans had an idea of their periodic return ; διά τινος ὡρισμένου χρόνου περιοδικῶς ἀνατέλλειν. (*Plut., l. c.* Compare Ukert, *Geogr. Gr. et Rom.*, vol. i., pt. 2, p. 94.)—τὰς περιόδους. "The periods of their orbits," *i. e.*, the period of time occupied in making their circuits, not the mere orbits or paths themselves.—ἰσχυρῶς ἀπέτρεπεν. "He used strongly to dissuade (from all these)."—οὐδὲ τούτων γε ἀνήκοος ἦν. "He was not unacquainted even with these, indeed." Archelaus, a follower of Anaxagoras, had been the instructor of Socrates in astronomy. Compare Cicero, *Acad.*, i., 15

§ 6.

τῶν οὐρανίων. Compare i., 1, 11.—φροντιστήν. "A subtle speculator."—χαρίζεσθαι ἄν. "Would gratify."—κινδυνεύσαι δ' ἂν ἔφη, κ. τ. λ. "He said, moreover, that the one who scrutinized these things would run a risk even of becoming mad."—'Αναξαγόρας. Anaxagoras, a native of Clazomenæ in Ionia, was born about B.C. 499. He was one of the leading philosophers of the Ionic school, and the preceptor of Pericles and Euripides. His peculiar doctrines exposed him to the charge of impiety, and being sentenced to pay a fine and quit Athens, he retired to Lampsacus, where he died in the seventy-second year of his age. The term παρεφρόνησεν, here applied to him, refers merely to the visionary nature of many of his speculations, and not to any actual loss of reason.—ὁ μέγιστον φρονήσας, κ. τ. λ. "Who prided himself very greatly on his explaining the plans of the gods," *i. e.*, on unfolding by the powers of reason the secret causes that called into being, as well as the laws that govern the universe.

§ 7.

ἐκεῖνος γάρ. Anaxagoras is meant.—τὸ αὐτὸ εἶναι πῦρ τε καὶ ἥλιον. Anaxagoras maintained that the sun was a red-hot mass of metal, larger than the Peloponnesus. (*Diog. Laert.*, ii., 8.)—καὶ ὑπὸ μὲν τοῦ ἡλίου, κ. τ. λ. "And that men, when shone upon by the sun, have their complexions of a darker hue."—θερμαινόμενα. "If heated."—λίθον διάπυρον. Diogenes Laertius says that Anaxagoras made the sun to be μύδρον διάπυρον, but Socrates here chooses, not very fairly, to understand the words in question as meaning a "red-hot *stone*."—ἀντέχει "Lasts."

§ 8.

λογισμούς. "Accounts," *i. e.*, by which we calculate income and expenditure. Ernesti and Weiske understand the term to mean here *Arithmetic*, but this word implies a much wider range of knowledge. The difference between λογιστική and ἀριθμητική is stated by Plato, *Gorg.*, p. 451, c.—*καὶ τούτων δέ*. "And in the case of these, also."—*τὴν μάταιον πραγματείαν.* "Idle investigations," i. e., minute and excessive care.—*μέχρι δὲ τοῦ ὠφελίμου, κ. τ. λ.* "But he himself both studied and investigated along with his followers all things (connected with these) as far as what was practically useful "

§ 9.

ὅσα ἐνδέχοιτο. "As many things as it was possible." Compare i., 2, 23.—*καὶ ἑαυτῷ ἕκαστον προςέχοντα, κ. τ. λ.* "And by each attending to himself throughout his whole life, as to what food, &c., might prove beneficial unto him."—*πόμα.* Porson (ad *Eurip., Hec.*, 392) asserts that the form *πόμα* was unknown to the Attics, because there are many passages in which the metre requires *πῶμα*, none where it requires *πόμα*. But *πόμα*, notwithstanding this critical dictum, appears to have been used in prose. Compare *Lobeck, ad Phryn.* p. 456, and *Kühner* and *Bornemann*, on the present passage.—*τοῦ γὰρ οὕτω προςέχοντος, κ. τ. λ.* "For he said that if a person thus attended to himself, it was a difficult matter to find a physician," &c. Observe here the employment of *τοῦ οὕτω προςέχοντος*, as equivalent to *εἴ τις οὕτω προςέχοι.*

§ 10.

εἰ δέ τις μᾶλλον, κ. τ. λ. "If, however, any might wish to obtain greater benefits than those depending upon human wisdom."—*περὶ τῶν πραγμάτων.* "Concerning the affairs of this life." Observe the force of the article.—*ἔρημον.* "Devoid."

CHAPTER VIII.

§ 1.

ὅτι φάσκοντος αὐτοῦ, κ. τ. λ. "Because, although he asserted, &c., death nevertheless was adjudged against him by his judges."—*ψευδόμενον.* On the supposition that if he had really had an internal monitor, that monitor would have given him timely warning of his danger, so that he might have escaped it.—*ὅτι οὕτως ἤδη τοτέ, κ. τ. λ.* "That he was already at that time, so far advanced in years." Literally, "in his age." Socrates was seventy years old at the period of his death. (*Diog. Laert.*, ii., 44.)—*οὐκ ἂν πολλῷ ὕστερον, κ. τ. λ.* "He would have ended his existence not long after." The negative *οὐκ* does not belong here to the entire proposition, but τω πολλῷ ὕστερον.—τὸ ἀχθεινότατον τοῦ βίου. "The most burden some period of life."—τὴν διάνοιαν μειοῦνται. "Become enfeebled in intellect." Literally, "become worse or weaker."—τήν τε δίκην εἰπών. "By having both pleaded his cause."

§ 2.

τῶν μνημονευομένων ἀνθρώπων. "Of men that are held in memory."—μετὰ τὴν κρίσιν τριάκοντα ἡμέρας βιῶναι. In relation to this subject, and the Delian festival, consult *Wiggers' Life of Socrates*, page 437 of this volume.—διὰ τὸ Δήλια μὲν εἶναι. " Because the Delian festival took place." With Δήλια supply ἱερά.—τὸν δὲ νόμον. Supply διὰ τό from the preceding clause, so that the full form of expression will be διά τε τὸ τὸν νόμον ἐᾶν.—ἡ θεωρία. "The sacred embassy." The persons employed in the deputation to Delos were called θεωροί, and their office, &c., θεωρία. The ship in which they went and returned was termed θεωρίς.—τὸν ἔμπροσθεν. Supply χρόνον. This is the reading of Weiske and Schneider, adopted by Kühner and others. It is from a correction of Brodæus. The common text has καὶ τῶν.—ἐπὶ τῷ εὐθύμως τε, κ. τ. λ. "For the cheerfulness and tranquillity of his life."

§ 3.

καὶ πῶς ἄν τις, κ. τ. λ. Many critics think that from the third to the eleventh section has been inserted by some transcriber, in a patched up way, from the Apology or Defence. Weiske, however, regards the whole as genuine, and is of opinion that Xenophon employs a *sorites* to prove that the death of Socrates was θεοφιλής. In his view, the premises are, 1. The death of Socrates was glorious. 2. His death was also happy: 3. His death was θεοφιλής, since the gods give a happy death only to those whom they love.—εὐδαιμονέστερος. Thus Castalio, from a correction by Brodæus, in place of εὐδαιμονέστατος, which is found in four MSS., and in the early editions. Bornemann prefers the superlative, referring to Hermann, ad *Eurip., Med.*, 67.—θεοφιλέστερος. "More acceptable to heaven"

§ 4.

Ἑρμογένους. Compare ii., 10, 3. Xenophon was not at Athens when Socrates was condemned and put to death. He had gone in the previous year into Asia, to join the army of Cyrus. Compare *Apol.*, c. 2, seqq.—ἤδη Μελήτου γεγοαμμένου αὐτὸν τὴν γραφήν. "That, when Meletus had now brought his accusation against him." Observe that γράφεσθαι γραφήν, "to impeach or accuse," is followed by an accusative of the person accused. To the accusative of the suit, a genitive of the difference charged in the accusation is sometimes added. (*Kühner*, § 583, 40, *Jelf.*)—ὅ τι ἀπολογήσεται. "What defence he shall make."—οὐ γὰρ δοκῶ σοι; "(You talk strangely), for do I not appear to you!"—ὅπως. Used for πῶς.—ὅτι διωγεγένηται Here the direct narrative changes to the indirect. Compare *Kühner*, ? 890, *Jelf.*—πράττων δὲ τὰ δίκαια καὶ τὰ ἄδικα, κ. τ. λ. For this opposition of clauses, called *chiasmus*, consult *Kühner*, § 904, 3, *Jelf.* —ἥνπερ. Attraction.—καλλίστην μελέτην ἀπολογίας. "The best mode of practicing for a defence," *i. e.*, the best preparation for one

§ 5.

αὐτὸς δὲ .... εἰπεῖν. Supply ἔφη.—λόγῳ παραχθέντες. "Led away by their language," *i. e.*, offended by it. We have given here, with Kühner and others, παραχθέντες, the reading of one MS., for the common reading ἀχθεσθέντες. Another MS. has ἀχθέντες.—ἤδη μου ἐπιχειροῦντος. Compare iii., 8, 1.

§ 6.

ὅτι μέχρι μὲν τοῦδε τοῦ χρόνου, κ. τ. λ. "That I would not concede to any man that he has lived either better or more pleasantly than I have up to the present time."—τοὺς μάλιστα αἰσθανομένους "Who are most clearly convinced."

§ 7.

ἃ ἐγὼ μέχρι τοῦδε τοῦ χρόνου, κ. τ. λ. "And these results I have, up to the present time, perceived to accrue unto myself."—παραθεωρῶν. "Comparing."—οὕτω διατετέλεκα γιγνώσκων. "I have constantly thus judged."—οὕτως ἔχοντες περὶ ἐμοῦ διατελοῦσιν. "Continue to entertain a similar opinion regarding me."—οὐ διὰ τὸ φιλεῖν ἐμέ. "Not merely through affection for me."—ἂν οἴονται, κ. τ. λ. Construe ἄν with γίγνεσθαι.

§ 8.

ἴσως ἀναγκαῖον ἔσται, κ. τ. λ. "Perhaps it will be necessary for me to sustain the burden of old age." More literally, "to go through with the things appertaining to old age." Compare Sturz: "*incommoda senectutis sustinere*."—ἧττον. "More feebly."—χεῖρον. "With less energy."—ἀποβαίνειν. "To become." The same with the Latin *evadere*.—βελτίων. "Superior."—ἀλλὰ μὴν ταῦτά γε, κ. τ λ. "Why in very truth, unto me, if not conscious of all this, at least, life would not be worth living." More literally, "life would not be liveable." Compare Cic., de Am., vi., 22: "Qui potest esse vita vi talis," &c., where Ennius is quoted.

§ 9.

ἀλλὰ μήν. "But assuredly."—εἰ γὰρ τὸ ἀδικεῖν, κ. τ. λ. Bornemann conjectures τοῦτο, εἴγε τὸ ἀδικεῖν, putting the words πῶς οὐκ .... ποιεῖν in brackets. Schneider rejects the whole passage εἰ γάρ .... ποιεῖν. Sauppe defends it.

§ 10.

ὁρῶ δ' ἔγωγε, κ. τ. λ. "I, for my part, also see that the estimation of men, who have gone before, that is left behind among posterity, is not similar in its character as regards both those who have injured and those who have been injured."—ἐπιμελείας τεύξομαι. "Shall meet with regard." Compare Sturz: "ἐπιμέλεια, gloria, laus post mortem."—καὶ ἐάν. "Even if."—μαρτυρήσεσθαί μοι. "Will bear testimony unto me." Compare i., 1, 8

§ 11.

Σωκράτην γιγνωσκόντων, οἷος ἦν. The usual idiom for γιγνώσκων τῶν οἷος Σωκράτης ἦν.—πάντων μάλιστα. Compare iv., 5, 1.—εὐσεβὴς μέν, κ. τ. λ. These words, down to καὶ καλοκἀγαθίαν, form a parenthesis.—ὥστε μηδέν. Compare ii., 7, 2.—τῆς γνώμης. "The concurrence."—τοὺς χρωμένους αὐτῷ. "Those who enjoyed his society."—τὸ ἥδιον ἀντὶ τοῦ βελτίονος. Compare iv., 5, 6.—κρίνων. "In judging of."—προςδέεσθαι. Thus in four MSS., and in the early editions, for the common reading προςδεῖσθαι.—ἱκανὸς δὲ καὶ ἄλλους δοκιμάσαι τε, κ. τ. λ. "Able, also, both to prove the character of others, and to convict those who were in error."—οἷος ἂν εἴη ἄριστός τε ἀνήρ, κ. τ. λ. "As a most excellent and most happy man would be."—τῷ. For τινί.—παραβάλλων τὸ ἄλλων ἦθος, κ. τ. λ. "Let him compare with these things the moral characters of others, and then form his opinion." Observe that οὕτως is here equivalent to the Latin "hoc fa to."

LIFE OF SOCRATES,

FROM

THE GERMAN OF DR. WIGGERS

LIFE OF SOCRATES.

CHAPTER I.

SOCRATES was the son of Sophroniscus, a sculptor of considerable merit, and of Phænarete, a midwife, who is called by Socrates, in the Theætetus of Plato, a very noble-minded woman. He was born at Athens on the 5th of the month of Thargelion, about the middle of April or May, in the year 469 B.C. (Ol. 77, 4),[1] and belonged to the tribe of Antiochis, and the deme of Alopece. His features, and indeed his appearance altogether, were any thing but handsome, and seemed well adapted for the ironical character which he maintained. Alcibiades, in Plato's Symposium,[2] compares him to the Sileni, and to Marsyas the Satyr: "And I may also compare Socrates to the Satyr Marsyas. As for thy appearance, thou canst not deny it thyself, Socrates; to what other things thou art like, thou shalt quickly hear. Thou art a scoffer, art thou not? If thou dost not willingly own it, I will bring forward witnesses." One of the principal passages of the ancients which bear on this point is in Xenophon's Symposium,[3] in which Socrates engages in a playful dispute with Critobulus as to which of them is the handsomer. Socrates there tries to prove that his prominent eyes, his depressed nose, and his large mouth must, on account of their great usefulness, be the handsomer. Several other particulars, which, however, may be exaggerated, for the purpose of indicating the ugliness of Socrates, are mentioned in the same Symposium.[4]

Notwithstanding the limited means of his father,[5] Socrates was educated according to the manner of the times. Music in the Greek sense of the word, *i. e.*, music, and poetry, and gymnastic exercises, formed the principal part of the education of an Athenian youth, and in these Socrates was instructed.[6] In addition to which, he

---

1. [More probably in B.C. 468. See Clinton's "Fasti Hellenici," vol. ii., *Introduction*, p. xx.—TRANSL.]   2. Page 215, ed. Steph.   3. V., § 5.
4. Ἡ τόδε γελᾶτε, says Socrates, chap. ii., § 19, εἰ μείζω τοῦ καιροῦ τὴν γαστέρα ἔχων, μετριωτέραν βούλομαι ποιῆσαι αὐτήν;
5. That his father was by no means a wealthy man, is evident from the fact that Socrates, though very economical, was always poor.   6. Plat., Crito, c. xii.

received instruction in the art of his father; and if we may credit the report of Pausanias, who says that the three Graces made by Socrates had found a place on the walls of the Acropolis of Athens, close behind the Minerva of Phidias, he must have made considerable progress in the art.[1]

Crito, a wealthy Athenian, who subsequently became an intimate friend and disciple of our philosopher, having discovered the eminent talents of Socrates, induced him to give up the profession of his father.[2] Various anecdotes preserved in Plutarch and Porphyry rest on too feeble historical evidence to throw any light on the history of Socrates. To this class belongs probably the following story in Porphyry,[3] who, being attached to the new Platonic system which formed such a contrast to the sobriety of the Attic sage, was an adversary of the latter. Socrates, we are told by him, was in his youth compelled by his father to follow the art of a sculptor against his inclination, was very disobedient, and often withdrew himself from the paternal roof. In the same manner, Plutarch,[4] among other things, relates, that the father of Socrates had been warned not to compel his son to follow any particular pursuit, as he had a guardian spirit who would lead him in the right way.

Thus Crito was the first who raised Socrates into a higher sphere. Whether he had before this time enjoyed the instructions of Archelaus, a disciple of Anaxagoras, can not be decided by historical evidence, although it is asserted by Porphyry that he was a disciple of Archelaus as early as his seventeenth year. The first study that engaged the attention of Socrates, and to which he applied with

1. Paus., i., 22, and ix., 35. Compare Diog., ii., § 19, and the scholiast to the Clouds of Aristoph., p. 170. Timon, therefore, in Diogenes, calls him, with a sneer of contempt, λιθοξόος.

2. Diog., ii., 20. "Demetrius of Byzantium says that Crito, attracted by the charms of his mind, withdrew him from the workshop and instructed him."—Suidas, tom. ii., under Crito, p. 377. I do not think that there is any reason for disbelieving this account. Meiners, indeed (*Geschichte der Wissenschaften*, &c., vol. ii., p. 354), considers this to be a mere calumny of Aristoxenus; but it is Demetrius, and not Aristoxenus, who is mentioned by Diogenes as his authority.

3. His charges against Socrates he derived from Aristoxenus, a disciple of Aristotle. Aristoxenus himself could not deny that Socrates had been obedient to the laws, and had always been just, yet he accuses our philosopher of being guilty of violent anger and shameful dissoluteness. The most unobjectionable evidence of the most credible contemporaries sufficiently refutes such calumnies. A detailed examination and refutation of the charges of Aristoxenus will be found in Luzac's *Lect. Att.*, edited by Sluiter, Leyden, 1809, p. 27, foll. But why Aristoxenus brought *these* charges against Socrates, will be seen from our subsequent description of the character of the latter.

4. De genio Socratis. Francfort ed. 1620, tom. ii., p. 889.

great zeal, was that of Physics. "When I was young," says he in Plato's Phædo,[1] "I had an astonishing longing for that kind of knowledge which they call Physics." He sought after wisdom where his fellow-citizens sought it—in the schools of the vaunting Sophists, and of the most celebrated philosophers of his age, as well as in the writings and songs of former sages. Parmenides, Zeno, Anaxagoras, and Archelaus among the philosophers, Euenus of Paros, Prodicus, and others among the Sophists, are recorded as his teachers.[2]

Assisted by these masters, he made considerable progress in Mathematics, Physics, and Astronomy, the value of which he afterward confined to very narrow limits.[3]. Some of his opinions in Natural Philosophy, which Aristophanes distorts to suit his purpose, must perhaps be referred to this early period of his life. In the instance in which the comic poet[4] makes him say that the sky is a furnace, and men the coals in it, the real assertion probably was, that the sky was a vault covering the earth—quite in accordance with the spirit of the cosmological systems of the time; and that he had studied the cosmological system of Anaxagoras with particular attention, is evident, for he himself[5] tells us that he hoped to find in it information concerning the origin of things. As Socrates himself gives us in this passage an explanation of the reasons which afterward induced him to think so little of this system, he shall speak for himself. "I once heard a person reading in a book which he said was written by Anaxagoras, and saying that reason arrang-

---

1. Page 96, A.
2. Zeno of Elea, about the year 460 B.C., at the age of about forty, undertook, with his teacher Parmenides, a journey to Athens, for the purpose of meeting Socrates. Whether Socrates ever heard Anaxagoras himself or only studied his writings, can not be asserted with historical certainty. That he heard Archelaus is attested by Cicero, *Tuscul.*, v., 10. Euenus of Paros instructed Socrates in poesy. Compare Fischer's remark on the fifth chapter of Plato's Apology. He had also read the writings of Heraclitus. "What I did understand was excellent; I believe, also, that to be excellent which I did not understand."—Diog. Laert., ii., 22. Plato, *Cratylus*, p. 402, A., *seqq.* Prodicus taught him the art of speaking.—Plat., *Meno*, p. 96, D. Æschines, iii., C.: καὶ ταῦτα δὲ ἃ λέγω Προδίκου ἐστὶ τοῦ σοφοῦ ἀπηχήματα (reminiscences). A long register of teachers of Socrates, which, however, must not be taken strictly, occurs in Maxim. Tyr., *Diss.* xxii. [It would appear, however, from a statement in Xenophon's Symposium, that Socrates never received any direct instruction in philosophy, since Socrates is introduced as saying to Callias, who was a great friend and patron of the Sophists, ἀεὶ σὺ ἐπισκώπτεις ἡμᾶς καταφρονῶν, ὅτι σὺ μὲν Πρωταγόρᾳ τε πολὺ ἀργύριον δέδωκας ἐπὶ σοφίᾳ καὶ Γοργίᾳ καὶ Προδίκῳ καὶ ἄλλοις πολλοῖς, ἡμᾶς δ' ὁρᾷς αὐτουργούς τινας τῆς φιλοσοφίας ὄντας *Symp.*, i., 5.—Tr.]
3. Xenoph., *Mem.*, iv., 7.
4. *Clouds.* v. 94.
5. Plat., *Phædo*, p. 97, B, *seqq.*

ed all things, and was the cause of them. With this cause I was much delighted, and in some manner it appeared to me quite correct that reason should be the cause of all things. If it be true, I thought, that reason arranges all things, it arranges and places every thing in the place where it is best. Now if any body wanted to find the cause by which every thing arises, perishes, or exists, he must find the manner in which a thing exists, suffers, or acts best. For this reason, I thought only that investigation, the object of which is the most excellent and the best, to be adapted for man both for himself as well as other things; and he, who succeeded in this, must at the same time know that which is bad, for both are objects of the same science. Reflecting upon this subject, I was delighted, as I thought I had found in Anaxagoras a teacher after my own heart, who could open my eyes to the causes of things Now he will first tell thee, I thought, whether the earth is flat or round; and after he has done this, he will also show thee the cause and the necessity of it, and whichever is the better, he will prove that this quality is the better one for the earth. If he tell thee the earth is in the centre, he will, at the same time, show thee that it is better for it to be in the centre. I was willing, if he would show me this, not to suppose any other kind of causes, and hoped soon to receive information about the sun, the moon, and other stars, pointing out the mutual relation of their rapidity, their rotation and other changes, and how it was better that each should act as it acts, and suffer as it suffers; for as he said that they were arranged by reason, I did not think that he would assign any other cause to things than that their actual qualities were the best. As he assigned to all things their causes, and ascertained them in all things in the same manner, I thought he would represent that which is the best for earth, as the good common to all. I would not have given up my hopes for any thing; with great avidity I took up his books, and read them as soon as I found it possible, in order that I might quickly learn the good and the bad. But, my friend,[1] I was soon disappointed in this hope; for in the progress of my reading, I discovered that the man no longer applied his principle of reason, and mentioned no causes by which to classify things; but declared air, ether, water, and many other strange things to be causes. This appeared to me just as absurd as if somebody should say, Socrates does every thing which he does with reason; and afterward endeavoring to point out the motive of every single action, he should

---

1. He is speaking to Cebes.

say, in the first place, that I am now sitting here because my body is composed of bones and of sinews,[1] &c. I should have liked very much to have obtained some instruction, from whomsoever it might have proceeded, concerning the nature of this cause. But as I did not succeed, and as I was unable to find it out by myself, or to learn it from any one else, I set out on a second voyage in search of the cause." The rest are Plato's own thoughts.

Besides this, Socrates was greatly attracted by the intercourse of women of talent, and courted their society for the higher cultivation of his own mind and heart. He, like that powerful demagogue on whom his contemporaries bestowed the highest admiration for the power of his eloquence, was instructed in the art of speaking by Aspasia;[2] and Diotima of Mantinea taught him love;[3] by which, as Fr. Schlegel justly observes,[4] we must not understand transient pleasures, but the pure kindness of an accomplished mind; a circumstance which is of importance in forming a proper estimate of many peculiarities in the doctrine and method of Socrates.

CHAPTER II.

SOCRATES, however, was unable to obtain any satisfactory knowledge from the philosophers and teachers of his time. Dissatisfied with the pretended wisdom of the Cosmologists and Sophists, he

---

1. Νεῦρα with Plato does not mean *nerves*, which signification it only received through Galen.

2. Plat., *Menex.*, p. 235, E. She is also said to have written a poem to Socrates. Athen., v., p. 219.

[It is doubtful whether any historical weight can be attached to the passage in the Menexenus. The whole may probably be looked upon as a fiction, although it can hardly be supposed, according to Ast, that Plato meant to deride Pericles and Aspasia. Plato's real object appears to be to ridicule those demagogues who think themselves equal to Pericles, although they can not compose a speech for themselves, and are obliged to learn by heart such as have been composed for them by others. All the other passages of the ancients, in which Socrates is said to have learned the art of speaking from Aspasia, are probably taken from this passage of the Menexenus, and therefore prove nothing. Reiske, on Xenophon's *Memorabilia*, ii., 6, § 36, likewise considers the statement in the Menexenus to be made ironically; in which opinion he is supported by Stallbaum and Loers, the late editor of the Menexenus. As for the influence Diotima 's said to have had over Socrates, it seems just as uncertain. It is only mentioned by Plato, and those who copied from him, and is probably of the same nature as the story about Aspasia.—TR.]

3. Plat., *Sympos.*, p. 201, D. That Diotima is not to be ranked among the ἐ-αῖσαι has been shown by Fr. Schlegel, *Griechen und Römer*.

4. *Griechen und Römer* p. 254

entirely abandoned all speculative subjects,[1] and devoted his attention to human affairs, according to his own expression [2] i. e., to researches in practical philosophy. He therefore, in Plato, calls his wisdom a human wisdom.[3] Socrates, according to Cicero's expression,[4] called philosophy down from heaven to the earth, i. e., he gave it a practical tendency, whereas before it had taken a direction completely speculative. Previous to Socrates, philosophers were for the most part occupied in cosmological researches: morals were entirely uncultivated; and although the Pythagorean institution, a moral and politico-religious order, had devoted very great care to morals, yet its doctrines had already fallen very much into oblivion; and besides, as an order, it had a direct influence only on its own members. But the greatest shock that morality had received came from the Sophists, a class of men who flourished shortly before and at the time of Socrates, and who boasted of being in the possession of every kind of knowledge, but were, however, not concerned about truth, but merely about the appearance of it; who, by their eloquence, knew how to give to a bad cause the appearance of a good one,[5] and from a love of money gave instruction to every one in this art.[6] These men, descendants of the Eleatic school, exert-

---

1. Diog., ii., 21. "When he saw that the science of physics (φυσικὴ θεωρία) was not adapted for us, he began to philosophize on moral subjects in the workshops and in the markets, and said he was seeking

"Ὅττι τοι ἐν μεγάροισι κακόν τ' ἀγαθόν τε τέτυκται."

The latter is a verse of Homer (Od., iv., 392), which, as we are told by Sextus Empiricus *contra Mathemat.*, vii., 21, Socrates was constantly in the habit of quoting.

2. Ἀνθρώπεια, *res humana*, are here opposed to δαιμονίοις, *rebus divinis* (Xenoph., *Mem.*, i., 1, 12 and 16), which he also calls οὐράνια (*Mem.*, iv., 7, 6). Ἀνθρώπεια are things which directly relate to man as such, as questions on the destination of man, his duties, hopes, and, in short, all moral subjects; δαιμόνια, *res divina*, are of a speculative nature, and comprehend either physical or metaphysical questions, and have no direct relation to man as such. This distinction must be well borne in mind, as otherwise many assertions of Socrates might appear very paradoxical. Cicero, *Acad.*, i., 15: "ut—coelestia vel procul esse a nostra cognitione censeret, vel si maxime cognita essent, nihil tamen ad bene (morally) vivendum conferre."

3. Ἀνθρωπίνη σοφία comprehends either the wisdom of which men are in the possession, or the wisdom relating to human affairs, such as the destination, duties, relations, &c., of man. In the former sense it is used in Plat., *Apol.*, c. v., where Socrates says, "It appears that the god means to say by the oracle that human wisdom is of little or no value at all." In the latter sense Socrates ascribes human wisdom to himself.

4. *Tuscul.*, v., 10. Socrates primus philosophiam devocavit e coelo et in urbibus collocavit, et in domos etiam introduxit, et coegit de vita et moribus rebusque bonis et malis quaerere. 5. τὸν ἥττω λόγον κρείττω ποιεῖν.

6. It is well known that the word σοφιστής at first had an honorable meaning

ed their utmost power to shake the foundations of knowledge, to unsettle the ideas of right and wrong, of virtue and vice, to confound the moral power of judgment by dialectical illusions, and to declare a thing to be right at one time, and wrong at another, as their interest dictated. Instead of being teachers of wisdom, they were mere dialectic quibblers, who made no man wiser or better, and who, by the spirit of quibbling which they diffused among their disciples by such questions as whether virtue could be taught, &c., paralyzed the power of the moral feelings. Socrates discovered the irretrievable injuries inflicted by these people on intellectual advancement and morality, and witnessed the distressing results of it among his contemporaries. Filled with vain pride, the disciples of the Sophists returned from their schools persuading themselves they had discovered the most recondite truths; they thought themselves unequalled in the art of disputing, and were constantly seeking opportunities of displaying their subtleties. Thus they wandered far from the only path of true wisdom, the knowledge of them selves. But the instructions of the Sophists were still more inju-

---

and was synonymous with σοφός, a sage, a scholar in its widest sense—for even artists were comprehended in it. Protagoras was the first who adopted the name of σοφιστής to distinguish more decidedly one who makes others wise, especially one who taught eloquence, the art of governing, politics, or, in short, any kind of practical knowledge. From that time the word sophist acquired that odious meaning which it retains in the present day. Afterward, in the times of the Roman emperors, the name of Sophist again became an honorable appellation, and was applied to those rhetoricians who had established schools of rhetoric, in which they treated on any chosen subject for the sake of exercise. Libanius, for instance, belonged to this class of Sophists. Though the latter class, in a certain point of view, differed from the former, yet covetousness was common to both. Themistius, because he received no money, protested against his being called a Sophist (*Orat.*, 23). The description of a Greek Sophist of the time of Socrates is taken from the Protagoras of Plato. In reading, however, the writings of the philosophers of the Socratic school, it must not be forgotten that they had imbibed from their master a profound hatred of the Sophists, and may consequently have now and then been rather too severe in their remarks upon them. With the description given above all Greek writers agree, and the Sophists themselves, by their own actions, sufficiently characterize themselves as such. Speusippus, *Defin. ad calcem Opp. Platonis:* Σοφιστής νέων πλουσίων ἐνδόξων ἔμμισθος θηρευτής. Arist., *de Sophist. Elench.*, i., 11. Xenoph., *Mem.*, i., 6, 13: Καὶ τὴν σοφίαν ὡσαύτως τοὺς μὲν ἀργυρίου τῷ βουλομένῳ πωλοῦντας, σοφιστὰς ἀποκαλοῦσιν.—Isocrat. *in Helen. Encom.*, ii., 116 and 117. Later writers, as Philostratus, do not draw any precise distinction between Sophists, philosophers, and orators. Philostratus thus mentions Carneades among the Sophists. Moreover, not only Socrates, but Anaxagoras, are called Sophists by Libanius (*Apolog. Socr.*, p. 54 and 55, edit. Reiske), perhaps in order to raise thereby his own dignity. Compare Carus's graphic description of the Sophists in his *Ideen zu einer Geschichte der Philosophie*, p. 493. *seqq.*

rious, since, by their defending what was wrong, those moral principles, which are the supports of public peace and happiness, were artificially undermined. Socrates, therefore, firmly resolved to devote his life to the moral improvement of his fellow-citizens, and at the age of about thirty[1] he made it his sacred duty to counteract the Sophists, who perplexed good sense, corrupted public morality, and brought down upon philosophy the reputation of being the art of disputing, nay, of being dangerous and injurious He endeavored to exhibit them in their naked deformity, and thus directly as well as indirectly, by the doctrines and example of solid virtue, to contribute as much as lay in his power to the moral improvement of mankind.

This noble resolution he faithfully maintained throughout his life, until in his seventieth year he met his higher destination in the manner so generally known. Moreover, Socrates, during his pursuit of the high objects of his existence, followed a course in which he sought *within* himself what other philosophers had been accustomed to seek *without*, and thus directed attention to the operations of the mind. The cause of his pursuing this mode of thought not only arose from his practical mode of thinking, and from the high

---

1. I say *about* thirty. It is, indeed, generally believed that the public teaching of Socrates commenced precisely at his thirtieth year. But I do not believe that any passage of the ancients can be pointed out in support of this belief. However, that Socrates, even when a young man, had chosen the office of a general teacher, has been proved with great sagacity from several historical facts by Meiners, in his *Geschichte der Wissenschaften*, &c., ii., p. 353.

[Ritter, however, remarks, in his *History of Ancient Philosophy* (vol. ii., p. 20, Engl. trans.), that "from the constitution of the mind of Socrates, which, proceeding through many attempts in the discovery of truth, could only, at a late period, have attained to certainty, it is not improbable that he had arrived at a ripe age before he began to incite others to the study of philosophy. In the more detailed accounts, he is almost without exception depicted as an old man. There are other reasons, also, which scarcely admit of a supposition that he devoted himself suddenly and all at once to this vocation; for though it be true that his observation of man, with a view to the science of humanity, has been referred to an oracle for its occasion, even the oracle itself implies his having previously pursued philosophical studies in common with Chærephon; and it is quite consistent with the nature of the case to suppose that a sense of his peculiar fitness for the education of youth gradually opened upon his mind, as he observed the improvement and instruction which others derived from his society." In a note on this passage, Ritter observes, "The assumption of Wiggers that Socrates commenced teaching in his thirtieth year is wholly unfounded. That of Delbrück (*Socrates*, § 34), that he had openly philosophized five or six years before he was brought upon the stage by Aristophanes (B.C. 423), which would make him about forty at his first appearance as a teacher, is not improbable, although the anecdote of Exekides (Gell., *Noct. Att.*, vi., 10) is apparently inconsistent with it."—Ta.]

cultivation of the reasoning powers attained by the exertions of previous thinkers, but also from external circumstances. The inscription on the temple of Delphi, "Know thyself," and the celebrated declaration of the Delphic god, "Sophocles is wise, Euripides is wiser, but the wisest of all men is Socrates,"[1] may have greatly contributed to direct the attention of Socrates to the internal operations of his mind.

The above inscription on the temple of Delphi must have made a very peculiar impression upon him, for he certainly was the first to whom it became a truth of great moral importance. The inscription itself is well known, and needs no further explanation. But, as regards the declaration of the Delphic oracle, it is not so easily to be accounted for.

Socrates relates the whole event in the Apology of Plato,[2] where he says that an intimate friend of his, of the name of Chærephon, ventured to ask the Delphic oracle if there was any one wiser than *he* (Socrates), and that the Pythia replied that there was none wiser.

It is indeed surprising that Chærephon, a friend and disciple of our philosopher, who, besides, is described both by him and by Plato in the Charmides[3] as a violent and passionate man, should have received this answer to his question. Plessing,[4] therefore, ventures the bold conjecture that Socrates himself had contributed to this imposition, in order thereby to gain authority, and to prepare his plan for changing the form of government in Athens; for this was, according to him, the end for which Socrates was constantly and deliberately striving. This hypothesis, however, is too derogatory to the character of Socrates to be admitted without further reasons. The passionate nature of Chærephon renders it more probable that he was guilty of an untimely and extravagant zeal to raise the fame of his master; but, on the other hand, it is also possible that Socrates, even at that time, had acquired so great a reputation, that his favor was no longer a matter of indifference to the crafty Pythia.

This declaration of the god of Delphi, together with the application which Socrates made of it, is unquestionably the most important fact in the history of his life, as it gives us a clew to his whole subsequent conduct and mode of thinking. From this time Socrates considered himself as a messenger peculiarly favored by the Deity, standing under its immediate guidance, and sent to the Athe

---

1. Σοφὸς Σοφοκλῆς, σοφώτερος δὲ Εὐριπίδης, ἀνδρῶν δὲ πάντων Σωκράτης σοφώτερος.—Suidas, see σοφός.   2. C. v.   3. P. 153, ?
4. In his *Osiris und Sokrates*, p. 186, seqq.

nians, as he expresses himself in the Apology of Plato, to instruct and improve them.¹ "But that I was sent," says he,² "as a divine messenger to the state, you may see from what I will tell you. Assuredly it is not a human feature in me that I have neglected all my own interests, and for a great number of years have not concerned myself about my domestic affairs, and am only anxious for your welfare, going to every one of you and admonishing you, like a father or elder brother, to follow the path of virtue."³ The same oracle had, perhaps, some influence on his belief in a dæmon, which restrained him in doubtful cases; of the existence of which, he himself, as well as his friends, were firmly convinced, and whose nature we shall now proceed to examine more closely.

CHAPTER III.

THE dæmon of Socrates has at all times caused great trouble to the commentators, at which we can not be astonished, since even the friends and disciples of Socrates were ignorant of its real nature. Timarchus, having consulted the oracle of Trophonius about it, received no satisfactory answer. Simmias asked Socrates about the nature of his dæmon, but received no answer at all, perhaps

---

1. [Delbrück, in his *Sokrates*, laments that there should be many even among the admirers of Socrates in the present day, who, like some of his contemporaries and his judges, take the oracle for a fiction, and his appeal to it for irony. With as much reason, Mr. D. thinks, might Thomas à Kempis, or Pascal, or Fenelon, be suspected of an affectation of humility when they confirm their convictions on sacred subjects by quotations from the Bible. Like them, Socrates was, in the best sense of the word, a Mystic; and the answers of the Delphic oracle exercised an influence on the weal and woe of Greece, similar to that which the Bible exerts on the destinies and proceedings of Christendom. But Mr. Thirlwall remarks, in the sixth number of the "Philological Museum" (p. 587), from which the preceding quotations from Delbrück's work have been taken, "that it may be readily conceived, and seems to be confirmed by several authentic accounts, that Socrates really considered himself as fulfilling a divine mission by his life and labors; but that this idea was first suggested to him by the Delpic oracle is, to say the least, extremely improbable, though such an accidental occurrence (for who but a sincere pagan can believe it to have been more?) may have contributed to confirm the impression, and may have given it a definite form in his mind. But surely his character and pursuits had been already fixed, before Chærephon could have ventured to inquire whether any man better deserved the title of wise. No additional dignity is imparted to his self-devotion by considering it as the effect of such a casual inspiration. It was the spontaneous, necessary result of his moral and intellectual constitution, and needed not to be connected with the eternal order of Providence by a tie so frail as a perishable superstition."—TR.]

2. Plato, *Apolog.*, c. xviii.   3. Compare Plat., *Alcib.*, ii., and *De Republ.*, vi.

because Socrates himself thought it something quite incomprehensible. From that time he did not propose any other question on this subject.[1] The explanations of the more ancient commentators are almost all of a supernatural kind. The greater number of the ecclesiastical fathers declared it to be the devil;[2] Andrew Dacier,[3] to be a guardian angel. It has also been attempted to explain this mental phenomenon in a natural way; and can it be wondered at if the results were mere absurdities? Such an hypothesis is preserved by Plutarch in his essay on the dæmon of Socrates, in which it is said to have been a mere divination from sneezing; an hypothesis which even in modern times has found an advocate in M. Morin.[4] Socrates himself certainly did not understand by it a mere prudence acquired by experience, as has been asserted by others, for the very name of dæmon, which, according to the definition of Aristotle,[5] means either the Deity itself, or a work of the Deity, suggests to us something beyond the sphere of common experience. To suppose, with Plessing,[6] that the dæmon of Socrates was a fiction, which would enable him, by the high opinion he would thereby acquire, to realize his plan of changing the form of government in Athens, is an hypothesis which rests on too arbitrary grounds, and is too contrary to the veracious character of Socrates ever to be adopted by any intelligent scholar.

But, notwithstanding these opposite modes of explanation, it may not be so very difficult to arrive at a just view of the genius of Socrates by an historico-psychological mode of inquiry. It was, perhaps, nothing more than a strong presentiment, which, being directed by an accurate knowledge of things, led him to form his conclusions from cause to effect by analogy, without his being perfectly conscious of the process. Such an exalted feeling of presentiment is often found in persons of a lively imagination and refined organization; and that Socrates belonged to this class will be seen hereafter. But Socrates himself actually considered it as an inward divine voice that restrained him from engaging in unpropitious un-

---

1. Plutarch, *De Dæmonio Socratis*, p. 583. Carus observes very much to the point (*Geschichte der Psychologie*, p. 236), "There are many things of which Socrates *would* not form any clear idea, such as dreams; others of which he *could* not, such as his dæmon."
2. Tertullian, *De Anima*, i. Aiunt Dæmonium illi a puero adiuavisse, pessimum re vera pædagogum.
3. In the preface to his French translation of some dialogues of Plato.
4. In the *Mémoires de Litterature tirés des Registres de l'Académie Royale des Inscriptions et des Belles Lettres*, tome iv., p. 333, à Paris, 1723.
5. *Rhetor.*, ii., 23: ἢ θεὸς ἢ θεοῦ ἔργον. 6. *Osiris und Sokrates*, p. 185, seqq

LIFE OF SOCRATES.

dertakings. This hypothesis seems to be fully confirmed, not only by the universal belief of ancient Greece and Rome in guardian spirits, who attended men from their birth, but also by the manner in which Socrates himself speaks of this dæmon, and by the examples which are recorded of its influence. The principal passages which refer to this dæmon are in the Theages[1] and Apology[2] of Plato, and in the Memorabilia of Xenophon.[3] Plato and Xenophon seem to contradict each other on this point; for Plato states that the dæmon only used to restrain him, but Xenophon represents the genius as disclosing to him the future in general, what should not be done as well as what should be done. But both statements, though apparently contradictory, can, as Charpentier[4] and Tennemann[5] observe, be very well reconciled; for Plato only expresses himself more decidedly in saying that the voice had only restrained, and never impelled him. Actions from which he was not restrained were lawful to him, and unattended with danger. In the Apology of Plato,[6] he concludes, from the silence of the voice during the latter period of his life, that whatever then happened to him was for his good. But Xenophon does not draw a precise distinction between that which the voice directly commanded, and that which Socrates concluded from its silence.[7]

Our view of the nature of the dæmon of Socrates is thus confirmed by the manner in which he himself is represented as expressing himself upon it, by both Xenophon and Plato. But the probability is still more increased by the examples which Socrates gives as the

---

1. In the *Theages* he says: "Ἔστι γάρ τι θείᾳ μοίρᾳ παρεπόμενον ἐμοὶ ἐκ παιδὸς ἀρξάμενον δαιμόνιον. ἔστι δὲ τοῦτο φωνή, ἥ, ὅταν γένηται, ἀεί μοι σημαίνει, ὃ ἂν μέλλω πράττειν, τούτου ἀποτροπήν, προτρέπει δὲ οὐδέποτε, p. 128, D. Compare Cicero, *De Divinat.*, L, 54. Ast indeed (in the *Journ. Philol.* by Hauff, Stuttgard, 1803, p. 260) asserts that the *Theages* is spurious; but—even if we could admit this—we must yet confess that, considering the agreement with the other passages of Plato, Platonic thoughts, at least, constitute its basis.

2. In the *Apology* he speaks almost in the same manner: 'Ἐμοὶ δὲ τοῦτ' ἔστιν ἐκ παιδὸς ἀρξάμενον, φωνή τις γιγνομένη, ἥ, ὅταν γένηται, ἀεὶ ἀποτρέπει με τούτου, ὃ ἂν μέλλω πράττειν, προτρέπει δὲ οὔποτε, c. xix. Compare Plat., *Phædr.*, p. 242, B.

3. Σωκράτης, says Xenophon, ὥσπερ ἐγίγνωσκεν, οὕτως ἔλεγε. τὸ δαιμόνιον γάρ, ἔφη, σημαίνειν. καὶ πολλοῖς τῶν ξυνόντων προηγόρευε, τὰ μὲν ποιεῖν, τὰ δὲ μὴ ποιεῖν, ὡς τοῦ δαιμονίου προσημαίνοντος. Καὶ τοῖς μὲν πειθομένοις αὐτῷ συνέφερε, τοῖς δὲ μὴ πειθομένοις μετέμελε.—*Memorab.*, i, 1, 4.   4. *La Vie de Socrate*, p. 104.

5. *Geschichte der Philosophie*, vol. ii., p. 33.   6. C. xxxi.

7. [Mr. Thirlwall, in the "Philological Museum," No. vi., p. 583, also remarks, "that there is really no inconsistency between the passage in Xenophon and the assertion in the Apology and in the Phædrus; for it is evident that a sign which only forbade might, by its absence, show what was permitted, and thus a positive kind of guidance might not improperly be ascribed to it."—Tr.]

traits of the suggestions of the dæmon. The genius advised him not to take any part in public affairs,[1] and at first did not allow him to enter into any intimate connections with Alcibiades.[2] Socrates, on his flight after the defeat of Delium, was warned by his genius, and, in consequence of it, would not take the same way as the others.[3] He also dissuaded his friends from undertaking apparently indifferent actions—Charmides, from visiting the Nemean games; Timarchus, from retiring from the repast—and he also opposed the expedition to Sicily.[4] All this he could have known, without revelation, in some measure by an accurate knowledge of circumstances, to which, in most cases, every-day experience would lead him; and many things, on the other hand, must be attributed to chance It is not likely that the voice of which Socrates speaks should have been a mere figurative expression: he was, indeed, convinced of its reality, which is sufficiently accounted for by his mental organization. This conviction of Socrates was moreover facilitated by the belief of the ancients in the direct influence of the Deity on man, and in guardian spirits who accompanied man from his birth; and more especially by his own belief in the close connection between the human race and the Deity, as well as by his ignorance of mental philosophy.[5]

---

1. Τοῦτό ἐστιν ὅ μοι ἐναντιοῦται τὰ πολιτικὰ πράττειν. *Apolog.*, c. xix. He himself adds the reason immediately afterward: "Because an honest man who zealously resists the multitude and prevents unlawful actions, must by necessity become a victim to his honesty."

2. *Alcib.*, i., p. 103, E. Here, too, he adds the reason, because, he said, Alcibiades in his youth would not have listened to his instructions with proper attention, and he therefore should have spoken in vain.

3. Cicero, *De Divinat.*, i., 54. Idem Socrates, cum apud Delium male pugnatum esset, Lachete prætore, fugeretque cum ipso Lachete, ut ventum est in trivium, eadem, qua ceteri, fugere nolebat. Quibus quærentibus, cur non eadem via pergeret, deterreri se a deo dixit, tum quidem ii, qui alia via fugerant, in hostium equitatum inciderunt. This event is more minutely related by the author of the Socratic Letters, p. 6 and 7.

4. This and several other instances are related in the *Theages* of Plato, p. 129, *seqq.* Cicero, *De Divinat.*, L, 54, observes that a great number of such instances were recorded by Antipater in his books *De Divinatione*. Some are also mentioned by Cicero himself.

5. [Schleiermacher, however, argues from a passage in the *Memorabilia* (l., 1. § 2, 3) of Xenophon, that Socrates himself could never have considered his δαιμόνιον in the light of a specific supernatural being; for Xenophon there speaks of it as something resembling in kind the ordinary instruments of divination, as birds, voices, omens, sacrifices. See "Philological Museum," No. vi., p. 582. Ritter, in his "History of Ancient Philosophy" (vol. ii., p. 37–39), observes, " We shall not, perhaps, be far wrong if we explain the *dæmonium* of Socrates as nothing more than excitability of feeling, expressing itself as a faculty of presentiment. It must

It thus appears that the dæmon of Socrates merely related to things the consequence of which was uncertain; but, whenever the morality of an action was discussed, Socrates never referred to his dæmon. He was perfectly convinced that, in order to know what is right and wrong, reason is the only unerring principle.[1] Among

not, however, be supposed that we seek thereby to screen Socrates from the imputation of superstition; for his opinion of demoniacal intimations was in unison with his veneration, not merely of the Deity, but of the gods. This is apparent from his recommendation of divination as a remedy for the deficiency of our knowledge of the future and of contingent events, his advice to Xenophon that he should consult the Delphic god as to his Asiatic expedition, his disposition to pay attention to dreams, and, lastly, his constant sacrifices, and his command to make all due offerings to the gods of house and state. Now in this superstition there are two points to be distinguished: that which he derived from the common opinion of his nation, and that which was founded on his own experience. In both phases it is equally superstitious, but venial, if not commendable; for, in respect to the former, he who, brought up in the olden creeds and traditions of his country, adheres to them so long as nothing better is offered for his adoption, and so far as they are not opposed to his own reason and enlightenment, is, to our minds, a better and a wiser man than he who lightly or hastily turns into ridicule the objects of public veneration. As to the demoniacal intimations of Socrates, they were, in common with his other superstitions, the good foundation of his belief, that the gods afford assistance to the good, but imperfect endeavors of virtuous men, and prove the scrupulous attention he paid to the emotions and suggestions of his conscience. Among the various thoughts and feelings which successively filled and occupied his mind, he must have noticed much that presented itself involuntarily, and which, habituated, as he was, to reflect upon every subject, and yet unable to derive it from any agency of his own, he referred to a divine source. This is particularly confirmed by the exhortation he gives, in Xenophon, to Euthydemus, to renounce all idle desire to become acquainted with the forms of the gods, and to rest satisfied with knowing and adoring their works, for then he would acknowledge that it was not idly and without a cause that he himself spoke of demoniacal intimations. By this Socrates evidently gave him to understand that this demoniacal sign would be manifest to every pious soul who would renounce all idle longing for a visible appearance of the Deity. Still, in spite of all this, he cautiously guarded against the danger of that weak and credulous reliance upon the assistance of the Deity which necessarily proves subversive or obstructive of a rational direction of life; for he taught that those who consult the oracles in matters within the compass of human powers, are no less insane than those who maintain the all-sufficiency of human reason."—Tr.]

1. Plutarch, *De Genio Socratis*, tom. iii., p. 482, says, the dæmon of Socrates only enlightened him on obscure subjects into which human prudence could not penetrate. But it is surprising that Socrates did not make use of this genius in all doubtful cases. When Xenophon had received letters from his friend Proxenus, persuading him to go into Asia, and to enter into the service of Cyrus the Younger, he communicated them to Socrates, and asked for his advice. Socrates referred him to the oracle of Delphi. See Xenoph., *Anab.*, iii, 1, 5. Cicero, *De Divinat.*, L, 54, says: Xenophonti consulenti, sequereturne Cyrum, postcaquam exposuit, quæ sibi videbantur. Et nostrum quidem, inquit, humanum est consilium,

all the instances mentioned in the Theages of Plato, there is not one in which the rectitude of an action was decided by the dæmon Hence many authors, such as Buhle, go too far when they extend the influence of the dæmon to moral feeling. Respecting things imposed upon us as duties, according to the opinion of Socrates oracles ought not to be consulted.[1]

But it is interesting to see how this conviction of a genius acted on Socrates, and how, together with the external causes above mentioned, it led him to a careful observation of his own mind. On every occasion he listened to the voice of his genius. Whenever a person desirous of improvement wished to have his instructions, Socrates ascertained whether his genius would not dissuade him, and, whenever he was requested to do something which was not at variance with morality, his genius was consulted. It will be needless to explain how greatly such a disposition must have contributed to turn the inquiries of Socrates from the speculative questions which had engaged previous philosophers, such as the origin and formation of the world, the unity of the first cause and the variety of its operations—in short, from divine to human affairs, in the sense of Socrates.[2]

CHAPTER IV.

Socrates never established any particular school; he taught wherever chance led him, and wherever he found men to whom he thought he might be useful by his instructions, or—to speak the language of Socrates—wherever his genius did not prevent him: in public walks, in the gymnasia, porticoes, markets, &c.[3]

In the same sense in which Socrates established no school, he

---

sed de rebus et obscuris et incertis ad Apollinem censeo referendum, ad quem etiam Athenienses publice de majoribus rebus semper retulerunt.

1. Epictetus, *Enchiridion*, p. 118, edit. Jacobi.

2. Carus, in his *Ideen zu einer Geschichte der Philosophie*, p. 524, *seqq.*, says: "How much must the belief of being under the immediate influence of a protecting genius have increased his attention to himself, and to what great resolutions and noble self-confidence must it have led him, at that age in which simplicity of heart is still the prevailing characteristic! It is just as remarkable, that he was most strongly attracted to those who had observed in themselves a similar guide."

3. Plat., *Apolog.*, c. i. Xenoph., *Mem.*, i, 1, 10. Libanius, *Apolog. Socrat.*, p. 7, edit. Reiske: τοιοῦτος ὢν καὶ διάγων, ὥς ἔφην, ὥσπερ τις κοινὸς πατὴρ καὶ τῆς πόλεως, ὅλης κηδεμὼν περιενόστει τὰς παλαίστρας, τὰ γυμνάσια, τὸ λύκειον, τὴν ἑκαδημίαν τὴν ἀγοράν, ὅποι μέλλει ἐντεύξεσθαι, κ. τ. λ.

had no disciples; hence he asserts in the Apology,[1] he had taught none; yet a circle of inquisitive men and youths were soon assembled around him, and, charmed with his conversation and instruction, were attached to him with incredible affection. Such were Plato, Xenophon, Aristippus, Cebes, Simmias, Euclides, and others; and it was, properly speaking, from his school, i. e., from the instructions which he had occasionally given, that all the distinguished Greek philosophers subsequently proceeded. He gave his instructions gratis, a disinterestedness which formed the most striking contrast to the covetousness of the Sophists.[2]

Socrates never delivered any complete discourse, but conversed with his hearers in a friendly manner on topics just as they were suggested by the occasion.[3]

His method of teaching, however, had something peculiar to himself, which will be more fully developed in the following remarks.

The peculiarity of his method consisted in questions, the nature of which, however, was different, according to the persons with whom he conversed.

Whenever Socrates had to deal with Sophists, who were puffed up with their pretended wisdom, he used that admirable kind of irony which Cicero translates by "*dissimulatio*"[4]—a translation

---

1. *Apolog.*, xxi.: 'Ἐγὼ δὲ διδάσκαλος μὲν οὐδενὸς πώποτ' ἐγενόμην. Compare Plutarch, *An Seni sit gerenda respubl.*, tom. ii., p. 796.

2. Xenoph., *Mem.*, l., 2, § 6, seqq., and chap. vi.

3. Οὐ γάρ ἐστι, he says to Alcibiades, τοιοῦτον τὸ ἐμόν: viz., εἰπεῖν λόγον μακρὸν —(Plat., *Alcib.*, i., p. 106, B.) To Antiphon, the Sophist, he says: 'Ἐάν τι σχῶ ἀγαθόν, διδάσκω, καὶ ἄλλοις συνίστημι, παρ' ὧν ἂν ἡγῶμαι ὠφελήσεσθαί τι αὐτοὺς εἰς ἀρετήν. Καὶ τοὺς θησαυροὺς τῶν πάλαι σοφῶν ἀνδρῶν, οὓς ἐκεῖνοι κατέλιπον ἐν βιβλίοις γράψαντες, ἀνελίττων, κοινῇ σὺν τοῖς φίλοις διέρχομαι· καὶ ἄν τι ὁρῶμεν ἀγαθόν, ἐκλεγόμεθα, καὶ μέγα νομίζομεν κέρδος, ἐὰν ἀλλήλοις ὠφέλιμοι γιγνώμεθα.—Xenoph., *Mem.*, i., 6, § 14.

4. *Academ.*, ii., 5: Socrates de se ipso detrahens in disputatione plus tribuebat iis, quos volebat refellere. Ita quum aliud diceret atque sentiret, libenter uti solitus est ea dissimulatione quam Græci εἰρωνείαν vocant. Quintil., *Institut. Orat.*, ix., 2, says: Ironia est totius voluntatis fictio apparens magis, quam confessa, ut illinc verba sint verbis diversa, hic sensus sermonis, et joci, et tota interim causæ conformatio, tum etiam vita universa ironiam habere videatur. C. 20: Dum enim vita universa ironiam habere videatur; qualis est vita Socratis. Nam ideo dictus est εἴρων, i. e., agens imperitum et admirator aliorum tamquam sapientum. The later academicians understood this irony of Socrates in a wrong way, and therefore represented him as the founder of their skepticism.—*Acad.*, iv., 23. They also endeavored to imitate the form of the Socratic method of disputing.— *Tuscul.*, i., 10. I need hardly remind the reader that we are here only speaking of that kind of irony which is peculiar to Socrates; for on other occasions he often employed that kind of ridicule which we usually call irony, and which was peculiar to the Athenians in general, viz., that contrast between the literal meaning of the

which Quintilian did not approve of[1]—and which is noth.ng more than the contrast of the half-ridiculing and half-sincere confession of his ignorance with the boastings of those who thought themselves to be wise. In this manner conceited pride was exposed by questions; and the distinguishing characteristic of the ridicule consisted in Socrates pretending that he could not form an opinion in any other manner; and this I conceive to be the principal difference between the Socratic and Platonic irony. That of Socrates, which is described by Xenophon in its purity, has nothing of Plato's bitterness; its playfulness only instructs, but never enrages. A more minute comparison of the conversation of Socrates with Hippias, as it is described both by Plato and Xenophon,[2] at which the lattei was present, may serve to show this difference more strikingly.

This Socratic irony was admirably calculated to place such conceited persons as the Sophists in their true light. If any one entered into a discussion with them, he was so much overwhelmed with a host of philosophical terms and sophisms, that the point in question was entirely lost sight of. Socrates played the part of an attentive hearer, who was sincerely desirous of comprehending their sublime wisdom, and now and then asked a short question which was apparently quite insignificant, and did not at all belong to the point at issue,[3] and which being answered by the Sophists with a smile, he imperceptibly went on, and compelled them, at last, after being perplexed in contradictions, to acknowledge their ignorance. Examples of such conversations are found in all the writings of the disciples of Socrates; but here, too, we must chiefly depend upon Xenophon, the most faithful interpreter of the mannei in which Socrates thought and acted. Besides the above-mentioned conversation with Hippias, examples occur in that with Euthydemus,[4] and in other places.

But when Socrates met with disciples desirous of improvement,

---

expression with the thought conveyed by it, by which a meaning is conveyed to the minds of the hearers totally different from the litera sense of the words. Instances of this irony are to be found in the celebrated dialogue with Theodota, and in the conversation with Pericles the Younger, on whom Socrates bestows much praise for his talents as a general. "I know very well," replies Pericles to Socrates (*Memorab.*, iii., 5, 24), "that thou dost not say this thinking that I am actually striving after this kind of knowledge, but in order to suggest to me that a future general ought to try to acquire all this kind of wisdom."

1. *Institut. Orat.*, ix., 2.   2. *Memorab.*, iv., 4.
3. Cicero, *De Oratore*, iii., 16, blames Socrates for having first separated philosophy and eloquence, which, however, in the sense above-described, was highly praiseworthy.   4. *Memorab.*, iv., 2.

his instructions, again, were not given in a didactic form; but he applied the same method of asking which is called after him the Socratic method, and which owes to Socrates, if not its origin, at least its cultivation and perfection. He himself called this method the τέχνη μαιευτική (ars obstetricia), and on that account compared himself to his mother Phænarete, who, though not fruitful herself, was yet admirably skilled in bringing to light the children of others. "I am an accoucheur of the mind," says he, in the Theætetes of Plato, "just as my mother is an accoucheur of the body." By this comparison Socrates sufficiently characterizes the nature of his method. It is nothing else but an analytical development of the undigested materials existing in the minds of his hearers, and as such it is applicable only as far as the materials are already in the possession of the pupil, or previously communicated to him by synthesis. As regards the form, we have an example of this Socratic method of asking in the Meno of Plato, where Plato makes Socrates apply his method in order to prove his own (Plato's) doctrine of ideas. Socrates there asks quite an ignorant boy some geometrical questions, to which the boy gives correct answers. From this, Plato draws the conclusion that the boy could not have answered in that manner if his soul had not acquired, in a state previous to its being united to its body, a knowledge of the nature of things; but he seems to have overlooked one important fact, that this knowledge had been previously communicated to the lad by Socrates, in the way of synthesis.

This method of asking, which is usually called the Socratic method in a limited sense of the word, is in its character often similar to irony, but is different in its object and effect. It differs from our catechetical method in as much as it was confined almost exclusively to adult persons, in whom a tolerable share of knowledge might be supposed to exist, so that they not only answered, but also asked, and thus carried on a lively conversation. But what formed its characteristic feature was its aiming at leading men to knowledge by reflecting upon themselves, and not upon external objects. This line of demarkation must not be overlooked, and it would be rashness to introduce the Socratic method into our elementary schools.[1]

Socrates applied this method with great skill,[2] and in modern

---

[1] See Steuber's dissertation: *Kann die Katechese über moralisch-religiöse Wahrheiten zu einer freien Unterredung zwischen dem Lehrer und den Katechumenen erhoben werden?*—In Löffler's *Magazin für Prediger*, vol. v., part i., p. 220, seqq.

[2] Cicero, *De Finib.* ii., 1. Socrates percontando atque interrogando elicere so

times he has justly been considered as the supreme master of it. He accommodated himself to the individual dispositions and to the peculiar wants of each of his disciples, and connected his instructions with the most ordinary events of the day. He rather appeared to instruct himself than to pretend to instruct others, rather called forth ideas than communicated them. The questions were clear and concise; however absurd the answers might be, he knew how to make them subserve his purposes. In his conversation he commenced with the most undisputed propositions, which even a person with any sagacity might understand and comprehend.[1] He omitted no intermediate ideas, but went on carefully from one to another. If in his researches Socrates sometimes appears to have entered too much into detail,[2] we must not forget that by the want of precision in Greek expressions this apparent diffuseness was often necessary. He introduced a great degree of clearness into his conversations, which he accomplished both by his placing a thing in a point of view the best suited to the person to whom he spoke, and by viewing it in all its relations, by returning to it in various ways, by accurately dissecting the simple qualities of an idea, until the truth which Socrates intended to teach became evident to his disciples, and, as it were, their own. He knew how to interest those who conversed with him, and who seemed to have no wish to enter into any further discussion with him—as Alcibiades—by describing their own character, and by appealing to their peculiar wishes and hopes.[3]

This is the favorable side of the Socratic method; if, however, we examine it with impartiality, we must acknowledge that his art of asking was not altogether free from sophistry; yet this tinge of it did not constitute him a Sophist, as he never substituted one idea for another, or confounded dissimilar ideas. Neither did Socrates intentionally try to make error victorious over truth—which is an essential feature in a Sophist—but his confounding heterogeneous ideas often arose from a want of precision in the Greek language.[4] This kind of sophistry is found in the dialogues of Plato;

---

lebat eorum opiniones, quibuscum disserebat, ut ad hæc quæ hi respondissent, si quid videretur, diceret. Hence the invention of dialogues is attributed to Socrates.

1. Xenoph., *Mem.*, iv., 6, 15. *Œcon.*, 6, § 2, *seqq*.
2. As in Xenoph., *Mem.*, i., 2, 57; iv., 6, 3; 4, 13, and 23.
3. Plat., *Alcib.*, i., p. 104, E., *seqq*.
4. [This assertion, if applied to the Greek language in general, will certainly not find many advocates. If, however, the word καλός, which Wiggers especially mentions, is the only instance, few, who are acquainted with the meaning which this word has in all the writings of Plato, will feel disposed to assent to the reason

as in the conversation with Thrasymachus, in the first book of the Republic, where the expression ἄμεινον ζῆν gives rise to a sophistical dispute; and in all the passages in which the word καλός is sometimes interpreted by *beautiful* and sometimes by *good*.[1] To these passages it might be objected that Plato made Socrates speak sophistically; but the same arguments are also found in Xenophon; and even in the writings of this most faithful disciple of Socrates, we find that he confounds the ideas of the beautiful and useful, which are both implied in the Greek word καλός; and also the ideas of virtue and happiness, the *bene beateque vivere* of Cicero, which the Greek expressed by the word εὐπραξία. In this manner he attributed to the expressions of those with whom he conversed a meaning which was not intended.[2]

A second peculiarity of the Socratic method of teaching is, that Socrates himself never gives a definition of the subject in dispute, but merely refutes the opinion of the person with whom he converses. Thus he awakened the true philosophical spirit; and by throwing out doubts, stimulated the mind of his hearer to furthe examination. In the Meno of Plato, Socrates does not, properly speaking, define what virtue is, but only what it is not, and thus merely refutes the definition given by Meno; and the conclusion that it is a θεία μοῖρα is rather ironical:[3] Meno therefore compares Socrates to a cramp-fish,[4] which paralyzes every one that comes in

---

tion in the text; for with what justice can we find fault with the Greek Language, because some Sophist avails himself of a word which, according to his opinion, has two different meanings, while Plato himself certainly does not attribute two distinct meanings to it? According to Plato, nothing is useful which is not good and nothing is good which is not at the same time useful. If we wish to account for the sophistries of Socrates, of which there are, indeed, several instances, it should be recollected that Socrates was in his youth instructed by Sophists, and subsequently came very often in contact with them, and therefore can not have been entirely free from their influence; every man partakes, more or less, of the character of the age in which he lives. On the other hand, Socrates sometimes used the weapons of the Sophists themselves to expose their ignorance —Tr.]

1. As in the Gorgias, p. 462, D.

2. Xenoph., *Mem.*, iii, 8; iv, 2, 26. The Socratic manner of asking questions is, however, a dangerous instrument in the hands of a Sophist, as it is so very easy to take words in different senses, and thus to oblige the person who answers to make assertions which, but for the application of those sophisms, he would never acknowledge as his own. Protagoras, who perceived this, combined the Socratic method with that of the Sophists.—Diog., ix., 8, 4.

3. I should at least not like to infer with Carus (*Geschichte der Psychologie*, p. 254) from this passage that Socrates had looked at virtuous men as inspired by the deity. Besides, it would be incompatible with the assertion of Socrates that virtue can be taught. 4. P. 82, A.

contact with it.[1] This mode of disputing (*in utr.mque partem dis-
putare*) descended to the school of Plato,[2] and constituted the *aca-
demica ratio disputandi*,[3] though Socrates did not employ it in the
sense in which the later academy made use of it. Socrates was
far from philosophical skepticism; he was unconcerned about spec-
ulation; and the truths of practical philosophy had for him positive
evidence.

By this mode of disputing, Socrates acquired a considerable ad-
vantage over the Sophists; for, as he did not openly express his
own opinion, they could not lay hold of his views, but were obliged
to allow him to attack and to refute their dogmatical assertions.
"Thou shalt," says Hippias the Sophist to Socrates,[4] " not hear my
opinion before thou hast explained to me what thou meanest by the
just; for it is enough that thou laughest at others in proposing to
them questions and refuting them, but thou never givest any ac-
count or answer thyself, nor wishest to express thy opinion on any
subject."

As Socrates did not deliver any complete discourse, the form of
his philosophical lectures can not be spoken of, and, consequently,
there are no complicated conclusions, corollaries, &c., which abound
in the writings of other philosophers.

A third peculiarity of the Socratic method was the inductive
mode of reasoning. "Two things," says Aristotle (*Metaph.*, xiii.,
4), " are justly ascribed to Socrates, induction and illustration by
general ideas." Cicero[5] also mentioned it as something peculiar to
Socrates and Aspasia. Instances of such inductions are most nu-
merous in the Memorabilia of Xenophon.[6] Thus he tried to prove
by induction to Chærecrates, who did not live on the most friendly
terms with his brother Chærephon, what he ought to do to gain the
affections of his brother;[7] to his friend Diodorus that he must sup-
port poor Hermogenes;[8] to timid Charmides, who had too great a
diffidence in his own talents, that he must endeavor to obtain pub-
lic appointments.[9]

A fourth and last peculiarity of the Socratic method of teaching
was the palpable and lively manner in which he delivered his in-

---

1. Οὐ γὰρ, he says in the same dialogue (p. 80, C.), εὐπορῶν αὐτὸς τοὺς ἄλλους
ποιῶ ἀπορεῖν, ἀλλὰ παντὸς μᾶλλον αὐτὸς ἀπορῶν οὕτω καὶ τοὺς ἄλλους ποιῶ ἀπορεῖν
2. Cicero, *De Nat. Deor.*, i., 5.   3. Cicero, *Tuscul.*, i., 4.
4. Xenoph., *Mem.*, iv., 4, § 9.   5. *De Invent.*, i., 51, *seqq.*   *Topica*, 10
6. Ὁπότε δὲ, says Xenophon (*Mem.*, iv., 6, 15). αὐτός τι λόγῳ διεξίοι, διὰ τῶν μά-
λιστα ὁμολογουμένων ἐπορεύετο, νομίζων ταύτην τὴν ἀσφάλειαν εἶναι λόγου.
7 Xenoph., *Mem.* ii., 3, 11, *seqq.*   8. *Ibid.*, ii., 10.   9. *Ibid.*, iii. 7

structions, leading his hearers from the abstract to the concrete by similes, allegories, fables, apophthegms, passages from poets, and sayings of wise men. A peculiar talent of Socrates was the power he possessed of demonstrating the correctness or incorrectness of general assertions by applying them to individual cases. It is evident that a distinctness of conception must have been promoted by such a popular method of reasoning, especially among a people thinking as practically as the Greeks. It was also best adapted for exposing the absurdity of many assertions of the Sophists, who principally delighted in general propositions. If the Sophists expressed themselves in dazzling theses and antitheses, Socrates directly applied them to individual cases taken from common life, and thus demonstrated in a palpable manner the inapplicability of their assertions. His similes were taken from the immediate circle of his hearers a circumstance for which, it is well known, Socrates has often been ridiculed.

A great many passages from the Socratic philosophers might be quoted in proof of the manner in which he rendered abstract ideas palpable; but it will be sufficient here to give the classical passage from the Symposium of Plato, in which Alcibiades, the favorite of Socrates, gives his opinion on the method of teaching pursued by Socrates.[1]

The ironical character of the method of Socrates was principally directed against the Sophists, whom he combated very successfully with this weapon; and, indeed, sharp weapons were necessary to humble these men, who undeservedly enjoyed so great an authority among the Greeks. There were, however, among the Sophists some very superior men, who only wanted the true spirit of philosophy, the love of truth and science, in order to accomplish great things. We can not, therefore, rank all the Sophists in the same class, and must carefully distinguish a Protagoras or a Gorgias, who deserve our sincere respect for their talents, and who were celebrated as orators, and made the first researches into the nature

---

1. P. 221, E. Εἰ ἐθέλει τις τῶν Σωκράτους ἀκούειν λόγων, φανεῖεν ἂν πάνυ γελοῖοι τὸ πρῶτον· τοιαῦτα καὶ ὀνόματα καὶ ῥήματα ἔξωθεν περιαμπέχονται Σατύρου ἄν τινα ὑβριστοῦ δοράν· ὄνους γὰρ κανθηλίους λέγει καὶ χαλκέας τινὰς καὶ σκυτοτόμους καὶ βυρσοδέψας, καὶ ἀεὶ διὰ τῶν αὐτῶν ταὐτὰ φαίνεται λέγειν, ὥστε ἄπειρος καὶ ἀνόητος ἄνθρωπος πᾶς ἂν τῶν λόγων καταγελάσειε· διοιγόμενος δὲ ἰδὼν ἄν τις καὶ ἐντὸς αὐτῶν γιγνόμενος πρῶτον μὲν νοῦν ἔχοντας ἔνδον μόνους εὑρήσει τῶν λόγων, ἔπειτα θειοτάτους καὶ πλεῖστα ἀγάλματα ἀρετῆς ἐν αὑτοῖς ἔχοντας καὶ ἐπὶ πλεῖστον τείνοντας, μᾶλλον δὲ ἐπὶ πᾶν ὅσον προσήκει σκοπεῖν τῷ μέλλοντι καλῷ κἀγαθῷ ἔσεσθαι. A great power in speaking is attributed to him even by his enemies, Aristoxenus and Porphyry. Theodoret. ad Græcos infideles, Serm. iv., p. 56.

of language—from a Dionysodorus and Euthydemus, whom Plato in his Euthydemus, describes as true logomachists. Socrates took the field against these two classes of Sophists, and established moral consciousness, founded on common sense, in opposition to their moral skepticism; and, notwithstanding their sophistical stratagems, often extorted from them the shameful confession of their own ignorance. His disciples, encouraged by his example, carried the irony of their master against the Sophists further than himself. "The sons of the richest people," says Socrates, in Plato's *Apology*,[1] "who necessarily have the greatest leisure, follow me of their own accord, and are pleased when they hear me refuting these men. Yea, they themselves often follow my example, and undertake to examine others." No wonder that Socrates gained for himself the perfect hatred of these people, and that they left no means untried to effect his ruin. But of this hereafter.

CHAPTER V.

Socrates lived in the simplest manner; and it was from this circumstance that he was enabled to maintain his philosophical independence, notwithstanding his limited means.[2] He despised the luxurious mode of living, which had greatly increased in his time at Athens, as well as all those sensual enjoyments that destroy the health both of body and mind.[3] Yet Socrates did not violate the laws of taste and propriety, but observed a nice distinction, by the neglect of which the Cynics destroyed all that genuine humanity which rendered Socrates so amiable, notwithstanding the austerity of his manners.[4]

But the exertions which Socrates devoted to the improvement of mankind did not prevent him from fulfilling those duties which were incumbent on him as a citizen.

---

1. C. x.
2. "I think," says Socrates to Critobulus in the Œconomicus of Xenophon (ii., § 3), "if I could find a reasonable purchaser, I should, perhaps, get five minæ for all my property, including my house."
3. Ζῆς γοῦν οὕτως, says Antiphon the Sophist to Socrates (Xenoph., *Mem.*, i., 6, 2), ὡς οὐδ' ἂν εἷς δοῦλος ὑπὸ δεσπότῃ διαιτώμενος μείνειε, σιτία τε σιτῇ, καὶ ποτὰ πίνεις τὰ φαυλότατα, καὶ ἱμάτιον ἠμφίεσαι οὐ μόνον φαῦλον, ἀλλὰ τὸ αὐτὸ θέρους τε καὶ χειμῶνος, ἀνυπόδητός τε καὶ ἀχίτων διατελεῖς.
4. The statement, in the Symposium of Plato, that Socrates bathed but seldom, is to be understood of warm baths, which Socrates considered as tending to make the body effeminate. The description of philosophers by Aristophanes (Clouds, v. 833) does not involve Socrates.

Socrates deserved well of the state as a father and a husband Xanthippe, his wife, is sufficiently known to posterity as a woman of violent passions, and her name has even passed into a proverb. In modern times, some scholars, as Heumann and Mendelssohn,[1] have endeavored to defend her, but with little success. That she possessed many good qualities, and, notwithstanding her passionate character, may have had a great deal of goodness of heart, can be easily admitted; but that she was of a very quarrelsome disposition, and made Socrates feel its effects, we may easily believe, without giving credit to the anecdotes recorded by Plutarch, Diogenes, and Ælian, from the manner in which Antisthenes, and even Socrates himself, in a playful manner, express themselves concerning her.[2] "But," says Antisthenes, "what is the reason, Socrates, that, convinced as thou art of the capacity of the female sex for education, thou dost not educate Xanthippe, for she is the worst woman of all that exist, nay, I believe of all that ever have existed or ever will exist?" "Because," replies he, "I see that those who wish to become best skilled in horsemanship do not select the most obedient, but the most spirited horses; for they believe that after being enabled to bridle these, they will easily know how to manage others. Now, as it was my wish to converse and to live with men, I have married this woman, being firmly convinced that in case I should be able to endure her, I should be able to endure all others."[3] By Xanthippe Socrates had several sons; on the eldest of whom, called Lamprocles, he enjoins, in Xenophon's Memorabilia,[4] obedience to his mother. At his death he left behind him three sons, one of whom was a youth, but the other two were still children.[5]

---

1. Heumann, in the *Acta Philosoph.*, vol. I., p. 103. Mendelssohn, in his *Phædon*, p. 23.   2. Xenophon, *Sympos.*, ii., 10.

3. [Ritter remarks (*History of Philosophy*, ii., p. 33, 34), "Socrates was a perfect Greek in his faults and his virtues; hence he always regarded morals under a political aspect. In such a political view of virtue, the relations of domestic life fall naturally enough far into the back ground; the notorious bad feeling of his wife Xanthippe to her husband and child prevents the supposition of a very happy home; and when we remark the degree to which, in his devotion to philosophy, he neglected his family duties, and the little attention he paid his wife and child, we are justified in ascribing to him, together with his countrymen, little respect for domestic life in comparison with public duties."—Tr.]   4. ii., 2, 7.

5. Plat., *Apolog.*, c. xxiii. Whether Socrates, as some think, had also been married to Myrto, can not be decided with historical certainty. The contrary opinion, however, is far more probable, as appears from Meiners' examination (*Geschichte der Wissenschaften*, vol. ii., p. 522). Even Panætius Rhodius in Athenæus (xiii. init., p. 555) was of this opinion, which is also adopted by Bentley in his *Dissertat. de Epistolis Socratis*, § 13. Luzac, in his discourse *De Socrate Cive*, p. 7, supposes

Socrates performed military service in three different battles, of which he gives us an account himself in the Apology of Plato.[1]

The first time that Socrates performed military service was in the beginning of the Peloponnesian war, in the thirty-seventh or thirty-eighth year of his age, at the siege of Potidæa, an Athenian colony in Thrace, in the years 431 and 430 B.C. The inhabitants of Potidæa had revolted from the Athenians, to whom they were tributary, and were supported by the Corinthians and other Peloponnesians. In this campaign, Socrates endeavored to harden his body, and to steel himself against the effects of hunger, thirst, and cold. Though Potidæa was besieged during the severest cold of a Thracian winter, Socrates, in his usual clothing, walked barefoot through snow and ice.[2] He distinguished himself so much by his bravery, that the prize was awarded to him, which he, however, gave up to Alcibiades, his favorite follower (whom he himself had saved in this battle, as we are told by the latter in the Symposium of Plato[3]), with the object of encouraging him to deserve from his country such honors in future by his own personal merits. Various anecdotes are preserved respecting this campaign of Socrates, to which, however, we can not attach any importance. Thus we are told by Gellius, Diogenes, and Ælian, that while the plague raged in the Athenian camp, and in Athens itself, Socrates was the only person who escaped the general infection. It is also said that he

---

that Socrates had had two wives, first Myrto, and after her death Xanthippe.. He at the same time combats the opinion of those who think that Socrates had been married to two women at once. He assigns a different meaning to the Athenian law which was passed in the time of Pericles, and according to which, as is commonly supposed, it was lawful to contract a double marriage—a law which the advocates of that opinion usually quote in support of it. The subject is still more minutely discussed by Luzac in the above-mentioned *Lectiones Atticæ*, especially against Muhne's *Diatribe de Aristozeno*.

1. C. xvii. Athenæus (*Deipnosoph.*, v., 15), the bitter opponent of philosophers, and more especially of Plato, declares the whole narrative of the military services of Socrates to be a fiction, and observes that philosophers do not always strictly adhere to historical truth. Plato, he says, contradicts himself, since he asserts in the Crito that Socrates had never been out of Athens except once, and that on a visit to the Isthmian games, and yet in the Apology and Symposium he makes Socrates say that he had fought in three battles. But this passage shows how little reliance is to be placed on the remarks of Athenæus, for in the Crito he has overlooked the following words: εἰ μή ποι στρατευόμενος. We are acquainted with too many instances of the carelessness of ancient grammarians (see Wesseling on *Diodorus Siculus*, vol. i., p. 527, and Hutchinson on Xenophon's *Anabasis*, p. 301) to have recourse to the hypothesis that these words were omitted in the edition which Athenæus had before him.

2. Diog., ii., § 12. Thucyd. i., 58, *seqq*   3 P. 220 D.

once stood for twenty-four hours on the same spot before the camp, absorbed in deep thought, with his eyes fixed on an object, as if his soul were absent from his body.¹

In his second campaign we find Socrates at Delium, a town in Bœotia, where the Athenians were defeated by the Bœotians. This battle was fought 424 B.C., when Socrates was at the age of forty-five, in the same year in which the Clouds of Aristophanes were performed. Although the issue was unfavorable to the Athenians, Laches, the Athenian general, whom Socrates afterward accompanied in his flight, declared, that if all the Athenians had fought as bravely as Socrates, the Bœotians would have erected no trophies.²

Soon after this battle, Socrates was engaged in military service for the third time at Amphipolis, a city of Thrace or Macedonia, which was a colony of Athens, and a town of great commercial importance. It had been seized by Brasidas, a Lacedæmonian general, 424 B.C.; and the Athenians, with a view to its recovery, sent an army, 422 B.C., under Cleon to Thrace, which did not succeed in its undertaking. In this expedition Socrates was present; but we do not find him engaged afterward in any other military duties, since he was now approaching the fiftieth year of his age.

Socrates was particularly attached to his native city. "I love my countrymen more than thine," he remarks in the Theætetus of Plato to Theodorus, a mathematician of Cyrene, who taught at Athens.⁴ This partiality for Athens, which at that time presented a picture of the great world on a small scale, combined with a feeling of independence, were perhaps the principal reasons which determined him not to accept the flattering invitations of Archelaus,

---

1. Aul. Gellius, *Noct. Att.*, li., 1. Diog. li., § 25. Ælian, *Nat. Hist.*, xiii., 27.
2. Thucyd., iv., 96.
3. I pass over the ridiculous anecdote of Diogenes (il., 23), who says that Socrates, when all had taken to flight, retreated step by step, and often turned round to oppose any enemy that might attack him. This circumstance is mentioned by no other ancient writer. It finds a severe censor in Athenæus, who also doubts the fact that Socrates had given up the prize of bravery to Alcibiades at Potidæa, since Alcibiades had taken no part in that war. The latter circumstance, however, is sufficiently established on the authority of Plato (*Sympos.*, p. 219, E.). Simplicius (*ad Epictet.*, c. 31) tells us that the Bœotians had been deterred by the bravery of Socrates from pursuing the fugitives. Thus every thing is exaggerated, and often to a monstrous degree, by later writers.
4. Compare Plato, *Apol.*, xvii. These expressions of Socrates seem to raise a doubt as to the statement of Cicero (*Tuscul.*, v., 37) and Plutarch (*De Exilio*, vol. viii., p. 371), that Socrates had said he was no Athenian, no Greek, but a citizen of the world. Compare Meiners' *Geschichte der Wissenschaften*, vol. ii., p. 361.

Scopas, and Eurylochus.¹ "He smiled upon three tyrants," says Libanius in his apology,² "at their presents, their manner of living, and their exquisite pleasures." The riches, and the manner in which the great lived, had no attractions for him; not even the sovereign of Asia was happy, in his opinion.³ He did not wish to go to a man, he told Archelaus, who could give more than he himself could return; at Athens, he said, four measures of flour were sold for one obolus, the springs yielded plenty of water, and he lived contented with what he possessed.⁴

Socrates did not like a country life, for man attracted him more than nature. "Forgive me, my friend," he once said to Phædrus,⁵ who preferred a country life, and who accused Socrates of being almost unacquainted with the neighborhood of Athens, "I am very anxious to learn something, and from fields and trees I can learn nothing; but I can, indeed, from the men in town." Thus we do not read of his being absent from Athens except on the expeditions mentioned above, and on some short journeys, such as to the Isthmian games and to Delphi; and, as some think, on a journey to Samos, with Archelaus his teacher.⁶

After Socrates returned to Athens from those expeditions, he was regarded by his countrymen and by the Greeks in general as an eminent teacher and practical philosopher. But his activity as a citizen was exerted in a still different sphere, for in his sixty-fifth year he became a senator. "I have," says he, in the Apology of Plato, "held no state office, men of Athens, with the exception of having been a senator."

In order to understand fully the conduct of Socrates in this office, it is necessary to have a clear idea of the constitution of the Athenian senate. The Athenian senate, usually called ἡ βουλὴ τῶν πεντακοσίων, consisted of five hundred senators, who were elected from the ten tribes established by Cleisthenes. Every month, viz., every thirty-fifth or thirty-sixth day (for the Athenian year consisted of ten months), one tribe had the presidency, and this tribe was called φυλὴ πρυτανεύουσα, and its members πρυτάνεις. Of these fifty prytanes ten had the presidency every seven days, under the name of πρόεδροι. Each day, one of these ten enjoyed the highest dignity,

---

1. Diog., ii., 25. Aristot., *Rhetor.*, ii., 23.   2. P. 58 and 59, edit. Reiske.
3. Cic., *Tuscul.*, v., 12.
4. Seneca, *De Benef.*, v., 6. Epictet., *Fragm.*, 174, edit. Schweighäuser.
5. Plat., *Phædr.*, p. 230, D.
6. Plat., *Crito*, c. xiv. The journey to Samos is mentioned by Diogenes, ii., 23, on the authority of Ion of Chios. This, however, contradicts the statement made in the passage of the Crito which Diogenes had shortly before (22) confirmed

with the name of ἰπιστάτης. His authority was of the greatest extent: he laid every thing before the assembly of the people, put the question to the vote, examined the votes, and, in fact, conducted the whole business of the assembly. A senator was only elected for one year; and a man could only be epistates once, and only for one day.[1] He who was invested with this office had the keys of the citadel and the treasury of the republic intrusted to his care.

Socrates was epistates[2] on the day when the unjust sentence was to be passed on the unfortunate admirals who had neglected to take up the bodies of the dead after the battle of Arginusæ. How did Socrates behave on that occasion? This is an event which shows Socrates to us in such an active, and, indeed, important office, that it is of the greatest importance, in forming a proper estimate of his character, to observe his conduct on this occasion with the greatest attention.

In the battle off the islands of Arginusæ (B.C. 404), the Athenians had obtained a complete victory, under the command of ten[3] admirals, among whom Pericles, a natural son of the celebrated statesman of that name, and Diomedon, possessed considerable reputation. To take care of the burial of the dead was regarded by the Athenian laws as a sacred duty, since the shades of the unburied dead, said the Greek superstition, restlessly wander a hundred years on the banks of the Styx. But after the battle there arose a violent storm, which prevented the ten generals from obtaining the bodies of the slain; yet, in order to effect every thing in their power, they left behind them some inferior officers, ταξιάρχαι, to attend to the burial of the dead. Among these taxiarchs we find Thrasybulus, who expelled the thirty tyrants, and Theramenes, who afterward became so well known as one of these tyrants, and was at last executed. But the violent storm opposed insurmountable obstacles to the execution of their orders.

It then became necessary to give to the senate and the people of Athens a full report of what had taken place. Although the admirals might have thrown the whole blame on the taxiarchs, yet, chiefly induced by Pericles and Diomedon, they stated in their report that the storm had prevented them from fulfilling this sacred duty. But Theramenes and Thrasybulus, who had arrived at Athens before the ten admirals, brought such heavy charges against them, that six who had already returned were, at the command of

---

1. Pollux, viii., 9.
2. Xenoph., Mem., i., 1, 18. See Luzac, De Socrate Cive, p. 91, seq.
3. [For a more correct view of this statement, vid. note on Mem. 1, 18, Am. Ed.]

the senate, thrown into the public prison. They were summoned before the tribunal of the people (the *Heliæa*, Theramenes and Thrasybulus appearing foremost among their accusers, and were accused of high treason. They proved in their defence, by the evidence of their pilots, that the tempest had rendered it absolutely impracticable for them to fulfill their duty; besides which, they had also appointed Thrasybulus and Theramenes as taxiarchs, and therefore, if it were necessary for any body to suffer punishment, it should be inflicted on them. This statement produced its natural effect on the people, and they would probably have been acquitted at once if the question had been put to the vote. But by such an act the design of their enemies would have been frustrated. They therefore managed to adjourn the assembly till another day, alleging that it was too dark to count the show of hands.

In the mean while, the enemies of the admirals set all their engines at work to inflame the people against them. The lamentations, and the mournful appearance of the kinsmen of the slain, who had been hired by Thrasybulus and Theramenes for this tragic scene, during the festival of the Apaturia,[1] which happened to fall on the day on which the assembly was held, were intended to inflame the minds of the people against the unfortunate admirals. The votes were to be given on the general question whether the admirals had done wrong in not taking up the bodies of those who had been left in the water after the battle; and if they should be condemned by the majority (so the senate ordained), they were to be put to death, and their property to be confiscated.[2] But to condemn all by one vote was contrary to an ancient law of Cannonus, according to which the vote ought to have been given upon each individual separately. Hence the prytanes, and Socrates at their head, refused to put the illegal question to the votes of the people. Yet, when the latter, enraged against the prytanes, loudly demanded that those who resisted their pleasure should themselves be brought to trial, they yielded to the general clamor with the exception of Socrates, who alone remained unshaken.

Notwithstanding all the threatenings that were used against him,

---

1. The 'Απατούρια were solemnized for three days. The most probable interpretation of the word is to consider it synonymous with ὁμοπατόρια, as the children came with their fathers to register their names in the phratries. See Welske on Xenoph., *Hist. Gr.*, l, 7, 6.

2 Xenoph., *Mem.*, L, 1, 18: *Hist. Gr.*, l., 7, 34: ἡ δὲ τῆς βουλῆς γνώμη ἦν μιᾷ ψήφῳ ἅπαντας κρίνειν. In this same passage the ancient law of Cannonus is mentioned, which enjoined κρίνεσθαι δίχα ἕκαστον. [On the decree of Cannonus, see Appendix II. to the fourth volume of Mr. Thirlwall's *History of Greece*.—TR.]

he could not be induced to desist from his resolution, but boldly declared he would do nothing which he considered contrary to his duty. In consequence of this refusal, the question could not be put to the vote, and the assembly was therefore adjourned; another επιστάτης and other πρόεδροι were chosen, and the enemies of the admirals obtained what they had wished for. The admirals were condemned to death, and the six who were in Athens were executed.[1]

This was the only civil office that Socrates ever held; and we can not be surprised, when so many acts of injustice were committed, which he alone could not possibly have prevented, that he entirely withdrew from public business. He mentions this himself as the reason of his living a private man. "Be assured, men of Athens, if in former times I had wished to engage in public affairs, I should have perished long ago, without being either useful to you or myself."[2]

Socrates himself lived to see the injurious consequences which the unjust condemnation of those admirals brought down upon Greece, in the mournful issue of the Peloponnesian war. The very year after their condemnation (405 B.C.), the Athenians, for want of abler generals, were entirely defeated by the Lacedæmonians under Lysander; their fleet was destroyed, Athens besieged, and reduced to the necessity of surrendering at discretion to the victors. Lysander, after this, established the government of the Thirty Tyrants, whose memory is branded in history; and Socrates was one among the many who had to struggle with their injustice. Freret, indeed, has endeavored[3] to prove that Socrates supported these hateful oligarchs, and that by this circumstance we must account for his condemnation immediately after their fall. But this assertion is at variance with every thing recorded respecting the history and opinions of Socrates. He was, indeed, favorably disposed toward an aristocratical government, but in the old Attic sense of the word, viz., to a form of government in which the supreme power is lodged in the hands of the best and wisest; but he could never have approved of an oligarchy, and least of all of a des-

---

1. They were sentenced to death B.C. 404. Luzac, in his *Disquisitio de Epistolis et Proedris Atheniensium*, p. 114, which is added to his discourse *De Socrate Cive*, has considered the subject very carefully. The principal passages of the ancients are: Xenoph., *Hist. Gr.*, i., 7, and Æsch., *Aziochus*, c. 12. Though Æschines may not be author of this dialogue, yet the agreement existing between him and Xenophon proves its authenticity with regard to historical facts.

2. Plato, *Apolog.*, c. xix.

3. *Magasin Encyclopédique*, Seconde Année, tom. v., p. 474, *seq*.

potic oliga, chy like that of the Thirty. Socrates loved his fellow-creatures too well to wish them to be ruled by such oppressors.

There can be no blame attached to Socrates, that Critias, one of the Thirty, had been his disciple, for it could not be in the school of Socrates that he had learned the bad principles on which he acted. He had, as we are told by Xenophon,[1] not sought the instruction of Socrates because he loved him, but, like Alcibiades, in order to learn the *kingly art*—which was the name for politics, or the science of governing men[2]—in the same manner as every young Athenian anxious to distinguish himself in the state sought the instructions of some one of the Sophists, among whom Socrates was ranked. Critias, not finding what he expected, soon afterward abandoned the company of Socrates ; and we also know how he afterward behaved toward his former master. Socrates never made use of the language of flattery, but censured on every occasion the wicked rulers of a poor and orphan people. This reached the ears of the Thirty. Critias and Charicles, who were appointed to compose a code of laws, forbade, with the intention of injuring Socrates, any instruction to be given in the art of speaking ; a profession, however, in which Socrates had never been engaged. But when he continued to converse with young men, and show them the path of real wisdom, Critias, who, moreover, entertained an old aversion to Socrates for having censured his sensual pleasures with Euthydemus and Charicles, summoned him before their tribunal, and altogether forbade him from conversing with or instructing young men. Socrates, in his usual manner, had used a simile, which gave great offence to the Thirty, who felt its truth. "I should indeed wonder," Socrates had said, "if a cowherd, under whose care the cows grow fewer and thinner, would not own that he was a bad cowherd ; but it is still more astonishing to me if a state officer, who diminishes the number of citizens and renders them unhappy, is not ashamed and will not own that he is a bad officer of the state." Charicles added the significant words, "By Jove, now, do not speak of the cowherd ! take care that thou dost not thyself diminish the herd by speaking again of them." "Now it was evident," adds Xenophon, "that after the simile of the cows had been reported to them, they were enraged against Socrates."[3]

Thus Socrates, far from supporting the tyrants, was a declared enemy of these base and cruel men, and none of their edicts had the effect of inducing him to abandon that course which he consid-

---

1. *Memorab.*, i., 2, 39.   2. *Ibid.*, iv., 2, 11.   3. *Ibid.*, I., 2. 29

ered his duty. Entertaining no fear of them, he did not leave Athens, which is duly appreciated by Cicero.¹ The Thirty summoned him, with four others, to the Tholos, the place in which the prytanes used to take their meals; and commanded him to bring Leon of Salamis to Athens, who had obtained the right of citizenship at Athens, but had chosen a voluntary exile, fearing that the tyrants might execute him, as he was a wealthy and distinguished man.² "Then indeed," says Socrates, in Plato's Apology,"'I showed by my actions, and not merely by my words, that I did not care (if it be not too coarse an expression) one jot for death; but it was an object of the greatest care to me to do nothing unjust or unholy; for that government, though it was so powerful, did not frighten me into doing any thing unjust; but when we came out of the Tholos, the four went to Salamis and took Leon, but I went away home. And perhaps I should have suffered death on account of this, if the government had not soon been broken up."

In this manner Socrates most effectually refused taking any part in the unjust acts of the Thirty,³ who were very anxious to gain him over to their interest, as they wished in general to have as many of the citizens as possible accessary to their crimes. When he declared that he would never assist them in any unjust act, Charicles said, "Dost thou indeed wish to be at liberty to say what thou pleasest, and not suffer any thing at all for it?" . " I am willing to suffer any calamity," said Socrates, "but I will not do wrong to any one." Charicles was silent, and his associates looked at each other.

According to Diodorus, Socrates undertook the defence of Theramenes, a man of a very equivocal character.⁴ This account has

---

1. *Ad Attic.*, viii., 2: "Socrates, quum triginta tyranni essent, pedem porta non extulit."

2. Τότε μέντοι ἐγὼ οὐ λόγῳ, ἀλλ' ἔργῳ αὖ ἐνεδειξάμην, ὅτι ἐμοὶ θανάτου μὲν μέλει, εἰ μὴ ἀγροικότερον ἦν εἰπεῖν, οὐδ' ὁτιοῦν, κ. τ. λ., c. xx. Οὐδ' ὁτιοῦν seems to be an expression which only people of the lower classes made use of; hence the addition of Socrates: εἰ μὴ ἀγροικότερον ἦν εἰπεῖν, "quamvis forte rudior loqui videar." Libanius, the imitator of the Attic idiom, on this account, adds before οὐδ' ὁτιοῦν the softening ὡς εἰπεῖν.—*Apol.*, p. 8. The courage and intrepidity of Socrates before the Thirty is often mentioned. Seneca, *Epist.*, 28: "Triginta tyranni Socratem circumsteterunt, nec potuerunt animum ejus infringere." Diog., ii. 24: Ἦν δὲ (Σωκράτους) δημοκρατικός, ὡς δῆλον ἐκ τε τοῦ μὴ εἶξαι τοῖς περὶ Κριτίαν, κ. τ. λ.

3. Plat., *Epist.*, vii., ad Dionis propinquos.

4. Diod. Sic., xiv., 5. Aristotle, Cicero, and Diodorus speak of Theramenes in the highest terms. Aristotle (in Plutarch, fil., p. 337) and Cicero, who seem to have been prejudiced in his favor by the constancy with which he suffered death declare him to have been the best citizen of Athens. Cicero (*Tuscul.*, L. 44

been copied by other writers, but is not established on sufficient historical evidence, being mentioned neither by Plato, by Xenophon, nor any other contemporary writer.[1]

Theramenes was himself one of the Thirty Tyrants. When he was sent on an embassy by his fellow-citizens, who had placed great confidence in him, to enter into negotiations with Lysander, he abused his trust, and was the first who proposed to change the democracy to an oligarchy. He himself named ten of the Thirty, and lived on terms of intimate friendship with Critias, the most cruel of those tyrants. But the characters of these men were too different to allow their friendship to be of long duration. Critias, a man of energetic character, never lost sight of the object which his imagination represented to him as desirable, and at the same time employed every means in his power which might enable him to gain his ends. Theramenes also wished to distinguish himself, but in the choice of his means, though little concerned about morality, he displayed great anxiety for his personal safety. The violent measures of Critias and his colleagues appeared to him too dangerous, and he proposed to elect a number of citizens, who might take a part in the business of the government, and check the cruelties of the Thirty. But the Thirty were little disposed to relinquish the power which they had obtained with difficulty, and had preserved with so much cruelty and bloodshed, and they resolved to rid themselves of one who might prove a powerful enemy to their designs. Critias accordingly accused Theramenes before the council, and Theramenes defended himself in a manner which made a very favorable impression on the council; but Critias, seeing that he could not depend upon the assistance of the council, condemned him to death, with the assistance of his colleagues, without even putting the question to the vote as to his condemnation or acquittal. Theramenes flew to the altar of Vesta, and Socrates, Diodorus says, undertook his defence. Supported by two other citizens, he used every exertion to save him, until Theramenes entreated him to desist from an undertaking which was as dangerous for him

---

speaks in terms of the highest admiration of his courage during his execution, and ranks him with Socrates; Diodorus (i, p. 640, seqq., edit. Wesseling) describes him as a very superior man; but from the records of history we must consider him as a weak, mean, vain, and selfish person.—See Thucyd., viii, 68, seqq.; Lysias (edit. Markland), p. 210 and 215; and Xenoph., *Hist. Gr.*, ii, 2 and 3. We are informed by the latter that he was nicknamed Κόθορνος, a word expressive of the fickleness of his character. See Weiske on this passage.

1. Among the writers of a later time, the author of the biographies of the ten orators ascribes the defence of Theramenes to Isocrates, p. 836, F.

us it as useless to himself. Theramenes, after this, drank the poisoned cup with great composure and serenity.

If Socrates actually undertook the defence of Theramenes, it was unquestionably a noble action, as the reason for which the Thirty punished their colleague, and the manner in which it was done, were equally detestable. Plato's silence respecting this occurrence may be accounted for, as in his seventh letter he evidently avoids every opportunity of speaking of Critias, who was his kinsman[1] on his mother's side. But perhaps Plato as well as Xenophon may have considered Theramenes unworthy of the defence of Socrates, and on that account passed over it in silence. However, the works from which Diodorus compiled his history, especially where he does not mention his authorities, are not entitled to so much confidence as to justify us in having recourse to these hypotheses. It seems also contrary to the character of Socrates that he should have been deterred by the representations of Theramenes, that his exertions would be fruitless and dangerous to himself; for Socrates did not easily desist from a resolution once taken up, as he cared little about personal danger, unless he was restrained by his genius.

CHAPTER VI.

We now come to the most interesting period in the life of Socrates—his accusation, defence, condemnation, and execution. We know that all this took place a few years after the abolition of the oligarchy by Thrasybulus, in the year 400, or, according to others, 399 B.C. Anytus, Lycon, and Meletus brought the accusation in a writ (ἀντωμοσία) before the tribunal of the people,[2] charging him with introducing new divinities and corrupting the young; Anytus on behalf of the demagogues, Lycon on behalf of the orators, and

---

1. Diogenes, iii, 2.
2. That it was the tribunal of the people, or the court of the Heliastæ (ἡλιασταί) or Dicastæ (δικασταί), by which Socrates was condemned, has been proved by Bougainville in his essay "On the Priests of Athens," in the *Mémoires de l'Académie des Inscriptions et des Belles Lettres*, and by Meiners in his *Gesch. d. Wiss.*, vol. ii., p. 482, against Meursius, who thought that Socrates had been condemned by the Areopagus. This usual supposition is also advocated by Patter and Stollberg in the remarks on the Apology. But Bougainville's arguments for substituting the Heliastæ seem to be convincing. The Heliastæ were elected from the whole body of the people, without any regard to the different classes, and received a pay for their services. Their appellation was derived from 'Ηλιαία, the name of the place where the 'Ηλιασταί assembled. 'Ηλιαία is another form of ἁλίη (an assembly) a word which frequently occurs in Herodotus. It is also connected with ἁλής and ἁλίζομαι.

Meletus on behalf of the poets.[1] Socrates was sentenced to death The circumstances of the trial are sufficiently known, and are accurately explained by Tychsen in the *Bibliothek für alte Literatur und Kunst.*[2] But the real causes of the condemnation of Socrates are not yet accurately ascertained; and for this reason, as well as on account of the light which they must throw on his character, the whole particulars of his trial seem to require careful examination. He is generally considered as a victim of the intrigues and hatred of his enemies, especially of the Sophists; and in modern times, his death has sometimes been represented as a well-deserved punishment for his anti-democratical and revolutionary ideas.

Both these views, however, take only one side of the question, and I am convinced that several causes must be taken together in order to judge impartially and to account satisfactorily for the condemnation of Socrates.

The causes which led to his condemnation appear to be of two kinds, partly *direct* and partly *indirect.* I call those indirect causes which led to the accusation of Socrates, and those direct which, independent of the points contained in the accusation, disposed the judges to pronounce the sentence of death.

The indirect causes will easily be seen, as soon as we have obtained a clear insight into the character of the persons who accused him. Meletus,[3] who first laid the charge before the second archon. who bore the title of king, and before whose tribunal all religious affairs were brought, was the most insignificant of all, and perhaps only an instrument in the hands of the two other powerful accusers. He was a young tragic poet, who, however, did not sacrifice to the tragic muse with the best success. His memory as a poet has only been preserved from entire oblivion by the ridicule of Aristophanes. It was because Socrates valued true poetry so highly that he was a great friend of Euripides, and whenever one of his pieces was performed, he went to the theatre;[4] nay, even in his old age, and during the thirty days which elapsed between his condemnation and execution, he composed poems himself; but he could not bear that those who possessed none of the true spirit of poetry should obtrude their poems on public attention. Such persons, therefore, often had to sustain the ridicule of Socrates; and it is, therefore, not to be wondered at, that a vain young man, feeling himself hurt by the remarks of our philosopher, should seize on the first opportunity of

---

1. Plat., *Apol.*, c. x. Diog. Laert., ii., 39.
2. Part I. and II., Göttingen, 1786-87. 3. Maxim. Tyr., *Dissert.*, 9
4. Aristoph., *Ran.*, 1337, et schol. ibid. 5. Ælian, *Var. Hist.*, ii., 13

gratifying his desire for revenge. To this, however, another reason may be added: Meletus had been one of the four who had, at the command of the Thirty, brought Leon of Salamis to Athens.[1] Socrates, having refused obedience to this command, and declared it an act of injustice to which he could not be accessary, must have increased the enmity of Meletus. Libanius,[2] besides, describes him as a venal accuser, who for a drachma would accuse any one, whether he knew him or not. To this report, however, we can not attach any great importance, as we are ignorant of the source from which it was derived.

Lycon was a public orator. We know that, according to a law of Solon, ten persons were elected to this office, whose duty was to advise the people and to maintain public justice. But these orators were very often individuals who entirely neglected their high calling, and merely attended to their own private interests, and persecuted the most honest persons, whenever their personal advantage required it. Can we wonder that the name of an orator should be despised by every honest man? Can we wonder that a man like Socrates, whose whole heart was benevolence toward mankind, should hate these corrupters of morality, and often censure their conduct in the strongest terms, when they hurried the people into the most unjust and revolting actions? On the other hand, what was more natural than that Socrates should render these men his bitterest enemies, who became the more dangerous as they scrupled not to employ any means to get rid of such a troublesome censor of their conduct?[3]

Anytus was the most powerful among the accusers of Socrates, whence the latter, in an expressive manner, is called by Horace[4] *Anyti reus*. Plato, in his seventh letter, ranks him, with Lycon, among the most influential citizens. He had been driven into exile by the Thirty, and from this circumstance alone he would have been an interesting personage to his fellow-citizens, after the restoration of the democratical government. But his influence as a demagogue and a statesman must have been still more increased, since he himself had co-operated with Thrasybulus in expelling the Thirty.[5] He carried on the business of a tanner, whereby he acquired great importance; for, after the changes introduced by Cleisthenes into the Constitution of Solon, every tradesman or artisan

---

1. Andocides, *De Myster.*, p. 12 and 34, edit. Steph.
2. *Apolog.*, edit. Reiske, p. 11 and 51.
3. Προηγεῖμασε δὲ πάντα Λύκων ὁ δημαγωγός, says Diogenes, II., 38.
4. *Sat.*, ii. 4. 3.   5 Xenoph., *Hist. Gr.*, ii. 3.

could rise to the highest honors of the state. Socrates often censured the principle that people totally ignorant of the Constitution and of public business should have an influence in the management of state affairs. His examples were often derived from artisans "Thou must," said Critias, in the above-mentioned conversation between himself, Charicles, and Socrates,[1] "no longer speak of shoemakers and other artisans, for I indeed think that they are tired of thy foolish talk, by which their trade has become so notorious." In the Meno of Plato, Socrates expresses a doubt as to whether a son could be taught virtue by his parents, and uses the example of shoemakers and other artisans, who, according to his view, are themselves ignorant of virtue. Hence the multitude were not much disposed in his favor, and Anytus, in the Meno, declares that he would avail himself of the influence which he possessed to make Socrates repent of his expressions. But there were causes still more personal which drew down upon Socrates the hatred of Anytus. The latter had intrusted two of his sons to the instructions of Socrates, with the intention of educating them as orators, which was the principal way to authority and wealth in Athens at that time. In one of these young men Socrates observed superior talents, which might raise him to something better than the profession of his father, and he told him that he must give up the trade of his father and pursue a higher course.[2] This exceedingly offended the vanity of a man who, as a member of the popular assembly, wished to be thought a very important personage. The account of Libanius[3] is therefore, in itself, not very improbable when he says that Anytus, after having accused Socrates, promised him that he would desist from his accusation if the latter would no longer mention tanners, shoemakers, &c., and that Socrates refused the proposal; but we can not place much reliance on this account, since we are ignorant of the source from which Libanius derived it, and know, besides, that he composed his Apology of Socrates merely as an exercise in rhetoric, and was, probably, not much concerned about historical truth.

After this short sketch of the characters of his accusers, it will be easier to discover the true causes of the accusation of Socrates :

---

1. Xenoph., *Mem.* i., 2, 37.

2. Xenoph., *Apolog.*, § 29. Although this Apology in its present form was not written by Xenophon, it appears to express his views; the greater part of it, at east, is a compilation from the Memorabilia.

3. The author of the seventh of the Socratic letters, p. 30, says: Πῶς ἂν οὖν, ὦ Ξενοφῶν, τὴν μιαρίαν τοῦ 3υροσδίψου 'Ανύτου γρ ἰφοιμι καὶ τὸ 3ράσος αὐτοῦ:

for at first sight it is surprising that so many other Greek philosophers, though they gave much greater offence to the popular religion, were yet allowed to live at Athens free from persecution, and that such a violent accusation should have been raised against Socrates alone. Epicurus, for instance, died in the seventy-first year of his age, highly lamented by his disciples, without having ever been accused on account of his religious opinions.[1] The causes which led to the accusation of Socrates may be fairly classed under four divisions, which will form the subject of the following chapter

CHAPTER VII.

1. EVERY great man, especially under a democratical government and in a period of moral corruption, excites the envy of others; for it is the fate of the truly great to be envied by those who feel their own comparative inferiority. Even a superficial knowledge of the human heart shows how much we are inclined to envy those we can not equal. Who does not remember the answer which that citizen of Athens gave to Aristides, when the latter asked him why he voted against him! If such a man be distinguished by his talents, others endeavor to degrade him, or, if they do justice to his genius, speak in a derogatory manner of his feelings. But should he be a man distinguished by unusual moral goodness, by rare qualities of heart, and by a high enthusiasm for virtue and morality, he is still more in danger of being misunderstood by his contemporaries; for there are always persons mean enough to suppose, because their own hearts can not comprehend such virtues, that the low objects of vanity and selfishness influence the actions, and the noble, philanthropic views of the man of superior morality, and

---

1. [The assertion of Wiggers that Greek philosophers, who gave offence to the popular religion, were allowed to live at Athens free from persecution, is contrary to all historical evidence. Although skeptical opinions on religion had for many years previous to the death of Socrates made considerable progress among the upper classes at Athens, it is nevertheless certain that the lower orders were strongly attached to the popular religion, and highly resented any attempts which were made to question its truth. Anaxagoras was compelled to leave Athens, notwithstanding the powerful support of Pericles, on account of his religious opinions; and Diagoras of Melos was proscribed at Athens on account of his impiety, and a reward offered to any one who should either kill him or bring him to justice. Protagoras, also, was accused and condemned to death for having read a work at Athens on the nature of the gods, in which he declared that he was unable to determine whether the gods existed or not. He escaped, however; but the book was publicly burned, and all who possessed copies were ordered to give them up.—TR.]

ready enough to stigmatize the teachers and benefactors of mankind as corruptors of the people and seducers of the young. This must be the case principally in democratical states. The more numerous the relations and combinations in a state, and the more various the conflicts of the parties with each other, the less can a man be tolerated who rises by his superior talents and virtues above the ordinary class of men. In a monarchical state, in which his influence is not so great, and the various conflicts of different powers are not so numerous, he may live, if not more honored, at any rate more peaceably. But the greater the immorality of the citizens in a democratical state, the less likely is a man of great moral excellence to be tolerated. The contrast between him and their own corruption is a sufficient reason to excite against him their hatred and persecution. Socrates was one of these superior beings, who are born not only to enlighten his own age, but mankind in general. Virtue and humanity had descended upon him in their sublime purity, and had excited his unbounded veneration. Could he be otherwise than offensive to the wise and the learned of his age, to the narrow-minded, quibbling Sophists, the selfish demagogues and the conceited poetasters? Hence Socrates himself, in Plato's Apology mentions the hatred of the multitude as the cause of his fate.[1]

Socrates always lived under a democratical form of government,[2] with the exception of the eight months during which the Thirty possessed the supreme power. In his intercourse, as a teacher of the people, with the orators, Sophists, poets, &c., he frequently offended them, and sometimes injured their interests. He lived moreover, in a corrupt period. Aristophanes, Plato, the author of the Axiochus, and other contemporary writers, describe the Athenian people as inconstant and frivolous, of a cruel disposition, ungrateful to those who deserved well of their country, and jealous of men who were distinguished by their virtue and superior qualities.[3] During the dazzling sway of Pericles,[4] or perhaps, more

---

1. C. xvi.

2. [An oligarchical form of government was established for a short time in B.C 411.—Tr.]

3. Aristoph., *Equit.*, v. 40; Plat., *Gorg.*, p. 521, C., *seqq.*; *Axiochus*, c. xiii. Δῆμος ἀχάριστον, ἀψίκορον, ὠμόν, βάσκανον, ἀπαίδευτον, ὡς ἂν συνηρανισμένον ἐκ συγκλύδωνος ὄχλου καὶ βιαίων φλυάρων· ὁ δὲ τούτῳ προσεταιριζόμενος ἀθλιώτερος μακρῷ. To this state of things must also be referred the passage of Pliny, in which the picture of Parrhasius is mentioned (*Hist. Nat.*, xxv., 10): "Δῆμον Atheniensium pinxit argumento ingenioso: volebat namque varium, iracundum, injustum, inconstantem; eundem inexorabilem, clementem, misericordem, excelsum, gloriosum, humilem, ferocem fugacemque et omnia pariter ostendere."

4. It can not be denied that the government of Pericles was, in many respects

properly speaking, of Aspasia, who had, it is true, done very much to diffuse a taste for the fine arts, vices of every description had gained the ascendency. During the Peloponnesian war, the neglect of all moral and religious cultivation had kept pace with the decay of external worship; the spirit of the times had taken a sophistical tendency, and selfishness had so evidently become the motive to action, that even Athenian embassadors unblushingly declared to the Spartans and Melians that it was lawful and right for the better and stronger to oppress and rule over the weak and helpless, asserting that not only all tribes of animals, but whole cities and nations, acted according to this principle.[1] It was a very common opinion that after death the soul ceased to exist; the religious phantoms of a future state were laughed at by an age so full of conceit, that nothing but a conscience disturbed in the last moments of life could excite an apprehension lest those ridiculed phantoms might still not be wholly fictitious.[2] But it is obvious how completely every seed of virtue must have been crushed by the government of such corrupt men as the thirty tyrants.[3]

---

far from beneficial to the Athenians. He was an ambitious man, and by this disposition he was hurried into many acts injurious to his country. The diminution of the power of the Areopagus, to which Solon had wisely assigned an extensive sphere of action, is wholly unpardonable. On the other hand, we should undoubtedly be going too far if we should credit all the assertions of the comic poets, which are partly repeated by Diodorus and Plutarch, and attribute the outbreak of the Peloponnesian war to the intrigues by which Pericles endeavored to escape the necessity of accounting for the treasure of the allies, which he had lavished on magnificent buildings. This opinion, though very generally maintained, and usually adopted in historical manuals, can not be supported by any authentic testimony. Diodorus (xii., p. 503–505) and Plutarch (*Pericles*, i., p. 647, *seqq.*) might be mentioned as authorities, but it is evident that they have only copied the comic poets, without being much concerned about historical truth. Besides, their authority is little, compared with that of Thucydides, the impartial adversary of Pericles, who declares the desire to extend the power of Athens, and to humble the Spartans, to have been the true causes of the war (l., 23, 24, 56, and 88, and ii., l. Compare Wyttenbach's review of the *Lectiones Andocideæ* of Slulter in the *Biblioth. Crit.*, vol. iii., P. iii., p. 79). 1. Thucyd., i., 76; v., 105.

2. Plat., *Phæd.*, and *De Republ.*, vi. That free-thinking at that time generally prevailed, is evident from the tenth book *De Legibus*. These principles were chiefly and eagerly adopted by young people, who made such an application of the astronomical hypotheses of Anaxagoras, that they not only denied the divinity of the stars, but, at the same time, hazarded the assertion that the gods, being changed into the dust of the earth, were unconcerned about human affairs.

3. [Those persons, however, who are disposed to join in the common declamations against the vices of the Athenian Constitution, would do well to weigh the following just and eloquent remarks of Niebuhr before they pronounce an opinion. "Evil without end may" be spoken of the Athenian Constitution, and with truth,

2. The accusation and trial of Socrates was also, in part, occasioned by the hatred which the Sophists bore toward him, and by the freedom with which he always expressed his opinions. How re-

but the common-place, stale declamation of its revilers would be in a great measure silenced, if a man qualified for the task should avail himself of the advanced state of our insight into the circumstances of Athens, to show how even there the vital principle instinctively produced forms and institutions by which, notwithstanding the elements of anarchy contained in the Constitution, the Commonwealth preserved and regulated itself. No people in history has been so much misunderstood and so unjustly condemned as the Athenians: with very few exceptions, the old charges of faults and misdeeds are continually repeated. I should say, God shield us from a constitution like the Athenian! were not the age of such states irrevocably gone by, and, consequently, all fear of it in our own case. As it was, it shows an unexampled degree of noble-mindedness in the nation, that the heated temper of a fluctuating popular assembly, the security afforded to individuals of giving a base vote unobserved, produced so few reprehensible decrees, and that, on the other hand, the thousands, among whom the common man had the upper hand, came to resolutions of such self-sacrificing magnanimity and heroism as few men are capable of except in their most exalted mood, even when they have the honor of renowned ancestors to maintain as well as their own.

"I will not charge those who declaim about the Athenians as an incurably reckless people, and their republic as hopelessly lost, in the time of Plato, with willful injustice, for they know not what they do. But this is a striking instance how imperfect knowledge leads to injustice and calumnies; and why does not every one ask his conscience whether he is himself capable of forming a sober judgment on every case that lies before him? A man of candor will bear the answer, in a voice like that of the genius of Socrates. Let who will clamor and scoff; for myself, should trials be reserved for my old age, and for my children, who will certainly have evil days to pass through, I pray only for as much self-control, as much temperance in the midst of temptation, as much courage in the hour of danger, as much calm perseverance in the consciousness of a glorious resolution, which was unfortunate in its issue, as was shown by the Athenian people, considered as one man: we have nothing to do here with the morals of the individuals; but he who as an individual possesses such virtues, and, withal, is guilty of no worse sins in proportion than the Athenians, may look forward without uneasiness to his last hour.

"The ancient rhetoricians were a class of babblers; a school for lies and scandal: they fastened many aspersions on nations and individuals. So we hear it echoed from one declamation to another, among the examples of Athenian ingratitude, that Paches was driven to save himself by his own dagger from the sentence of the popular tribunal. How delighted was I last year to find, in a place where no one will look for such a discovery, that he was condemned for having violated free women in Mytilene at its capture. The Athenians did not suffer his services in this expedition, or his merit in averting an alarming danger from them, to screen him from punishment.

"The fathers and brothers who, in the epigraph of the thousand citizens who fell as freemen at Chæronea, attested with joy that they did not repent of their determination, for the issue was in the hands of the gods, the resolution, the glory of man—who conferred a crown of gold on the orator by whose advice the unfortunate attempt had been made which cost them the lives of their kinsmen, with

volting must it have been to a man of correct habits of thinking, that persons assuming the venerable appellation of the wise should have aimed at confounding the fundamental ideas of right and wrong, of virtue and vice! The Sophists were most dangerous men, not only on account of their theoretical unbelief, which they indiscreetly preached, but also on account of their moral doctrines, which were founded on egotism and selfishness. Disinterested virtue, they declared, was folly, and the civil laws were at variance with the laws of nature; moderation and temperance were enemies to pleasure, and contrary to the precepts of good sense.[1] Socrates too deeply felt the corruption of his age not to oppose its authors in every way, and to express his indignation as loudly as possible. Their dazzling sophistries he opposed with weapons, which must have been very painful to conceited people, who loved any thing better than the truth. Pretending to be a disciple, anxious to learn something, he attentively listened to the wisdom which flowed from the lips of the Sophists; and perhaps praised it exceedingly, while he lamented his own dullness, and, at the same time, will

out asking whether they were provoking the resentment of the conqueror—the people who, when Alexander, fresh from the ashes of Thebes, demanded the patriots, refused to give them up, and chose rather to await his appearance before their walls—who, while all who flattered or feared Philip warned them not to irritate him, condemned citizens to death for buying slaves that had fallen into the hands of the Macedonians by the capture of Greek cities which had been hostile to Athens—the people whose needy citizens, though predominant in the assembly, renounced the largess which alone afforded them the luxury of flesh on a few festivals, though on all other days throughout the year they ate nothing but olives, herbs, and onions, with dry bread and salt fish—who made this sacrifice to raise the means of arming for the national honor—this people commands my whole heart and my deepest reverence. And when a great man[*] turned away from this noble and pliable people, though certainly it did not appear every day in its holiday clothes, and was not free from sins and frailties, he incurred a just punishment in the delusion which led him to attempt to wash a blackamoor white; to convert an incorrigible bad subject like Dionysius, and through his means to place philosophy on the throne in the sink of Syracusan luxury and licentiousness; and in the scarcely less flagrant folly of taking an adventurer so deeply tainted with tyranny as Dion, for a hero and an ideal. A man who could hope for success in this undertaking, and despaired of a people like the Athenians, had certainly gone great lengths in straining at gnats and swallowing camels."—Translated by Mr. Thirlwall in the *Philological Museum*, No. iii., p. 494-496.—Tr.]

1. Compare Plato in the *Gorgias* and *De Republ.*, ii. The beautiful allegory of Prodicus, "Hercules at the Cross-way," which has acquired such celebrity, and perhaps owes its perfection to Xenophon, at least so far as its form is concerned, was only a declamation, and probably belonged to those show-speeches which this Sophist delivered in the cities of Greece.—Philostr., *De Vit. Sophist.*, p. 482, *seqq.*

[*] Plato.

ingly admitted the truth of the greater part of their doctrines, and only now and then indulged in a little modest question, which they could not refuse to answer to an industrious disciple, and which appeared to them so insignificant, that it could not contribute in the least to refute their assertions. But he went gradually further, and traced things to their ultimate causes, and thus extorted from them the confession of their ignorance. He perhaps even followed them as he did Euthydemus, until he could engage them, with propriety, in a conversation which would humble their pride. The method of examining and refuting (ἐξετάζειν and ἐλέγχειν, according to the expression of the Socratic philosophers), with which his disciples, imitating their teacher, tried every one who gloried in his wisdom, was still more disagreeable to the Sophists. But the indignation of those who had been tested in this manner did not fall on the disciples, but on Socrates himself, as he asserts in the Apology.[1] It can not be denied that the Sophists, who before enjoyed a high degree of estimation, were deprived by Socrates of a considerable portion of their influence in Greece, and especially at Athens; and, in revenge, they did every thing to degrade him in the eyes of his fellow-citizens, and to prove that the real motives of his actions were bad. "He seduces the young, and introduces new gods:"[2] these were the hateful calumnies by which they attempted to injure his reputation with the people, and which were faithfully repeated by Meletus in his accusation—calumnies which must have represented Socrates to the people in a more odious light, as the Constitution of Athens was intimately connected with its religion, and the interest of the one was necessarily involved in that of the other.

But, in general, it was by too freely expressing what he thought that Socrates made enemies and brought on his accusation. He not only combated the fallacies and the perversity of the Sophists, but every kind of vice and folly, and called them by their true names; he attacked every error, and that the more zealously the closer it was connected with morality. Thus not only Sophists, but poets, orators, and demagogues, soothsayers and priests, became his enemies. He despised the comic poets, who delighted the mul-

---

1. C. x.
2. Xenoph., *Mem.*, i., 2, § 49: Σωκράτης τοὺς πατέρας προπηλακίζειν ἐδίδασκε: a charge which had been brought against Socrates by Aristophanes. Excellent remarks on the ironical manner in which Socrates treated the Sophists, are found in Reinhard's essay, *De Methodo Socratica*, in the first vol. of his *Opuscul. Academ.* dited by Pölitz. Lipsiæ, 1808.

titude at the expense of morality; and bad poets and sophistical orators felt the sting of his irony. The demagogues hated him because he was the opponent of their teachers, the Sophists, from whom many among them had learned the art of deceiving the people. What could, indeed, be more absurd in the eyes of reason, than that persons totally ignorant of the Constitution and public business, such as artisans, tanners, shoemakers, &c., should have an influence on the conduct of public affairs? These he made the objects of his satire, and exposed the absurdity of their pretensions. Socrates had, besides, a prejudice against mechanical arts, which he sometimes expressed too indiscreetly and offensively. Thus he says to Critobulus:[1] "Mechanical arts are despised, and, indeed, it is not with injustice that they are little valued by states; for they are injurious to the bodies of the workmen as well as to the superintendents, since they render it necessary for them to sit, and to remain constantly in-doors; and many of them pass all the day near the fire. And whenever the body is languid, the mind loses its energy. Besides, those arts allow us no time to devote to our friends and to the state, so that such people are little useful to their friends, and bad protectors of their country. Nay, in some, principally in warlike states, no citizen is allowed to pursue mechanical arts."

Even the tyranny of the Thirty, as we have seen, did not escape the satire of Socrates. The priests too, as we know from the Euthyphron of Plato, were obliged to hear from his lips the truth that their ideas of divine worship were totally erroneous.[2] It is natural enough that Socrates should have made a number of individuals

---

1. Xenophon, Œconom., iv., 2.

2. That poets were allowed to express themselves freely on religious subjects, and that philosophers were deprived of this privilege, may be accounted for in the following way. Poets wrote for the sake of amusement; a little freedom was easily granted to them, provided they made the people laugh; but the words of a philosopher had a more serious tendency. Besides, we know that dramatic representations originated in the festival of Dionysus, which was solemnized as licentiously as the Bacchanalia of the Romans. On the other hand, a distinction must be drawn between political religion, i. e., that which, being intimately connected with the Constitution, was observed in public festivals and ceremonies, and the monstrous mass of fables concerning the origin and history of the gods; for at Athens religious belief was unconnected with public worship. With regard to mythological stories, the Greeks were allowed to express themselves as freely as they liked, provided they did not attack the mysteries, or doubt the existence of the gods. Proofs of this we find not only in the comic writers, but in the most celebrated tragic poets, as Æschylus and Euripides, and in the history of Alcibiades. But it is surprising that Xenophanes in Magna Græcia was allowed to express himself so freely on the state religion, while philosophical opinions much less connected with religion proved so dangerous to Anaxagoras at Athens.

his enemies by these free expressions, and especially by interfering with the interests of the priests, who demanded the greatest submission, as their religious system did not bear a free examination. The analogy of history and daily experience shows this sufficiently, even if we leave out of consideration the facts stated in the accusation.

3. The odious light in which Socrates was represented by Aristophanes, created enemies to the former, and contributed to his accusation. The assertion founded on the report of Ælian,[1] that Aristophanes had been bribed by the enemies of Socrates, especially by Meletus and Anytus, to represent him in a ridiculous light, though it was in former times almost generally believed, is certainly destitute of any historical evidence. Meletus was a young man when he accused Socrates (νέος, βαθυγένειος, he is called in the Euthyphron of Plato): how is it possible that twenty-three years[2] before that time he should have bribed Aristophanes? On the first representation of the Clouds, Anytus was only fourteen years old, and on good terms with Socrates, as we are told by Plato. With our present accurate knowledge of the nature of the so-called old Attic comedy, we can not even suppose that Aristophanes was a personal enemy of Socrates,[3] though he represented him to the Athenian people in the manner we see in the Clouds. The manner in which Socrates lived was a subject too tempting for a comic poet not to have introduced, though he might not have been provoked by any

---

1. *Var. Hist.*, ii., 13.
2. The Clouds were performed 423 B.C., on the festival of Dionysus.
3. The scholiasts, endeavoring to account for the odious light in which Socrates is represented in the Clouds, are of different opinions, some ascribing it to the inveterate hatred of the comic poets against the philosophers, others to personal jealousy, since Socrates had been preferred by King Archelaus to Aristophanes, &c. But all these hypotheses can easily be dispensed with. The comic poet took up any subject which did not appear to be wanting in comical interest, and made it suit his purpose. Besides, Aristophanes was not the only one who brought Socrates on the stage. Eupolis and Amipsias did the same (see Diog. Laert., ii., 18 Schol. *ad Nub.*, 96 and 129); and Socrates shared this fate with all the distinguished men of his age, Pericles, Alcibiades, and Euripides. Thus the Frogs of Aristophanes were a satire upon Euripides, and, to a certain extent, upon Æschylus also. These comedies gave great delight to the multitude, as they considered it an essential part of their democratical liberty to laugh with impunity at the most eminent men of the age; even their demagogues, the adored Pericles and Cleon, were not spared. To attack the *People* was, properly speaking, not allowed—though Aristophanes made occasional exceptions—for it was sacred; but every individual might be brought on the stage by the comic poet. Xenoph., *De Republica Athen.*, c. 2. The first archon, whose name could not be profaned on the stage, formed the only exception. Compare the schol. on the *Clouds*, v. 32.

external causes. How many truly comical scenes might be derived from Socrates gazing at one object for twenty-four hours, and from the many anecdotes which were told of him; in addition to which, we must not forget his resemblance to a Silenus, and the many peculiarities in his conduct.[1] On the other hand, however, it would be going too far to assert that the ridiculous representation of Socrates had no influence on his fate. Even a cursory perusal of the Clouds of Aristophanes must convince the reader that every thing is calculated to exhibit Socrates in an odious light, as seducing the young, introducing new gods, and, consequently, as highly injurious to the Commonwealth; and it is surprising to see these charges, twenty-three years afterward, repeated by Meletus. Socrates himself, in the Apology, says that Aristophanes and his party were enemies far more dangerous to him than his accusers, and that Meletus, in reality, had only repeated the charges of the former.[2] Aris-

---

1. Plat., *Sympos.*, p. 220, C. "Meditating on some subject, he once stopped somewhere early in the morning (viz., during the expedition against Potidæa), and as he did not succeed in his search, he remained in deep thought, standing on the same spot. When it had become noon-time, he attracted the attention of the people, and one said to another, 'Socrates has been standing there, on the same spot, thinking about something, from an early hour in the morning.' In the evening, when he was still standing there, some of the Ionian soldiers, after supper, took out their carpets, partly to repose on them in the refreshing evening air (for it was a summer night), partly to watch whether Socrates would actually pass the night in that position. And he actually remained standing till daybreak, and then addressed his prayers to the rising sun, and hastened away."—Aul. Gellius, *Noct. Att.*, ii., 1.

2. 'ἐμοῦ γὰρ πολλοὶ κατήγοροι γεγόνασι πρὸς ὑμᾶς, says he, καὶ πάλαι πολλὰ ἤδη ἔτη καὶ οὐδὲν ἀληθὲς λέγοντες· οὓς ἐγὼ μᾶλλον φοβοῦμαι ἢ τοὺς ἀμφὶ Ἄνυτον, καίπερ ὄντας καὶ τούτους δεινούς. ἀλλ' ἐκεῖνοι δεινότεροι, ὦ ἄνδρες, οἳ ὑμῶν τοὺς πολλοὺς ἐκ παίδων παραλαμβάνοντες ἔπειθόν τε καὶ κατηγόρουν ἐμοῦ οὐδὲν ἀληθές, ὡς ἔστι τις Σωκράτης, σοφὸς ἀνήρ, τά τε μετέωρα φροντιστής, καὶ τὰ ὑπὸ γῆς ἅπαντα ἀνεζητηκώς καὶ τὸν ἥττω λόγον κρείττω ποιῶν·* οὗτοι, ὦ ἄνδρες Ἀθηναῖοι, ταύτην φήμην κατα-

* A man who investigates all things above and below the earth (μετεωροφροντιστής is the expression of Aristophanes) was an Atheist, according to the ideas of the Athenian people, for a natural philosopher and an Atheist were synonymous appellations. These natural philosophers were also called μετεωρολέσχαι. A Sophist is a person who gives to a bad cause the appearance of a good one, by means of eloquence. This proves that Aristophanes did not distinguish Socrates from the Sophists; and, indeed, proofs of this are met with throughout the Clouds. Thus Socrates invokes the Clouds, the protecting deities of the Sophists; Socrates teaches how the λόγος δίκαιος may be conquered by the λόγος ἄδικος; he makes astronomical researches (to this must be referred his soaring in the air in a basket, v. 184, *seqq.*); and he receives money for his instructions (v. 98, 99, 113-115, 245, 246), &c. A slight allusion to the sophistry of Socrates we find also in the answer of Ischomachus (in Xenoph., *Œconom.*, c. 11, § 25) to the question how Ischomachus was getting on with his lawsuit: "When it is sufficient," he says, "for

topl anes and his party, it is true, could not directly contribute to the accusation of Socrates, for the times were too distant; but they assisted to prejudice the minds of the people against our philosopher, and to exhibit him not only as an object of ridicule, but as a man dangerous to the Constitution. This was certainly an effect which these calumnies were calculated to produce, and in which they wonderfully succeeded. Meletus would perhaps not have ventured to come forth with an accusation against Socrates, had not a favorite poet of the Athenian people paved the way, and indirectly undertaken his accusation. "Let us go back," says Socrates, in the Apology, "to the commencement, and the first charge from which the calumny has arisen, relying on which, Meletus has brought the present charge against me." That the Clouds of Aristophanes did not obtain the prize, but a play of Cratinus, who contested for it with him and Amipsias, can not surprise us; nor should it lead us to the conclusion that the Clouds of Aristophanes were unfavorably received by the Athenians.[1] It was not the applause of the people which decided the prize, but judges were especially appointed for that purpose, who were often biased by opposite motives, and who may have been influenced in this instance by circumstances unknown to us.[2]

4. Socrates was not in favor of a democratical form of govern-

---

σκεδάσαντες, οἱ δεινοί εἰσί μου κατήγοροι· οἱ γὰρ ἀκούοντες ἡγοῦνται τοὺς ταῦτα ζητοῦντες οὐδὲ θεοὺς νομίζειν. Ἔπειτά εἰσιν οὗτοι οἱ κατήγοροι πολλοὶ καὶ πολὺν χρόνον ἤδη κατηγορηκότες, ἔτι δὲ καὶ ἐν ταύτῃ τῇ ἡλικίᾳ λέγοντες πρὸς ὑμᾶς, ἐν ᾗ ἂν μάλιστα ἐπιστεύσατε, παῖδες ὄντες, ἔνιοι δὲ ὑμῶν καὶ μειράκια, ἀτεχνῶς ἐρήμην κατηγοροῦντες, ἀπολογουμένου οὐδενός. Ὁ δὲ πάντων ἀλογώτατον, ὅτι οὐδὲ τὰ ὀνόματα οἷόν τε αὐτῶν εἰδέναι καὶ εἰπεῖν, πλὴν εἴ τις κωμῳδοποιὸς τυγχάνει ὤν.—C. ii.

1. Argum. ii., ad *Nubes*, edit. Herm., says that Alcibiades and his party had prevented the success of this piece. According to Ælian's account (*Var. Hist.*, ii., 13), the people were so much pleased with the Clouds of Aristophanes, that they exclaimed, "No one but Aristophanes ought to be rewarded with the prize." Aristophanes himself considered it the most perfect of his comedies (*Nub.*, v. 522, and *Vespæ*, v. 1039). The account of Ælian, however, deserves just as little credit as the anecdote which he relates immediately after it, that Socrates, knowing that he would be the object of bitter satire, was not only present during the performance, but that, having heard that many strangers were present, and were inquiring who Socrates was, he came forth in the midst of the comedy, and remained standing in a place where he could be observed by all, and compared with the copy.

2. [For an account of the Clouds of Aristophanes, see a note at the end of this chapter.—Tr.]

---

my defence to tell the truth, very well, but when I have recourse to lies, dear Socrates, I can not give to the bad cause the appearance of a good one" The opinion of those who suppose that Aristophanes had been induced by the Sophists to abuse Socrates, may be thus satisfactorily refuted.

ment: this must also have contributed to his accusation. Socrates, like the sages of antiquity in general, approved of an aristocracy in the original sense of the word, viz., a constitution which intrusted the supreme power to the hands of the best in a moral point of view.[1] Socrates was aware how dangerous it is to intrust the supreme power to the hands of an uneducated populace; his own experience taught him how easy it was for selfish demagogues to gain favor with an inconstant multitude, and to carry plans into execution which were often highly injurious to the whole nation. Hence he frequently spoke in a sarcastic manner of the Athenian Constitution, and satirized their bean-archons.[2] Socrates said to Charmides, an able young man, who, however, was too timid to speak in the public assembly,[3] "Is it the fullers that thou art afraid of, or the shoemakers? the carpenters, or the smiths? the peas-

---

[1] An aristocracy, according to the conceptions of the Athenians before the time of Alexander the Great, was not opposed to democracy, but to oligarchy. In an aristocracy the people always had great influence, but in an oligarchy they were entirely deprived of it. One of the principal passages relating to this point is in the *Menexenus* of Plato, p. 238, C. Plato there represents Socrates as repeating a funeral discourse of Aspasia in honor of those who had died for their country. Πολιτεία γὰρ τροφὴ ἀνθρώπων ἐστί, says Aspasia, καλὴ μὲν ἀγαθῶν, ἡ δὲ ἐναντία κακῶν. ὡς οὖν ἐν καλῇ πολιτείᾳ ἐτράφησαν οἱ πρόσθεν ἡμῶν, ἀναγκαῖον δηλῶσαι, δι' ἣν δὴ κἀκεῖνοι ἀγαθοὶ καὶ οἱ νῦν εἰσίν, ὧν οἵδε τυγχάνουσιν ὄντες οἱ τετελευτηκότες. ἡ γὰρ αὐτὴ πολιτεία καὶ τότε ἦν καὶ νῦν, ἀριστοκρατία, ἐν ᾗ νῦν τε πολιτευόμεθα καὶ τὸν ἀεὶ χρόνον ἐξ ἐκείνου ὡς τὰ πολλά. Καλεῖ δὲ ὁ μὲν αὐτὴν δημοκρατίαν, ὁ δὲ ἄλλο, ᾧ ἂν χαίρῃ. ἔστι δὲ τῇ ἀληθείᾳ μετ' εὐδοξίας πλήθους ἀριστοκρατία. βασιλεῖς μὲν γὰρ ἀεὶ ἡμῖν εἰσιν· οὗτοι δὲ τοτὲ μὲν ἐκ γένους, τοτὲ δὲ αἱρετοί· ἐγκρατὲς δὲ τῆς πόλεως τὰ πολλὰ τὸ πλῆθος, τὰς δὲ ἀρχὰς δίδωσι καὶ τὸ κράτος τοῖς ἀεὶ δόξασιν ἀρίστοις εἶναι, καὶ οὔτε ἀσθενείᾳ, οὔτε πενίᾳ, οὔτε ἀγνωσίᾳ πατέρων ἀπελήλαται οὐδεὶς οὐδὲ τοῖς ἐναντίοις τετίμηται ὥσπερ ἐν ἄλλαις πόλεσιν, ἀλλ' εἷς ὅρος, ὁ δόξας σοφὸς ἢ ἀγαθὸς εἶναι κρατεῖ καὶ ἄρχει. Compare with this Xenoph., *Mem.*, iv., 6, § 12: "Whenever public offices were held by persons who executed the will of the law, Socrates considered the government to be an aristocracy." More arguments in support of this opinion are given by Luzac, *l. c.*, p. 67.

[2] Xenoph., *Mem.*, i., 2, § 9. The archons were elected by beans: white beans were used in voting *for* a candidate, black ones in voting *against* him. The names of the candidates for the βουλή were put into one vase, and into another an equal number of beans, fifty of which were white, the remainder black. Simultaneously with the name of a candidate drawn from one vase, a bean was drawn from the other. A white bean accompanying the name made the candidate a senator. Hence the expression κυαμευτοὶ ἄρχοντες for senators. That Socrates was averse to the democratical Constitution of the Athenians, is also stated by Ælian, *Var. Hist.*, iii., 17: Σωκράτης ἐν τῇ μὲν Ἀθηναίων πολιτείᾳ οὐκ ἠρέσκετο· τυραννικὴν γὰρ καὶ μοναρχικὴν ἑώρα τὴν δημοκρατίαν οὖσαν. This sentiment was also maintained by his successors. Plato and Xenophon, although differing in their principles and opinions on other subjects, agree with each other on this point.

[3] Xenoph., *Mem.*, iii., 7, § 6.

ants, or the merchants, or the higglers who exchange things in the market, and think of nothing else but how they may sell at the highest price what they have bought at the lowest? for of such people the assembly is composed." Still more forcible is the account given by Ælian,[1] who appears to have confounded Charmides with the more celebrated Alcibiades: "Thou surely art not afraid of that shoemaker?" When Alcibiades denied this, he said, "But perhaps that crier in the market or the tent-maker?" When Alcibiades answered this also in the negative, "Well, then," said Socrates, "do not the people of Athens consist of nothing but such persons? and if thou art not afraid of each of them individually, thou canst not be afraid of them when they are assembled." Even in his Apology he did not conceal his anti-democratical feelings.[2] It is but natural that such assertions of our philosopher should have inflamed those irritable Athenian democrats, according to whose ideas the election of magistrates by lot was the very foundation of their democracy, and that they should have been strongly inclined to accuse a man who held such opinions.

This anti-democratical mode of thinking was not only thought to be discovered in the expressions of Socrates; his having educated the cruel tyrant Critias was alleged as an actual proof of it, although Socrates had not the slightest share in his tyrannical principles. We can not be surprised that in the accusation of Socrates no mention was formally made of Critias and of the Thirty Tyrants in general, of Alcibiades, Hipparchus, and many others of the oligarchical party, who had been more or less intimately connected with Socrates; nor can it be maintained that these connections had no influence on the accusation. The omission of this very important point must be ascribed to the general amnesty which had been proposed by Archinus, and was established after the banishment of the Thirty;[3] and yet Xenophon, the most trustworthy of all the writers who have transmitted to us accounts of Socrates, says[4] that the ridicule of Socrates on the election of magistrates by lot, his having instructed Critias, and quoted passages from the most eminent poets, which bestowed praise on tyranny, were the principal articles in the second charge which accused Socrates of seducing the young.[5]

---

1. li., 1.
2. C. xix. Οὐ γὰρ ἔστιν, ὅστις ἀνθρώπων σωθήσεται οὔτε ὑμῖν οὔτε ἄλλῳ πλήθει οὐδενὶ γνησίως ἐναντιούμενος καὶ διακωλύων πολλὰ ἄδικα καὶ παράνομα ἐν τῇ πόλει γίγνεσθαι. 3. Plat., *Menexen.*, p. 234, B. 4. *Memorab.*, i., 2.
5. Xenophon, clearly seeing that he could not refute the first of these facts, namely, the ridicule on the κυαμευται, wisely avoids mentioning it.

The account of Xenophon strongly confirms the supposition that the connection between Socrates and Critias, whose cruelties were still well remembered by the democratical party, must have contributed to his accusation, and is indeed very probable, when we only consider the state of affairs. A passage of Æschines, the orator, might also be adduced to confirm this opinion, but we have reason to doubt the veracity of Æschines whenever it is his object to bring charges against his adversary, Demosthenes. This passage occurs in the speech against Timarchus,[1] which Æschines delivered before the assembly of the people. "You who have put to death Socrates, the Sophist, whom you knew to have educated Critias, one of the Thirty Tyrants who abolished your democracy, will you allow yourselves to be moved by the private interest of an orator like Demosthenes?" The name of Sophist, which Æschines must surely have known not to have belonged to Socrates, but which orators frequently applied to philosophers to express their contempt of them, and the mention of Critias, are sufficient to prove the intention of Æschines, who wished by these sentiments to hurt the feelings of Demosthenes, a disciple of Plato, and a kinsman of Critias.

[THE CLOUDS OF ARISTOPHANES.

In the clouds of Aristophanes, which was exhibited B.C. 423, Socrates is introduced as the great master of the school of the Sophists. A plain, simple citizen of Athens, named Strepsiades, engaged in husbandry, having married into a family of distinction, and having contracted debts through the extravagance of his wife (v. 49, *seq.*, 437, *seq.*, ed. Dindorf) and his son's (Pheidippides) fashionable love of horses, in order to defeat the impending suits of his creditors, wishes to place his son in a school of philosophy and rhetoric, where he may learn the arts of oratory, and of turning right into wrong, in order thereby to repair the ills which he had chiefly brought upon himself. On the son's refusal, the father applies in person to the master of the school, who is named Socrates; by him he is solemnly initiated, instructed, and examined, but, being found too old and stupid to learn, he is dismissed; upon which, after he has given his son some samples of the new philosophy, he forces him, much against his will, into the school: here the young man makes such great and rapid progress in learning that he is able to teach his father.

---

1. In the third volume of Reiske's edition of the *Oratores Græci* p. 108.

who exults at his brilliant success, the most extraordinary tricks for the attainment of his object; but as he is now himself enlightened, and has raised himself above considerations of right and duty, he denies and scorns in the coarsest manner the relation in which he stands both to his father and mother; he defends his new opinions with the refinements of sophistry, and, retorting upon his father the good lessons he had before received from him, pays him in the same coin. Upon this the father, cured of his error, in wishing to get rid of his embarrassments by dishonesty and sophistical chicanery, returns to take revenge upon the school of that pernicious science and upon its master, who is obliged to receive back all the subtle arguments and high-flown words which he had himself made use of, and the old man levels the establishment to the ground.

From this connected view of the story, we see that it is through out directed against that propensity of the Athenians to controversies and law-suits, which was eminently promoted by their practice of getting into debt; and against the pernicious, sophistical, and wrangling oratory, which was ever at the service of this disposition, in the courts of justice, and particularly in the discussion of all public transactions; and Aristophanes never loses an opportunity of combating these two vices.

Moreover, as the story is set in action by the perverse purpose awakened in Strepsiades, as it comes to an end when he is cured, and as this change arises from the unexpected and extravagant result of the experiment upon Pheidippides, who is to be the instrument of the father's design, the school of sophistry in which the youth is to be formed is clearly the hinge on which the whole action turns; for its influence on Pheidippides decides the success or failure of the views of Strepsiades, and, consequently, the issue of the story of the drama.

This, therefore, is the view which we must take of the relation of the several parts to each other, namely, that the principal character to which the whole refers is not Socrates, who has generally been considered to be so, in consequence of the story lingering so long at his shop, and of his being the sufferer at the conclusion, but Strepsiades himself; whereas Socrates is the intermediate party who is to instruct Pheidippides for the vicious purposes of the father; and this he executes so perfectly, that the old gentleman is at first deceived; but he soon reaps fruits, the nature of which opens his eyes to his own folly, and to the destructive tendency of this system of education.

In "The Clouds" the poet introduces us to the original source whence, according to his view, the new fangled and pernicious system of education took its rise, namely, the school of sophistical eloquence. He represents the Phrontisterion, or subtlety shop, as its seat and centre of union, this being necessary in a dramatic point of view; and he concentrates in the schoolmaster those essential properties of the school which are to explain his purpose, interwoven as they are with others, which belong to the real Socrates, under whose name and mask he clothed the dramatic personage. This individual centralization was indispensably requisite for the conduct of the drama; and this is the poet's only excuse for representing Socrates within the walls of a school, as the philosopher himself was continually moving about in public, a contradiction which has been considered as a convincing proof that the whole exhibition, as we have it, could not have been intended really for him. Aristophanes lays open to us, with the coloring, indeed, of a caricature, the whole interior sayings and doings of the school; he draws a sketch of the methods and means of instruction peculiar to it; and he shows the extent to which the mischief has already gone, since the $\lambda \acute{o} \gamma o \varsigma$ $\delta \acute{\iota} \varkappa \alpha \iota o \varsigma$ is unable to defend himself; he points out, likewise, what results we are to expect from the school, what immediate calamities threaten not merely the parents themselves, who were blind enough to encourage such a system of education, but the common-weal also; and, finally, what the people ought to do to annihilate the evil at its source.

The Socrates in "The Clouds" must not, therefore, be considered as an individual, or as the copy of an individual; but as the principal personages in Aristophanes are for the most part symbolical, he too must be viewed as symbolical, that is, as the representative of the school and of its principle. And as we see in him a good deal which answers to the individual whose name and mask he bears, and much, too, which is heterogeneal to him, although, by means of certain allusions, and the ingenuity of dramatic combination, these two are amalgamated together, so, also, in the characters of Strepsiades and Pheidippides, many traits which are perfectly apposite to the objects which they are intended to typify, are combined with many which are extravagantly caricatured, and the creatures of poetic fiction. Strepsiades, for example, whose name is explained by his tendency to evil (v. 1455, comp. v. 89), and by the pleasure he takes in distorting right (v. 434), is the representative of the good old time, working out its own destruction by the abandonment of the laborious, frugal peasant's life, by illustrious marriages and female influence, by the extravagant life which his son leads in consequence of it, and by the debts and law-suits which this occasions. all of which open the door to sophistical eloquence ; or, if you will, he is the representative of the elder portion of the Athenian people, in this dangerous crisis of their affairs. As in some other characters of the comedies of Aristophanes, which present the people under different aspects, for example, the Demos himself in "The Knights," and Philocleon in "The Wasps," there is always a groundwork of truth and honesty, but which is alloyed with falsehood and led into error, and whose cure and restoration to a healthy and vigorous state, and a right view of things, form the end and aim of the dramas; so, likewise, in "The Clouds," a sickly disposition of the people, the nature and bent of which are portrayed under the character of Strepsiades, in the most lively colors of caricature, is represented as the school in which that personage seeks the means of obtaining the object of his desires, but is cured the moment that the full operation of those means is unexpectedly brought to light. Pheidippides, on the other hand, is the picture of the new or modern times, in the young men of fashion just coming out into the world, whose struggle with the older generation is pointed out by words of derision and raillery. The fashionable and chevaleresque passion for horses and carriages in the young men of the time was accompanied by λαλιά (loquaciousness) and her whole train of vicious propensities; and yet how much better would it be, as Aristophanes implies, to leave the youth to these pursuits, and honorably bear up against the lesser evil of the debts, which had grown out of them, than that, from selfish and dishonest motives, encouragement should be given to what was calculated to poison the youths in their hearts' core, and thereby to bring disorder into all domestic and political relations! In this sense, when Pheidippides expresses his delight and satisfaction with what he had gained from the art of oratory, as it put him in a situation to prove that it was right for a son to correct his father, Strepsiades retorts upon him in these words:

"Ride on and drive away, 'fore Jove! I'd rather keep a coach and four, than be thus beat and mauled."

This, then, is the lesson which Aristophanes would give to his contemporaries in Athens by "The Clouds." If one of the two must have its way, let the young men indulge themselves in their horses and carriages, however it may distress you; but check the influence of these schools, unless you wish to make a scourge for yourself and for the state; exterminate in yourselves that dishonest propensity which entangles you in law-suits, and which by means of those schools, will make your sons the instruments of your ruin! The younger population he tries to deter from the same fate by a display of the manners of the school, and of the pale faces and enervated limbs which come out of it (v. 102, 504, 1012, 1171).

We can not, therefore, say that the play of "The Clouds" is pointed at any one definite individual; but it reproves one general and dangerous symptom of the times, in the whole habits and life, political and domestic, of the Athenians, developing it in its source, in every thing which fostered it and made it attractive, in the instruments by which it was established, and which gave to it its pernicious efficiency; and thus, while he strictly and logically deduces real effects from real causes, as far as this development is concerned, the personages which bear a part in the action are consequently one and all historical. Hence we can very well understand the striking references in particular characters to certain individuals; and I think it more than probable that such reference is intended, not merely in the personage which bears the name of Socrates, but also in that of Pheidippides, while in the character of Strepsiades the poet only meant to point to the people in general.

The excessive love of horses exhibited in Pheidippides, and the extravagance consequent upon it; the rapid strides, too, which he makes in readiness of speech, in debauchery, and in selfish arrogance, and the relation in which he stands to Socrates, evidently point, without further search, to Alcibiades, in whom we find all these features united, on whom all the young men of the higher classes of his time pinned their faith, and whom they assisted a few years afterward in carrying through his political projects.

In "The Clouds," Aristophanes introduces Alcibiades as a ready orator and a debauchée; as the fruit of that school, from which, as the favorite pupil of Socrates, he seems to have issued; in short, as the type of Pheidippides, although all the traits attributed to the latter are not to be looked for individually in Alcibiades, and although his name does not occur in the course of the drama. Moreover, the supposed lineage of Pheidippides, whose mother (v. 46) was the niece of a Megacles, the frequent mention of that uncle (v. 70, 124, 825), and that of his descent from a celebrated ancient lady of the name of Κοισύρα,[1] distinctly point to Alcibiades, whose mother, Deinomache, was herself a daughter of Megacles,[2] and from whose family the Alcmæonidæ, to which Κοισύρα belonged, he had inherited his strong passion for a well-furnished stable.[3] This passion is, in-

---

[1] V. 46 and 800. [2] Plut., *Alcib.*, c. 1. [3] Herodot., vi., 121.

deed, brought forward in the care taken by Pheidippides' mother that the word ἵππος should be introduced somehow or other into his name, as, in truth, it did occur also in Ἱππαρέτη,[1] the daughter of Hipponicus, and wife of Alcibiades. With all these circumstances to point it out, the part of Pheidippides in the play could not have failed to remind the Athenians of Alcibiades, who, about this time, or somewhat earlier, began to neglect, as Isocrates says,[2] the contests of the gymnasia (and this is an important matter in reference to the play of "The Clouds"), and to devote himself to those equestrian and charioteering pursuits, to which he was indebted for his victory at the Olympic games. The very name of Pheidippides is not a pure invention of Aristophanes, but forms at once a connecting link between the youth himself and that Pheidippus, son of Thessalus,[3] who was one of the ancestors of the Thessalian Aleuadæ, famous for their breed of horses; and, at the same time, by its final syllables, it keeps up the allusion to Alcibiades, who had likewise learned the science of the manège, both in riding and driving, in Thessaly; and the same comparison with the Aleuadæ is implied, which we find also in Satyrus,[4] who tells us that Alcibiades spent his time in Thessaly, breeding horses, and driving cars, with more fondness for horse-flesh even than the Aleuadæ. An allusion, also, to the well-known infantine τραυλισμός of Alcibiades, or his defect in the articulation of certain letters,[5] could not fail to fix the attention of the Athenian public to this remarkable personage. If, then, the actor who represented Pheidippides did but imitate slightly this τραυλισμός in appropriate passages, and if he bore in his mask and conduct any resemblance to Alcibiades, there was no further occasion whatever for his name; and we need not have recourse to the supposition that his not being mentioned by name in the play was owing to any fear of Alcibiades, who did not understand such raillery on the part of the comic poets, since the other characteristics by which he was designated were sufficiently complete and intelligible for comic representation; and the whole was affected with much more freedom and arch roguery than if, in addition to that of Socrates, the name likewise of Alcibiades had crudely destroyed the whole riddle, it being already quite *piquant* enough for a contemporary audience. The proof of an allusion in "The Clouds" to Alcibiades, and to the youths who shared in his pursuits and disposition,

---

1. Plut., *Alcib.*, c. 8. Isocr., *Or. de Bigis*, p. 509, ed. Bekker.
2. L. c. Compare Plut., *Alcib.*, c. 11.   3. Homer, *Il.*, ii., 678.
4. In Athenæus, xli., c. 9, p. 534–6: Ἐν Θετταλίᾳ δὲ ἱπποτροφῶν καὶ ἡνιοχῶν πᾶς Ἀλευαδῶν ἱππικώτερος.   5. Plutarch. *Alcib*, c. 1.

is confirmed also by the second argument prefixed to the play, and by the notice it contains that Alcibiades and his party had prevented the first prize being awarded to Aristophanes; from which it is evident, even were the fact not probable in itself, that a tendency hostile to Alcibiades and his friends was perceived even by the ancients in this drama.

It was also about this time that the intimacy between Alcibiades and Socrates was at its height, as the flight from Delion took place in the winter of the first year of the 89th Olympiad, that is, in the year in which "The Clouds" was represented; and the share they both had in this engagement, and the assistance which Alcibiades gave to Socrates, were manifest proofs of that intimacy. Alcibiades also, about this time, must have been deeply engaged in public affairs

But the question arises, Why did Aristophanes, when he gave a name and mask to the master of the school of subtlety, which was so foreign to the real Socrates, select the name and mask of that very individual?

Aristophanes selected Socrates, not only because his whole exterior and his mode of life offered a most appropriate mask for comic representation, but also (and this was his chief reason) because, in these circumstances as well as in many other points, the occupations of Socrates and his mode of instruction bore a great resemblance to those of the natural philosophers and of the Sophists. The poet thus found abundance of subject-matter, which composed a picture suited to his views, namely, to exhibit to the public a master of the school whence the mischief he strove to put down was working its way into the hearts of the Athenian youths. We must also take into our consideration the important fact, that several individuals, such as Euripides, Pericles, Alcibiades, Theramenes, and Critias, who supported the modern system of education, were in close habits of intimacy with Socrates, and in part, too, with the natural philosophers and Sophists: and this helped to give additional relief and light to the portrait of the man who was the centre around which they moved.

It should be recollected that it was not the object of Aristophanes to represent Socrates as he appeared to his confidential pupils, to Xenophon, to Plato, to Phædo, to Cebes, and others, but how he might be represented to the great mass of the Athenian people, that is, how they comprehended and judged him from his outward and visible signs, and how they understood and appreciated the usual extravagances of the comic poets; in short, how it was to be managed, tha while his name and his mask, caricatured to the utmost, were kept together by fundamental affinities, the former might appear sufficiently justified, and be not improperly placed in connection with individuals who were displaying before the eyes of the public the germs which were developed in Alcibiades, and the early results to which they had given birth. But as the people saw Socrates forever and deeply employed, either in meditations, like the natural philosophers, φροντίζειν, or like the Sophists in instructive intercourse with the youth, σοφίζεσθαι, as Pericles called it, and as Socrates was frequently engaged in conversation with those Sophists (besides many palpable points of resemblance, calculated to mislead even those who observed him more closely), it would necessarily follow that they reckoned him one of that community, as Æschines himself does when[1] he calls him a Sophist; judging, then, as they did, from outward appearances, they placed him in the same category with those of his associates whom they knew to be most engaged on the theatre of public life. Aristophanes himself seems to have had no other notion of Socrates; at least, the whole range of his comedy furnishes us with many characteristic traits perfectly similar to the picture we have of him in "The Clouds." In "The Birds" (v. 1282), the poet expresses by ἐσωκράτουν the ideal of a hardy mode of life, and neglect of outward appearances; and in v. 1554 he represents Socrates, who is there called the unwashed (ἄλουτος), as ψυχαγωγός, conductor of souls, maker of images, conjurer-up of spirits, who is obeyed by the shadowy forms of his scholars, among whom Chærephon is particularly designated, the same who is assailed also in "The Clouds," and on various other occasions by the comic poets, as the confidential friend of his youth. And not only in "The Clouds," but in "The Frogs" also, near the end, the Socratic dialogues are ridiculed as solemn twaddle and empty nonsense. Although, therefore, the chief purpose of Socrates' appearance in "The Clouds" is on account of Alcibiades, who is principally aimed at in the character of Pheidippides, and though this motive for introducing him necessarily influenced the formation of that character, yet it is evident that the picture of Socrates and his school, as portrayed in "The Clouds," was not created by Aristophanes merely for the purposes of this comedy, but that he had for his ground-work a definite and decided model.—*Abridged from Süvern's Essay on " The Clouds," translated by Mr. W. R. Hamilton.*

"There are two points with regard to the conduct of Aristophanes which appear to have been placed by recent investigations be-

---

[1] In Timarch., p. 346, ed. Bekker.

yous doubt. It may be considered as certain that he was not animated by any personal malevolence toward Socrates, but only attacked him as an enemy and corrupter of religion and morals; but, on the other hand, it is equally well established that he did not merely borrow the name of Socrates for the representative of the sophistical school, but designed to point the attention and to excite the feelings of his audience against the real individual. The only question which seems to be still open to controversy on this subject concerns the degree in which Aristophanes was acquainted with the real character and aims of Socrates, as they are known to us from the uniform testimony of his intimate friends and disciples. We find it difficult to adopt the opinion of some modern writers, who contend that Aristophanes, notwithstanding a perfect knowledge of the difference between Socrates and the Sophists, might still have looked upon him as standing so completely on the same ground with them, that one description was applicable to them and him. It is true, as we have already observed, that the poet would have willingly suppressed all reflection and inquiry on many of the subjects which were discussed both by the Sophists and by Socrates, as a presumptuous encroachment on the province of authority. But it seems incredible, that if he had known all that makes Socrates so admirable and amiable in our eyes, he would have assailed him with such vehement bitterness, and that he should never have qualified his satire by a single word indicative of the respect which he must then have felt to be due at least to his character and his intentions. But if we suppose, what is in itself much more consistent with the opinions and pursuits of the comic poet, that he observed the philosopher attentively indeed, but from a distance which permitted no more than a superficial acquaintance, we are then at no loss to understand how he might have confounded him with a class of men with which he had so little in common, and why he singled him out to represent them. He probably first formed his judgment of Socrates by the society in which he usually saw him. He may have known that his early studies had been directed by Archelaus, the disciple of Anaxagoras; that he had both himself received the instruction of the most eminent Sophists, and had induced others to become their hearers; that Euripides, who had introduced the sophistical spirit into the drama, and Alcibiades, who illustrated it most completely in his life, were in the number of his most intimate friends. Socrates, who never willingly stirred beyond the walls of the city, lived almost wholly in public places, which he seldom entered without forming a circle round him, and opening some discussion connected with the object of his philosophical researches; he readily accepted the invitations of his friends, especially when he expected to meet learned and inquisitive guests, and probably never failed to give a speculative turn to the conversation. Aristophanes himself may have been more than once present, as Plato represents him, on such occasions. But it was universally notorious that whenever Socrates appeared, some subtle disputation was likely to ensue; the method by which he drew out and tried the opinions of others, without directly delivering his own, and even his professions —for he commonly described himself as a seeker who had not yet discovered the truth—might easily be mistaken for the sophistical skepticism which denied the possibility of finding it. Aristophanes might also, either immediately or through hearsay, have become acquainted with expressions and arguments of Socrates apparently contrary to the established religion."—*Thirlwall's History of Greece*, vol. iv., p. 267, 268.—TR.]

CHAPTER VIII.

THESE causes sufficiently account for the accusation of Socrates, but why was it delayed till he had reached his seventieth year?

The hatred against Socrates, as an enemy of the democracy, did not dare to display itself previous to the banishment of Alcibiades, the powerful friend of Socrates, who still remained his friend even after he had given up his intimate acquaintance. Besides this, during the Peloponnesian war, the attention of the people was engaged by more important affairs than the accusation of Socrates, and his enemies, who belonged for the most part to the democratical party, had not sufficient influence during the government of the Thirty to attempt any thing against him. On the other hand, the Thirty, in spite of their own corruption, could not deny him their esteem, and they also probably dreaded his friends, whose number was not small and therefore endeavored, but unsuccessfully, to gain him over to their interest, as we have seen in the affair of Leon of Salamis. But there was hardly a moment more favorable to the accusation of a man suspected of anti-democratic sentiments[1] than that which the

---

1. That Socrates was not considered as a friend of the people, according to the notions of the multitude, we also see from the Apology ascribed to Xenophon, in which great pains are taken to represent him as δημοτικός. Compare the Apology of Libanius, p. 17: "Socrates hated democracy, and would have liked to have seen a tyrant at the head of the republic," &c. "He is an enemy of the people, and persuaded his friends to despise democracy. He praised Pisistratus, admired

accusers of Socrates actually chose. After the recovery of democratical liberty, the Athenians, still feeling the consequences of the unfortunate issue of the Peloponnesian war, which their superstition ascribed to the profanation of the mysteries and the mutilation of the Hermes-busts by Alcibiades, and remembering the horrors with which the government of the Thirty Tyrants was branded, became more jealous of their Constitution than ever, and more inclined to punish persons against whom such plausible charges could be brought as those against Socrates, the teacher of Critias and Alcibiades.

But the old charge, so often repeated against philosophers,[1] that they introduced new gods and corrupted the young, and which was also employed against Socrates, was not followed by his immediate condemnation. We know from the Apology of Plato[2] that Meletus requested the assistance of the party of Anytus and Lycon, in order to induce the judges to pronounce the preliminary[3] sentence of guilty

---

Hippias, honored Hipparchus, and called that period the happiest of the Athenians," &c. These are the charges against which Socrates is defended by Libanius.

1. The accusation of impiety was so comprehensive, that the greatest and best men, on whom not a shadow of any other crime could fall, were charged with it. The tribunal before which they were tried was not the same at all times, as the cause might be pleaded before the Areopagus, the Senate, or the Heliæa.

2. C. xxv.

3. *A preliminary sentence;* for a proper condemnation in matters which were not considered criminal only took place after a counter-estimate had been made by the defendant; and wherever a punishment was stated by the law, it was inflicted according to the law, and not left to the discretion of the judges. We find one irregularity in the trial of Socrates, for which we can only account by supposing that some expressions of Socrates were considered by the judges as personally insulting to themselves. But, although the accuser thought the matter criminal (τίμημα θανάτου, he added, according to Diog., ii., 40), yet it was not treated as such by the judges. The first estimate of the punishment was made by the plaintiff, and this kind of estimating was called τιμᾶν; the counter-estimate was made by the defendant, and the terms for it were ἀντιτιμᾶν, ἀντιτιμᾶσθαι (Plat., *Apol.*, c. xxvi. Compare Pollux, viii., 150), or ὑποτιμᾶσθαι (Xenoph., *Apol.*, § 23). The positive decision of the punishment was the privilege of the judges, and to fix the punishment was called προστιμᾶν. The calculation of votes which Fischer has made, in a remark on the passage of Plato, is too artificial; a more simple interpretation, which is adopted by Schleiermacher and others, is that the union of the party of Anytus and Lycon was required in order to obtain, in combination with that of Meletus, a fifth part of the votes. The number of the judges in the trial of Socrates is said to have been 555. 281 voted against him, 275 for him. If Socrates had had three votes more in his favor, the numbers would have been equal on both sides, and in this case he would have been acquitted. Tychsen, by correcting Diogenes, endeavors to reconcile him with Plato, for they contradict each other with regard to the number of votes. He accordingly increases the number of judges to 559, of whom 281 condemned, and 278 acquitted him. [For an account of the number of

Had Meletus not been supported by them, he would, as Socrates himself says, have failed in his accusation, and been fined one thousand drachmas; for an accuser who failed in obtaining less than the fifth part of the votes[1] was fined this sum. But, even after the preliminary sentence had been pronounced, it would have been easy for Socrates to have given his trial a turn favorable to himself, if he had chosen to condescend to those practices which other defendants had recourse to in such cases, and which men of the highest character employed. In cases which were not criminal, as stated above, a counter-estimate[2] took place; that is, the defendant was allowed to fix on any punishment for himself which he considered proper. It was left to Socrates to choose between imprisonment for life, exile,[3] or a fine. He might have escaped with a small fine, which his friends had declared themselves willing to collect for him; but he rejected this offer, as well as a speech composed by Lysias in his defence. "My whole life," he said, "forms a defence against the present accusation."

"When Meletus had accused him of a crime against the republic,' says Xenophon,[4] "he refused doing the slightest thing contrary to the laws, although others, in opposition to the law, were accustomed to implore the compassion of the judges, and to flatter and entreat them, which frequently procured their acquittal. On the contrary, however easy it might have been for him to have been acquitted by the judges, if he had chosen to act in the usual manner, he preferred death in consonance with the laws, to a life maintained by their violation." Instead of trying to make a favorable impression upon the judges, he pronounced these proud words: "If I must estimate myself according to my desert, I estimate myself as deserving to be maintained in the prytaneum at the public expense."[5] This was

---

judges who were present at the trial of Socrates, see note (c) on c. xxv. of the Apology, p. 134.—Tr.]

1. Meursius, *Lect. Att.*, v., 13. Sometimes banishment was inflicted, as we see from the case of Æschines.

2. Cic., *De Orat.*, i., 54: Erat Athenis, reo damnato, si fraus capitalis non esset, quasi pœnæ æstimatio: et sententia quum judicibus daretur, interrogabatur reus, quam quasi æstimationem commeruisset.

3. In the *Crito* of Plato, c. xiv., the laws are introduced speaking thus: "Even during thy trial thou wast at liberty to declare thyself deserving exile, if thou hadst wished to do so, and with the consent of the state thou mightest have done what thou art now undertaking against her will. But thou didst even boast, as if thou wast not thyself alarmed, thou even didst say that thou wouldst prefer death to exile." It was the privilege of every Athenian citizen to avoid the severity of the laws by a voluntary exile. Pollux, viii., 10, 117.

4 *Memorab.*, iv., 4, § 4.   5. Plato, *Apolog.*, c. xxvi.

the highest honor, and was conferred on the prytanes, *i. e.*, the fifty senators belonging to the presiding tribe, on the conquerors at the Olympian games, on youths whose fathers had died in defence of their country, on foreign embassadors, &c., and at the end of his speech he ironically adds, "If I had had money, I would have estimated myself at as high a sum as I should have been able to pay, for that would not have injured me; but now I can not do so, for I have nothing, unless you will fine me in such a sum as I can pay. But perhaps I might be able to pay a mina of silver: that shall therefore be my estimate. But Plato here, men of Athens, and Crito, and Critobulus, and Apollodorus, are persuading me to fine myself thirty minæ, and they themselves are ready to answer for me: that, therefore, shall be my estimate, and they will be satisfactory guarantees for this sum."[1] Such a proud answer, and the language in general which Socrates used,[2] inflamed all the judges against him, and eighty of those who at first had been favorably disposed toward him now voted for his death.[3] The real cause of his condemnation was, therefore, the noble pride, the "libera contumacia," as Cicero[4] calls it, which he displayed during his trial. He

---

1. *Apolog.*, c. xxviii. The account in the Apology ascribed to X. nophon (§ 23), that Socrates did not fine himself, nor allow his friends to do so, because this would have been acknowledging his crimes, may be reconciled with the statement of Plato quoted above; for the estimate mentioned by the latter, as appears from the whole context, is pronounced in quite an ironical tone; it is, in reality, no estimate. Tychsen doubts the authority of Plato, thinking that it was only the intention of Plato to immortalize the offer which he and his friends had made to Socrates. But for this supposition we have no reason whatever. Tychsen, in his account of this affair, follows Diogenes, who differs from Plato inasmuch as he states that the estimate of the thirty minæ preceded the proud assertion that he deserved to be maintained in the prytaneum. But the authority of Plato is surely more important. The source from which Diogenes derived his account is unknown.

2. Cic., *De Orat.*, l., 54: Socrates in judicio capitis pro se ipse dixit, ut non supplex aut reus, sed magister aut dominus videretur esse judicum.

3. Cic., *Ibid.*: Cujus responso sic judices exarserunt ut capitis hominum innocentissimum condemnarent.

4. Cic., *Tuscul.*, l., 24: Socrates nec patronum quæsivit ad judicium capitis, nec judicibus supplex fuit, adhibuitque *liberam contumaciam*, a magnitudine animi ductam, non a superbia. This *libera contumacia* is expressed by the author of the Apology ascribed to Xenophon by μεγαληγορία. Diog., ii., 24, also says of him, ἦν δὲ ἰσχυρογνώμων (contumax). We see from the Apology of Plato (see also Xenoph., *Apol.*, § 14) that the judges had taken it very ill of Socrates that he mentioned the declaration of the Delphic god, and that he spoke of a genius by whom he was guided. But they were most bitterly enraged by the manner in which he estimated his punishment. The author of the Xenoph. Apology attributes to Socrates one other expression, which must have excited the indignation of the Atheni

fell, properly speaking, as a voluntary victim. It would, however, be improper to suppose that the proud language which he made use of before his judges proceeded wholly and alone from a consciousness of his own worth. The reason why Socrates did not wish to defend himself, and rather did every thing to dispose the judges for his condemnation, was of a religious nature, as appears from several passages of the Socratic philosophers.[1] He was not restrained by his dæmon: this was the reason to which he referred the calmness of his mind and the omission of all that he might have done for his defence. Socrates considered himself as a man destined by the Deity to be a general instructor of the people, and regarded his death as a sacrifice which was demanded by the same Deity. This is undoubtedly an interesting point, but, at the same time, one that has too frequently been overlooked in the life of Socrates.

Respecting the immediate cause of the condemnation of Socrates. we must come to the conclusion that he did not so much fall a victim to the hatred of his enemies as to his religious mode of thinking, combined with a strong feeling of his own worth. The indirect causes of his death were certainly his accusers, who were actuated in a great measure by very ignoble motives; but the conduct of the judges, however unjustifiable, is yet excusable in many respects. Socrates had certainly expressed himself too freely on the Constitution; and he must have appeared to the democratic Athenians to have seduced the young by such an open avowal of his opinions. The second point, however, with which Socrates was charged, that he did not believe in the gods worshipped by the state, and on which even the hypothesis of Anaxagoras concerning the sun and the moon was brought to bear, was perfectly unfounded, and is satisfactorily refuted by Socrates in the Apology, and by Xenophon in the Memorabilia. On the other hand, however, even the

---

ans. Socrates there tells them that Apollo had expressed himself still more strongly in favor of Lycurgus, the legislator of the Lacedæmonians (who were so much detested by the Athenians), and had declared him to be the noblest, justest, and most moral of men. See § 15 and 16.

1. Plat., *Apol.*, c. xvii: "Whatever you may think of my conduct and my instructions, I shall change the one as little as the other, and I will rather obey the commands of the god who sent me as your teacher, than those of men." Xenoph., *Memorab.*, iv., 8, 5: "Dost thou not know," Hermogenes says to Socrates, "that the judges at Athens, when offended by one word, have often condemned innocent men to death, and acquitted many criminals?" "Yes indeed they have; but, by Zeus, dear Hermogenes," he answered, "when I was thinking of my defence before the judges, my genius opposed and warned me." Compare Xenoph., *Apol*, § 4

calmest judge could not he p being prejudiced against him by his pride. He appeared as a man who was in no way willing to own his errors, and who was, consequently, incapable of improvement. Death is, indeed, a very severe punishment according to our ideas, but it was not so among the Athenians, with whom it was considered equal to perpetual exile, and was inflicted for crimes of a less serious nature.[1]

Socrates was thus condemned to drink the poisoned cup. A guarantee was demanded that he might not escape from punishment by flight, and Crito became answerable for him. According to the form then customary, as it is expressed in Plutarch's life of Antiphon, the sentence must have run thus: "Socrates, the son of Sophroniscus, of the tribe of Antiochis and the deme of Alopece, has been condemned to be surrendered to the Eleven." *To be surrendered to the Eleven* was a euphemism of the Attic language instead of *to be condemned to death*, since the Athenians wished to avoid the word death, which was considered ominous. The Eleven formed a commission, which consisted of the executioner and ten individuals, named respectively by each of the ten tribes. The superintendence of the prisons was intrusted to them, and they carried into execution the sentence of the courts. After the sentence had been pronounced and made publicly known by the herald, they seized the condemned person, and, after putting him in fetters, accompanied him to his prison. We must suppose that these formalities were likewise observed with regard to Socrates.

After the sentence had been pronounced, Socrates once more addressed the judges who had condemned him, and with great resignation and intrepidity spoke of the evil which they inflicted upon themselves by his punishment; and to those who had voted for his acquittal, he spoke upon subjects which at that moment were of the greatest interest—death and immortality. The last words of this address are particularly beautiful, and have found in Cicero[2] an enthusiastic admirer. "However, it is time for us to go—for me to die, for you to live; which is the better, is unknown to all except to God."

---

1. The Athenian laws in this respect were very much like the English. Xenoph., *Mem.*, L, 2, 62, says: "If a man proves to be a thief, to have stolen clothings from a bath, to be a pickpocket, to have broken through a wall, to have enslaved free citizens, or robbed a temple, he is punished with death according to the laws." If the value of the things stolen in a bath exceeded ten drachmas, death was inflicted, as is observed by Hindenburg (on this passage) from Demosthenes *in Timocr*
2. *Tuscul.*, L, 41.

When Socrates had spoken these words, he went with cheerfulness to the prison where death awaited him. "Magno animo ei vultu," says Seneca,[1] "carcerem intravit." He consoled his weeping friends who followed him, and gently reproached Apollodorus, who uttered loud complaints respecting the unjust condemnation of his master.[2]

The next day Socrates would have been executed, had not a particular festival, which was then celebrated at Athens, postponed it for thirty days. It was the time when the Athenians sent to Delos a vessel with presents for the oracle of Apollo, as a grateful acknowledgment for the successful expedition of Theseus against the Minotaurus. This great festival was solemnized at Athens every year, and from the moment when the vessel was adorned with a garland of laurel for its departure till the moment of its return, no criminal was allowed to be executed. The festival itself, called θεωρία, was a kind of propitiation, during which the city was purified. The vessel in which the presents were conveyed to Delos was called θεωρίς. As the vessel had been crowned the day before the condemnation of Socrates, the whole interval between this and its return was at the disposal of Socrates to prepare himself for his death. This interval lasted, as we have said, thirty days.[3]

Although he was confined in irons, Socrates passed these thirty days with his usual cheerfulness, in conversation with his friends, in meditations on his future existence, and on the history of his past life, as well as in attempts at composing verses. "During this time also," says Xenophon,[4] "he lived before the eyes of all his friends in the same manner as in former days; but now his past

---

1. *Consol. ad Helviam*, c. xiv.
2. The author of the so-called Apology of Xenophon perfectly agrees with Plato on these facts, which are in themselves credible enough. See Plat., *Phædo*. The former, however, adds (§ 29, *seqq.*), that Socrates said, while Anytus passed by, "That man is perhaps very proud, as if he had performed something very great and sublime by having caused my death. Oh, the unhappy man, who does not seem to know that he is the conqueror who has been active for all futurity in the best and most useful manner! Homer has ascribed to some, who were near the end of their life, the power of foreseeing the future. Therefore I will also prophesy. For a short time I had intercourse with the son of Anytus, and he appeared to me to be of rather a strong mind: I therefore say that he will not long remain in that servile occupation which his father has chosen for him; but as he has no honest guide, he will be led away by some evil propensity, and carry his wickedness to a great extent." A malicious prophecy, and contrary to the well-known character of Socrates.
3. The passages upon which these statements rest may be found in the *Crito* of Plato, and in Xenoph. *Mem.*, iv., 8, § 2.   4. *Mem.*, iv., 8, § 2.

life was most admired on account of his present calmness and cheerfulness of mind." 'Among the conversations with his friends, two are particularly interesting, which are preserved by Plato in his Crito and Phædo—in the latter not without a considerable addition of Plato's own thoughts. In the Crito he treats of the duties of a citizen. Crito, a wealthy Athenian and powerful friend of Socrates, came to him early one morning, but, finding him asleep, waited till he awoke. When he awoke, Crito discovered to him a plan of escaping from prison, which he had formed in common with his other friends, and informed him that every thing was prepared for his escape, and that an asylum was provided for him in Thessaly. A lively conversation then arose between them, in which Socrates proved to Crito that a citizen is not justified, under any circumstances, in escaping from prison.

On the day of his death, Socrates had a conversation with his friends on the immortality of the soul. The arguments adduced in the Phædo of Plato are for the most part invented by Plato; but the real arguments of Socrates are probably preserved by Xenophon in the Cyropædia, in the dying speech of Cyrus.

The exercises which Socrates made in poetry were versifications of a hymn to Apollo, and of some fables of Æsop. Socrates undertook these on account of an admonition given him in a dream. But the reason for his choosing fables of Æsop was probably that this kind of poetry, which has such a decided moral tendency, particularly agreed with his own inclinations.[1]

The vessel returned from Delos; the Eleven announced to Socrates the hour of his death, and one of their executioners was ready to prepare the poisoned cup, which Socrates was obliged to empty after the sun had set. At a very early hour of the day his friends had assembled around him in great numbers, and Xanthippe, with her children, was also present. His friends were in the deepest distress, which, according to their different characters, was more or less loudly expressed. Apollodorus wept aloud, and moved all to tears except Socrates. Xanthippe, the violent and passionate

---

1. Πολλάκις μοι φοιτῶν τὸ αὐτὸ ἐνύπνιον, ho says (*Phædo*, p. 60, E., seqq.), ἐν τῷ παρελθόντι βίῳ, ἄλλοτ' ἐν ἄλλῃ ὄψει φαινόμενον, τὰ αὐτὰ δὲ λέγον, Ὦ Σώκρατες, ἔφη, μουσικὴν ποίει καὶ ἐργάζου· καὶ ἐγὼ ἐν γε τῷ πρόσθεν χρόνῳ, ὅπερ ἔπραττον, τοῦτο ὑπελάμβανον αὐτό μοι παρακελεύεσθαί τε καὶ ἐπικελεύειν, ὥσπερ οἱ τοῖς θέουσι διακελευόμενοι, καὶ ἐμοὶ οὕτω τὸ ἐνύπνιον, ὅπερ ἔπραττον, τοῦτο ἐπικελεύειν, μουσικὴν ποιεῖν, ὡς φιλοσοφίας μὲν οὔσης μεγίστης μουσικῆς, ἐμοῦ δὲ τοῦτο πράττοντος· νῦν δ' ἐπειδὴ ἥ τε δίκη ἐγένετο καὶ ἡ τοῦ θεοῦ ἑορτὴ διεκώλυέ με ἀποθνήσκειν, ἔδοξε χρῆναι, εἰ ἄρα πολλάκις μοι προστάττοι τὸ ἐνύπνιον ταύτην τὴν δημώδη μουσικὴν ποιεῖν μὴ ἀπειθῆσαι αὐτῷ. ἀλλὰ ποιεῖν, κ. τ. λ.

oman, was inconsolable at the prospect of the death of her husband. Without fortune, without support, without any consolation, she saw herself and her children, of whom two were still at a tender age, left in want and misery. Socrates, probably with the intention of sparing her the distressing sight of her dying husband, requested Crito to send her home.

The executioner entered the prison, and offered the poisoned cup to Socrates: he took and emptied it with the intrepidity of a sage who is conscious of his virtuous life; and even at the moment when he held it in his hand, he spoke, according to Cicero's expression,[1] in such a manner that he appeared not to die, but to ascend into heaven. The lower part of his body had already grown cold; he then uncovered himself (for he had before been covered), and spoke his last words: "Crito," said he, "I owe a cock to Æsculapius. Offer one to him as a sacrifice; do not forget it." Socrates alluded in these words to the happiness he should enjoy after being delivered from the chains of his body. Crito asked whether he wished any thing else to be done. To this question Socrates made no reply, and a short time afterward became convulsed. His eyes became dim—and he expired.[2] He died in the year 400, or,

---

1. *Tuscul.*, i., 29.
2. All this is more circumstantially related in the Phædo of Plato. The above interpretation of the words at the end of the Phædo, "Crito, I owe a cock to Æsculapius," &c., which is also adopted by Olympiodorus, appears to be the most suitable. It is well known how many undeserved reproaches have been inflicted upon Socrates for this expression. The ecclesiastical fathers Origen, Eusebius, Chrysostom, and others, pretended to discover in it the real belief of Socrates in polytheism. [" It is extremely difficult to determine the precise relation in which the opinions of Socrates stood to the Greek polytheism. He not only spoke of the gods with reverence, and conformed to the rites of the national worship, but testified his respect for the oracles in a manner which seems to imply that he believed their pretensions to have some real ground. On the other hand, he acknowledged one Supreme Being as the framer and preserver of the universe;* used the singular and the plural number indiscriminately concerning the object of his adoration;† and when he endeavored to reclaim one of his friends, who scoffed at sacrifices and divination, it was, according to Xenophon, by an argument drawn exclusively from the works of the one Creator.‡ We are thus tempted to

---

* *Mem.*, iv., 3, § 13: ὁ τὸν ὅλον κόσμον συντάττων τε καὶ συνέχων.

† οἱ θεοί, ὁ θεός, τὸ θεῖον, τὸ δαιμόνιον.

‡ *Mem.*, i., 4. If the conversation has been faithfully reported by Xenophon, Aristodemus shifted his ground in the course of the argument. But he suggests no objection to the inference drawn by Socrates from the being and providence of God, as to the propriety of conforming to the rites of the state religion, and Xenophon himself seems not to have been aware that it might be disputed. He thinks that he has sufficiently refuted the indictment which charged Socrates

according to others, 399 B.C., under the archon Laches,[1] or Aristocrates.

imagine that he treated many points, to which the vulgar attached great importance, as matters of indifference, on which it was neither possible nor very desirable to arrive at any certain conclusion: that he was only careful to exclude from his notion of the gods all attributes which were inconsistent with the moral qualities of the Supreme Being; and that, with this restriction, he considered the popular mythology as so harmless, that its language and rites might be innocently adopted. The observation attributed to him in one of Plato's early works[*] seems to throw great light on the nature and extent of his conformity to the state religion. Being asked whether he believed the Attic legend of Boreas and Orithyia, he replied that he should indeed only be following the example of many ingenious men if he rejected it, and attempted to explain it away;[†] but that such speculations, however fine, appeared to him to betoken a mind not very happily constituted; for the subjects furnished for them by the marvelous beings of the Greek mythology were endless, and to reduce all such stories to a probable form was a task which required much leisure. This he could not give to it, for he was fully occupied with the study of his own nature. He therefore let those stories alone, and acquiesced in the common belief about them."—*Thirlwall's History of Greece*, vol. iv., p. 208, seqq.—Tr.]

1. Diog., ii., 55 and 56. Marmor. Oxon., 57. Sachse places his death in Ol. 95, 1; Fabricius and Hamberger, Ol. 94, 2. [According to Diogenes, ii., 43 (c. xxiii.), the Athenians immediately repented of the death of Socrates, and manifested their sorrow by closing the palæstræ and gymnasia. They are said to have condemned Meletus[*] to death, and to have banished the other accusers, and also to have erected a bronze statue of Socrates. It is also said, in the lives of the Ten Orators, that Isocrates appeared in mourning for Socrates the day after his execution.—Tr.]

with disbelieving the existence of the gods acknowledged by the state, when he has proved that he believed in a deity. [*] *Phædrus*, p. 229.

† I should say that she had been carried by the north wind over the cliffs, with which she had been playing with Pharmacea.

SCHLEIERMACHER
ON THE
WORTH OF SOCRATES AS A
PHILOSOPHER.

SCHLEIERMACHER

ON THE

WORTH OF SOCRATES AS A PHILOSOPHER.

That very different and even entirely opposite judgments should be formed by different men, and according to the spirit of different times, on minds of a leading and peculiar order, and that it should be late, if ever, before opinions agree as to their worth, is a phenomenon of every-day occurrence. But it is less natural, indeed it seems almost surprising, that at any one time a judgment should be generally received with regard to any such mind which is in glaring contradiction with itself. Yet, if I am not mistaken, it is actually the case with Socrates, that the portrait usually drawn of him, and the historical importance which is almost unanimously attributed to him, are at irreconcilable variance. With Socrates most writers make a new period to begin in the history of Greek philosophy, which at all events manifestly implies that he breathed a new spirit and character into those intellectual exertions of his countrymen which we comprehend under the name of philosophy, so that they assumed a new form under his hands, or, at least, that he materially widened their range. But if we inquire how the same writers describe Socrates as an individual, we find nothing that can serve as a foundation for the influence they assign to him. We are informed that he did not at all busy himself with the physical investigations which constituted a main part even of Greek philosophy, but rather withheld others from them, and that even with regard to moral inquiries, which were those in which he engaged the deepest, he did not by any means aim at reducing them into a scientific shape, and that he established no fixed principle for this, any more than for any other branch of human knowledge. The base of his intellectual constitution, we are told, was rather religious than speculative; his exertions rather those of a good citizen, directed to the improvement of the people, and especially of the young, than those of a philosopher in short, he is represented as a virtuoso in the exercise of sound common sense, and of that strict integrity and mild philanthropy with which it is always associated in an uncorrupted mind; all this, however, tinged with a slight air of enthusiasm. These are, no doubt, excellent qualities; but yet they are not such as fit a man to play a brilliant part in history, but rather, unless where peculiar circumstances intervene, to lead a life of enviable tranquillity, so that it would be necessary to ascribe the general reputation of Socrates, and the almost unexampled homage which has been paid to him, by so many generations, less to himself than to such peculiar circumstances. But least of all are these qualities which could have produced conspicuous and permanent effects on the philosophical exertions of a people already far advanced in intellectual culture. And this is confirmed when we consider what sort of doctrines and opinions are attributed to Socrates in conformity with this view; for, in spite of the pains taken to trick them out with a show of philosophy, it is impossible, after all, to give them any scientific solidity whatever: the farthest point we come to is, that they are thoughts well suited to warm the hearts of men in favor of goodness, but such as a healthy understanding, fully awakened to reflection, can not fail to light upon of itself. What effect, then, can they have wrought on the progress, or the transformation of philosophy? If we would confine ourselves to the well-known statement that Socrates called philosophy down from heaven to earth, that is, to houses and market-places, in other words, that he proposed social life as the object of research in the room of nature, still the influence thus ascribed to him is far from salutary in itself, for philosophy consists not in a partial cultivation either of morals or physics, but in the coexistence and intercommunion of both; and there is, moreover, no historical evidence that he really exerted it. The foundations of ethical philosophy had been laid before the time of Socrates in the doctrines of the Pythagoreans, and after him it only kept its place by the side of physics, in the philosophical systems of the Greeks. In those of Plato, of Aristotle, and of the Stoics, that is, of all the genuine Socratic schools of any importance, we again meet with physical investigations, and ethics were exclusively cultivated only by those followers of Socrates who themselves never attained to any eminence in philosophy. And if we consider the general tendency of the above-named schools, and review the whole range of their tenets, nothing can be pointed out that could have proceeded from a Socrates, endowed with such qualities of mind and character as the one described to us, unless 't be where their theories have been reduced to a familiar practical application. And even with regard to the elder Socratics we find more satisfaction in tracing their strictly philosophical speculations to any other source rather than to *this* Socrates ; not only may Aristippus, who was unlike his master in his spirit as well as his doctrines, be more easily derived from Protagoras, with whom he has so much in common, but Euclid, with his dialectic bias, from the Eleatics. And we find ourselves compelled to conclude that the stem of Socrates, as he is at present represented to us, can have produced no other shoot than the Cynical philosophy, and that not the cynism of Antisthenes, which still retains many features which we should rather refer to his earlier master, Gorgias, but the purer form, which exhibits only a peculiar mode of life, not a doctrine, much less a science : that of Diogenes, the *mad Socrates*, as he has been called, though, in truth, the highest epithet due to him is that of *Socrates caricatured;* for his is a copy in which we find nothing but features of such an original : its approximation to the self-contentedness of the deity in the retrenchment of artificial wants, its rejection of mere theoretical knowledge, its unassuming course of going about in the service of the god to expose the follies of mankind. But how foreign all this is to the domain of philosophy, and how little can be there effected with such means, is evident enough.

The only rational course, then, that seems to be left, is to give up one or other of these contradictory assumptions : either let Socrates still stand at the head of the Athenian philosophy, but then let those who place him there undertake to establish a different notion of him from that which has been long prevalent; or let us retain the conception of the wise and amiable man, who was made, not for the school, but wholly for the world ; but then let him be transferred from the history of philosophy to that of the general progress of society at Athens, if he can claim any place there. The latter of these expedients is not very far removed from that which has been adopted by Krug ;[1] for as in his system Socrates stands at the end of the one period, and not at the beginning of the next, he appears, not as the germ of a new age, but as a product and after growth of an earlier one ; he sinks, as an insulated phenomenon, into the same rank with the Sophists, and other late fruits of the period, and loses a great part of his philosophical importance. Only it is but a half measure that this author adopts when he begins his new period with the immediate disciples of Socrates as such, for at its head he places the genuine Socratics, as they are commonly called, and, above all, Xenophon, men of whom he himself says that

---

[1] Gesch der Philos. alter Zeit.

their only merit was that of having propagated and diffused Socratic doctrines, while the doctrines themselves do not appear to him worth making the beginning of a new period. Ast had previously arrived at the same result by a road in some respects opposite.[1] With him Plato is the full bloom of that which he terms the Athenian form of philosophy; and as no plant begins with its bloom, he feels himself constrained to place Socrates at the head of this philosophy, but yet not strictly as a philosopher. He says that the operation of philosophy in Socrates was confined to the exercise of qualities that may belong to any virtuous man, that is to say, it was properly no philosophy at all; and makes the essence of his character to consist in enthusiasm and irony. Now he feels that he can not place a man endowed with no other qualities than these at the head of a new period, and therefore he ranges the Sophists by his side, not, indeed, without some inconsistency, for he himself sees in them the perverse tendency which was to be counteracted by the spirit of the new age; but yet he prefers this to recognizing the germ of a new gradation in Socrates alone, whose highest philosophical worth he makes to consist in his martyrdom, which, however, can not by any means be deemed of equal moment in the sphere of science, as in that of religion or politics. Though in form this course of Ast's is opposite to Krug's, in substance it is the same: its result is likewise to begin a new period of philosophy with Plato; for Ast perceives nothing new or peculiar in the struggle Socrates made against the Sophists, only virtue and the thirst after truth, which had undoubtedly animated all the preceding philosophers; what he represents as characteristic in the Athenian philosophy, is the union of the elements which had been previously separate and opposed to each other; and since he does not, in fact, show the existence of this union in Socrates himself, and distinctly recognizes their separation in his immediate disciples, Plato is, after all, the point at which, according to him, that union begins.

But if we choose really to consider Plato as the true beginner of a new period, not to mention that he is far too perfect for a first beginning, we fall into two difficulties: first, as to his relation to Aristotle. In all that is most peculiar to Plato, Aristotle appears as directly opposite to him as possible; but the main division of philosophy, notwithstanding the wide difference between their modes of treating it, he has in common with Plato, and the Stoics with both; it fits as closely and sits as easily on one as the other, so that one

---

1. Grundriss einer Gesch. der Philos.

can scarcely help believing that it was derived from some common origin, which was the root of Plato's philosophy as well as theirs The second difficulty is to conceive what Plato's relation to Socrates could really have been, if Socrates was not in any way his master in philosophy. If we should suppose that Plato's character was formed by the example of Socrates, and that reverence for his master's virtue, and love of truth, was the tie that bound him, still this merely moral relation is not a sufficient solution of the difficulty. The mode in which Plato introduces Socrates, even in works which contain profound philosophical investigations, must be regarded as the wildest caprice, and would necessarily have appeared merely ridiculous and absurd to all his contemporaries, if he was not in some way or other indebted to him for his philosophical life. Hence we are forced to abide by the conclusion, that if a great pause is to be made in Greek philosophy, to separate the scattered tenets of the earlier schools from the later systems, this must be made with Socrates; but then we must also ascribe to him some element of a more strictly philosophical kind than most writers do, though, as a mere beginning, it needs not to have been carried very far toward maturity. Such a pause as this, however, we can not avoid making: the earlier philosophy, which we designate by the names of Pythagoras, Parmenides, Heraclitus, Anaxagoras, Empedocles, &c., has evidently a common type, and the later, in which Plato, Aristotle, and Zeno are the conspicuous names, has likewise one of its own, which is very different from the other. Nothing can have been lost between them which could have formed a gradual transition, much less is it possible so to connect any of the later forms with any of the earlier as to regard them as a continuous whole. This being so, nothing remains to be done but to subject the case of Socrates to a new revision, in order to see whether the judges he has met with among posterity have not been as unjust in denying his philosophical worth, and his merits in the cause of philosophy, as his contemporaries were in denying his worth as a citizen, and imputing to him imaginary offences against the Commonwealth. But this would render it necessary to ascertain somewhat more distinctly wherein his philosophical merit consists.

But this new inquiry naturally leads us back, in the first instance, to the old question whether we are to believe Plato or Xenophon in their accounts of what Socrates was; a question, however, which only deserves to be proposed at all, so far as these two authors are really at variance with each other, and which, therefore, only admits of a rational answer, after it has been decided whether such a variance exists, and where it lies. Plato nowhere professes himself the historian of Socrates, with the exception, perhaps, of the Apology, and of insulated passages, such as the speech of Alcibiades in the Banquet; for it would certainly have been in bad taste, if here, where Plato is making contemporaries of Socrates speak of him in his presence, he had exhibited him in a manner that was not substantially faithful, though even here many of the details may have been introduced for the sake of playful exaggeration. On the other hand, Plato himself does not warrant any one to consider all that he makes Socrates say in his dialogues, as his real thoughts and language; and it would be rendering him but a poor service to confine his merit to that of having given a correct and skillful report of the doctrines of Socrates. On the contrary, he undoubtedly means his philosophy to be considered as his own, and not Socrates's. And, accordingly, every intelligent reader is probably convinced by his own reflections that none but original thoughts can appear in such a dress; whereas a work of mere narrative—and such these dialogues would be, if the whole of the matter belonged to Socrates—would necessarily show a fainter tone of coloring, such as Xenophon's conversations really present. But as, on the one hand, it would be too much to assert that Socrates actually thought and knew all that Plato makes him say, so, on the other hand, it would certainly be too little to say of him that he was nothing more than the Socrates whom Xenophon represents. Xenophon, it is true, in the Memorabilia, professes himself a narrator; but, in the first place, a man of sense can only relate what he understands, and a disciple of Socrates, who must have been well acquainted with his master's habit of disclaiming knowledge, would of all men adhere most strictly to this rule. We know, however, and this may be admitted without being harshly pressed, that Xenophon was a statesman, but no philosopher, and that, besides the purity of his character and the good sense of his political principles; besides his admirable power of rousing the intellect and checking presumption, which Xenophon loved and respected in Socrates, the latter may have possessed some really philosophical elements which Xenophon was unable to appropriate to himself, and which he suffered to pass unnoticed; which, indeed, he can have felt no temptation to exhibit, for fear of betraying defects such as those which his Socrates was wont to expose.* On the other hand, Xenophon was an apologetic narrator, and had, no doubt, selected this form for the very purpose that his readers might not expect him to exhibit Socrates entire, but only that part of his character which belonged to the sphere of the affec tions and of social life, and which bore upon the charges brought against him, every thing else he excludes, contenting himself with showing that it can not have been any thing of so dangerous a tendency as was imputed to Socrates. And not only *may* Socrates, he *must* have been more, and there must have been more in the background of his speeches than Xenophon represents; for if 'he contemporaries of Socrates had heard nothing from him but such discourses, how would Plato have marred the effect of his works on his immediate public, which had not forgotten the character of Socrates, if the part which Socrates plays there stood in direct contradiction with the image which his real life left in the reader's mind! And if we believe Xenophon, and in this respect we can not doubt the accuracy of the contemporary apologist, that Socrates spent the whole of his time in public places, and suppose that he was always engaged in discourses which, though they may have been more beautiful, varied, and dazzling, were still, in substance, the same with these, and moved in the same sphere to which the Memorabilia are confined, one is at a loss to understand how it was that, in the course of so many years, Socrates did not clear the market-place and the work-shops, the walks and the wrestling-schools, by the dread of his presence, and how it is that, in Xenophon's native Flemish style of painting, the weariness of the interlocutors is not still more strongly expressed than we here and there actually find it; and still less should we be able to comprehend why men of such abilities as Critias and Alcibiades, and others formed by nature for speculation, as Plato and Euclid, set so high a value on their intercourse with Socrates, and found satisfaction in it so long. Nor can it be supposed that Socrates held discourses in public, such as Xenophon puts into his mouth, but that he delivered lessons of a different kind elsewhere, and in private; for this, considering the apologetic form of Xenophon's book, to which he rigidly confines himself, he would probably not have passed over in silence. Socrates must have disclosed the philosophical element of his character in the same social circle of which Xenophon gives us specimens. And is not this just the impression which Xenophon's conversations make? philosophical matter, translated into the unphilosophical style of the common understanding, an operation in which the philosophical base is lost; just as some critics have proposed, by way of test for the productions of the loftiest poetry, to resolve them into prose, and evaporate their spirit, which can leave nothing but an extremely sober kind of beauty remaining. And as, after such an experiment, the greatest of poets would scarcely be able exactly to restore the lost poetry, but yet a reader of moderate capacity soon observes what has been done, and can even point it out in several passages, where the decomposing hand has grown tired of its work, so it is in the other case with the philosophical basis. One finds some parallels with Plato, other fragments are detected in other ways; and the only inference to be drawn from the scarcity of these passages is, that Xenophon understood his business; unless we choose to say, that as Aristotle is supposed to have held his philosophical discourses in the forenoon, and the exoteric in the afternoon (*Gellius, N. A.*, xx., 5), Socrates reversed this order, and in the morning held conversations in the market-place with the artisans, and others who were less familiar with him, which Xenophon found it easier to divest of their philosophical aspect; but that of an evening, in the walks and wrestling-schools, he engaged in those subtler, deeper, and wittier dialogues with his favorites, which it was reserved for Plato to imitate, embellish, and expand, while he connected his own investigations with them.

And thus, to fill up the blank which Xenophon has manifestly left, we are still driven back to the Socrates of Plato, and the shortest way of releasing ourselves from the difficulty would be to find a rule by which we could determine what is the reflex and the property of Socrates in Plato, and what his own invention and addition. Only the problem is not to be solved by a process such as that adopted by Meiners, whose critical talent is of a kind to which this subject in general was not very well suited; for if, in all that Plato has left, we are to select only what is least speculative, least artificial, least poetical, and hence, for so we are taught, least enthusiastic, we shall, indeed, still retain much matter for this more refined and pregnant species of dialogue, to season Xenophon's tediousness, but it will be impossible in this way to discover any properly philosophical basis in the constitution of Socrates; for if we exclude all depth of speculation, nothing is left but results, without the grounds and methodical principles on which they depend, and which, therefore, Socrates can only have possessed instinctively that is, without the aid of philosophy. The only safe method seems to be, to inquire: What may Socrates have been, over and above what Xenophon has described, without, however, contradicting the strokes of character and the practical maxims which Xenophon distinctly delivers as those of Socrates; and what must he have been to give Plato a right and an inducement to exhibit him as he has done in his dialogues? Now the latter branch of this question inevitably leads us back to the historical position from which we started: that Socrates must have had a strictly philosophical basis in his composition, so far as he is virtually recognized by Plato as the author of his philosophical life, and is, therefore, to be regarded as the first vital movement of Greek philosophy in its more advanced stage; and that he can only be entitled to this place by an element, which, though properly philosophical, was foreign to the preceding period. Here, however, we must, for the present, be content to say that the property which is peculiar to the post-Socratic philosophy, beginning with Plato, and which henceforward is common to all the genuine Socratic schools, is the coexistence and intercommunion of the three branches of knowledge, dialectics, physics, ethics. This distinction separates the two periods very definitely; for before Socrates either these branches were kept entirely apart, or their subjects were blended together without due discrimination, and without any definite proportion: as, for instance, ethics and physics among the Pythagoreans, physics and dialectics among the Eleatics; the Ionians alone, though their tendency was wholly to physics, made occasional excursions, though quite at random, into the region both of dialectics and of ethics. But when some writers refuse Plato himself the honor of having distinguished and combined these sciences, and ascribe this step to Xenocrates, and think that even Aristotle abandoned it again; this, in my opinion, is grounded on a misunderstanding, which, however, it would here lead us too far to explain. Now it is true we can not assert that Socrates was the first who combined the characters of a physical, ethical, and dialectic philosopher in one person, especially as Plato and Xenophon agree in taking physics out of his range; nor can it be positively said that Socrates was at least the author of this distribution of science, though its germ may certainly be found from the Memorabilia.* But we may surely inquire whether this phenomenon has not some simpler and more internal cause, and whether this may not be found in Socrates. The following observation will, I conceive, be admitted without much dispute. So long as inquirers are apt to step unwittingly across the boundaries that separate one province of knowledge from another, so long, and in the same degree, does the whole course of their intellectual operations depend on outward circumstances; for it is only a systematic distribution of the whole field that can lead to a regular and connected cultivation of it. In the same way, so long as the several sciences are pursued singly, and their respective votaries contentedly acquiesce in this insulation, so long, and in the same degree, is the specific instinct for the object of each science predom inant in the whole sphere of intellectual exertion. But as soon as the need of the connection and co-ordinate growth of all the branches of knowledge has become so distinctly felt as to express itself by the form in which they are treated and described, in a manner which can never again be lost, so far as this is the case, it is no longer particular talents and instincts, but the general scientific talent of speculation, that has the ascendant. In the former of these cases, it must be confessed that the idea of science, as such, is not yet matured, perhaps has not even become the subject of consciousness; for science, as such, can only be conceived as a whole, in which every division is merely subordinate, just as the real world to which it ought to correspond. In the latter case, on the contrary, this idea has become a subject of consciousness; for it can have been only by its force that the particular inclinations which confine each thinker to a certain object, and split science into insulated parts, have been mastered: and this is, unquestionably, a simpler criterion to distinguish the two periods of Greek philosophy. In the earlier period, the idea of science, as such, was not the governing idea, and had not even become a distinct subject of consciousness; and this it is that gives rise to the obscurity which we perceive in all the philosophical productions of that period, through the appearance of caprice which results from the want of consciousness, and through the imperfection of the scientific language, which is gradually forming itself out of the poetical and historical vocabulary. In the second period, on the other hand, the idea of science has become a subject of consciousness. Hence the main business every where is to distinguish knowledge from opinion; hence the precision of scientific language; hence the peculiar prominence of dialectics, which have no other object than the idea of science: things which were not comprehended even by the Eleatics in the same way as by the Socratic schools, since the former still make the idea of *being* their starting-point, rather than that of *knowledge*.

Now this waking of the idea of science, and its earliest manifestations, must have been, in the first instance, what constituted the philosophical basis in Socrates; and for this reason he is justly regarded as the founder of that later Greek philosophy, which in its whole essential form, together with its several variations, was determined by that idea. This is proved clearly enough by the historical statements in Plato, and this, oo, is what must be supplied in Xenophon's conversations, in order to make them worthy of Socrates, and Socrates of his admirers for if he went about in the service of the god, to justify the celebrated oracle, it was impossible that the utmost point he reached could have been simply to know that he knew nothing; there was a step beyond this which he must have taken, that of knowing what knowledge was; for by what other means could he have been enabled to declare that which others believed themselves to know, to be no knowledge, than by a more correct conception of knowledge, and by a more correct method founded upon that conception? And every where, when he is explaining the nature of non-science (ἀνεπιστημοσύνη), one sees that he sets out from two tests: one, that science is the same in all true thoughts, and, consequently, must manifest its peculiar form in every such thought; the other, that all science forms one whole; for his proofs always hinge on this assumption: that it is impossible to start from one true thought, and to be entangled in a contradiction with any other, and also that knowledge derived from any one point, and obtained by correct combination, can not contradict that which has been deduced in like manner from any other point; and while he exposed such contradictions in the current conceptions of mankind, he strove to rouse those leading ideas in all who were capable of understanding, or even of divining his meaning. Most of what Xenophon has preserved for us may be referred to this object, and the same endeavor is indicated clearly enough in all that Socrates says of himself in Plato's Apology, and what Alcibiades says of him in his eulogy; so that if we conceive this to have been the central point in the character of Socrates, we may reconcile Plato and Xenophon, and can understand the historical position of Socrates.

When Xenophon says (*Mem.*, iv., 6, 15), that as often as Socrates did not merely refute the errors of others, but attempted to demonstrate something himself, he took his road through propositions which were most generally admitted, we can perfectly understand this mode of proceeding, as the result of the design just described; he wished to find as few hinderances and diversions as possible in his way, that he might illustrate his method clearly and simply; and propositions, if there were such, which all held to be certain, must have appeared to him the most eligible, in order that he might show, in their case, that the conviction with which they were embraced was not knowledge, since this would render men more keenly sensible of the necessity of getting at the foundation of knowledge, and of taking their stand upon it, in order to give a new shape to all human things. Hence, too, we may explain the preponderance of the subjects connected with civil and domestic life in most of these conversations; for this was the field that supplied the most generally admitted conceptions and propositions, the fate of which interested all men alike. But this mode of proceeding becomes inexplicable if it is supposed that Socrates attached the chief importance to the subject of these conversations. That must have been quite a secondary point. For when the object is to elucidate any subject, it is necessary to pay attention to the less familiar and more disputed views of it, and how meagre most of those discussions in Xenophon are in this respect, is evident enough. From the same point of view we must also consider the controversy of Socrates with the Sophists. So far as it was directed against their maxims, it does not belong to our present question; it is merely the opposition of a good citizen to the corrupters of government and of youth. But, even looking at it from the purely theoretical side, it would be idle to represent this contrast as the germ of a new period of philosophy, if Socrates had only impugned opinions which were the monstrous shapes into which the doctrines of an earlier school had degenerated, without having established any in their stead, which nobody supposes him to have done. But, for the purpose of awakening the true idea of science, the Sophists must have been the most welcome of all disputants to him, since they had reduced their opinions into the most perfect form, and hence were proud of them themselves, and were peculiarly admired by others. If, therefore, he could succeed in exposing their weakness, the value of a principle so triumphantly applied would be rendered most conspicuous.

But, in order to show the imperfections of the current conceptions both in the theories of the Sophists and in common life, if the issue was not to be left to chance, some certain *method* was requisite; for it was often necessary, in the course of the process, to lay down intermediate notions, which it was necessary to define to the satisfaction of both parties, otherwise all that was done would afterward have looked like a paltry surprise, and the contradiction between the proposition in question and one that was admitted could never be detected without ascertaining what notions might or might not be connected with a given one. Now this method is laid down in the two problems which Plato states in the Phædrus, as the two main elements in the art of dialectics, that is, to first know how correctly to combine multiplicity in unity, and again to divide a complex unity according to its nature into a multiplicity, and next to know what notions may or may not be connected together. It is by this means that Socrates became the real founder of dialec-

tics, which continued to be the soul of all the great edifices reared
in later times by Greek philosophy, and by its decided prominence
constitutes the chief distinction between the later period and the
earlier; so that one can not but commend the historical instinct
which has assigned so high a station to him. At the same time,
this is not meant to deny that Euclid and Plato carried this science,
as well as the rest, farther toward maturity; but it is manifest that
in its first principles Socrates possessed it as a science, and practiced it as an art, in a manner peculiar to himself; for the construction of all Socratic dialogues, as well of those doubtfully ascribed
to Plato, and of those attributed with any degree of probability to
other original disciples of Socrates, as of all those reported in the
Memorabilia, hinges without any exception on this point. The
same inference results from the testimony of Aristotle (*Metaph.*, i.,
6; xiii., 4): that what may be justly ascribed to Socrates is that he
introduced induction and general definitions; a testimony which
bears every mark of impartiality and truth. Hence there is no reason to doubt that Socrates taught this art of framing and connecting notions correctly. Since, however, it is an *art*, abstract teaching was not sufficient, and, therefore, no doubt Socrates never so
taught it: it was an art that required to be witnessed and practiced
in the most manifold applications, and one who was not firmly
grounded in it, and left the school too early, lost it again, and with
it almost all that was to be learned from Socrates, as, indeed, is
observed in Plato's dialogues. Now that this exercise and illustration was the main object of conversations held by Socrates even on
general moral subjects, is expressly admitted by Xenophon himself,
when, under the head—What Socrates did to render his friends
more expert in dialectics—he introduces a great many such discourses and inquiries, which so closely resemble the rest, that all
might just as well have been put in the same class.

It was with a view, therefore, to become masters in this art, and
thereby to keep the faster hold of the idea of science, that men of
vigorous and speculative minds formed a circle round Socrates as
long as circumstances allowed, those who were able to the end of
his life, and in the mean while chose to tread closely in their master's steps, and to refrain for a time from making a systematic application of his art in the different departments of knowledge, for
the more elaborate cultivation of all the sciences. But when, after
his death, the most eminent among them, first of all at Megara, began a strictly scientific train of speculation, and thus philosophy
gradually ripened into the shape which, with slight variations, it

ever after retained among the Greeks: what now took place was not, indeed, what Socrates did, or perhaps could have done, but yet it was undoubtedly his will. To this it may indeed be objected, that Xenophon expressly says (*Mem*, i., 1, 11), that Socrates in his riper years not only himself gave up all application to natural philosophy, but endeavored to withhold all others from it, and directed them to the consideration of human affairs; and hence many hold those only to be genuine Socratics who did not include physics in their system But this statement must manifestly be taken in a sense much less general, and quite different from that which is usually given to it. This is clearly evinced by the reasons which Socrates alleges. For how could he have said so generally, that the things which depend on God ought not to be made the subject of inquiry, before those which depend on man have been dispatched, since not only are the latter connected in a variety of ways with the former, but even among things human there must be some of greater moment, others of less, some of nearer, others of more remote concern, and the proposition would lead to the conclusion that before one was brought to its completion, not even the investigation of another ought to be begun. This might have been not unfairly turned by a Sophist against Socrates himself, if he had dragged in a notion apparently less familiar, in order to illustrate another; and certainly this proposition, taken in a general sense, would not only have endangered the conduct of life, but would also have altogether destroyed the Socratic idea of science, that nothing can be known except together with the rest, and along with its relation to all things besides. The real case is simply this. It is clear that Socrates had no peculiar talent for any single science, and least of all for that of physics. Now it is true that a merely metaphysical thinker may feel himself attracted toward all sciences, as was the case with Kant; but then this happens under different circumstances, and a different mental constitution from that of Socrates. He, on the contrary, made no excursions to points remote from this centre, but devoted his whole life to the task of exciting his leading idea as extensively and as vividly as possible in others; his whole aim was, that whatever form man's wishes and hopes might take, according to individual character and accidental circumstances, this foundation might be securely laid before he proceeded further; but, till then, his advice was, not to accumulate fresh masses of opinions; this he, for his part, would permit only so far as it was demanded by the wants of active life, and for this reason he might say, that if those who investigated meteoric phenomena had any hope of producing them at their pleasure, he should be more ready to admit their researches—language which in any other sense but this would have been absurd. We can not, therefore, conclude from this that Socrates did not wish that physics should be cultivated, any more than we are authorized to suppose that he fancied it possible to form ethics into a science by sufficiently multiplying those fragmentary investigations into which he was drawn in discussing the received opinions on the subject. The same law of progression was involuntarily retained in his school; for Plato, though he descends into all the sciences, still lays the principal stress on the establishment of principles, and expatiates in details only so far as they are necessary, and so much the less as he has to draw them from without: it is Aristotle who first revels in their multiplicity.

This appears to me as much as can be said with certainty of the worth of Socrates as a philosopher. But should any one proceed to ask how far he elaborated the idea of science in his lessons, or in what degree he promoted the discovery of real knowledge in any other province by his controversial discussions and his dialectic assays, there would, perhaps, be little to say on this head, and least of all should I be able to extricate any thing to serve this purpose from the works of Plato taken by themselves; for there, in all that belongs to Plato, there is something of Socrates, and in all that belongs to Socrates, something of Plato. Only, if any one is desirous of describing doctrines peculiar to Socrates, let him not, as many do in histories of philosophy, for the sake of at least filling up some space with Socrates, string together detached moral theses, which, as they arose out of occasional discussions, can never make up a whole; and as to other subjects, let him not lose sight of the above-quoted passage of Aristotle, who confines Socrates's philosophical speculations to principles. The first point, therefore, to examine would be, whether some profound speculative doctrines may not have originally belonged to Socrates, which are generally considered as most foreign to him, for instance, the thought which is unfolded by Plato in his peculiar manner, but is exhibited in the germ by Xenophon himself (*Mem.*, i., 4, 8), and is intimately connected with the great dialectic question as to the agreement between thought and being: that of the general diffusion of intelligence throughout the whole of nature. With this one might connect the assertion of Aristocles (*Euseb.*, *Præp.*, xi., 3), that Socrates began the investigation of the doctrine of ideas. But the testimony of this late Peripatetic is suspicious, and may have had no other foundation than the language of Socrates in the Parmenides.

But, whether much or little of this and other doctrines belonged to Socrates himself, the general idea already described can not fail to suggest a more correct mode of conceiving in what light it is that Plato brings forward his master in his works, and in what sense his Socrates is to be termed a real or a fictitious personage. Fictitious, in the proper sense, I hold he is not, and his reality is not a merely mimic one, nor is Socrates in those works merely a convenient person who affords room for much mimic art and much cheerful pleasantry, in order to temper the abstruse investigations with this agreeable addition. It is because the spirit and the method of Socrates are every where predominant, and because it is not merely a subordinate point with Plato to adopt the manner of Socrates, but is as truly his highest aim, that Plato has not hesitated to put into his mouth what he believed to be no more than deductions from his fundamental ideas. The only material exceptions we find to this (passing over several more minute which come under the same head with the anachronisms) occur in later works, as the Statesman and the Republic; I mean doctrines of Plato foreign to the real views of Socrates, perhaps, indeed, virtually contradicting them, and which are nevertheless put into his mouth. On this head we must let Plato appeal to the privilege conferred by custom. But, on the whole, we are forced to say, that in giving Socrates a living share in the propagation of that philosophical movement which took its rise from him, Plato has immortalized him in the noblest manner that a disciple can perpetuate the glory of his master; in a manner not only more beautiful, but more just, than he could have done it by a literal narrative

THE END.

www.ingramcontent.com/pod-product-compliance
Lightning Source LLC
Chambersburg PA
CBHW021421300426
44114CB00010B/582